(2001～2002)
中国城市发展报告

中国市长协会
《中国城市发展报告》编辑委员会

本报告中所阐述的观点系学者的研究成果和学术见解

西苑出版社

图书在版编目（CIP）数据

2001～2002中国城市发展报告/《中国城市发展报告》编委会编．—北京：西苑出版社，2003.1

ISBN 7－80108－664－3

Ⅰ.2… Ⅱ.中… Ⅲ.城市经济－经济发展－中国－2001～2002－研究报告
Ⅳ.F299.2

中国版本图书馆CIP数据核字（2002）第092616号

2001～2002中国城市发展报告

编　著　中国市长协会
　　　　《中国城市发展报告》编委会
出 版 人　杨宪金
出版发行　西苑出版社
通讯地址　北京市海淀区阜石路15号　邮政编码　100039
　　　　电　话　68214971　传　真　68247120
网　址　www.xycbs.com　E-mail　aaa@xycbs.com
印　刷　北京瑞宝画中画印刷有限公司
经　销　全国新华书店
开　本　889mm×1194mm　1/16　印张：39.5
字　数　930千字
　　　　2003年1月第1版　2003年1月第1次印刷
书　号　ISBN 7－80108－664－3/F·48

定价：300.00元

《中国城市发展报告》首席科学家

牛文元　中国科学院　　　　　　教授、第三世界科学院院士

《中国城市发展报告》专家组成员(按姓氏笔画排序)

于景元　马　中　井文涌　巴德年　牛文元　王一鸣　王玉民
王如松　王国强　厉以宁　叶文虎　叶耀先　白和金　石元春
石玉林　朱铁臻　许学强　何祚庥　吴启迪　吴良镛　吴敬琏
张坤民　张象枢　李成勋　李京文　陈述彭　陈宗兴　杨开忠
周一星　金　碚　赵景柱　钱　易　顾朝林　黄宁生　薛　澜

《中国城市发展报告》境外专家组成员

邓观瑶　香港生产力促进局总裁　　杨汝万　香港中文大学亚太研究所所长
郑宇硕　香港城市大学讲座教授　　宋雅杰　美国耶鲁大学研究员
W·M·Harris　美国密西西比大学城市学院院长、教授

《中国城市发展报告》研究与执笔组

组长兼主编　牛文元
执笔组成员

杨多贵　陈劭锋　陈　锐　秦明周　毛志峰　袁宝印
王海燕　陈惠庆　柳一路　曲奔驰　李嘉菲　薄初节
高络华　蔡灵地　高小静　贺铁林　朱良平　钱达明
岳天祥　康大臣　王　徽　黄和宁　张鸿儒　李丽俭
边孝寅　任斯辉　刘学红　杨依梦　刘京莉　高亦婧
王自晴　曹山岭　于秋明　蔡宗皇　卢基敏　赵牒之

《中国城市发展报告》统稿人员

牛文元　　杨多贵　　陈劭锋　　陈　锐

《中国城市发展报告》编辑部

主　　任　李丽俭　　　　责任编辑：杨宪金
数据计算　肖梅嫦　　　　责任校对：白　颖　吴殿俊
编　　务　刘雅苹　　　　责任印制：张纯宏
录　　入　郑爱丽

内容提要

《(2001～2002)中国城市发展报告》是上百位专家共同努力的集体成果。针对二十一世纪中国城市化战略的制定与设计，进行了系统的研究与论证。整个报告共分4篇21章，约250幅图表，进行了超过10亿次的数据运算。全书以中外城市发展历史的脉络为经，以我国城市发展的现实为纬，编织出新世纪中国城市化战略的基本构想。其中提出了未来五十年中国城市化的战略设计7原则，拟定了11项战略目标、6项战略任务和必须走出的3大误区；计算了未来城市化的4类支付成本；提出了城市化质量标准的三大宏观判据和8项城市化战略实施的政策建议。本报告在吸纳全世界不同学派优秀成果的基础上，首次提出了全面衡量中国城市发展的指标体系，该体系以104项基础要素、19项指数模型、5项支持系统，集中表达了“中国城市能力”的各类数量内涵和动态评估。同时发布了“中国城市发展能力资产负债分析”，将全国具有代表性的50个城市逐一地作出了城市比较优势与比较劣势的评价。该报告可以作为行政决策部门、发展规划部门、城市管理部门、大学与科研院所的参考用书。

序　言

自1978年改革开放以来的20多年中，中国城市迅速发展，小城镇迅速崛起，在此期间中国城市化发展速度是同期世界城市化平均速度的2倍左右。中国政府已将“城市化战略”列入“十五规划”，作为二十一世纪中国实施迈向现代化第三步走的重大措施之一。未来20年是中国社会经济发展的关键的战略机遇时期，随着国民经济持续增长，国家综合实力、国民经济总量、产业结构升级、科技水平提高、国际竞争力增强和信息化的实现，中国城市快速扩展和城市促进现代化的进程也将继续下去。在中华人民共和国走过的50多年中，我国社会的典型“二元结构"对于社会经济发展有重要的影响。中国人口多、土地少、资源相对缺乏，要实现突破性的发展就必须按照邓小平同志提出的战略思想，使一部分地区先发展起来，一部分人先富裕起来，带动全国的全面发展和社会的共同富裕，工业与农业互相支持，城市与农村互相支持，才能实现全面建设小康社会的奋斗目标。在21世纪的前半叶，中国城市化进程将不可避免地遭遇到一系列重大挑战：要达到经济发展的各项指标，并在2050年之前中国城市化率要从现在的36%提高到70%左右，这就意味着每年城市化率平均约增加近1个百分点(即每年约1200万人从乡村转移到城市)，国家为此将付出巨大的城市化成本，整体经济形态和社会结构也将受到巨大的影响。在加速推进的中国城市化过程中，以下的挑战是我们必须面对的：——人口三大高峰(即人口总量、劳动就业人口总量、老龄人口总量)相继来临对中国城市化的压力：由此，城市的生存保障问题，解决就业机会问题，全国社会保障体系的完善问题，老龄化社会引发的一系列社会、经济问题，提高人的素质和创造能力等问题，都是必须处理好的复杂任务。—— 能源和自然资源的超常规利用对中国城市化的压力：从现在起到2050年之间，中国城市要全面达到资源和能源消耗的“零增长”和“负增长”的要求，要实现联合国提出城市“四倍跃进”的目标(即能源消费总量在2000年的水平上降低一半，而GDP要在2000年的基础上增加一倍)，对城市管理水平、科技发展、决策能力提出更高的要求。——加速城市生态环境“倒U型曲线”的右侧逆转:中国城市的生态环境(大气环境、水环境、固体废弃物环境、社区环境和居室环境)目前仍然处于局部改善,整体恶化的状态。在新的世纪中,必须迅速扭转城市仍然处于“环境库兹涅茨倒U型曲线”的左侧态势,加速通过临界顶点并转向生态环境总体变优的右侧。——提高城市基础设施建设的速度和质量对于中国城市化的压力:城市化是经济、社会、发展的结合,城市化也将促进经济社会发展,城市政府的重要责任之一就是建设好发展环境。经济全球化趋势与科技迅猛发展的形势加强了对城市基础设施的要求。只有基础设施的健全与完善,城市才能成为国家新一轮财富集聚的经济增长点。——加速国家不同地区城乡之间的共同富裕:我国城市化的基本内容之一应当是促进实现社会的公平。新世纪中如何实现区域之间和城乡之间发展平衡,最终达到改变社会的二元结构、实现国家全体公民的共同富裕,是一项艰巨而重大的任务。——国家信息化进程的急速推进和国际竞争力的培育:在经济全球化的浪潮下,城市的信息化水平是其综合实力和国际竞争力水平的基本标志。目前,中国城市的信息化水平只是发达国家的8%—10%左右,离开现代化的要求尚有遥远的路程,因此在新世纪迅速推进城市的信息化与数字化程度,缩小数字鸿沟是摆在我们面前的又一严重任务。所有这些挑战都是城市化过程中必然发生的,也只能在实现城市现代化的进程中采取相应的对策才能有效地加以克服。与国际已有的经历相对照:美国的GDP总量在上世纪60年代达到1万亿美元,在其后的10年中,GDP总量达到2.7万亿美元;日本的GDP总量在上世纪80年代初达到了1万亿美元,在其后的10年中GDP总量达到2.4万亿美元;中国的GDP总量在2000年达到了1万亿美元,依照国家规划在其后的10年(即2010年)预计GDP再增加1万亿美元。为什么美国用了10年的时间使得GDP增长了1.7万亿美元,日本增长了1.4万亿美元,中国分别比他们少增长0.7万亿至0.4万亿美元,原因是多方面的。上世纪五十年代到七十年代处于资源供给充裕,金融环境稳定,经济发展顺利的黄金时期,近年来许多条件已经改变,我国在世界局势风云变幻,经济金融跌宕起伏的不利环境下实现持续、快速、健康的发展很不容易。但是注意到美国当时的城市化率超过80%,日本的城市化率超过65%,而中国在2000年的城市化率仅为36%时,就可以更深一层地认识城市化率的不同所导致的社会财富集聚能力的差异,也是一个重要原因。因此,在新世纪之初要完成全面建设小康社会,加快推进社会主义现代化的伟大战略任务,加快中国的城市化进程是发挥城市中心作用提高经济效率的必由之路,也是消除二元结构实现社会公平的必由之路。2001年诺贝尔经济奖获奖者之一的斯蒂格列茨认为新世纪对于中国有三大挑战,居于首位的就是中国的城市化,他提出"中国的城市化将是区域经济增长的火车头,并产生最重要的经济利益",这种认识是符合实际的。与发达国家相比,目前中国城市化程度仍然落后。据世界银行统计,1995年,高收入国家的城市化水平为百分之七十五,中等收入国家为百分之六十,低收入国家只有百分之二十八。同期,中国城市化水平为百分之三十,与低收入国家相近,低于中等收入国家三十个百分点,与高收入国家的水平相差更远。城市化与工业化相互促进,协调发展,是世界上许多国家实现现代化的基本经验。工业化与城市化的这种相关性,在工业化由初期向中期迈进的加速时期表现得尤为明显。据统计,1965年到2000年,中国工业化提升幅度是中等收入国家的2.5倍,而城市化提升幅度仅为这些国家的46%。可见,中国城市化水平确实滞后于工业化水平的提高。要把中国这样一个农村人口占多数的国家建设成为现代化强国,没有城市化的大发展,是不可想象的。城市化水平的提高应该是中国第三步战略目标的重要内容之一。同时城市化的推进,可以为产业结构的调整升级创造广阔的发展空间,成为保持国民经济持续、快速、健康发展的一大动力。中国的城市化不能照搬别国的模式,必须从自己的国情出发走有中国特色的城镇化道路。现阶段我国城市化政策是"严格控制大城市的发展,适度发展中等城市,积极发展小城镇"。随着形势的发展,实践中许多地区已经在突破这一框架。新世纪新阶段,城市发展要有新思路,城市改革要有新突破,城市开放要有新局面,城市建设要有新措施,城市现代化建设要迈上新台阶。中国作为最大的发展中国家,其城市化潜力长期受到压抑,没有得到充分开发,我们要抓住机遇,充分利用世界资源、资金、人才。加强信息技术交流,加快中国的城市化、城乡一体化的进程;利用国际产业结构大调整的时机,加快我国城乡的产业结构调整和产业升级换代;加强地区性产业结构调整并提升整体水平,促进我国综合国力的不断提高和经济、社会的持续发展。由中国城市发展报告编辑委员会编著的《2001～2002中国城市发展报告》即将出版发行,这是我国城市发展战略研究中的又一件大事,具有重要的意义。《中国城市发展报告》编写组组织了上百位专家为编写报告付出了艰辛的劳动,取得了丰富的研究成果。希望编写组的同志们今后更加努力工作,使《中国城市发展报告》成为国内具有权威性、前瞻性、文献性的中国城市问题理论和实践的研究报告，为城市决策者、管理者和研究者提供参考。在以江泽民同志为核心的党中央正确方针指导下，中国一定能够实现建成富强、民主、文明的社会主义国家的宏伟目标。未来相应的中国城市化目标的成功实现是确定无疑的。

蒋正华

2002 年 10 月 28 日。

序　言

汪光焘

《2001～2002中国城市发展报告》是一本系统研究与探讨城市发展、城市建设、城市管理等方面的力作，对了解我国城市现状、把握城市未来都具有十分重要的意义。这本书可以作为各级行政决策部门、发展规划部门、城市管理部门、大学与科研院所的很有价值的参考用书。

改革开放以来，特别是党的十三届四中全会以来，我国的城市建设飞跃发展、城市面貌发生了巨大的变化。江泽民同志在中国市长协会第三次市长代表大会的贺信中，着重指出："城市在国家现代化建设中具有十分重要的地位，市长担负着十分重要的责任。"江泽民同志的指示，指出了城市在国家经济建设和社会发展中的重要地位。据统计，我国工业产值和国内生产总值的70％、税收的80％都来自城市。城市在国家经济建设中的地位越来越重要，在国民经济发展中发挥着主导作用。

城市是现代文明的标志，是经济、政治、科技、文化、教育的中心，集中体现了国家的综合国力、政府管理能力和国际竞争力。新中国成立50多年来，特别是改革开放以来，随着我国经济建设和各项社会事业的推进，城市数量和城市人口都不断增加。新中国成立之初，设市城市只有136个，建制镇也只有5400多个，城镇人口共5765万人。城镇化水平仅有10.6％。到2001年，全国设市城市达到662个，建制镇数量为20358个，城镇人口已超过4.8亿，城镇化率达到37.66％。城镇化水平的提高，反映着人类社会的变化。进入新世纪，我国城镇化水平也将进入一个加速期。

国民经济第十个五年计划纲要中明确指出，随着农业生产力水平的提高和工业化进程的加快，我国推进城镇化的条件已渐成熟，要不失时机地实施城镇化战略。推进城镇化要遵循客观规律，与经济发展水平和市场发育程度相适应，循序渐进，走符合我国国情、大中小城市和小城镇协调发展的多样化城镇化道路，逐步形成合理的城镇体系。有重点地发展小城镇，积极发展中小城市，完善区域性中心城市功能，发挥大城市的辐射带动作用，引导城镇密集区有序发展。防止盲目扩大城市规模。我们应当遵循以上方针，推动我国的城镇化，发展我国的大中小城市，努力开创新世纪城市工作的新局面。

随着经济的持续快速发展，在大城市、特大城市周围发展一批城市群，这是改革开放和经济发展的形势下的一种必然趋势。这也是大城市、特大城市的辐射和聚集功能的一种体现。在我国东部沿海出现了像以广州、深圳为中心的珠江三角洲城市群、以上海为中心的长江三角洲城市群、以北京、天津为中心的渤海湾城市群和以沈阳、大连为中心的辽东半岛城市群。在中西部地区，随着西部大开发的进展，也必然会出现一批以大城市为中心的城市群。研究中国城市的发展，也必须研究城市群的发展，这是区域经济发展的集聚中心。

随着经济全球化的进程加快和我国加入世贸组织。我国城市与世界各国城市之间的联系、交往必然增多，这种经济上的合作和文化上的交流对城市的发展起着很重要的作用。所以，在研究中国城市发展的同时，还应当研究世界城市的发展。学习、借鉴世界各国城市发展的经验，以更好地促进我国城市的发展。

要高度重视城市规划工作。做好城市工作，首先要有一个好的城市规划。城市规划是城市建设和发展的蓝图，是建设和管理城市的基本依据。城市规划是一项全局性、综合性、战略性的工作，涉及政治、经济、文化和社会生活等各个领域。讲城市发展，首先要讲城市规划，通过加强和改进城市规划工作，促进城市健康发展，为人民群众创造良好的工作和生活环境。

城市建设要因地制宜，突出特色，注意效益。我国地域辽阔，各城市的地理环境资源情况、历史传统、经济条件不同。要在遵循城市发展普遍规律的基础上，结合本地的实际情况，因地制宜地确立城市的发展方向和发展模式。我国许多城市是在因地制宜的原则下发展起来的，城市发展基础牢固、发展后劲充足，因而城市的经济实力不断加强，人民生活不断提高。但也有一些城市不顾条件盲目发展，后遗症很大，吃了很大的亏。这种教训应当吸取。

城市要有特色，这是城市发展中的一个重要问题。特色是城市的魅力所在。我国许多城市因特色鲜明、城市性格突出，受到大家的欢迎。世界上也有许多城市也因有明显的城市特色而名扬天下。塑造城市特色，首先必须深刻了解自己城市的情况、特点和优势。在这个基础上，使城市规划、城市中的各项建设、城市的文化，充分体现出自己城市的特点。城市特色是一种文化的积累和发展，需要 一个较长的过程，要有计划、有步骤地去形成和完善。

注意城市建设中的经济效益，是城市发展中的又一个重要问题。城市要发展，就要搞各种建设。要发展交通、要搞城市给排水工程、要搞绿化建设、要搞各种景观等。发展这些城市基础设施都是城市发展中所必须的。但是这里有个度的问题，即如何适度。落后了会给城市发展带来很多困难，过度超前了，使用财力大，经济效益差，造成浪费。城市现代化建设是一项长期而艰巨的任务，城市建设一定要讲求实际，注重实效。要合理确定建设规模和发展速度，充分考虑本城市的财力、物力的可能，不能急于求成，急功近利。切忌贪大求洋，盲目攀比，一味追求高档豪华和所谓"第一"。城市建设要为城市经济发展服务、为城市居民生活服务，切不能做违背经济规律的事，这样做反而不能很好地发展城市，只能是劳民伤财，得不偿失，而且影响城市的长远发展。

讲城市发展，离不开城市管理。好的城市管理，促进城市更好地发展，不好的城市管理，阻碍和束缚城市的发展。城市管理一定要按照市场经济和现代化建设的规律，充分发挥市场对资源配置的基础性作用；同时，要加强和改进政府对城市建设的管理，实行政企分开，减少和改进行政性审批事项，提高办事效率。要继续加强和改进城乡规划管理，以改善生态环境为重点，加强城市建设与管理，加强和改进风景名胜区的管理，增强可持续发展能力。

要十分重视城市精神文明建设。深入开展以创建优美环境、优良秩序和优质服务为主要内容的创建文明城市活动，带来我国城市面貌更大变化。

我国城市在新世纪里将会有一个更快、更好的发展。城市对国民经济和社会发展将会做出越来越大的贡献。做好城市工作，研究城市发展是新世纪里的一项非常重要的工作。要注意研究解决城镇化过程中的实际问题，坚持大中小城市和小城镇协调发展，走中国特色的城镇化道路。《2001～2002 中国城市发展报告》一书，即将与广大城市工作者和广大群众见面，这是一件值得庆贺的事情，它的出版发行，必将更好地推动我国城市的发展。让我们继续高举邓小平理论的伟大旗帜，在十六大方针的指导下，全面贯彻“三个代表”重要思想，与时俱进，开拓创新，继续做好城市的各项工作，努力开创城市工作的新局面。

2002年11月5日

目 录

第一篇 中国城市发展战略报告

第二篇　中国城市指标体系设计报告

第四篇 中国城市能力资产负债分析报告

附　　录

第一篇

中国城市发展战略报告

第一章 总 论

城市：城市通常被认为是“三大结构形态和四大功能效应的系统集合体”。从结构上去认识，城市是一种空间结构形态；是一种生产结构形态；是一种文化结构形态。从功能上去认识，城市在一个“自然—社会—经济”的复杂巨系统中，通过集聚效应、规模效应、组织效应和辐射效应的能力，寻求将“人口、资源、环境、发展”四位一体地提升到现代文明的中心。由此表达为结构与功能不断优化的、具有等级系列特征的、作为区域发展动力的和一组整体演进的高效动态体系。

简而言之，城市是在地理空间中的一组充填式布局，是被赋予等级概念的、功能互补的、具有整体效益最大化的一组集合，形成了一个结构和谐的、流通顺畅的、交互有序的、整体高效的网络系统。这种金字塔式的结构体，镶嵌在一个可以提供自然资源、可以提供生态服务、可以提供人力支撑、可以提供文化范式的基础平面之上。这样，城市必然既被视作是在垂直方向上从大到小的有序结构，同时也被视作是在水平方向上同级城市的功能互补，这两大方向上的编织效应和交互影响形成了所谓具有自组织功能、自学习功能和自适应功能的特种复杂系统。

城市化：按照《中华人民共和国国家标准城市规划术语》对城市化的定义，是“人类生产与生活方式由农村型向城市型转化的历史过程，主要表现为农村人口转化为城市人口及城市不断发展完善的过程”。

一般认为城市化是一个国家或地区实现人口集聚、财富集聚、技术集聚和服务集聚的过程，同时也是一个生活方式转变、生产方式转变、组织方式转变和传统方式转变的过程。如果说城市化过程主要是一种内向式的引力过程，不应忘记城市化过程还必须包括诸如城市影响、城市传播和城市带动的外向式的扩散过程。城市化实质上就是以内向式集聚为主和外向式推延为辅的综合作用的过程。二者在城市发展的不同阶段，所表现出的推挽力度与功能形态是不同的。总之，城市化是一个随时间变化的动态过程，城市化是一个必须付出社会成本的支付行为，城市化也是一种可产生净的正向效应的综合表达。

一　城市与城市化

一个城市实质上是“地域（地理空间）、影响（能力空间）、组织（有序空间）、文化（人文空间）、发展（梯度空间）”的多维集合体。它本身似乎是非生命的，但是只要它存在一天其外部和内部都是生机勃勃的。这不仅仅由于组成城市的中心成分是人，也不仅仅由于城市所作用的第一主体和服务的第一对象是人，而且在城市运作及其演进轨迹中，城市本身也有太多的行为类似于一个有机个体的生存与发展。换言之，往往可以把一个有机个体在其生存与发展环境中所进行的努力，放大到一个城市在生存与发展中的行为，并可实施有效的精确模拟。之所以作出这样的假设去看待城市的生存与发展，其本意在于借鉴现存的、明确的、有效的和公认的理论要点和确定规则，去面对可供参照的城市体系，再加以深度的、逻辑的、符合理性的开拓，从而将那些“概念边缘模糊、理论内涵混沌、无法观控定量、不能宏观预测”的重大命题，例如城市化战略问题，推进到一个更新的层次。

弗瑞斯特教授（Forrester，1971）、梅多斯（Meadows，1972）等著名学者很早就对世界发展模型包括城市的发展问题作过专门的研究，他们认为二十一世纪世界各国城市经济活动的总体增长趋势将面临三个方面的刚性约束：其一，地球上有限的空间；其二，资源稀缺的日益加剧；其三，生态服务能力与环境自净能力的限制。事实上，他们后来自己也认识到疏忽了另一个重要的约束，即人类科技水平与调控城市能力的限制（Meadows，1992）。这些约束条件的克服，是城市能力（物质能力、文化能力、意志能力、管理能力、决策能力的集合）的优先表现。只有城市能够确保全体社会成员有足够的食物、足够清洁的水和空气、足够抵御外部伤害的掩蔽物、足够适宜的生活质量和生存空间，使个体的生存与发展得到了有效的保证，才能无可争议地将其健康地延伸到城市未来的可持续发展。

城市通常被认为是“三大结构形态和四大功能效应的系统集合体”。从结构上去认识，城市首先表现为人类发展史中的一种空间结构形态；其次表现为人类发展史中的一种生产结构形态；以及表现为人类发展史中的一种文化结构形态。从功能上去认识，城市在一个“自然－社会－经济”的复杂巨系统中，通过集聚效应、规模效应、组织效应和辐射效应的能力，寻求将“人口、资源、环境、发展”四位一体地提升到现代文明的中心，表达为结构与功能不断优化的、具有等级系列特征的、作为区域发展动力的和一组整体演进的高效动态体系。简而言之，城市是在地理空间中的一组充填式布局，是被赋予等级概念的、功能互补的、具有整体效益最大化的一组集合，形成了一个结构和谐的、流通顺畅的、交互有序的、整体高效的网络系统。这种金字塔式的结构体，镶嵌在一个可以提供自然资源、可以提供生态服务、可以提供人力支撑、可以提供文化范式的基础平面之上。这样，城市必然既被视作是在垂直方向上从大到小的有序结构，同时也被视作是在水平方向上同级城市的功能互补，这两大方向上的编织效应和交互影响形成了所谓具有自组织功能、自学习功能和自适应功能的特种复杂系统。

人类历史上，大约在10000年以前农业革命的出现，为城市的形成和发展提供了基本条件，人只有在稳定地改变了渔猎、采集的生产方式之后，才具备了集聚的可能；人只有在生产力提高的基础上，才具备了交换的可能；人只有在生产力提高的基础上，才具备了社会分工的可能，这些可能性不断地推动着城市的增多、扩大和发展。虽然学者们都承认第一座城市产生在6000年至7000年以前，但是世界人口的高度集中和城市的迅速发展，却是在最近50年的二十世纪下半叶。1950年当时居住于城市的世界人口，约为7.5亿，到了2000年已经上升到近30亿，50年当中增加了3倍，使得世界的平均城市化率将近50%。

表1.1引用一份世界观察研究所（华盛顿，2001）的“世界观察专论”第147号和联合国“世界城市化展望”的数据，列出公元1000年、公元1900年和公元2000年，世界上10个最大城市的状况，由此可以看出世界城市的分布、演变、人口增长、文明兴衰以及历史变化的轨迹：

表1.1 公元1000年、1900年、2000年世界10大城市的人口（百万）

公元1000年		公元1900年		公元2000年	
世界城市	人口数量	世界城市	人口数量	世界城市	人口数量
科尔多瓦	0.45	伦敦	6.5	东京	26.4
开封	0.40	纽约	4.2	墨西哥城	18.1
康斯坦丁堡	0.30	巴黎	3.3	孟买	18.1
吴哥	0.20	柏林	2.7	圣保罗	17.8
京都	0.18	芝加哥	1.7	纽约	16.6
开罗	0.14	维也纳	1.7	拉格斯	13.4
巴格达	0.13	东京	1.5	洛杉矶	13.1
尼沙普尔	0.13	洛杉矶	13.1	加尔各答	12.9
哈萨	0.11	曼彻斯特	1.4	上海	12.9
安尼华达	0.10	费城	1.4	布宜诺斯艾利斯	12.6
	2.14		25.8		161.9

资料来源：莱斯特·布朗，生态经济，东方出版社，2002，P.213－214。

可以看出，在1000年的时间里，世界10大城市人口规模扩大了75倍，从总量214万人达到1亿6千万人。现在仅世界上城市人口最多的东京，一个城市的人口数量就相当于1000年以前全世界城市人口最多的10个城市人口总和的7.6倍。在100年的时间里，世界10大城市人口规模从2580万人增长到它的6.3倍。而根据联合国的预测，到2050年，世界城市人口将占总人口的三分之二，而当时世界上10大城市人口的数量更高达5亿人，出现了与现在完全不相同的“超巨大城市”（美国《商业周刊》称之为“超级城市”），可能占当时城市人口总量的1/10。在图1.1中可以看出英国伦敦从1840年到1939年的100多年当中的城市扩张，即可验证上述城市发展的速度。

这种城市发展的轨迹，一方面为社会财富的积累和生活质量的提高，带来了新的动力和源泉，另一方面也会发生现今人类尚未想象到的组织方式、生产方式、生活方式和文化方式的巨大变革，同时也产生了“城市病”，这种既存在机遇也存在挑战的城市发展过程，是值得中国进行深入研究的基本课题，也是在中国实现现代化，再用半个世纪达到中等发达国家战略目标的基本课题。

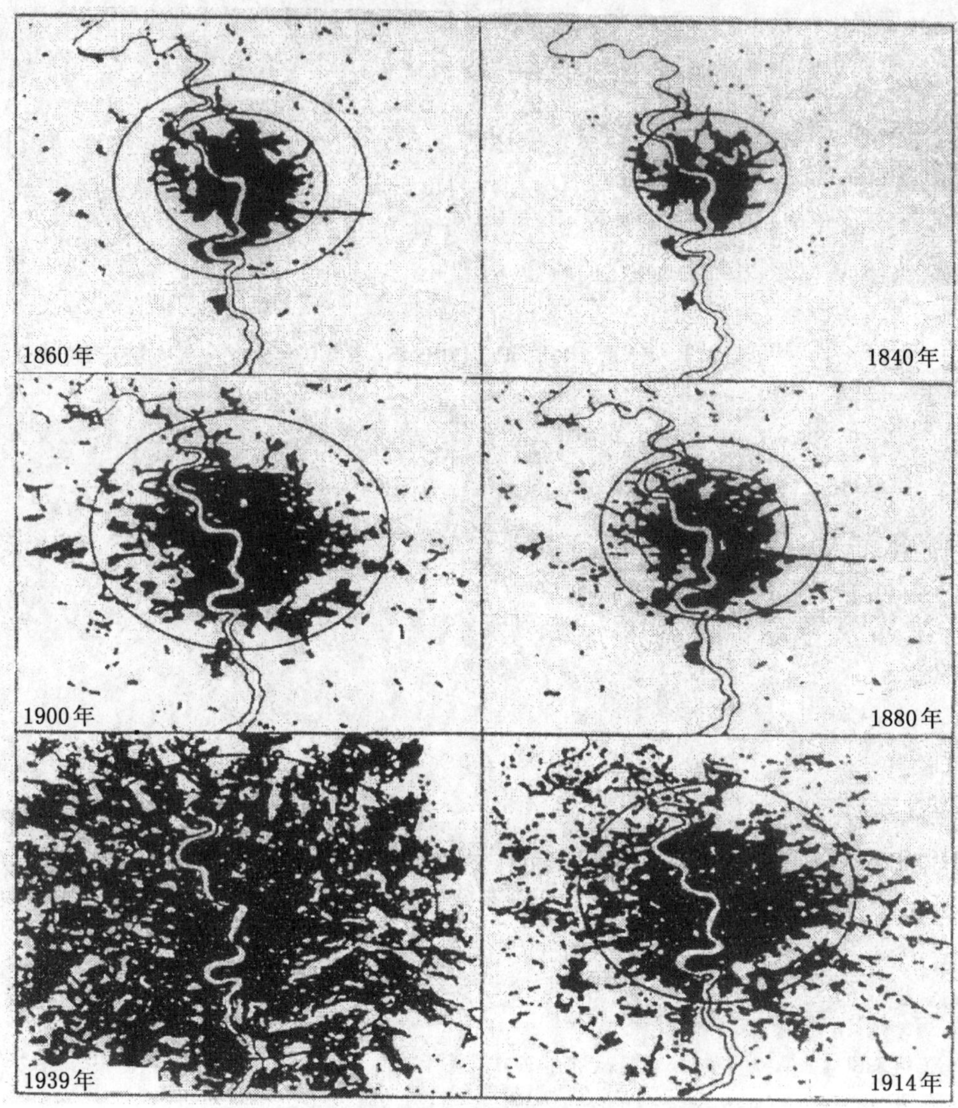

图 1.1　伦敦城市的扩展过程（1840～1939 年）

资料来源：陈顺清，城市增长与土地增值，科学出版社，2000。

有了上述对于城市的理解，“城市化”的概念就有了相对清晰的表达。按照《中华人民共和国国家标准城市规划术语》对城市化的定义，是“人类生产与生活方式由农村型向城市型转化的历史过程，主要表现为农村人口转化为城市人口及城市不断发展完善的过程”。

一般认为城市化是一个国家或地区实现人口集聚、财富集聚、技术集聚和服务集聚的过程，同时也是一个生活方式转变、生产方式转变、组织方式转变和传统方式转变的过程。如果说城市化过程主要是一种内向式的引力过程，不应忘记城市化过程还必须包括诸如城市影响、城市传播和城市带动的外向式的扩散过程。城市化实质上就是以内向式集聚为主和外向式推延为辅的综合作用的过程。二者在城市发展的不同阶段，所表现出的推挽力度与功能形态是不同的。总之，城市化是一个随时间变化的动态过程，城市化是一个必须付出社会成本的支付行为，城市化也是一个可产生净的正向效应的综合表达。

注释专栏 1.1

世界银行专家谈中国的城市化

按照中国国家发展计划委员会与世界银行共同合作的城市化研究计划，美国斯坦福大学 D. 威布斯特教授等 3 人，代表世界银行对我国的城市化发展提出了 11 个方面的意见和建议。

1. 如何鼓励中小企业向城市边沿地区（城乡结合部）集聚即推动小企业向城市靠拢，这是十分值得注意的问题。目前来看，企业在离城市 60 公里以内的地方比较集中，但以外比较分散。一般而论，乡镇企业在向城市的迁移过程中，越向城市靠拢，由于土地存在的级差地租，越要付出高的经济代价。这与一些国有企业从城市向半城市化地区转移恰恰相反，它们能从土地级差地租中获得很好的经济效益。政府应研究这一问题，给予向城市靠拢的中小企业以适当的补助。

2. 就业应是半城市化地区（城乡结合部）发展的重要目标。在半城市化发展中，目前政府强调企业技术含量，强调竞争力，就业就显得次要一些。在半城市化发展中，就业应是一个最主要的目标，特别是在吸收流动人口方面，据粗略估计，工厂每吸收一个劳动力，服务业也可增加一个劳动力，还有带来的家属。企业本身并不能解决全部的就业问题，要考虑企业带来服务业、家政业的益处。半城市化地区，真正的农业人口比重会减少到 20%。在农转非过程中，由于农民受教育程度比较低，向城市转移有一定困难。政府在这方面应给予支持，在政策制定上应给予农民较大的收益。

3. 郊区是城市经济和生活的组成部分。按西方的概念，中国似乎还没有真正的郊区。在中国，郊区就是城市边缘，就业动力主要来自乡镇企业和民营企业，而在美国，郊区是城市人搬到郊区，建立工业区和工厂。这个过程在中国也会发生，私人轿车在今后 5 年可能增长一倍，会使许多人每天城里城外流动，北京已经开始了这个进程。

4. 城市发展在空间上应呈扇型向外扩散。半城市化地区不应全是工业园区，城市也不应被工业区包围。工业区包围城市不好，要留出一些空间，这样有利于城市今后的发展。可以留出一块扇形区，建设生活区，生活区可以设在丘陵地带，工业区应设在平原，这样可以降低成本。离城市 20 公里外，农田要保护。

5. 借钱先行发展基础设施是一个经济的做法。在中国，交通很繁忙，交通滞后会带来一系列问题。在曼谷，由于交通问题，据估计 GDP 损失了将近 20%。在杭州首先应该发展公共交通，使目前使用公交的人数从 20% 至 25%提高到 50%至 60%，其中一个方式是发展特种公交路线，在城市建设中专门设置公共交通专用道，而且以后可以转为轻轨，因为发展轻轨铁路，效率比一般公共交通高出10倍。可以借钱搞基础设施建设，由于中国有8%至10%的年均增长速度，完全有能力偿还。

6. 要科学地制定城市规划。像杭州那样把萧山、余杭合并是很好的办法，这在其他国家很难实施，体现了政府的强大。这种合并有利于城市发展和扩展，有利于城市规划。在城市规划中土地是一个重要因素，在城市化和半城市化地区，土地由市政府掌握比较合理，不应交给县、镇政府，县、镇比较适合做服务工作。省级政府应当考虑全省性、省际之间基础设施的建设规划和协调，省政府要制定政策鼓励各个地区都要有自己的特色。现在看来存在着一些问题，如各城市雷同之处较多。从融入整个长江三角洲经济圈来看，需要制定省际规划，发展快速交通。有一种模式称为项链式发展，即在中心城市之间发展快速交通，形成网络，在通道间可以集聚些小区，这样效益比较高。

7. 工业园区要有特色和完善的服务。强调建立众多的、供应型的小企业，为大企业提供配件，形成供应链，包括技术、中间产品等，这是解决就业的最好方法之一；在半城市化地区工业园区中零售、个人生活服务行业比较薄弱，个人消费得不到满足，政府可能担心这类服务业给工业园区带来负面影响。而事实上个人服务业是解决就业的好办法，不但要鼓励，而且应该划出相应地段给予支持，建设一些标准设施。

8. 高新技术园区发展应以大学为核心。所谓的高新技术园区在中国很多，但没有重点、没有特色，且以政府为主。在美国，高新技术园区一般从大学开始，大学吸引了高素质的人才，吸引了公司来此办企业，政府鼓励和支持大学创造很好的环境。要发展高新技术，关键是要有风险投资基金，不能光靠银行来支持，北京已经在做这方面的尝试。

9. 在不同城市应发展特色服务业（主要指生产服务）。宁波发展以港口为基础的后勤服务、杭州发展旅游业等，都是比较可行的，省里应制定一些规划措施，在不同地区发展有特色的服务业。

10. 要高度重视城市环境。城市发展后，吸引人才、吸引中外企业设总部，靠的是城市环境和舒适程度，其中包含了河道湖泊、标志性建筑、传统建筑物、历史文化、绿化、交通等，但一些城市新建区，城市美化则做得比较乱，致使在园区工作的人不愿住在园区内。要提高城市的竞争力，关键在于环境。

11. 谨慎搞好绿化。新开发区的绿化要非常谨慎。园区功能界限要非常明确，严格界定，在原来有树木的地方毁林建房要特别小心，在一些地方的开发区我们看到垃圾处理仍有问题。对耗水量大的草地绿化，建议用当地的草种和自然草。最好的办法是工厂搬迁后建公园。

资料来源：沈季伟，《北京观察》2002第一期。

二 城市化与人类文明进程的透视

城市化是人类长河中不断集聚资源、集聚能力、集聚财富的连续进程，是不断更新自己的生存方式与生产方式的连续进程，具有发展的正效应以及不断演化的动态特征，也就是说城市化的程度、规模、结构和功能是随着时间的变化而前进的。

城市化是经济增长和区域发展的火车头，是引领财富集聚和社会进步的带头羊，从根本上去认识，城市化也是人类文明演进和实现国家现代化的基本标识。

城市是人类文明进程的产物，是人类社会历史进程的重要标志。人类历史上发生过三次城市革命。第一次城市革命发生在奴隶社会末期。农业经济的诞生和兴起，奴隶主对乡村小农经济的追求引起了奴隶城市的崩溃，而应运兴起封建城市。第一次城市革命的直接结果是，城市不仅有城、而且有市。第二次城市革命始于十八世纪中叶，工业革命促进了生产力的巨大发展，使资本主义城市彻底取代了封建城市，新兴的城市获得了前所未有的发展动力。第二次城市革命的直接结果是城市工业化，生产力以很高的速度发展，工业化推动了城市化。第三次城市革命以正在到来的信息化时代以及知识经济的出现为标志。第三次城市革命的结果将是：以信息和知识经济为主流，取代工业时代的主流"物质经济"，人力资本取代物质资本而在生产力三要素中跃居决定性作用，智能、智慧和知识成为经济发展的基础，城市发展以人为中心，以生态、资源、环境为其承载能力的边界条件，进入人与自然和谐为前提的、呈现个性化、分散化、分异化发展的时代。城市与乡村、人居与环境、社会与自然将进入共存、共生、协同进化、和谐统一与可持续发展的状态。

追求现代化是人类整体进化的原动力，它与不断满足人的需求，不断提高人的素质，不断培育人的良知，不断实现人的理想，在本质上是一个事物在各个侧面的集合表现。由此出发，在人类发展的长河中，物质文明与精神文明的创造与积累，国家富强与人民福祉的提高与巩固，先进文化与理性价值的发扬与延续，往往被视为现代化的内涵特质与外在表征。而国家的城市化正是此种内涵本质与外在特征的"有效载体"和"形式表达"。

只是人类在漫长的农业文明时代，由于各个国家、各个民族、各个区域在生产力水平上的差异比较，相对而言不是很大；在生产对象与生产方式的总体表现上基本互相接近；在物质投入与能量投入的数量与规模上基本处于同一级别；在产品多样性与社会分工的程度上不太发达；对生态环境的干扰与对资源的攫取在本质上远未超出自然的承载能力，因此这个时代对于城市化的提法和要求，其认识深度与关切程度表现的并不十分明显。

到了十八世纪，人类开始进入了工业文明时代，尤其到了二十世纪末叶，人类又迎接了知识经济与信息时代的到来，各个国家、各个区域在生产力水平上的表现，已经产生了质的差异和发展阶段上的巨大落差，加上人在需求上被满足的欲望所形成的巨大惯性，显著地提高了国家与国家之间、区域与区域之间的社会分工职能，由此要求提高国家综合实力和国际竞争力的愿望进一步高涨，并且力图保持与发扬各自的比较优势，基于上述的政治背景、经济背景、社会背景、文化背景、乃至心理背景，以及由这些背景所引发的行动方针，都呈加速度的形态而被凸显出来。加速国家的城市化进程，就是此类“形态”的具象表征。这也就是为什么越是到了近代，城市化越是受到各国重视的历史原因。

注释专栏 1.2

城市革命

在二十一世纪即将来临，一场新的城市革命正悄悄地向我们走近。城市的革命，意味着城市发展出现重大变革和转折，传统的城市发展观念面临巨大的挑战，传统的城市建设、管理方法受到巨大冲击。由现代科学技术革命而引起的，并符合历史发展潮流的新的城市发展道路与模式将展现在人类的面前。城市发展将进入崭新的新纪元。城市的革命将迅速影响城市物质和精神生活的各个方面，改变人们的思想观念和思维方式。所以，每一个居住在城市的人们，特别是城市管理人员和理论工作者必须认真思索并严肃对待。

一　什么是城市的革命

城市的革命，简而言之，就是城市发展进程及方向的重大变化，是城市发展道路历史性转折，就是城市发展开辟了新的里程碑。原始社会末期，人类有了剩余产品，在有人群和有防卫条件的地方，产生了城市。奴隶社会的城市，多有城而无市，因而不是真正的城市。马克思认为，商品交换是城市的基本经济功能。“真正的城市，只是在国家首脑及其地方总督把自己的收入（剩余产品）同劳动相交换，把收入作为劳动基金来花费的地方才形成起来，或者只是在特别适应于对外贸易的地方才形成起来。”

二　城市革命的动因

新的城市革命是比以前更为重要、影响更大、意义更为深远的一次城市革命。它大致开始于二十世纪七十年代。它以计算机的广泛应用，信息化时代的到来，以及知识经济的诞生为标志。

每一次城市革命的发生，都以科学技术的进步，生产力的巨大发展，以及社会经济深刻变化为背景的。这一次城市的革命也不例外。引起新的城市革命的主要因素有：

1. 知识经济时代的到来

人类历史上已经经历过了采集狩猎经济时代、农业经济时代、工业经济时代。农业经济时代起源于公元前八千年的亚洲西部，然后经过五千年扩展到欧洲。农业革命给人类带来的文明，是建造住 房和城镇，使用斧子、锤子从事手工业劳动，生产啤酒和面包，纺纱织布，采矿和冶炼金属。

工业经济时代开始于十八世纪中叶。工业革命在经历蒸汽革命、电力革命、原子能革命这三个阶段以后，到二十世纪七十年代开始萌发知识经济时代。工业革命在200多年内使世界人口从1780年的8亿增加到1980年的45亿。使工业成为国民经济的主导产业，使城市成为人类主要聚居地。使国民财富及生活水平成倍增长。

工业经济既给人类带来巨大的财富和享受，但由于过分消耗物质资源而潜伏着危机，能源危机和环境危机就是其中最明显的危机，而且危机呈加速发展的态势。工业经济时代所生产的产品，虽然五花八门，品种万千，但都是物质的转化形态，所以工业经济时代，又可称物质经济时代。在人类的历史长河中它不可能是永恒的，带有过渡性质，是过渡经济。

所谓知识经济，就是依赖更多的知识和信息，生产出物质和能源消耗更少，而质量更好，更耐用的产品或服务的经济。在知识经济条件下，要求产品中知识和信息的比重最大限度地增加，而物质和能耗的比重最大限度地减少。人类自身从单纯或主要追求物质消费转向物质消费与精神消费并重的时代，而对应两个经济时代的更替，产生了两次城市发展革命。城市作为经济的载体必然会随着工业经济时代向知识经济时代的转变而引起发展方式的变革。

2. 网络经济的发展

科学的网络经济应该包括传统网络经济和现代网络经济两个层次的含义。传统的网络经济为工业时代的城市发展作出了巨大的贡献。如全球航路的开通，铁路、公路网的建设，电力和电信网的建造，使得城市化由发达国家迅速向不发达国家扩散，广大的农村地域，新兴城市如雨后春笋不断涌现。

传统网络经济的意义，在于部分地消除了自然条件以及空间距离对人类经济活动以及城市空间分布的限制。而十分发达的乡村交通通讯网络，可使城市原有产业集聚效益不再那么明显。

二十世纪七十年代以来所出现的信息网络革命，使得原来需要集中才能发展的科技、教育产业也出现了分散发展的可能。例如因特网的普及与发展，不仅使白领工作人员在家庭办公成为可能，同时也使学生在家里上学也成为可能. 而网上银行、网上商务以及网上教学的发展，使传统的城市商务中心区和大学城走向分散化，使之更接近居住区组团。原来特大、大城市所独有的科技、信息资源，由于因特网技术的发展而能广泛地为中小城市所共享。

这一切，意味着城市在空间利用方面，取得了更大的区域适应性；在布局选择、规模构造以及产业选择方面提供了更大的灵活性。同时，特大、大城市，因为集聚而带来的许多优势相对减少，而中小城市，特别是小城镇，由于分散灵活和环境质量高，其发展优势相对增强。知识经济时代，是中小城市呈现活力的时代，是城市发展走向相对分散的时代。

3. 市场经济的高度开放

经济开放和交易自由是市场经济得以实现的前提。但是历史上的市场经济，常常受到政治制度、行政边界、贸易壁垒及国际关系 的限制，市场范围狭小。二次世界大战以来，自由贸易在全球市场经济体系构造中不断得到强化。表现在：原殖民地国家纷纷独立，摆脱原宗主国的控制，在国际贸易上与经济发达国家日趋平等的地位，发达国家贸易保护主义的坚冰被不断打破；社会主义国家在经历数十年的计划经济努力以后，纷纷转向较为自由开放的市场经济，从而形成全球范围内的自由的、畅通的贸易。以WTO和欧共体等一系列国家或地区经济组织和欧盟新的区域经济实体的出现，标志着经济结盟发展跃上一个新的台阶。其结果必然出现经济全球化。各个国家的大小城市不再只是地区和国家的经济中心，而是全球经济网络中的—个结点。城市及城市中的经济主体几乎向世界上的所有城市或每一个角落开放。各经济主体之间横向互动作用加强。

我国随着改革开放进程的不断深入，加入WTO谈判成功，整个经济不可避免地融入全球化的经济之中，大小城市无疑成为世界经济网络的结点。不仅影响城市的发展，而且引起城市的革命。

4. 高生活质量的追求

二十一世纪，先进国家和城市的人类生活进入了一个以人为中心的个性化发展阶段，其标志是人类的发展不仅为了满足生理需要、安全需要、物质享受需要，而且是为了满足个性发展、兴趣发展、能力发展以及实现信念的需要。人们追求的不单纯是物质上的满足，而是科学健康的生活方式，精神生活与物质生活的和谐。

二十世纪五十年代后，美国居民对以汽车为代表的耐用消费品 的消费的减速表明，人类开始进入一个以追求生活质量为目标，以非物质产品消费为对象的个性化发展时代。

人类生活进入以人为中心的个性化发展时代是知识经济发展的必然要求，也是生产力高度发展以后的必然结果。

从知识经济发展的要求来看，以人为中心的个性化发展是人类知识财富积累的源泉及创造力发挥的重要条件。没有人的个性化发展，或者发展不能以人为中心，知识经济成为一潭死水。

从生产力发展过程来看，不论是发达国家还是发展中国家，在广泛经历“传统社会”“起飞准备”“起飞阶段”“成熟阶段”“高消费阶段”以后，迟早必然会进入“追求生活质量阶段”。而追求生活质量阶段，人类消费的主要对象是知识产品和精神财富。

在追求生活质量阶段，提供劳务而不是提供产品的部门，丰富居民生活的文化艺术而不是物质生产的生产部门，提高社会生活质量的环保生态建设，文化教育建设、卫生保健建设，社会福利与社会安全建设，人居养生建设等而不是传统的工商业建设部门将成为城市的新兴主导产业部门。在以追求人的生活质量的提高，人的个性化发展时代，人类历史上将第一次不再以有形产品数量的多少来衡量社会的成就，而以“生活质量”的增进程度作为衡量成就的新标志。

5. 休闲和学习时代出现

由于劳动生产率的极大提高，人们的工作时间明显地减少。目前我国法定的周工作时间为 40 个小时，而发达国家不久可降到达 20 个小时。工作时间的减少意味着休闲时间的增加。与此同时，随着生活水平的提高和健康状况的改善，人们的寿命愈来愈长，已经形成老龄化社会。因此从总体上说，人们的休闲时间大量增加，实际上成为休闲时代。这一方面老年文化和休闲文化迅速崛起，另一方面，对城市来说，与生产性产业相反的休闲性产业应运而生，如健康、体育、文化、娱乐、旅游、养老、家政服务等产业必须得到大的发展，在城市产业中居于重要的地位。同时居民的消费结构也将发生很大的变化。

进一步认识，科学技术日新月异，不仅人们从事工作需要掌握新的科学技术知识，而且日常生活和人们交往也需要掌握科学技术知识，同时为了丰富自己的生活内容需要懂得更多的知识，因此必须不断的学习。工作时间愈来愈短，而学习时间不断增加则成为社会发展的规律。学习不仅需要人们自己化时间、下功夫，而且需要城市社会提供条件和环境，所以，一系列的教育产业得到一定的发展。这一切变化将引起城市革命。

资料来源：摘引自杨重光、梁本凡，中国社会科学院城市与环境研究中心。

国内外一些研究者认为，二十一世纪是城市的世纪，并且形成了相当一致的共识："只有当城市成功的时候，整个国家也才会成功"。

美国《新闻周刊》1996 年 6 月的一期中，以《超级城市》为其标题，强调指出"未来世纪超级城市的出现是意料中事，它将突破认识中的误区，其生活质量肯定应当比预计的要好"，"现在越来越明确的观点认为：密集式的居住模式比无休止的散乱扩展应该好得多"。

联合国环境规划署（UNEP）执行署长伊丽莎白·达沃德斯威尔在 1999 年的年度报告中亲自撰文："必须十分明确，城市的命运不仅仅决定一个国家的命运，而且还要决定我们所居住的整个地球的命运。千万不要忽视城市的可持续发展，否则将一定会把全人类带入到一个危险的境地"。

以上的论述从不同角度比较深刻地触及到了城市化的理论本质。纵观人类历史的整个情景，世界城市化内涵的特质抽象，应在统一的基础上服从如下 6 项基本追求。

1. 在统一的基础上，城市化总是意味着去寻求对于时间和空间的压缩能力。从古代到现代，人的活动半径（空间压缩能力）与人的速度增加（时间压缩能力），有着连续的和梯度式的提高。城市化的过程体现了人类获取物质、获取能量、获取信息的高度集聚特征，社会财富的增长随着对于时空压缩程度的提高而提高。城市的形成与发展，使其成为人类历史长河中时空压缩能力增长的典型代表者。英国考文垂大学克拉克教授的研究指出："世界上一半人口进入城市用了 8000 年时间。预计到二十一世纪，全球应有 80％的人在不到 100 年的时间也将完成这个过程"。

2. 在统一的基础上，城市化总是意味着去寻求对于物质、能量和信息的支配能力。人不仅要具有获取物质、能量和信息的能力，还必须对于所获取的资源，进一步提高其萃取能力、支配能力和使用能力。城市化的过程，本质上表现了这种支配能力的不断提高。世界城市的统计资料明白地指出：大城市为现代化、专业化、集约化 的生产提供了极有利的产业环境，成为更有效地利用土地资源、人力资源、金融资源、信息资源以及自然资源和公共服务设施的积极选择，使得城市通过对于物质、能量和信息支配能力的提高，完成对于财富获取的不断升级。例如：纽约市的GDP总量可以排在世界各国GDP次序的第14位或第16位；日本大东京区的GDP占日本全国总量的18.6%；大伦敦区的GDP占英国全国总量的17.0%；大汉城区占韩国全国GDP总量的26.0%；上海的GDP占中国GDP总量的4.6%；北京的GDP占中国GDP总量的2.5%。虽然相对而言中国大都市的经济实力还远远地落后于世界级城市的水平，但是城市集聚财富的能力，随着城市化的提升而提升的事实，却是不容置疑的。

3. 在统一的基础上，城市化总是意味着去寻求科学技术发展具有革命性提高的创新能力。科学技术的革命性进步本质上是时空压缩能力和物质、能量和信息支配能力的基本手段和杠杆。城市化的过程，应当以科技创新能力的持续性进步，成为推动现代化的手柄和火车头。蒸汽机的发明，提高了工厂的动力水平，在城市出现了以机械代替手工生产的伟大跃进；电力的出现，又一次整个地改变了城市的生产方式和生活方式，使得城市对于时空的压缩能力和对于物质、能量和信息的支配能力，有着巨大的进步。

4. 在统一的基础上，城市化总是意味着去寻求不断提高配置生产力要素的优化能力。无论是传统的工业化时代，还是进入新世纪的信息时代，生产力要素优化配置将是 在不同组合、不同水平、不同广度和深度上的结构性优化与功能性提高。城市化的过程，可以合理地归纳为对于这一类生产力要素在层次上和功能上的优化。

5. 在统一的基础上，城市化总是意味着去寻求对于社会公正的实现能力。无庸置言，社会公正程度以及消除贫富之间的不均衡，消除区域之间的不平衡与消除国家之间的不平等是社会中的人际关系、代际关系和区际关系中的最高准则，是保障社会稳定与有序运行的基础。城市化的过程，以及伴随着城市的辐射作用和带动作用，必然促使其周边农村加速富裕程度，并体现出以观念完善、制度完善、法律完善去支持社会公正性的提高以及最终公正的实现。

6. 在统一的基础上，城市化总是意味着去寻求不断提高物质文明与精神文明的协调能力。在一个现代化的社会中，城市不能只是满足对于物质财富的积聚和扩大，它同时还应当满足对于精神追求和道德完善的整体响应。城市化的过程，同时也是物质财富创造能力与精神道德完善程度的和谐统一，是人类文明传承的发扬与未来理性创造的升华的和谐统一。

以上六点将城市化置于整体人类发展序列谱的长河中，从中萃取出“人与自然”、“人与人”两大关系在城市发展过程的本质进化与内涵体现，由此去构建城市化在统一基础上的世界模型，以免除对于城市化认识的误解与偏见。同时，亦将城市化过程的“统一系列谱”与人类社会的发展史完整地结合在一起，由此说明城市化过程必然是一个正向的、积极的、动态的和非线性的发展轨迹，代表着人类整体发展的价值取向和理性追求。

注释专栏 1.3

让城市动起来

作者　卡拉·鲍尔

人们聚集到城市是为了生存，住在城市之后是为了美好的生活

亚里士多德写道："人们聚集到城市是为了生存，住在城市之后是为了过美好的生活"。在欧洲，城市在以前2500年左右充分发挥了这一作用。希腊人发明了城市这个概念，而居住在城市里一直是一个经久不衰的传统。欧洲有80%的人居住在城市，一直是地球上最城市化的大洲。自亚里士多德以来，住在大城市中的希腊人、意大利人和高卢人一直是从自家的住宅溜达到集市和市场，然后停下来买点东西，或是在咖啡馆中聊一聊最新的歌剧或艺术展。

然而在二十一世纪的头10年，城市生活即将改变。在更多时候，城市将不是人们过美好生活的地方，而是追求美好生活的人途径的火车站。发展规划教授哈里斯说："如今，城市是人口、信息、金融和货物流动的交汇点。它们越来越不是人们生活和工作的地方。"

欧盟的扩大将使多达13个新成员国的居民自由地在欧盟版图内迁移。与此同时，仅仅为了在今后半个世纪保持劳动者和领取养老金之间的比率稳定，欧盟每年就将需要1350万移民。这种流动性完全可能使欧洲的城市成为流动中心，城市之间通过高速火车和便宜的航班连接。城市设计师如今就带着刚刚被激发起的兴趣，着迷于转瞬即逝而非静止不变的构思，勾画着以人口流动和建筑物的多功能性为重点的都市风景。

一座城市就像一块联动的充水床垫，你不能建造孤立的建筑

机场和火车站附近熙熙攘攘的人流将使欧洲一些大广场上的人群相形见绌。城市网络会随着交通线路的涌现而大大改观。在二十世纪九十年代，欧洲之星客运公司使伦敦离巴黎比伦敦离利物浦还要近。到2010年，像PBKFAL（巴黎、布鲁塞尔、科隆、法兰克福、阿姆斯特丹和伦敦）之类的交通路线将进一步修改欧洲的版图。

与此同时，城区的扩张将增加每天上下班的交通距离。在1970年，欧洲人上下班的日平均交通距离为17公里，而在1998年为35公里。二十世纪九十年代末期，大量网络人士习惯于每天从伦敦飞往巴黎。假如贸易自由化趋势继续下去，那么跨国工作的将不仅是全球的精英人士。在哈里斯称作"极限上下班交通"的现象中，一架架飞机满载着摩洛哥人或土耳其人，每周一次飞往伦敦这样的城市，去打扫街道和医院。

在二十世纪商务旅行者通常避开火车站附近的旅馆，因为这些地方总是

与污秽的红灯区和廉价膳宿公寓联系在一起。不过由于有这么多人旅行，火车站和机场将成为繁华的城市中心，引来商场、办公室和餐馆。哈里斯指出："一旦有了一个国际交通中转站，这些城区就会成为国际中心，有各种各样的活动，这些活动多数时候是以知识行业为基础的。"

其他公共场所也将得到翻新。早期的建筑师把火车站设计为独立的建筑，如今的设计师把它们看作是与附近的城市相连接、把大量旅客送往汽车站和附近商店的中转区。在阿姆斯特丹，设计公司UN工作室两董事之一、城市规划师贝克尔发明了一种深度规划策略，倒转了传统的"自上而下"的设计方法，即先建造公共场所，再把人流吸引过来。贝克尔考察不同的人群在一天中不同时段里如何利用公共场所，他利用这些数据设计在交通高峰期适应拥挤的人流，而在其他时间适应较稀少人流的公共场所。他说："一座城市就像一块充水床垫。如果给一部分施加压力，就会影响其他部分。你不能建造孤立的建筑。"

有头脑有资本的人士能拉动经济增长，城市必须用各种方式吸引他们

欧洲日益增加的流动性引发了一场有关城区扩张的形象和感觉的争论。德国城市事务研究所的梅丁教授指出："到目前为止，我们的文化遗产一直都集中在城市中心。但是我们得设想一下，如何能够让那些远离市中心的地区充满生气，如此一来那些地方就不仅仅只有汽车修理厂、公路和加油站。"

新建筑的设计也将发生变化，以便为新兴城市发挥火车站的作用作好准备。住在伦敦的设计师亚历杭德罗波洛说："建筑观念受到传统的束缚。建筑物一直被视作分离、孤立和有界限的。但是人们越来越需要具有移动特性的场所。"

在日本的横滨，波洛所在的公司建造了一个把移动的想法融入建筑本身的候机楼。建筑中的隔墙可以靠轮子移动，而且没有楼梯，旅客靠活动舷梯去往各处。在荷兰城市格罗宁根，这家公司建造了蓝月亮旅馆公寓。居住者可以根据他们是在这里睡觉还是召开业务会议，来拉上或拉开一面面布墙，形成大小不同的房间和窗户。该公司还将在巴塞罗那建造一座进一步体现灵活性观念的体育公园。一座座体育馆将与公园的自然景观融为一体，而且体育馆的屋顶在举行音乐会或比赛时还能卷起来。

在工业时代，能够获得原材料是城市繁荣的基础，如今这种趋势正在改变。为了吸引有头脑和有资本的人士拉动经济增长，一座城市必须用生活方式和文化方式吸引他们。在全球化经济中，引人入胜的公园、博物馆和体育馆变得日益重要。梅丁说："过去，'实际的'位置因素，比如是否有港口和交通枢纽决定了一座城市是否会兴旺。如今，自然和文化环境的吸引力将决定公司设在哪里。"

自亚里士多德时代以来，城市也许发生了变化，但我们对美好生活的追求一如往昔。

资料来源：美国《新闻周刊》2002年9月23日。

第二章 中国城市化战略的实施环境

统计数据表明，随着时代的前进和发展，城市化程度的明显增长是一个重大标志，而且其增长过程与财富的积累程度成正比。在200年前的1800年，当时全世界的城市化率仅有3%，到1850年达到7%，1900年为15%，1950为30%，到2000年，全世界的城市化率已接近50%达到了48%。

中国城市发展的人口集聚水平，由于体制上、结构上和政策上的原因，虽然也表现出增长的趋势，但是却明显比全世界城市化率的进度要慢，直到2000年底，中国城市化率比世界平均城市化水平低12个百分点，比世界发达国家平均低40个百分点。虽然从建国前夕（1949年）全国设市67个增长至目前将近700个，但随着人口总量的增加，城市人口的比例仍然过于偏小。

在代表国家经济实力的GDP达到一万亿美元之后，为什么美国用了10年的时间使得GDP增长了1.7万亿美元（美国1970年GDP达到10100亿美元，10年之后到1980年时GDP达到27080亿美元，第一个10年GDP增加了1.7万亿美元），日本增长了1.4万亿美元（日本1978年GDP达到10480亿美元，到1988年时GDP达到24251亿美元，第一个10年GDP增加了1.4万亿美元），中国在2000年时的GDP达到了一万亿美元，10年后的2010年预计翻一番，GDP达到一万亿美元以后的第一个10年增加了1万亿美元，分别比美国和日本少增长0.7万亿和0.4万亿美元，原因可能是多方面的，但是如果注意到美国当时的城市化率超过85%，日本的城市化率超过65%，而中国在2000年的城市化率仅为36%时，也许就不难理解由于城市化率的差异所导致的社会财富集聚能力的差异。

一 中国城市化的50年进程

在中华人民共和国走过的50多年中，我国社会的典型“二元结构”——城市与乡村之间的反差，对于国家工业化初期的支持是巨大的。正如2001年诺贝尔经济奖得主之一，号称现代经济学“教父”的斯蒂格列茨，在他获奖的前一年2000年9月12日于中国人民大学演讲中很慎重地表达：“中国过去的发展战略主要基于80%的人口在农村这一事实。”通过农业对于工业，对于城市的支持，我们获得了一个国家经济起飞的基础体系。几十年当中在计划经济的框架下，利用“剪刀差”的既定政策，有倾斜地构筑了较先进的城市，却无可奈何地造就了较落后的农村，于是两类身份制度、两类教育制度、两类就业制度、两类公共服务制度等，不仅导致了中国城乡居民人均收入的差距日益扩大，也导致了城乡居民公共服务水平过于悬殊。计算表明，城市获得信贷和投资的比例，远远高于农村，以2000年为例，农业只获得全部信贷和投资的1.9%。世界银行发布的《2001世界发展报告》中指出，1999年反映社会公平的基尼系数在中国为0.41，其中最高收入的10%人口与最低收入的10%人口之间差距达到12.7倍。城市人均GDP是农村人均GDP的6.5倍至9.0倍。以上这些数字的准确性固然有待商榷，但是所反映出中国城乡之间的差异却是不容置疑的。

全国劳动力的50%处于农村，但是对于国内生产总值的贡献不超过15%，农村集聚财富能力很弱的直接后果是导致购买力不足，形成了一种不良循环的经济模式，并长期在农村中徘徊。国家注意到了这种现象，近年来反复强调要大力减轻农民负担，解决好“农村、农民、农业”的三农问题。这里我们可以作一个极端条件下的假设：某一天开始，农民每年生产的所有财富，任何人不准从中取得一分钱，全部归于农民，农民是否可以从此达到城市的生活质量呢？回答是否定的。根本原因是农民和农业的现有生产方式和现有生产力水平决定了他们集聚财富的能力低下。这里有一组数据可供说明：美国的GDP总量在1960年代达到1万亿美元，在其后的10年中，GDP总量达到2.7万亿美元；日本的GDP总量在1980年代初达到了1万亿美元，在其后的10年中GDP总量达到2.4万亿美元；中国的GDP总量在2000年达到了1万亿美元，依照国家规划在其后的10年（2010年）预计GDP再增加1万亿美元。为什么美国用了10年的时间使得GDP增长了1.7万亿美元，日本增长了1.4万亿美元，中国分别比他们少增长0.7万和0.4万亿美元，原因可能是多方面的，但是注意到美国当时的城市化率超过80%，日本的城市化率超过65%，而中国在2000年的城市化率仅为36%时，也许就不难理解由于城市化率的不同所导致的社会财富集聚能力的差异。因此，在新世纪开始全面建设小康社会，继续推进社会主义现代化建设的伟大战略任务中，加快中国的城市化进程，是实现现代化目标和加快积累社会财富的必由之路，也是消除二元结构实现社会公平的必由之路。斯蒂格列茨认为新世纪对于中国有三大挑战，居于首位的就是中国的城市化，他认为“中国的城市化将是区域经济增长的火车头，并产生最重要的经济利益”。

美国经济学会会长、芝加哥大学经济学教授盖尔·约翰逊曾专门研究了中国的城乡问题。其中指出，日本经济起飞过程中，农业人口下降了65%；美国经济起飞过程中，农业人口下降了72%；而中国在1985～1990年期间，从农业人口转移出去的人口，即使包括临时流动的人口在内，也不超过10%，如果不计算农民进城打工的人数，真正转移出去的农业人口仅有1.5%，这将大大限制中国经济总量的进一步扩张。

表 2.1　世界一些发达国家城市化率（%）的历史演进

国家	1920	1950	1960	1965	1970	1975	1980	2000
英国	79.3	77.9	78.6	80.2	81.6	84.4	88.3	89.1
法国	46.7	55.4	62.3	66.2	70.4	73.7	78.3	82.5
美国	63.4	70.9	76.4	78.4	81.5	86.8	90.1	94.7
日本	28.0	45.8	53.9	58.0	64.5	69.6	74.3	77.9
德国	63.4	70.9	76.4	78.4	80.0	83.8	86.4	81.2 *

*　东西德统一之后的统计值。

资料来源：世界资源研究所，世界资源（2000～2001），牛津大学出版社。

统计数据表明，随着时代的前进和发展，城市化程度的明显增长是一个重大标志，而且其增长过程与财富的积累程度成正比。在 200 年前的 1800 年，当时全世界的城市化率仅有 3%，到 1850 年达到 7%，1900 年为 15%，1950 为 30%，到 2000 年，全世界的城市化率已接近 50%达到了 48%。从二十世纪五十年代初到二十世纪九十年代末，表 2.2 系统地列出了中国的城市化历程：

表 2.2　中国城市化历程及城乡人口的增长

年份	城镇人口（万人）	乡村人口（万人）	城镇人口比重（%）	城镇人口增长率（%）	乡村人口增长率（%）	城镇人口增长规模（万人）	乡村人口增长规模（万人）
1952	7163	50319	12.46				
1953	7826	50970	13.31	9.26	1.29	663	651
1954	8249	52017	13.69	5.41	2.05	423	1047
1955	8285	53180	13.48	0.44	2.24	36	1163
1956	9185	53643	14.62	10.86	0.87	900	463
1957	9949	54704	15.39	8.32	1.98	764	1061
1958	10721	55273	16.25	7.76	1.04	772	569
1959	12371	54836	18.41	15.39	−0.79	1650	−437
1960	13073	53134	19.75	5.67	−3.10	702	−1702
1961	12707	53152	19.29	−2.80	0.03	−366	18
1962	11659	55636	17.33	−8.25	4.67	−1048	2484
1963	11646	57526	16.84	−0.11	3.40	−13	1890
1964	12950	57549	18.37	11.20	0.04	1304	23
1965	13045	59493	17.98	0.73	3.38	95	1944
1966	13313	61229	17.86	2.05	2.92	268	1736

续表 2.2

年份	城镇人口（万人）	乡村人口（万人）	城镇人口比重（%）	城镇人口增长率（%）	乡村人口增长率（%）	城镇人口增长规模（万人）	乡村人口增长规模（万人）
1967	13548	62820	17.74	1.77	2.60	235	1591
1968	13838	64696	17.62	2.14	2.99	290	1876
1969	14117	66554	17.50	2.02	2.87	279	1858
1970	14424	68568	17.38	2.17	3.03	307	2014
1971	14711	70518	17.26	1.99	2.84	287	1950
1972	14935	72242	17.13	1.52	2.44	224	1724
1973	15345	73866	17.20	2.75	2.25	410	1624
1974	15595	75264	17.16	1.63	1.89	250	1398
1975	16030	76390	17.34	2.79	1.50	435	1126
1976	16341	77376	17.44	1.94	1.29	311	986
1977	16669	78305	17.55	2.01	1.20	328	929
1978	17245	79014	17.92	3.46	0.91	576	709
1979	18495	79047	18.96	7.25	0.04	1250	33
1980	19140	79565	19.39	3.49	0.66	645	518
1981	20171	79901	20.16	5.39	0.42	1031	336
1982	21480	80174	21.13	6.49	0.34	1309	273
1983	22274	80734	21.62	3.70	0.7	794	560
1984	24017	80340	23.01	7.83	−0.49	1743	−394
1985	25094	80757	23.71	4.48	0.52	1077	417
1986	26366	81141	24.52	5.07	0.48	1272	384
1987	27674	81626	25.32	4.96	0.60	1308	485
1988	28661	82365	25.81	3.57	0.91	987	739
1989	29540	83164	26.21	3.07	0.97	879	799
1990	30191	84142	26.41	2.20	1.18	651	978
1991	30543	85280	26.37	1.17	1.35	352	1138
1992	32372	84799	27.63	5.99	−0.56	1829	−481
1993	33351	85166	28.80	3.02	0.43	979	367
1994	34301	85549	28.62	2.85	0.45	950	383
1995	35174	85947	29.04	2.55	0.47	873	398
1996	35950	86439	29.37	2.21	0.57	776	492
1997	36989	86637	29.92	2.89	0.23	1039	198
1998	37942	86868	30.4	2.58	0.27	953	231

表 2.3 按照城市人口规模及其比重列出了从 1949 年到 2000 年的变化：

表 2.3　1949～2000 年中国各级规模城市数量（个）及在城市总数量中所占比重（%）

年份	合计		100 万人口及以上		50—100 万人口		20—50 万人口		20 万人口以下	
	城市数量	比重	城市数量	比重	城市数量	比重	城市数量	比重	城市数量	比重
1949	136	100	5	3.7	8	5.9	17	12.5	106	77.9
1950	141	100	6	4.2	7	5.0	22	15.6	106	75.2
1952	157	100	9	5.7	10	6.4	23	14.6	115	73.3
1957	178	100	10	5.6	18	10.1	36	20.2	114	64.1
1958	176	100	11	6.3	19	10.8	36	20.4	110	62.5
1959	183	100	15	8.2	20	10.9	32	17.5	116	63.4
1960	199	100	15	7.5	24	12.1	32	16.1	128	64.3
1961	208	100	15	7.2	22	10.6	33	15.9	138	66.3
1962	198	100	14	7.1	20	10.1	52	26.3	112	56.5
1963	174	100	15	8.6	18	10.4	54	31.0	87	50.0
1965	171	100	13	7.6	18	10.5	43	25.2	97	56.7
1966	172	100	13	7.6	18	10.5	46	26.7	95	55.2
1970	176	100	11	6.3	21	11.9	47	26.7	97	55.1
1973	181	100	15	8.3	21	11.6	54	29.8	91	50.3
1974	181	100	15	8.3	22	12.1	53	29.3	91	50.3
1975	185	100	13	7.0	25	13.5	52	28.1	95	51.4
1976	188	100	15	8.0	22	11.7	57	30.3	94	50.0
1977	188	100	15	8.0	24	12.8	56	29.8	93	49.4
1978	192	100	13	6.8	27	14.1	60	31.2	92	47.9
1979	216	100	16	7.4	27	12.5	67	31.0	106	49.1
1980	223	100	15	6.7	30	13.5	70	31.4	108	48.4
1981	233	100	18	7.7	28	12.0	70	30.1	117	50.2
1982	245	100	19	7.8	29	11.8	70	28.6	127	51.8
1983	289	100	19	6.6	29	10.0	73	25.3	168	58.1
1984	295	100	19	6.4	31	10.5	81	27.5	164	55.6
1985	324	100	21	6.5	31	9.6	94	29.0	178	54.9
1986	353	100	23	6.5	31	8.8	95	26.9	204	57.8
1987	382	100	25	6.5	30	7.9	103	27.0	224	58.6
1988	434	100	28	6.5	30	6.9	110	25.3	266	61.3
1989	450	100	30	6.7	28	6.2	116	25.8	276	61.3
1990	467	100	31	6.6	28	6.0	117	25.1	291	62.3
1991	479	100	31	6.5	30	6.3	121	25.2	297	62.0
1992	517	100	32	6.2	31	6.0	141	27.3	313	60.5

续表 2.3

年份	合计		100万人口及以上		50—100万人口		20—50万人口		20万人口以下	
	城市数量	比重	城市数量	比重	城市数量	比重	城市数量	比重	城市数量	比重
1993	570	100	32	5.6	36	6.3	160	28.1	342	60.0
1994	622	100	32	5.2	41	6.6	175	28.1	374	60.1
1995	640	100	32	5.0	43	6.7	191	29.9	374	58.4
1996	666	100	34	5.1	44	6.6	195	29.3	393	59.0
1997	668	100	34	5.1	47	7.0	205	30.7	382	57.2
1998	668	100	37	5.5	49	7.3	205	30.7	377	56.4
1999	667	100	37	5.5	49	7.3	216	32.4	365	54.7
2000	663	100	40	6.0	53	8.0	218	32.9	352	53.1

资料来源：①顾朝林著，中国城镇体系——历史・现状・展望，表7—9。
②朱铁臻主编，中国城市手册，表2—5。
③中国城市统计年鉴（1985）（1986）（1987）（1988）（1989）（1990）（1991）（1992）（1993～1994）（1995）（1996）。
④中国城市年鉴（1993）。
⑤中国统计年鉴（1997）。

选自：王放，中国城市化与可持续发展，2000年，科学出版社。

在1978年改革开放以前，由于推行重工业优先的发展战略，政府采取了统购统销政策、严格户籍制度和人民公社体制，保障农业向工业提供原始资本积累，结果形成了城乡分隔的二元经济。这种制度安排确实起到了加快推进工业化的成效，但是，由于户籍制度对农村人口和劳动力流动的严格计划控制，迅速推进的工业化并没有带来城市化的同步发展。图2.1显示了建国以来工业化和城市化的变化趋势。建国之初，中国工业化水平较低，占总量GDP中的比重不到21%，到1966年，在短短的14年时间里提高到38%，上升了17个百分点。此后，遭受到“文化大革命”对国民经济和工业化的破坏，工业化水平一度有所下降，但在改革前夕仍然上升到48%左右。与此对照，城市化水平在“文化大革命”前略有提高，但在整个“文化大革命”期间基本上保持不变，到1978年只达到17.9%，比1952年仅高出大约5个百分点，近30年间平均年增长率不到0.2%。

改革开放以来，随着发展战略调整与改革深入，城市化水平不断提高。特别是近年来，启动户籍制度改革对加快城市化起到了积极作用。从图2.1可以看出，二十世纪八十年代，中国工业化水平增速呈现逐年下降趋势，而城市化水平增速则呈现逐年上升趋势。1980～1989年，城市化水平从19.4%上升到26.2%，提高6.8个百分点。到九十年代，工业化水平和城市化水平都呈现出逐年上升趋势。1990～1999年，城市化水平从26.4%上升到30.9%，提高4.5个百分点。九十年代城市化水平比八十年代上升幅度低2.3个百分点，这主要是改革初期的城市化水平很低和八十年代中期的城市改革推动作用的结果。

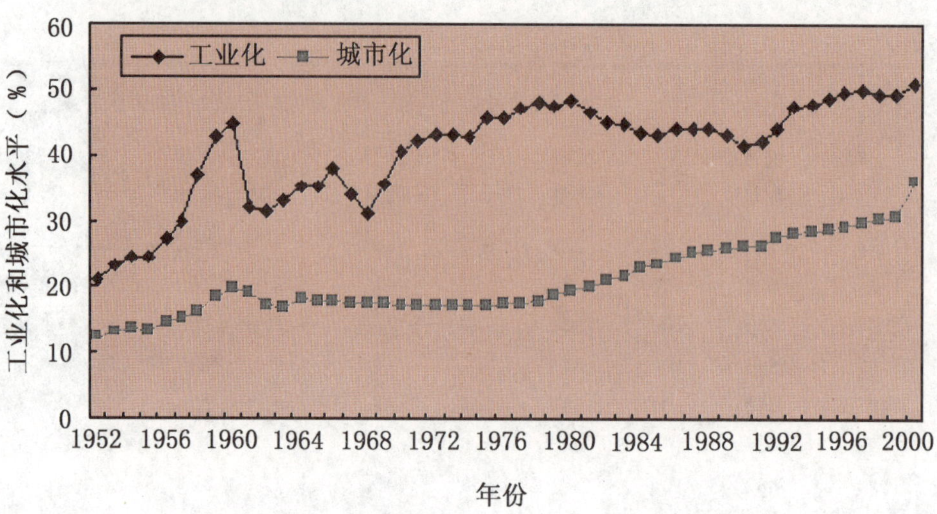

图 2.1　1952～2001 年中国工业化与城市化水平

资料来源：国家统计局，《中国统计年鉴》（1993，2000），中国统计出版社，北京。

如果考虑到统计口径方面因素，2000 年中国的城市化水平为 36.2%，比 1978 年提高 18.3 个百分点，显著快于改革前的城市化步伐，但是，由于受到传统体制的影响和户籍制度改革滞后影响，中国城市化发展仍然严重地滞后于工业化发展和经济发展水平。

中国城市发展的人口集聚，由于体制上、结构上和政策上的原因，虽然也表现出增长的趋势，但是却明显比全世界城市化率的进度要慢，直到 2000 年底，中国城市化率比世界平均低 12 个百分点，比世界发达国家平均低 40 个百分点。虽然从建国前夕（1949 年）全国设市 67 个增长至目前将近 700 个，但随着人口总量的增加，城市人口的比例仍然过于偏小。

由于从建国开始的发展战略中就有"积极推进工业化，相对抑制城市化"的主导思想，加上长期"恐城症"的制约，中国城市发展的 50 年历程，可以看出城市化率的缓慢增长情况，这通过 5 次全国人口普查的数据即可说明（见表 2.4）。

表 2.4　中国 50 年的城市化进程

人口普查	年份	城镇人口（万人）	全国总人口（万人）	城市化率（%）
第 1 次人口普查	1953	7726	58260	13.26
第 2 次人口普查	1964	12710	69458	18.30
第 3 次人口普查	1982	20658	100394	20.60
第 4 次人口普查	1990	29651	113048	26.23
第 5 次人口普查	2000	45594	126333	36.09

注：人口中未包括大陆以外的香港特别行政区、澳门特别行政区和台湾省。

资料来源：经济时报，2001.7.11 第 2 版。

从以上的中国城市化进程与世界城市化进程的对比中，可以清楚地发现，在中国现处发展阶段下，城市化率偏低将成为制约经济发展，影响社会稳定与实现现代化目标的“巨大瓶颈”，成为限制我国在经济全球化中保持竞争优势的“巨大瓶颈”，也将成为我国提高国家综合实力和知识经济时代新一轮财富集聚中的“巨大瓶颈”。

重复这一组数据是必要的：在代表国家经济实力的GDP达到一万亿美元之后，为什么美国用了10年的时间使得GDP增长了1.7万亿美元（美国1970年GDP达到10100亿美元，10年之后到1980年时GDP达到27080亿美元，第一个10年GDP增加了1.7万亿美元），日本增长了1.4万亿美元（日本1978年GDP达到10480亿美元，到1988年时GDP达到24251亿美元，第一个10年GDP增加了1.4万亿美元），中国在2000年时的GDP达到了一万亿美元，10年后的2010年预计翻一番，GDP达到一万亿美元以后的第一个10年增加了1万亿美元。分别比美国和日本少增长0.7万亿至0.4万亿美元，原因可能是多方面的，但是如果注意到美国当时的城市化率超过85%，日本的城市化率超过65%，而中国在2000年的城市化率仅为36%时，也许就不难理解由于城市化率的差异所导致的社会财富集聚能力的差异。

二 中国城市发展的世界背景

2000年7月在柏林举行的“二十一世纪城市未来”国际会议发表的《21世纪世界城市发展报告》指出：世界城市发展主要呈现三类形态。

第一类是非正规城市过量发展，主要表现为人口高增长，生育率高，移民多，居住简陋，环境和医疗卫生条件差，管理空白多，城市居民相对贫因，这类城市主要集中于非洲撒哈拉以南、印巴次大陆等地区。

第二类是富有经济增长活力的城市，特点是人口增速下降，部分城市面临老龄化问题，这类城市主要集中于东非、拉美、中东等中等收入的发展中国家。

第三类是人口老龄化扩大，发展动力减弱的成熟型城市，这类城市主要集中在北美、欧洲、澳大利亚和东亚部分地区。

世界城市面积只占陆地面积的2%，却居住着地球一半左右的人口，耗用全球生活用水量的65%，工业木材总用量的76%，排放二氧化碳占全球排放总量的78%。目前世界城市人口的2/3以上居住在发展中国家，其中贫困人口约15亿，这其中至少有6亿人无足够住房，11亿人呼吸不到新鲜空气，因饮水不洁每年死亡约1000万人，生活条件日趋恶化，不安全因素存在。

二十一世纪全世界城市发展面临严峻挑战。降低人口增长率、提高生产率、减少环境污染、循环利用资源、建立城市网络等五大任务将成为全球城市的共同责任。

展望二十一世纪世界城市发展总趋势，从2000年到2025年，世界城市人口将从1 995年的24亿猛增至50亿、占世界总人口的比例由48%升至61%。世界城市人口爆炸式增长主要集中于发展中国家，在未来25年里、拉美、加勒比海地区、亚洲、非洲的城市人口将翻一番。中国城市化率也将从1999年的30.9%增长到2025年的55%左右，城市人口从1999年的3.89亿增加到2025年8.3亿—8.7亿，翻一番以上。世纪之交的2000年，全世界人口超过100万的大城市已有325个、超过1000万人口的超大城市有20个，预计到2006年，世界人口的一半即32亿将是城市居民。

世界城市化发展的主要特点是：发展中国家成为城市化浪潮的主体；居住在大城市中的人口增多，大城市发展速度加快，世界经济结构性变化，如服务业、交通业、通信业的革命成为城市发展的主要动力等。

估计到2015年，全世界将有358个超百万人口和27个超千万人口的大和特大城市。在经济全球化大趋势中推动城市化，将会促进经济和社会发展，让更多的人从这一历史进程中获益，缓解当代世界主要的经济与社会问题，使各国共享与经济发展有关的各类知识，在商品、服务及其他生产要素加速流动中为全人类提供福祉。

中国在世界各国大家庭中，是一个举足轻重的成员。在二十一世纪的世界发展中，中国实施城市化战略的行动，将越来越受到国际社会的关注，其伟大意义早已超出国界的范围。

本报告选择全世界国土面积超过700万平方公里的大国，依其国土面积大小排列分别是俄罗斯、加拿大、中国、美国、巴西和澳大利亚六国，分布于欧洲、北美、亚洲、南美和大洋洲。在实施城市化战略的背景分析中，我们有必要首先明确中国发展在世界主要大国中的基本地位和基本要素的比较，以便更好地了解我们是在什么样的背景下提出并执行城市化基本战略的（见表2.5）。

表2.5 中国整体发展在世界大国中的地位

	俄罗斯	加拿大	中国	美国	巴西	澳大利亚
1. 人口密度（人/km²）	8.6	3.2	131.0	27.5	19.1	2.4
（中国人口密度居第一，在大国中是人口密度最小者的54.3倍）						
2. 具备生产能力的土地面积占国土面积的%（即所谓“成熟土地”面积的份额）	12	8	27	45	28	60
（中国居中）						
3. 人均“成熟土地”面积（hm²）	1.39	2.50	0.21	1.64	1.47	25.0
（中国人均成熟土地面积最小，在大国中是人均数量最大者的6.6%）						
4. 灌溉面积占耕地面积的份额（%）	4.0	2.0	52.0	11.0	6.0	4.0
（中国灌溉面积在大国中的比例最高，是其中最小者的26倍）						
5. 年平均化肥用量（kg/hm²）	29.0	60.0	261.0	108.0	85.0	32.0
（中国的化肥用量在大国中最高，是其中最小者的9倍）						
6. 谷物平均产量（t/hm²）	1.61	2.57	3.29	5.09	2.26	1.71
（中国居中）						
7. 平均每公斤化肥所产生的谷物数（kg）	55.5	42.8	12.6	47.1	26.6	53.4
（中国的化肥使用效率在大国中最低，是其中最高者的0.23）						
8. 每年可再生性水资源量（1000m³）	4498	2901	2800	2478	6950	343
（中国居中）						

续表 2.5

	俄罗斯	加拿大	中国	美国	巴西	澳大利亚
9. 人均水资源是（m^3/人，1995 年）	30599	98462	2292	9413	42975	18963
（中国居末位）						
10. 每年水的开采量（km^3）	117.0	45.1	460.0	467.3	36.5	14.6
（中国居前列）						
11. 水的开采量占水资源总量的％	3.0	2.0	16.0	19.0	1.0	4.0
（中国的人均水资源量在大国中最小，是其中最大者的 2.3％）						
12. 生活用水、工业用水、农业用水之比	17 ∶ 60 ∶ 23	18 ∶ 70 ∶ 12	6 ∶ 7 ∶ 87	13 ∶ 45 ∶ 42	22 ∶ 19 ∶ 59	65 ∶ 2 ∶ 33
（中国在大国中农业用水比例最大，是其中最小者的 7.3 倍）						
13. 森林总面积（10000km^2）	754.9	247.2	133.8	209.6	566.0	39.8
（中国居倒数第二）						
14. 自然保护区面积（10000km^2）	70.5	82.4	58.1	130.2	32.2	94.1
（中国居后）						
15. 然保护区面积占国土面积％	4.1	8.3	6.1	13.3	3.8	12.2
（中国居中）						
16. 每万 km^2 的物种数	—	378	3282	1802	6154	1784
（注：物种数包括哺乳动物、鸟类、高等植物总和）						
17. 受威胁的物种数占全部物种之比例（％） —	17.9	1.5	11.3	1.1		10.6
（中国居较优）						
18. 国家海岸线长度（km）	37653	90908	18000	19924	7491	25760
（中国居后）						
19. 商品能源（1015J，1993）	43550	9196	29679	81751	3800	3917
（中国居中）						
20. 水电潜力（MW）	—	614882	2168304	376000	1116900	25248
（中国居首位）						
21. 人均 CO_2 发射量（吨/人）	14.1	15.0	2.3	19.1	1.4	15.2
（中国居后列）						
22. 1992 年 CO_2 排放总量（万吨）	210313	40986	266798	488135	21707	26794
（中国居第二）						
23. 生产水泥的 CO_2 排放占总 CO_2 排放％	1.61	1.03	5.68	0.72	6.45	0.92
（中国居前列）						
24. 人为的 CH_4 排放（万吨，1992）	1700	360	4700	2700	990	480
（中国居首位）						
25. 来自固体废弃物所排放的 CH_4 占总 CH_4 排放的％	9.41	36.11	1.89	34.07	13.13	12.92
（中国居末位）						

续表 2.5

	俄罗斯	加拿大	中国	美国	巴西	澳大利亚
26. 出生时预期寿命（年），1990～1995	70.0	77.4	70.9	75.9	66.2	76.9
（中国居中）						
27. 人口的总生育率 1990～1995	2.1	1.8	2.2	2.1	2.8	1.9
（中国居前）						
28. 食物人均热量供给占需求的％	—	122	112	138	114	124
（中国居末位）						
29. 恩格尔系数	—	11.0	61.0	13.0	35.0	13.0
（中国最高）						
30. 获得安全饮用水的人口占总人口的％						
城市	—	100.0	87.0	100.0	95.0	100.0
农村	—	100.0	68.0	100.0	61.0	100.0
（中国居最后）						
31. 成年女性识字率（％）	—	98	62	99	80	—
（中国最低）						
32. 女性劳动力占总劳动力％	—	40	43	41	28	38
（中国最高）						
33. 总劳动力（千人）	—	12340	583640	116877	－7713	
（中国居第一）						
34. 人文发展指数（1995）	0.854	0.950	0.594	0.937	0.804	0.929
（中国居最后）						
35. HDI 在全世界排名序位（1995）	52	1	111	2	63	11
（中国的人文发展指数 HDI 在大国中最低）						

资料来源：

1. 世界银行：《世界发展报告》，1996，1997，1998。
2. 世界资源研究所：《世界资源》，1996，1997，1998。
3. 联合国开发计划署：《人类发展报告》，1996，1997，1998。
4. 世界观察研究所：《世界状况》，1996，1997，1998。

由于中国的人口众多，全世界总人口中将近 20％的份额为中国所占据，当我们采用人均资源和人均财富在世界各国中进行对比时，立即会发现按人平均后的数字，远远地小于其它一些资源总量和财富总量并不居前列的国家。因此，总量规模高与人均数量低的严重不平衡，是中国制定城市发展战略时必须面对的严峻现实。因为真正衡量社会财富的多少，不仅仅是看其总量的多少，更实质地是去看人均数量的多少，后者对于人民生活质量的评价更加有效，也是经济增长的更加直接的目的。以下，我们列出中国各省、市、自治区主要项目的人均数值，作为执行城市化战略时的基础参考（见表 2.6）：

表 2.6 中国各省、市、自治区人均资源与人均经济指标

地区	森林面积(亩/人)	森林蓄积量(立方米/人)	人均水资源(立方米/人)	可开发水力能量(千瓦时/人)	主要矿产工业储量潜在价值(元/人)	人均耕地(亩/人)九十年代资料	人均生物量(吨/人)	1996年人均能源消费(吨/人)	每万人在校大学生数
全国	1.6	8.35	2517	1780	5300	1.7	10.8	1.14	24.0
北京	0.2	0.14	342	—	1500	0.63	1.35	2.91	145.6
天津	0.05	0.02	162	55	1463	0.88	0.82	2.64	72.3
河北	0.44	0.46	408	—	3850	1.54	2.36	1.38	19.6
山西	0.45	1.23	508	394	42434	2.26	3.28	2.2	21.9
内蒙古	9.98	47.03	2415	2415	24374	5.14	71.16	1.22	16.1
辽宁	1.45	2.66	964	148	6451	1.99	6.9	2.37	43.8
吉林	3.89	28	1650	469	2098	3.48	32.8	1.6	38.9
黑龙江	6.7	41.96	2369	637	6409	5.48	42.09	1.57	30.7
上海	0.01	—	174	—	28	0.39	0.38	3.37	101.8
江苏	0.08	0.05	523	4	633	1.18	1.27	1.14	29.5
浙江	1.25	1.92	2232	355	135	0.87	4.32	1.12	21.5
安徽	0.51	1.03	1483	49	3771	1.55	3.11	0.74	14.3
福建	2.4	10.56	4337	1140	414	0.69	8.93	0.75	22.1
江西	2.3	6.64	4030	537	1674	1.09	8.09	0.52	20.2
山东	0.17	0.06	427	3	2984	1.41	1.52	1.05	18.4
河南	0.27	0.4	527	141	2735	1.35	1.82	0.73	13.4
湖北	1.11	1.93	1920	2918	759	1.24	5.33	1.03	31.7
湖南	1.78	2.77	2760	844	2157	1.01	5.75	0.85	20.4
广东	1.37	3.16	3341	372	848	0.76	4.33	1.11	22.1
广西	1.95	5.48	4658	1588	1214	1.38	6.69	0.53	13.2
海南	—	—	—	—	—	1.53	9.29	0.47	16.6
四川	0.98	10.03	2957	4929	12664	1.52	11.76	0.83	17.7
贵州	1.13	4.11	3375	2122	5652	1.77	9.61	1.04	9.9
云南	3.9	31.04	5795	11163	7495	1.81	30.03	0.68	12.9
西藏	45.58	673.33	170557	158654	2095	2.25	375.92	0	16.2
陕西	2.17	8.14	1434	702	4673	2.36	12.56	0.99	36.5
甘肃	1.25	7.75	1323	2004	4953	3.29	14.64	1.14	18.7
青海	0.68	4.01	14720	18037	17480	1.89	67.89	1.43	15.2
宁夏	0.33	0.64	280	736	18443	3.88	7.24	1.54	20.8
新疆	1.18	14.06	6081	3230	7109	5.15	43.1	1.91	26.7

续表 2.6

地区	科学家、工程师人数/万人	人均铁路（公里/万人）	人均公路（公里/万人）	人均国土面积（平方公里/万人）	人均粮食产量（公斤/人）	1995 年人均 GDP(元/人)	人均碳排放(吨/人)	人均二氧化硫量(千克/人)	人均烟尘量(公斤/人)
全国	11.2	0.6	9.55	79.26	385.2	4835	0.68	15.6	12.2
北京	120.7	1.28	9.44	13.43	207.7	11741	1.74	278.2	22.38
天津	42.1	0.96	4.5	12.63	220.3	9804	1.58	364.1	21.23
河北	7.2	0.82	8.02	29.14	425.5	4444	0.82	18	10.56
山西	9.1	1.17	10.93	50.8	298.1	3569	1.32	32.8	26.97
内蒙古	8.6	2.58	19.59	517.95	462.1	3666	0.73	32.4	41.16
辽宁	22.9	1.21	10.61	36.05	347.9	6847	1.41	26.6	23.7
吉林	15.7	1.47	12.08	72.3	768.7	4372	0.96	12.3	25.08
黑龙江	14.2	1.78	13.19	122.67	689.6	5465	0.94	9.2	29.45
上海	71.8	0.29	2.68	4.52	148.7	17774	2.02	34.6	13.43
江苏	14	0.18	3.68	14.52	465.1	7319	0.68	13	5.8
浙江	7.4	0.32	7.9	23.57	331.3	8185	0.67	12.5	6.02
安徽	5.4	0.44	5.85	21.62	429.2	3348	0.44	8.1	10.48
福建	5.3	0.32	14.39	37.5	284.2	6731	0.45	5.3	3.71
江西	6	0.57	8.59	41.08	395.6	2984	0.31	8.9	9.35
山东	7.9	0.35	6.23	18	487.8	5758	0.63	26.7	14.93
河南	5.8	0.44	5.46	18.35	380.9	3313	0.43	7.3	7.58
湖北	12.6	0.38	8.44	32.21	426.9	4162	0.62	9.4	7.45
湖南	6.8	0.47	9.25	33.14	421.1	3445	0.51	8.8	5.01
广东	7.2	0.19	12.31	25.9	252.6	7939	0.67	8.2	3.35
广西	4.5	0.05	9	52.1	332	3555	0.32	16.7	11.01
海南	3.8	2.57	20.45	46.82	278.7	5076	0.28	2.8	1.38
四川	9.4	0.25	8.89	50.33	385.4	3136	0.49	19.7	12.19
贵州	5.4	0.42	9.26	50.2	270.5	1809	0.62	20.5	11.4
云南	5.1	0.41	17.1	98.75	298	3044	0.41	9	7.02
西藏	1.1	0	93.3	5118.33	291.7	2352	0	0	0
陕西	19.9	0.66	11.27	58.51	259.9	2859	0.6	22.8	19.92
甘肃	9.7	1.34	14.44	186.38	264.2	2298	0.68	17.2	15.18
青海	11.1	2.28	35.81	1499.38	237.4	3462	0.86	6.2	18.71
宁夏	10.8	1.44	16.67	100.97	396.1	3338	0.92	44.8	21.44
新疆	9.7	1.26	18.24	999.64	432.6	5069	1.14	21.1	20.47

三 中国城市化自然基础的脆弱性

中国的国情决定了我们的城市发展同世界平均水平相比，具有明显的特征：中国的自然条件和地理特点，决定了我们的生态环境同世界平均水平相比，具有先天的脆弱性；中国的区域发展历史和人口数量的压力，决定了我们的人类活动强度同世界平均水平相比，具有对于自然环境的明显破坏性；中国相对贫乏的人均资源和生存空间占有，决定了我们的城市发展与生活质量的提高同世界平均水平相比，具有明显的艰巨性。

中国国土本身的自然结构与地理特征，对于中国城市的设立与发展，对于给中国城市化所带来的生态环境“应力”或“胁迫”，明显地超出了全球平均状况的水平。中国的城市化是在如下的地理背景中进行的（见表 2.7）：

表 2.7 中国的自然结构与地理特征

65%的国土面积是山地或丘陵
33%的国土面积是干旱地区或荒漠地区
70%的国土面积每年受到季风气候的影响
55%的国土面积不适宜人类的生活和生产
35%的国土面积经年受到土壤侵蚀和沙漠化的影响
30%的耕地面积，属于 pH 值小于 5 的酸性土壤
20%的耕地面积存在不同程度的盐渍化或次生盐渍化
17%的国土面积构成了全球的世界屋脊

中国在世界上的独特位置也对中国的城市发展构成了先天的影响，试看：

——中国处于全球地质构造最活跃的两大活动带的挟持之下，东部为环太平洋地质活动带，西部为喜马拉雅地质活动带，其结果造成中国的地质灾害频发，地质构造复杂，基础设施建设和维修的成本高昂。

——从全球海陆面积分布状况去分析：(1) 北半球的陆地面积（9.56×107 平方公里）比南半球陆地面积（5.32×107 平方公里）几乎大一倍，通常把北半球看作陆半球，南半球看作水半球，中国位于北半球；(2) 东半球陆地面积（10.23×107 平方公里）约为西半球（4.65×107 平方公里）的两倍多，前者为陆半球，后者为水半球，中国位于东半球；(3) 北半球的东半部陆地面积（7.14×107 平方公里）为其西半部（2.42×107 平方公里）的 3 倍多，中国又恰好处于北半球的东半部，相对于美国而言，中国处于全球陆地最集中的地区。其直接影响是中国为强烈大陆性气候国家，水资源的空间分配、季节分配和年际分配极为不均。

——受到东亚季风的强烈影响，加上喜马拉雅寒极区的耸立，形成了各类频仍的自然灾害，每年约有相当与 GDP 的 5%为各类自然灾害所蚀夺。

列出以上的事实，即可想象出为什么中国的大多数城市缺乏水资源？为什么中国的许多城市频繁地遭受到自然灾害的袭击？为什么中国许多城市的生态环境容量十分容易被削减？

统计指出，全世界陆地的平均海拔高度约为830米，而中国大陆的平均海拔高度达到1475米，是世界陆地平均高度的1.78倍。依据“生态环境应力指数”（Indicator of Ecological Stress）与“地表起伏度”（Relief Degree of Land Surface）的基本模型，可以计算出世界各国的生态环境应力与全球平均生态环境应力。以世界大陆平均海拔高度为基准，每增加1000米的高度，区域开发成本将在原来的基础上提高3.2%—3.4%，设定全球平均的生态环境应力为1.00，可以计算出中国的平均生态环境应力成本1.25。由于生态环境应力与区域发展成本的“线性可比”，由此可以换算出中国相对于世界平均的发展成本。如果世界综合平均发展成本为1.00，则中国的综合平均发展成本为1.25，它意味着在世界平均发展水平下，用1美元可以办成的事，在中国办成同一件事要花费1.25美元。以下我们计算出了由于中国自然条件的先天脆弱性，所引起的城市发展成本同世界平均水平的对比情况（见表2.8）：

表2.8 中国发展成本与世界平均成本的对比

全球平均综合发展成本为1.00

中国平均综合发展成本为1.25

其分类的发展成本列如下表：

牧业发展成本（中国平均：世界平均）1.03：1.00

农业发展成本（中国平均：世界平均）1.05：1.00

林业发展成本（中国平均：世界平均）1.08：1.00

矿业发展成本（中国平均：世界平均）1.30：1.00

基础设施成本（中国平均：世界平均）1.28：1.00

工业发展成本（中国平均：世界平均）1.25：1.00

城市发展成本（中国平均：世界平均）1.21：1.00

自然保护成本（中国平均：世界平均）1.27：1.00

土壤侵蚀速率（中国平均：世界平均）1.40：1.00

自然灾害频率（中国平均：世界平均）1.28：1.00

生态恢复成本（中国平均：世界平均）1.36：1.00

区域开发成本（中国平均：世界平均）1.27：1.00

从总体上去分析，中国的城市发展基础，由于自然条件和地理特点先天脆弱的影响，其成本普遍地高出全球平均水平，由此出发，应能充分了解中国城市在发展过程中的艰巨性。

四 中国具有世界上最强烈的人类活动强度

中国是五千余年的文明古国，区域开发历史久远，加上人口数量又是全世界最多的国家，因此越是接近现代，人类活动的规模和强度，与世界各国相比，对于自然环境的影响处于一种极度压力的状态。这种随时间呈非线性增长的人类活动强度，对于本来就脆弱的生态环境，带来了附加的压力。

举例而言，全世界人类活动的规模总量，如果以其每年搬动和运移岩石和土壤的数量为标志，全世界的总量达1360亿吨，中国每年平均搬动和运移土石方量达到381.7亿吨，占全世界的28.1%，远高出国土面积占全球7%和人口数量占全世界21%的比例。全世界平均每人每年搬动土石方为16.7吨，而中国平均每人每年搬动土石方的数量达到31.8吨，是世界平均值的1.8倍。以下是根据最新的统计分析与理论计算，获得了中国每年搬动、运移岩石、沙土、城市建设、农田耕地等生产活动的数量（见表2.9）：

表2.9 中国每年搬动、运移岩石和土壤的数量（亿吨）

1. 农业生产活动	226.0
2. 牧业生产活动	16.5
3. 林业生产活动	12.0
4. 矿业生产活动	48.0
5. 采石及建筑材料	14.5
6. 基础设施建设	53.6
7. 城镇建设	21.1
总量	381.7

资料来源： Niu and Harris，1996，J. Environmental Management.

可以看出，中国的基础设施建设和城镇建设两项人类活动的强度，除了农业生产活动外，是每年投入最大的人类活动，约占中国每年人类活动总量的20%。计算表明，人类活动每年所引起地球表面物质运移的数量约等于自然状态下，每年从河川径流中搬运泥沙的7.6倍。从世界范围内的总体评价，如果人类活动所致的岩石土壤移动高出自然状态下岩石土壤运移的3.5倍，尚可列入正常的人类活动强度范围，中国的人类活动强度要比世界平均范围高出将近1倍，可见人类活动强度长期以来处于很高的数值，这对于中国城市的长期发展带来了重大的威胁。

另外一项统计分析指出，从公元589年的隋代到1990年的现代，随着人口数量的增加和人类活动强度的加大，引发自然灾害的发生次数也相应地增加，请看经过标准化处理后可统一比较的数据显示（见表2.10）：

表 2.10 中国历史上的灾害发生频率

年　代	自然灾害发生次数（次/年）
公元 589～618（隋代）	0.6
618～960（唐・五代）	1.6
960～1279（宋代）	2.8
1279～1368（元代）	3.2
1368～1644（明代）	3.2
1644～1911（清代）	3.6
1911～1990（现代）	3.9

在 1500 年当中，人口从大约 4600 万人增加到 12.6 亿，每年的平均标准灾害次数也从 0.6 增至 3.9，增加了 6.5 倍，人类活动强度的加剧，从另外一个方面，销蚀了中国城市发展的能力，加大了城市治理环境和改善生态质量的难度，特别是中国北方和西北的城市建设，更能体现出这种特点。这也为中国城市化战略的实施，带来了更大的难度。

五　中国与世界发达国家的城市比较

国际比较表明，中国工业化目前处于中期阶段，工业增加值占 GDP 比重在全球最高，而城市化水平并没有快速跟进，具有突出的非对称性特征。按照美国经济学家钱纳利（Chenery）采用“典型事实”统计方法揭示，随着收入水平提高，工业化与城市化同步发展是工业化阶段一个经济实现稳态增长的重要条件。因此，我们首先选择同等收入水平和同等工业化水平的国家来进行国际比较。

一般来说，一个国家的城市化水平，是该国经济发展水平的结果，或者说随着人均收入水平的提高，城市化水平应该相应得到提高。从长期趋势看，中国的确遵循了这样的一般规律。在改革以前人均收入提高较慢，城市化水平提高也较慢，改革以后两者速度都加快了。但从国际比较来看，迄今为止中国城市化的进程仍然滞后于经济发展水平。在表 2.11 中，1997 年中国按购买力平价法计算的人均国内生产总值在世界排位第 65，选取相关国家则是排位在第 60 到 69 之间，也就是说这些国家与中国处于大致相同的发展阶段。如果中国的结构变化是接近于典型化的，那么随着收入增长和工业化水平提高，城市化水平、农业劳动力比重、农业产值比重都应该与这些国家有类似的变化。但事实上在相同的发展阶段上，中国在上述结构变化的指标上面都呈现出明显滞后的特点。

表 2.11 同等收入水平下的城市化水平比较（美元，%）（用 2001 年世界银行数据替换）

国家	实际人均 GDP	工业化水平	城市化水平	农业劳动力比重	农业产值比重
中国	3570	51	32	72	20
保加利亚	3860	33	69	13	10
危地马拉	3840	19	40	52	24
印度尼西亚	3450	42	37	55	16
牙买加	3470	36	55	25	8
约旦	3430	30	73	15	5
哈萨克斯坦	3290	30	60	22	13
拉脱维亚	3650	33	73	16	9
巴拉圭	3870	22	54	39	23
菲律宾	3670	32	56	46	20

注： 除农业劳动力比重为 1990 年数据外，其他皆为 1997 年数据。

资料来源： 世界银行《世界发展报告·1998/99》，北京：中国财政经济出版社，1999 年，第 190—193、204—205、212—213 页；中国社会科学院人口研究所编《中国人口年鉴·1998》，北京：中国民航出版社，1998 年，第 465—467、478—479 页。

工业化发展不仅是将劳动力从农业部门转移到工业部门的过程，而且也是农村人口不断向城市积聚的过程。随着工业化发展，人口和劳动力在城乡之间的流动推动了城市化水平不断提高。由于实行城乡分隔发展的政策，工业集中在大中城市，既不需要周围地区的产业结构互补，也没有拉动相关产业的发展，导致了城市结构小而全、大而全，阻碍了城市化的正常发展。根据世界银行对 133 个国家和地区由高到低的统计排位，1997 年中国的人均国内生产总值排为第 53 位，而城市人口占总人口比重却排第 110 位。表 2.12 显示了同等工业化水平下城市化水平比较。中国与其他国家的平均差距在 20 个百分点以上，这大大不同于一般的发展轨迹，使得中国的城市化水平出现非典型化特征。

表 2.12 同等工业化水平下的城市化水平比较（美元，%）（用 2001 年世界银行数据替换）

国家	人均 GDP	农业比重	工业比重	制造业比重	服务业比重	城市化水平
中国	3570	20	51	40	29	32
加蓬	6540	7	52	5	42	50
阿尔及利亚	940	12	51	9	37	56
也门	720	18	49	11	34	39
俄罗斯联邦		9	54		37	70
南非		7	50	23	43	48
委内瑞拉	8530	4	47	18	49	93
韩国	13500	6	43	26	51	81
马来西亚	10920	13	46	34	41	54
印度尼西亚	3450	16	42	23	41	37
泰国	6590	11	40	29	50	20
日本	23400	5	30	16	65	78
法国	21860	2	26	19	71	73

注：俄罗斯联邦、南非为 1980 年数据，除中国外的城市化水平为 1995 年，其他指标皆为 1997 年数据。

资料来源：世界银行《世界发展报告·1998/99》，北京：中国财政经济出版社，1999 年，第 190—193、204—205、212—213 页。

中国的城市，尤其是大城市如果与世界发达国家进行比较，可以反映出许多值得思考的问题（见表 2.13）。

表 2.13 中国与世界工业七国的城市综合比较

1. 农业产值比重：19%∶2%
2. 工业产值比重：49%∶35%
3. 服务业比重：32%∶63%
4. 城市比率：36%∶81%
5. 百万人口以上城市占全国人口比重（%）：11%∶32%
6. 最大城市人口占城市总人口比重（%）：4%∶16%
7. 城市收入差异
   （最低收入人群占最高收入人群的比例）：6.3%∶11.1%
8. 百万人口城市上班所花时间（分钟）：47 分∶25 分
9. 城市住房价格与收入之比：45.8%∶6.1%
10. 城市交通事故（每千辆伤亡人数）：31∶12
11. 城市交通里程（百万辆公里）：165000∶998639（1∶6.1）
12. 城市总悬浮颗粒物（mg/m^3）320∶45
13. 城市 SO_2（mg/m^3）：82∶19
14. 城市氮氧化物（mg/m^3）：88∶56

表 2.14　城市人口超过 100 万集中度（%）的国际比较

	1980	1995
世界平均	14	16
低收入	7	10
中收入	18	22
高收入	30	32
中国	8	11
美国	36	39
日本	34	37
德国	38	41

从表 2.14 中能够清楚地显示：中国人口超过 100 万的城市集中度比世界平均低 5 个百分点，中国比中收入国家低 11 个百分点，中国比高收入国家低 21 个百分点，中国比美国低 28 个百分点，中国比日本低 26 个百分点，中国比德国低 30 百分点。中国大城市的规模明显地低于世界水平，尤其低于发达国家的水平，导致了象上海、北京这样全国最大的城市，所产出的国民财富比重远远低于世界其他大城市的水平，例如：东京的 GDP 占日本全国的 18.6%，伦敦的 GDP 占英国全国的 17.0%，汉城的 GDP 占韩国全国的 26.0%，而北京的 GDP 占全国的比重只有 2.5%，上海的 GDP 占全国的比重也只有 4.6%。统计指出，上海的 GDP 总量仅为香港的 1/4，东京的 1/20。以上的对比使我们看出，中国的城市化率低，中国的城市结构规模大城市的人口规模与经济规模都偏小的现象，对于中国经济发展的制约，已经到了必须认真加以考虑的时候了。

第三章　中国城市化的战略目标

未来50年中国城市化的11项战略目标

为了支撑中国未来实现现代化的总体进程，从现在起到本世纪中叶，中国城市化的战略目标设计为以下11项：

用50年左右的时间，全面达到世界中等发达国家的城市水平，中国城市体系的总能力（综合实力）进入世界前3名的国家行列，同时实现城市可持续发展的良性循环。

用50年左右的时间，中国的城市化率将从现在的36%提高到75%以上，具有容纳11—12亿人口的城市容量，形成结构合理、功能互补、整体效益最大化的大、中、小"城市体系"。

用50年左右的时间，中国的城市化要先后突破制约其质量内涵的三大倒U型曲线的走向，即推进城市化的"动力"倒U型曲线（从现在的左侧通过临界顶点向右侧）的转移；实现城市化的"公平"倒U型曲线（从现在的左侧通过临界顶点向右侧）的转移；促使城市化的"质量"倒U型曲线（从现在的左侧通过临界顶点向右侧）的转移。

用50年左右的时间，中国的城市化要率先走过三个"零增长"的台阶，即依次在2020年左右实现城市人口自然增长率的"零增长"；2030年左右实现城市资源和能源消耗速率的"零增长"；2040年左右实现城市生态环境退化速率的"零增长"。

用50年左右的时间，中国城市化进程中的土地占用面积不超过国土总面积的2%，但其辐射带动的地理空间应不小于自身面积的50倍。

用50年左右的时间，中国城市的单位能量消耗和资源消耗所创造的价值在2000年基础上提高15—20倍，提早实现联合国提出的"四倍跃进"的目标。

用50年左右的时间，使得判定中国城市宏观质量的"四大系数"，即中国城市的恩格尔系数不超过0.15；中国城市的基尼系数保持在0.25—0.30的水平；中国城市的人文发展指数不低于0.95的水平；中国城乡的二元结构指数限制在1.50以下的水平用50年左右的时间，中国城市的人均预期寿命达到85岁；中国城市的人均受教育年限超过15年；中国城市的科技创新能力指数平均达到40（科技创新能力指数最佳值为50）；中国城市在整个国民经济中的贡献率达到95%以上。用50年左右的时间，中国城市将有效地克服人口、粮食、能源、资源、生态环境等制约可持续发展的瓶颈；中国城市将有效地满足基础设施能力、公共服务能力、社区建设能力和城市管理能力。

用50年左右的时间，中国城市将能有效地抵御自然灾害风险、经济运行风险、信息管理风险和就业机会风险；将确保城市的食物安全、健康安全、环境安全、交通安全和社会安全；

用50年左右的时间，中国城市将会形成积极向上、精神富足、心理健康、自助互助和共建公享的社区文化；将会走上生产发展、生活富裕和生态良好的文明发展之路，整体纳入可持续的城市循环经济体系之中。

一　中国城市化面临的基本挑战

二十一世纪，中国的城市发展将不可避免地遭遇到六大基本挑战。作为现代化标志之一的国家城市化水平，在2050年之前，中国的城市化率必须从现在的36%提高到70%以上。这就意味只有每年平均约增加1%左右的城市化率（即每年约1000万至1200万人口从乡村转移到城市），才能满足现代化的要求。如果中国每年有一千万以上的农村人口转化为城市人口，国家所付出的城市化成本，必将给整体经济形态和社会结构带来巨大的影响。在急剧推进的中国城市化过程中，以下的挑战是我们必须面对的：

——人口三大高峰（即人口总量、劳动就业人口总量、老龄人口总量）相继来临对中国城市化的压力：由此，城市的生存保障问题，解决劳动力的就业机会问题，全国社会保障体系的完善问题，老龄化社会引发的一系列问题，提高人的素质和创造能力，大力倡导精神文明等问题，都是城市化进程面临的巨大挑战。

—— 能源和自然资源的超常规利用对中国城市化的压力：从现在起到2050年之间，中国城市要全面达到资源和能源消耗速率的“零增长”和“负增长”的要求，要实现联合国提出城市“四倍跃进”的目标（即能源消费总量在2000年的水平上降低一半，而GDP要在2000年的基础上增加一倍），要全面达到城市土地利用的合理平衡，要全面达到城市的能源清洁化并逐步将能源结构中煤炭所占四分之三的比重，下降到40%以下。这些都是对于城市化的严重挑战。

——加速城市生态环境“倒U型曲线”的右侧逆转：中国城市的生态环境（大气环境、水环境、固体废弃物环境、社区环境和居室环境）目前仍然处于局部改善，整体恶化的状态。在新的世纪中，必须迅速扭转城市仍然处于“环境库兹涅茨倒U型曲线”的左侧态势，加速通过临界顶点并转向生态环境总体变优的右侧。

——提高城市基础设施建设的速度和质量对于中国城市化的压力：依据初步的估算，到2050年前后，中国城市发展所需要的基础投入，大约在40—45万亿元人民币的数额，即相当于每年平均投入8000至9000亿元人民币数量（将近每年平均1000亿美元）。这个年平均数额大约是2001年GDP总量的十分之一。只有基础设施的健全与完善，城市才能担当起国家新一轮财富集聚的经济增长点。

——加速国家不同地区间城市发展的平衡和地区内城乡之间的共同富裕：国家城市化的基本内容之一是实现社会的公平。邓小平同志始终关注共同富裕这个重大的目标，因此在新的世纪中如何实现区域之间和城乡之间城市发展的平衡，并最终达到克服社会的二元化结构、实现国家整体的共同富裕，是一个长期的不容松懈的重大任务。

——国家信息化进程的急速推进和国际竞争力的培育：在经济全球化的浪潮下，城市的信息化水平是它的综合实力和国际竞争力的基本标志。目前，中国城市的信息化水平只是发达国家的8%—10%左右，离开现代化的要求尚有遥远的路程，因此在新的世纪中迅速推进城市的信息化与数字化程度，填补数字鸿沟是摆在我们面前的又一严重任务。

所有这些挑战，其实质都是围绕着“如何在经济增长的前提下加速实现城市现代化目标”这个总的主体。上述这些成为中国城市未来发展严重制约的挑战，也只能在发展的前提下和实现国家城市现代化的进程中加以有效地克服。

注释专栏 3.1

中国城市发展面对的人口、资源、生态环境压力

中国实施城市化发展战略，既是长期以来国家整体发展战略的必然延续，也是在世界各国发展对比中完善自己的必然结论。它的出发点和归宿点，都是为了在中国这样一个大国中，能够：

1. 实现城市中人与自然之间的平衡和人与人之间的和谐；

2. 在城市中营造“合理、优化、循环、有序”的自然环境、经济环境和社会环境；

3. 寻求城市中“自然资本、人力资本、生产资本、社会资本”的科学组合，追求城市整体效益最大化；

4. 体现出城市既满足当代人不断增长的需求，又泽被后代并为他们提供更多的发展机会；

5. 既满足一个城市不断增长的需求，又不损害其他非城市地区不断增长的需求。

中国推行城市化发展战略，有着比世界其他国家更加严峻的压力，存在着必须克服的基本瓶颈。

资料来源：中国科学院可持续发展战略组，《2000年中国可持续发展 战略报告》，科学出版社。

二 中国城市发展的人口压力指数

在中国实施城市化战略，面对着比世界各国都要严峻的压力，这不仅仅是由于中国人类开发历史久远、人类活动强度过大、人口数量的负担过重、资源的承载负荷过高、生态环境抵抗外界干扰的基础水平不高等，还由于地理空间的分异过于不平衡、科教实力和创新能力还比较弱、管理水平和决策能力有待提高等，共同使得中国在实现城市化战略目标时，面临着很大的压力。如何突破这些压力，达到协调发展和优化配置，是二十一世纪中国面临的重大挑战。

在实现中国城市化战略目标的基本定量标志中，居于首位的是中国人口数量的压力。从现在每年新增人口1200万的自然增长规模，逐渐通过人口计划生育政策和文化教育水平的指高，使得人口的出生率与死亡率达到平衡，从而实现人口净出生率为零，仍是一个十分艰巨的任务。然而，这是实施城市化战略的第一个必要条件，必须通过国家政策的严格履行和人民自律能力的不断提高，去切实解决这一世界性难题。

到二十世纪末，与新中国成立初期时的5.4亿人口相比，半个世纪以来人口增加了7.6亿人，增长了1.4倍，平均每年增长达1.8%。人口密度亦从1949年每平方公里56人上升到现在的135人。自从1978年以来，国家加强了计划生育工作，人口自然增长率已迅速降为千分之十以下，育龄妇女总和生育率接近2.1的人口更替水平。尽管如此，由于人口总量的基数过高，人口增长的惯性过大，每年新增人口的绝对数仍然较高。大概每年新增国民产值中约22.3%的份额为每年新增人口的消费所抵销，即将近每年高达四分之一的新增产值被用来养活新增的人口。同时，人口的素质较低，同国际上一些国家相比远远地落在他们之后。如受过高等教育的人数，在美国每万人中达1500人，在加拿大为1198人，在日本为637人，前苏联为450人，中国仅为142人，不到美国的1/10，不到日本的1/4。为了定量地测定中国各省、市、自治区的人口压力指数，在《1999中国可持续发展战略报告》中设计了一组指标，用以判断各省、市、自治区在人口数量（应用人口自然增长率）、人口生存空间、人均教育年限和人口识字水平等方面，即从人口数量压力和人口质量压力两个基本方面去进行分析。其中：

1. 人口增长率压力以各省、市、自治区人口自然增长率达到“零增长”时的距离和难度作为衡量的标准。其基本思路在于：当2030年中国人口数量高峰达到15亿，并进入人口自然增长率为零增长时，现在各省、市、自治区的人口自然增长率如何相应地降到“零”的难度系数，作为衡量各地区在人口数量方面的压力。

2. 现有人口的生存空间和潜在人口的生存空间系指供养人口生存的最低耕地（具有生产力的成熟土地）限制。按照世界粮农组织的一般标准，人均耕地面积小于0.08公顷（1.2亩/人）者，即为土地资源出现压力的临界值。凡低于此数值者，依照所拟的统计计分法，对于其生存空间压力进行评分，并获得人口生存空间压力指数。

3. 人均受教育年限是人口素质压力指数的重要方面。依照国际惯例，人均受教育年限至少应达到9年，才是教育压力降到零的临界值，照此标准，我们设计了这一指标的压力指数。

4. 成人识字率是又一个标志教育程度的人口素质指标。我们设定成人识字率达到 100%为不受压力的标准，凡低于此数均按照其指标大小计算其压力指数。

综合以上的人口数量压力指数和人口素质压力指数，用统计加和的平均原则，获得了各省、市、自治区的人口压力指数。这种综合的人口指数，为中国各地城市化战略的制定，提供了基础的依据。

表 3.1　中国可持续发展“人口压力指数”

地区	中国可持续发展人口压力								中国可持续发展人口压力总指数
	人口数量压力			生存空间压力		人口素质压力			
	预测 2030 年总人口（万人）	净增人口上限（万人）	人口增长率压力指数	人口密度（人/km²）	生存空间压力指数	1994 人均受教育年限	1996 成人识字率	素质压力指数	
北　京　Beijing	1272.4	21.4	0.2	745.0	0.6	7.9	92.1	0.1	0.32
天　津　Tianjin	987.1	45.1	0.3	792.0	0.6	5.5	90.7	0.2	0.39
河　北　Hebei	7654.5	1217.5	0.5	343.0	0.4	5.5	86.7	0.3	0.37
山　西　Shanxi	4053.8	976.8	0.7	197.0	0.2	6.1	90.6	0.2	0.34
内蒙古　Inner Mongolia	2940.9	656.9	0.6	19.0	0.0	5.7	83.4	0.3	0.3
辽　宁　Liaoning	4650.7	558.7	0.4	277.0	0.3	6.7	90.7	0.2	0.29
吉　林　Jilin	3044.0	452.0	0.5	138.0	0.0	6.4	90.7	0.2	0.23
黑龙江　Helongjiang	4408.5	707.5	0.5	82.0	0.0	6.4	89.2	0.2	0.23
上　海　Shanghai	1252.9	−162.1	0.0	2211.0	1.0	7.5	91.5	0.1	0.38
江　苏　Jiangsu	7914.8	848.8	0.4	689.0	0.6	5.7	85.4	0.3	0.41
浙　江　Zhejiang	4834.5	515.5	0.4	424.0	0.4	5.5	83.0	0.3	0.37
安　徽　Anhui	7700.9	1687.9	0.6	463.0	0.5	4.6	80.7	0.3	0.47
福　建　Fujian	3846.7	609.7	0.5	267.0	0.3	5.2	79.4	0.3	0.36
江　西　Jiangxi	5383.5	1320.5	0.7	243.0	0.2	5.2	81.4	0.3	0.4
山　东　Shandong	9208.7	503.7	0.3	556.0	0.5	5.5	82.4	0.3	0.37
河　南　Henan	11020.2	1920.2	0.5	545.0	0.5	5.5	84.4	0.3	0.44
湖　北　Hubei	7305.6	1533.6	0.6	310.0	0.3	5.6	82.9	0.3	0.4
湖　南　Hunan	7179.2	787.2	0.4	302.0	0.3	5.7	84.7	0.3	0.32
广　东　Guangdong	9554.7	2686.7	0.8	386.0	0.4	5.8	88.6	0.2	0.46
广　西　Guangxi	5919.0	1376.0	0.7	192.0	0.2	5.4	86.5	0.3	0.36
海　南　Hainan	1085.9	361.9	0.9	214.0	0.2	5.5	85.4	0.3	0.45
四　川　Sichuan	14421.2	3096.2	0.6	199.0	0.2	5.4	83.2	0.3	0.35
贵　州　Guizhou	5289.6	1781.6	0.9	199.0	0.2	4.2	70.5	0.4	0.49
云　南　Yunnan	5734.7	1744.7	0.8	101.0	0.0	4.1	70.6	0.4	0.41
西　藏　Tibet	384.9	144.9	1.0	2.0	0.0	1.8	38.5	0.7	0.57
陕　西　Shaanxi	4348.4	834.4	0.6	171.0	0.1	5.4	81.7	0.3	0.32
甘　肃　Gansu	3372.4	934.4	0.8	54.0	0.0	4.4	65.9	0.4	0.39
青　海　Qinghai	733.4	252.4	0.9	7.0	0.0	4.4	62.6	0.4	0.45
宁　夏　Ningxia	758.6	245.6	0.9	99.0	0.0	4.8	73.6	0.4	0.41
新　疆　Xinjiang	2380.9	719.9	0.8	10.0	0.0	5.6	86.6	0.3	0.36

三　中国城市发展的资源压力指数

中国资源的数量和品种，总量上居于世界前列，但是人均资源量却居于世界的显著后列，而且资源的质量如品位、均衡度、匹配度等，也存在相当的困难，它们对于执行城市化战略和支撑中国国家财富的积累，造成了很大的压力。按照在发展中的重要性，资源压力指数分别由水资源压力、土地资源压力、矿产资源压力共同组成。

1. 中国水资源压力

依据世界资源研究所的规定：每人每年拥有可重复使用的淡水总量低于1000m^3者，作为水资源“数量压力”指数的临界标志。同时，根据理论地理学（牛文元，1992）的研究，每年每平方公里所拥有的可重复使用淡水资源小于15万立方米者（相当于150mm水深），作为水资源“空间压力”指数的临界标志。数量压力和空间压力的共同作用，形成了水资源压力指数。

2. 中国土地资源压力

土地资源压力指数包括：粮食生产压力、耕地面积压力、土地生产力压力、食物安全压力。以低于人均粮食（每年）400公斤为其基本标志，首先依照现有人均粮食产量（公斤/人）计算出各个地区的粮食压力；将全国各省、市、自治区的人均耕地面积低于全国人均耕地面积作为评价压力的标志；以各省、市、自治区中一、二等土地所占耕地的比例，获得具备高土地生产力的压力；根据未来达到人口自然增长率达到零时的食物供应程度作为食物安全压力。由以上四项去共同评价全国各省、市、自治区的土地资源压力指数。

3. 中国矿产资源压力

中国矿产资源的种类繁多，在经济发展中的作用不能用同一标准进行度量。为了获取中国可持续发展的矿产资源压力指数，本书拟采用一种复合方法去加以测量：首先以各省、市、自治区的能源消费份额与矿产资源贡献份额之差去进行计算，差值越大的省份其矿产资源压力越大（供应压力）；计算水资源和矿产资源之间的匹配程度（匹配压力）；将上述二者所计算出的压力进行等权平均，获得所要求的矿产资源压力指数。

当我们把上述的水资源压力指数、土地资源压力指数、矿产资源压力指数三者进行综合分析之后，可以获得中国城市化进程中的资源总压力指数（见表3.2）：

表 3.2　中国资源压力指数

地　区	人均粮食产量（公斤/人）	粮食安全压力指数	人均耕地（亩/人）	一、二等地所占比例%	高生产力耕地压力指数	土地资源压力总指数	1995年水资源总量（亿米^3）	人均水资源量（米^3/人）	人均水资源压力指数
北京	208	0.48	0.7	0.8928	0.53	0.5	41	328	0.67
天津	220	0.45	1.0	0.8507	0.33	0.39	15	159	0.84
河北	426	0	1.6	0.6227	0.25	0.12	237	368	0.63
山西	298	0.25	2.8	0.4728	0	0.13	144	468	0.53
内蒙古	462	0	5.0	0.7132	0	0	507	2220	0
辽宁	348	0.13	1.9	0.8771	0	0.07	363	887	0.11
吉林	769	0	3.3	0.9327	0	0	390	1505	0
黑龙江	690	0	5.0	0.983	0	0	776	2097	0
上海	149	0.63	0.5	1	0.65	0.64	27	191	0.81
江苏	465	0	1.2	0.9596	0.09	0.04	325	460	0.54
浙江	331	0.17	0.9	0.9296	0.39	0.28	897	2077	0
安徽	429	0	1.6	0.9705	0	0	677	1126	0
福建	284	0.29	0.8	0.8242	0.46	0.38	1169	3611	0
江西	396	0.01	1.1	0.8976	0.27	0.14	1422	3500	0
山东	488	0	1.5	0.8076	0.1	0.05	335	385	0.62
河南	381	0.05	1.5	0.7656	0.14	0.09	408	448	0.55
湖北	427	0	1.3	0.8886	0.14	0.07	981	1700	0
湖南	421	0	1.0	0.9456	0.25	0.13	1627	2545	0
广东	253	0.37	1.0	0.808	0.36	0.36	1818	2647	0
广西	332	0.17	1.4	0.7565	0.17	0.17	1880	4138	0
海南	279	0.3	2.1	0.7314	0	0.15	316	4365	0
四川	385	0.04	1.5	0.5033	0.42	0.23	3134	2767	0
贵州	270	0.32	1.4	0.6111	0.35	0.33	1035	2950	0
云南	298	0.26	2.3	0.7865	0	0.13	2221	5566	0
西藏	292	0.27	2.3	0.6379	0	0.14	4482	186750	0
陕西	260	0.35	2.3	0.4831	0.15	0.25	442	1258	0
甘肃	264	0.34	3.5	0.4146	0	0.17	274	1124	0
青海	237	0.41	2.2	0.3817	0.35	0.38	626	13015	0
宁夏	396	0.01	3.8	0.4215	0	0	10	195	0.81
新疆	433	0	3.7	0.7853	0	0	883	5316	0

续表 3.2

地　区	单位面积水资源（万米³）/km²	单位面积水资源压力	水资源总压力指数	1996年能源消耗量（万吨）	各省能源消费比例%	45种矿产工业储量潜在价值（亿元）	各省矿产价值的比例%	矿产资源压力指数	资源压力指数
北京	24.4	0	0.67	3662.6	2.64	160.07	0.28	0.41	0.53
天津	12.6	0.16	0.86	2500.22	1.8	121.59	0.21	0.28	0.51
河北	12.6	0.16	0.68	8938.47	6.43	2198.26	3.83	0.46	0.42
山西	9.2	0.39	0.68	6847.8	4.93	11529.2	20.07	0	0.27
内蒙古	4.3	0.71	0.71	2821.57	2.03	5035.61	8.77	0	0.24
辽宁	24.6	0	0.11	9737.7	7.01	2436.64	4.24	0.49	0.22
吉林	20.8	0	0	4175.37	3	492.13	0.86	0.38	0.13
黑龙江	17.1	0	0	5869.46	4.22	2194.4	3.82	0.07	0.02
上海	42.2	0	0.81	4782.03	3.44	3.46	0.01	0.61	0.69
江苏	31.7	0	0.54	8111.23	5.84	2374.53	4.13	0.3	0.29
浙江	88.1	0	0	4852.58	3.49	55.73	0.1	0.6	0.29
安徽	52.1	0	0	4515.61	3.25	1998.45	3.48	0	0.00
福建	96.3	0	0	2452.16	1.76	116.09	0.2	0.27	0.22
江西	85.2	0	0	2154.68	1.55	595.58	1.04	0.09	0.08
山东	21.4	0	0.62	9162.53	6.59	546.42	0.95	1	0.56
河南	24.4	0	0.55	6653.71	4.79	2179.13	3.79	0.17	0.27
湖北	52.8	0	0	5997.81	4.32	388.7	0.68	0.64	0.24
湖南	76.8	0	0	5472.66	3.94	1249.79	2.18	0.31	0.15
广东	102.2	0	0	7746.08	5.82	546.42	0.95	0.86	0.41
广西	79.4	0	0	2422.03	1.74	488.35	0.85	0.15	0.11
海南	93.2	0	0	344.77	0.25			0	0.05
四川	55	0	0	9442.11	6.8	13239.4	23.05	0	0.08
贵州	58.8	0	0	3690.21	2.66	1736.85	3.02	0	0.11
云南	56.4	0	0	2767.68	1.99	2648.74	4.61	0	0.04
西藏	36.5	0	0	0	0	43.57	0.08	0	0.05
陕西	21.5	0	0	3524.88	2.54	1443.49	2.51	0	0.08
甘肃	6	0.6	0.6	2803.17	2.02	1048.13	1.82	0.03	0.27
青海	8.7	0.42	0.42	698.25	0.5	748.18	1.3	0	0.27
宁夏	1.9	0.87	0.97	801.37	0.58	802.29	1.4	0	0.32
新疆	5.3	0.65	0.65	3223.93	2.32	1012.33	1.76	0.1	0.25

四　中国城市发展的生态压力指数

在本报告中，有意识地把生态环境压力指数分成长期的生态破坏（Long-term）和短期的环境污染（Short-term），是为了在认识上和治理上有比较明确的概念和对策。

所谓生态环境压力指数，表明了在城市化发展战略实施的过程中，由于"生态的压力"（指长期起作用的、不易恢复的、对于生态系统的结构与功能从根本上加以退化与破坏的压力）和"环境的压力"（指短期起作用的、可以控制的、对于城市环境具有弹性破坏的压力），致使城乡生存空间、经济发展进程和财富积累与分配遭到恶化的程度度量。其中生态压力是对中国各省、市、自治区的水土流失率、水蚀模数、风蚀模数、森林覆盖率、荒漠化率等五项指标获得。环境压力是对中国各省、市、自治区的废水排放、废气排放、固体废弃物排放、CO_2 排放等四项指标获得。将生态压力指数与环境压力指数进行等权平均，获得了中国各省、市、自治区的生态环境总压力指数，并将此压力指数进行排序（见表 3.3）：

表 3.3　中国生态环境总压力

地　区	废水排放压力指数	固体废弃物压力指数	废气排放压力指数	CO_2 排放压力指数	环境污染压力指数	荒漠化率（%）	荒漠化压力指数	草原退化率
全国	0.42	0.43	0.41	0.34	0.4	34.55	0.4	19.79
北京	0.67	0.68	0.8	0.87	0.75	0.54	0.01	0
天津	0.64	0.57	0.69	0.79	0.67	1.58	0.02	0
河北	0.4	0.67	0.51	0.41	0.5	34.07	0.4	56.11
山西	0.38	0.77	0.62	0.66	0.61	14.2	0.16	0
内蒙古	0.29	0.49	0.45	0.37	0.4	59.27	0.69	20.29
辽宁	0.55	0.91	0.69	0.7	0.71	7.19	0.08	30
吉林	0.42	0.49	0.54	0.48	0.48	1.37	0.02	28.03
黑龙江	0.42	0.48	0.47	0.47	0.46	0	0	29.12
上海	1	0.79	1	1	0.95	0	0	0
江苏	0.49	0.49	0.47	0.34	0.45	0	0	0
浙江	0.51	0.37	0.44	0.33	0.41	0	0	0
安徽	0.44	0.49	0.42	0.22	0.39	0	0	0
福建	0.46	0.33	0.41	0.22	0.36	0	0	0
江西	0.43	0.62	0.37	0.16	0.39	0	0	0
山东	0.42	0.52	0.5	0.31	0.44	12.21	0.14	0
河南	0.42	0.43	0.45	0.22	0.38	0.42	0	0
湖北	0.54	0.41	0.41	0.31	0.42	0	0	0

续表 3.3

地　区	废水排放压力指数	固体废弃物压力指数	废气排放压力指数	CO_2 排放压力指数	环境污染压力指数	荒漠化率（%）	荒漠化压力指数	草原退化率
湖南	0.43	0.38	0.36	0.25	0.36	0	0	0
广东	0.55	0.35	0.46	0.33	0.42	0	0	0
广西	0.46	0.37	0.36	0.16	0.33	0	0	0
海南	0.43	0.25	0.26	0.14	0.27	4.26	0.05	0
四川	0.42	0.4	0.36	0.25	0.35	1.09	0.01	15.8
贵州	0.35	0.39	0.38	0.31	0.36	0	0	0
云南	0.37	0.42	0.29	0.21	0.32	0.79	0.01	0
西藏	0.19	0.02	0.01	0	0.06	42.02	0.49	30.36
陕西	0.39	0.45	0.39	0.3	0.38	15.96	0.19	58.55
甘肃	0.33	0.4	0.39	0.34	0.37	50.62	0.59	45.17
青海	0.25	0.2	0.25	0.43	0.28	33.06	0.38	15.3
宁夏	0.39	0.51	0.59	0.46	0.49	75.98	0.88	97.37
新疆	0.29	0.19	0.35	0.57	0.35	86.07	1	5.83

续表 3.3

地　区	草原退化压力指数	森林覆盖率	森林压力指数	水土流失总量（亿吨/年）	水土流失模数（吨/km^2·年）	水土流失压力指数	生态退化压力指数	中国可持续发展环境压力指数
全国	0.2	13.92	0.65	51.9	540.6	0.23	0.37	0.39
北京	0	14.99	0.63	0.03	178.6	0.07	0.18	0.46
天津	0.58	13.35	0.67	0.83	442.4	0.18	0.46	0.48
山西	0	8.11	0.8	2.5	1599.5	0.67	0.41	0.51
内蒙古	0.21	12.14	0.7	4.77	403.2	0.17	0.44	0.42
辽宁	0.31	26.89	0.33	0.62	420.3	0.18	0.23	0.47
吉林	0.29	33.6	0.16	0.75	400.2	0.17	0.16	0.32
黑龙江	0.3	35.55	0.11	1.71	376.7	0.16	0.14	0.30
上海	0	2.47	0.94	0.01	156.3	0.07	0.25	0.60
江苏	0	4.09	0.9	0.42	409.4	0.17	0.27	0.36
浙江	0	42.99	0	0.64	628.7	0.26	0.07	0.24
安徽	0	16.33	0.59	0.68	523.1	0.22	0.20	0.30
福建	0	50.6	0	1.1	906.1	0.38	0.10	0.23
江西	0	40.35	0	2.02	1210.3	0.51	0.13	0.26
山东	0	10.7	0.73	0.81	516.9	0.22	0.27	0.36

续表 3.3

地　区	草原退化压力指数	森林覆盖率	森林压力指数	水土流失总量（亿吨/年）	水土流失模数（吨/km²·年）	水土流失压力指数	生态退化压力指数	中国可持续发展环境压力指数
河南	0	10.5	0.74	0.84	503	0.21	0.24	0.31
湖北	0	21.26	0.47	1.49	801.5	0.33	0.20	0.31
湖南	0	32.8	0.18	2.01	949	0.4	0.15	0.25
广东	0	36.78	0.08	1.4	787	0.33	0.10	0.26
广西	0	25.34	0.37	2.38	1005.5	0.42	0.20	0.26
海南	0	31.27	0.22	0.49	1445.4	0.6	0.22	0.24
四川	0.16	20.37	0.49	3.51	615.8	0.26	0.23	0.29
贵州	0	14.75	0.63	1.31	743.9	0.31	0.24	0.30
云南	0	24.58	0.39	3.66	928.9	0.39	0.20	0.26
西藏	0.31	5.84	0.85	0.99	80.6	0.03	0.42	0.24
陕西	0.6	24.15	0.4	4.92	2393	1	0.55	0.46
甘肃	0.46	4.33	0.89	5.83	1283	0.54	0.62	0.50
青海	0.16	0.35	0.99	2.31	320.3	0.13	0.42	0.35
宁夏	1	1.54	0.96	0.5	965.3	0.4	0.81	0.65
新疆	0.06	0.79	0.98	3.36	202.4	0.08	0.53	0.44

五　中国城市化的11项战略目标

在新世纪的前半叶，我国将实现达到中等发达国家的战略目标。这个伟大历史进程的“第三步”已经开始。改革开发以来，我国经济“持续、快速、健康”的增长，综合国力明显增强，人民生活水平不断提高，科技实力的长足进步，全国提前实现了第二步战略目标等，都为我国在新世纪的城市化战略实施奠定了坚实的基础，但是，面对二十一世纪中国发展的新挑战，规定了国家的城市化进程必须实现一系列重大的步骤和措施，基本的战略性目标框架可以考虑为：

1. 在全面提升我国综合国力和国际竞争力的前提下，迎接中国城市化大力发展的新形势，为中国社会财富的新一轮积累和综合国力的进一步提高奠定基础，在国家经济运行的网络中，真正成为物质流、能量流、信息流、货币流、人才流的“五流”节点。

2. 在知识经济和信息时代的背景下，进一步提高城市的规划水平、管理水平，经营水平和学习水平，大力培育城市财富生成的自组织能力、自学习能力和自适应能力，成功地走出一条在人均资源相对贫乏和生态环境相对脆弱条件下的城市可持续发展道路；

3. 努力实现现代文明城市的六大平衡：人与自然的平衡、环境与发展的平衡、开发（创新）与保护（继承）的平衡、吸纳包容与传统文化的平衡、物质提高与精神富足的平衡、外在形象与内涵特质的平衡；

4. 扩大城市生态环境的总容量（ECOLOGICAL CARRING CAPACITY）、增强城市生态环境的总质量（KEEPING ECOLOGICAL QUALITY），达到城市向自然的索取同城市对自然的回馈相平衡，实现真正绿色GDP意义下的“循环经济”；

5. 充分发挥社会主义制度的优越性，确保城市安全（食物安全、信息安全、金融安全、经济安全、环境安全、社会安全、就业安全和抵御自然灾害的安全），保持社会稳定，创造一个祥和、安定、繁荣、高质量的生产环境和生活环境；

6. 建立终身学习的城市教育体系，依靠科技进步，全面提升城市居民的科技素质和文化素质，将沉重的人口压力转化为巨大的人力资源；

7. 增强城市物质财富和精神财富的有效积累，形成积极向上的社区文化，不断满足全体城市居民对生活质量不断提高的“理性需求”。

在上述城市化战略的目标框架下，为了支撑中国未来实现现代化的总体进程，从现在起到本世纪中叶，中国城市化的战略目标可以设计为11项：

用50年左右的时间，全面达到世界中等发达国家的城市水平，中国城市体系的总能力（综合实力）进入世界前3名的国家行列，同时实现城市可持续发展的良性循环。

用50年左右的时间，中国的城市化率将从现在的36%提高到75%以上，具有容纳11－12亿人口的城市容量，形成结构合理、功能互补、整体效益最大化的大、中、小“城市体系”。

用50年左右的时间，中国的城市化要先后突破制约其质量内涵的三大倒U型曲线的走向，即推进城市化的“动力”倒U型曲线（从现在的左侧通过临界顶点向右侧）的转移；实现城市化的“公平”倒U型曲线（从现在的左侧通过临界顶点向右侧）的转移；促使城市化的“质量”倒U型曲线（从现在的左侧通过临界顶点向右侧）的转移。

用50年左右的时间，中国的城市化要率先走过三个“零增长”的台阶，即依次在2020年左右实现城市人口自然增长率的“零增长”；2030年左右实现城市资源和能源消耗速率的“零增长”；2040年左右实现城市生态环境退化速率的“零增长”。

用50年左右的时间，中国城市化进程中的土地占用面积不超过国土总面积的2%，但其辐射带动的地理空间应不小于自身面积的50倍。

用50年左右的时间，中国城市的单位能量消耗和资源消耗所创造的价值在2000年基础上提高15—20倍，提早实现联合国提出的“四倍跃进”的目标。

用50年左右的时间，使得判定中国城市宏观质量的“四大系数”，即中国城市的恩格尔系数不超过0.15；中国城市的基尼系数保持在0.25－0.30的水平；中国城市的人文发展指数不低于0.95的水平；中国城乡的二元结构指数限制在1.50以下的水平。

用50年左右的时间，中国城市的人均预期寿命达到85岁；中国城市的人均受教育年限超过15年；中国城市的科技创新能力指数平均达到40（科技创新能力指数最佳值为50）；中国城市在整个国民经济中的贡献率达到95%以上。

用50年左右的时间，中国城市将有效地克服人口、粮食、能源、资源、生态环境等制约可持续发展的瓶颈；中国城市将有效地满足基础设施能力、公共服务能力、社区建设能力和城市管理能力。

用50年左右的时间，中国城市将能有效地抵御自然灾害风险、经济运行风险、信息管理风险和就业机会风险；将确保城市的食物安全、健康安全、环境安全、交通安全和社会安全；

用50年左右的时间，中国城市将会形成积极向上、精神富足、心理健康、自助互助和共建公享的社区文化；将会走上生产发展、生活富裕和生态良好的文明发展之路，整体纳入可持续的城市循环经济体系之中。

注释专栏 3.2

德国政府提出城市可持续发展战略

联邦政府提出了城市可持续发展战略，其目标是保持当今一代人的需求和子孙后代的生活前景之间的平衡。可持续发展不仅仅是继续奉行环保政策，而且是一种现代化战略。在可持续发展的思想中隐藏着巨大的经济、环境和社会革新潜力，这种潜力将通过城市可持续发展战略开发出来。

可持续发展坐标系

可持续发展的理想以4个坐标为出发点：世代公平；生活质量；社会团结；国际责任。

在“世代公平”方面，节约使用天然资源属于最重要的任务之一。我们所需要的是在使用能源和资源的效益方面取得重大突破。巩固国家财政和持续经营也是重要题目。

“生活质量”包括完好的环境、好的学校以及安全并提供多种多样文化生活的城市。提供大量的工作岗位和创业机会是经济基础。但认真对待保护消费者的新农业政策也是一个重要组成部分。

“社会团结”这个题目涉及改变经济结构，以致所有的人都能利用与此相关的机会。使经济充满活力需要社会团结。这包括我们尽可能地预防贫困和社会排挤，阻止使社会分裂成得益者和失利者，并使所有的公民都能够参与社会和经济生活。

消除贫困、增加人道援助、加强经济合作和全球环境保护是“国际责任”这个主题的重要内容。但这些题目与国际安全的相互关系也起重要作用。经济发展和消除贫困只有在工业国家向发展中国家开放市场和向它们提供公平的贸易机会的情况下才能获得成功。可持续发展模式最重要的内容被概括为可持续发展的管理规则，它与指数和目标以及经常的成果检查一起形成可持续发展的管理计划。

多年来，经济增长率、失业率和通货膨胀率被视作评估经济发展的重要指数。在交易所里，DAX（德国股票指数）可以使人们了解市场的整个发展情况。

可持续发展战略也需要这样的指数。联邦政府打算将来隔一段时间用持续发展的21个重要指数来指明，哪些方面我们正处在通向可持续发展的道路上，并取得了哪些进步，哪些方面需要继续采取行动。

衡量可持续发展的指标

因此，这些指数是实施和继续发展可持续发展战略的管理计划的重要组成部分。这些目标和指数作为确认方向的值指明未来几十年的发展方向，并且也特别有助于对成果的检验。作为衡量二十一世纪可持续发展的标准的21个指数是：1. 能源和原料的生产率；2.《京都议定书》的6种温室气体的排放量；3. 可再生能源占能源消费的比例；4. 住宅区和交通面积的增加；5. 动物种类的发展；6. 国家部门的财政节余；7. 投资率；8. 私人和国家用于研究和开发的费用；9.25岁大学毕业和刚上大学的人数；10. 国内生产总值；11. 运输能力和铁路在货运量中所占的比例；12. 生态农业耕种的比例；13. 空气中的有害物质含量；14. 对健康状况的满意程度；15. 入室偷盗案件的数量；16. 就业率；17. 提供全天照管孩子的可能性；18. 男女年毛收入的比例；19. 没有获得普通中学毕业证书离校的外国人的数量；20. 用于发展援助和经济合作的开支;21. 欧盟从发展中国家的进口量。

这些指数与具体和确定的目标相联系。例如到2020年，能源的生产率将比1990年提高一倍。这意味着到2020年，用一定数量的能源可以生产比1990年高出一倍的产品。

至2020年，建房和修路占用的土地面积将从目前的每天130公顷减少到每天最多30公顷。

研究和发展新技术将对子孙、后代的生活质量起关键作用。在过去几年里，德国用于研究和发展的开支明显增加，已达到占国内生产总值的2.46%，但仍然低于美国（2.64%）和日本（3.04%）。可持续发展战略草案谋求在2010年之前将私人和国家用于研究和教育的开支提高到约3%。

联邦政府将使其政府行为针对可持续发展目标，使战略规划成为具体的政策。但仅仅靠国家的行动是不够的。更确切地说，需要所有的社会团体采取积极和自我负责的行动。如果要使可持续发展规划取得成就的话，经济界、工会、教会以及其他社会团体和所有的公民都必须参与。

城市可持续发展的重点

联邦政府首先把下述优先考虑的行动领域看作必须为我国的可持续发展确定发展方向的主题：1. 有效利用能源——有效保护气候（有前途的能源政策的脚本）；2. 确保灵活性——保护环境(新路线的行车时刻表);3. 健

康生产——健康饮食（把消费者作为结构转变的动力）；4. 促进人口发展的转变（向第三个生活阶段过渡）；5. 改变老的结构——发展新的思想（教育攻势和高校改革）；6. 创新的企业——成功的经济（把创新作为持续发展的动力，把可持续发展作为创新的动力）；7. 减少占用土地面积（促进住宅区的持续发展）。

在“承担全球责任”方面，有一个章节专门论述这个行动领域，其中包括消除贫困、促进发展以及保护全世界的环境和资源。

可持续发展战略不是完成的产品，而是一个长期的过程，在这个过程中，可持续发展战略将得到补充和继续发展。从2004年起，联邦政府将每隔两年提出一份关于实施国家可持续发展战略的报告。

资料来源：德国联邦新闻局2002年4月17日新闻稿。

六　中国实现城市化目标的基本标识

中国在二十一世纪能否成功实现城市化的目标，将以能否克服以下五大瓶颈为其基本标识：

1. 克服城市的人口再生产与物质再生产之间的背离。
2. 弥合城市的生产价值与生态服务之间的差异（注释专栏1.1）。
3. 促进城市环境容量的无偿占有与自觉养护之间的平衡。
4. 努力实现经济效率与社会公平之间的协调，逐步消除“二元结构社会”。
5. 防止成本外部化导致城市的“制度失灵”和“政府失灵”，知识经济和IT产业（信息化带动工业化）成为发展的主流。城市应成为国家实现现代化的先行者和国家创新的源头。

注释专栏3.3

城市的绿色GDP及城市循环经济的建立

它涉及到对于城市环境与发展长期关系的再认识。必须在注重城市可持续发展能力培育与引入类似“绿色GDP”的新型国民经济体系核算中获得解决。对于城市可持续发展能力的实质性度量，各类学者都提出了自己的思考。从理论上他们都企图把不属于真正财富积累的虚假部分，从传统意义上所统计的GNP中扣除，从而再现一个真实的、可行的、科学的指标，去衡量我们所面对的城市的实质性进步。在众多的度量中，绿色GDP是其中一个较为容易理解、较为方便计算的指标。一些国家或地区曾试图用它去代替现行GDP的计算，例如美国经济学家Daly和Cobb(1990)，就曾经系统地比较了美国的的传统GDP与绿色GDP之间的差异。随着人类认识的进展，随着世界各国之间取得更广泛的共识，一种新的统计制度肯定会应运而生，这对于更加深刻地去认识现代城市可持续发展的实质，并且从中进行监测、调控和预警，都将是必不可少的基础手段。

所谓绿色GDP，从最简要的图式出发，是将现行统计下的GDP，扣除两大基本部分的“虚数”。表达为：

绿色GDP=(现行GDP)-(自然部分的虚数)-(人文部分的虚数)

其中，自然部分的“虚数”，应从以下所列因素中扣除，即：1. 城市环境污染所造成的环境质量下降；2. 城市自然资源的退化与配比的不均衡；3. 城市周边地区长期生态退化所造成的损失；4. 自然灾害所引起的经济损失；5. 资源稀缺性所引发的成本；6. 物质、能量、信息的不合理利用所导致的损失

而人文部分的“虚数”，亦应从以下所列的因素中扣除，它大致包括：

1. 由于疾病和公共卫生条件所导致的支出；2. 由于失业所造成的损失；3. 由于犯罪所造成的损失；4. 由于教育水平低下和文盲状况导致的损失；5. 由于人口数量失控所导致的损失；6. 由于管理不善（包括决策失误）所造成的损失。

绿色GDP将比较合理地扣除现实中的外部化成本，并从内部去反映城市发展的质量和进程，因此它应逐渐地被认同，并且认真地纳入到城市经济核算体系之中，作为实现城市化目标的一种本质思考。

城市的生态环境的能力建设，实质上是提高城市“生态服务”的总价值（VALUE OF ECOLOGICAL SERVE），扩大城市生态环境的总容量(ECOLOGICAL CARRING CAPACITY)，增强城市生态环境的总质量(KEEPING ECOLOGICAL QUALITY)，达到城市向自然的索取同城市对自然的回馈相平衡，实现真正绿色GDP意义下的“循环经济”。

生态环境能够为城市提供多样化的生态服务，这些服务是有价值的。以Robert Costanza为首的12名全球知名生态经济学家，在前人已有工作的基础上，将自然生态系统为城市所提供的服务归纳为大气平衡、气候调节、食物生产、土壤形成、生物控制、原材料等17个大类（见表3.4），对整个生物圈的服务价值作了世界上的首次评估，并将研究成果发表在1997年5月的《自然》（Nature）杂志上。由此，人类第一次了解支持城市发展的自然资本存量、服务、功能与价值。

资料来源：牛文元，世界经济论坛，达沃斯，2000。

表 3.4 全球生态系统服务和功能

编号	生态服务	生态系统的功能	例证
1	大气平衡	平衡大气化学成份	CO_2/O_2 的平衡、O_3 的紫外线防护、SO_x 的水平
2	气候调节	调节全球温度、降水量、及其它全球性或局部性生物介质的气候过程	温室气体调节、影响云层发生的 DMS 的产生
3	扰动调节	生态系统对环境波动反应的启动、衰减和整合	暴雨的防护、洪水的控制、干旱的恢复以及其它由植被结构控制的生态区对环境多样性的反应
4	水调节	调节水流动	为农业过程（如灌溉）或工业过程（如水力）或运输提供水
5	水供应	水储存和水滞留	由森林地带的水集中区、水库、地下蓄水层供水
6	土壤流失控制和沉积物保持	将土壤滞留于某个生态系统中	防止因风化、雨水冲刷或其他过程引起土壤流失；湖泊和湿地的淤泥储存
7	土壤形成	土壤的形成过程	岩石的分化和有机物的积累
8	营养物循环	营养物的储存、内部循环、加工和获得	固氮作用；氮、磷和其他营养物的循环
9	水处理	收复流动的营养物，去除或降解多余或异类的营养物或化合物	水处理；污染控制；解毒作用
10	传粉	花配子的移动	为植物种群的繁殖提供传粉媒介
11	生物控制	种群的营养—动态调节	由基本食肉动物控制食肉动物物种；由高级食肉调控食草动物
12	躲避居留区	定居和暂留种群的栖息地	产仔地；迁移物种的栖息地；当地特产动物的区域性栖息地
13	食物生产	基本总生产中的食品部分	通过捕猎、采集、耕作和捕捞生产鱼、猎物、庄稼和果实
14	原材料	基本总生产中的原材料部分	木材、燃料、饲料的生产
15	遗传资源	独特的生物材料和生物产品的来源	药品、材料科学的产品、抵御植物病原体或庄稼害虫的基因、装饰物种（宠物和园艺学种类的植物）
16	娱乐	提供娱乐活动的机会	生态旅游、钓鱼运动和其他户外娱乐活动
17	文化	为非商业用途提供机会	生态系统的美学、艺术、教育、精神和/或科学价值

资料来源：中国科学院可持续发展战略组，《2000 年中国可持续发展 战略报告》，科学出版社。

七 中国实现城市化目标的定性判别

在中国科学院研究组对于城市化目标的度量中，已经总结出城市化目标所包括的三大本质体现，即实现城市化目标的“发展度”、“协调度”和“持续度”。这是因为从数量上和质量上两大方面去理解城市化的目标，其中能够提取的本质度量，最终集中体现在“发展度、协调度和持续度”三者的逻辑自洽和均衡匹配之中，舍此无法构成真实的城市化目标，更无法对城市化目标的实现程度进行必要的度量。

这里，城市化目标中所谓的发展度以城市财富的增长、理性需求的满足、生活质量的提高为其基本识别。

发展度构成了实现城市化目标的“动力表征”，是城市化的数量扩张和城市化的质量提高的的发动机。它所具有的内容是：

1. 对于城市总体财富增长的度量；
2. 对于经济发展质量提高的度量；
3. 对于居民理性需求满足的度量；
4. 对于城市创新能力培育的度量；
5. 对于城市文化内涵进步的度量。

城市化目标中所谓的协调度以环境与发展之间的平衡、效率与公平之间的平衡、物质与精神之间的平衡为其基本识别。

协调度构成了实现城市化目标的“公正表征”，是城市化质量不断优化的调节者。它所具有的内容是：

1. 对于城市人际（代际）区际之间关系的协调；
2. 对于城市物质文明与精神文明之间的协调；
3. 对于城市经济效率与社会公平之间的协调；
4. 对于城市市场的自由竞争与有序规范之间的协调；
5. 对于城市开拓创新与有效继承之间的协调。

城市化目标中所谓的持续度以城市人均财富的世代非减、城市投资边际效益的世代非减、城市生态服务价值（Value of ecological serve）的世代非减为其基本识别。

持续度构成了实现城市化目标的“稳定表征”，是城市可持续能力不断维系的促进剂，它所具有的内容是：

1. 对于城市逼近“三零状态”即生态赤字为零、环境胁迫为零、生态价值与生产价值之比率变化为零的能力；

2. 对于城市向自然的索取与对自然的回馈相平衡，充分建立人与自然的协同进化机制的能力；

3. 对于城市充分尊重自然遗产和历史文化遗产，同时担负起为后代扩大更多文明积累的能力；

4. 对于城市逐步实现“自然-社会-经济”复杂巨系统的可持续发展目标的能力。

对于中国城市化目标实现的本质度量，必须在认识发展度、协调度、持续度三者的共同贡献中，才能作出更加抽象的理论表达和定量计算。在本《报告》中，将有详细的理论解析、指标体系和实际方法，去衡量中国城市化的进程和城市化目标的实现程度。

八　中国城市化进程评价制度

为了对城市发展状况作出诊断，也为了对于区域城市化战略作出判别，有必要讨论城市化进程的评价制度。事实上城市化进程评价制度是一种战略性的、根本性的、指导性的，也是带有风险性的管理行为。

城市化的发展（进程）评价，依据其现代内涵，可以大致地归纳为：

(1) 城市空间的正确划分：这里所谓的城市空间，特指在所研究的区域内，将自然区划、经济区划与管理区划综合在一起，制定出合理的城市发展区划。与此同时，该区划所涉及的各种要素的类型图和统计图，也要比较完整地予以标识。通过正确的取舍、筛选、迭合与归纳，最终厘定区域的城市功能划分。与这些图件相配套的，要建立起城市自然信息系列、城市人文信息系列、城市生态环境信息系列、城市基础设施信息系列、城市经济社会信息系列、城市历史过程信息系列、城市系统输入输出信息系列、城市商务活动信息系列、城市内部关系密切程度系列、城市安全信息系列等。使上述的各种信息资料，变成数字城市的基础，作为实施正确决策和城市管理的财富。

(2) 城市发展战略目标的选择：在城市空间正确划分的基础上，根据城市（包括各类亚区）的资源、人口、生态环境、社会经济等的存有数、消耗数、满足度、可代替性、科技转化率等基本制约，再根据城市的供需状况、人口素质、社会结构、开放程度等的动态演变，审慎地确立城市（或各亚区）发展的战略目标。并在战略目标的实施方面，提供出较详细、较精确的行动步骤。特别要考虑在资源短缺、人口增加、生态环境胁迫以及诸多社会经济矛盾的情况下，如何协调城市内或区域间的功能，以求取城市的整体效益最优，达到和谐、互补与流畅运行的目的。

(3) 制定评价城市发展的指标体系：在正规的城市发展评价中，一般需要三套指标体系，它们分别是：规划指标体系；执行指标体系和预警指标体系。规划指标体系主要根据资源的承载力，人口的净增长率，生态环境的缓冲力以及城市的生产力等，去寻求一个最适或最优的整体发展水平范围。为达到这一最优的发展水平，要拟定出一整套临界阈值和相应的评判标准，即为规划指标体系。在实施过程中，由于各类随机因子的干扰，尤其是小概率事件发生的不确定性，常常令规划的发展能力，遭到某种不可抗拒的损失。顺应此类变化与调整，执行指标体系是对于规划指标体系的调节与修正。所谓预警指标体系，是在城市的发展即将越出警戒状态时，能超前地提供预先警告，以便有较多的时间去调控城市系统维持在正常的状态之下。

(4) 进行城市发展潜力的评估：首先在各类本底值的基础上，依据发展目标和实施步骤，权衡城市内与区域间的多重协调，加上科技进步而提供的创新能力、城市的经营能力、城市的学习能力等，去全面地评估城市的发展潜力。

(5) 对城市中和城乡间各类利益集团之间的协调与互补：在城市发展评价中，经常要遭遇不同利益集团之间的不同诉求。这种非一致的、有时互为对立的利益冲突，时常把城市发展的规划者与管理者，陷于十分矛盾的“二难”境地。在实际上工作中，既不能凭行政命令硬性地加以解决，也不能无节制地听之任之，最终导致损失城市的整体效益。这样，在城市发展的评价中，就要制定出所谓的“妥协”方案（compromise principle），在不损害城市整体效益的前提下，以协同进化、共享互补、损益有序及合理调控的原则去处理各类互为对立的利益要求。

(6) 城市内外重大自然改造工程的专门评估：其目的在于对这些具有长期生态环境影响的巨大工程，有一种清醒的和合理的认识。这些巨大的自然改造工程，一方面影响当代，一方面又城市长期变化的发源地，对于现期、近期、中期、长期、超长期各个时段的发展，必须有足够的评价。

(7) 估计城市发展的综合效益：在城市发展的评价中，必须对城市在不同发展时段的整体效益和综合能力作出比较确切的估计。这是城市化发展战略是否成功的基本评判。在一般的评价中，整体效益估算在三个层次上作同步的对比，即对于城市“实施战略前、实施战略中和实施战略后”（可理解为一个长时段如 20 年为一期或 30 年为一期）的经济效益、社会效益、生态效益和综合效益，加以统一比较，以便认真考虑达到战略目标的有效程度。

(8) 进行城市发展的结构设计：进行城市发展评价的一个动机，就是要获得城市发展的结构设计。所谓结构设计，是在“空间充填原理”指导下，实施某种框架式的和骨骼式的格局规划。它将对于土地利用、资源配置、能流物流的方向与流速、主导产业的空间排布、生态环境工程的配套设施、社会福利的同步演进、城市乡村的最佳区位等，进行在统一基础上和可持续发展指导下的全局式考虑。

(9) 建立城市发展管理的监控系统：在上述各项得以满足的前提下，城市发展评价最终要求建立一个高度智能的、有模拟预测能力的、能进行有效比较的、可以实时调控的指挥系统。该系统的运行将能执行城市发展的实况跟踪、仿真模拟和方案比较，同时可以对已实施的规划进行鉴别、测试、评判，并能引入风险评价，以便决定城市规划的继续进行、适时中止、重新拟定等命令。从而为城市的管理者提供可视式的决策支持。

第四章 中国城市化的六大战略任务

中国的城市化战略必须适应当今世界的三大潮流，其一要适应知识经济时代的要求；其二要参与经济全球化的激烈竞争；其三要接受可持续发展的理念与行动。而对世界潮流的挑战，中国城市化肩负着六大战略任务：

中国城市化是解决“三农”问题的根本出路

中国城市化是新一轮财富积累的基本动力

中国城市化是信息时代“五流”交汇的网络节点

中国城市化是培育科技竞争力的创新源头

中国城市化是建立学习型社会的先导中心

中国城市化是实现可持续目标的操作关键

作为国家发展战略的重要组成部分，中国的城市化在未来50年的时间内，担负着重要的职能。这里引用一个注释专栏，是2002年9月一位诺贝尔经济奖获得者，美国芝加哥大学经济学教授加里·贝克尔专门就中国城市化讲话要点，他是应国际著名学术团体一米尔肯学会的会长迈克尔·米尔肯之邀，就世界经济的挑战和机遇的总题目，专辟一节谈论中国的城市化问题。他的观点也许会对我们关于城市化战略的认识有重要的参考价值。

注释专栏 4.1

加里·贝克尔论中国的城市化

世界经济学大师，诺贝尔经济奖得主加里·贝克尔于2002年9月27日论述中国的城市化，“中国大量人口涌向城市的趋势是不可避免的。城市化是中国发展的一个重要组成部分，现代经济建立在专业化和科技进步的基础上。城市更有利于产生新知识和推动专业化程度，这是生产现代经济产品所必需的。因此，在经济发展的同时，城市化也快速发展并不奇怪。随着中国的不断发展，我们将看到它的城市化进程加速，并和世界其它地区一样的人才流动和财富积累。当某国经济落后于世界其他地区的时候（如1950年的日本和1978年的中国），只要实行适当的经济政策，它就有机会迎头赶上。对于中国，我持审慎乐观的态度，中国正在创造奇迹。但它仍然是一个穷国，如果不发生变故，毫无疑问它会越来越好，而且关系到人力资源增殖的城市化问题，将会越来越明显地在中国的未来发展中起到巨大的作用”。

（加里·贝克尔，因研究人力资源的成就获得1992年诺贝尔经济奖，他是美国芝加哥大学经济学教授）。

资源来源：西班牙《世界报》，2002年9月27日。

在进入新世纪前夕的时段中，全世界相继迎来了三个席卷全球的潮流。全球不同政治信仰、不同社会制度、不同经济水平和不同文化背景的国家，都要不同程度地经受着这三大潮流的冲击。中国亦不例外，在制定我国城市化战略的过程中，必须适应世界的新形势。这三大世界潮流分别是：其一，我们进入了知识经济时代，无论是发展中国家还是发达国家，在前进的道路上无一例外地都要遭遇到知识经济和信息社会的全面影响，从生产方式、生活方式到社会变革，均会体现出新世纪时代特点的巨大烙印。其二，经济全球化的势头不可阻挡，在全球范围内重新配置生产力要素并且进行从结构到功能的优化重组，是进一步深化生产力发展的基本要求。当然，经济全球化的趋势也将带来一系列负面影响，在融入这个浪潮时有必要清楚地看到它的全貌，以便趋利避害，很好地发展自己。其三，可持续发展的理念和行动，在全世界已经深入人心，并且将发展与环境的平衡，作为包括城市在内的各类区域发展的中心要点，贯穿于“人口、资源、环境、发展”的整体协调之中。

注释专栏4.2

可持续发展原则下的经济全球化构建

一　引　言

冷战结束之后，全人类面临着和平与发展的充分机遇。世界各国热切希望能在两大领域中获得新的动力去扩大社会财富来源。其一是所谓的“和平红利”。人们曾善良地认为，在世界大国裁减核军备、压缩军事开支的费用中，应当可以取出相当的部分用于支持欠发达国家的发展和进步。这一美好愿望事实上被霸权主义和单极世界主义无情地粉碎了，代之而起的是更加庞大的军费预算和更加严峻的世界形势。其二是所谓的“发展红利”。人们理性地认为，随着经济全球化的迅猛推进，通过跨越国界的资本流通、市场开放、生产力要素重组和经济成本下降等一系列发展的最优化进程，必然能够获取更多的世界财富。这一趋势虽然已经显现出巨大的潜力，但也遭遇到巨大的挑战，并且其中还暗伏着令世界不安的诸多征象。如何在统一框架下设计经济全球化的走向，已经成为二十一世纪世界各国关注的焦点之一。

二　经济全球化的趋势不可避免

截止到二十世纪的最后一年，全世界每天跨越国界的货币流通量平均约1.5万亿到2.0万亿美元，比10年前的1989年增加了10倍。这种跨国界的货币流通量已达到全世界每天新增GDP产值（约29亿美元）的700倍，是全球股票市值总额的10%，这种代表财富流动 的全球化趋势，在新的世纪中必将更加深刻而强劲。

在现代社会中，人的活动半径通过信息高速公路的拓展，已经超出工业社会的10—10000倍，其活动方式、活动内容和活动目的，都已经产生了质的变化，由此所带来的不仅仅是地理空间的“狭小”，更是对于物质形式、能量形式等实物转移的“虚化”，它们将给予经济全球化以有力的激励。

根据30年来世界技术转移的生命周期曲线分析，第一产业的硬技术转移周期已从平均10年降低为4年；第二产业的硬技术转移周期已从平均5年降低为2年；第三产业的硬技术和软技术已从平均2年降低为0.5年；而信息软件更从过去的平均1年降低为2个月。这种转移周期的显著下降，给予经济全球化的势头以有力的支撑。

经济全球化的方向既具有不可逆转的性质，但亦必然经历一条曲折的发展道路。一些经济强国单从自身国家利益出发，按照他们固有的理念和思路拟定国际贸易的标准和重建国际贸易的秩序，严重地限制了发展中国家的发展，给真正意义上的经济全球化带来了巨大的阴影。正如世界贸易组织总干事穆尔在1999年底发表的文章指出：“富裕国家向贫穷国家商品所实施的关税，事实上比他们向富裕国家商品实施的关税还要重，比美国和加拿大的关税要重两倍”。所述的这种不公正、不健康的国际经济秩序，说明了一些通过经济全球化的发达国家，其“繁荣”是建立在不发达国家的“萎缩”之上，这不仅仅是个经济收支的问题，更扩大到是一个人类道义问题。这种事实甚至连发达国家也不得不予以承认，例如在1999年1月召开的达沃斯世界经济论坛年会上，组织者已有意将主题定为“负责任的全球化”，由此即可发现他们对于经济全球化所带来的负面影响所产生的不安。

三　可持续发展是建立经济全球化的基本原则

可持续发展的理念和行动，是近200年来经济发展史上的一次划时代事件。它是人类认识自然、同时也是认识自己的一次飞跃，更是把效率与公平扩展到全世界的一次壮举。可持续发展在全球“自然、社会、经济”复杂巨系统中的有序规范和成功运作，应当看作是实现经济全球化目标的最终归宿。

《世界经济论坛》创始人施瓦布在今年1月27日瑞士达沃斯论坛上深刻地阐述道：“我们追求的不仅仅是资本和贸易的全球化，而且更要追求对所有人类健康和才能发挥的机会均等的全球目标”。他把经济全球化的内涵事实上扩大到了超越经济本身的范畴。而且他希望以“永远更新观念”的原则去设计经济全球化的目标，十分强调二十一世纪不仅要奖励那些获利最高的企业家，更要奖励那些在可持续发展中作出成绩的领路人。施瓦布先生这种对经济全球化的革命性理解，为建立统一的经济全球化的基本原则，提出了严肃的思考方向。

可持续发展除了对“人口、资源、环境、发展”的整体关联作出全球范围的“时空解析”外，它对于：

1. 寻求生产力要素优化配置的时空关联
2. 寻求全球尺度上供给与需求、生产与流通、环境与发展的平衡
3. 寻求效率最优化和发展成本最小化的区位集合
4. 寻求经济的区域化、专业化、特征化的全球价值
5. 寻求文化形态的融合、文明传承的延续和价值观念的互补
6. 寻求富国和穷国、当代与后代的公平原则

等6项基本内容，有着突破性的认识。可持续发展必将对经济全球化健康运行的监控与规范，形成某种为世人所共同接受的统一标准。

四 经济全球化的发展阶段和分类特征

研究指出，经济全球化是一个逐步演变的历史过程，有其萌芽时期，兴盛时期和成熟时期。在不同的时期内，具有不同的特点和内容。目前之所以对于经济全球化的概念、定义和实质有着极大的歧义，究其本源都在于没有从整体上和发展上去看待，而过多地从不同片段上和不同领域中去认识。有鉴于此，本研究将经济全球化依照从低级到高级的顺序，划分成为“贸易市场全球化阶段、生产要素全球化阶段、技术传布全球化阶段以及可持续发展全球化阶段”，并将其分类特征总结在下表之中：

经济全球化的阶段划分及分类特征

	贸易市场全球化	生产要素全球化	技术传布全球化	可持续发展全球化
时间尺度	工业化社会	后工业化社会	信息化社会	生态化社会
全球化程度	初级	中级	高级	理想
全球化内容	国际贸易	国际生产	国际发展	国际平衡
目标函数	寻求发展的空间	寻求发展的资源	寻求发展的动力	寻求发展的公平
内涵表达	增强需求拉动	增强供给拉动	增强效率拉动	增强道义拉动
外延表达	市场的大小	能力的高低	效率的优劣	共建共享
显在特征	谋求利润最大化	谋求结构最优化	谋求功能最优化	谋求综合最优化
阶段成效	单方受益高于双方受益	弱势互补	强势互补	综合互补
交流方式	商品交流为主	要素交流为主	知识交流为主	文化交流为主
环境响应	富国受益	穷国受害	缩小差距	全球合作
产生结果	消费融合	生产融合	经济·社会融合	自然·经济·社会·文化融合
目前状况	蓬勃发展	已具规模	萌芽状态	理念状态

五　可持续发展原则下经济全球化的构建

在经济全球化的迅猛进程中，必须建立共同基础的普遍规则，以此去扬弃经济全球化带来的不利因素和负面效应，努力促进经济全球化给世界财富带来更加合理、更加公平和更加文明的新气象，规范“公正、互利、共享、持续”的世界经济新秩序。

可持续发展最基本的两大核心，在于实现“人与自然”之间的平衡和“人与人”之间的和谐。这两大关系的完满实现，离不开经济的不断发展和财富的不断积累，其中经济全球化起到了发动机的作用。因为真正的经济全球化过程就是贯彻可持续发展基本理念的过程，由此，我们提出如下8个方面，作为诊断和评价经济全球化健康发展的基本规则：

1. 经济全球化应促进全球资源价值与生态价值的协同。

自然资源的生产价值比较容易为人们所理解，经济全球化中寻求资源优化配置的初衷，就是发掘其生产价值，但是对于它的生态价值则十分容易被人们所忽略。据估算，每年人造财富高达29万亿美元（1999年全球GDP总额），而自然资源的生态价值估算为33万亿美元，是人造财富的1.14倍。这个比率应当随着经济全球化对于资源的利用，只有保持不变或增长，才是检验经济全球化是否健康的临界标准。不能容忍富国无视穷国资源的生态价值。

2. 经济全球化对于环境容量的占有，应当同对于环境容量的培育相平衡。

全球的环境容量，是环境的缓冲力、抗逆力和自净力的总和。在实施经济全球化的进程中，应始终保持对于环境质量的持续培育，以求得环境容量保持为一个常数，不随时间而变化。不允许环境污染的跨国转移和以邻为壑的国际犯罪行为。

3. 经济全球化必须维系物质再生产与人口再生产的协调。

物质再生产与人口再生产的背离，通常是穷国的表征之一。在经济全球化的过程中，随着市场、生产、技术、信息等的转移，不应当扩大物质再生产与人口再生产之间的差距，以二者之间的协调与否，去判定经济全球化的成功与失误。经济全球化进程中，必须把“人口、资源、环境”的充分协调作为一切行动的前提条件。

4. 经济全球化必须维系全球“生态服务”的健全体系（Ecological Service)，并寻求经济效益，社会效益和生态效益的总和协调最大化。

全球的“生态服务”功能，是自然界的资源数量、环境条件、生态系统的全球变化等共同对人类生存与发展的服务价值。该价值应当是“经济效益、社会效益、生态效益”三者的综合平衡，并力求其整体效益的总和协调最大化。

5. 经济全球化不应是简单的市场范围放大、生产规模放大和财富追求放大，它必须建立在发展规模多样性的基础上以达到全球范围的优势互补和共建共享。

作为一个全球系统，其结构的多样性是系统复杂性的直观体现，也是系统维持稳定和健康运行的基本要求，因此充分承认地域分工和专业化的全球价值，是衡量经济全球化成功与否的标识。

6. 经济全球化应实现“经济成本外部化”与“经济效益外部化”的对等。

经济全球化的推行过程，必须把其产生的“经济成本外部化”同其“经济效益外部化”相比较，二者之间的相等，恰好将其对于自然的索取同其对于自然的回馈平衡起来，以确保应获得的生态效益和社会效益不受损失。

7. 经济全球化必须推动科技进步贡献率抵销投资边际效益递减率。

这是维持世界财富积累的可持续发展又一重要原则。只有当科学技术转化为生产力的强度和价值，足以克服投资的边际效益递减时，经济全球化的正效应才能得以真正的体现。

8. 经济全球化必须承认各国文化形态、价值观念和发展模式的人类文明价值，以此建立全球区际公平的新格局。

以上8条原则，从根本上对于经济全球化的目标、内容、行动和结果，作出了比较严格的规范。其基本核心是为了维系全球的可持续发展和人类文明的健康延续。经济全球化决非是区域间“资源寻租”和“环境寻租”的避风港，更不应是经济强国向穷国实行剥削和掠夺的新一轮殖民实验场。它的积极意义和正面效应，只有在严格规范下，才能朝着有利于全人类福祉的方向前进。

资料来源：牛文元，全国政协《21世纪论坛》，2000年，北京。

面对世界潮流的冲击，结合中国城市化战略的实施环境，在实现现代化的总目标下，中国的城市化包含着互有联系的六大基本战略任务。

一　中国城市化是解决“三农”问题的根本出路

中国农业、农村、农民的“三农”问题，一直是困扰中国经济发展、社会公平、实现国家现代化的核心问题之一。长期以来，在大力推进国家工业化的主导思想中，通过农产品价格的“剪刀差”，把农业的剩余价值转移到工业和城市之中，并且应用一系列的清规政策，使之变成长期制度化的行为。与此同时，城市遭遇到的困难，例如就业问题、食品供应问题、社会保障问题等，又大量地向农村转嫁。这样的结果，造成了中国社会的典型“二元结构”，使得城乡差别的鸿沟不断加深。虽然国家投入了巨大的力量，从政策到资金，对解决“三农”问题作出了实质性的成就，但是就其整体性解决和根本性解决的目标而言，目前尚有很大的距离。

中国“三农”问题的根本出路，在于大量减少农民的数量。如果将现有农村人口从占全国总人口约70%的份额，降低到不足30%的时候，农村的土地才有可能实行规模化、专业化和集约化的生产，这样农产品的成本才会大大降低，农产品的市场化、商品化的比例才能大大提高，农业的技术水平和服务水平才能大幅度的得到改进，那时候农民的概念也会发生根本性的变化，其人均收入和生活质量才有可能达到与城市人口相等或相近的水平，只有此时才能实现共同富裕的现代化要求。

大量减少农民的数量，大量吸纳农村的剩余劳动力，唯有靠实施城市化战略才能够最终完成。一旦当农村人口数量降到只有全国人口的25%以下时，农村土地即达到了市场化的要求，此时土地的集约化生产、规模化生产和专业化生产才达到一定的程度，农业的科技含量、服务水平和生产成本才有了大幅度的改善，农民的收入水平和整体素质才有了明显的进步、这样“三农”的一系列根本问题才能得以彻底地解决。

注释专栏 4.3

土地流转是中国城市化起飞的先期准备

世界银行的一份研究报告指出：当人均 GDP 小于 500 美元时，农民以分散的自给自足式经营土地为主，这种传统方式的目标实现只能是单纯循环的自然经济。只有当人均 GDP 大于 1000 美元之后，农村土地的商业运作和市场价值才能开始体现出来，表现在土地拥有者有转移土地的强烈意愿，而土地经营者又有扩张规模的迫切需求，二者的共同作用和形成的市场推挽效应，是土地使用权进行流转的根本动力。2000 年浙江全省人均 GDP 已达 13000 元，按汇率计算每人平均相当于 1500 美元，超过了世界银行所规定的世界平均标准，具备了土地属性从资源向资本转化的宏观基础，因此农村土地使用权流转的总体增强，已成为一种必然的趋势。

自 1949 年以来，农村土地改革是中国农民的第一次大解放，从地主手中夺回了赖以生存的土地，使得“平分地权”成为现实，极大地解放了生产力，农民的基本生活得到了根本的保证。1978 年以来，农村实行联产承包责任制，坚持农民的自主性生产，并且承诺 30 年不变，其后又进一步完成了第二轮土地承包，稳定了农民的基本权益，适应了经济发展的要求，使绝大多数农民迅速脱贫致富，达到了小康型的标准。进入新阶段，随着整体经济的发展，农村生产力要想进一步提高，就必须在社会主义市场经济的框架下，实行规模化生产、专业化生产和区域化生产，完善在更高层次上的社会分工，使农村更快地走向富裕。这就是一些人通常所称的农业“第三次解放”或“第二次土地改革”。为此这就必然要求农村进行积极的制度创新，以适应新阶段农村发展的需要。根据浙江省的经验，土地使用权流转制度的形成和推行可能是解决农村生产力进一步提高的最佳选择。同时，浙江各地土地使用权流转制度的完善和成熟，也是在新时期农村市场经济发展的必然产物。如浙江省绍兴市，截止到 2000 年 3 月，大田流转面积已近 50 万亩，占全市总耕地面积的 25%。其他如湖州市有 19%、衢州市有 11.3%、全省有将近 8%的耕地面积，已经参与了土地使用权的流转，进入了市场化或准市场化的运作机制，显示出新形势下土地流转的生命力和农村先进制度的蓬勃生机。

依据经济理论的分析和中国农村的现实，在满足宏观经济基础（人均 GDP 大于 1000 美元）的总体约束下，土地使用权流转制度的健康推行，还必须具备 5 个主要条件：1. 农村人口中的恩格尔系数应在 45%以下；2. 农业产值在社会总产值中的比例小于 10%；3. 农村经济中的非农活动收入在 75%以上；4. 农村劳动力人口中从事非农劳动的数量大于 50%；5. 农业种植结构中经济作物种植面积占总面积的 30%以上。如果一个地区不能满足以上标准，推行这种新型制度就可能遇到各种各样的困难，既得不到农民的自觉响应，也达不到预想的经济效果，这在我国一些地方是有经验教训的。

土地使用权流转制度的核心是三权分离、自主自愿、市场契约和政府监督。所谓三权分离是指土地所有权、土地承包权、土地经营权的分离，同时，只有在严格保证土地所有权和土地承包权不变的前提下，才能真正把土地属性从资源顺利地转化为资本，让农业生产要素流动起来，把土地存量盘活，从而取得规模效应、集约效应和市场效应。衡量推行土地流转制度的成功与否，要视能否使农民、政府和经营者三者的共同满意，要视能否真正提高农村生产力，要视能否不断增加农民收入为最终的检验。

浙江省从实际出发，在土地使用权流转制度的推行方面，已经探索出多种有效形式，如股份合作、反租倒包、委托转包、季节性承租、土地交换、租赁经营、土地整理后的升值分包等，并相应地建立了有关中介机构，在政府的监控和指导下，以土地储备中心、土地整理中心、土地信托中心和土地银行等形式，为土地流转进行多方面的服务，有力地推动了土地流转制度的健康发展。这些都为全国其他地区大规模实施土地流转制度，积累了宝贵的经验。

对于浙江省继续深化推进土地使用权的流转制度，我们有以下四点建议以供参考：

1. 凡是全省有农田撂荒的村镇，应当作为近期土地流转的优先施行重点。同时逐步探索出不同地区、不同作物土地集中的最适宜规模，以获得比较效益的最大化。

2. 在政府领导下，认真整顿土地流转的中介机构，充分维护农民权益和经营者权益，并对合理的社会契约进行普遍性规范。对“确定所有权、稳定承包权、搞活使用权”和“保证土地使用方向不变”要作出明晰界定，对未来的市场风险要作出充分估计。特别注重提供全方位的法律保障和法律救助，有关部门要对社会契约的签定、执行和争议认真负起监督和裁决的责任。

3. 在市场经济条件下，在大力提高土地生产力的同时，对如何保持农村土地的可持续发展和永续利用，防止掠夺性的开发及土地利用的短期行为，有可能为全国探索出一条可行之路。

4. 与农村土地流转的制度创新相匹配，必须重视新一轮农业高新技术的源头创新和加速孵化，以便形成新的经济增长点并与国际前沿接轨、具有高附加值、有全国带动作用的农业新技术群。如被美国工程院列为二十一世纪第6大工程的“精确农业”、利用3S技术作为手段，建成数字土地的全新一代农业技术体系；再如利用地热40m温差的锂盐循环工程，形成房屋面积300m^{2}以下的能源自供体系；以及开发淡水养殖海产技术、彩色棉、天然生物反应器、转基因改性的外科手术式生物工程、航天育种技术、农业信息工程、能源农场等，真正把浙江变成技术输出、装备输出、人才输出的新型农业科技母体和农业增值的国家发动机。

资料来源：牛文元，2002年全国政协大会发言，2002。

二 中国城市化是新一轮财富积累的基本动力

二十一世纪人类普遍地进入到知识经济时代，以信息技术和生物技术为核心的高新技术产业，将在社会财富的积累中扮演主要的角色。城市作为技术进步的中心，既是先进技术的生产者和供应者，又是先进产品的消费者和需求者。高新技术的孵化、中试以及产业化、市场化，使得城市成为新一轮财富积累的最积极、最活跃的带动者。

城市是生产力要素各个成分的强大吸引者和组织者，高级智慧的人力资本、促进发展的风险资本、高素质的劳动力、先进支撑条件的设备和功能完善的基础设施，所有这些都为高附加值产品的生产提供了基础，与此同时，存在于城市的强大购买力和旺盛的需求，从另外一个方面拉动了高利润和高附加值产品的销售与消费，这种围绕新发明、新产品不断涌现的供需双方的“互动作用”与“推挽效应”，是城市在新一轮财富积累中扮演了特殊的角色，并处于整个经济活动的中心地位。

我们对中国和世界上的城市密度（每单位国土面积的城市个数）作了基本的统计分析，说明了城市密度的大小与 GDP 的创造能力和积累程度有着直接的关系（见图 4.1）。

同时我们也引用了世界上不同国家的城市化程度与其 GDP 的创造能力进行了比较，同样发现城市密度与社会财富的多少有着密切的关系（见图 4.2 和图 4.3）：

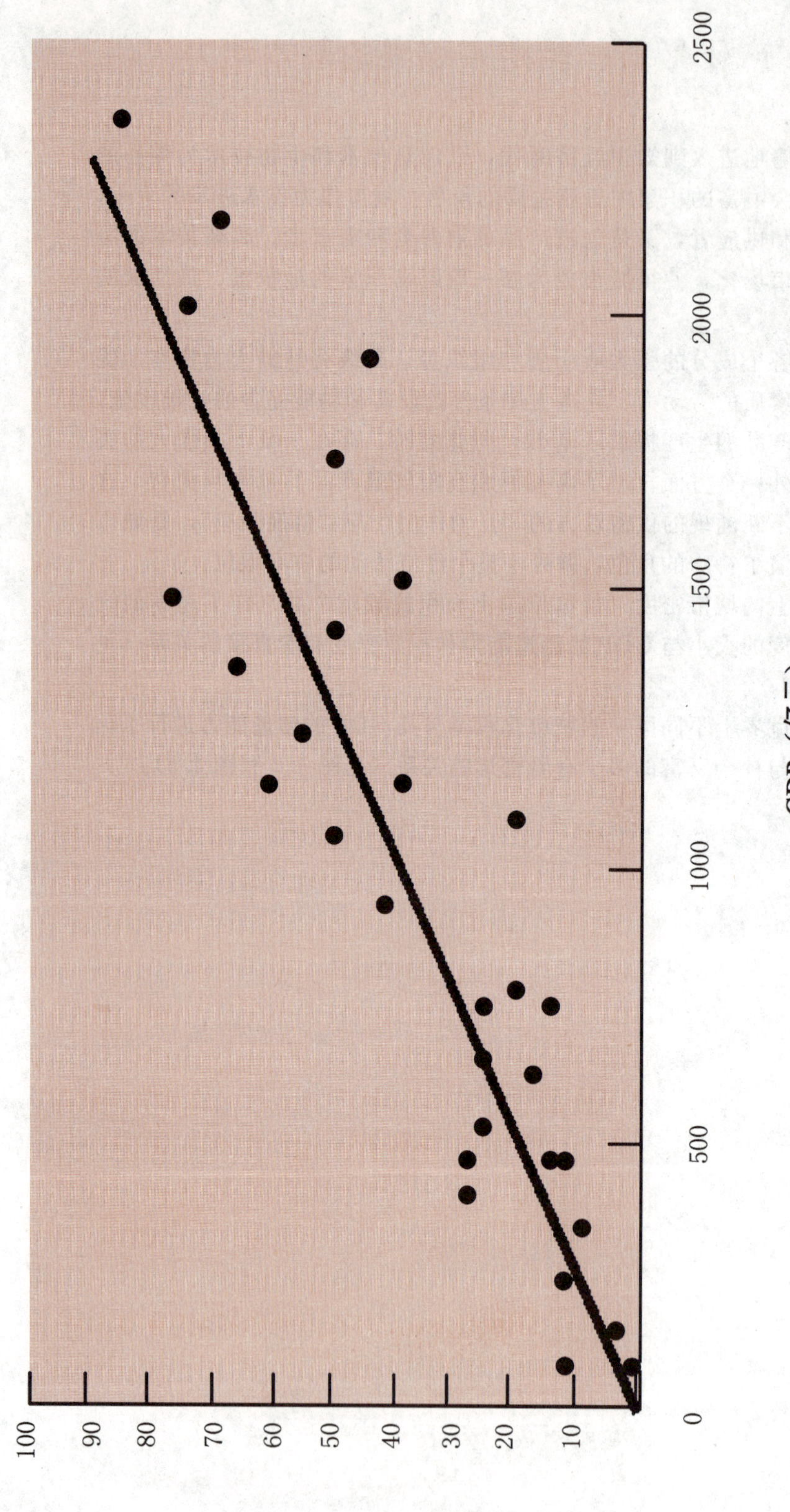

图 4.1　中国城镇化与经济发展之关系

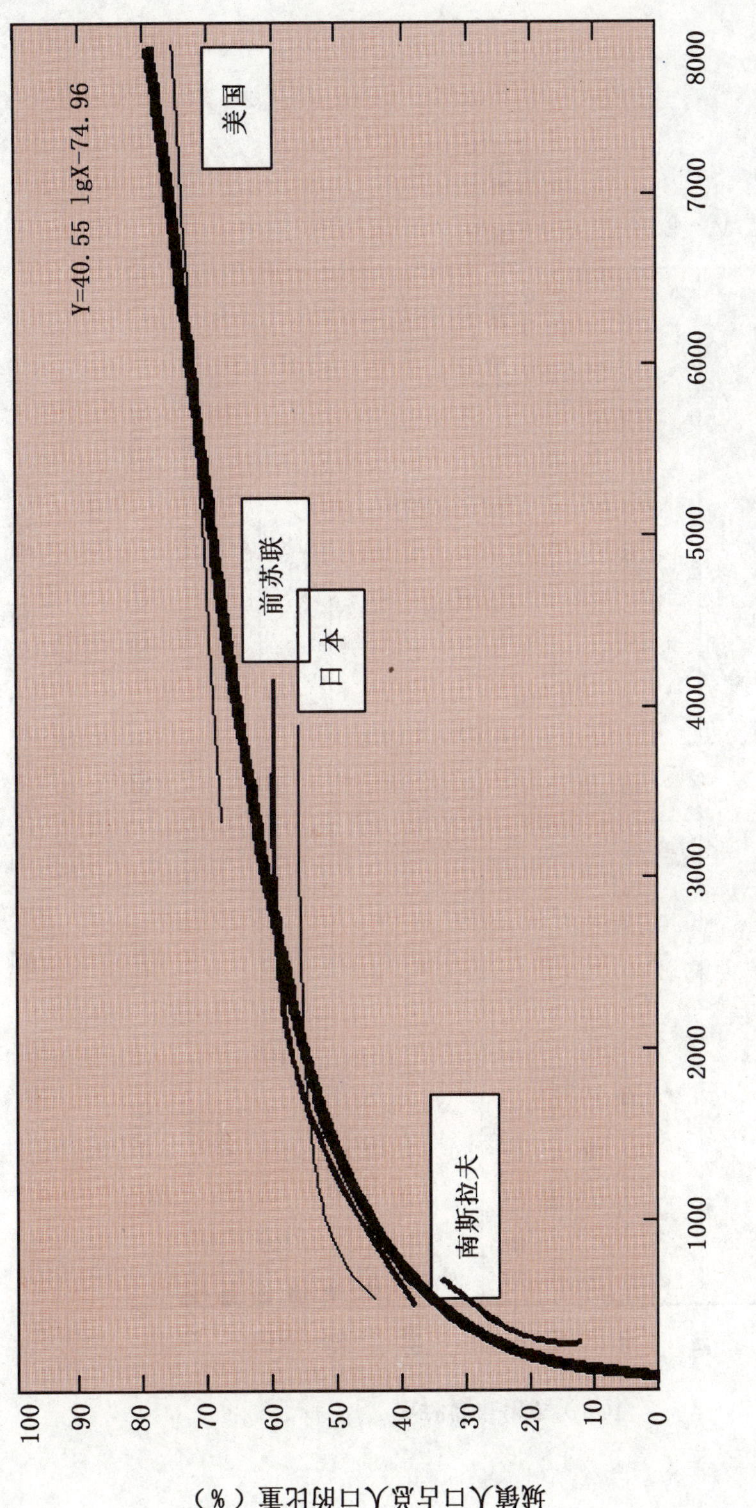

图 4.2　日、苏、美、南城镇化水平与人均 GNP 的关系

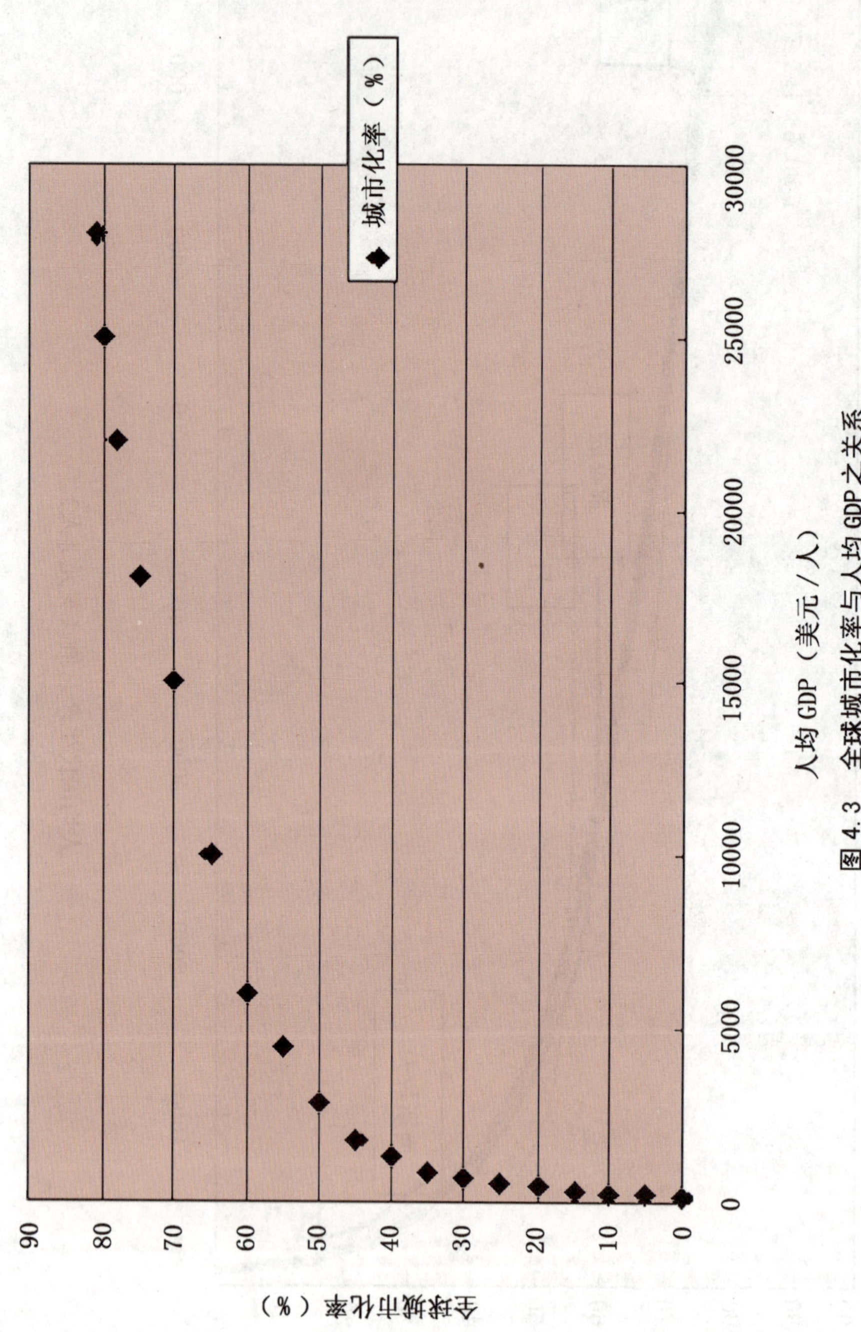

图 4.3　全球城市化率与人均 GDP 之关系

作为中国城市化的战略任务之一，就是要在未来50年的时间内，扩大中国城市化的数量指标（由目前的36%提高到75%以上），同时努力提高城市化的质量指标（推进城市化生产力的“动力”呈现台阶式转换），通过城市的技术创新、制度创新和结构创新，将城市的集约化水平、信息化水平和全球化水平，提高到一个新阶段，从而为经济的发展与财富的积累，奠定坚实的基础，真正通过城市化战略的推进，完成中国现代化对于提高国家综合实力的要求。

三 中国城市化是信息时代“五流”交汇的网络节点

依照区域科学的“空间充填原理”，城市可以理解为在广阔的二维平面上的“离散充填”，这些点以不同的类别、不同的规模和不同的等级，在微观上随机在宏观上有序地散布于不同的地理位置。城市作为区域上的点，在其起源、成长、发展、成熟和老化的“生命周期”过程中，均有直接的和间接的原因，也有复杂的自然背景和人文背景，但是作为区域中心的城市，它的作用与活力，对于整个区域的发展却起着举足轻重的作用。

推动区域的发展，从系统论的观点出发，各类经济活动的行为轨迹（各种合力结果的综合反映）主要靠“流”的方向、速度、强度以及对于“流”的相应吞吐、储存、释放、调控、反馈等作用去塑造。人类的经济活动、社会活动、心理活动，无一不可被表达为对于“流”的识别、作用、控制、调节和影响上。对于现代社会而言，主要通过“物质流、能量流、信息流、人才流和资金流”的交叉组合和合理调控，去完成对于经济活动的组织和增效。上述“五流”的有效度量，是我们认识、评判、比较、调控、优化经济结构和功能的基本手段。

虚拟现实的技术，帮助我们将中国960万平方公里的土地设置为一个巨大的平面，其上五种“流”的运动能力和轨迹形成了巨大的动态体系，而散布着大小不等的几百个城市和几万个市镇，它们组成了巨大动态体系上的“节点”。整个平面上的物质流、能量流、信息流、人才流和资金流所形成的网络，通过“节点”对于“五流”起到吞吐、推挽、储存、影响、调控、优化等作用，完成对于经济活动与社会活动的塑造与制约，此类塑造与制约的优劣成败，将直接影响到整个区域的发展与进步。

在进入信息化时代的二十一世纪，各类流的方式、作用、迭合、谐振、效用等，均在速率上和强度上发生了质的提升，这就要求在由“流”所构成的网络中，起到关键调控作用和制约能力的“城市”（节点），具有更大的功能对于各类流实施综合的优化。城市通过对于流（无论是单一的或综合的）的选择、吸纳、释放、调节、控制、分解、集成等多种手段，完成城市功能的优化升级。而每一次优化升级、都将在财富的创造、社会的公平和生活质量的提高，起到巨大的作用。

为了说明作为“流”所形成的网络中，城市扮演的“节点”在经济发展与财富积聚中的作用，特别提出现代物流的产生、运行和功效，以及认识为何现代物流能够形成新的经济增长点。

注释专栏 4.4

现代物流与城市发展

物流管理与物流产业作为推动新经济和现代企业发展的重要动力之一，自1950年前后从美国发端，时至今日已在美国、欧洲、日本等国家和地区广泛兴起，其演进过程大致经历了销售物流阶段（Physical Distribution）（1950～1970年）、综合物流阶段（Integrated Logistics Management）（1970～1990年）和基于供应链的现代物流阶段（Supply Chain Management）（1990至今）三个主要发展阶段。

美国物流管理协会（Council of Logistics Management）将物流定义为："物流是为满足消费者需求而进行的对原材料、中间库存、最终产品及相关信息从起点到消费地的有效流动与存储的计划、实施与控制的过程。"

现代物流（Logistics）被称为第三利润源泉，是以信息技术的应用为手段，以信息资源的集成为前提，是基于信息流、管理流、资金流和货物流四位一体，彼此有机联系和协调运动的供应链一体化管理综合体系。在商品经济条件下，以信息、管理、资金作为推动力，使货物按照人们的要求发生位置的移动。

发展物流业可以从整体上优化企业的流通环节，追求整个物流供应链的成本最小. 达到降低企业总成本，创造新利润，寻求全社会经济新增长点的重大现实意义。按照英国的研究，各种物流费用平均占货价总额的14.8%，而美国的研究表明，各种商品的物流费用百分比，最低占10%，而最高可达32%。近期统计数据来看，物流的费用占到公司销售的10%—35%。据统计，美国工业企业平均外购费用为其销售总额的54%。在珠江三角洲，一般商品物流成本占商品总成本50%—60%以上。有数据显示，发达国家的物流成本一般占GDP的10%左右. 而中国的物流成本在15%—30%之间。由此可见，现代物流的市场需求相当可观，企业物流成本压缩的空间十分可观。

目前，全球物流费用年支出达4万亿美元；据预测，2010年中国的货运量将达400亿吨、货物周转量将达10万亿吨、物流市场年营业额将达到1.2万亿元；我国每天仅铁路运输就占用60多亿元的流动资金。我国产成品库存时间为46天，而发达国家平均为20天。因此，能否控制运输物流开支和服务水平是当前企业尤其是商业企业和制造业的成败所在。现代物流的推广，有利于最大限度地降低和消除全社会的无效劳动，使得社会总成本最小，从而创造更多社会利润。

据国际货币基金组织1999年的统计，我国当年物流成本占GDP的比重为16.9%，约为1 3867亿元；第三方物流的市场份额在4618亿元左右。根据"十五规划"草案，专家预测，未来十年我国物流成本占GDP比例平均约为14.9%，达到28505亿元；第三方物流在物流市场上的比例平均约为42%，达到11972亿元。另据中国仓储协会1999年初对全国450家大中型工业企业进行的一项调查，45.3%的企业将在未来一两年内选择新的物流商，其中75%的企业将选择新型的物流企业，64.3%的企业将把所有的综合物流业务外包给新型的物流企业。

中国物流发展的五大劣势

1. 成本高：物流成本高出发达国家1倍多，物流费用占GDP的20%—30%，必须迅速回降至10%左右，充分扩大物流业的利润空间。

2. 周转慢：2000年我国工业流动资金周转率为1.62次，而沃尔玛、家乐福等国际连锁集团为20—30次；我国的仓库周转率仅为发达国家的30%。

3. 库存大：2000年中国库存商品的沉淀资金达4万亿元，占当年GDP的50%，而发达国家一般不超过1%，发展中国家平均为5%—10%。

4. 效率低：我国物流技术装备水平与发达国家相比存在差距，配送差错率则是发达国家的3倍；汽车空驶率达37%，商品从生产到流通环节的中间过程达10多个步骤。

5. 观念旧：传统物流仍占统治地位，美、日等发达国家使用第三方物流的企业比例已在30%以上，我国尚不足10%。

物流作为生产过程在流通领域的延续，已经成为“第三利润源泉”。美国学者伊马斯克指出：“今后将是物流竞争的时代”。因此，实现物流合理化，正确确定企业物流管理的模式、对我国企业经营能力的提高乃至国民经济的发展具有十分重要的意义。

从广义上讲，物流泛指物质实体及其载体的场所或位置的转移和时间占用，即指物质实体的物理流动过程。物流作为联结社会生产和消费的纽带，其发展必然同我国经济发展相联系，它将物资运输、仓储、搬运、装卸、包装、配送等业务，看成一个有机整体，形成一个系统，统筹规划，合理布局，使物资流通的各个环节有效地结合起来，实现时间短，消耗少，效率高。

全球供应链：是在全球范围内执行原材料采购、中间产品和成品转换和成品最终销售的动态功能网链，它不仅是联接供应商、制造商、分销商和用户的物料链，而且是物料在供应链上因加工、运输等过程的增值链。供应链管理使物流在供应链上合理流动、优化配置，从而缩短产品生产周期、降低产品生产成本。这有利于供应链上企业之间的信息沟通、传播、交互，实现信息的精确性、实时性和可见性，促进供应商、分销商、制造商间的合作以及对市场机遇的共同把握。

动态联盟：是供应链结点的虚化外聚，它通过加强结点间供应与销售的彼此联系而实现形式灵活、结构简单、构造快捷、响应快速的资源集成。动态联盟的产生归因于企业的小型化和联合作业，它专注于产品的生产、销售及供应，摆脱传统企业内部事务的烦扰，极大地提高工作效率，充分把握市场机遇，将分散的技术资源、人力资源和管理资源快速有效地集成。

第三方物流：(The Third Party Logistics，简称 TPL 或 3PL)，亦称契约物流、物流联盟、物流社会化，是指既非商品供给方（生产企业）又非需求方（商业企业或生产企业）的第三方企业，通过契约为客户提供的整个商品流通过程的服务，具体内容包括商品运输、储存配送以及附加值服务等。第三方物流依靠信息的集成而产生增值，是生产经营企业一种新型的物流外部化管理模式，生产经营企业可以进一步降低经营管理成本、提高管理效率，加强自身的核心竞争力。战略联盟伙伴关系、风险共享、利益一体化和物流信息电子化、网络化是第三方物流管理最重要的四个特征。只有物流联盟合作双方充分理解和把握第三方物流管理的内涵和特征，转变传统的物流观念，第三方物流管理才能取得真正的成功。第三方物流作为现代经济的重要组成部分和工业化进程中最为经济合理的综合服务模式，正在全球范围内得以迅速发展。我国第三方物流业总体上仍处于起步阶段，有必要大力发展物流产业，结合国际物流业与我国成功物流企业的发展经验，从改善物流企业的经营环境和加强物流企业的自身建设等方面谋求发展。

物流系统：是指在一定的时间和空间里，由所需输送的物料和包括有关设备、输送工具、仓储设备、人员以及通信联系等若干相互制约的动态要素构成的具有特定功能的有机整体，它包括如下部分：

跨码头直接发运（Crossdocking)：是个越加被广泛应用的操作，它将接货的物料直接发运，省去了仓储等其他内部操作，使得库存量和库存时间都大大减少。

卖主管理库存（VMI，Vendor managed inven-tory)：制造者和客户之间一种新型的合作关系，它允许制造者依据产品的用途以及用户所提供的库存水平信息来对客户的库存进行补充。电子数据交换（EDI，Electronic data interchange）使这项操作成为可能。

仓库管理系统（WMS，Warehouse Management System)：大多数公司都安装了仓库管理系统来帮助实时地管理仓库。WMS 跟踪和控制库存的变化和定单的流动，自动将定单组合或分离、优先处理紧急的定单、提醒及时的库存补充、并发出提前发运通知（ASN）等。

制造执行系统（MES，manufacturing execution system)：可以作为生产计划、调度和车间物流之间的桥梁。MES 就是来管理包括物料、工作站和物料搬运装置以及人力等车间资源的有效利用。

柔性制造系统（FMS，Flexible Manufacture System)：随着供应链全体成员对快速反应要求的增加，制造业将承受更大的压力，以满足顾客越来越短时间内多样化的需求。解决这一问题的一种有力手段就是柔性制造系统。如果能够把制造和物流的前置时间降为零，则意味着达到整体的柔性，也就是在技术上可行的情况下，组织能够对数量不限的任何需求做出反应。零前置时间作为理想目标已在此领域取得了实质性的进展。

全球预测与供应系统（GFSS，Global Forecast & Supply System）：是一个网络化的需求管理系统，当客户向他们本地的销售办事处或通过EDI订货时，需求便被系统获取。这种实时计算机系统可以确认当前有无存货，若没有现货，则会就近优选生产点安排生产，同时客户的订单被GFSS接收并产生一份交货单，运输计划也随之由信息系统制定。它不仅是取得供应链一体化的工具，也具有计划、协调和控制所有与履行订单合同有关的活动的能力，以促进企业内部管理。

资料来源：中关村科技园区现代物流规划大纲，2002年7月。

四 中国城市化是培育科技竞争力的创新源头

本《报告》强调，中国城市化是国家培育科技竞争力的创新源头，是培育科技成果转化的基地，也是建设科技活动与科技知识普及的中心舞台的基本要求。作为中国城市化的一项重大战略任务，首先应在中国的城市中大力推动科技创新，既提高城市本身的基础实力，也为整个国家的竞争能力添加动力。科学技术是生产力中最活跃、最革命、最主要的因素，是“第一生产力”；科技进步是推动经济和社会发展的决定性力量；科技创新是社会生产力解放和大发展的重要标志；科技创新能力是一个国家、一个民族体现国际竞争能力的核心内容；科技创新能力的培育与建设是解除经济与社会发展的约束“瓶颈”、推进国家经济与社会可持续发展、加速中国现代化建设步伐的关键之举。

科技活动是在整个城市经济与社会的大系统中进行的，科技创新能力不仅要体现城市在创造科学知识、发明新技术的能力，还应体现在利用科学技术解决当前所面临的社会经济发展问题和生态环境退化问题的能力上，也就是体现在适应和推动自然、经济与社会复杂系统协同演进的能力上，它包括潜在的、现实的和决定性的作用力与影响力。由此，我们把一个城市的科技创新能力解析为“科技潜在能力”、“科技发展能力”、“科技产出能力”和“科技贡献能力”四个相互依赖、相互作用和相互影响的部分。

1. 科技潜在能力：主要是指科技得以发展的外部环境，是培育一个城市科技能力的底蕴和科技能力发挥作用的有效保障。它由一个城市的人文基础、经济基础、制度基础等构成，既包括社会经济发展水平、产业结构调整和升级、人民生活水平的提高对科技发展的外部需求牵引和推动，又包括科技系统运行体制、经济制度和组织保障对科技能力的制约作用；既受到人口科技素质对科技效能的影响，又受到社会对科技依赖程度的作用。

2. 科技发展能力：是形成和表征一个城市所具备的研究、开发和孵化能力的物质基础和条件，反映出一个城市科技研究与发展条件水平状况。它又分为硬件条件能力和软件条件能力。硬件条件主要是指科研所需的物质基础设施，如：拥有国家、部门和地方所属科研院所的数量；国家、部门和地方所属开放实验室、重点实验室的数量；国家、部门、地方和大型企业所属工程中心和研发机构数量、国家或地区的高技术园区数量；提供公共社会服务的图书馆、网络中心、数据库、标本库等；大型成套科学仪器与设备的总数量，以及先进设备占全部设备的比例；科技信息基础设施水平，诸如电话、计算机、网络的使用情况等。软件条件主要是指资金和科技人员的规模，如：R&D的投入规模；科技事业费和科技三项费规模；研究与发展总经费占GNP比例；国际、地区之间合作经费；科学家和工程师总量和万人拥有量等；研发人员的工作当量；研究生、博士后人数等。科学技术实力，实质上是可能提供科学创新和技术发明的基础力量。

3. 科技产出能力：表达一个城市科学技术实力的转化水平或程度，即科技成果的产出能力。从狭义的知识和技术层次上，可将其划分为知识生产能力和技术生产能力。知识产出能力主要表达一个地区知识创新能力，它主要包括：国际与国内科技成果奖励数；为国际上公认的检索工具索引的刊物上发表的论文数和国内核心期刊上发表的论文数；著作出版数等。技术产出能力主要表达一个城市技术创新能力，它主要包括：专利申请量和万人拥有量、专利授权量等。科技产出能力在很大程度上反映了城市科技资源的投入和利用效率，其关键在于通过不断的科技创新活动和强化管理，在盘活城市科技要素的存量上下工夫。

4. 科技贡献能力：是指一个城市科技成果转化为现实生产力的效率或效益。包括经济贡献、社会贡献和环境效益。经济贡献能力主要表达科技对经济的推动作用，包括经济效益、社会劳动生产率、企业竞争力、资源利用率的提高等。社会贡献能力主要表现为决策的科学水平与管理水平的提高、劳动者素质的改善、产品质量的提高和改善、社会劳动生产率的提高等。环境贡献能力主要是指科技减轻社会经济活动对环境压力的能力，诸如，三废的排放和处理率等。

总之，上述四个分量依次呈现出链式的转换特征。同时，亦存在着逆向的反馈需求，即城市生产力的发展反过来迫使科技领域调整科研方向，重组内在资源配置，加速科技成果的生产和实践应用的转化。只有这样，科学技术才能真正地成为城市的第一生产力。

国家在实施城市化战略的进程中，把对城市的科技能力培育和推进，作为实现现代化的切入点和重心，在经济全球化的今天，没有城市科技实力的培育和加强，就没有整个国家实力的提高和增强。

注释专栏 4.5

城市科技进步与经济发展的"互动理论"

一方面，科学技术的进步推动了经济的发展与社会的进步，促进着生产方式、生活方式、思维方式的变革，推进了城市经济的繁荣与生活质量的提高，使得科技作为第一生产力的作用被普遍地认识。

另一方面，城市经济社会的不断发展又为科学技术的发展提供了动力和源泉。强大的城市需求推动与刺激了科学技术的发展，经济积累中分配给科技的份额更为科研与技术发展注入了强大的活力。它们的互为促进形成了推进整个人类文明的双轮车。"互动理论"揭示了二者之间的良性循环(如图示)。

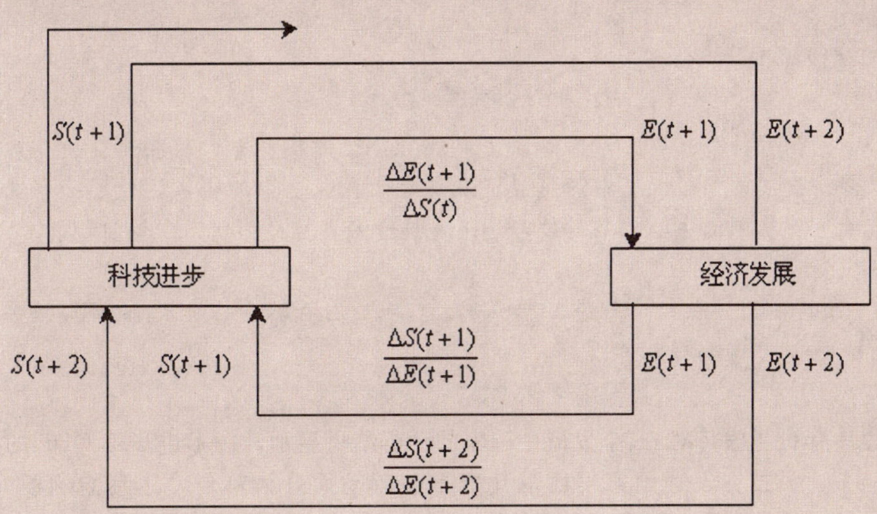

$S(t)$—— t 时刻科技进步的水平；

$E(t+1)$—— 由于 $S(t)$ 的激励，经济发展在$(t+1)$ 时刻的水平；

$S(t+1)$—— 由于$(t+1)$ 时刻经济发展水平的促进，引发了$(t+1)$ 时刻科技进步的水平；

$E(t+2)$—— $(t+1)$ 时刻科技进步引发的$(t+2)$ 时刻经济发展的水平；

$S(t+2)$—— 由于$(t+2)$ 时刻经济发展水平的促进，引发了$(t+2)$ 时刻科技进步的水平；

$S(t)$—— 相对于$(t-1)$ 时刻，t 时刻科技进步的增长；

$S(t+1)$—— 相对于 t 时刻，$(t+1)$ 时刻科技进步的增长；

$S(t+2)$—— 相对于$(t+1)$ 时刻，$(t+2)$ 时刻科技进步的增长；

$E(t+1)$—— 相对于 t 时刻，$(t+1)$ 时刻经济发展的增长；

$E(t+2)$—— 相对于$(t+1)$ 时段，$(t+2)$ 时段科技进步的增长；

设定科学技术对城市经济发展的促进力为 $F(ST)$，而城市经济发展对于科学技术的推动力为 $f(ED)$，则有如下的基本关系：

1. 如果

$$F(ST) > f(ED)$$

则国家的科技能力（即对于发展的促进力）大于经济发展对于科学技术的推动力，科技对经济的供给大于经济对于科技的需求，急需刺激需求，衔接供需，大量地系统地将科技储备转化为现实生产力。

2. 如果

$$F(ST) < f(ED)$$

则国家的科技能力小于发展对科学技术的推动能力。可以基本判定经济有较大的实力去刺激和推动科学技术的发展，但是科技能力的现实水平，不满足于经济发展的实际要求。科技对于经济的供给小于经济对于科技的需求。

3. 如果

$$F(ST) = f(ED)$$

则国家的科技能力与国家经济发展对科技的推动力大致相当。科技对于经济发展的供给，基本满足经济发展对于科技能力的需求，处于一种健康的互促机制之中，也是科技与经济发展进入良性循环所追求的目标。

资料来源：牛文元，《绿色战略》（李政道、周光召主编、牛文元执行主编），青岛出版社，1997。

1991 年世界银行对 68 个发展中国家的分析结果显示，技术进步对 GDP 的贡献为 14.3%。科技在发达国家早已取代资本与劳动而升为首位，达到 60%—90%。1979～1992 年期间，我国 GDP 平均增长速度为 8.95%，资金年增长速度是 13.83%，劳动者人数年增长速度为 2.84%，技术进步速度是 2.28%，相应的技术进步对产出增长速度的贡献为 24%左右（国家计委，1998）。虽然自九十年代中期以来，我国科技进步对经济贡献率有所提高，但是与发达国家相比仍存在很大的差距。中国每创造 1 美元的 GNP，其能耗相当于德国的 4.97 倍，日本的 4.43 倍，英国的 2.97 倍，美国的 2.1 倍，印度的 1.65 倍；当前，中国的劳动生产率只相当于美国的 1/12，日本的 1/11（滕藤，2001）。《国际竞争力报告》是瑞士洛桑国际管理开发研究院（IMD）发表的被国际学术界所公认的权威经济研究报告，《报告》每年对世界各国国际竞争力的比较与分析，被一些国家列为重要的发展水平“参数”（1994 年我国首次被列入评价之列）。在 2000 年度的《国际竞争力报告》中，中国的科技竞争力的排名继 1999 年大幅下降 12 位后，2000 年排名又下滑 3 位，列第 28 位，我国的国际竞争力总体排名也比 1999 年的 29 位，下降 2 位，被列为第 31 位。虽然该《报告》的评价指标体系仍处于完善阶段，每年对定量评价指标的选取和对定性评价指标的专家打分变化较大，导致中国科技竞争力排序波动较大，但是作为一种参考评价体系，该《报告》仍具有相当重要的研究参考价值。从整体水平看，中国科技落后于美国、英国等世界先进水平 15—20 年左右。

表 4.1　中国城市与世界大国在科技创新能力方面的若干指标对比

国家	从事 R&D 的科学家与工程师百万分比（1987～97）	从事 R&D 的技术人员百万分比（1987～97）	发表科技论文（1995）	R&D 经费占 GNP 比例（%）（1995）	高技术出口（1998）		专利申请数（1997）	
					百万美元	占制成品出口（%）	居民	非居民
澳大利亚	3，357	797	9，747	1.8	1，564	11	8937	39，274
巴西	168	59	2，760	0.81	2，554	9	36	31，947
加拿大	2，719	1，070	17，359	1.66	21，736	15	4，192	50，254
中国	454	200	6，200	0.66	23，308	15	12，786	48，596
法国	2，659	2，873	23，811	2.25	54，183	23	18，669	93，962
德国	2，831	1，472	30，654	2.41	63，698	14	62，052	113，543
印度	149	108	7，851	0.73	1，314	5	10，155	—
意大利	1，318	798	14，117	2.21	17，066	8	2，574	88，836
日本	4，909	827	39，498	2.8	94，777	26	351，487	66，487
俄罗斯	3，587	600	17，180	0.88	2，449	12	15，277	32，943
英国	2，448	1，017	32，980	1.95	64，461	28	26，591	121，618
美国	3，676	—	142，792	2.63	170，681	33	125，808	110，884

资料来源：世界银行，2000 世界发展指标，中国财政经济出版社，2001。

世界各国都将科技创新的投入作为提高国家竞争力的战略性投资，其中，研究开发（R&D）经费占国民生产总值的比例（R&D/GDP＊100%）是反映一个国家经济方式和经济集约化水平的重要指标，并成为各国和国际组织评价科技实力或竞争力的首选核心指标。近年我国 R&D 经费支出总额持续提高，但从“R&D 经费占 GDP 比重”来看，我国研究与发展经费仍居世界较低水平（在《国际竞争力报告》中排倒数第 11 位），由于九十年代我国经济仍主要以外延扩张的方式高速增长，经济发展尚未转变到依靠科技进步和提高劳动者素质轨道上来，这种状况反映到科技指标上，就出现 R&D/GDP 比例始终在 0.6%—0.7%间波动局面，R&D/GDP 比例没有出现实质性的突破。依据普适性的一般规律，研发经费（R&D）占 GDP 不到 1%的国家，是缺乏创新能力的；在 1%到 2%之间，才会有所作为；大于 2%，则这个国家的创新能力可能比较强。日本、韩国等国家 1997 年这一指标就已分别达 2.83%、2.79%，瑞典更是高达 3.59%。美国 1999 年这一指标也是 2.7%，投入 2470 亿美元，而 1998 年我国 R&D/GDP 才达到 0.69%，R&D 总经费约为 66.64 亿美元，1999 年 R&D 总经费约合 70 亿美元，仅相当于美国的 2.83 %。中国 R&D 经费投入的绝对规模与相对规模都严重偏低，长期低强度的 R&D 经费投入已经成了严重制约我国科技创新能力的“瓶颈”因素之一。

与此同时，R&D经费投入的结构也不够合理。在市场经济比较成熟的国家，企业应成为研究与开发主体，企业的创新动力和创新能力是社会科技进步的基本落脚点，是国家经济竞争力的重要因素，但是我国的企业还没有成为科技创新的主体，企业的自主创新能力薄弱、企业对创新的有效需求不足。1998 年我国企业的 R&D 投入仅占全国 R&D 经费总投入的 14.70%，政府的 R&D 投入为 44.88%；1998 年全国科技活动经费筹集总额是 12897557 万元，其中，企业资金是 4025040 万元，占全国总科技活动经费筹集的 31.21%，而在多数市场经济比较成熟的国家，企业的科技活动投入一般都占全国的 70%—80%。1998 年我国大中型企业的 R&D 经费占销售额的比重平均仅为 0.5%，而发达国家企业一般为 3%左右，高技术企业则更在 5%以上。

1999 年 IMD《国际竞争力报告》评价指标显示，中国从事 R&D 活动人员总数排世界第 4 位，企业 R&D 人员也居世界第 4 位，但是由于 R&D 经费投入总规模的严重不足，导致从事 R&D 活动的科学家与工程师人均经费严重匮乏，造成了 R&D 投入经费变成了解决从事 R&D 活动的科学家与工程师的“吃饭保障”经费。这又进一步影响了中国 R&D 活动的效率。我国的人均 R&D 活动经费约为 1 万美元，在 12 个大国中，列倒数第 2 位，仅高于俄罗斯联邦。发展中国家的巴西远远高于我国，印度也大约是我国的 2 倍。而我国从事 R&D 活动的科学家与工程师千人发展的论文数仅 11 篇，在 12 个大国中排最后一位，居倒数 2 位的俄罗斯联邦大约是我国的 3 倍。巴西约是我国的 9 倍，印度约是我国的 5 倍。

每百万人口专利申请量是衡量一个城市科技创新能力的重要指标之一，近年虽然我国城市每年的专利申请增加很快，但是具有重大创新性的发明专利申请量与批准量并无明显增长。1998 年 IMD《国际竞争力报告》显示，1995 年平均每 10 万国民拥有的有效专利件数，中国为 2 件、美国为 422 件、日本为 544 件、韩国为 141 件。

表 4.2 1997 年中、美、日、韩发明专利申请量与批准量的对比

地区	发明专利申请量		发明专利批准量		发明专利的批准率（%）
	总件数	占世界比例（%）	总件数	占世界比例（%）	
中国	61，382	1.34	3，494	0.45	5.69
美国	236，549	5.18	111，895	14.54	47.34
日本	417，842	9.15	147，722	19.18	35.35
韩国	130，147	2.85	24，569	3.19	18.88
全世界	4，566，579	100	770，189	100	16.87

资料来源：国家知识产权局，1997 年世界知识产权组织工业知识产权统计表。

技术基础设施是科技创新重要的物质保障，它为知识与技术的创造、转移、传播和应用提供支撑条件。技术基础设施主要包括两个方面，其一，是从事科技研发活动所需要的软、硬实验条件，即提供物质流与能量流的基础设施；其二，是为全社会科技活动提供信息流的信息化基础设施。在知识经济时代，信息基础设施已成为发展中国家跟踪世界科技创新活动前沿，实施科技创新战略，走跨越式发展，优先考虑的建设领域。下面我们选择有线电视用户（1998，千分比）、千人拥有移动电话数（1998）、千人拥有计算机台数（1998）和万人拥有因特网主机（1999）四个指标，来比较中国与世界其它12个大国存在的差距。

表 4.3 中国与世界大国信息服务基础设施的比较

	有线电视用户[a]（1998，千分比）	千人拥有移动电话数[a]（1998）	千人拥有计算机台数[a]（1998）	万人拥有因特网主机[b]（1999）
澳大利亚	43.6	286	411.6	477.85
巴西	16.3	47	30.1	18.45
加拿大	263.8	176	330.0	422.97
中国	40	19	8.9	0.5
法国	27.5	188	207.8	110.64
德国	214.5	170	304.7	173.96
印度	18.8	1	2.7	0.18
意大利	2.8	355	173.4	68.28
日本	114	374	237.2	163.75
俄罗斯	78.5	5	40.6	13.06
英国	45.9	252	263.0	270.60
美国	244.3	256	458.6	1508.77
全世界平均	55.8	55	70.6	94.47
低收入国家	27.7	8	6.2	0.31
中等收入国家	36.3	39	37.4	13.40
高收入国家	184.0	265	311.2	607.55

资料来源： a：国际电信联盟，1999世界电信报告；b：网络软件联合企业（http：//www.isc.org）。

从表4.3中，我们可见中国与世界其它大国在信息化水平方面存在很大的差距，尤其是千人拥有计算机台数（1998）和万人拥有因特网主机方面存在巨大的差距。中国千人拥有计算机台数只相当于全球平均水平的12.6%，万人拥有因特网主机水平只达到世界平均水平的0.53%。

注释专栏 4.6

什么是城市信息化

从十八世纪中叶以蒸汽机带动的工业革命开始，经过了近代科学炼钢、电的应用、内燃机的普及以及核能、航空等的开发等到了二十世纪的 1956 年，出现了具有划时代意义的转变。依照约翰奈斯比特的说法，在这一年美国历史上第一次出现了从事技术和管理的“白领”数目超过了从事体力劳动的“蓝领”工人，标志着工业时代的终结，一个新的知识社会和信息社会来临了（见《大趋势：改变我们生活的十个方向》）。

此后，又经过了近 30 年的发展与扩张，在二十世纪八十年代，西方发达国家基本完成了时代转型，一个信息化时代或信息化社会正式地出现在人类发展系列的新阶段之中。它表现了以下的五大基本特征：

1. 信息和知识的能力大于资本的能力；
2. 价值的增长通过智能的实现大于通过技能的实现；
3. 信息产业和生物产业成为了推动社会财富积累的中心和主流；
4. 物质流、能量流、信息流和货币流实现了跨国的全球高速流动；
5. 社会形态中的二元化时代差异和数字鸿沟向一元化的转换。

判断一个国家或城市是否具备信息化社会的称号，最基本的内涵不在于有多少部电话、多少人上网、多少部计算机，而在于信息技术如何全面地嫁接于传统的产业部门之中。美国已经把传统的工业部门分为 17 个部类，测算信息技术在其中所起到的关键作用和升值作用。作为一个示例，可以举出休斯敦的一家生产教学用地球仪的工作。原先生产的传统地球仪市场价 22 美元，其中的成本 15 美元。到了 1998 年，工厂在每一个地球仪中装入了并不是最先进的芯片，完成了传统地球仪向具有多媒体功能地球仪的转变，成本在原有基础上增加了 10 美元，但是新的利润却在原来 7 美元的基础上，一下增长到 36 美元，市场平均价格达到 61 美元，而且订单大增，据厂家分析这样的势头还可维持 5 年。可见信息化的真正伟力来源于信息技术在传统产业中的嫁接作用、带动作用和整体升级作用。

国际上正在研讨的一项信息化指标是这样表述的：信息技术对于社会财富的贡献分为两大部分，一是信息产业本身如芯片、计算机、软件等所创造的价值；二是信息技术促进其他产业升级换代和带动作用所取得的价值实现。上述二者之和为 100%，则当信息产业本身在二者之和的总贡献中下降到 30%以后（也就是说 70%以上的贡献为信息技术对于传统产业的提升所创造的财富），一个社会才可以被称之为信息化社会。因为在信息技术等高新技术兴起时，信息技术对于社会财富的贡献几乎 100%都来自于信息产业本身，以后随着信息技术对于传统产业的嫁接、带动和系统集成，它对社会财富的贡献中，来自于本身的比例逐渐变小，来自于其他传统产业升级所取得的社会财富逐渐变大，当开始阶段的 100%比 0，逐渐演化到 30%比 70%时，一个真正的信息化时代就成熟了。

资料来源：牛文元，世界经济论坛，2001。

进入九十年代以来，中国科技成果的转化水平有了显著提高，各类应用技术得到了很大的提高，特别是我国的高技术产业一直保持着强劲的增长势头，1993～1998年，高技术产业的增加值年均增长速度依次为9.4%、22.7%、17.6%、21.7%、17.1%，远远高于同期的经济增长速度。技术市场成交额由1992年的141.63亿元，增长到1999年的523.45亿元，年均增长率为38.5%；技术出口合同金额由1992年的15.09亿美元，增加到1999年的75.46亿美元，增长了4倍，年均增长率为57.2%；高技术产品出口额由1992年的39.96亿美元增长到1999年的247.04亿美元，增长了5倍，年均增长率为74%；高技术产品出口额占商品出口总额比例也由1992年的4.7%上升到1999年的12.7%；高新技术产业增加值由1996年的944.70亿元增加到2000年的1726.50亿元，年增长率为20.69%；高新技术产业增加值占制造业增加值的比例也由1996年的6.50%增加到2000年的11.10%。

二十世纪九十年代以来，中国科技创新体系为解放、培育与建设城市的科技创新能力提供了有力的保障，开辟了城市将科技作为第一生产力的新局面，为二十一世纪我国经济社会的发展奠定了坚实的基础。从1995年中共中央国务院提出“科技兴国战略”、1997年在党的第15次代表大会上，党中央明确提出了“要充分估量未来科学技术特别是高技术发展对综合国力、社会经济结构和人民生活的巨大影响，把加速科技进步放在经济社会发展的关键地位。”1997年12月，江泽民总书记在中国科学院《迎接知识经济时代，建设国家创新体系》的报告上作了重要批示。指出：“知识经济、创新意识对于我们二十一世纪的发展至关重要。东南亚的金融风波使传统产业的发展会有所减慢，但对产业结构调整则提供了机遇。在美国和加拿大，看到若干世界著名大公司的科技新发展，好像都是华人在主持的，很有创新。其中有些人就是国内去的科技人员。科学院提了一些设想，又有一支队伍，我认为可以支持他们搞些试点，先走一步。真正搞出我们自己的创新体系”。通过这一系列重大科技体制改革举措，从根本上形成了有利于科技成果转化的体制和机制，加强了知识创新能力、技术创新能力、产业化能力，它标志着“科技兴国战略”的全面落实，表明了中国城市作为科技创新的源头，进入了一个新的历史阶段。

注释专栏4.7

2000年全国R&D资源清查主要数据统计公报

国家统计局　科学技术部　财政部
国家发展计划委员会　国家经济贸易委员会
教育部　国防科学技术工业委员会
2001年10月11日

经国务院批准，科学技术部、国家统计局、财政部、国家发展计划委员会、国家经济贸易委员会、教育部、国防科学技术工业委员会联合布置在全国开展了2000年度全社会R&D资源清查工作。在国家和地方各级R&D资源清查领导机构的统一领导及各有关部门的密切配合下，经过广大科技统计人员的艰苦努力，清查的数据采集、质量核查、汇总及评估工作已经结束。现将清查的主要数据公布如下：

一、科学研究与试验发展（R&D）经费总支出

2000年国内科学研究与试验发展（R&D）经费总支出为896亿元，比上年增长17.9%（按可比口径计算，下同）。R&D经费总支出占当年国内生产总值（GDP）的比重为1.0%。

二、基础研究、应用研究和试验发展经费支出

在国内科学研究与试验发展（R&D）经费总支出中，基础研究经费支出为46.7亿元，占5.2%；应用研究经费支出为152.1亿元，占17.0%；试验发展经费支出为697.2亿元，占77.8%。基础研究经费支出增加12.2亿元，增长35.3%。

三、按执行机构分类的R&D经费支出

国有独立核算的科研院所R&D经费支出258.2亿元，比上年增长8.3%，占国内R&D经费总支出的28.8%；高等学校支出76.6亿元，增长20.9%，占国内R&D经费总支出的8.6%；各类企业支出540.6亿元，增长23.9%，占国内R&D经费总支出的60.3%；其他为20.6亿元，占国内R&D经费总支出的2.3%。

四、按国民经济行业分类的R&D经费支出

农、林、牧、渔及其服务业R&D经费支出为7.7亿元，占R&D经费总支出的0.9%；工业为490.0亿元，占54.7%；建筑业为5.3亿元，占0.6%；地质勘查、水利管理业为5.0亿元，占0.6%；交通运输、仓储及邮电通信业为9.7亿元，占1.0%；计算机应用服务业为14.0亿元，占1.6%；卫生为12.0亿元，占1.3%；教育为73.6亿元，占8.2%；科学研究业为258.2亿元，占28.8%；综合技术服务业及其他为20.5亿元，占2.3%。

五、分省、自治区、直辖市R&D经费支出［亿元］

北京	155.7	天津	24.7
河北	26.3	山西	9.9
内蒙古	3.3	辽宁	41.7
吉林	13.4	黑龙江	14.9
上海	73.8	江苏	73.1
浙江	33.4	安徽	20.0
福建	21.2	江西	8.2
山东	52.0	河南	24.8
湖北	34.8	湖南	19.2
广东	107.1	广西	8.4
海南	0.8	重庆	10.1
四川	44.9	贵州	4.2
云南	6.8	西藏	0.2
陕西	49.5	甘肃	7.3
青海	1.3	宁夏	1.7
新疆	3.2		

五　中国城市化是建立学习型社会的先导中心

中国城市化战略的实施，为创建国家的终身学习社会提供了支撑的平台。学习社会表现在对于人力资源整体能力的提高和优化，而人力资源能力建设的本质功能是通过对于物质、能量和信息的结构增效、替代增效、转化增效和产出增效，去“有效地克服传统生产力要素投入的边际效益递减规律、有效地提高国家创新能力、有效地增强国际竞争能力，是新一轮社会财富积累的核心”。经济全球化和信息革命为城市的发展带来了新的激励，给城市人力资源能力建设开辟了新的空间，提出了新的要求，同时也带来了一系列新的挑战。

综观国际经济发展的历史和当代经济发展的潮流可以发现，现代城市经济的发展逐步由依靠传统的资本、劳动力等基础生产要素投入向倚重于知识、信息、技术、专业化的人力资本等高级生产要素投入的方向转变。这些高级要素的一大突出优点是可以有效地克服传统生产要素投入的边际递减规律。

当前国际竞争的实质是先进科技的竞争，而科技的竞争归根结底是人才，特别是高级人才的竞争。中国成功加入 WTO 的同时，也是国外许多国家、跨国公司（包括猎头公司）逐鹿中国人才市场之时，争夺人才之战必将愈演愈烈。因此，可以说建立城市的终身学习社会、加强人力资源开发和能力建设直接关系到一个国家的经济发展和国际竞争力的提高。

面对开放的、日趋复杂和风云变幻的国际环境，中国要立身于强国之林，在竞争中立于不败之地，从根本上就必须以城市为龙头，加强人力资源的能力建设，不断提升国际竞争力。在 2001 年举行的 APEC 会议期间，“加强人力资源能力建设”是热门的话题之一。正如国家主席江泽民在宣读《领导人宣言》时指出的，加强人力资源能力建设，既是长远的考虑，又是现实的需要。人力资源开发已成为亚太经合组织合作的核心内容之一，是各成员国最广泛、合作基础最好的领域，“我们应把这个战略选择变成具体的战略行动，稳步推进，务求实效”。这对于中国城市化战略实施中，将城市作为建立学习社会的先导中心，提出了指导性的方向。

注释专栏 4.8

加强人力资源能力建设　共促亚太地区发展繁荣

——在亚太经合组织人力资源能力建设高峰会议上的讲话

（二〇〇一年五月十五日）

中华人民共和国主席　江泽民

苏丹陛下，

女士们，先生们：

去年 11 月，在文莱斯里巴加湾召开的亚太经合组织领导人会议上，我与文莱苏丹陛下共同倡议召开一次亚太经合组织高峰会议，重点讨论推进新世纪亚太地区人力资源能力建设的问题。

今天，亚太经合组织各成员的官员、企业家和教育学术界专家会聚北京，就这一重要课题共商对策，探讨合作。这对促进亚太地区人力资源能力建设很有意义。我代表中国政府和人民，并以我个人的名义，对会议的召开表示热烈的祝贺！对各位代表表示诚挚的欢迎！

人类已经迈入了二十一世纪。世界正在经历着深刻的变革。世界多极化曲折发展，经济全球化不断深入，科技进步日新月异。知识经济发展快速，世界范围内产业结构调整步伐也在加快，知识创新、科技创新在经济社会发展中的作用日益重要。人类面临着新的挑战，更面临着新的发展机遇。

在新世纪里，人类的发展事业究竟如何向前迈进？这是摆在世界各国人民面前的一个重大课题。

千百年来，人类为了生存和发展不断发掘地球上的各种资源，经济社会的发展和物质财富的增长在很大程度上取决于对物质资源的直接占有。物质资源的开发利用是人类社会发展的基础，而人类智慧和能力的发展决定着对物质资源开发的深度和广度。随着社会的进步，人类自身能力不断发展，显示出越来越大的力量。经济发展和社会进步，需要物质资源作基础，更需要人的知识和能力作支撑。当今世界，人才和人的能力建设，在综合国力竞争中越来越具有决定性的意义。人类有着无限的智慧和创造力，这是文明进步不竭的动力源泉。开发人力资源，加强人力资源能力建设，已成为关系当今各国发展的重大问题。

社会的不断发展，为充分发挥人的能力打开了广阔前景。人类不断创造新的文明成果，而文明进步特别是科学技术的重大突破，又为人类本身的发展不断创造新的条件，提出新的要求。每一次技术发明和运用，在提高社会生产力的同时，都为人的能力提高带来新的推进。当今蓬勃发展的新科技革命，对人类自身发展所产生的影响更为深刻广泛。信息技术的发展，使人们的学习和交流打破了过去的时空界限，为人类能力的提高和发挥作用带来了新的空间。知识不断更新，科技不断突破，经济不断发展，对劳动者素质的要求越来越高。加强人力资源开发，加强人力资源能力建设，从来没有像今天这样重要、这样紧迫。

同时必须看到，人力资源并不是有了一定数量的人口就能自动生成的，而是需要去开发和建设。近年来，很多国家采取积极措施，促进人力资源的开发和能力建设，取得了明显成效。然而，总体来看，人力资源能力建设与现实发展的需要还很不适应。人才短缺问题普遍存在；国际人才竞争存在很多不合理不公正现象；发展中国家与发达国家在人力资源能力建设上的差距不断拉大，发展中国家人才流失严重。这些问题不切实解决，必将影响各国特别是广大发展中国家的发展。

推进人力资源能力建设，需要各国加紧工作，也需要国际社会共同努力。为此，我就亚太经合组织人力资源能力建设，提出以下五点主张。

一、树立发展新理念，加紧人力资源能力建设。要充分认识人力资源能力建设对经济社会发展的基础性、战略性、决定性的意义，把它放在社会经济发展的突出位置。把人力资源能力建设作为亚太经合组织交流合作的重要领域，作为扶助发展中成员经济增长，缩小南北差距，促进协调发展的重要举措。抓住新科技革命带来的机遇，明确目标，认真规划，精心组织，动员各方面的力量，提高人力资源开发的质量，加大人力资源能力建设的力度，为新世纪亚太地区经济社会发展提供坚实基础和有力保证。

二、构筑终身教育体系，创建学习型社会。教育是人力资源能力建设的基础，学习是提高人的能力的基本途径。要通过政策指导和舆论引导，营造尊师重教、求知好学的社会氛围。加快社会化终身教育体系建设，大力发展职业教育，建立广覆盖、多层次的教育培训网络。鼓励人们通过多种形式参与终身学习，拓展与更新知识，提高素质，增长才干。

三、普及信息网络，优化学习提高手段。信息网络技术，对促进人们的学习和工作，提高劳动者素质具有重要意义。要把开发利用信息网络技术，作为人力资源能力建设的重要手段，制定推广计划，采取有效措施，创造条件普及信息网络，发展远程教育。提高上网人数比例，扶持弱势群体提高发展能力，使更多的人从信息网络技术中受益。发达成员应为发展中成员缩小“数字鸿沟”提供帮助，为它们加快信息网络设施建设，开展信息网络技术培训，共享知识资源，提高劳动者素质作出努力。

四、弘扬创新精神，培养青年人才。培养人们的创新能力，是人力资源能力建设的重要任务。根据经济发展、社会进步和科技进步的发展要求，把培养创新精神，开发创新能力，作为人力资源能力建设的重要任务，积极加以推进。特别要注意培养青年人才，创造条件使他们脱颖而出。促进他们学习交流，鼓励他们开拓进取，支持他们创新创业。建立有效的激励机制和公正公平的竞争秩序，为人才的成长和经济科技的不断发展，创造良好环境。

五、坚持互利互惠，加强交流合作。进入新世纪，亚太地区各国各地区加强人力资源能力建设的任务十分繁重。在亚太经合组织框架内，增加人员往来，加强信息交流，形成有利于各方的多层次、多形式的合作机制，应成为组织内具有实质意义的合作内容。发展中成员自己要努力，同时按照互利互惠、共同发展的原则开展合作也十分必要。希望发达成员从财力、物力和技术方面支持发展中成员，加快发展中成员的人力资源能力建设。这不仅有利于发展中成员的经济社会发展，也有利于本地区早日实现共同繁荣。

中国政府十分重视人才培养，提出并大力实施科教兴国战略，提倡尊重知识、尊重人才，把开发人力资源作为推动经济社会持续发展的重要途径。我们坚持优先发展科学教育事业，推进整体性人才资源开发，改革人事制度和劳动就业制度，努力为各类人才发挥作用创造条件和环境，不断提高全民族的思想道德素质和科学文化素质，提高劳动者的知识和技能水平。改革开放以来，中国的经济社会发展取得了巨大成就。但中国人口多、底子薄，发展不平衡，仍然是发展中国家。我国的人力资源开发还不适应经济社会发展的要求，与世界先进水平相比还有很大差距。中国正在积极实施人才战略，大力开发人才资源，全面提高劳动者素质，努力形成人力资源优势，为改革开放和现代化建设提供强大支持。我们愿进一步加强同亚太经合组织各成员的交流合作，努力为亚太地区人力资源能力建设作出应有的贡献。

女士们、先生们，新世纪伊始，我们登高望远，共同研讨人力资源能力建设这一关系未来发展的重大课题，大家有一种共同的感觉，就是对世界的未来，我们肩负着共同的责任。尽管亚太地区各国各地区的发展道路和发展模式不同，但开发人力资源、促进发展繁荣的愿望是相同的。只要我们本着相互尊重、共同发展的精神，求同存异，加强合作，就一定能创造美好的未来。

祝愿本次会议取得圆满成功！

谢谢各位。

中国已经把人力资源能力建设置于国家的基础性、战略性高度，目前开始加大人才引进和交流的力度，降低制约人才发挥作用的制度成本和门槛，鼓励和支持留学生在国内进行创业和科技研发就是一系列突出的例子。

1995年由中国学者牵头与美国耶鲁大学合作，在联合国开发计划署（UNDP）委托下，提出了人力资源能力建设的基本定则（参见UNDP《1995人类发展报告》中文版）。在此基础上，进一步发展了学习社会中“人力资源能力建设方程”。

研究认为，一个人的能力是体能、技能与智能三者的高度统一。所谓人的“体能”是指人的生理上与心理上的健全程度；人的“技能”是指人的基本技术与掌握生产流程合理规则的熟练程度；人的“智能”是指人在各种领域中创造性开发及其创新性含量的程度。

人的体能：自然能力、生理能力、简单能力、初级能力
人的技能：训练能力、技巧能力、重复能力、中级能力
人的智能：学习能力、联想能力、创新能力、高级能力

认知科学表明，在现代社会中，体能、技能、智能三者存在一个简化的定量规则：

对于体能、技能与智能的获得，需要社会支付之比分别为1∶3∶9。这表示当保持一个人健全体魄所支付的社会费用为1时，支付其同时获得技能的费用为3，支付其同时获得智能的费用为9，即社会支付成本（相对于体能、技能、职能）为一列等比级数：1∶3∶9。

从另外一个角度看，人的体能、技能和智能为社会所创造的财富与价值则为1∶10∶100。它说明一个仅具有体能的人，他能创造的财富大约仅能维持他本人的生存，而同时具有技能的人则可创造出10倍于仅具有体能的人；具有智能的人又可创造出10倍于具有技能的人（即100倍于只具有体能的人所创造的财富），三种能力对社会的贡献即社会获得收益（相对于体能、技能、职能）为另一列等比级数：1∶10∶100。

因此作为学习社会先导中心的城市，人力资源的能力建设就是通过塑造、改善、培育、拓展人力资源发挥作用的环境和空间，不断提高其对社会的贡献能力，这是中国实施城市化战略的又一战略任务。

如果我们以文盲代表仅具有“体能”的人，以第二产业从业的人口代表具有一定“技能”的人，而以科学家工程师人数作为代表“智能”的人，那么按照上述简单的规则，我们提出学习社会中人力资源能力方程为：

人力资源能力＝（文盲人数×1＋第二产业人数×10＋科学家工程师×100）/全社会总人口。人力资源能力系数取值范围在1—100之间，并且有如下的基本分类（见表4.4）：

表4.4　人力资源能力水平分级

人力资源能力系数	城市人力资源能力水平
小于5	很弱
5—10	较弱
10—15	中等
15—20	较强
20—30	很强
大于30	极强

依据上述公式我们对1990年以来中国各地区的人力资源能力概况进行了计算。

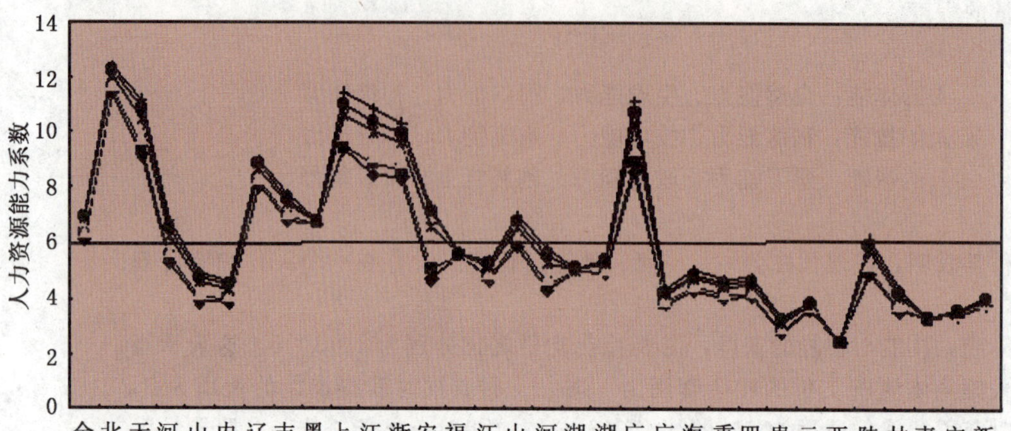

图 4.4　九十年代以来中国各地区人力资源能力指数的变化趋势

我们再从各地区的人力资源能力系数的计算结果进行分析，如下表所示（见表 4.5）。

表 4.5　中国各地区人力资源能力系数

地区	1999 年人力资源能力系数	地区	1999 年人力资源能力系数
全国	6.98	河南	5.81
北京	12.39	湖北	5.09
天津	11.19	湖南	5.45
河北	6.83	广东	11.15
山西	4.94	广西	4.38
内蒙古	4.59	海南	5.01
辽宁	9.03	重庆	4.68
吉林	7.76	四川	4.76
黑龙江	6.79	贵州	3.34
上海	11.45	云南	3.94
江苏	10.87	西藏	2.42
浙江	10.33	陕西	6.22
安徽	7.29	甘肃	4.39
福建	5.61	青海	3.33
江西	5.38	宁夏	3.61
山东	6.99	新疆	4.08

从中可以看出，排在全国前十名的依次是北京、上海、天津、广东、江苏、浙江、辽宁、吉林、安徽、山东等地，排在后十名的依次是重庆、内蒙古、甘肃、广西、新疆、云南、宁夏、贵州、青海、西藏等地。

人力资源能力建设在城市社会经济发展中起着日益重要的作用。这种作用可以从两方面来体现：一方面，随着城市社会经济发展对知识更新的需求日益迫切，促使人们对教育、培训更加重视；另一方面，城市人力资源能力的提高，不仅有助于劳动生产率的提高，城市而且对人口素质、城市管理水平、城市创新意识、城市文明程度的提高都具有重要的意义。

一定数量的人口是城市社会和经济发展的前提和基础。但是单纯的人口数量和规模，并不意味着越多越好。人口增长造成的影响几乎是全方位的。一个健全的学习型城市，应在进一步控制人口增长的基础上，加大人力资源开发力度，通过政策环境的营造、通过教育、培训的加强、通过提高医疗和保健水平、通过改善有助于人的能力得以提高的设施和条件等途径和手段，强化人力资源能力建设，提高人口的素质（身体素质、文化素质、科技素质等），优化人力资源配置，最终表现在城市的实力和竞争力的提高上。世界银行的研究表明，凡是注重人力资源开发的国家其经济增长速度都比只依赖于自然资源开发的国家高。

一个学习型的城市，人力资源能力建设水平与社会财富积累之间具有明显的关系。在对人力资源能力系数与人均 GDP 之间的关系进行对比分析后（横坐标用人力资源能力系数表示，纵坐标用各地区人均 GDP 表示），可以看出（见图 4.5）：

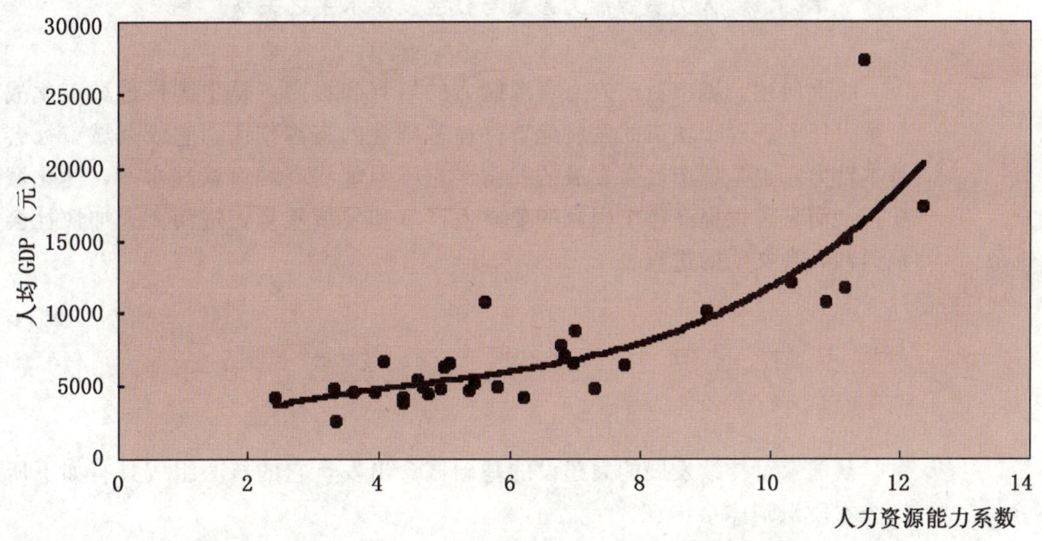

图 4.5　人力资源能力系数与社会财富积累之关系

由图 4.5 显示，人力资源能力系数与社会财富积累有着十分明显的相关关系：当人力资源能力系数大于 10 之后，人均 GDP 将会产生非线性的急剧增长。人力资源能力越高的地区也是财富积累较快的地区，这可以用世界银行的结论即依靠自然资源的国家比依靠人力资源开发的国家经济增长速度低作为旁证。当人力资源能力积累到一定程度，经济发展便会产生一个质的飞跃。

人力资源能力的提高与社会发展水平有着密切的联系。随着社会的发展，人口的素质不断提高，创新意识不断增强，同时人力资源能力的提高不但可以巩固社会发展的积极成果，而且从智力支持的角度推动社会的可持续发展。UNDP 在其所主持的年度报告——《人类发展报告》中指出，城市发展追求的是以人为中心的全面发展，通过中国各地区之间的横断面数据的拟合（纵坐标用人文发展指数表示），我们获得了二者之间的相关关系。

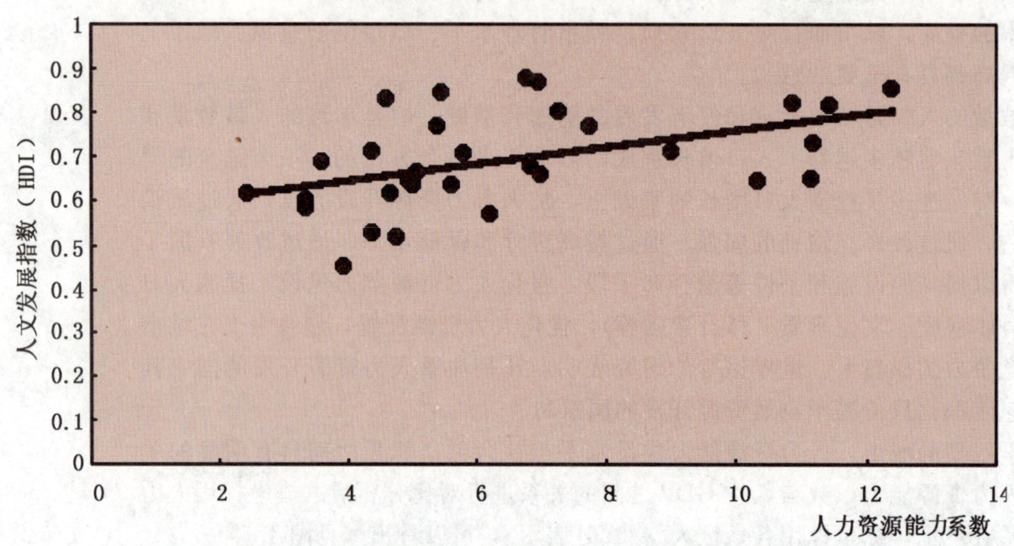

图 4.6 人力资源能力系数与社会发展水平之关系

综上所述，城市对于人力资源能力的培育和提高，是中国推进城市化战略的又一重大任务，对于城市的发展起着一种基础性的支撑作用。它既是城市社会发展的基本动力，也是城市社会发展的归宿。它不但能提高城市管理水平，优化城市资源配置，而且可以提高整个国家的要素生产率和发展质量，进而大大加快社会财富的积累和人类文明的进程。

六 中国城市化是实现可持续发展目标的操作关键

从国家可持续发展能力建设的基础概念出发，它的核心组成具有如下所拟定的三个本质识别体系：

其一，它必须能表达和衡量一个国家或区域的“发展度”，即能够判别一个国家或区域是否在真正地发展？是否在健康地发展？以及是否在保证生活质量和生存空间的前提下不断地发展？它主要表达了可持续发展能力建设的“数量维”。

其二，它必须衡量一个国家或区域的“协调度”，即要求定量地诊断或在同一尺度下去比较能否维持环境与发展之间的平衡？能否维持效率与公正之间的平衡？能否维持市场发育与政府调控之间的平衡？能否维持当代与后代之间在利益分配上的平衡？协调度更加强调内在的效率和质的概念，即强调合理地优化调控财富的来源、财富的积聚、财富的分配以及财富在满足全人类需求中的行为规范。它主要表达了可持续发展能力建设的“质量维”。

其三，它必须衡量一个国家或区域的“持续度”，即判断一个国家或区域在发展上的长期合理性。这里所指的“长期”，近者可能包含五代或十代人的时间，远者直至整个人类的未来。持续度更加注重从“时间或过程”上去把握发展度和协调度。换言之，可持续发展能力中的发展度和协调度，不应是在短时段内的发展速度和发展质量。它们必须建立在充分长时间上的调控机理之中。它主要表达了可持续发展能力建设的“时间维”。

构筑可持续发展能力建设所依据的理论体系，表明了三大特征，即数量维（发展）、质量维（协调）、时间维（持续），它们的“交集”从根本上表征了对于可持续发展能力建设实施度量的完满追求。由此三维空间所构建的可持续发展能力建设方程，除了避免从词义上和内部关系上产生的各种误解外，将从逻辑构架和表述方式上对于可持续发展能力建设作出更深层次的解析。从这些表述中可以发现，对城市的外延与内涵进行整体的寻优，是实现国家可持续发展目标的操作关键。

可持续发展目标的实现，从国家战略层面上必须首先将城市作为重点，并在五个方面作出整体把握，才能在城市健康发展的前提下，把可持续发展的理念和行动充分贯彻到国家各类能力建设的领域中去，唯此也才能通过城市的可持续发展去促使其他各类可持续发展战略目标的顺利完成。

1. 认识城市可持续发展能力建设的现状水平，这是城市决策者制定行动纲领的前提条件。自签署里约宣言10年以来，中国在城市可持续发展的能力建设方面已取得长足的进步，这种进步的幅度和速率，是认识现在和规划未来国家可持续发展的依据和出发点。

2. 认识城市可持续发展能力建设的“支撑性”因素，这是各级计划部门在投入的分配方面所必须掌握的“基础要点”。所谓可持续发展能力建设的支撑性因素，是指构建可持续发展平台的支柱型能力建设，例如城市的生存安全能力建设和生态环境能力建设。如果此二类能力建设不能达到城市需求的基本临界阈值，整个国家的可持续发展是难以为继的。

3. 认识城市可持续发展能力建设的“带动性”因素，这是各级政府部门推动城市可持续发展战略的“核心要点”。所谓可持续发展能力建设的带动性因素，是对于引导城市可持续发展列车加速的引擎式能力建设，例如城市的人力资源能力建设和发展水平能力建设。此类能力建设的根本出发点着眼于整体提高城市可持续发展平台的原动力培育。

4. 认识城市可持续发展能力建设的“保证性”因素，这是各级决策部门调控城市可持续发展战略的“关键要点”。所谓可持续发展能力建设的保证性因素，是指实现城市可持续发展目标的整合型、制度型、规范型能力建设，例如城市的社会有序能力建设和政府服务能力建设。此类能力建设的根本出发点是为城市创造有序的组织环境和高度规范的服务功效，以确保可持续发展总体目标的实现。

5. 认识城市可持续发展能力建设的监测性体系，这是城市各类能力建设的组织者、培育者和调控者识别城市可持续发展能力动态变化的指示器。它要求从复杂事物中抽象出能从本质上反映城市可持续发展能力的参数和变量，经过进一步的逻辑组合与函数表征后，形成对于城市可持续发展能力过程轨迹的动态识别和实时描述，从而为城市可持续发展能力建设的组织者、培育者和调控者，提供定量的、可视的参考依据和虚拟现实的方案预演。

以上五点，是设计城市可持续发展统计识别的指导原则。在城市可持续发展能力建设的定量比较和动态识别中，应当首先提取出反映城市能力建设本质的三大类型，即

城市的“支撑性”能力建设（基础作用）

城市的“带动性”能力建设（核心作用）

城市的“保证性”能力建设（关键作用）

其后方能整体认识城市在国家可持续发展能力建设中的基础作用、核心作用与关键作用。同时也能体会到城市化进程在国家的可持续发展战略中的地位和作用。

为了把握城市健康发展在国家可持续发展战略中的地位和作用，必须拟定出城市可持续发展能力建设的度量体系，该度量体系共分四大层次：

第一层次是城市可持续发展能力建设的“总水平”。它标志着一个城市在形成它的可持续发展能力中，所作出的物质上的、能量上的、信息上的综合“努力程度”。如果把可持续发展能力比喻为所获得的GDP，那么可持续发展的能力建设即可比喻成为获得该GDP所必须作出的投入（如基础设施投入，如出口推动措施，如扩大内需措施，如引进外资措施等）。城市可持续发展能力建设的总水平越高，意味着将会获取更大的可持续发展能力，也就意味着能够更加顺畅地实现可持续发展的既定目标。一般而言一个城市的可持续发展能力高，并不直接代表其可持续发展能力的建设水平也高；相反，如果一个城市的可持续发展能力低，只要不断加大可持续发展能力建设的力度，也能加速提高其可持续发展能力。因此在指标体系的第一层次上，实质上表征了一个城市对于可持续发展所投入自然的和人文的力度。同时亦应认识到，可持续发展的能力建设随着时间、状况的不同会有所变化，例如北京市在认识到环境质量是限制城市发展的关键因素后，加强了对于生态环境的能力建设，几年来已经取得了显著的成绩；同时在申办2008年奥运会成功之后，进一步加大了城市可持续发展的能力建设，所有这些都将为北京市未来可持续发展能力的提高，奠定了坚实的基础。

第二层次是城市可持续发展能力建设的“功能层”。它标志着可持续发展能力建设在内部功能上的差异。认识到这一点，对于城市进行可持续发展能力建设时的投入分配，至关重要，它将可持续发展的能力建设依照其功能特点分解为三类：支撑性能力建设，这是任何一个城市形成可持续发展能力的基础，或称之为临界平台，它表征着如果不能形成这样的平台，该城市的可持续发展能力将缺乏支柱，就有崩溃的危险。第二类是带动性能力建设，这是一个城市增强可持续发展能力的核心，或称之为心脏和引擎，它表征着带动可持续发展能力升级到更高的水平，是实现城市可持续发展目标的动力。第三类是保证性能力建设，这是一个城市提供给可持续发展能力以优化环境的关键。保证性的能力建设为可持续发展能力的形成和增强，创造了一个内部和外部的适宜环境，使其能在规范的、有序的、合理的轨道中，去实现培育、积累和提高城市可持续发展能力的要求。

第三层次是城市可持续发展能力建设的“识别层”。它针对支撑性能力建设、带动性能力建设和保证性能力建设的三大功能分异，分别予以本质上的识别。其中，支撑性能力建设包括了“生存安全能力建设”和“环境容量能力建设”两大内容，前者是对人类生存最基础需求的满足，后者是对人类发展最基础需求的满足。带动性能力建设包括了“人力资源能力建设”和“发展水平能力建设”两大内容，前者是生产力要素中最活跃最具创造力的组成成分，后者是推动城市经济增长的火车头。

保证性能力建设包括了“社会有序能力建设”和“政府服务能力建设”两大内容，前者是提供组织程度和整合能力的保证，后者提供制度能力和执行能力的保证。

第四层次是城市可持续发展能力建设的“指数层”，这是对城市进行定标、量化、动态演示与实时调控的单元和要素，也是度量城市可持续发展能力建设的最有效、最直接、最基层的元素。在我们所拟定的城市可持续发展能力建设指标体系中，共有 39 项指数参与，其中除了 2 项暂时还未能直接表达外，其余的 37 项指数均已应用于度量中国各省、市、自治区中城市的可持续发展能力建设水平之中，并且从这 39 项中反映出具有内部规律性的结论，这对于识别城市可持续发展能力建设的解释，提供了数量上统计的合理性。

国家的可持续发展战略目标的实现，应当充分考虑城市的可持续发展能力建设。世界其他国家的经验告诉我们，城市的健康发展程度和水平，是整个国家可持续发展的基础性表达，其原因有以下的几点：1. 城市的健康发展，为国家的可持续发展提供了充分的财力支持，在环境保护和生态建设的力度上有了基本的保证；2. 城市的健康发展，为全民素质的提高，提供了观念上和认识上的深化，这对于可持续发展理念的深入，起到了重要的精神支持；3. 城市的健康发展，为实现环境与发展的平衡，为克服污染转移和成本外部化提供了内部动力，从而为推行国家的可持续发展战略，扫清了源头上的障碍；4. 城市的健康发展，在“人口、资源、环境、发展”四位一体的协调上，在实现全社会“循环经济”的模式上，是国家可持续发展战略的突破点和切入点。近年来国家环保总局在全国开展的“环境模范城市”评选，就是对于国家可持续发展战略执行的良好体现。

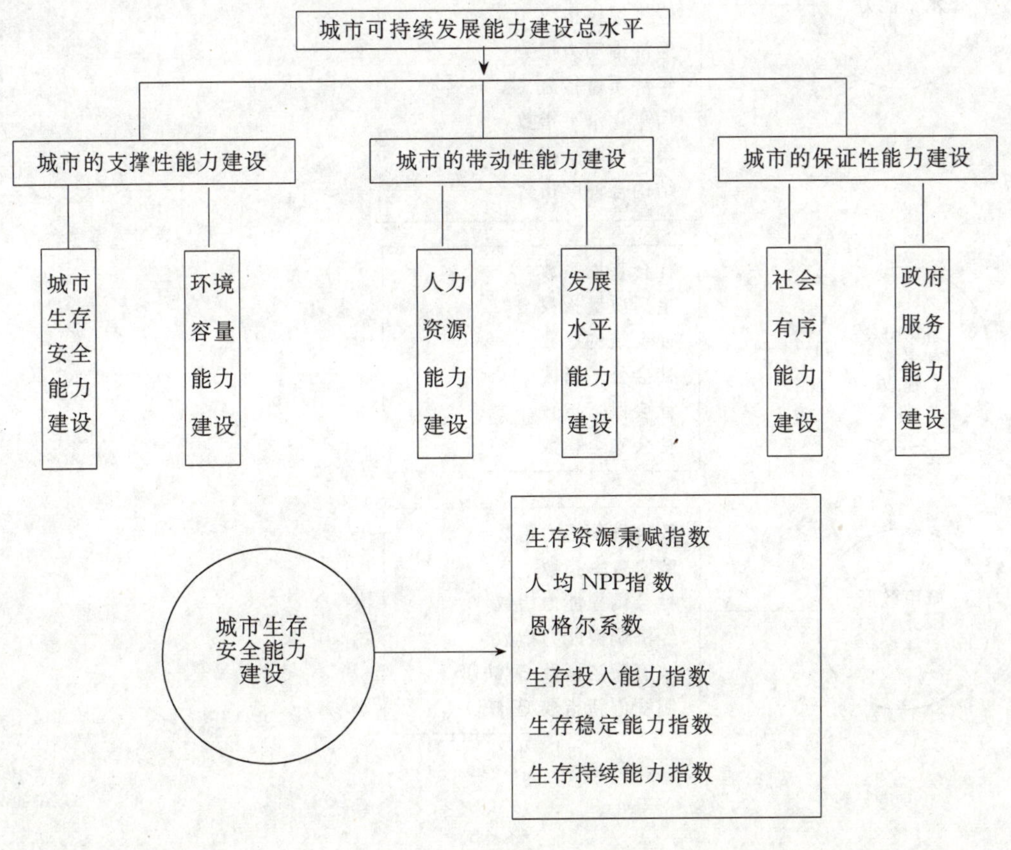

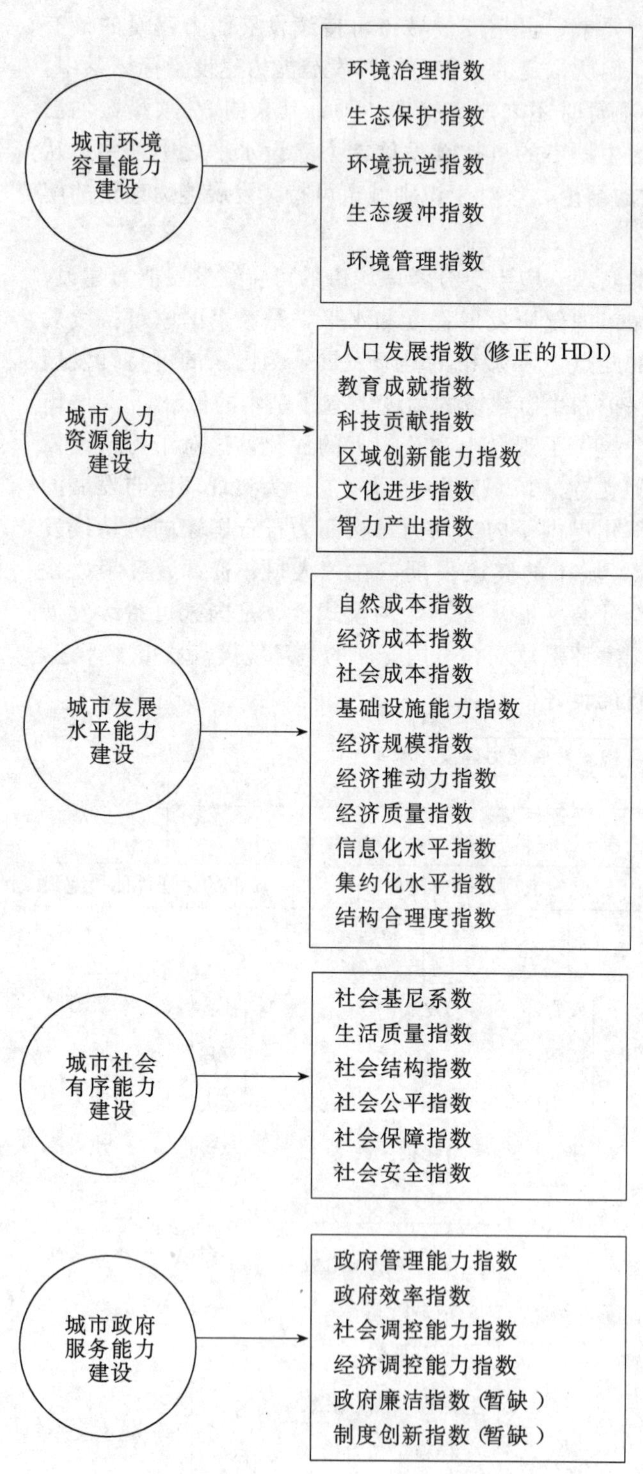
城市环境
容量能力
建设
环境治理指数
生态保护指数
环境抗逆指数
生态缓冲指数
环境管理指数
城市人力
资源能力
建设
人口发展指数(修正的HDI)
教育成就指数
科技贡献指数
区域创新能力指数
文化进步指数
智力产出指数
城市发展
水平能力
建设
自然成本指数
经济成本指数
社会成本指数
基础设施能力指数
经济规模指数
经济推动力指数
经济质量指数
信息化水平指数
集约化水平指数
结构合理度指数
城市社会
有序能力
建设
社会基尼系数
生活质量指数
社会结构指数
社会公平指数
社会保障指数
社会安全指数
城市政府
服务能力
建设
政府管理能力指数
政府效率指数
社会调控能力指数
经济调控能力指数
政府廉洁指数(暂缺)
制度创新指数(暂缺)

第五章　中国城市化质量内涵的宏观判据

城市化的质量内涵是相对于它的数量规模而言的。城市的质量内涵是指在某个特定的时空耦合系统中，在人口集聚、物质集聚、能量集聚、信息集聚和财富集聚的过程中，依照规定的目标和预设的时段，可以成功地表述为对于城市系统“发展动力”、城市系统“公平行为”和城市系统“质量水平”的三维集合的整体轨迹识别，以及表征该轨迹接近理想目标函数的概率。众所周知，城市化的“质量评判”比城市化的“数量统计”更加深刻地反映了城市化进程的本质。

城市化质量内涵的完整表达，可以由以下三大基本表征去说明：

其一，城市化的动力表征：一个城市的“发展能力”、“竞争能力”、“创新能力”及其可持续性，构成了城市化质量内涵的动力表征。

其中包括城市的自然资本、生产资本、人力资本和社会资本的总和，以及对上述四种资本的合理协调、优化提高以及对于创新能力和竞争能力的积极培育。

其二，城市化的公平表征：一个城市的“共同富裕”程度及其对于贫富差异和城乡差异的克服程度，这是对于城市化质量内涵的公平表征。其中包括人均财富占有的人际公平、代际公平和区际公平的总和。

其三，城市化的质量表征：一个城市的“文明程度”和“生活质量”及其对于理性需求（包括物质的和精神的需求）的相对差距，这是衡量国家城市化质量内涵的质量表征。其中包括城市对于物质支配水平、生态支持水平、精神愉悦水平和文明享受水平的综合度量。

只有上述三条主线同时包容在城市发展的统一进程中，不同时期城市化的质量内涵，就具备了统一的度量基础，城市化的追求才能在城市人口数量多少的外在度量下，具备了更加完整的和更为丰厚的内容。

一　城市化的质量内涵

城市化作为一个历史范畴和地理范畴交织的、具有时空耦合规定的、作为“人口集聚”、“资源集聚”、“生产集聚”、“财富集聚”、“体制调适”、“社会结构”、“文明进程”、“人与自然之间协同进化”的能力集合，它所代表的意义和价值是多维的和广泛的。其中，可以从数量与质量两个方面去加以表述。

数量上，人们习惯应用农业人口向非农产业人口的数量转移去进行界定，或者应用非城市人口向城市的数量集中去进行计算。相对而言，城市化的数量表达是简单的和明了的，一般不产生认识上的歧义。

质量上，由于涉及到对于城市化的深层次认知和对其本质的探讨，在国际学术界和管理界尚属一个前沿的课题。一般而论，城市化作为一个系统，它的质量应包括三个最基本的内涵：即所谓推进城市化系统发展的“动力因子”、认识城市化系统差异的“公平因子”、度量城市化系统水平的“质量因子”。三个因子的综合评价结果，将成为城市化的最终质量表征。研究者均认为，只有比较精确地把握了城市化的内在质量，国家城市化战略的制定才有了重心，国家对于城市化进程的监测、调控和评价才有了真正定量的标准。

中国科学院可持续发展战略研究组（2001）将城市化的质量内涵定义如下：

“城市化的质量内涵是指在某个特定的时空耦合系统中，在人口集聚、物质集聚、能量集聚、信息集聚和财富集聚的过程中，依照规定的目标和预设的时段，可以成功地表述为对于城市系统发展动力、城市系统公平行为和城市系统质量水平的三维集合的整体轨迹识别，以及表征该轨迹接近理想目标函数的概率”。

对于城市化质量内涵的完整表达，可以由以下三大基本表征去说明：

其一，城市化的动力表征：一个城市的“发展能力”、“竞争能力”、“创新能力”及其可持续性，构成了城市化质量内涵的动力表征。其中包括城市的自然资本、生产资本、人力资本和社会资本的总和，以及对上述四种资本的合理协调、优化提高以及对于创新能力和竞争能力的积极培育。

其二，城市化的公平表征：一个城市的“共同富裕”程度及其对于贫富差异和城乡差异的克服程度，这是对于城市化质量内涵的公平表征。其中包括人均财富占有的人际公平、代际公平和区际公平的总和。

其三，城市化的质量表征：一个城市的“文明程度”和“生活质量”及其对于理性需求（包括物质的和精神的需求）的相对差距，这是衡量国家城市化质量内涵的质量表征。其中包括城市对于物质支配水平、生态支持水平、精神愉悦水平和文明享受水平的综合度量。

只有上述三条主线同时包容在城市发展的统一进程中，不同时期城市化的质量内涵，就具备了统一的度量基础，城市化的追求才能在城市人口数量多少的外在度量下，具备了更加完整的和更为丰厚的内容。

二　中国城市化质量内涵的双重性特征

根据中国的国情，依照世界城市发展的一般规律，城市化战略的实施在其质量内涵的判别中有着普遍遵循的原则。我们所作的研究指出，中国的城市化在与当代中等发达国家在质量内涵的对比分析中所表现出的差距，是我们制定城市化战略的可操作性依据。城市化质量内涵的本身就是减轻或消除城乡二元化的过程，但在这里所谓的“双重性特征”是特指中国城市化进程中的本体所带有的特征。

十分清楚，二十一世纪中国所追求的城市化的质量内涵目标，已经不是工业化时代的传统目标，即不能只用城市的工业化水平（例如第二产业在 GDP 中所占比重，或通常所说的“无工不富”）以及与此相匹配的教育程度、生活质量、预期寿命等去对二十一世纪的中国城市化加以度量，而应当不失时机地加上城市质量内涵应有的信息化水平指数、生态化水平指数、全球化水平指数、竞争力水平指数、集约化水平指数、公平化水平指数等，作为从工业化时代向信息化时代过渡时期对于城市化质量内涵的基本衡量指标。因此，中国在实现城市化的过程中，明显地具有双重性特征。其中所包含的实质意义在于：

1. 中国必须在实现工业化时代目标的同时，启动和迭加信息化时代的城市化目标，以适应新时期现代化对于城市的要求；

2. 这就意味着中国在实现城市化的进程中，同时肩负完成工业时代目标和信息时代目标的双重任务；

3. 江泽民主席多次提出以信息化带动工业化的指导方针，是中国率先实现现代化的必由之路；也是中国的城市实现跨越发展，在未来50年期间率先赶上世界中等发达国家的必由之路；

4. 判定中国实现艰巨的城市化进程的双重任务时，理论上应当有比较坚实的宏观判据作为参照，以此去衡量在城市化进程中中国目前所处的地位，并对未来的走向和动态的变化加以精确的和定量的表达。

我们研究了当代国际上从最穷的发展中国家到最富的发达国家的城市发展谱，以133个国家的城市现状作为基础，应用“各态历经假说”（见注释专栏5.1）获得了简单明确和完整可信的三大宏观判据组，分别对应于城市化理论的三大本质内涵。第一宏观判据为表达城市化进程“动力特征”的倒U型曲线；第二宏观判据为表达城市化进程“公平特征”的倒U型曲线；第三宏观判据为表达城市化进程“质量特征”的倒U型曲线。

注释专栏 5.1

各态历经假说

各态历经假说（ergodic hypothesis）亦称各态遍历假说，它描述的是：在一个充分大的空间内，同一区域在不同时间断面上的发展状态（时序谱），有可能从同一时间不同区域断面上的发展状态（空域谱）中获得识别，反之亦然。例如，北京一地，在一年内必然经历着春夏秋冬四季；这种当地以时间为序的状态（春夏秋冬）亦可在北京的任意一天中，在全球范围的不同地区同样获得春夏秋冬的相似识别。

各态历经假说揭示了“时空谱系”的耦合表征和映射交集，是对时空统一的认识深化。由此，时序谱的某种缺失，有可能从空域谱中获得补足；而空域谱的某种缺失，同样亦可从时序谱中获得启迪。在我们关于城市化的研究中，可由此理论去探索发展的方向、发展的速度和发展的目标，即中国城市化的未来走向，可以从当今世界各国城市发展的空域谱中得到清楚的反映。该理论为我们认识中国的城市化进程，提供了世界范围城市发展的谱系性借鉴。

资料来源：牛文元，理论地理学，商务印书馆，1992。

三　城市化质量内涵的第一宏观判据

以推动城市化发展的动力因素为标志的城市发展动力指数，是衡量城市化现代进程的第一宏观判据。

第一宏观判据认为：一个城市的工业化水平指数是否实现了倒U型曲线从左侧向右侧的转移，是识别城市化质量内涵的定量标准。第一宏观判据的内涵所表达的实质是，推动城市化进程的“动力”因子，亦即推动城市化不断向前的“合力”矢量，其大小和强度，对于城市化动态轨迹所产生的影响程度和态势映射，在时代交接和过渡的重叠时期（如同中国目前从工业时代向信息时代的转移），必然呈现出倒U型曲线的宏观特征。这里应用工业产值在GNP中所占的比重，随着人均财富（人均GNP）的增长呈现倒U型曲线的明显特征去对世界的城市化进程加以判断，即在人均GNP较低时，此时随着人均GNP的增长，工业产值的比重不断增长并一直到达某个临界位置，其后，随着人均GNP的进一步增加，工业产值在整个GNP中所占比重开始呈下降趋势。就这个倒U型曲线的表达形态而言，随着人均财富的增长，工业产值占据GNP的份额先从倒U型的左侧上升，经过最高的临界点，而后进入倒U型的右侧并下降。当代发达国家（集团）的城市，工业产值在GNP中所占的比重全部已越过倒U型曲线的临界点，处于其右侧；而中国及所有的发展中国家仍处于倒U型曲线的左侧位置。

我们分析统计了2001年全球133个国家工业化水平指数的倒U型分布图（见图5.1），依照“各态历经假说”的原理，进行了统一规范：纵坐标以各国第二产业占该国GNP比重（%）作为工业化水平的指数，横坐标以人均财富（人均GNP的对数值）作为发展程度的标志，点出了全球城市整体发展的态势图，其中分割出5个区域，从左到右分别为：低收入国家（包括世界最穷的国家）、中收入国家的低档次、中收入国家的中档次、中收入国家的高档次、高收入国家（包括全世界最富的国家）。可以明显地判断出，中收入国家的中档次组，目前正经历着倒U型曲线的转折区（即最大临界区），而中收入国家的高档次组的一部分和全部的高收入国家（发达国家）落入到倒U型曲线的右侧部分。与此相比，中国目前的图象显示，仍处于中收入国家的低档次组，即仍处于倒U型曲线的左侧部分。

为何发达国家的城市经历过发展中国家那样的进程并能够进入倒U型曲线的右侧区呢？主要原因是他们的城市从事生产高附加值的产品、高科技含量的产品、信息化水平高的产品、资本服务性产品、技术服务性产品和精神服务性产品，标志着当代城市化水平和现代化程度的实质，是城市信息化水平带动工业化水平的能力和潜力的表征。

自1960年以来的40余年中，世界的城市发展呈现出明显的趋势与规律：发达国家（高收入国家）城市的工业产值所占比例，随着年代的进展，逐步地、先后地并最终稳定地通过最高临界点，而后处于下降的趋势，它直接意味着城市的国民财富积累，已经明显地不再依赖传统工业化水平的高低去表达了。

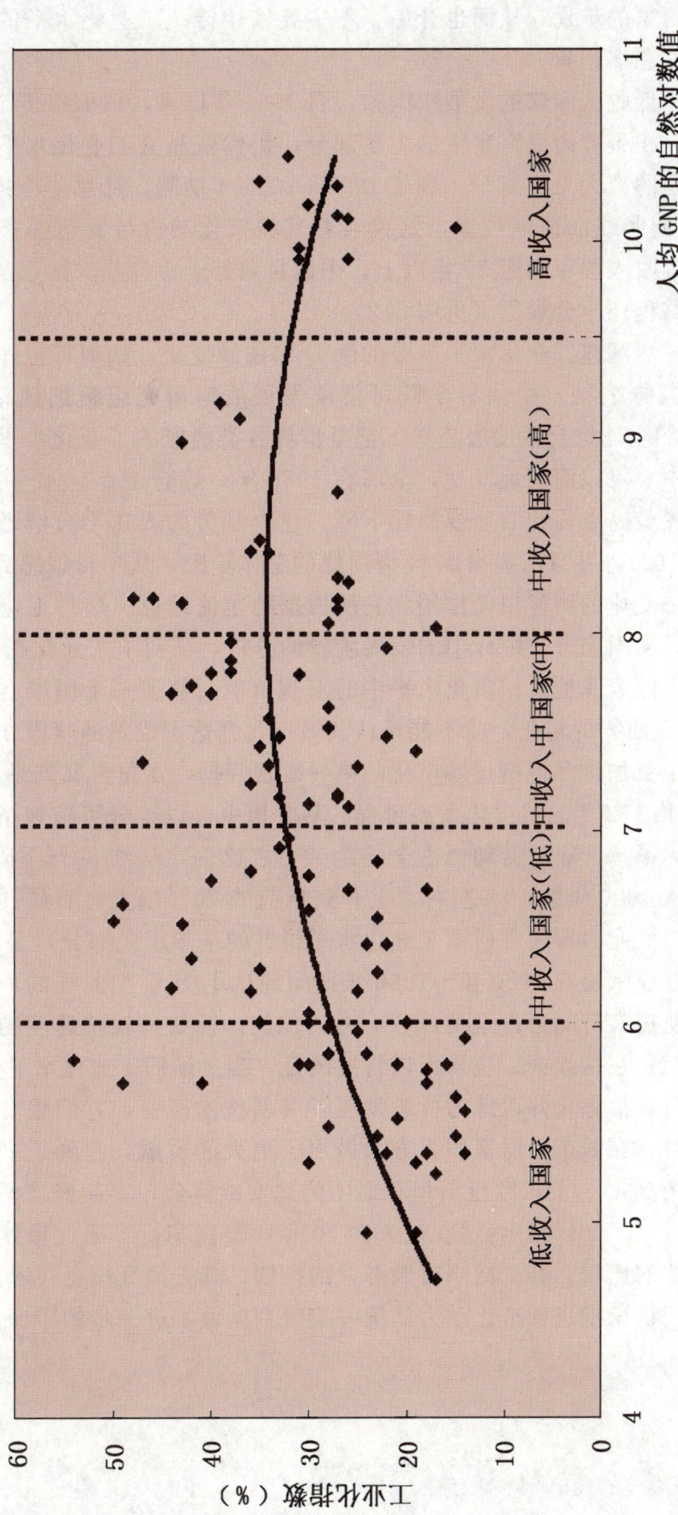

图 5.1　世界城市现代化进程第一宏观判据的倒 U 型对比

而中等收入国家（处于发展中国家的前列和发达国家的后列）的城市大约在1985～1990年期间，工业化水平达到了倒U型曲线的顶峰，并开始缓慢下降，去追赶发达国家的步伐，从而也开始了不主要依赖传统工业化水平的高低去决定城市国民财富的总体积累。

至于低收入国家的发展中国家，自1960年以来，依旧以传统工业比重迅猛上升的势头，积聚着国民财富中的主要部分，仍然依靠着工业化水平的增高去实现（即通俗所谓的“无工不富”），到了1995～2000年期间，从总体趋势上去看，仍未达到其倒U型曲线的顶点位置，这代表着其城市化动力与发达国家相距在50年以上，而与中等收入国家相距25年以上。中国目前处于中等收入国家的低档位次，因此城市化的路程还十分艰巨（见图5.2）。

进一步阐述工业化水平指数的倒U型曲线变化，如何可以作为国家城市化动力的宏观判据表征，中国科学院可持续发展战略研究组精细地刻划了从1980年至1994年的全球综合性发展趋势。把全世界各类国家的工业化水平统一考虑在一个基础模型中，可以清晰地发现，全球在1985年，综合工业化水平指数处于倒U型曲线的临界最高点，此后呈规律性下降，这个趋势的表达十分清晰，其间的相关系数高达0.9661，并且凸显出倒U型曲线的总体轮廓，从中可以感到发达国家城市对于全球经济变化的明显拉动作用和它所占据的主流地位。这种工业化指数变化的倒U型变化，从国家分类统计中的发展阶段的分析，证明了工业化指数倒U型变化，在判定一个国家和地区城市化水平中的宏观价值。倘若一个国家（或区域）不经历这种倒U型曲线的转化，就不能承认其城市化到达了成熟的阶段（见图5.3）。

为了更加详尽地阐述城市化的第一宏观判据，本报告又列举了美国从1820年到1992年共172年的城市化发展过程。从分析中可以十分可信地指出，在约180年的历程中，第一产业的劳动力占全美总劳力之比例，从约80%下降到不足5%；而第三产业从1820年的10%左右，上升到目前的70%以上；而最具代表性的传统工业或指第二产业（即通常所谓工业化水平指数的基本组成部分）呈现出完美的倒U型曲线，并显示出在1950年～1960年期间到达了倒U型曲线的顶点临界区，此后第二产业所拥有劳动力占全美总劳动力的比例，开始呈较快速度的下降，这种下降的趋势目前仍在持续中。应该可以肯定的是，当美国的工业化水平发展到一定程度时，开始了培育信息化并以此为标志发展了高新技术产业，它们相对于传统工业化水平指数而言，在城市的财富积累方面做出了更大的贡献，起到了主导地位的发动机作用（见图5.4）。美国摩根斯坦利财团的迪安威特公司首席经济学家、全球经济分析主任罗奇（2000）指出：“在过去的20年，美国实行了三大重建模式，其一逐渐减少制造业的比重；其二减少对服务业的控制；其三加大信息技术的投资”。罗奇的分析为我们认识推进城市化动力的第一宏观判据做了进一步的印证。

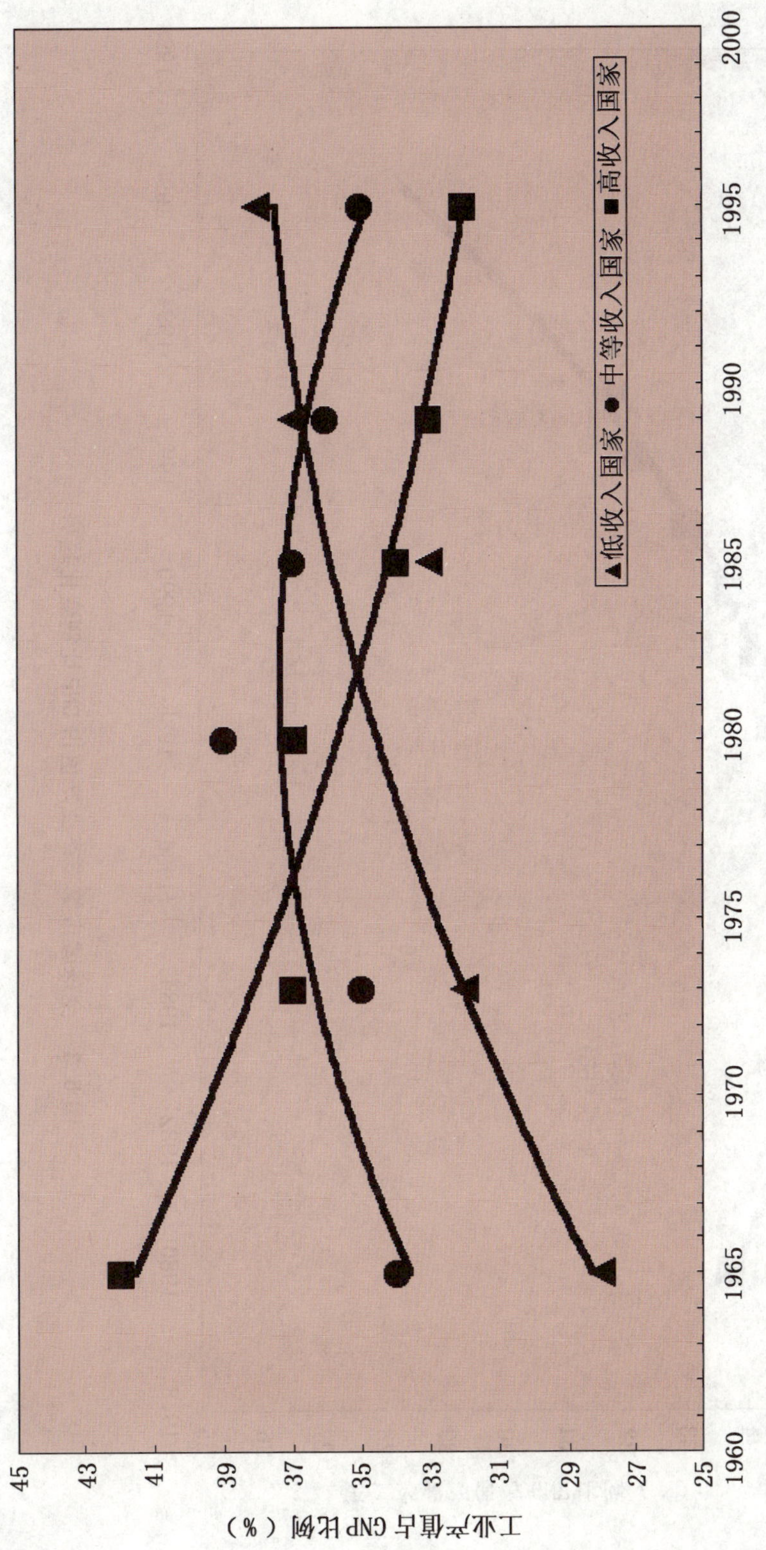

图 5.2　世界高中低收入国家城市中工业产值占 GNP 比例变化趋势

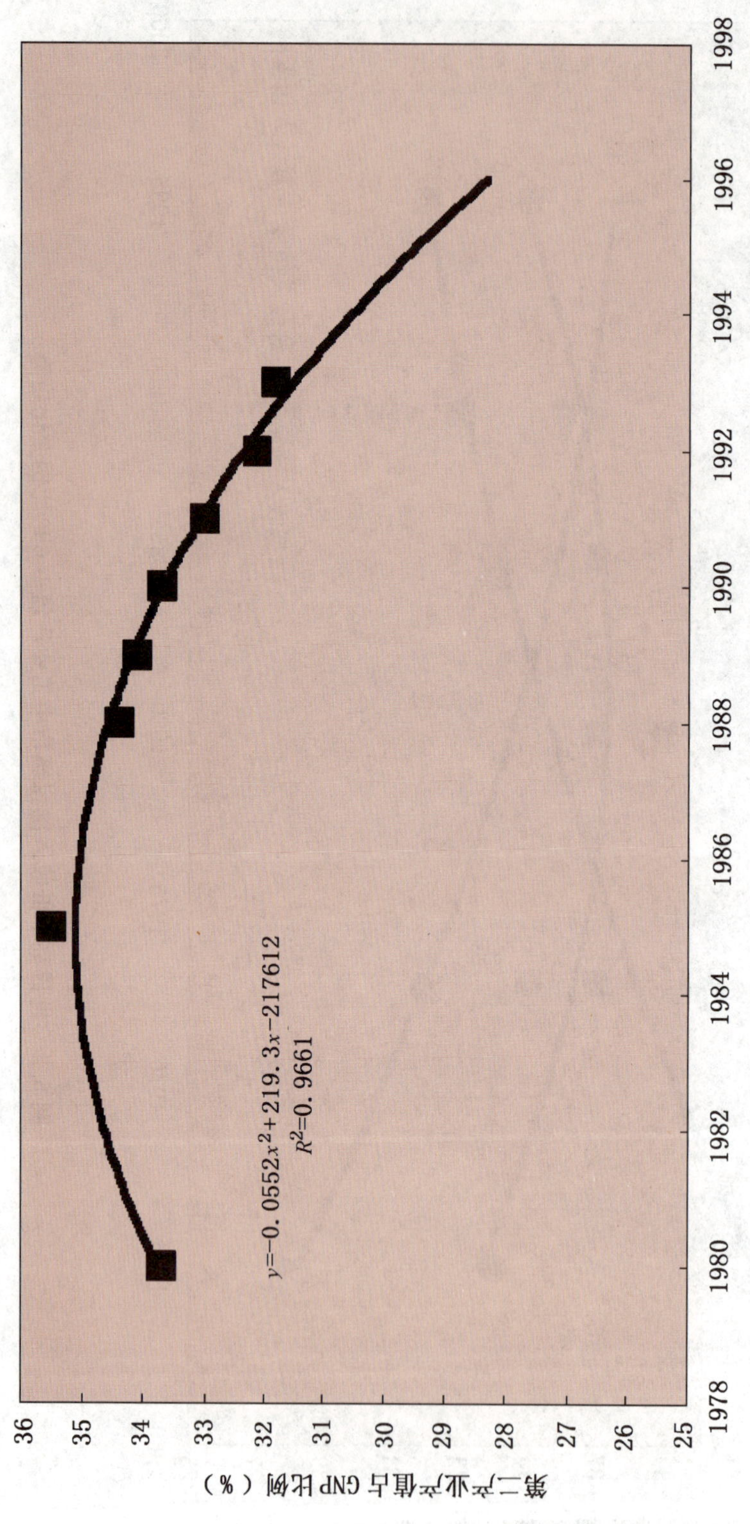

图 5.3　全球城市第二产业产值占 GNP 比例变化趋势

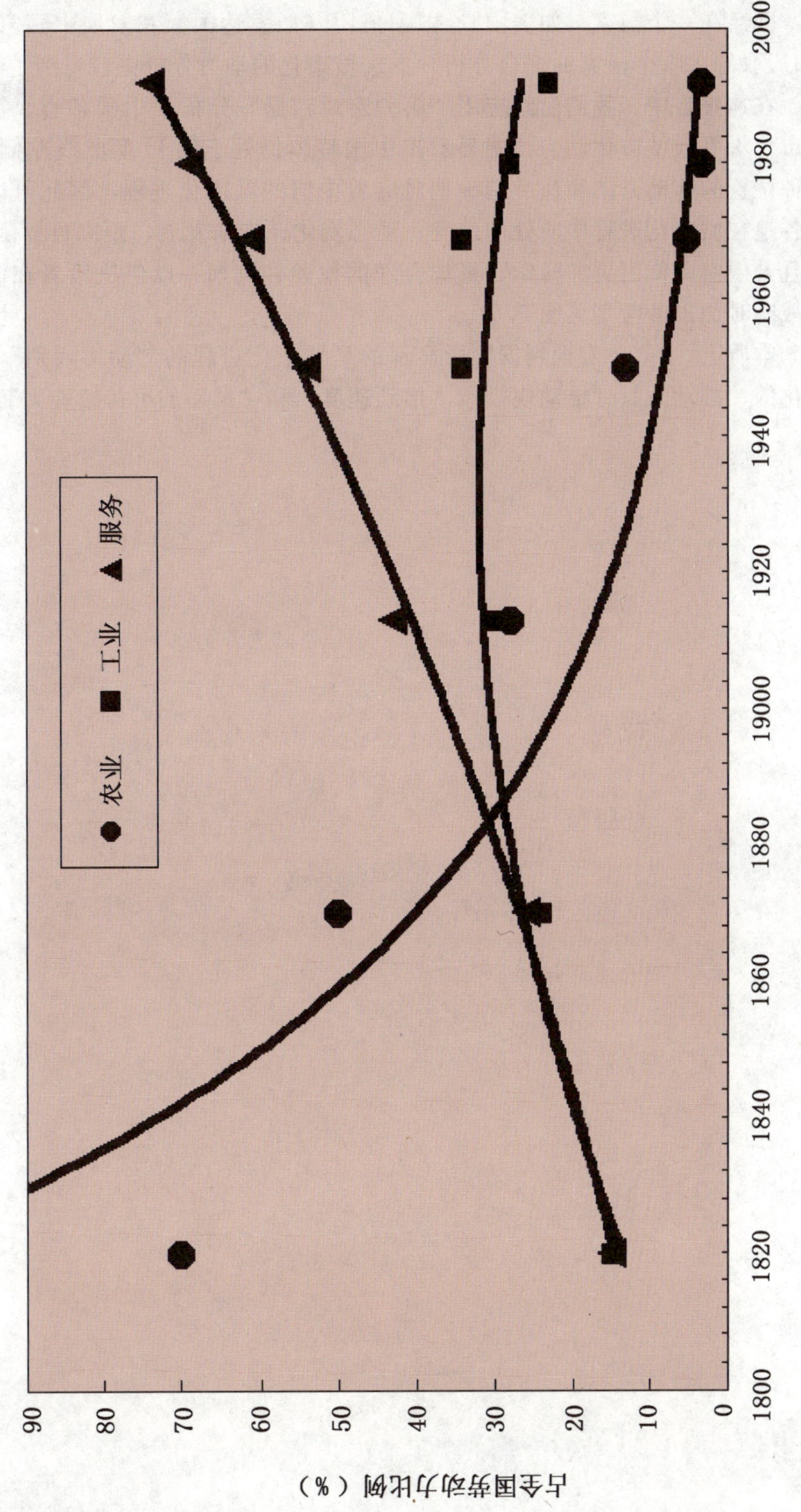

图 5.4 1820～1992年美国农业、工业、服务业占全国劳动力比例变动趋势

因此，关于工业化水平指数（通指工业时代所谓的传统工业水平）的倒U型变化，已经在一个国家（如美国）、国家集团（如发达国家和发展中国家）、全球整体（如所取的133个国家的综合分析）推进城市化的动力分析中，得到了明确无误的验证。在本报告中，我们已经应用“第一宏观判据”分析了中国各省、市、自治区的城市化水平及城市化动力，明显看出中国整体仍处于倒U型曲线左侧的上升位置，这种位置的移动方向和速度精确地对应着中国的城市化进程，因此可以用来衡量中国各地在城市化进程中所处的位置、动态变化、未来发展、距离目标函数的差距等，并且希望由此作出更加科学、更加合理的检验和判断，以供决策者在制定规划、确定战略时加以参考（见图5.5）。

本质上，“第一宏观判据”所显示的是城市化进程的“动力判别”，包括促进城市化的“推动力”、“推动规模”、“推动速度”和“推动的可持续能力”。

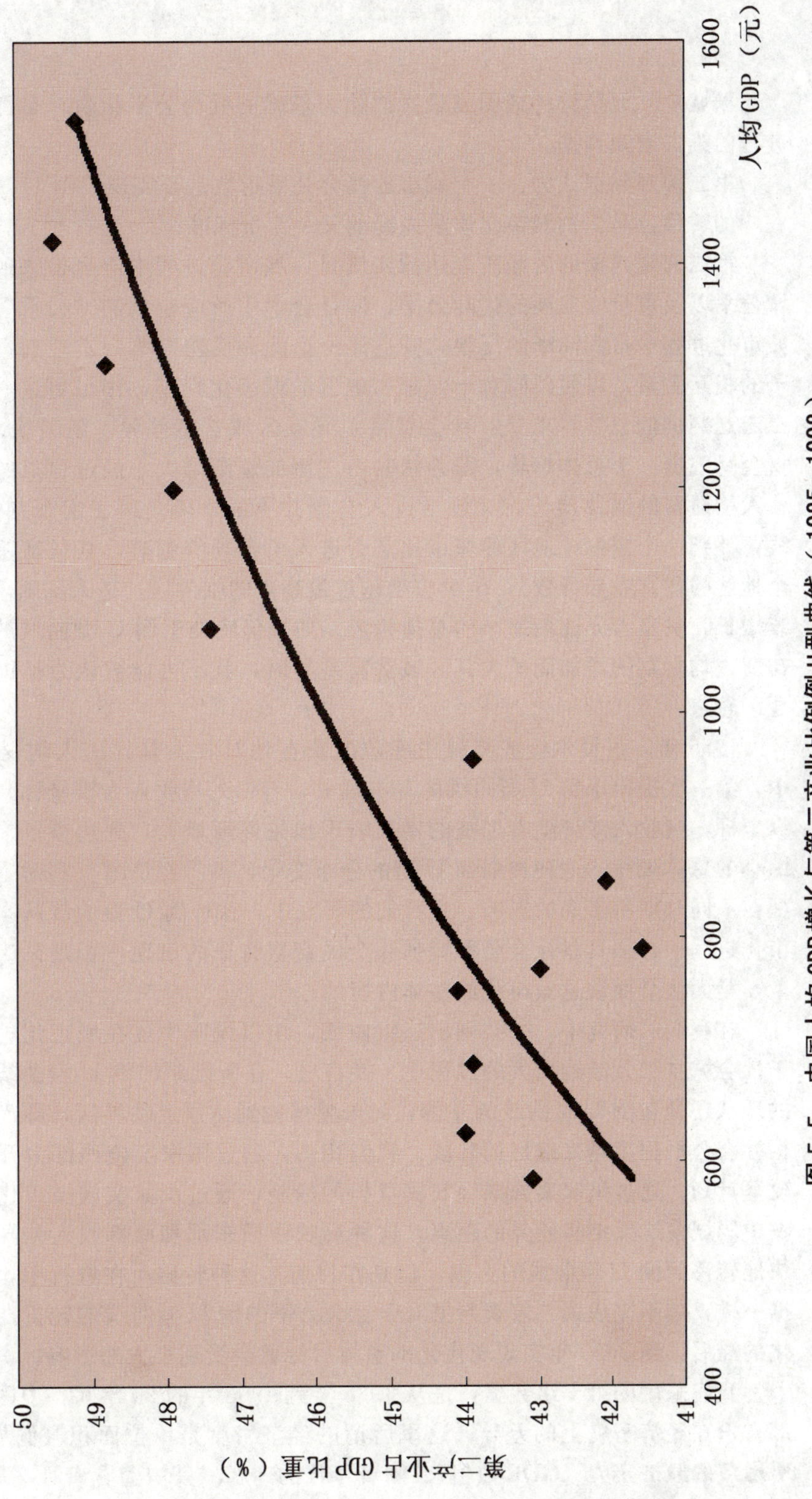

图 5.5　中国人均 GDP 增长与第二产业比例倒 U 型曲线（1985~1998）

四　城市化质量内涵的第二宏观判据

以城乡二元结构的减弱或最终消除为基础的社会公平指数，是衡量城市化现代进程的第二宏观判据。

第二宏观判据认为：一个城市的社会公平指数是否实现了倒U型曲线从左侧向右侧的转移，是识别城市化质量内涵的又一定量标准。

第二宏观判据的内涵所表达的实质是：城市化进程中应当带来的社会公平、区域公平以及可持续发展的代际公平，即社会学中所应包括的“公平”因子，如何在城市化进程中得到清晰的反映，并且评价出此种反映与第一宏观判据的“动力”因子的相互关系，以便共同对于国家和地区的城市化程度，作出更进一步的判断。第二宏观判据的总体要求是：社会贫富差异或区域贫富差异，随着人均财富的增长，将会呈现出一个总体趋势，即开始时由左侧的逐渐增大，经过顶点的临界区后，随着人均财富的继续增长，又逐渐进入右侧并不断下降。第二宏观判据的倒U型曲线，评判一个国家或地区的城市化是否进入了合理的范畴，其贫富差异指数（或一个地区的贫富差异指数），至少应当越过最高点的临界区，进入到随着人均财富的继续增长，贫富差异逐渐缩小的总体趋势。如果仍然处于倒U型曲线的左侧，即随着初期人均财富的增加而扩大其区域贫富差异时，就不可能被认为是进入了城市化的合理轨道。

1955年，诺贝尔经济奖得主库兹涅茨在他对收入差异随人均财富增加的研究中，第一次提出了倒U型曲线的基本现象，若以人均收入为横坐标，以收入差异为纵坐标，则收入差异随着经济的增长表现出先逐渐增大，到达顶点临界后，再逐渐缩小的总体规律，这种类似倒U型的分布变化，揭示经济增长和财富积累给社会分配在不同时期所带来的影响。在我们的研究中，这种倒U型曲线从本质上反映了城市化进程中必须具备社会公平特征和全民富裕特征的出现，否则只谈论社会财富总量，是无法全面表达城市化的整体内容的。

在我们的研究中，一共列出三组曲线，用以说明中国在城市化进程中，仍然处于社会城乡二元结构增大的过程中。换言之，在所绘制的倒U型曲线中，中国目前的现状还处在倒U型曲线的左侧，尚未整体地到达顶点临界区，即尚未转向右侧使得社会公平程度越来越好的阶段。我们相信，通过国家实施西部大开发战略和扶贫攻坚计划，通过国家实施减轻农民负担的措施，通过国家实施城市化战略，这种反映中国城乡二元结构差异的距离，这种反映中国东部和西部收入差异的距离，会尽快地转移到倒U型曲线的右侧，但是在目前，这种转移尚在进行中，与第一宏观判据一样，如不完成第二宏观判据对于社会公平的倒U型曲线的转折，由于中国城市化的滞后，到2050年实现现代化的整体目标就会受到很大的影响。

我们采用的第1组数据，是从1978年到1998年的20年间，中国东部省份与西部省份在经济密度上的差异。这里所谓的经济密度是单位面积（例如1平方公里）所承载的经济实力（GDP数值）。随着年代的递增（其中隐含着社会财富即GDP的逐年增长），中国东西部在经济密度上的差异倍数呈现增长趋势（见图5.6）。

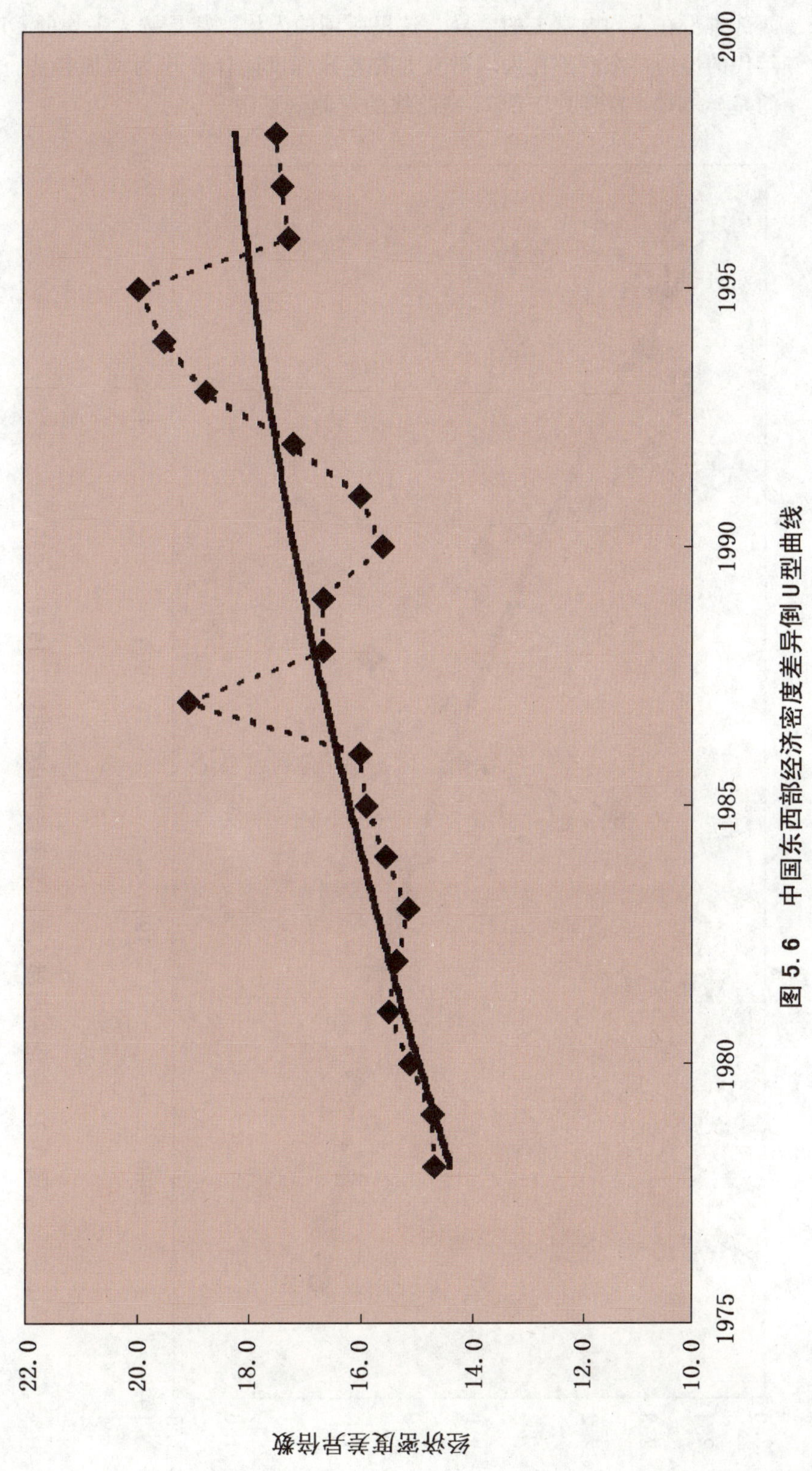

图 5.6 中国东西部经济密度差异倒U型曲线

我们采用的第 2 组数据，是从 1978 年到 1998 年的 20 年当中，中国东部省份与西部省份在人均财富上的差异。这里所谓的人均财富是按人平均的 GDP 数量。随着年代的递增，东西部在人均财富上的差异程度同样表现为增加趋势，即同经济密度的差异一样，都还处于倒 U 型曲线的左侧（见图 5.7）。

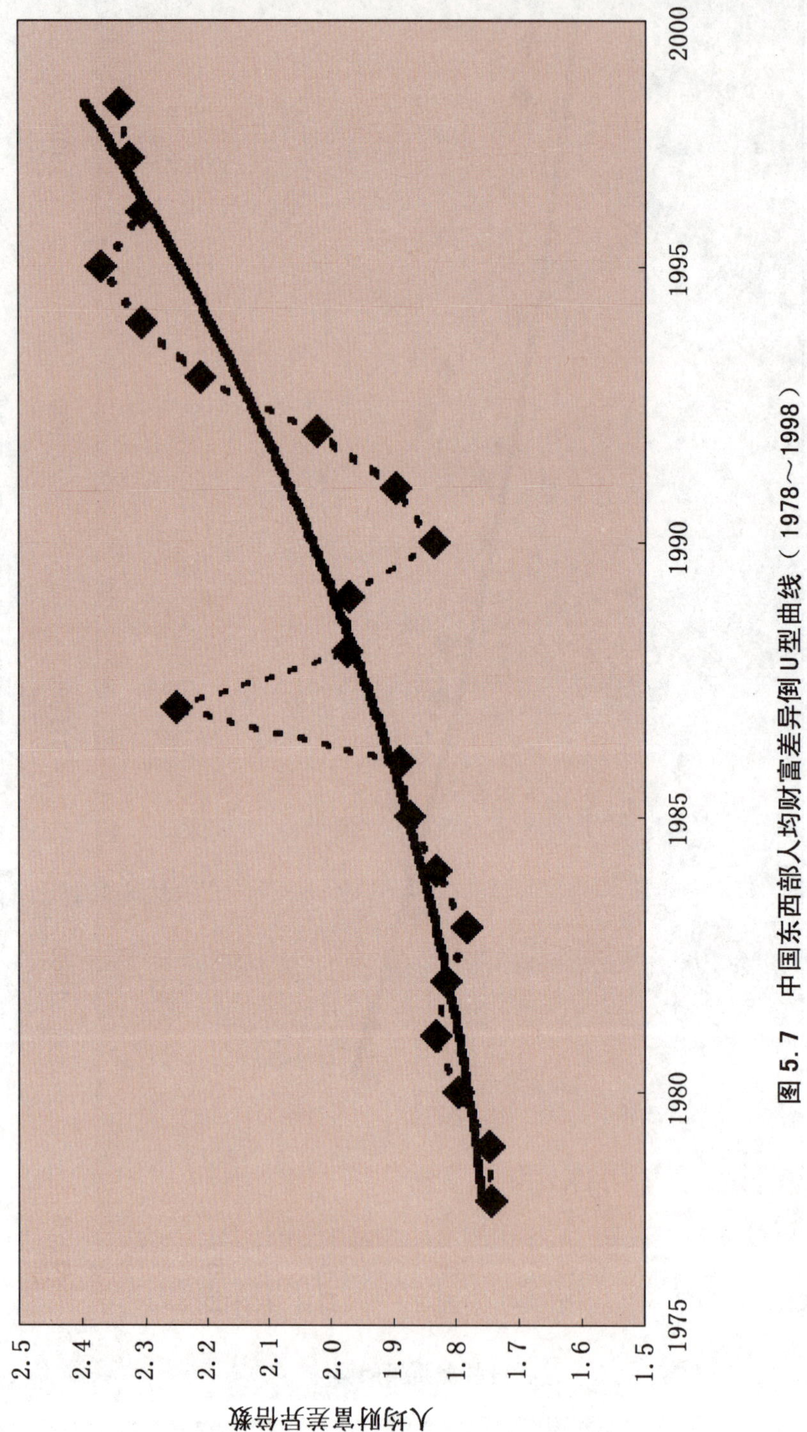

图 5.7　中国东西部人均财富差异倒 U 型曲线（1978～1998）

所采用的第 3 组数据，是从 1978 年到 1998 年的 20 年当中，中国东部与西部在经济总量上的差异。此种差异同样具有递增的特征，与前述的第 1 组和第 2 组数据相似，中国也处于倒 U 型曲线的左侧位置（见图 5.8）。

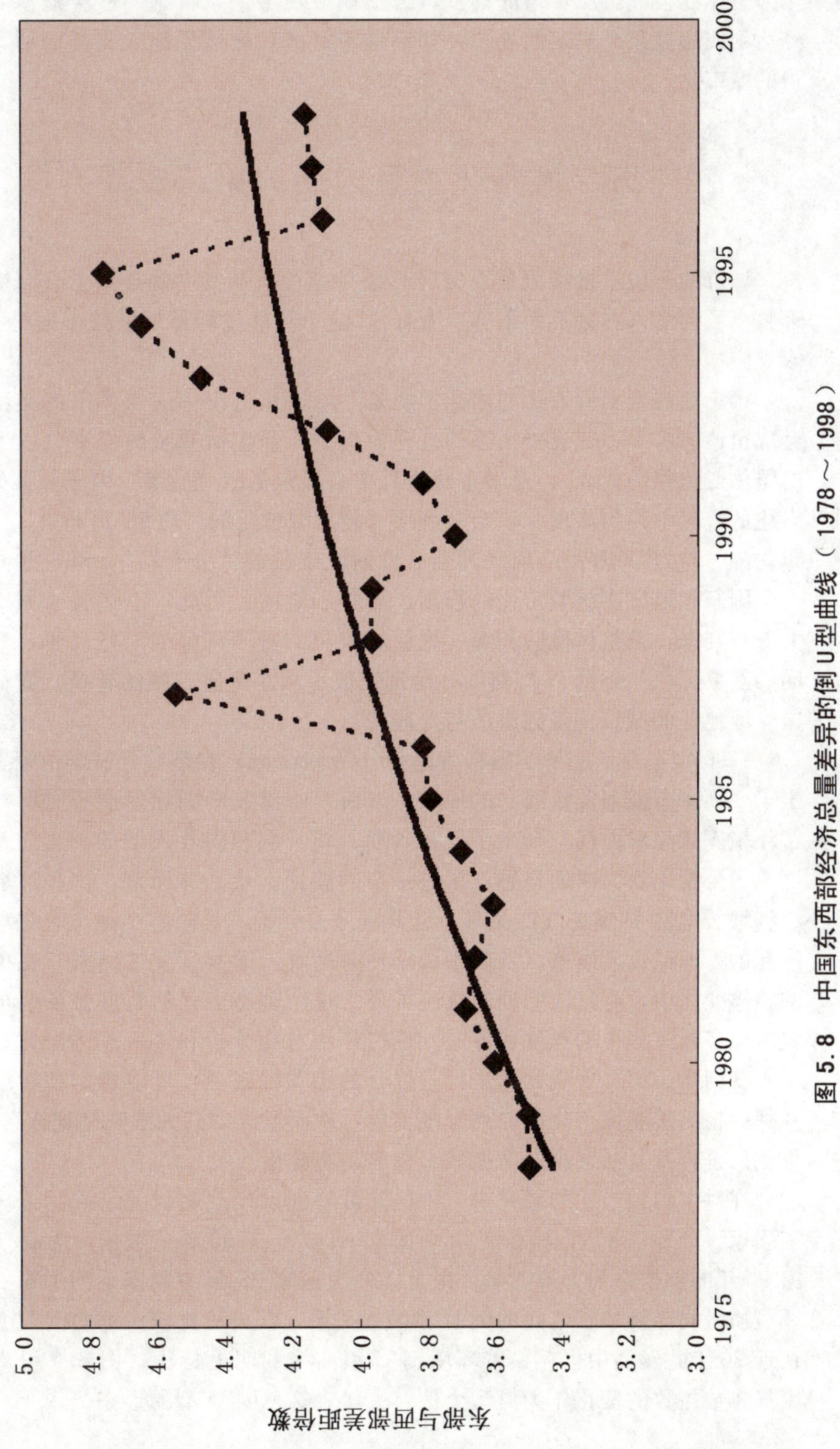

图 5.8　中国东西部经济总量差异的倒 U 型曲线（1978～1998）

以上3组数据的表现形式，明确地告诉我们中国在实施城市化的进程中，还有相当艰巨的任务。无论是整个国家或者各个省份，在达到城市化的合理程度时，必须经受第二宏观判据的检验，即必须把城市化所带来的社会公平体现出来、把城市化为全体社会成员所带来的福祉，公正地显现出来。否则，社会财富的总量即使已经达到或超过某个规定的界限，如果这些财富只能被少数人支配的话，那就不是真正的城市化。

五　城市化质量内涵的第三宏观判据

城市的环境质量指数是否实现了倒U型曲线从其左侧逐渐上升（变差）经过顶部临界区再落入右侧不断下降（变好），这个转移过程是衡量城市化现代进程的第三宏观判据。

第三宏观判据所表达的内涵实质是，城市化进程中应当带来的文明进步（以社会成员道德水平和社会责任感的提高为代表）和生活质量的提高（以生态环境质量的整体变化作为代表），是城市化进程中必须包括的“质量”因子及其如何在实施城市化的进程中得到体现。该宏观判据（检测城市化的“质量”）与第一宏观（检测城市化的“动力”）和第二宏观判据（检测城市化的“公平”）一道，共同构建了判定一个国家和地区实施城市化的程度、态势和走向。因此，上述关于城市化本质的三大宏观判据，是整体检验和统一度量城市化的密不可分的三把尺子，只有当三者共同的图象——三条倒U型曲线，全部完成了从左侧向右侧的转换，我们才能说这个国家或地区的城市化是健康的与合理的。

1990年左右，经济学家格鲁斯曼（Grossman）在环境经济学的研究中，首次提出了“环境库兹涅茨曲线”的现象。以后，哈佛大学国际发展研究所帕纳约托证实了环境库兹涅茨曲线，列出了低收入期、转折期和高收入期的环境质量特征值。随之美国哥伦比亚大学的科恩作了进一步的验证。从总体而言，这种环境质量变化同经济增长呈倒U型曲线的关系，就其本质去分析，是同整个城市化进程紧密联系在一起的，即低收入国家（发展中国家）与高收入国家（发达国家）在生态环境质量的整体变化中，有比较明确的轨迹可寻。这个动态变化的轨迹被证明可以作为判定城市化实施过程中的程度和方向。经过仔细对比分析和进一步的研究，尤其是与第一宏观判据、第二宏观判据进行了综合的相关探索后，可以肯定地将第三宏观判据并列为检测实施城市化的并列标准度量，从而形成“三大宏观判据族”，共同监测城市化的进程并且从宏观上把握城市化的动态变化。

在对中国城市化的研究中，中科院可持续发展战略研究组采用了国际上不同类型国家，分别以47个国家和62个国家（1979～1993年的数据）为第一组、48个国家20年的数据系列为第二组，以及100个国家25年的数据系列为第三组，进行了环境质量同经济增长之间的倒U型曲线关系，获得了比较一致的倒U型曲线。中国在近20年的发展中也存在着环境倒U型曲线的明显特征，图5.9引用了中国城市废气排放指数的变化作为典型个例，去代表这种倒U型的形态。

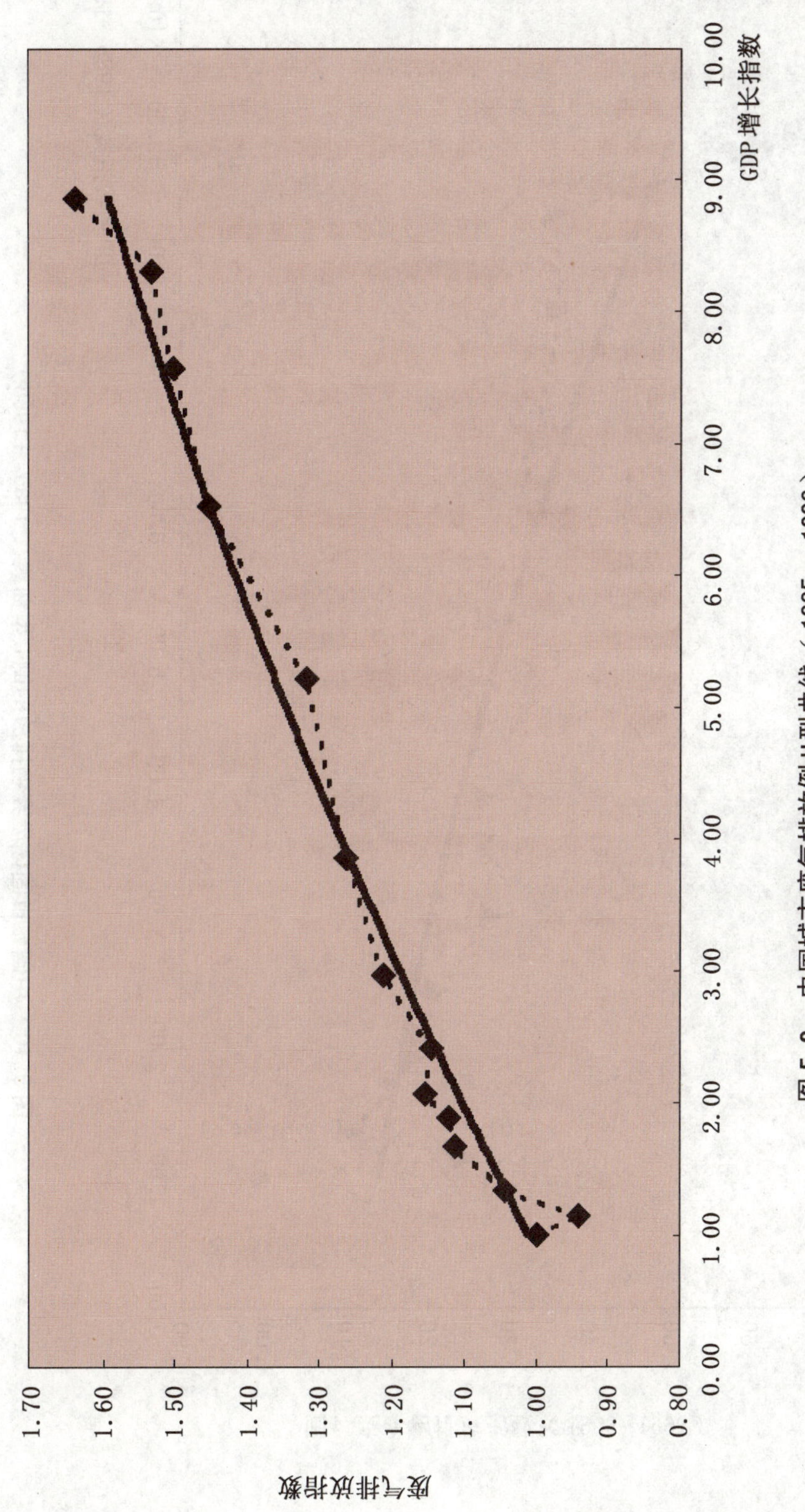

图 5.9　中国城市废气排放倒U型曲线（1985～1998）

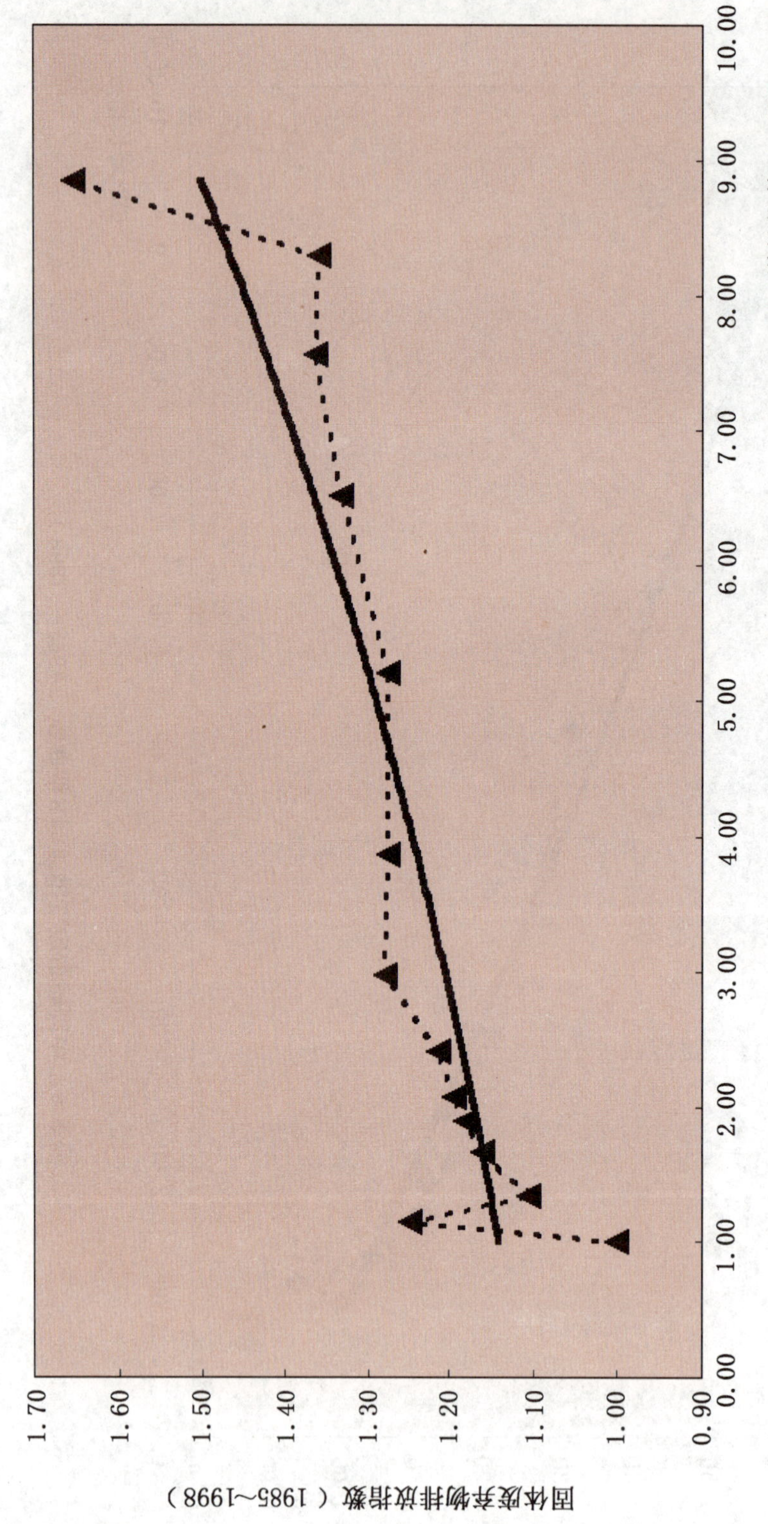

图5.10　中国城市固体废弃物排放的倒U型曲线（1985～1998）

图 5.9 指出，随着城市经济的增长（GDP 增长指数），中国城市目前的环境质量仍处于“局部改善、整体恶化”的状态，从图象上看整体上仍处于倒 U 型曲线的左侧，尚未达到其转折点，更未处于环境质量从整体上逐渐变优的右侧部分。对于中国各个省、市、自治区的城市而言，要想实施充分的、健康的与合理的城市化并率先实现现代化，除开“动力因子”（第一宏观判据）、“公平因子”（第二宏观判据）必须达到转折点并向右侧进展外，第三宏观判据亦应落入到它的倒 U 型曲线的右侧。与此相似，中国城市的固体废弃物排放，同样亦呈现出倒 U 型曲线的形态（见图 5.10）。

以上三大宏观判据的总体倒 U 型转换，已经成为衡量城市化程度的基本工具。中国要实现到 2050 年达到世界中等发达国家的水平，对于城市化进程三大宏观判据的倒 U 型转换，肯定会在 2050 年以前完全实现，加上中国后发优势的发挥，我国可以不走发达国家城市化已经走过的弯路，为我国胜利实现第三步走战略目标增加更大的保证率。

六　判定城市化质量内涵的五项辅助判据

在判定城市化质量内涵的研究中，除了在第一层面上应用三大宏观判据外，通常还有如下的在第二级层面上实施判断的 5 项辅助标准：

1. 城市人口的总量（规模）是否趋于稳定，即城市人口自然增长率是否接近“零增长”；人口的素质是否有很大的提高，例如城市平均受教育年限可否达到发达国家的 14 年—16 年；人口的结构（年龄结构和知识结构）是否趋于合理。该辅助性标准针对城市人口及其相应的人力资本，应达到适应现代化的要求。

2. 城市能源、资源消耗的弹性系数是否接近零，即随着经济的增长和社会财富的积累，城市能源和资源的消耗速率是否呈现“零增长”或“负增长”。

3. 城市在促进科技进步的 R&D 投入中，有一个明显的转换标志，即在 R&D 总量中，政府的投入份额与企业的投入份额，必须在现行状况下实现完全的转换。城市在低收入水平下，R&D 中的政府投入比例占绝对优势；但在高收入水平下，R&D 中企业投入比例占绝对优势。目前，发展中国家如中国、印度、巴西等，均以政府投入为主；而在发达国家中，均以企业投入为主；如在美国，R&D 投入中企业占据份额为 71.9%，政府为 28.1%；日本的企业为 74.9%，政府为 25.1%；德国的企业为 71.4%，政府为 28.6%；法国的企业为 61.9%，政府为 38.1%；英国的企业为 69.3%，政府为 30.7%；与这些发达国家形成明显对照的是：印度 R&D 投入中，企业仅占 23.2%，政府为 76.8%；中国 R&D 投入中，企业仅占 32.4%，政府为 67.6%。这种明显的差异，即发达国家的企业投入比例大大高于政府投入比例；而中国和印度的政府投入比例大大高于企业投入比例（见下表 5.1）：前者平均 70∶30，后者恰好相反平均为 30∶70。

表 5.1　部分国家 R&D 经费负担情况

国家		美国	日本	韩国	德国	英国	法国	印度	中国
项　目	年份	1993	1991	1990	1992	1991	1992	1992	1993
R&D 经费（亿美元）		1607.5	648.3	53.3	355.6	187.4	250.3	23.2	23.6
占 GDP 份额（%）		2.60	2.87	1.86	2.58	2.085	2.42	0.89	0.62
政府负担（亿美元）		451.7	162.7	13.9	101.7	57.5	95.4	17.8	16.0
企业负担（亿美元）		1155.8	485.6	39.4	253.9	129.9	154.9	5.4	7.6
企业份额（%）		71.9	74.9	74.0	71.4	69.3	61.9	23.2	32.4
政府份额（%）		28.1	25.1	26.0	28.6	30.7	38.1	76.8	67.6
企业：政府		1：0.39	1：0.34	1：0.35	1：0.40	1：0.44	1：0.62	1：3.31	1：2.09

资料来源：《中国科技统计年鉴》，1994；《中国科技统计数据》，1996。

发达国家城市科技进步的主力，主要由企业自身担当。企业成为技术进步的组织者、实施者和受益者。通过政府的引导和调控，依靠科技进步在整个企业界变成了自觉的行为，达到了某种良性循环。就城市化的实现而言，不完成政府与企业在 R&D 投入中的份额转换，是不可能为科技创新能力、科技竞争能力和科技进步贡献率的全面提高创造条件的，因此，这种转换实质上也表征了城市化进程中的一个明显的辅助性衡量标准，支持与保证三大宏观判据的精确性与完整性。

4. 迅速提高城市的数字化水平与信息化水平，尤其关注信息技术对传统产业的改造和升级，这是事实城市化战略的又一重要辅助标准。国际上有一个普遍认同的规则，如果城市中信息产业自身所创造的价值占据由于信息产业带动整体社会所取得总价值的 30%时，城市的信息化水平可以被认为基本达到了（信息时代）要求。一般的规律是，在信息产业刚刚起步时，城市与 IT 产业相联系的总产值中，几乎 100%全为 IT 产业本身所创造，随着城市信息化水平的提高并对传统产业的渗透或扩散，在与 IT 相联系的总体财富中，IT 本身所创造的财富总量在增加但比重却在逐渐下降，一直下降到只占 30%的份额时，城市的信息化程度和水平，就达到了所要求的标准。本辅助性标准，从信息化水平的角度，补充和丰富了对于城市化进程的认识。

5. 社会腐败指数的稳定下降。随着城市化的推进，社会的物质文明和精神文明均有显著的提高。自从 1997 年以来，国际社会十分关注城市腐败指数的变化和作用。当城市的公共部门官员拥有巨大的权力和较小的责任心时，从事腐败活动的激励因子就会应运而生。城市公共部门的官员为了满足自己的私利，而一般人尤其是企业又愿意作出非法支付去换取更大的利润，二者所具有的共同背景使得此种非法行为（城市腐败指数）在自发条件下，得到了共振加强的导引，损害了精神文明的城市化内涵。由于腐败具有深远的内部和外部效应，如果不加以约束和严格的监督，这种腐败行为的积聚后果，最终导致制度失灵和法制失效，当然也是城市社会文明的毁灭。进一步研究指出，社会腐败指数是衡量城市社会文明程度和道德水平的基本标志。事实上，社会腐败指数不仅仅是专指政府官员的腐败，在整个社会中，凡是能导致“制度失灵”和“规则失灵”的行为和后果，都是构成社会腐败指数的因素，因此该指数反映了城市全社会的有序程度和文明程度。

研究表明，腐败程度与投资和经济增长之间有着显而易见的负相关关系。世界银行主持的《世界发展报告》中，明确地提出，社会腐败行为的最大受害者是穷人，因此腐败绝不能认为是市场经济的润滑剂，必须将社会腐败指数的稳定降低，视作是城市化的重要组成部分，因为有确切的证据表明，如果一个城市减少了腐败，其获得的投资率会更高，其市场经济的活力会更强。

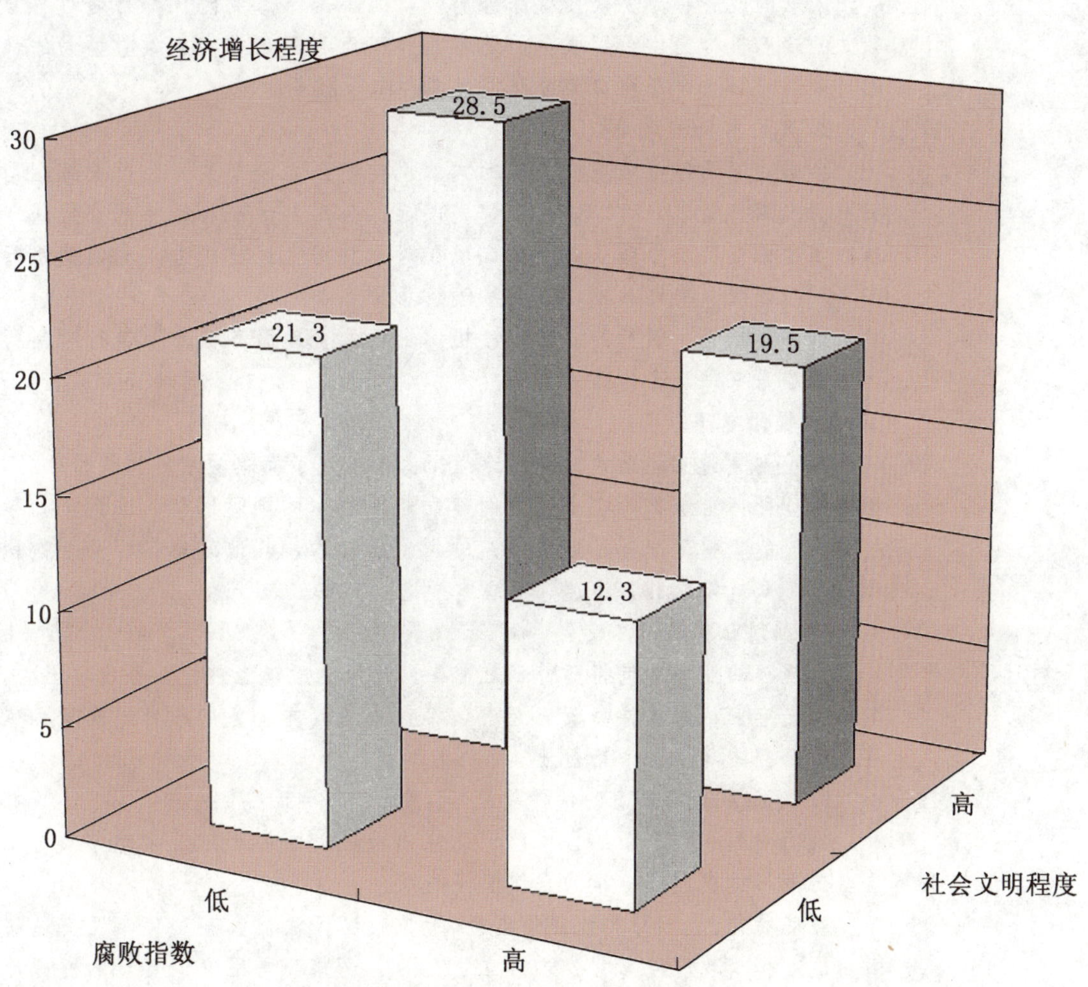

图 5.11　社会腐败程度与经济增长的关系（参考世界银行《世界发展报告》，1997）

注释专栏 5.2

美国政府间协调办公室：未来政府的十大变化

各国政府在未来几十年里将进行彻底的变革，不过未来政府的许多组成部分现在已经在运转中。

1. 综合服务

未来的政府将为公众提供综合服务，而不是像工业时代那样通过各自独立的政府机构提供个别服务。爱尔兰和澳大利亚正在实施雄心勃勃的计划，即通过一个电子窗口为公众提供多种综合服务。

2. 建立自助式政府

各国政府正努力争取成为自助式的机构，正如一个又一个行业都在消灭中间人那样。客户可以通过按键式电话、公用电话亭和因特网直接获取解决问题的资料或办理业务。客户现在对于利用上述方式进入他们的银行帐户及投资帐户来划款或实施交易已经习以为常。

这一切都始于银行的自动取款机。银行的自助服务概念对银行和银行客户而言是一种双赢局面。

3. 提供电子服务

因特网是通往自助式政府的途径。由于出现了简单易用的浏览器软件，因特网让任何组织都能在一夜之间建立起低成本的国际网络。今天，如果一个政府的资料库配备了方便用户的浏览器技术，其他政府、行业合作伙伴以及公众就能顺利、迅速、低成本地进入其中。

4. 利用私营部门

大规模的业务外包将变得日益重要。政府之所以经常把业务承包出去，其原因是它们认为这样会节省经费，希望能从具体事务中脱身，或是希望在私营部门中建立一个新行业。

5. 建立富有想象力的伙伴关系

我们看到一些全新的合作伙伴正在出现，美国的州政府和地方政府正在与工业界结成利润分享的合作伙伴关系。

在底特律、芝加哥和首都华盛顿，地方政府无法征收某些停车及交通罚款。这3个市政府与私营公司订立了契约。这些公司用它们自己的资源建立了征收系统;政府从这些新系统征收的罚款中向公司支付报酬。政府愿意采用这种创新方式，因为这能减少政府的风险，并能消除对预付资金的需求。

6. 政府改造的创新

未来政府的“彻底改造”将呈现新的面貌。克林顿政府的彻底改造政府计划把重点放在精简政府的规模上。该计划还使有好主意的工作人员能够畅所欲言。

1999年1月在美国首都华盛顿举行的有关彻底改造政府的全球论坛上，

与会的各国政府领导人显然相信彻底改造行动正迈上一个新台阶。未来的彻底改造活动将集中在政府提供社会服务的角色以及对信息技术的利用上。

7. 提供全天候服务

未来的政府将随时随地提供服务，包括为残疾者或不能进入因特网的人提供服务。不必为了去政府部门领一张驾照而专门请一天假的日子即将到来。11年来政府一直在谈论"为公民提供更好的服务"。

进步是显而易见的。所有的政府都在迅速使用因特网来联结政府雇员与公众。很多政府优先考虑的开支项目是具有网络功能的系统。随着因特网无线接入手段的出现，人们对政府随时随地提供服务的要求将大大增加。

8. 获得更多反馈

更多的政府将主动地寻求公众的反馈。在漫长的历史上，政府和有影响力的个人替公众决定什么东西是最好的。

现在一些政府遇到投票率下降的情况。在自助式政府中，行政人员密切关注公众对政府服务的反应并想出与公众保持联系的新方法，这两点将很重要。

9. 全方位管理

政府间管理也许是今后10年里公众管理的关键问题。公民、公众和政府的合作伙伴希望享有浑然一体的综合服务；为政府的普遍功能提供综合的解决方案是很有意义的。

10. 预测技术的潜能和缺陷

未来政府将理解因特网和技术对社会和政治的影响。目前的政府管理能力也许落后于技术潮流两三年。美国无线技术的改善将导致联系得到加强，就像欧洲已经出现的那样。

资料来源：弗朗西斯·麦克多诺（信息技术专家、美国政府间解决方案办公室负责人），彻底改造明天的政府：未来的十大变化，未来学家（美国）2000年第2期。

综上所述，判断国家或地区在城市化进程中质量内涵的水平、程度和等级，可以依照第一层面上的三大宏观判据和第二层面上的五个辅助标准，作出全面的识别和评判，唯有如此才能真确地把握对于城市化质量内涵的深层次认知，也才能据此作出城市化进程的战略决策并进行正确的引导、监测、调控和评价。

第六章　中国城市化的规模分布

中国与世界工业七国（G-7）的城市发展比较

1. 农业产值比重（中国：G-7）：19%：2%（中国明显偏高）

2. 工业产值比重（中国：G-7）：49%：35%（中国明显偏高）

3. 服务业比重（中国：G-7）：32%：63%（中国明显偏低）

4. 城市比率（中国：G-7）：36%：81%（中国明显偏低）

5. 百万人口以上城市占全国人口比重（中国：G-7）：11%：32%（中国明显偏低）

6. 最大城市人口占城市总人口比重（中国：G-7）：4%：16%（中国明显偏低）

7. 城市收入差异（最低收入人群占最高收入人群的比例）（中国：G-7）：6.3%：11.1%（说明中国城市贫富差异大于工业发达国家）

8. 百万人口城市上班所花时间（分钟）（中国：G-7）：47 分：25 分（中国明显偏高）

9. 城市住房价格与收入之比（中国：G-7）：45.8%：6.1%（中国明显偏高）

10. 城市交通事故（每千辆伤亡人数）（中国：G-7）：31：12（中国明显偏高）

11. 城市交通里程（百万辆公里）（中国：G-7）：165000：998639（1：6.1）（中国明显偏低）

12. 城市总悬浮颗粒物（mg/m^3）（中国：G-7）：320：45（中国明显偏高）

13. 城市 SO_2（mg/m^3）（中国：G-7）：82：19（中国明显偏高）

14. 城市氮氧化物（mg/m^3）（中国：G-7）：88：56（中国明显偏高）

中国城市化战略必须克服“大城市不大、中城市不活、小城市不强、小城镇不优”的现状。

报告完成一项城市化进程的预测方案：在给定的 4 种方案即每年城市化率增长分别为 0.5 个百分点、0.6 个百分点、0.8 个百分点和 1.0 个百分点的情况下，中国的城市化到 2050 年时其规模和速度的逐年预测结果。

中国城市化率每年提高 1 个百分点，可以算出，新增城市基础设施投资对 GDP 的直接贡献率为 1.5%—1.8%。对 GDP 的间接贡献率为 1.3%。对于 GDP 的总贡献率（直接加间接）大约为 2.0%。

一　中国城市人口的规模与分布

自从1949年建立中华人民共和国以来，中国的人口规模（按特大城市、大城市、中等城市、小城市进行分类）、人口分布（按东部、中部、西部进行分类）和人口比重，列在表6.1中。由此，可以比较出中国在城市发展与城市化进程中的轨迹。同时从表6.2中又能清楚地看到中国城市化进程中相对于城市发展的产业结构构成，反映出中国的工业化与城市化的严重不匹配现象。

表6.1　中国城市人口发展状况（东、中、西部地区城市人口占城市全部人口比重）

单位：%

年份	城市合计		东部地区		中部地区		西部地区	
	市区总人口	非农业人口	市区总人口	非农业人口	市区总人口	非农业人口	市区总人口	非农业人口
1949	100	100	67.9	69	20	20.7	12.1	10.3
1952	100	100	60.7	64.2	22.6	22.8	16.7	13
1957	100	100	56.6	58.8	27.8	27.5	15.7	13.6
1958	100	100	56.1	56.6	25.3	28.8	18.6	14.6
1961	100	100	52.9	54.7	31.8	31.4	15.3	13.9
1962	100	100	55	56.4	30.4	30.3	14.6	13.3
1963	100	100	53.9	56.1	30.7	30.2	15.4	13.7
1964	100	100	54.4	56.1	30.9	30.3	14.8	13.6
1965	100	100	54.4	55.9	30.4	30	15.2	14.2
1970	100	100	51.3	52.5	32.4	32.3	16.3	15.5
1975	100	100	49.5	50.3	33.9	34.2	16.5	15.5
1978	100	100	47.9	49.5	33.7	34.2	18.4	16.3
1980	100	100	48.6	49.9	32.8	34	18.6	16.1
1985	100	100	47	49.4	33.2	33.9	19.8	16.7
1986	100	100	46.9	48.9	34.5	34.7	18.6	16.5
1987	100	100	48.3	49.2	34.5	34.7	17.2	16.1
1988	100	100	48	49	35.5	35.2	16.5	15.7
1989	100	100	48.4	49.4	35.9	35.3	15.7	15.4
1990	100	100	48.5	49.4	35.8	35.3	15.7	15.3
1991	100	100	49.2	49.7	35.1	35	15.6	15.3
1992	100	100	50.3	50.3	33.7	34.6	16	15.1
1993	100	100	51.1	51.1	33	34	15.9	14.9
1994	100	100	51.7	51.6	32.8	33.8	15.5	14.6
1995	100	100	52.1	51.7	32.2	33.6	15.7	14.7
1996	100	100	51.5	51.4	32.7	33.8	15.9	14.7
1997	100	100	51	51.3	32.8	33.9	16.3	14.8

表 6.2 中国产业结构的演变轨迹

年份	占 GDP 比重（%）			就业比重（%）			轻重工业结构（%）	
	第一产业	第二产业	第三产业	第一产业	第二产业	第三产业	轻工业	重工业
1952	50.5	20.9	28.6	83.5	7.4	9.1	64.5	35.5
1953	45.9	23.4	30.7	83.1	8.0	8.9	62.7	37.3
1954	45.6	24.6	29.8	83.1	8.6	8.2	61.6	38.4
1955	46.3	24.4	29.3	83.3	8.6	8.2	59.2	40.8
1956	43.2	27.3	29.5	80.6	10.7	8.7	57.6	42.4
1957	40.3	29.7	30.0	81.2	9.0	9.8	55.0	45.0
1958	34.1	37.0	28.9	58.2	26.6	15.2	46.4	53.6
1959	26.7	42.8	30.5	62.2	20.6	17.2	41.5	58.5
1960	23.4	44.5	32.1	65.7	15.9	18.4	33.4	66.6
1961	36.2	31.9	31.9	77.2	11.2	11.7	42.5	57.5
1962	39.4	31.3	29.3	82.1	7.9	9.9	47.2	52.8
1963	40.3	33.0	26.7	82.5	7.7	9.9	44.8	55.2
1964	38.4	35.3	26.3	82.2	7.9	9.9	44.3	55.7
1965	37.9	35.1	27.0	81.6	8.4	10.0	51.6	48.4
1966	37.6	38.0	24.4	81.5	8.7	9.8	49.0	51.0
1967	40.3	34.0	25.7	81.7	8.6	9.7	53.0	47.0
1968	42.2	31.2	26.6	81.7	8.6	9.7	53.7	46.3
1969	38.0	35.6	26.4	81.6	9.1	9.3	50.3	49.7
1970	35.2	40.5	24.3	80.8	10.2	9.0	46.1	53.9
1971	34.1	42.2	23.7	79.7	11.2	9.1	43.0	57.0
1972	32.9	43.1	24.0	78.9	11.9	9.2	42.9	57.1
1973	33.4	43.1	23.5	78.7	12.3	9.0	43.4	56.6
1974	33.9	42.7	23.4	78.5	12.6	8.9	44.4	55.6
1975	32.4	45.7	21.9	77.2	13.5	9.3	44.1	55.9
1976	32.8	45.4	21.8	75.8	14.4	9.7	44.2	55.8
1977	29.4	47.1	23.5	74.5	14.8	10.7	44.0	56.0
1978	28.1	48.2	23.7	70.5	17.3	12.2	43.1	56.9
1979	31.2	47.4	21.4	69.8	17.6	12.6	43.7	56.3
1980	30.1	48.5	21.4	68.7	18.2	13.1	47.1	52.9
1981	31.8	46.4	21.8	68.1	18.3	13.6	51.5	48.5
1982	33.3	45.0	21.7	68.1	18.4	13.4	50.2	49.8
1983	33.0	44.6	22.4	67.1	18.7	14.2	48.5	51.5
1984	32.0	43.3	24.7	64.0	19.9	16.1	47.4	52.6
1985	28.4	43.1	28.5	62.4	20.8	16.8	47.4	52.6
1986	27.1	44.0	28.9	60.9	21.9	17.2	47.6	52.4
1987	26.8	43.9	29.3	60.0	22.2	17.8	48.2	51.8
1988	25.7	44.1	30.2	59.3	22.4	18.3	49.3	50.7
1989	25.0	43.0	32.0	60.1	21.6	18.5	48.9	51.1
1990	27.1	41.6	31.3	60.1	21.4	18.9	49.4	50.6
1991	24.5	42.1	33.4	59.7	21.4	19.8	47.4	52.6
1992	21.8	43.9	34.3	58.5	21.7	21.2	47.2	52.8
1993	19.9	47.4	32.7	56.4	22.4	23.0	44.0	56.0
1994	20.2	47.9	31.9	54.3	22.7	24.8	47.1	52.9
1995	20.5	48.8	30.7	52.2	23.0	26.0	48.1	51.9
1996	20.4	49.5	30.1	50.5	23.5	26.4	46.3	53.7
1997	18.7	49.2	32.1	49.9	23.7	26.7	43.3	56.7
1998	18.4	48.7	32.9	49.8	23.5	26.7	42.9	57.1

二　中国城市发展规模分析

1947 年，全国共有设市城市 69 座。到 1949 年新中国建立时，中国的城市有 132 座。

建国 50 多年来，中国城市经济得到了发展，城市化的进程亦在加快。1949 年城市化水平达到 10.6%，至 1998 年城市化率按户籍统计已达 30%以上。城市数量 1998 年达 668 座，比 1949 年增长 4.06 倍。小城镇发展到 1998 年的 1.8 万个，增长 5.42 倍。农村集镇已发展到近 5 万个，城镇经济得到快速发展。同时，城市化的城市功能也在逐步完善。

表 6.3　中国城市的基本构成

1. 按人口和地区分组的城市数（个）

城市	全国	东部城市	中部城市	西部城市
合计	663	295	247	121
超大城市	13	7	3	3
特大城市	27	14	9	4
大城市	53	25	26	2
中等城市	218	104	78	36
小城市	352	145	131	76

2. 按城市非农人口和地区分组的城市构成（%）

城市	全国	东部城市	中部城市	西部城市
合计	100	44.5	37.3	18.3
超大城市	100	53.8	23.1	23.1
特大城市	100	51.9	33.3	14.8
大城市	100	47.2	49.1	3.8
中等城市	100	47.7	35.8	16.5
小城市	100	41.2	37.2	21.6

3. 按城市非农人口和地区分组的城市构成（%）

城市	全国	东部城市	中部城市	西部城市
合计	100	100	100	100
超大城市	2	2.4	1.2	2.5
特大城市	4.1	4.7	3.6	3.3
大城市	8	8.5	10.5	1.7
中等城市	32.9	35.3	31.6	29.8
小城市	53.1	49.2	53	62.8

目前，在我国已基本形成了：

三大城市群：珠江三角洲城市群、长江三角洲城市群、京津唐城市群。

七大城市带：沿长江城市带、沿陇海铁路城市带、哈长沈大城市带、沿京广铁路城市带、济青烟威城市带、成渝沿线城市带、沿南昆铁路城市带。

以及二十多个大城市圈（中心城市）：以省会城市和具有优势和特色的地级市为主的区域中心城市。

作为一种经济社会现象，城市化的本质是乡村城市化。它包括同时发生的两个过程：一个是农业人口向非农产业转移，向城镇集中，城镇人口和城镇数量逐渐增加；另一个是农村生产、生活质量的逐步城市化。也就是说，城市化不仅是农业人口转移为城镇人口，城镇在空间数量上的增多、规模的扩大、功能和设施的逐步完善，而且是城市的经济关系、生活方式和价值观念广泛渗透到农村的过程。在深化改革开放、推进科技进步的同时，城市化在中国未来经济社会发展中具有重要的地位，城市化将为新世纪中国经济保持持续快速增长提供强大动力。

表 6.4 中国城市分省统计

全国城市数，2000 年，单位（个）

地区	合计	200 万以上	100—200 万	50—100 万	20—50 万	20 万以下
全国	663	13	27	53	218	352
北 京	1	1				
天津	1	1				
河北	34		3	3	5	23
山西	22		1	1	4	16
内蒙古	20		1	1	7	11
辽宁	31	2	2	6	7	14
吉林	28	1	1		11	15
黑龙江	31	1	1	6	10	13
上海	1	1				
江苏	41	1	3	3	23	11
浙江	35		1	2	7	25
安徽	22		1	4	10	7
福建	23		1	1	4	17
江西	21		1		8	12
山东	48		3	6	23	16
河南	38		2	7	8	21
湖北	36	1		4	12	19
湖南	29		1	3	8	17
广东	52	1	1	2	29	19
广西	19			2	4	13
海南	9				2	7
重庆	5	1			3	1

续表 6.4

地区	合计	200万以上	100—200万	50—100万	20—50万	20万以下
四川	32	1		1	12	18
贵州	13		1		3	9
云南	15		1		2	12
西藏	2					2
陕西	13	1			5	7
甘肃	14		1		2	11
青海	3			1		2
宁夏	5				2	3
新疆	19		1		7	11

要解决好城市经济与社会发展所面临的各种问题，首先必须调整城市发展规模与分布，实现结构功能的持续优化。借鉴国际城市化进程的成功经验，迅速提升城市结构规模，调整经济与社会资源的区位配置、功能分工与利用效率，推动城市发展的规模效应与功能建设，是中国城市化进程的必由之路。

世界现代化发展的历史表明，城市化是国家经济现代化的核心支撑。据世界银行专家估计，当前城市化水平每提高一个百分点，至少能带动GDP增长1.5个百分点。改革开放以来，我国的城市化开始加速发展，城市化水平20年间提高了12.5个百分点，是前20年的5倍。

三　中国城市化过程中的规模问题

1. 城市趋同化较为严重。在城市快速发展中，尤其是中小城市的发展，表现在城市形态、产业结构、建设方式的趋同化较为突出，重复建设严重，导致土地资源的浪费和资金的浪费。城市个性和特色不突出。

2. 农村城市化进展与经济发展速度相比相对滞后。建国50多年来，前30年国内生产总值平均年增长6%；后20年平均增长8%以上，而城市化率从1949年10.6%，增至1998年30%，50年平均每年增长不足1个百分点，城市化率的增长与经济增长相比，显然城市化滞后。

3. 城市结构不合理。50多年来城市得到快速发展，但东中西部发展很不平衡，城镇结构也很不合理。东部地区城市，以及小城镇都比较发达，基本上形成大中小相配套和衔接的城镇网络体系。而中部地区中小城市有了很大发展，但在区域经济中具备中心地位的大城市与特大城市较少；而在西部地区大中城市多数处在省会，除此之外，大中城市发展很慢，如青海、甘肃、宁夏等省都是如此。

在图6.1中，基夫（ZIPF）分布是一个国家城市体系（即大、中、小城市组合关系）的理想分布。理论指出，城市的规模和组成越接近基夫分布，城市的功能与效率就越好。而目前中国城市的分布状况距离基夫分布有较大的差距，充分表现出中国城市具有“大城市不大、中城市不活、小城市不强、小城镇不优”的总体表现。

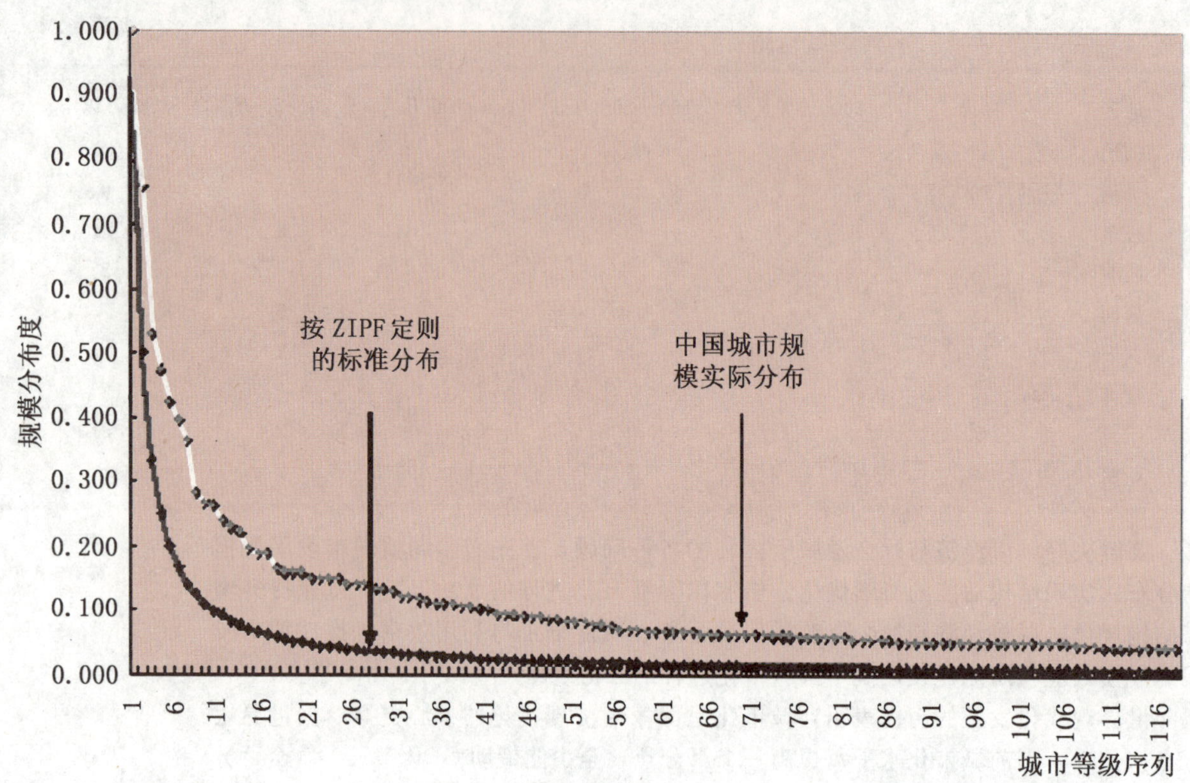

图 6.1　中国城市规模序列图

4. 在城市发展中"大而全小而全"的思想严重，缺乏区域协调和分工协作精神。例如个别地区在不足 500 平方公里范围，各个城市都建设机场，导致效益低下，利用率不高，土地资源浪费严重。这是在城市发展中，尤其是在市场经济条件下，应引起重视的问题。目前我国城市化水平仅 30%，而工业化水平达到了 50%，二者相差 20%。中国的就业矛盾和供给无市场，农民收入低，都可以从这二十个百分点的差距中找到解释。由此看来，今后相当一个时期中国经济发展的中心环节就是城市化进程的加速。

四　未来 50 年中国城市化规模的预期表

当前，世界城市化速度正在加快。联合国人口与发展委员会的调查报告说，世界欠发达地区的城市面积每年增长的速度明显高于较发达地区。虽然目前欠发达地区的城市化水平低于较发达地区，但欠发达地区的城市面积每年增加 2.7%，高于较发达地区每年增加 0.5%的水平。联合国的报告显示，在 2010 年后，由于受到城市面积不断扩大、大量人口从农村转到城市定居以及人口增加速度总体下滑等因素的影响，除了非洲和大洋洲以外，全世界主要地区的农村人口将逐渐减少。以下引用一项叶裕民预测的计算结果：在给定的 4 种方案即每年城市化率的增长分别为 0.5 个百分点、0.6 个百分点、0.8 个百分点和 1.0 个百分点的情况下，中国的城市化到 2050 年时其规模和速度的逐年预测结果。

表 6.5 未来 50 年中国城市化规模与速度的预期时间表

（单位：%，亿人）

		城市化水平年提高0.5个百分点			城市化水平年提高0.6个百分点			城市化水平年提高0.8个百分点			城市化水平年提高1.0个百分点		
年份	总人口	城市化水平	城镇人口	乡村人口	城市化水平	城镇人口	乡村人口	城市化水平	城镇人口	乡村人口	城市化水平	城镇人口	乡村人口
1999	12.59	30.9	3.90	8.69	30.9	3.90	8.69	30.9	3.90	8.69	30.9	3.90	8.69
2000	12.71	31.4	3.99	8.72	31.5	4.00	8.71	31.7	4.03	8.68	31.9	4.05	8.66
2001	12.82	31.9	4.09	8.73	32.1	4.11	8.70	32.5	4.17	8.65	32.9	4.22	8.60
2002	12.93	32.4	4.19	8.74	32.7	4.23	8.70	33.3	4.30	8.62	33.9	4.38	8.54
2003	13.03	32.9	4.29	8.75	33.3	4.34	8.69	34.1	4.44	8.59	34.9	4.55	8.49
2004	13.14	33.4	4.39	8.75	33.9	4.46	8.69	34.9	4.59	8.56	35.9	4.72	8.42
2005	13.25	33.9	4.49	8.76	34.5	4.57	8.68	35.7	4.73	8.52	36.9	4.89	8.36
2006	13.36	34.4	4.60	8.76	35.1	4.69	8.67	36.5	4.88	8.48	37.9	5.06	8.30
2007	13.47	34.9	4.70	8.77	35.7	4.81	8.66	37.3	5.02	8.44	38.9	5.24	8.23
2008	13.57	35.4	4.81	8.77	36.3	4.93	8.65	38.1	5.17	8.40	39.9	5.42	8.16
2009	13.68	35.9	4.91	8.77	36.9	5.05	8.63	38.9	5.32	8.36	40.9	5.60	8.09
2010	13.79	36.4	5.02	8.77	37.5	5.17	8.62	39.7	5.47	8.32	41.9	5.78	8.01
2011	13.89	36.9	5.13	8.77	38.1	5.29	8.60	40.5	5.63	8.27	42.9	5.96	7.93
2012	14.00	37.4	5.24	8.76	38.7	5.42	8.58	41.3	5.78	8.22	43.9	6.15	7.85
2013	14.10	37.9	5.34	8.76	39.3	5.54	8.56	42.1	5.94	8.17	44.9	6.33	7.77
2014	14.21	38.4	5.46	8.75	39.9	5.67	8.54	42.9	6.09	8.11	45.9	6.52	7.69
2015	14.31	38.9	5.57	8.74	40.5	5.80	8.51	43.7	6.25	8.06	46.9	6.71	7.60
2016	14.41	39.4	5.68	8.73	41.1	5.92	8.49	44.5	6.41	8.00	47.9	6.90	7.51
2017	14.52	39.9	5.79	8.73	41.7	6.05	8.46	45.3	6.58	7.94	48.9	7.10	7.42
2018	14.62	40.4	5.91	8.71	42.3	6.19	8.44	46.1	6.74	7.88	49.9	7.30	7.33
2019	14.73	40.9	6.02	8.70	42.9	6.32	8.41	46.9	6.91	7.82	50.9	7.50	7.23
2020	14.83	41.4	6.14	8.69	43.5	6.45	8.38	47.7	7.07	7.76	51.9	7.70	7.13
2021	14.86	41.9	6.23	8.64	44.1	6.56	8.31	48.5	7.21	7.65	52.9	7.86	7.00
2022	14.90	42.4	6.32	8.58	44.7	6.66	8.24	49.3	7.34	7.55	53.9	8.03	6.87
2023	14.93	42.9	6.41	8.53	45.3	6.76	8.17	50.1	7.48	7.45	54.9	8.20	6.73

续表 6.5

年份	总人口	城市化水平年提高0.5个百分点			城市化水平年提高0.6个百分点			城市化水平年提高0.8个百分点			城市化水平年提高1.0个百分点		
		城市化水平	城镇人口	乡村人口	城市化水平	城镇人口	乡村人口	城市化水平	城镇人口	乡村人口	城市化水平	城镇人口	乡村人口
2024	14.97	43.4	6.50	8.47	45.9	6.87	8.10	50.9	7.62	7.35	55.9	8.37	6.60
2025	15.00	43.9	6.59	8.42	46.5	6.98	8.03	51.7	7.75	7.25	56.9	8.54	6.47
2026	15.03	44.4	6.68	8.36	47.1	7.08	7.95	52.5	7.89	7.14	57.9	8.70	6.33
2027	15.07	44.9	6.77	8.30	47.7	7.19	7.88	53.3	8.03	7.04	58.9	8.88	6.19
2028	15.10	45.4	6.86	8.25	48.3	7.29	7.81	54.1	8.17	6.93	59.9	9.05	6.06
2029	15.14	45.9	6.95	8.19	48.9	7.40	7.73	54.9	8.31	6.83	60.9	9.22	5.92
2030	15.17	46.4	7.04	8.13	49.5	7.51	7.66	55.7	8.45	6.72	61.9	9.39	5.78
2031	15.18	46.9	7.12	8.06	50.1	7.60	7.57	56.5	8.58	6.60	62.9	9.55	5.63
2032	15.19	47.4	7.20	7.99	50.7	7.70	7.49	57.3	8.70	6.48	63.9	9.70	5.48
2033	15.19	47.9	7.28	7.92	51.3	7.79	7.40	58.1	8.83	6.37	64.9	9.86	5.33
2034	15.20	48.4	7.36	7.84	51.9	7.89	7.31	58.9	8.95	6.25	65.9	10.02	5.18
2035	15.21	48.9	7.44	7.77	52.5	7.99	7.22	59.7	9.08	6.13	67.0	10.19	5.02
2036	15.18	49.4	7.50	7.68	53.1	8.06	7.12	60.5	9.19	6.00	68.0	10.32	4.86
2037	15.16	49.9	7.56	7.59	53.7	8.14	7.02	61.3	9.29	5.87	69.0	10.46	4.69
2038	15.13	50.4	7.63	7.51	54.3	8.22	6.92	62.1	9.40	5.74	70.0	10.59	4.54
2039	15.11	50.9	7.69	7.42	54.9	8.29	6.81	62.9	9.50	5.60	71.0	10.73	4.38
2040	15.08	51.4	7.75	7.33	55.5	8.37	6.71	63.7	9.61	5.47	72.0	10.86	4.22
2041	15.05	51.9	7.81	7.24	56.1	8.45	6.61	64.5	9.71	5.34	73.0	10.99	4.06
2042	15.03	52.4	7.87	7.15	56.7	8.52	6.51	65.3	9.81	5.21	74.0	11.12	3.91
2043	15.00	52.9	7.94	7.07	57.3	8.60	6.41	66.1	9.92	5.08	75.0	11.25	3.75
2044	14.98	53.4	8.00	6.98	57.9	8.67	6.30	66.9	10.02	4.96	75.0	11.24	3.75
2045	14.95	53.9	8.06	6.89	58.5	8.75	6.20	67.7	10.12	4.83	75.0	11.21	3.74
2046	14.92	54.4	8.12	6.81	59.1	8.82	6.10	68.5	10.22	4.70	75.0	11.19	3.73
2047	14.90	54.9	8.18	6.72	59.7	8.89	6.00	69.3	10.33	4.57	75.0	11.18	3.73
2048	14.87	55.4	8.24	6.63	60.3	8.97	5.90	70.1	10.42	4.45	75.0	11.15	3.72
2049	14.85	55.9	8.30	6.55	60.9	9.04	5.80	70.9	10.53	4.32	75.0	11.14	3.71
2050	14.82	56.4	8.36	6.46	61.5	9.11	5.71	71.7	10.63	4.19	75.0	11.12	3.70

五　中国城市规模效应对 GDP 的贡献

据分析估算，2001～2005 年间，中国城市化率将每年提高 1 个百分点，即每年新增城市人口大约 1300 万人。按人均投入整体建设费 2.5 万元计算，则每年在城市建设上总投资 3500 亿元。要使城市化速度比二十世纪九十年代提高 1 倍左右，则目前的市政建设的年投资规模也至少需要提高 1 倍以上（其中包括城市生活质量的适度提升）。1998 年全国市政建设投资大约 1300 亿元，2000 年城市基础设施建设投资约 2000 亿元。今后 10 年城市化率每增加 1%要比 2000 年增加 1500 亿元的投入。2000 年，中国 GDP 大约为 9.5 万多亿元，GDP 的 1 个百分点相当于 900 亿元。可以算出，新增城市基础设施投资对 GDP 的直接贡献率为每年 1.5%—1.8%。

城市化进程对 GDP 的贡献，不只是直接的推动增长，其间接贡献也相当显著。利用投资乘数理论计算，根据 1998 年中国 GDP 消费倾向为 58. 4%，可以算出.世纪之交中国新增投资的乘数大约 2.49 倍。按在 2001～2005 年间我国每年新增城市基础设施投资为 1400 亿元计，这些投资最终将带来年均 3360 亿元的 GDP。扣除新增投资的直接贡献 1400 亿元，可以算出中国新增城市基础设施投资对经济发展的间接贡献为 2000 亿元左右。由于 2000 亿元的贡献并不是投资当年就能够全部实现的，若按当年实现 60%的比例计，则投资当年的间接贡献为 1100 亿元，相当于对 GDP 的间接贡献率为每年 1.3%。

第七章 中国城市化的成本分析

城市化必须支付成本。基于我国城市化进程的总体战略目标，中国城市化的总量成本包括以下六项分类成本：城市化的基础成本、城市化的生活成本、城市化的生存空间成本、城市化的智力成本、城市化的社会保障成本与城市化的居住成本。

预测到2050年，中国城市人口将达到10—11亿，依照城市化“成本—收益”分析，每进入城市1个人，需要“个人发展成本”1.45万元/人，“公共发展成本”1.05万元/人，总计每转变一个农民成为城市居民需支付社会总成本约2.5万元/人。在现有城市人口的基础上，未来50年期间中国约增加6—7亿城市人口，城市化所需的社会总成本达到15—16万亿元，(相当于1.8—2.0万亿美元。按2000年不变价格)，这个数量是2001年全年GDP总量的1.8—2.0倍。如平均每年增加城市人口1200—1300万，则每年要支付城市化成本约相当于3000—3500亿元人民币，这个数量相当于2001年全年GDP总量的3%—4%。

计算机模型的演算结果指出，超过100万人口的城市化综合发展成本，是人口少于10万人以下小城市的1/6到1/8，亦即小城市每吸纳1个人(必须符合城市的基本标准)所付出的成本，如果同样投入到人口超出100万以上的大城市，则可以吸纳6—8人。基本规律是：从1万人—20万人的小城镇和小城市的发展成本，随着人口数目的增加，发展成本呈非线性急剧地变化；从20万人—50万人的中等城市，其发展成本随着人口的增加呈现减缓增长；从50万人—100万人的大城市，发展成本逐渐趋于临界；超出100万人口的特大城市，城市发展成本（即每吸纳1个人）随人口数量的增加基本成为“常数”。

本《报告》在国内外首次拟订了评估城市化发展成本的计算模型，并且提出了城市化进程的综合“成本—收益”指数。城市化综合“成本—收益指数”能从成本收益分析的基础上，在总体规模和数量上反映城市发展的健康协调程度。它是城市综合发展前景的直观描述，也是反映城市发展战略和决策机制的正确性和可行性的间接度量。一般而言，城市化进程只有达到一定的成本收益平衡关系，才可能获得相应的规模发展效益，城市的功能才能逐步地得以健全和完善。城市综合成本收益指数越高，表明城市发展潜力越深厚、城市化进程的战略设计和执行情况越合理。在这个意义上“城市综合成本—收益”分析是测评、度量和刻划城市整体综合发展现状与前景的有效手柄。

城市化"综合成本收益指数"由"基础成本收益指数"、"生活成本收益指数"、"生存成本收益指数"和"智力成本收益指数"构成。"基础成本收益指数"用以衡量城市化进程的基础性投入产出效益，"生活成本收益指数"用以衡量城市化进程的居民生活投入产出效益，"生存成本收益指数"用以衡量城市化进程的城市发展空间投入产出效益，"智力成本收益指数"用以衡量城市化进程的教育和就业培训等投入产出效益。

一　城市化成本分析的背景、目标与内容

1. 城市化进程成本付出的必然性

劳动分工的国际化，商品贸易的全球化和世界经济的一体化构成了全球经济的整体。管理的高层次集聚，生产的低层次扩散，已成为比让的趋势。促使城市体系的极化和强化，是应对经济全球化的必然选择。由此，要求我们重新审视中国城市发展的战略方针。在对城市发展历史的回顾和探求城市发展普遍规律之后，一个明确的也是共同的特征：城市化必须付出成本。

上一世纪八十年代当发达国家城市化达到成熟期时，我国则刚刚开始步入城市化的增长期，当发达国家已经进入后工业化的社会时，我国还正在经历工业化的过程。二十一世纪前半期将是中国城市化快速发展并进入城市化成熟期的重要时期。中国的城市化战略和城市发展方向，是新世纪一项十分重要的战略性任务。

1947 年，全国共有设市城市 69 座。1947～1949 年，解放区内通过土地改革极大地调动了农民积极性，生产力得到快速发展，解放区内的城市有了较快发展，因此在 1949 年新中国建立时，中国的城市已发展到 132 座。

建国 50 多年来，中国城市经济得到了长足的发展，城市化的进程大大加快。1949 年城市化水平达到 10.6%，至 1998 年城市化率按户籍统计已达 30%以上，隐性城市化率达 40.3%。城市数量 1998 年达 668 座，比 1949 年增长 4.06 倍。小城镇从不足 2800 个，发展到 1998 年的 1.8 万个，增长 5.42 倍。农村集镇已发展到近 5 万个，城镇经济得到快速发展。同时，城市的功能逐步完善。

表 7.1　中国城市分布

1. 按人口和地区分组的城市数（个）

	全国	东部城市	中部城市	西部城市
合计	663	295	247	121
超大城市	13	73	3	
特大城市	27	14	9	4
大城市	53	25	26	2
中等城市	218	104	78	36
小城市	352	145	131	76

2. 按城市非农人口和地区分组的城市构成（%）

	全国	东部城市	中部城市	西部城市
合计	100	44.5	37.3	18.3
超大城市	100	53.8	23.1	23.1
特大城市	100	51.9	33.3	14.8
大城市	100	47.2	49.1	3.8
中等城市	100	47.7	35.8	16.5
小城市	100	41.2	37.2	21.6

3. 按城市非农人口和地区分组的城市构成（%）

	全国	东部城市	中部城市	西部城市
合计	100	100	100	100
超大城市	2	2.4	1.2	2.5
特大城市	4.1	4.7	3.6	3.3
大城市	8	8.5	10.5	1.7
中等城市	32.9	35.3	31.6	29.8
小城市	53.1	49.2	53	62.8

作为一种经济社会现象，城市化的本质是乡村城市化。它包括同时发生的两个过程：一个是农业人口向非农产业转移，向城镇集中，城镇人口和城镇数量逐渐增加；另一个是农村生产、生活质量的逐步城市化。也就是说，城市化不仅是农业人口转移为城镇人口，城镇在空间数量上的增多、规模的扩大、功能和设施的逐步完善，而且是城市的生产力水平、经济关系、生活方式和价值观念广泛渗透到农村的过程。在深化改革开放、推进科技进步的同时，城市化在中国未来经济社会发展中具有重要的地位，城市化将为新世纪中国经济保持持续快速增长提供强大动力。

近年来，城市居民收入差距不断扩大。据世界银行统计，衡量收入分配均等化程度的基尼系数从 1980 年的 0.16 上升到 1990 年的 0.30，直至 1998 年的 0.403。城市居民收入差距拉大固然有多种因素，但也与城市化进程中发展成本付出的动力机制有关。

在我国的二元经济结构中，现代经济部门劳动生产率高，边际产出大，自然工资水平也高，而且由于市场需求弹性大，人才短缺，工资将继续增长；而在传统经济部门，一方面边际产出低，另一方面，由于农业剩余劳力的存在，造成低价劳动力无限供应的局面，使其劳动报酬只能维持在较低水平。如果非熟练劳动力报酬提高，将会吸引农村劳动力参与竞争，使工资降下来，因此，农村剩余劳动力的存在使非熟练工人的工资不可能有大的提高。

这种二元经济结构所决定的收入差距大，并继续拉大趋势，只有靠二元结构的归一化才能加以克服。加速城市化进程。缩小城乡差距（包括缩小城市人口收入差距）是一个长期的历史过程，相对收入差距增长趋势在近期内仍将继续存在。农村劳动力向城市流动，参与就业竞争，虽然会对传统经济部门中专业技术要求不高的劳动力产生竞争压力，并使其收入增长缓慢，但就业竞争对于激励劳动者、经营者的积极性、创造性，对于降低工资成本，促进经济效益增长还是十分有利的。从长期来看，城市化进程的推进，将使农村剩余劳动力不断减少，劳动供求状况得到改善，从而使非熟练工人的劳动报酬得到提高，居民收入差距逐渐缩小。

城市化是未来我国经济社会发展的大战略之一，逐步提高城市化水平，不仅有利于解决城市就业，而且有利于经济结构和社会结构的整体升级，有利于全社会就业形势和经济形势的持续增长。

城市化过程是人口相对集中，经济和社会活动集中的过程，这又使金融保险、房地产、商业、通讯、饮食业、旅游业、交通运输、公共设施、医院、学校等服务业因经济效益提高而具有发展的动力。城市化程度愈高，第三产业愈发展。第三产业一般属于劳动密集型部门，拥有吸纳就业的巨大潜力，1998 年全国就业于第三产业的劳动力就占 37．3%。推进城市化成为转移农村剩余劳力的重要途径。

推进城市化要创造促进生产要素特别是劳动力充分流动的市场环境，取消歧视、排斥农村劳动力进城务工的政策和条例，逐步取消户籍制度，给农民以自主择业的权利。农民是否进城主要取决于进城的成本收益分析，只有在进城做工的收益大于支付的成本时才会进城。随着农村剩余劳动力的减少，农业劳动生产率的提高，进城务工的农民会减少，甚至还会有人从城市返回农村务农。对于因农民工进城所造成的住宅紧张、交通拥挤、秩序混乱、基础设施不足等问题，国家可通过农民进城所取得的税收加以解决。在市场经济条件下，市场机制会自动引导劳动力流动到效率高的地方去，政府的职责就在于合理规划城市布局，提供公共产品和信息服务，创造一个宽松的市场环境，维护市场竞争秩序，以保证城市的健康有序发展，加快经济发展和社会进步。

2. 城市化进程成本分析的目标与内容

基于如上背景，我们将城市化成本大致化分为如下两大部分：个人发展成本和公共发展成本。所谓个人发展成本是指在城市化进程中，个体从农村劳动者向城市居民转化所应付出的基础成本、生存成本、生活成本、智力成本、社保成本和住房成本；而公共发展成本则是指城市化进程中为保障城市健康协调发展所必需的城市内、城市间的基础设施、社会协调、公共环境、生态建设等基本功能要素的成本。

我国的城市化进程战略设想，是要在 2050 年左右，实现全国城市化率达到 75%。基于我国目前城市化率仅达 30%左右的现状，必须使城市人口年增长 1000—1200 万人，才能实现 10 亿人口城市化的战略目标。

我国的城市化水平只有 36%多一点，已比我国的工业化发展水平相应落后 15—20 个百分点。城市化进程过慢使我国现代化成本更高昂。

注释专栏 7.1

从美国纽约百年变迁看城市化成本

纽约作为世界特大都市之一，是美国最大的金融、商业和文化中心。由于联合国总部设在纽约，所以纽约又自封为世界的首都。同其他美国城市一样，纽约也是通过走城市化道路由小到大不断发展到如今这样的规模的，其变迁过程充分体现了城市化进程必须付出成本的发展规律。

行政区域上的纽约市区面积为 930 平方公里，2000 年的纽约人口为 800.8 万人。概念中的大纽约地区除纽约市所属的曼哈顿、布朗克斯、布鲁克林、昆士和斯坦腾岛 5 个区外，还包括纽约州、新泽西州和康涅狄格州的 26 个县市，面积为 32400 多平方公里，人口超过 2000 万。

纽约市政府提供的资料显示，纽约市是 1898 年由曼哈顿等五个区合并而成的。合并后的纽约市占地面积 930 平方公里，成为当时世界第二大城市，人口约 336 万，仅次于英国伦敦。纽约各区合并建立世界级大都市可以说是美国城市化进程中的一个里程碑。美国城市化的进程基本上是伴随着美国历史的发展和现代化历程。

十九世纪末，美国农业技术革命大大提高了农业生产率，不仅为城市发展提供了必要的食品，而且还解放了大量农村劳动力。纽约周边农村地区的农业人口以前所未有的速度向纽约市迁移，从而有力地推动了纽约城市化的进程。统计资料显示，1860 年到 1910 年期间，美国城市人口增加了七倍，而农村人口仅增加了一倍，这从一个侧面反映出美国乡村人口向城市流动的程度。纽约同美国其他城市一样经历了快速变迁，乡村人口以及工厂纷纷向纽约聚集，纽约的城市规模迅速膨胀。到 1921 年，纽约市的人口则由建市初期的 336 万人猛增到 618 万人。

1920 年，美国城市人口占全国总人口的 51.2%，标志着美国成为一个城市化国家。工业化时期，电力、炼钢等新技术的运用有力地促进了工业生产的发展，为大规模的城市化奠定了雄厚的物质基础。大工业还创造了全国性的交通网络，城市沿着这些交通线从港口向内陆腹地推进。市内交通状况的改善和高层建筑的出现是纽约城市化进程得以迅速发展的重要条件。

城市功能与角色的变化是城市化的重要内容，是城市化在经济生活方面的表现。纽约是工业化时代典型的综合性城市。作为以贸易为基础海港城市、工业化时期全美最大的工业基地、和美国及世界金融中心，在工业时代，纽约已经发展成为集金融、工业及服务业等多功能于一体的综合性城市。

纽约城市化发展过程表明，城市化进程过快，社会变迁过速，导致社会经济失控，城市问题层出不穷。

纽约城市化进程过快带来的问题首先是工厂居民集中于市中心使纽约。显得拥挤不堪 1921 年，纽约人口超过 600 万，而纽约的房屋却无法满足要求，致使住宅十分拥挤。当时纽约一住宅机构对曼哈顿东区的居住情况进行调查发现，纽约三分之一的房间里住着两个人，其余的三分之二的房间则住着3个人或更多。大量工厂聚集市区引起严重的工业污染，空气污染滋生了肺气肿、肺癌等多种疾病，严重威胁到居民的身体健康。统计资料显示，1910年，纽约市仅有5%的人活到60岁，20%的幼儿活不到5岁。

同样，城市化进程过快导致交通堵塞，并引起了一系列社会问题。二十世纪二十年代，汽车开始涌入纽约街道，纽约市的交通变得拥挤不堪。汽车数量的增加进一步恶化交通状况。交通拥挤使居民和企业都蒙受巨大损失。据保守估计，自二十世纪初以来，纽约每年因交通堵塞而至少损失1.5亿美元。此外，道德沦丧、犯罪猖獗是城市化引起的另一类棘手问题。在纽约，种族骚动、吸毒卖淫、偷盗抢窃等城市犯罪已经司空见惯。

纽约城市化进程引起的上述弊端迫使纽约市不得不调整城市发展战略，从城市化向城郊化方面转移。纽约市实施城郊化战略，实际上就是城市化向广阔的郊区城镇扩散发展。总的看来，纽约市向城市郊区转移扩散过程大致可划为三个阶段。

第一阶段是城市居住功能郊区化，即将居民住宅迁移到城市郊区；第二阶段是城市商业功能和产业功能郊区化，即在纽约郊区城镇建立大型购物中心等商业网点及将工厂企业搬到郊区；第三阶段是建立边缘城镇。边缘城镇是在纽约市周边郊区基础上形成的具备居住、购物、娱乐等城市功能的新城镇。如今，纽约四周有许多边缘城镇，其中包括被视为纽约卧室的长岛以及与纽约市相邻的新泽西州的一些城镇。这也就是人们概念中的大纽约地区。

纽约周边的边缘城镇解决了传统城市面临的噪音、交通、住房、大气污染等方面的问题，为城市居民提供了良好的生活空间。总的看来，这些边缘城镇都具有以下几大特点：一是大都有高速公路相通，距纽约只有一个小时左右的车程。二是基础设施齐全完善，除拥有足够的停车设施及大型商场外，还有影院、饭店、俱乐部、运动场等娱乐设施。三是自然绿化程度很高，大多数居民居住在由绿色草坪环绕的别墅型住宅中。

由此可见，美国起初出现的城市化最终发展成为城郊化，其最终结果就是数以万计的小城镇应运而生。美国近30年发展起来的大城市带就是大量小城镇的集合，而不是靠无限扩张中心城市区域来实现城市规模扩大。大量小城市如雨后春笋般地快速发展，逐步形成密集的城市群带，美国政府统计机构将其称之为都市区。

二十世纪九十年代后半期以来，美国城市化出现了新趋势。

随着美国经济高速增长，像纽约这样的传统城市中心及其郊区边缘城市共同构成的大都市圈又有向其外围拓展延伸的趋势。美国有关专家认为，这一趋势将在未来20年中使美国的农村地区城市化，这种城市化的对象不是城市本身，而是目前已经存在的农村集镇。促使新一轮城市化的原因有两大方面：一是大都市圈边缘地区的社会发展和经济增长正促使在边缘地区工作的城市居民把家搬迁至开车一小时可以达到的周边城镇；二是经济的增长正促使大都市圈内的公路干线向外延伸，这一趋势引导着美国的投资向公路干线经过的农村集镇扩张。

资料来源：经济日报，2001.11.24。

二　中国城市化的“成本—收益”分析

1. 城市化综合成本收益指数的概念内涵

成本—收益分析（Cost-Benefit Analysis）是一种应用相当广泛的计划和预测技术。城市化综合“成本—收益指数”能从成本收益分析的基础上，在总体规模和数量上反映城市发展的健康协调程度。它是城市综合发展前景的直观描述，也是反映城市发展战略和决策机制的正确性和可行性的间接度量。一般而言，城市化进程只有达到一定的成本收益平衡关系，才可能获得相应的规模发展效益，城市的功能才能逐步地得以健全和完善。城市综合成本收益指数越高，表明城市发展潜力越深厚、城市化进程的战略设计和执行情况越合理。在这个意义上城市综合成本—收益分析是测评、度量和刻划城市整体综合发展现状与前景的有效手柄。

2. 城市化综合成本 — 收益指数的构成

城市化综合成本收益指数由“基础成本收益指数、生活成本收益指数、生存成本收益指数和智力成本收益指数”构成。基础成本收益指数用以衡量城市化进程的基础性投入产出效益，生活成本收益指数用以衡量城市化进程的居民生活投入产出效益，生存成本收益指数用以衡量城市化进程的城市发展空间投入产出效益，智力成本收益指数用以衡量城市化进程的教育和就业培训等投入产出效益。

3. 城市化的综合成本 — 收益指数

(1) 城市基础成本—收益分析：城市基础成本—收益指数定义为“人均固定资产投资所获得的 GDP 产出”。我们选择全国具有人口规模代表性（按城市人口分布序列谱取样）的 43 个城市，进行对比统计、计算与分析。

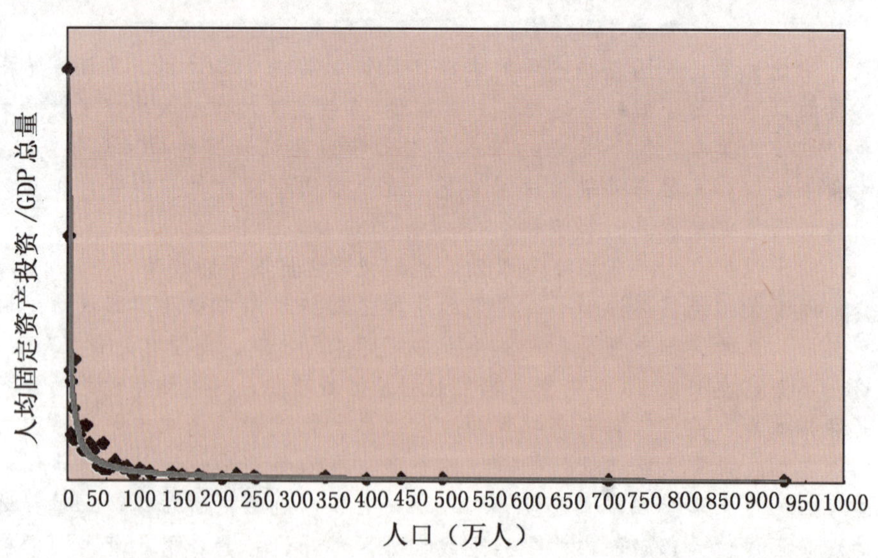

图 7.1　基础成本—收益分析

将构成城市基础成本—收益分析的相关指标进行无量纲化汇总，结果表明：广州位居全国 43 城市之首，为 0.515，乳山居第 43 位，只有 0.092，前者是后者的 5.6 倍，这说明了在全国 43 个代表性城市中，城市基础成本—收益状况分异很大(见表 7.2)。

表 7.2　中国城市发展的基础成本—收益指数

中国城市发展成本—收益分析 (1)　　基础成本—收益指数

城市	人口（万）	GDP（万元）	人均 GDP（元）	固定资产投资（万元）	人均固定资产投资（元）	基础成本—收益指数
上海	923	36155700	39172	17168483	18601	0.475
北京	699	18245780	26103	6311861	9030	0.346
天津	487	11448100	23507	4898994	10060	0.428
武汉	434	10856837	25016	4312456	9937	0.397
沈阳	389	8426198	21661	1897019	4877	0.225
广州	336	14511341	43189	7469488	22231	0.515
南京	247	6751154	27333	1848080	7482	0.274
西安	244	5136255	21050	1605088	6678	0.317
成都	221	6253391	28296	3096545	14012	0.495
大连	203	6891390	33948	1063084	5237	0.154
青岛	173	5468631	31611	1721109	9949	0.315
郑州	151	2888932	19132	784663	5196	0.272
杭州	139	6049378	43521	1760857	12668	0.291
石家庄	138	3600176	26088	1319158	9559	0.366
包头	111	1748616	15753	408098	3677	0.233
福州	108	4474472	41430	1371045	12695	0.306
深圳	95	14365071	151211	5446834	57335	0.379
苏州	87	2664116	30622	462307	5314	0.174
烟台	84	2549960	30357	634961	7559	0.249
呼和浩特	78	1085621	13918	411392	5274	0.379
宁波	74	3762087	50839	1259634	17022	0.335
厦门	62	4582928	73918	1924601	31042	0.420
焦作	54	542443	10045	114686	2124	0.211
温州	52	2908036	55924	585445	11258	0.201
银川	47	678198	14430	415344	8837	0.612
南通	47	1348116	28683	263608	5609	0.196

续表 7.2

城市	人口（万）	GDP（万元）	人均 GDP（元）	固定资产投资（万元）	人均固定资产投资（元）	基础成本—收益指数
马鞍山	40	956514	23913	194017	4850	0.203
盐城	35	588591	16817	218938	6255	0.372
天水	30	404297	13477	155144	5171	0.384
广元	26	341829	13147	100645	3871	0.294
廊坊	25	607110	24284	296013	11840	0.488
曲靖	21	693862	33041	153174	7294	0.221
金华	20	489517	24476	185583	9279	0.379
溧阳	16	735118	45945	186265	11940	0.260
吴忠	10	173300	17330	73979	7398	0.427
东港	10	658553	65855	94338	9340	0.142
奉化	8.3	505004	60844	107834	12992	0.214
林州	6.2	389940	62894	84743	13668	0.217
乳山	5.7	760015	133336	70247	12324	0.092
漳平	4.7	283249	60266	51651	10990	0.182
井冈山	2.7	37500	13889	8753	3242	0.233
韶山	1.5	69988	46659	15255	10170	0.218

(2) 城市生活成本—收益分析：城市生活成本—收益指数定义为“人均生活用电量所对应的 GDP 产出”。我们选择全国具有人口规模代表性的 43 个城市，进行对比统计、计算与分析。将构成城市生活成本—收益分析的相关指标进行无量纲化汇总，结果表明：上海位居全国 43 城市之首，为 0.339，奉化和乳山居第 42 位，只有 0.018，前者是后者的 18.8 倍，这说明了在全国 43 个代表性城市中，城市生活成本—收益状况分异很大。

表 7.3　城市生活成本—收益指数

中国城市发展成本—收益分析（2）　　生活成本收益—指数

城市	人口（万）	GDP（万元）	人均 GDP（元）	人均用电量（千瓦小时）	城市生活成本—收益指数
上海	923	36155700	39172	5430	0.339
北京	699	18245780	26103	4770	0.183
天津	487	11448100	23507	4244	0.181
武汉	434	10856837	25016	2301	0.092
沈阳	389	8426198	21661	1986	0.092
广州	336	14511341	43189	3577	0.083

续表 7.3

城市	人口（万）	GDP（万元）	人均 GDP（元）	人均用电量（千瓦小时）	城市生活成本一收益指数
南京	247	6751154	27333	4289	0.157
成都	221	6253391	28296	2074	0.073
大连	203	6891390	33948	4154	0.122
青岛	173	5468631	31611	3299	0.104
郑州	151	2888932	19132	4643	0.243
杭州	139	6049378	43521	4107	0.094
石家庄	138	3600176	26088	5378	0.206
包头	111	1748616	15753	5914	0.275
福州	108	4474472	41430	3783	0.091
深圳	95	14365071	151211	20019	0.132
苏州	87	2664116	30622	4277	0.140
烟台	84	2549960	30357	3586	0.118
呼和浩特	78	1085621	13918	2137	0.154
宁波	74	3762087	50839	5786	0.114
厦门	62	4582928	73918	5902	0.080
焦作	54	542443	10045	6773	0.274
温州	52	2908036	55924	7537	0.135
银川	47	678198	14430	4070	0.282
南通	47	1348116	28683	4567	0.159
马鞍山	40	956514	23913	7458	0.312
盐城	35	588591	16817	2752	0.164
天水	30	404297	13477	1916	0.142
广元	26	341829	13147	2700	0.205
廊坊	25	607110	24284	3142	0.129
金华	20	489517	24476	4069	0.166
溧阳 *	16	735118	45945	—	0.023
吴忠	10	173300	17330	3243	0.032
东港 *	10	658553	65855	—	0.045
奉化 *	8.3	505004	60844	—	0.018
林州 *	6.2	389940	62894	—	0.103
乳山 *	5.7	760015	133336	—	0.018
漳平 *	4.7	283249	60266	—	0.051
井冈山 *	2.7	37500	13889	—	0.177
韶山 *	1.5	69988	46659	—	0.144

* 标识的各县市的生活成本指数以人均肉类占有量类比近似估算得出。

（3）城市空间成本—收益分析：城市空间成本—收益指数定义为“人均建成区土地面积所对应的GDP产出”。我们选择全国具有人口规模代表性的43个城市，进行对比统计、计算与分析。将构成城市空间成本—收益分析的相关指标进行无量纲化汇总，结果表明：广元位居全国43城市之首，为1.346，深圳居第43位，只有0.095，前者是后者的14.2倍，这说明了在全国43个代表性城市中，城市空间成本—收益状况分异很大。

表7.4　城市空间成本—收益指数

中国城市发展成本一收益分析（3）　　空间成本一收益指数

城市	人口（万）	GDP（万元）	人均GDP（元）	建成区土地面积（平方公里）	人均建成区土地面积（平方米）	空间成本一收益指数
上海	923	36155700	39172	550	60	0.152
北京	699	18245780	26103	488	70	0.267
天津	487	11448100	23507	386	79	0.337
武汉	434	10856837	25016	210	48	0.193
沈阳	389	8426198	21661	217	56	0.258
广州	336	14511341	43189	431	128	0.297
南京	247	6751154	27333	201	81	0.298
西安	244	5136255	21050	187	77	0.364
成都	221	6253391	28296	231	105	0.369
大连	203	6891390	33948	234	115	0.340
青岛	173	5468631	31611	119	69	0.218
郑州	151	2888932	19132	133	88	0.460
杭州	139	6049378	43521	177	127	0.293
石家庄	138	3600176	26088	112	81	0.311
包头	111	1748616	15753	149	134	0.852
福州	108	4474472	41430	92	85	0.206
深圳	95	14365071	151211	136	143	0.095
苏州	87	2664116	30622	86	99	0.323
烟台	84	2549960	30357	118	140	0.463
呼和浩特	78	1085621	13918	83	106	0.765
宁波	74	3762087	50839	69	93	0.183
厦门	62	4582928	73918	82	132	0.179
焦作	54	542443	10045	52	96	0.259

续表 7.4

城市	人口（万）	GDP（万元）	人均 GDP（元）	建成区土地面积（平方公里）	人均建成区土地面积（平方米）	空间成本一收益指数
温州	52	2908036	55924	108	208	0.371
银川	47	678198	14430	48	102	0.708
南通	47	1348116	28683	60	128	0.445
马鞍山	40	956514	23913	38	95	0.397
盐城	35	588591	16817	28	80	0.476
天水	30	404297	13477	32	107	0.791
广元	26	341829	13147	46	177	1.346
廊坊	25	607110	24284	56	224	0.922
曲靖	21	693862	33041	24	114	0.346
金华	20	489517	24476	34	170	0.695
溧阳 *	16	735118	45945	—	111	0.242
吴忠	10	173300	17330	10	100	0.577
东港 *	10	658553	65855	—	191	0.290
奉化 *	8.3	505004	60844	—	64	0.105
林州 *	6.2	389940	62894	—	204	0.324
乳山 *	5.7	760015	133336	—	207	0.155
漳平 *	4.7	283249	60266	—	63	0.105
井冈山 *	2.7	37500	13889	—	88	0.634
韶山 *	1.5	69988	46659	—	101	0.216

*　标识的各县市人均建成区面积以人均耕地面积近似估算得出。

(4) 城市智力成本一收益分析：城市智力成本一收益指数定义为“人均教育成本所对应的 GDP 产出”。我们选择全国具有人口规模代表性的 43 个城市，进行对比统计、计算与分析。将构成城市智力成本一收益分析的相关指标进行无量纲化汇总，结果表明：北京位居全国 43 城市之首，为 0.021，成都居第 43 位，只有 0.003，前者是后者的 7.0 倍，这说明了在全国 43 个代表性城市中，城市生活成本一收益状况分异很大。

表 7.5　城市智力成本—收益指数

中国城市发展成本一收益分析（4）　　智力成本收益一指数

城市	人口（万）	GDP（万元）	人均 GDP（元）	人均教育成本（元）	城市智力成本一收益指数
上海	923	36155700	39172	742	0.019
北京	699	18245780	26103	545	0.021
天津	487	11448100	23507	397	0.017
武汉	434	10856837	25016	148	0.006
沈阳	389	8426198	21661	202	0.009
广州	336	14511341	43189	364	0.008
南京	247	6751154	27333	248	0.009
成都	221	6253391	28296	87	0.003
大连	203	6891390	33948	210	0.006
青岛	173	5468631	31611	316	0.010
郑州	151	2888932	19132	168	0.009
杭州	139	6049378	43521	227	0.005
石家庄	138	3600176	26088	208	0.008
包头	111	1748616	15753	135	0.009
福州	108	4474472	41430	311	0.008
深圳	95	14365071	151211	1673	0.009
苏州	87	2664116	30622	227	0.007
烟台	84	2549960	30357	166	0.005
呼和浩特	78	1085621	13918	171	0.012
宁波	74	3762087	50839	372	0.007
厦门	62	4582928	73918	596	0.008
焦作	54	542443	10045	81	0.008
温州	52	2908036	55924	315	0.006
银川	47	678198	14430	128	0.009
南通	47	1348116	28683	207	0.007
马鞍山	40	956514	23913	124	0.005
盐城	35	588591	16817	181	0.011
天水	30	404297	13477	86	0.006

续表 7.5

城市	人口（万）	GDP（万元）	人均 GDP（元）	人均教育成本（元）	城市智力成本一收益指数
广元	26	341829	13147	68	0.005
廊坊	25	607110	24284	210	0.009
金华	20	489517	24476	254	0.010
溧阳 *	16	735118	45945	—	0.005
吴忠	10	173300	17330	102	0.006
东港 *	10	658553	65855	—	0.006
奉化 *	8.3	505004	60844	—	0.006
林州 *	6.2	389940	62894	—	0.012
乳山 *	5.7	760015	133336	—	0.016
漳平 *	4.7	283249	60266	—	0.009
井冈山 *	2.7	37500	13889	—	0.008
韶山 *	1.5	69988	46659	—	0.007

* 标识的各县市智力成本以万人在校普通中学学生总数类比近似估算得出。

4. 城市成本—收益综合分析

基于对城市化进程的综合成本—收益指数的计算，我们认为：在规模经济和土地资源可持续利用双重要求的约束下，应该优先发展大中城市，走大中城市扩容为主的城市化道路。按有关规模经济的模型分析，人口规模在 100—400 万之间的城市其成本收益最合理；低于 30 万人口的城市其基础设施投人产出比不合理；而 25 万人口是城市成本最低点，即一座城市能依靠自身力量发展最低的人口规模是 25 万。

从理论上讲，经济增长的源泉归根结底只有三个：其一是常规投入的增长，即在质量不变的情况下单纯地增加资本、劳动、和土地这三样生产要素；其二是引起资本质量、土地质量、和劳动质量变化的技术进步；其三是制度创新。相对来说，后两个是更加重要的增长源泉。因为即使是像中国这样的大国，今天大家也很清楚，并不拥有无限的资源。所有的资源用人口一除，往往在世界敬陪末座。而生产中只要有一种投入不足，其他要素就会出现收益递减的现象。例如，在土地面积固定的情况下，劳动和资本的边际收益都会递减。所以一味靠常规投入的增加谋求经济增长，前景是十分黯淡的。真正称得上地大物博的前苏联突然崩溃，其实冰冻三尺，非一日之寒。靠了得天独厚的自然资源，前苏联曾以粗放经营为主，增长率在相当长的时期里也曾傲视世界，但是这种经济增长方式经过几十年的时间，实在也已走到尽头。对于中国这样的资源穷国，为后代计，绝不应该再去模仿前苏联的做法。技术进步和制度创新这两种经济增长的源泉则有无穷的潜力。技术进步推动生产可能性边界在不用增加投入的情况下不断向外扩张，而制度创新则通过社会组织的演进和企业管理的改进，将经济从生产可能性边界之内不断推向边界，使经济的潜力得以充分的发挥。

城市化的作用是奇妙的。同样数目的劳动，资本，如果改变它们的空间分布，将它们集中起来，在同样的技术下它们竟能生产出更多的产量来。大多数人只要能够在农业之外找到谋生手段，就会选择到人群聚集的城市生活，这主要是基于区位经济（economies of localization）和都市经济（economies of urbanization）两大原因。

当存在规模报酬递增时，只要这种因规模报酬递增带来的好处没有穷尽，企业就会不断地扩张生产，以便从平均成本的不断下降中获益。在这一过程中，企业自然会雇佣更多的工人。而工人则会选择居住在靠近企业的地方，以减少通勤成本。随着人口越来越集中，为了满足该地区人们的各种消费需求，服务业就会应运而生。因此，这一类型的所谓公司城的出现可以用区位经济的理论来解释。通过试错，企业迟早会发现，如果企业间彼此聚集，则每个企业都可通过共享某些公共投入，例如同一劳力市场，公共资本，城市基础设施，商业信息及新的技术革新等，降低它们各自的生产成本。由于这些公共投入或准公共投入的非排它性和非竞争性，使得一个企业使用这些投入不会影响其它企业的同时使用。通过聚集在一起，这些企业可以显著地降低生产成本。由此，当不同的企业在空间上聚集一起以寻求更高的效率和收益时，城市就会逐渐形成。

区位经济和都市经济的综合影响，一般称为聚集经济（economies of agglomeration)，或聚集效应（agglomeration effects)。具有规模报酬递增特性 的企业并不一定选择聚集在一起。但是，只要这个企业有规模扩张的动机，则随着雇员人数的增加，必定会形成以它为中心的一个城市。同时，不具有规模报酬递增的企业，尽管仍会保持较小的规模，但它们会有较大的动力聚集在一起，形成一个产业多样化的城市中心，以便通过共享一些公共投入而降低各自的成本。无论对整个社会来说，还是对各个企业自身来说，都可以通过共享已有的公共投入而获得成本降低的好处。

一旦企业决定设立在城市地区，无论这些企业是否存在规模报酬递增，只要通勤是有成本的，那么它们所雇的职工及家属都会选择居住在企业附近。难怪在发达国家，70%或80%以上的人口居住在城市及其周围。根据 Bairoch（1988）早在1850年，英国的城市化水平已达37.1%。1910年北美的城市化水平达到41%，1950年日本达到38%。在发展中国家，如拉丁美洲的一些国家，城市化水平也上升得很快。在无法负担同时建设多个大城市的贫穷国家，通常会有一、两个城市扩张得很快，因为新兴企业及其雇员都会试图向这些城市转移，以便通过分享聚集效应而获益。

必须最大限度地降低城市化进程的发展成本，才有利于调动地方积极性和创造性，有利于充分利用地方信息，有利于最大限度地增强城市和区域在全球化竞争中的应变能力，有利于国家现代化进程的实现。

三 中国城市化的总量成本

基于我国城市化进程的总体战略目标，中国城市化的总量成本包括以下六项分类成本：城市化的基础成本、城市化的生活成本、城市化的生存空间成本、城市化的智力成本、城市化的社会保障成本与城市化的居住成本。

预测到2050年，中国城市人口将达到10—11亿，依照城市化“成本－收益”分析，每进入城市1个人，需要“个人发展成本”1.45万元/人，“公共发展成本”1.05万元/人，总计每转变一个农民成为城市居民需支付社会总成本约2.5万元/人。在现有城市人口的基础上，未来50年期间中国约增加6—7亿城市人口，城市化所需的社会总成本达到15—16万亿元，(相当于1.8—2.0万亿美元。按2000年不变价格)，这个数量是2001年全年GDP总量的1.8倍。如平均每年增加城市人口1200—1300万，则每年要支付城市化成本约相当于3000—3500亿元人民币，这个数量相当于2001年全年GDP总量的3%—4%。(以上资金数量统一按照2000年不变价)

计算机模型的演算结果指出，超过100万人口的城市化综合发展成本，是人口少于10万人以下小城市的1/6到1/8，亦即小城市每吸纳1个人（必须符合城市的基本标准）所付出的成本，如果同样投入到人口超出100万以上的大城市，则可以吸纳6—8人。基本规律是：从1万人—20万人的小城镇和小城市的发展成本，随着人口数目的增加，发展成本呈非线性急剧地变化；从20万人—50万人的中等城市，其发展成本随着人口的增加呈现减缓增长；从50万人—100万人的大城市，发展成本逐渐趋于临界；超出100万人口的特大城市，城市发展成本（即每吸纳1个人）随人口数量的增加基本成为“常数”。

表 7.6　中国城市化的基础成本

中国城市发展成本（1）　　基础成本

城市	人口（万）	GDP（万元）	人均GDP（元）	固定资产投资（万元）	人均固定资产投资（元）	基础成本一收益指数
上海	923	36155700	39172	17168483	18601	0.475
北京	699	18245780	26103	6311861	9030	0.346
天津	487	11448100	23507	4898994	10060	0.428
武汉	434	10856837	25016	4312456	9937	0.397
沈阳	389	8426198	21661	1897019	4877	0.225
广州	336	14511341	43189	7469488	22231	0.515
南京	247	6751154	27333	1848080	7482	0.274
西安	244	5136255	21050	1605088	6678	0.317
成都	221	6253391	28296	3096545	14012	0.495
大连	203	6891390	33948	1063084	5237	0.154
青岛	173	5468631	31611	1721109	9949	0.315
郑州	151	2888932	19132	784663	5196	0.272
杭州	139	6049378	43521	1760857	12668	0.291
石家庄	138	3600176	26088	1319158	9559	0.366
包头	111	1748616	15753	408098	3677	0.233
福州	108	4474472	41430	1371045	12695	0.306
深圳	95	14365071	151211	5446834	57335	0.379
苏州	87	2664116	30622	462307	5314	0.174
烟台	84	2549960	30357	634961	7559	0.249
呼和浩特	78	1085621	13918	411392	5274	0.379
宁波	74	3762087	50839	1259634	17022	0.335
厦门	62	4582928	73918	1924601	31042	0.420
焦作	54	542443	10045	114686	2124	0.211
温州	52	2908036	55924	585445	11258	0.201
银川	47	678198	14430	415344	8837	0.612
南通	47	1348116	28683	263608	5609	0.196
马鞍山	40	956514	23913	194017	4850	0.203
盐城	135	588591	16817	218938	6255	0.372
天水	30	404297	13477	155144	5171	0.384
广元	26	341829	13147	100645	3871	0.294
廊坊	25	607110	24284	296013	11840	0.488
曲靖	21	693862	33041	153174	7294	0.221
金华	20	489517	24476	185583	9279	0.379
溧阳	16	735118	45945	186265	11940	0.260
吴忠	10	173300	17330	73979	7398	0.427
东港	10	658553	65855	94338	9340	0.142
奉化	8.3	505004	60844	107834	12992	0.214
林州	6.2	389940	62894	84743	13668	0.217
乳山	5.7	760015	133336	70247	12324	0.092
漳平	4.7	283249	60266	51651	10990	0.182
井冈山	2.7	37500	13889	8753	3242	0.233
韶山	1.5	69988	46659	15255	10170	0.218

表 7.7　中国城市化的生活成本

中国城市发展成本（2）　　生活成本

城市	人口（万）	GDP（万元）	人均 GDP（元）	人均用电量（千瓦小时）	城市生活成本一收益指数
上海	923	36155700	39172	5430	0.139
北京	699	18245780	26103	4770	0.183
天津	487	11448100	23507	4244	0.181
武汉	434	10856837	25016	2301	0.092
沈阳	389	8426198	21661	1986	0.092
广州	336	14511341	43189	3577	0.083
南京	247	6751154	27333	4289	0.157
成都	221	6253391	28296	2074	0.073
大连	203	6891390	33948	4154	0.122
青岛	173	5468631	31611	3299	0.104
郑州	151	2888932	19132	4643	0.243
杭州	139	6049378	43521	4107	0.094
石家庄	138	3600176	26088	5378	0.206
包头	111	1748616	15753	5914	0.375
福州	108	4474472	41430	3783	0.091
深圳	95	14365071	151211	20019	0.132
苏州	87	2664116	30622	4277	0.140
烟台	84	2549960	30357	3586	0.118
呼和浩特	78	1085621	13918	2137	0.154
宁波	74	3762087	50839	5786	0.114
厦门	62	4582928	73918	5902	0.080
焦作	54	542443	10045	6773	0.674
温州	52	2908036	55924	7537	0.135
银川	47	678198	14430	4070	0.282
南通	47	1348116	28683	4567	0.159
马鞍山	40	956514	23913	7458	0.312
盐城	35	588591	16817	2752	0.164
天水	30	404297	13477	1916	0.142
广元	26	341829	13147	2700	0.205
廊坊	25	607110	24284	3142	0.129
金华	20	489517	24476	4069	0.166
溧阳 *	16	735118	45945	—	0.023
吴忠	10	173300	17330	3243	0.032
东港 *	10	658553	65855	—	0.045
奉化 *	8.3	505004	60844	—	0.018
林州 *	6.2	389940	62894	—	0.103
乳山 *	5.7	760015	133336	—	0.018
漳平 *	4.7	283249	60266	—	0.051
井冈山 *	2.7	37500	13889	—	0.177
韶山 *	1.5	69988	46659	—	0.144

* 标识的各县市的生活成本指数以人均肉类占有量类比近似估算得出。

表 7.8 中国城市化的空间成本

中国城市发展成本（3） 空间成本

城市	人口（万）	GDP（万元）	人均 GDP（元）	建成区土地面积（平方公里）	人均建成区土地面积（平方米）	空间成本一收益指数
上海	923	36155700	39172	550	60	0.152
北京	699	18245780	26103	488	70	0.267
天津	487	11448100	23507	386	79	0.337
武汉	434	10856837	25016	210	48	0.193
沈阳	389	8426198	21661	217	56	0.258
广州	336	14511341	43189	431	128	0.297
南京	247	6751154	27333	201	81	0.298
西安	244	5136255	21050	187	77	0.364
成都	221	6253391	28296	231	105	0.369
大连	203	6891390	33948	234	115	0.340
青岛	173	5468631	31611	119	69	0.218
郑州	151	2888932	19132	133	88	0.460
杭州	139	6049378	43521	177	127	0.293
石家庄	138	3600176	26088	112	81	0.311
包头	111	1748616	15753	149	134	0.852
福州	108	4474472	41430	92	85	0.206
深圳	95	14365071	151211	136	143	0.095
苏州	87	2664116	30622	86	99	0.323
烟台	84	2549960	30357	118	140	0.463
呼和浩特	78	1085621	13918	83	106	0.765
宁波	74	3762087	50839	69	93	0.183
厦门	62	4582928	73918	82	132	0.179
焦作	54	542443	10045	52	96	0.959
温州	52	2908036	55924	108	208	0.371
银川	47	678198	14430	48	102	0.708
南通	47	1348116	28683	60	128	0.445
马鞍山	40	956514	23913	38	95	0.397
盐城	35	588591	16817	28	80	0.476
天水	30	404297	13477	32	107	0.791
广元	26	341829	13147	46	177	1.346
廊坊	25	607110	24284	56	224	0.922
曲靖	21	693862	33041	24	114	0.346
金华	20	489517	24476	34	170	0.695
溧阳 *	16	735118	45945	—	111	0.242
吴忠	10	173300	17330	10	100	0.577
东港 *	10	658553	65855	—	191	0.290
奉化 *	8.3	505004	60844	—	64	0.105
林州 *	6.2	389940	62894	—	204	0.324
乳山 *	5.7	760015	133336	—	207	0.155
漳平 *	4.7	283249	60266	—	63	0.105
井冈山 *	2.7	37500	13889	—	88	0.634
韶山 *	1.5	69988	46659	—	101	0.216

* 标识的各县市人均建成区面积以人均耕地面积近似估算得出。

表 7.9 中国城市化的智力成本

中国城市发展成本（4） 智力成本

城市	人口（万）	GDP（万元）	人均 GDP（元）	人均教育成本（元）	城市智力成本一收益指数
上海	923	36155700	39172	742	0.019
北京	699	18245780	26103	545	0.021
天津	487	11448100	23507	397	0.017
武汉	434	10856837	25016	148	0.006
沈阳	389	8426198	21661	202	0.009
广州	336	14511341	43189	364	0.008
南京	247	6751154	27333	248	0.009
成都	221	6253391	28296	87	0.003
大连	203	6891390	33948	210	0.006
青岛	173	5468631	31611	316	0.010
郑州	151	2888932	19132	168	0.009
杭州	139	6049378	43521	227	0.005
石家庄	138	3600176	26088	208	0.008
包头	111	1748616	15753	135	0.009
福州	108	4474472	41430	311	0.008
深圳	95	14365071	151211	1673	0.009
苏州	87	2664116	30622	227	0.007
烟台	84	2549960	30357	166	0.005
呼和浩特	78	1085621	13918	171	0.012
宁波	74	3762087	50839	372	0.007
厦门	62	4582928	73918	596	0.008
焦作	54	542443	10045	81	0.008
温州	52	2908036	55924	315	0.006
银川	47	678198	14430	128	0.009
南通	47	1348116	28683	207	0.007
马鞍山	40	956514	23913	124	0.005
盐城	35	588591	16817	181	0.011
天水	30	404297	13477	86	0.006
广元	26	341829	13147	68	0.005
廊坊	25	607110	24284	210	0.009
金华	20	489517	24476	254	0.010
溧阳 *	16	735118	45945	—	0.005
吴忠	10	173300	17330	102	0.006
东港 *	10	658553	65855	—	0.006
奉化 *	8.3	505004	60844	—	0.006
林州 *	6.2	389940	62894	—	0.027
乳山 *	5.7	760015	133336	—	0.016
漳平 *	4.7	283249	60266	—	0.009
井冈山 *	2.7	37500	13889	—	0.008
韶山 *	1.5	69988	46659	—	0.007

* 标识的各县市智力成本以万人在校普通中学学生总数类比近似估算得出。

表 7.10 中国城市化的社会保障成本

中国城市发展成本（5） 社保成本

城市	人口（万）	GDP（万元）	市区承保额（万元）	市区年末总人口（万人）	人均承保额（万元/人）
上海	923	36155700	290355900	1136.82	25.54
北京	699	18245780	206880328	974.14	21.24
天津	487	11448100	35154984	682.05	5.15
武汉	434	10856837	23557184	749.19	3.14
沈阳	389	8426198	18598742	485.04	3.83
广州	336	14511341	173834388	566.68	30.68
南京	247	6751154	29981280	289.52	10.36
成都	221	6253391	28145800	335.86	8.38
大连	203	6891390	31455598	267.78	11.75
青岛	173	5468631	30798598	234.6	13.13
郑州	151	2888932	11255112	218.96	5.14
杭州	139	6049378	34013689	179.18	18.98
石家庄	138	3600176	10735910	166.8	6.44
包头	111	1748616	4689513	137.16	3.42
福州	108	4474472	11624189	148.49	7.83
深圳	95	14365071	114327800	124.92	91.52
苏州	87	2664116	13919903	110.79	12.56
烟台	84	2549960	6131306	161.42	3.80
呼和浩特	78	1085621	2723521	106.28	2.56
宁波	74	3762087	20650715	124.05	16.65
厦门	62	4582928	19643649	131.27	14.96
焦作	54	542443	1436484	74.10	1.94
温州	52	2908036	13556097	119.23	11.37
银川	47	678198	2529772	64.17	3.94
南通	47	1348116	9222973	65.14	14.16
马鞍山	40	956514	1172748	51.98	2.26
盐城	35	588591	2115106	62.96	3.36
天水	30	404297	1098845	119.23	0.92
广元	26	341829	476149	89.04	0.53
廊坊	25	607110	946670	70.1	1.35
金华	20	489517	2489313	35.89	6.94
溧阳*	16	735118	—	19.71	0.42
吴忠	10	173300	79916	30.64	0.26
东港*	10	658553	—	12.03	0.47
奉化*	8.3	505004	—	9.26	0.41
林州*	6.2	389940	—	18.64	0.38
乳山*	5.7	760015	—	12.06	0.04
漳平*	4.7	283249	—	5.85	0.29
井冈山*	2.7	37500	—	1.50	0.25
韶山*	1.5	69988	—	—	0.37

* 标识的各县市社保成本以年末单位从业人员数类比近似估算得出。

表 7.11　中国城市化的居住成本

中国城市发展成本（6）　　居住成本

城市	人口（万）	GDP（万元）	市区住宅投资总额（万元）	市区年末总人口（万人）	人均居住成本（元/人）
上海	923	36155700	4267393	1136.82	4623
北京	699	18245780	823469	974.14	1178
天津	487	11448100	628200	682.05	1290
武汉	434	10856837	975576	749.19	2248
沈阳	389	8426198	438852	485.04	1128
广州	336	14511341	696184	566.68	2072
南京	247	6751154	1092910	289.52	1925
成都	221	6253391	379503	335.86	1717
大连	203	6891390	409840	267.78	2019
青岛	173	5468631	346492	234.6	2003
郑州	151	2888932	312894	218.96	2072
杭州	139	6049378	632759	179.18	4552
石家庄	138	3600176	212646	166.8	1541
包头	111	1748616	105862	137.16	954
福州	108	4474472	173420	148.49	1606
深圳	95	14365071	2120602	124.92	6976
苏州	87	2664116	1102900	110.79	4955
烟台	84	2549960	173220	161.42	2062
呼和浩特	78	1085621	122951	106.28	1576
宁波	74	3762087	251367	124.05	3397
厦门	62	4582928	256100	131.27	4131
焦作	54	542443	31724	74.10	428
温州	52	2908036	309650	119.23	2597
银川	47	678198	92168	64.17	1436
南通	47	1348116	33320	65.14	709
马鞍山	40	956514	19386	51.98	373
盐城	35	588591	7066	62.96	112
天水	30	404297	54104	119.23	454
广元	26	341829	32055	89.04	360
廊坊	25	607110	13178	70.1	527
金华	20	489517	16850	35.89	843
溧阳 *	16	735118	—	19.71	781
吴忠	10	173300	7610	30.64	248
东港 *	10	658553	—	12.03	346
奉化 *	8.3	505004	—	9.29	887
林州 *	6.2	389940	—	18.64	140
乳山 *	5.7	760015	—	12.06	248
漳平 *	4.7	283249	—	5.85	230
井冈山 *	2.7	37500	—	1.50	440
韶山	1.5	69988	—	—	—

* 标识的各县市居住成本以人均商品房销售面积类比近似估算得出。

四　基于成本分析的中国城市化战略思考

建设大城市是改革开放形势发展的迫切需要，尤其是转变经济增长方式的迫切要求。我国提出转变经济增长方式和调整经济结构已有多年，但是，离我们发展的要求还有差距，其中一个重要的原因，是过去我国城市化水平不高、城市化中过分地抑制大城市的发展，尤其是大城市、特大城市的功能配置不合理。建设大城市只是中国城市化建设体系中现阶段的中心任务，它必须同时考虑与中等城市、小城市、小城镇的协调发展。

计算表明，大城市的发展成本（基础成本等 6 项成本的总和）远远低于中小城市的发展成本，主要原因是大城市可以促进城市功能的合理配置以及资源的合理配置，使城市功能更加市场化、专业化和集约化，有利于二三产业的发展，有利于经济结构的调整，有利于先进生产力的发展、从而有利于粗放型的经济增长方式转变为集约型经营增长方式。其次是可持续发展的迫切要求。我国城市，尤其是大城市和特大城市，由于规划、布局不合理（主要是空间布局和功能布局不合理），导致了功能区分工不够专业，经济结构调整的难度大，环境质量差、发展空间不足等，既不利于人类居住，也不利于经济和社会发展，严重影响了城市的可持续发展。

国家计委在总结改革开放二十多年国家宏观调控的经验教训时指出，改革开放以来我国宏观调控的最大失误是没有规划和建设好大城市。作为我国“十五”计划的重要战略任务之一，城市化进程被提到了一个比较重要的历史高度，建设大城市则成为了加速我国城市化的战略重点和必然选择。

有关研究表明，城市的效益随着城市的规模扩大而提高，根据 1980 年中期的测算，中国大城市不到 1.2%的国土面积，聚集了全国 26.6%的城市人口和 10.6%的全国人口。大城市是经济、科技、文化、教育等事业的聚集地，是区域经济发展的重要依托。通过大城市的辐射，可以有力地促进区域经济发展，具有中小城市不可代替的功能。相反，人口分散就会使工业和服务业的成本较高、资源利用率低、投资收益小，很难促进第三产业发展。东南沿海是我国经济、社会发展的火车头，是改革开放的前沿地带，这一地区的发展方向在我国具有十分重要的启示作用，它代表了中国未来几年发展的方向，具有示范带动作用。

新的城市发展得以全新布局，城市的功能、辐射能力和辐射作用更加显著。杭州市提出：“构筑大都市、建设新天堂”，苏州市和济南市提出要建设特大城市。山东省委、省政府提出，“济南市可按照 300 万人口规模进行统筹规划”，扩大济南市的城市规模、提高特大城市的综合效益、增强辐射能力和吸引力。以现有的“一城四团”作为主城区，逐步形成“一个主城区、三个辅城区”的“一主三辅”城市空间布局。余杭市和萧山市改为杭州市直接管辖的两个区——吴中区和相城区后，新苏州市面积达到 8800 平方公里，人口 578 万人，其中市区面积 1730 平方公里、人口 247 万，市辖区由 4 个变 6 个。城市格局在“一体两翼”的基础上向南北拓展，形成了“十”字型的城市空间布局，开始了“带状组团式”发展，从而为把苏州做强做大、做优做美创造了条件。杭州、苏州、济南三市实施建设大城市的决策后，呈现了“双赢”格局，加速国民经济和社会发展。在地域上，克服了招商引资被动局面，取得了明显的效果。城市基础设施建设的长足发展，大大加快了城市化进程和提高了城市化水平。

建设大城市是政治、经济体制改革的重要内容。我国二十多年的经济改革开放说明，中国的社会主义市场经济体制是由计划经济演变而来的。这种变革，大大地促进了社会生产力的发展。但是，我国采取的改革是渐进式的改革，在经济体制和政治体制上，也还存在着与今天的发展需要不相适应的地方。如在城市化的发展过程中，跨江、沿江发展是现代城市发展的客观规律和发展方向，扩张城市范围、形成更大的城市空间，使城市发展在更大的地域空间内进行统一规划和优化布局是现代城市发展的客观要求。但是，现行的行政区划严重地限制和束缚了这种空间发展的合理要求。目前，跨界城市的一种形式是中心城市与相邻的县（市）共同构成城市地域。中心城市由于郊区化，中心城市建成区越出市界向县（市）域发展。在市场经济条件下，市、县之间的关系不论是切块设市还是市管县，市、县两级之间都分别代表两个利益主体，市、县之间缺乏有效的协调，自行建设基础设施，规模效益和城市整体利益得不到重视，这在切块设市的跨界城市尤其突出。由于行政区划的限制，行政管理层次太多，区域面积过小，城市资源被人为分割。中心城市发展空间受阻，人口和环境压力加剧，难以对城市发展进行全面合理的规划。“城市化也是生产力”，在新形势下，适当调整城市行政设置，扩大城区面积，减少管理层次，势在必行。

建设大城市是新形势下改革开放的深层次发展，它既是经济体制改革也是政治体制改革，其最重要的体现是在城市发展的成本—收益分析基础上，进行区域资源配置的优化组合和经济利益的结构调整。建设大城市是为了发展生产力，更是从“以人为本”和“可持续发展”的角度进行的深层次发展。城市化是现代化的必经阶段，大力推进城市化战略是实现国家现代化进程宏伟目标的重要步伐。

五　绿色 GDP 框架下的中国城市发展

绿色城市的本质是生态赤字为零、“自然-社会-经济”协调、需求欲望与物质财富响应、能反映世界先进文明和人类进步理念在人居环境建设与发展中的总称。

绿色城市必须体现：人与自然的平衡、环境与发展的平衡、建设与保护的平衡、经济增长与社会进步的平衡、物质生产与文化富足的平衡、外在形象与内涵精神的平衡。二十一世纪的绿色城市，首先要寻求先进科技的全方位支撑。数字城市建设是步向绿色城市的重要阶梯和直接载体，绿色城市是中国城市化未来的必然选择。在通往绿色城市的道路上，城市基础设施的完善是必要的前提条件。

1. 城市基础设施成本

通常所谓的“城市发展成本”或称“城市基础成本”（The Cost of Urban Development），是指一个国家或地区为了支持它的经济起飞并实现城市战略发展目标，必须进行基础设施建设所花费的成本（Urban Infrastructure Cost）。这是具有统一可比的、可量化的、时空耦合的货币核算计量体系。城市基础设施的完备与否，是城市发展的前奏和准备条件，也是区域能否迅速改变面貌并迈上发展新台阶的前提。和非排他的条件；提供公共服务体系的设施与机构。它是一个国家或地区公共财富使用分配的集中表达方式之一，也是社会公众财富实施更高积累的出发点和归宿点。

表达城市发展成本的基础设施，一般又可划分为“生产型基础设施、生活型基础设施和社会型基础设施”。例如交通运输系统、能源供给系统、给水排水系统、邮电通讯系统、物资流动系统、计算机网络系统、环境治理系统、生态保护系统、科学教育系统等，一直到城市管理系统和行政执法系统均包括在内。在本研究中，所指的城市发展成本即城市基础设施成本，主要集中在狭义的属于城市生产型、生活型共用设施的硬条件建设成本（即通常所谓城市的“三通一平”或“五通一平”所花费的成本）。

注释专栏 7.2

城市发展成本的经济学分析

城市化的经济学过程从理念上来讲可划分成：劳动力从农业部门转入非农部门，然后集中在“城市”的地域范围内。转移的劳动力所扶养的人口将伴随着这一过程从农村迁入城市。该过程是由于经济发展过程中生产要素的替代形成“城市集聚规模经济”促成的。近现代经济发展的史实表明：由于劳动者每人占有的资本在增加，劳动者的工资随之稳步上升，而资本的利息率仅仅出现一些波动，并没有表现出持续上升的趋势。相对于资本的回报率而言，劳动者的工资率在上升；农产品的需求收入弹性不足，而城市中工商业的产品和服务之收入弹性大于1。农产品与非农产品的贸易价格在下降。

在上述情况下，农业经营者将采取用资本代替劳动的生产方法以减少生产成本。这样，农业生产领域的劳动者将相对减少。工商部门由于相对有利的产品价格可以吸纳较多的、工资在逐步上升的劳动者。因此，农业生产技术的改进、农村出生率高、劳动力增加快、城市生活条件好、物质与文化生活丰富、受教育的机会多、具有吸引力等等这些导致劳动者移入城市的因素在推动城市化时都必须经由上述经济过程。

在这个过程中，城乡的经济发展成本将由城市部门和农村部门两大经济部门决定。用 y_u 和 y_r 分别表示它们的人均 GNP（即人均国民生产总值），z_u 和 z_r 分别表示它们的劳动生产率，v_u 和 v_r 分别表示它们的社会扶养指数（即人口数与劳动者之比），它们满足下面的关系式

$$y_u = z_u / v_u \tag{1}$$

$$y_r = z_r / v_r \tag{2}$$

即城乡的发展水平由他们的劳动生产率和社会扶养指数决定。由于城市的生育率比乡村低，而劳动生产率又高因而其人均 GNP 较高。如果城市的劳动生产率低，它的劳动报酬就无法高于乡村，因而也无法吸引劳动者从乡村来城市就业，城乡劳动力转移难以运作，城市化的进程也难以想象。因

此，城市化进程中城市的人均国民生产总值 y_u 总是大于乡村的人均国民生产总值 y_r。

如果用 P_u 和 P_r 分别表示城市和乡村人口数，y 表示城市和乡村的总体人均 GNP，x 表示城市化水平，即城市人口占总人口的比重，则

$$y=\frac{y_u\cdot P_u+y_r\cdot P_r}{P_u+P_r}=x\cdot y_u+(1-x)y_r \tag{3}$$

$$\Delta y=x\cdot\Delta y_u+(1-x)\cdot\Delta y_r+(y_u-y_r)\cdot\Delta x \tag{4}$$

式（3）描述了全国的人均国民生产总值与城市人均国民生产总值、乡村人均国民生产总值、城市化水平的关系。式（4）说明全国人均国民生产总值的增加，在一个很小的范围内与城市人均国民生产总值增长量、乡村人均国民生产总值增长量、城市化水平的增长量成线性正比的关系，增长比例系数分别是城市人口比重、乡村人口比重、城市人均国民生产总值与乡村人均国民生产总值之差值。这两个关系式在任何情况下都是成立的。

我们假定 y_u 和 y_r 的增长分别引起的 y 的增长总是占据了一个不变的份额，即

$$[x\cdot\Delta y_u+(1-x)\cdot\Delta y_r]/\Delta y=a$$

$$(y_u-y_r)\cdot\Delta x/\Delta y=(1-a) \tag{5}$$

或上式可以写成：

$$\Delta y=\frac{(y_u-y_r)\cdot\Delta x}{1-a}=a_1+(y_u-y_r)\cdot\Delta x \tag{6}$$

其中，$a_1=1/(1-a)$。式(5)是说城市化水平 x 的增长所导致的全国人均国民生产总值的增长也总是占据了一个不变的份额。

在 Harris-Todaro 模型中，城乡劳动力迁移的平衡条件为：乡村劳动者工资等于城市劳动者的预期工资，即

$$w_u=w_r(1+\lambda)\text{ 或 }w_u/(1+\lambda)=w_r$$

λ 是城市的失业率，w_u 和 w_r 分别是城市和乡村的劳动者工资，$(1+\lambda)$ 为加权因子。从上式可以得到 $w_u-w_r=\lambda w_r$，与上式相近，我们假定城市人均国民生产总值与乡村人均国民生产总值之差与全国人均国民生产总值成正比，即

$$y_u-y_r=k_y \tag{7}$$

k 是一个比例常数，那么式（6）写成：

$$\Delta y=\frac{(y_u-y_r)\cdot\Delta x}{1-a}=a_1ky\cdot\Delta x=a_2y\cdot\Delta x \tag{8}$$

其中，$a_2=ka_1$。式（8）表明城乡之绝对差距随着经济的发展在扩大，同时暗示其相对差距也在扩大。相对差距的扩大可以从下式看出：

$$y_r/y_u=1-ky/y_u \tag{9}$$

当城市化水平不断提高时，即城市人口的比重不断增加时，全国人均 GNP 必然越来越接近城市人均 GNP，换言之，y/y_u 上升，从式(9)可知，y_r/y_u 变

小。但总体的库兹涅茨不平衡系数却经历了一个弓型变化。这里，库兹涅茨系数为：

$$[(y_u - y)x + (y - y_r)(1 - x)]/y \tag{10}$$

将式（4）和式（8）代入，上式变成

$$2k(1-x)x = 2k[\frac{1}{4} - (x - \frac{1}{2})^2] \tag{11}$$

它表明，随着 x 的增加，总体的不平衡性经历了从小到大，在50%处达到最大，然后又减小。这恰好是一个倒“U”型的发展过程。

一个城市的开发的水平和程度，即衡量其基础设施的成本高低，归根结底要由克服自然条件障碍和人文条件障碍二者的难易程度所决定。在中国东部平原区和青藏高原区同样修一条同一标准的等长高速公路，其成本可能相差几倍到十几倍，本质上是由于二者的施工难度、材料标准、养护维修等所决定的，也与当地社会对于基础设施的接受程度、使用程度、维护程度不可分的。基础设施作为经济增长和社会发展的基础性物质条件，它直接地影响着城市经济产出能力和市场竞争能力。世界银行在其《1999年世界发展报告》中指出，城市基础设施投资每增加1%，城市的GDP将被拉动提升1.3%—1.5%，可见基础设施在城市开发中的重要价值。

注释专栏7.3

影响城市发展基础设施的基本要素

城市发展成本的高低，主要由三大要素构成，它们分别是自然要素、经济要素和社会要素。

1. 自然要素：影响城市发展成本的自然要素，是带有本质性的基础要素。它由地理空间分异规律的特征所决定，包括地质基础、地形地貌、气候条件、水文状况、土壤及植被等。其中代表海拔高度和地表切割度的“地表起伏度”（Relief Degree of Land Surface，简称RDLS）可以作为自然要素的综合代表，去描述对于区域发展成本的影响：

$$\text{RDLS} = \{[\text{Max}(h) - \text{Min}(h)]/[\text{Max}(H) - \text{Min}(H)]\}^* [1 - \text{P}(A)/A] \tag{1}$$

$$\text{IEES} = \text{F}(\text{RDLS})^* f(M) \tag{2}$$

式中：Max（h）—城市所在区域的最高海拔高度（米）；

Min（h）—城市所在区域的最低海拔高度（米）；

Max（H）—全国的最高海拔高度（米）；

Min（H）—全国的最低海拔高度（米）；

P（A）—城市所在区域中平地所占的面积（平方公里）；

A—城市所在区域的土地总面积（平方公里）；

IEES（Index of Ecological and Environmental Stress）——生态环境应力指数；

F（RDLS）—地表起伏度函数；

f（M）—人类活动强度的干扰函数；

F'（IEES）—生态环境的应力函数。

2. 经济要素：城市发展成本的高低，还与经济活动能力有关。一般而言，在单位面积上所积累的公共财富（可视为城市基础设施资产原值）越高，其发展成本相对较低，这与城市的规模效应与可代替性有内在的联系。根据统计分析，我们获得了城市发展成本与区域发展能力（基础设施资产原值）之间的关系，正如下图所示：

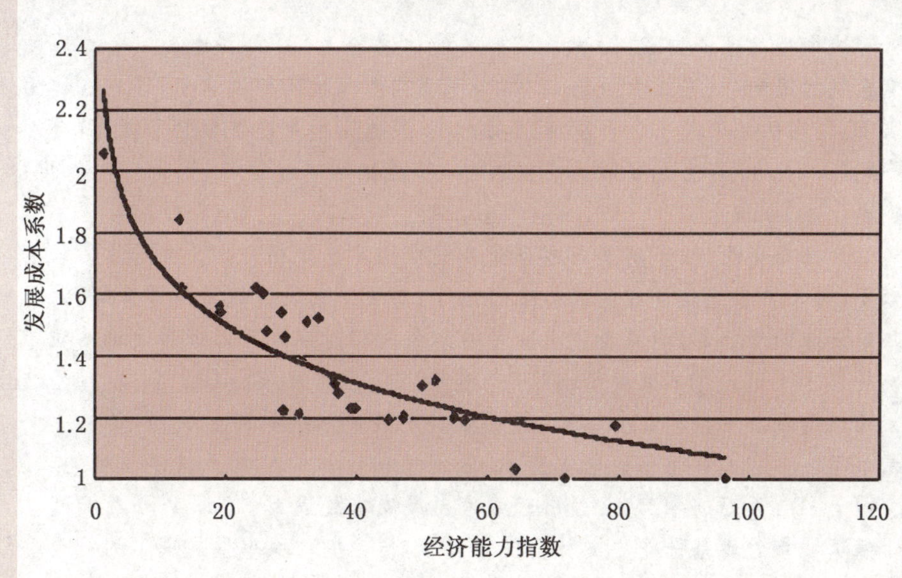

图中按照全国 30 个省、市、自治区（暂未包括港、澳、台地区）的经济发展能力（相对得分 0—100）与城市发展成本系数（以上海的发展成本为 1.0）进行了相关分析，明白无误地显示了经济能力条件越高，成本系数越低。于是，对应此种关系，获得了城市发展能力的一般函数表达：

如果把城市发展的能力用符号 CUD（Capacity of Urban Development）表示，城市生存支持能力取 L，城市发展支持能力取 D，城市环境支持能力取 E，城市社会支持能力取 S，城市智力支持能力取 I，那么城市发展能力可以表示成如下理论框架模型（矩阵结构）：

$$\mathrm{CUD} = F_I(L,D,E,S,I) \times \int_{t_0}^{t_1} \{[1-x_i]\exp(y_i)\}\exp(Z_i)\mathrm{d}x_i \times \int_{m_0}^{m_1} d_0 e^{-bx_i}(2\pi x_i)\mathrm{d}x_I \tag{3}$$

式中：F_I—内部逻辑函数的矩阵表达；

x_i—城市供给能力变量，$x_i \in [0,1]$；

y_i—城市发展限制变量，$y_i \in [0,1]$；

Z_i—城市预测能力变量，$Z_i \in [0,1]$；

T_0—城市发展设计的起始时段；

T_1—城市发展设计的终止时段；

$i=L,D,E,S,I$；

m_0— 空间的中心区；

m_1—地理空间的边沿区；

d_0—地理梯度参数；

b—集聚强度参数。

该模型的理论内涵，阐述了城市发展的总能力（等式右边第一节），与城市发展的限制项（等式右边第二节）和地理空间非均衡梯度演变（等式右边第三节）之间的相依关系。可以看出，城市发展理论框架模型概括了城市“自然—经济—社会”各主元要素的有机关联，以及在时间过程与空间分布上的共轭演化。

3. 社会要素：城市发展成本与社会进步程度密切相关。社会进步的程度越高，对于城市基础设施空间排布的选择、对于基础设施的使用和管理、对于基础设施的维护等，均可表现出较好的结果。相对应地可以节约大量的城市发展成本支出。尤其需要指出，一个城市生存基础的保持与改善，即对于城市人口的食物安全和社会保障，更是城市发展成本的关键。试想，如果一个城市不能供应人口生存的基本需求，任何基础设施的建设不仅没有可能，还会由于社会无序的增加，必然引起城市发展成本的极大增加。以下我们建立了保障城市进步基础能力的社会安全方程，作为制约城市发展成本的社会要素切入点：

$$\begin{aligned} Y(t+1) &= Y(t)+Y(t)\times DELTA[Y(t)] \\ &= I(1)\times[1+DELTA[I(1)]]+I(2)\times[1+DELTA \\ &\quad [I(2)]]+I(3)\times[1+DELTA[I(3)]] \end{aligned} \tag{4}$$

$$I(1)=P(t)\times[G(t)/P(t)]\times[TPI(t)] \tag{5}$$

$$I(2)=I(1)\times\{P(t)\times[R(t)/P(t)]\}\times[ESI(t)]\times M \tag{6}$$

$$\begin{aligned} I(3) = I(2)\times\{\{\exp[1-SS(t)/SS(u)]-1\}/[e-1]\}\times \\ \{[1-DMI(t)]\}\times\{[1-STI(t)]\}\times\{[1-MAI(t)]\}\times N \end{aligned} \tag{7}$$

式中：$Y(t+1)$，$Y(t)$为时间 $t+1$ 和时间 t 的食物安全状况；

$I(1)$ 为城市人口、经济增长对城市发展的“短期”影响程度，反映了城市生存的基本需求；

$I(2)$ 为城市生态环境退化、资源短缺对城市发展的“长期”影响程度，反映了城市生存的基本供给；

$I(3)$ 为城市人类活动强度、自然灾害、管理水平、技术进步等对于城市发展的“全面”影响程度，它反映了城市“投入-产出”的稳定状况；

$DELTA$ 为增量；

$P(t)$为时间 t 的人口；

$G(t)$为时间 t 的 GDP。

$TPI(t)$为时间 t 的基本需求指数，表达为 $TPI(t)=W(t)/G(t)$

$W(t)$为时间 t 基本需求总量；

$R(t)$为时间 t 资源利用总量。

$ESI(t)$为时间 t 的基本供给指数，它反映了生态应力和资源退化的影响，表达为：

$ESI(t)=C(t)/R(t)$

$C(t)$为时间 t 城市发展的总成本；

$SS(t)$为时间 t 社会结构的合理性，通过一个城市经济效率与社会公正之间的平衡程度去反映；

$SS(u)$为最优的社会结构，取基尼系数 0.20—0.35 的范围；

E 为自然对数之底。

$DMI(t)$为时间 t 的城市决策能力指数，表示成 $DMI(t)=[DM(a)/DM(u)]$

$DM(a)$和 $DM(u)$反映了城市决策水平和战略选择正确程度的实际能力和理论期望。

$STI(t)$为时间 t 科学和进步指数，表示成 $STI(t)=[ST(a)/ST(u)]$

$ST(a)$和 $ST(u)$反映了城市科技进步的实际水平和世界最先进国家的科技进步水平。

$MAI(t)$为时间 t 的城市管理水平指数，表示成 $MAI(t)=[MA(a)/MA(u)]$

$MA(a)$和 $MA(u)$反映了城市管理的实际水平和理论期望水平；

M 和 N 为规定的无量纲权重。

将上述三类要素，综合考虑在一个模式之中，加上其它因素的权重分配，可以较准确地计算出一个城市发展的基础成本。

资料来源： Niu Wen-Yuan（牛文元）：The Forecast of China's Development Situation and Its Sustainability bofore 2030，Futures Research Quarterly，Vol. 13：5－27，1997.

作为一个例子，我们根据中国国土的自然条件，进行了相应的分析。同世界平均水平相比，中国具有较大的严酷性，因此对于发展成本的影响也比世界平均水平要强烈的多。基本统计数据指出，世界大陆平均海拔高度 830 米，而中国大陆平均海拔高度 1495 米，是世界平均的 1.80 倍，由此对区域发展成本的影响如下

1. 国土的“表面积”对其“投影面积”之比，将有很大的增加：如果粗略地假定中国大陆为一个立于 960 万平方公里底面积上的圆锥，则其表面积将至少超出投

影面积2.24倍，达到2150.4万平方公里。假如中国大陆海拔高度与世界平均水平相当，则其表面积只能达到1353.1万平方公里。这样，中国实际的表面积高出了在世界平均海拔高度时的1.6倍。表面积的加大，直接意味着倾斜度、切割度、起伏度都要伴随着有较大的增长，其结果引出了地表的更大非规整性，在此种地表基础上进行基础建设，它的成本无疑将大大地增加。

2. 中国陆地的高海拔，还意味着它的重力侵蚀加大，因此在基础建设时的滑坡、崩塌、泥石流等工程地质灾害的频度和强度加大，增加了区域开发成本。

3. 地表海拔高度加大，水土流失和生态破坏加剧，无论是自然作用还是人力作用，搬移运输的土石方量都大大增加。据估算，中国每年由于海拔高度的影响，在自然与人力共同作用下，要比世界平均水平下多运输土石方的数量高出160亿吨(即高出世界平均水平的41.9%)。

4. 根据"生态环境应力"指数(Ecological Stress Index)，在世界大陆平均海拔高度的基础上，每增加100米的平均海拔高度，区域开发成本即区域基础建设的成本将在原来的基础上平均高出2.2%—2.4%，该系数被称为"成本—高度递增率"(见牛文元，1994)。

依照公式(1)，(2)的计算，假定在世界平均海拔高度时的发展成本为1.0时，经过有关订正(如人类活动强度、经济发展水平、社会发展水平等)的考虑后，则在中国平均状况下的发展成本是世界平均水平下的1.25倍。同时在与世界平均水平的对比中，对比世界贸易的交换成本，我们计算出了以下结果：

全球平均综合发展成本为1.00

中国平均综合发展成本为1.25

其分类的发展成本列如下表：

牧业发展成本	(中国平均：世界平均) 1.03：1.00
农业发展成本	(中国平均：世界平均) 1.05：1.00
林业发展成本	(中国平均：世界平均) 1.08：1.00
矿业发展成本	(中国平均：世界平均) 1.30：1.00
基础设施成本	(中国平均：世界平均) 1.28：1.00
工业发展成本	(中国平均：世界平均) 1.25：1.00
水利工程成本	(中国平均：世界平均) 1.31：1.00
自然保护成本	(中国平均：世界平均) 1.27：1.00
土壤侵蚀速率	(中国平均：世界平均) 1.40：1.00
自然灾害频率	(中国平均：世界平均) 1.18：1.00
生态恢复成本	(中国平均：世界平均) 1.36：1.00
区域开发成本	(中国平均：世界平均) 1.25：1.00

从总体上去分析，中国城市的发展基础，由于自然条件和地理特点先天脆弱的影响，其发展成本普遍高出全球平均水平。由此出发，应能充分了解中国在城市发展进程中的艰巨性。

注释专栏 7.4

《深圳宣言》：建设生态城市的行动纲领

在中国深圳召开的第五届国际生态城市大会上获得一致通过的《深圳宣言》明确提出二十一世纪城市发展的目标、生态城市的建设原则、评价与管理，呼吁全人类行动起来，把生态整合方法和原则应用于城市规划和管理。

据悉，联合国已经明确将此宣言纳入今年9月在南非召开的第三届世界环境与发展首脑会议（“Rio＋10”）的行动计划。

《深圳宣言》明确界定了建设生态城市包含以下五个层面：

生态安全　向所有居民提供洁净的空气、安全可靠的水、食物、住房和就业机会，以及市政服务设施和减灾防灾措施的保障。

生态卫生　通过高效率低成本的生态工程手段，对粪便、污水和垃圾进行处理和再生利用。

生态产业代谢　促进产业的生态转型，强化资源的再利用、产品的生命周期设计、可更新能源的开发、生态高效的运输，在保护资源和环境的同时，满足居民的生活需求。

生态景观整合　通过对人工环境、开放空间（如公园、广场）、街道桥梁等连接点和自然要素（水路和城市轮廓线）的整合，在节约能源、资源、减少交通事故和空气污染的前提下，为所有居民提供便利的城市交通。

生态意识培养　诱导人们的消费行为，改变传统的消费方式，增强自我调节的能力，以维持城市生态系统的高质量运行。

同时，《深圳宣言》认为，为推动城市生态建设必须采取以下行动：

1. 通过合理的生态手段为城市人口,特别是贫困人口提供安全的人居环境、安全的水源和有保障的土地使用权,以改善居民生活质量和保障人体健康。

2. 城市规划应以人而不是以车为本，扭转城市土地“摊大饼”式蔓延的趋势。

3. 确定生态敏感地区和区域生命支持系统的承载能力。并明确应开展生态恢复的自然和农业地区。

4. 在城市设计中大力倡导节能、使用可更新能源、提高资源利用效率、以及物质的循环再生。

5. 将城市建成以安全步行和非机动交通为主的，并具有高效、便捷和低成本的公共交通体系的生态城市。中止对汽车的补贴，增加对汽车燃料使用和私人汽车的税收，并将其收入用于生态城市建设项目和公共交通。

6. 为企业的生态城市建设和旧城的生态改造项目提供强有力的经济激励手段。向违背生态城市建设原则的活动征税；制定和强化有关优惠政策，以鼓励对生态城市建设的投资。

7. 为优化环境和生态恢复制定切实可行的教育和再培训计划，加强生态城市的能力建设，开发生态适用型的地方性技术，鼓励社区群体积极参与生态城市设计、管理和生态恢复工作，增强生态意识。扶持社区生态城市建设的示范项目。

8. 在国家、省、市各级政府中设置生态城市建设和管理的专门机构。

9. 积极倡导和推进国际间、城市间和社区间的合作，促进在发展中国家以及发达国家开展生态城市建设的实践和示范活动。

资料来源：《领导决策信息》，第40期，2002.10.21。

第八章　走出中国城市发展的三大误区

2000年10月，中共中央关于国家“十五”计划的建议中，已经明确将积极稳妥地推进城镇化，作为必须着重研究与解决的重大政策性问题，并且明确指出要走“大中小城市和小城镇协调发展的道路，这将成为中国推进现代化进程中的一个新的动力源”。

走出中国城市化战略的误区，推进中国城市化的战略切入点必须考虑到：

——中国的经济发展已经从数量扩张型向质量效益型转变，优化结构、注重效益成为基本的追求目标。城市化必须适应这种转变，有效地提高生产方式的集约化程度，并名符其实地成为新一轮财富集聚的动力。

——中国城市化的进展，实质上将成为实现第三步战略目标的重要标志，这是达到世界中等发达国家水平的必由之路。

——中国城市化的发展是解决庞大劳动力就业问题，是吸纳剩余劳动力的基本途径。

——中国城市化的发展是逐步消除社会二元结构、实现社会公平、缩小城乡差别的唯一选择。

——中国城市化的发展是适应信息化、知识化时代要求，是提高中国综合国力与国际竞争力水平的战略措施。

中国城市化战略的健康实施，必须走出三大认识上的“误区”：

误区之一：认为城市的发展必然引发“城市病”。建立以发展克服“城市病”，以规划减少“城市病”、以管理医治“城市病”的全新观念。

误区之二：认为必须严格控制大城市的发展。实际上，不同规模的城市是一个有机的整体，城市的发展是一个具有等级互动和严格“生态位”的开放系统，大、中、小城市都应当在规范下得到合理的发展。

误区之三：认为城市化的结果应当是均衡发展遍地开花。必须考虑到地理空间的差异、经济发展的差异、社会基础的差异、生态条件的差异，城市的布局也应当是非均衡的、非对称的、非一致的。

一　中国 50 年城市发展战略回顾

自从 1949 年中华人民共和国建立以来，我们对于城市的发展有一个漫长的认识过程，这个过程在现实的表达中已经越来越清楚地为各级决策者和管理者所关注，并不可避免地要作为焦点问题之一纳入到二十一世纪国家整体发展战略的层面，因为城市化不仅仅是推进中国进一步发展的必然选择，而且也将成为实现第三步战略目标的可靠保证。

在过去相当长的一段时间里，中国走出了一条“积极推进工业化，相对抑制城市化”的道路，造成了二者在发展速度上的不对称；在相互促进上的明显不匹配；在社会结构上的深刻二元化。

新中国成立之后，国家最高领导人曾明确指示“城市太大了不好”，要“多搞小城镇”。这种主张成为之后中国城市发展的方向和指导性方针，并且作为中国城市化战略的实施基调。在这种战略方针的指导下，中国的城市发展一直处于慢速甚至停滞的状态，例如从 1958 年至 1978 年的 20 年时间里，中国的城镇人口占总人口的比重从 15.4%到 17.9%，总计提高了 2.5 个百分点，平均每年的城市化率增长不到 0.13 个百分点，即每年城市人口的平均增加不超过 100 万人，仅仅相当于城市人口的自然增长。其中，从 1970 年至 1975 年，中国由于文化大革命的影响，执行了“上山下乡”、“干部下放”和“我们也有两只手，不在城里吃闲饭”等政策，大批城市人口返流到农村，致使此期间的城镇人口比例不但没有上升反而下降到只占全国总人口的 12%。

从解放一直到 1978 年的 30 年间，中国的城市化只是在同工业布局联系起来时，才具有积极意义，那时发展城市就是为了发展工业，城市的其它职能则较少顾及。在计划经济模式下，压生活保生产，压分配上项目，是一种普遍的现象，虽然对于形成中国的工业体系起了重要作用，但也不可避免地引起了基础设施不足，城市建设欠账等多种不协调的状况。1956 年 5 月国务院常委会议的决定指出：根据工业不宜过分集中的情况，城市发展的规模也不宜过大。今后新建城市的规模，一般可以控制在几万至十几万人口的范围内……”。此类把城市发展附属于工业发展的唯一轨道上，是中国城市发展中一个普遍的现象，也是中国工业化水平与城市化水平不能协调发展的根源所在。

改革开放以来，城镇人口数量有了较大幅度的增长，中国的城市化率也有了显著的提高，但由于“恐城症”和在城市发展思路上存在一定的误区，整体而言城市化发展的速度仍然不能满足整个经济发展的要求。

1980 年，国务院批转的《全国城市规划工作会议纪要》中强调：“控制大城市规模，合理发展中等城市，积极发展小城市”。这个指示在当时的条件下是有效的，主要由于粮食供应短缺、物质供应短缺和基础设施薄弱，发展大城市的基本条件不成熟。

1990 年 4 月 1 日开始执行的《城市规划法》中，则进一步强调：“严格控制大城市规模，合理发展中等城市和小城市”。这种以最高法律形式宣示的城市发展指导思想，在其后的实际发展中遭遇到成效并不明显的境遇，学术界和实际执行过程中均感到对于经济发展的推动作用不如想象中那样活跃。

2000年10月，中共中央关于国家“十五”计划的建议中，已经明确将积极稳妥地推进城镇化，作为必须着重研究与解决的重大政策性问题，并且明确指出要走“大中小城市和小城镇协调发展的道路，这将成为中国推进现代化进程中的一个新的动力源”。在新世纪即将开始的时候，中共中央为中国城市化的发展提出了更加合理、更加科学的指导方针，其实质就是将城市作为由大、中、小各种规模和类型共同组成的一个系统，它们之间应当是良性互补的关系，是互相促进并追求整体效益最大化的等级体系，在这个体系中过分强调只发展某种规模的城市或过分强调限制某种规模的城市，所导致的结果都不可能是协调的和最佳的。

国家“十五”城镇化专项规划中，将城镇化划分为四个层次考虑：一是有重点地发展小城镇；二是积极发展中小城市；三是完善区域性中心城市功能，发挥好辐射带动作用；四是引导城市密集区的有序发展，即积极引导城市群、超级城市圈的发展。

以上初步分析了50年来中国城市化所经历的过程，它将为我国未来的城市发展提供丰富的借鉴。在二十一世纪开始的时候，中国的城市化无论从它的发展思路和发展目标，还是从它的发展内涵和发展动力，都注入了与过去很不相同的新鲜内容。走出中国城市化战略的误区，推进中国城市化的战略切入点必须考虑到：

1. 中国的经济发展已经从数量扩张型向质量效益型转变，优化结构、注重效益成为基本的追求目标。城市化必须适应这种转变，有效地提高生产方式的集约化程度，并名符其实地成为新一轮财富集聚的动力。
2. 中国城市化的进展，实质上将成为实现第三步战略目标的重要标志，这是达到世界中等发达国家水平的必由之路。
3. 中国城市化的发展是解决庞大劳动力就业问题，是吸纳剩余劳动力的基本途径。
4. 中国城市化的发展是逐步消除社会二元结构、实现社会公平、缩小城乡差别的唯一选择。
5. 中国城市化的发展是适应信息化、知识化时代要求，是提高中国综合国力与国际竞争力水平的战略措施。

注释专栏8.1

国家计委发展规划司官员杨伟民：中国城市化战略的重点和政策

中国的城市化问题，是一个关系到中国经济持续快速增长，以及经济社会可持续发展的重大战略问题。推进中国的城市化，不仅有利于中国的发展，还将对全球经济的增长和可持续发展产生持久的影响。中国政府意识到，积极推进城市化进程，对促进中国经济结构的调整，推动经济持续快速增长，具有十分重要的意义，已确定为中国“十五”经济发展的战略重点之一。

一、推进城市化，是中国现代化建设的历史性任务，也是解决中国经济社会发展面临的突出问题的重要途径

（一）改革开放以来，中国城市化进程加快，但城市化水平仍严重滞后与经济发展与工业化水平。城市发展中存在的主要问题是：城镇体系的布局、规模结构与经济发展不适应；缺乏在全球经济中具有较强竞争力和影响力的国际性大都市；城市密集区各类城镇功能分工不明确，结构趋同；广大中西部地区中心城市不足，现有城镇的要素集聚、辐射和带动力较差；城镇质量和管理水平不高；小城镇数量偏多、规模偏小，缺乏足够的吸引力。

（二）推进城市化，是解决中国经济社会发展突出问题的重要途径。城市化滞后，带来或加剧了中国经济社会发展中一些突出问题。内需不足、农民收入过低和增长乏力、就业压力大等问题，在很大程度上与城市化滞后有关。解决这些问题，必须积极推进城市化，通过城市化拓宽就业渠道，使更多农村富余劳动力进入第三产业，从而达到减少农业人口，提高农业生产率，增加农民收入的目的，并扩大农民消费，化解内需不足的矛盾，促进国民经济的进一步发展。

（三）推进城市化，是我国现代化建设进入新阶段后必须完成的历史任务。城市化是现代化的重要标志，是人类文明进步的必然。我国城市化水平已经超过30%，适应客观规律和发展趋势，积极稳妥地推进城市化，是中国摆脱不发达状态，实现现代化必须完成的历史任务。也是提高人口素质，普及现代文明，促进社会进步，增强国家整体竞争力的需要。各方面要统一认识，高度重视，精心组织，加大力度，逐步推进。

二、实行多样化的城市化方针，全面促进各类城镇健康有序发展

（一）从国民经济和社会发展全局出发，积极主动推进城市化。在“十五”规划中，应在“小城镇、大战略”的基础上，进一步提出城市化战略。实施城市化战略，主要是在以下4个方面取得进展：一是在遵循城市化发展规律，充分考虑国情的基础上，因势利导地引导城市化进程，从整体上改变城市化滞后的状况；二是促进城镇的产业发展、增加就业、繁荣经济、增强辐射和带动力，促使各类城镇改善管理、提高质量；三是按照社会主义市场经济体制的要求，深化各项城镇体制改革，消除阻碍城市化进程的体制和政策障碍，形成劳动力和人口有序流动的机制，缩小城乡差距；四是采取国家给政策、定规划的办法，加快形成功能完善、布局合理、结构协调、规模适度的城镇体系。

推进城市化，要走多样化的城市化道路。目前国内对城市化道路，认识上还有不同。有的主张以发展农村小城镇为主，有的主张重点发展大城市和特大城市，有的主张重点发展中小城市，也有的主张重点发展县城。我

们认为，走多样化的城市化道路，因地制宜地确定不同地区的城市化道路，更符合中国的国情。

根据我们的预测，如果“十五”期间能在完善体制，调整政策方面取得进展，中国城市化水平每年将提高接近1个百分点，到2005年，城市化水平达到35%左右。到2010年，城市化水平将达到40%—42%。

（二）统筹规划、分类指导，促进各类城镇健康有序发展

“十五”期间和今后更长一段时间中国城市化发展的重点是：加快发展小城镇，培育发展国际性大都市，充实提高区域性中心城市，建设发展新城市，规划引导城镇密集区。

1. 加快发展小城镇。小城镇发展要与经济社会发展相结合，与各类城市发展相结合。发展的重点是县城和建制镇，集镇的数量要减少，建制镇数量也应在规模扩大中适当减少，使少数基础条件较好，潜力较大的小城镇发展成为小城市，其中部分条件更好、潜力更大的发展成为中等城市；大多数小城镇发展成为万人左右或以上，交通方便、设施配套、环境优美，特色鲜明，对农村经济具有辐射和带动作用的小城镇。

2. 培育发展国际性大都市。目前我国还缺乏面向国际、在亚洲及全球经济中具有较强竞争力和一定影响力的国际性大都市，亟需加快培育。从经济实力、基础设施、要素集聚能力、国际化程度等的发展趋势看，上海、北京最具潜力，应该用20年左右时间，将上海、北京培育成国际性大都市。在2010年前，应重点培育和发展上海，使之尽快成为国际性的经济、金融、贸易和航运中心之一，成为带动全国参与经济全球化的桥头堡。

3. 充实提高区域性中心城市。从区域经济发展的需要出发，要继续充实提高现有区域性经济中心城市。发展方向是，适度扩大现有中心城市规模，在城区周边地区合理规划布局，发展功能性小城市和小城镇，形成区域性的经济、金融、信息、文化和科教中心。

4. 建设发展新城市。我国广大的中西部地区，城镇密度低，许多地区还没有辐射和带动区经济发展的中心城市。配合西部大开发，加快中西部地区发展的要求，在2010年前，要把中西部一些有基础、条件较好的中小城市或小城镇，培育发展成为新的经济中心城市。

5. 规划引导城镇密集区。长江三角洲、珠江三角洲等地区，人口密集，工业化程度较高，城镇数量多、密度大、城镇间经济联系较紧密，已呈现城镇绵延区的发展态势。要进一步增强经济实力，加强产业、要素聚集功能，提高对人口的吸引力，特别是要吸收区外人口，统筹规划城镇体系，统一规划区内大型基础设施建设，合理安排城镇间机场、高速公路、快速轨道交通、信息传输网络及清洁能源供应系统，完善体系，实现资源共享。

三、更新观念，实行有利于推进城市化的体制创新和政策调整

目前，我国一些方面的体制、政策以及观念还不适应城市化加速发展的

要求。推进城市化，要更新观念，破除体制和政策障碍，营造有利于推进城市化的良好环境。

（一）更新观念。长期以来，我国一直实行城乡严重分割的管理体制，不鼓励城市化，限制大城市规模。主要是在观念上对城市化可能带来的一些问题过度担心。担心粮食生产和供应紧张；担心城镇建设占用耕地；担心城镇住宅、教育、医疗、养老及基础设施建设的资金不足；担心城市规模扩大会导致“城市病”；担心农民进城与城镇职工争饭碗等。经过20年改革开放和国民经济的持续快速健康发展，我国综合国力已大大增强，已具备加快推进城市化的物质基础和体制条件，一些观念和担忧需要改变和更新。

（二）修订城市化方针和有关标准。我国《城市规划法》规定了严格控制大城市规模的方针，这一方针不适应城市化发展的客观规律。各国的经验证明，在经济发展中，大城市往往起着“火车头”的作用。英、美、日、韩等国，其百万以上城市人口占全国人口的比重分别是23％、39％、37％和52％，我国只有6％。美国3/4的制造业和服务业聚集在大都市区，日本80％的经济总量集中在3大都市圈。我国浦东的开放开发、天津滨海新区建设、在沿海开放城市及内陆省会城市建立经济技术开发区等，实际上都属于扩展大城市规模的措施。这些措施，对加快我国改革开放和经济发展发挥了十分重要的作用。因此，应该对严格控制大城市规模的现行方针进行修订。

（三）合理编制规划。在以往的城市化管理中，中国不缺乏单个城镇的城市总体规划，但区域性的城镇体系规划，特别是全国性的城市化规划却十分缺乏，使各类城镇发展的战略性和整体协调性不强。“十五”期间，我们将与建设部等有关部门共同编制《全国城市化发展战略专项规划》，解决推进城市化的方针、目标、原则，重点城市功能定位、城镇密集区统筹规划、中西部地区新城市建设发展，及体制创新和政策调整等问题。在此基础上，有关部门还需编制跨行政区的区域性城镇体系规划、省级城镇体系规划、城市总体规划等，并做好各类城市规划与经济发展、交通、土地、水利、生态建设和环境保护等规划的衔接。

（四）合理调整行政区划。目前城镇布局基本上是按行政区划的格局分布的。每个省（自治区、直辖市）、地（市）、县（市）、乡（镇），都力求在自己政治中心的基础上形成经济中心。这是城市化进程中各类城镇缺乏整体协调性，基础设施各搞一套、重复建设，土地占用多，环境破坏严重的原因之一。在城镇和人口密集地区，以及新城市建设地区果断调整行政，适时推进市县、市市合并等，突破一市、一镇按行政区划，划地为牢的格局，统盘考虑城镇布局及绿化带、工业区、交通网络、基础设施。

（五）形成城镇建设投融资新机制。我国部分城市推进的改革试验证明，在达到一定规模的城市，只要按市场化原则，解决城市基础设施建设资金问题并不很难：一是城镇政府要收缩投资领域，只承担难以市场化的公共服务领域的支出；二是对凡能确定受益者并能计价的设施，通过调整价格和收费，逐步形成投资、经营、回收的良性循环机制；三是规范城镇土地批租，推行公开招标出让，建立和完善城镇土地出让金用途分解机制；四是推行特许权经营，吸引外资、动员社会资金参与城镇基础设施建设。

资料来源：中经网，2002.08.05。

二 误区之一：认为城市的发展必然引发“城市病”

2000年12月的《科学美国人》杂志，发表了唐纳德·陈的一篇文章，标题为“痛苦的科学发展”，其中描述了二十世纪九十年代美国亚特兰大市的发展所引起的悲凉结果：在主办了奥林匹克夏季运动会之后的10年，乔治亚州亚特兰大市有了巨大的发展，人口增长、住房建设、基础设施都有明显的增加，而伴随着的空气污染、交通拥塞也日益恶化。中国一些城市的发展，也同样引起了类似的现象，这种“摊大饼”似的发展，引发出环境问题、交通问题、城市管理问题以及市民生活不便等问题，似乎已成为一个普遍性的问题，这就是被人们通常所称的“城市病”。

众所周知，城市是一个人口集聚、产业集聚和环境污染集中的区域，其人口密度、交通密度、经济密度和排污密度都大大高于非城市区域，因而极易造成上述所谓的“城市病”的产生。而事实上，城市的发展历史也的确大量地产生了城市化所带来的“负面作用”。中国在新世纪的进一步发展，必然会在城市化的发展规模和发展速度上，呈现出一个较快的发展态势，在这种情势下，产生了两种不同的观点，其一认为城市发展必然引发城市病，因此对于城市的发展速度和发展规模采取要么严格限制，要么谨小慎微的方针，在建国的前三分之二时期内，这种观点是比较占主流地位的，例如在1978年3月召开的第三次全国城市工作会议上，提出了《关于加强城市建设工作的意见》，其中提出：“大城市的规模一定要控制。今后，各城市都要有人口和用地规划的控制指标。……五十万以上人口的大城市要严格控制，切实防止膨胀成新的特大城市。中等城市要避免发展成大城市。”在这种方针下，一些人甚至提出摈弃城市化，改用所谓适合国情的“农村城市化”的主张；也有人认为直接跳过城市化大发展的阶段，进入到“逆城市化”的阶段。在仔细分析全世界发展规律并针对中国50年以来的发展实践中，产生了第二种观点，认为中国在现阶段的城市大力发展是不可避免的，不能因为畏惧城市病的产生而不去加速中国城市化的进程，这正如“环境与发展”的关系一样，既不能害怕由于发展而引发的生态环境问题，也不能为了保护生态环境的唯一目的而不顾及发展的要求。我们既不能因为可能产生城市病而不去发展城市，当然也必须在城市大力发展的情况下正视“城市病”所带来的负面作用。而且国内外均有一些范例，说明城市的发展并不一定会产生“城市病”，因为城市病的根源或者在于城市规划的指导思想存在片面性，或者在于城市的产业布局和产业结构不合理，或者在于城市的功能区配置不合理等原因所致。那种惯用的低密度扩张或“摊大饼”式的城市发展，才是导致城市病产生的最大根源。中国的城市化率从35%提高到70%的基本任务，是保证中国经济发展与国力增强的必要保证，也是完成中国社会结构最大调整的重心所在，必须首先走出城市发展必然引发城市病的误区，着眼于城市化所带来的主流优势，下决心加快中国城市化的发展，坚定树立“以发展克服城市病”、“以规划减少城市病”、“以管理医治城市病”的全新观念。

注释专栏 8.2

青岛市市长王家瑞论城市管理的误区

什么是城市？城市是人类社会进化到一定程度才产生的。以亲属关系为基础的无文字的小型农村发展得社会结构复杂，形成了大型居住区，财富集中，出现大规模公共建筑物，有了繁荣的文化事业，有了境外贸易、聚居着大批的非生产劳动的专业人员，以居住区而不是以亲属血缘关系为基础的政治组织等之后才有城市。这是国际人类学界公认的城市产生的原因和城市的特征。

城市化是一个城市人口增加和城市数量增加的过程，大城市周围出现较小的城市，形成母子关系，或两个以上大城市联系在一起，称为大都会(Metropolis)，前者如上海、北京、天津、后者如东京—横滨大都会。几乎所有大城市都成为政治经济和文化中心，发挥着重要作用。同时，城市化意味着越来越多的农业人口转入非农业领域，显示一个国家的工业化过程和农业商品率的提高。在城市化过程中，国家要有一个整体的城市布局规划，每个城市的领导得有一个基于国家经济发展战略和地区整体经济规划的城市规划。一般说会面临以下各方面的选择：

1. 环境质量，包括市容、景观、自然生态历史名胜保护；

2. 新住宅区的设计和布局，决定居民生活的基本质量；

3. 合理的修复，改建，保护计划；

4. 市中心、商业中心和城乡交流中心的布局；

5. 通道：包括干线、支线、河道、航道，乃至人行道和自行车道；

6. 专门地区，如大学校区、科技开发区、免税区的位置和设计；

7. 综合自然景观，利用和整修海滨、湖滨、河川溪流、山岳，创造美好的休闲环境；

8. 设立城市标志建筑和布置艺术造型物。

结合改革和发展进程，以上各方面安排得是否恰当，就可能起很具体的促进或阻碍作用，比如，如何对待进入城市的农村人口，比如，现在人们往往重视城市的绿化园地，却没有留下集市贸易的场地。而要领导好城市化和城市规划，首先是观念问题。要避免一些偏见，比如有的省不容许擦皮鞋的农民在城市谋生，好像这种服务低三下四，很落后。其实这是一种典型的对城市现代化的误解。美国的大城市的公共车站、机场等交通枢纽几乎都有擦皮鞋的角落，都是专门安排的。可见，认为这种劳动有损于城市市容可以说是一种落后意识。

又比如，以为集市就是意味着脏差乱，有碍城市的国际声誉，也属于一种偏见。要知道，现代化的大都市，如美国的旧金山湾区的几个大城市，几乎都允许农民定时出摊摆集市。同时，每个城市都设有大的展销大厅，供各种商品定时展销。这种设施和展销的方式对经济发展起了很大的作用。笔者就目睹了美国在电脑展销会上，一步步把九十年代刚出现的光碟（CD）和光碟机（CD Player）推出，从出世到流行的全过程，清楚地看到经营这种新商品的公司利用 Computer show（电脑展销会）在这类城市设置的展销厅起家的过程。笔者就有朋友利用每次在这种展销厅场地举行的展销会，从摆地摊零售起家，发展成为批发光碟和光碟机，乃至电脑软件到全世界的大公司。

当然也有不许在街道上摆设集市的，如香港。但是，香港是一个没有城郊农业的大城市，不需要支持城郊农业。它的所有农副产品业都是从远处进口的，所以支撑这种交易的就是正规的贸易渠道，也就不需要集市贸易了。不过，也因为这样，那里的农副产品的价格就比内地城市高很多，很多人去香港竟然带黄瓜等农产品就不足为奇了。以为集市煞风景，有碍市容，其实有点想当然。在北京开设长城饭店的美国友升公司的第二把手 D. D. Eamer 女士就把我国各地的集市当作一道风景，自费制作了一个网页，通知朋友们欣赏。她和她的朋友们都认为，比起文化大革命那种割资本主义尾巴时的一无所有，集市意味着经济繁荣和活跃的城乡交流，她和她的朋友都极为赞赏。

至于脏乱差，依我看，责任很可能主要在市政建设缺乏为集市积极投资的指导思想。如果不提供必要和足够的服务，发生脏乱差当然就不可避免了。

大都会里煞风景的事是有的。旧金山和纽约都有红灯区。可是前几年纽约的红灯区就被新上任的市长有效地取缔了。我看这才是真正的脏差乱。

与现代化大城市不相容的，还有环境污染问题，应该下真功夫解决；还有通道问题，也需要通盘考虑现在往往采取减少流通量的办法比如不让农用车进城，减少乃至取缔集市，实等于因噎废食。现在，有些地方政府部门汽车拥有量之多，已达到了大大超过办公需要，既浪费，又为城市交通和空气污染制造了无法克服的麻烦，要是真想解决问题，应多往这方面下些功夫。

一位分析家对于城市无计划的盲目扩大，即通常所谓的大范围、低密度的外延式“摊大饼”，进行了归纳式的描述，认为这是一种“衰败式城市发展模式”，这种结果是导致城市病的根源，使得城市混乱无序，过于分散庞大，没有具备大城市应有的等级性、有序性、互补性、多样性以及相应的活动。这就是说城市病的根源并不在于城市的发展速度和发展规模，而在于城市如何发展；不在于人口多和集聚能力大，而在于城市的建设方针与规划思想；不在于经济密度和污染强度大，而在于城市产业结构的合理度与城市整体协调的能力。归结起来，合理的科学的城市发展与城市规划，是杜绝“城市病”的根本方针。

美国林肯土地政策研究所曾经于2000年马萨诸塞州的坎布里奇主办了一次专门研讨城市发展的会议：《大城市发展模式：2000年年度圆桌会议》，其中阿瑟·纳尔逊在其题为“为改进发展模式制定规划”的研究论文中，针对城市发展是否一定引发城市病的问题，作了一项很深入的对比研究。作者对比了美国的亚特兰大市和美国西海岸的波特兰市之间的不同结果：在人口集聚程度和规模、经济增长速度和收入大致相当的状况下，波特兰市的总体调控能力度和治理方针，明显地优于亚特兰大市，前者严格杜绝城市低密度的空间扩张和无节制的摊大饼式发展，因此其城市规范、城市建设与城市管理被纳入到一个有序调控之中，而后者则由于低密度的四面扩张，引发出从交通问题到环境问题等一系列麻烦，一直表现为城市建设成本和城市居住成本高昂，表8.1就是一个明显的说明：

表8.1　1985～1995年美国波特兰市与亚特兰大市的指标对比

项目	波特兰市（变化百分比）	亚特兰大市（变化百分比）	比较
人口增长	+26	+32	二者相似
就业增长	+43	+37	二者相似
收入状况	+72	+60	二者相似
税收变化	−29	+22	波特兰优
市内交通行程	+2	+17	波特兰优
单程空驶率	−13	+15	波特兰优
上班通勤时间	−9	+1	波特兰优
空气污染程度	−86	+5	波特兰优
能源消耗程度	−8	+11	波特兰优
城市质量	+19	−11	波特兰优

资料来源：莫利·希恩，城市的极限—阻止无计划的延伸，世界观察专论156号，华盛顿，世界观察研究所，2001年6月第31—32页。

三　误区之二：认为必须严格控制大城市的发展

在中国城市发展的战略指导思想中，限制大城市的发展甚至是严格限制大城市的发展，一直是重点强调的城市战略要点，50 年来在各类文件中多有所见。在我们的研究中，一个国家或一个地区的城市，从来都不应当只看作是一种空间充填格局中单一的"点"，城市是一种赋予等级概念的、功能互补的、具有整体效益最大化的一组体系，是从广大乡村地域中，逐层聚集起来的"小城市—中城市—大城市—特大城市—国际大都市"的城市集合，整个国家的城市应当形成一个结构和谐的、流通顺畅的、交互有序的、整体高效的网络系统，这个金字塔式的结构体，镶嵌在一个可以提供自然资源、提供生态服务、提供人力支撑和提供社会安全的基础平面之上（见图 8.1）。

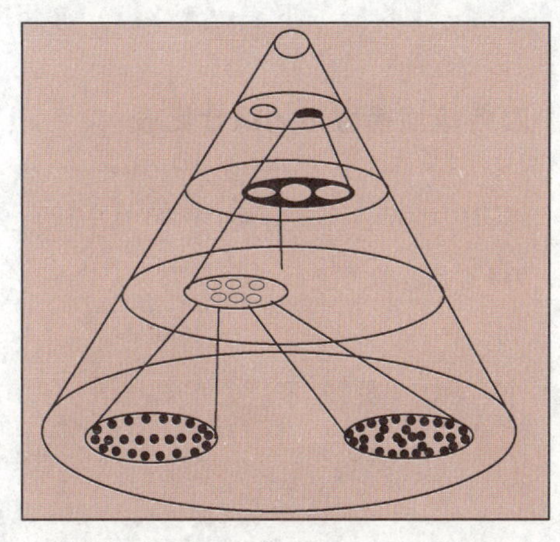

图 8.1　城市系统的等级系列

在上述理念的指导下，城市必须既视作为是从大到小在垂直方向上的有序结构，同时也要视作为是在水平方向上同等级城市间的功能互补，这样从两大方向上的编织效应和交互影响，形成了整体高效的国家城市体系。任何割裂开城市体系的认识并根据割裂式认识去确定城市发展方针的，必然会存在一些不必要的偏差。因此，中共中央关于"十五"计划的建议中明确提出了中国城市发展要走"大中小城市和小城镇协调发展的道路"，这种方针是完全正确的和符合城市发展的客观规律的。

长期以来，我们不是把城市作为一种体系去看待，也不把一个城市体系作为平衡发展和整体发展去对待，而是过分强调去发展城市体系中的某一个组成部分，或者是严格限制城市体系中另一个组成部分，结果导致了作为一个整体系统的城市出现了不协调、不均衡的状况，造成了一些明显的损失。尤其是人为的排斥了大城市的合理发展与合乎规律的发展，使得在全世界人口最多的中国，反而在世界人口 10 大城市中所占的比重不大，如果除掉包括在统计内的农业人口，比重只有 0.092，这是一个显然太小的比例。即使如此，在我们城市发展的指导思想中，仍然大力强调严格控制大城市的规模，人为地设置障碍去限制大城市合乎规律的增长。实际的情形是，虽然在政策上对于大城市的发展给予种种限制，但是农村剩余劳动力自发就业的方向与目标，从一开始就没有离开大城市的吸引，以北京市为例，即使在各种政策限制面前，常年的外来人口也超过300万人，这个数字从一个方面反映了，越是大规模的城市，其基础设施的投入成本，其集聚财富的能力，其解决就业机会的能力，很明显的要优于中等城市和小城市。过去很长一段时间里，在人们的心目中，一直认为越是小城市其发展越是容易，事实上我们通过全世界城市发展的规律以及我们对于中国城市从1万人直到1000万人的系列比较中（样本249个），十分清楚地证明了只要城市顶级规模不超过2500万人，则城市的发展成本与城市的规模呈反比，城市的效率随着城市规模的扩大而提高，城市集聚财富的能力随着城市规模的扩大而加强，城市居民的平均收入随着城市规模的扩大而增加，城市的物流、能源和信息流交换随着城市规模的扩大而扩大……。特别是，城市化的单人成本，城市规模越大，其成本越低，计算表明，小于10万人口的小城市，每增加1个城市人口（不仅仅只是身份的转变，而是让这个人真正享有城市的公告服务、城市的就业能力、城市的社会保障、城市的学习机会等），所需要的成本是200万人口特大城市每增加1个城市人口的3.9—4.8倍。下表（表8.2）亦可看出这样的结果：

表8.2　中国各级规模城市的综合比较

	20万以下	20—50万	50—100万	100—200万	>200万
城市综合投入产出比	0.533	0.676	0.798	1.157	1.606
各类城市综合投入产出的比较	1.00	1.27	1.50	2.17	3.01
人均GDP比较	1.00	2.19	2.47	2.72	3.32
城市劳动生产率比较	1.00	1.13	1.23	1.30	1.60
人均收入比较	1.00	1.74	2.30	2.54	2.89
城市每增加1万人的新增产值	1.00	1.61	2.34	2.85	3.67

资料来源： 中国城市统计年鉴，1998，1999，2000，2001。

表8.2中所列出的相对比较，明显地看出大城市的经济效益高于中小城市，大城市的产业结构、产业分工和产业升级，均有中小城市不能比拟的优势，因此人为地严格限制大城市发展的误区，应当在新的城市化战略中加以修正。这里，我们并不是一味强调城市化中专门发展大城市，不要或少要中小城市。前已指出，只有把城市的规模分布视作一个合理的体系，形成各类规模城市的互补，才是应取的方针，只是针对过去长期抑制大城市发展的误区，才特别的加以分析，但这丝毫不意味着各地都去发展大城市而忽略中小城市对应发展的又一趋势。其次，大城市的发展如果不当，引发的城市病也是必须注意的又一问题。

大城市具有的优势是明显的，用诺贝尔经济奖获得者加里·贝克尔（1992年由于他在人力资源研究的成果获得诺贝尔奖桂冠）的话说："大城市更有利于产生新知识和推动专业化的程度，这是生产现代经济产品所必需的"。从全球规模的分析中获得，人口超过100万的"人口集中度"（%）有如下表现（见表8.3）：

表 8.3　世界人口超过 100 万的集中度

	1980 年（%）	2000 年（%）
世界平均	14.0	16.5
低收入国家	7.0	10.9
中等收入国家	18.0	22.6
高收入国家	30.0	32.0
美国	36.0	39.0
日本	34.0	37.5
德国	38.0	41.8
中国	8.0	11.3

说明：1. 全世界人口中的 16.5%集中于百万人口的城市之中。

2. 中国人口中只有 11.3%集中于百万人口的城市之中，比世界平均低 5.2 个百分点。

3. 中国集中于百万人口以上城市的人口集中度，低于世界中等收入国家 11.3 个百分点。

4. 中国集中于百万人口以上城市的人口集中度，低于世界高收入国家 20.7 个百分点。

5. 中国集中于百万人口以上城市的人口集中度，低于美、日、德三国平均 28.1 个百分点。

根据我们的统计，英国、美国、日本、韩国百万人口以上城市的人口集中度，分别占全国人口总量的 23%、39%、37%和 52%，中国只有约 1.4 亿人居位于百万人口以上的大城市，仅占总人口的 10%多一点，这个比例显著太小。中国城市数目中超过 100 万人口的城市占城市总量的 5.5%，城市人口规模平均只有 32 万人。由于大城市能为现代化的、专业化的、集约化的和高附加的生产提供有利的产业环境的技术支撑，因此成为高效利用土地资源、高效利用人力资源、高效利用货币资源、高效利用信息资源、高效利用科技成果的首要选择。美国全国 3/4 的制造业和服务业集聚在大都市，提供了巨大的就业容量。日本 80%的经济总量集中于它的三大都市圈。因此，大城市集聚财富的能力大大超出农村和中小城市，例如，纽约市每年的 GDP 可以排在世界各国的第 14 位；东京的 GDP 占日本全国的 GDP 的 18.6%；伦敦的 GDP 占英国全国 GDP 的 17.0%；汉城的 GDP 占韩国全国 GDP 的 26.0%，而中国的北京市，其 GDP 只占全国份额的 2.5%，上海的 GDP 也只占全国 GDP 总量的 4.6%，大大低于世界其它国际大都市的经济能力。以上海为例，到目前其 GDP 总量仅为香港的四分之一，仅为东京的二十分之一，因此，在中国大城市的合理发展是十分必要的，中国在执行城市化战略中，有必要坚定地走出“严格控制大城市发展”的误区。

四　误区之三：认为城市化的结果应当是均衡发展遍地开花

在中国前期执行的城市发展政策中，隐含着一种城市的发展和布局要尽量分散的内在意识，这种对称式的发展思路在新的城市化战略中，要给予充分的研讨，一直到打破这种观念对于国家城市空间布局与发展的束缚。二十世纪的五十年代、六十年代一直到七十年代，由于计划经济体制占绝对优势，国家严格限制农村人口向城市的迁移，同时城市之间的人口流动也受到极大的限制，并且设立城市也多以硬性的行政命令方式去实现。由于城市的分布与发展不是按照经济规律和市场规律去加以实现，在进行生产力布局时，更多的是考虑安排工业项目，对于城市自身的建设例如能源、交通、供电、供水和通讯能力等基础设施的配套完善，往往处于次要的甚至被忽略的地位。由于这一类的欠帐越来越多，尤其对于大城市更是如此，这就必然导致将工业项目继续分散到城市基础设施欠帐尚不大严重的中等城市或小城市，从原先东部沿海地区分布较集中的城市向中、西部地区转移，加上当时对于国际形势判断上是“战争不可避免”的思想，城市向中、西部的转移更是顺理成章之事。1955年5月，国家建设委员会召开有关工业布局与城市建设问题座谈会，就集中研究了如何发展中、小城市，不发展大城市，城市不宜过分集中等二十个问题，其中渗透着城市布局与城市发展的均衡论思想。到了1965年之后，中国当时的“三线建设”更提出了工业要大分散、小集中，工厂布点要“靠山、分散、隐蔽”等指导性方针。1978年3月召开的第三次全国城市工作会议，制定了《关于加强城市建设工作的意见》，其中指出“今后23年（到2000年）行将建设的上万个大中型项目，都应按照大分散、小集中和多搞小城镇的方针进行合理分布，摆到中小城市去，大部分尽可能摆到小城镇去。”

在1949年至1978年的30年期间，东部沿海地区新设置的城市数目只占全国新设置城市总数的16.7%，即不到新设城市的五分之一；而中部地区达到51.1%，西部地区达到32.2%，二者的总和达到全国新设城市数目的83.3%。即使西部地区的新设城市比例约达到全国新设城市总数的三分之一，几乎超出东部沿海地区新设城市数目的一倍。到了改革开放的年代，即从1978年至2000年，东部沿海地区新设城市数目大有增加，也不到全部新设城市的一半，只有49.5%；而其余超出一半的50.5%，依然分布于中国的中西部地区，显然依然没有走出城市分布应分散、均衡的影子。从1949年到1978年的30年期间，东部沿海地区城市数量的年平均增长速率为0，而中部地区城市数量年平均增长率达到2.35%，西部地区城市数量的年平均增长率更高达6.09%。即使从1978年至2000年期间全国城市数量大幅增长的时期，东部沿海地区城市数量的年平均增长速率为8.56%，而中部地区达到6.06%，西部地区更达到6.44%，与东部地区的增幅相差不大。而同期三大地区的城市人口年平均增长速度，也分别为5.75%，5.33%和4.63%，增幅亦在同步比较的范围内，假如再同此期间的经济增长速度相比，更能体会出中西部城市人口的增长并不算落后。这种状况亦可从全国各省市自治区的不同规模城市的地区分布状况表中（表8.4），得到很好的说明：

表 8.4 中国各级规模城市的地区分布

城市规模		东部沿海地区				中部地区				西部地区				全国	
		1984 年		1995 年		1984 年		1995 年		1984 年		1995 年		1984 年	1995 年
		数量（个）	占全国总数的比重（%）	数量（个）	占全国总数的比重（%）	数量（个）	占全国总数的比重（%）	数量（个）	占全国总数的比重（%）	数量（个）	占全国总数的比重（%）	数量（个）	占全国总数的比重（%）	总数（个）	总数（个）
大城市	500 万及以上	1	100.0	2	100.0									1	2
	400—500 万	2	100.0	1	100.0									2	1
	300—400 万	1	100.0	2	66.7			1	33.3					1	3
	200—300 万	1	25.0	1	25.0	2	50.0	1	25.0	1	25.0	2	50.0	4	4
	100—200 万	6	54.5	9	40.9	2	18.2	8	36.4	3	27.3	5	22.7	11	22
	50—100 万	14	45.2	23	53.5	14	45.2	19	44.2	3	9.6	1	2.3	31	43
	合计	25	50.0	38	50.7	18	36.0	29	38.7	7	14.0	8	10.6	50	75
中等城市	20—50 万	30	37.0	87	45.6	37	45.7	74	38.7	14	17.3	30	15.7	81	191
小城市	10—20 万	33	35.1	105	46.3	38	40.4	85	37.4	23	24.5	37	16.3	94	227
	5—10 万	14	25.0	47	39.8	27	48.2	37	31.4	15	26.8	34	28.8	56	118
	小于 5 万	2	14.3	13	44.8	5	35.7	9	31.0	7	50.0	7	24.2	14	29
	合计	49	29.9	165	44.1	70	42.7	131	35.0	45	27.4	78	20.9	164	374
所有城市合计		104	35.2	290	45.3	125	42.4	234	36.6	66	22.4	116	18.1	295	640

资料来源:中国城市统计年鉴(1985)(1996)。(王放,中国城市化与可持续发展,2000 年,科学出版社)

表 8.5 1996 年中国各省、自治区、直辖市的城市密度和城镇密度

省、自治区、直辖市	土地面积（万平方公里）	城市数（个）	镇数（个）	城市人口（万人）	城镇密度（个/万平方公里）	每万人的城镇数（个/万人）
北 京	1.58	1103	627.30	65.82	0.17	
天 津	1.19	1	78	475.36	66.39	0.17
河 北	18.48	34	849	800.70	47.78	1.10
山 西	15.60	22	519	534.11	34.68	1.01
内蒙古	116.64	20	270	476.21	2.49	0.61
辽 宁	16.39	31	580	1608.33	37.28	0.38
吉 林	18.38	28	444	855.19	25.68	0.55
黑龙江	45.28	31	407	1197.12	0.68	0.37
上 海	0.71	1	198	841.75	1.41	0.24
江 苏	10.14	44	998	1417.19	4.34	0.74

续表 8.5

省、自治区、直辖市	土地面积（万平方公里）	城市数（个）	镇数（个）	城市人口（万人）	城镇密度（个/万平方公里）	每万人的城镇数（个/万人）
浙　江	9.97	35	960	629.42	3.51	1.58
安　徽	14.39	21	862	650.25	1.46	1.36
福　建	12.11	23	587	415.25	1.90	1.47
江　西	17.00	21	611	471.63	1.24	1.34
山　东	15.69	48	1334	1681.91	3.06	0.82
河　南	15.83	38	655	969.66	2.40	0.71
湖　北	18.50	35	866	1175.73	1.89	0.77
湖　南	20.94	29	934	701.62	1.38	1.37
广　东	18.76	54	1551	1670.60	2.88	0.96
广　西	23.52	18	657	407.13	0.77	1.66
海　南	3.47	8	203	113.26	2.31	1.86
四　川	56.38	37	2289	1189.26	0.66	1.96
贵　州	17.46	13	688	298.81	0.74	2.35
云　南	37.66	17	379	293.58	0.45	1.35
西　藏	120.40	2	36	14.65	0.02	2.59
陕　西	20.64	13	553	451.14	0.63	1.25
甘　肃	39.73	14	172	295.54	0.35	0.63
青　海	70.90	3	37	69.13	0.04	0.58
宁　夏	5.15	5	58	96.81	0.97	0.65
新　疆	165.81	19	120	349.69	0.11	0.40
全　国	948.69	666	17998	20778.33	0.70	0.90

注：重庆直辖市成立于 1997 年，故在该表中仍属于四川省。

资料来源：①中国 1:100 万土地资源图土地资源数据集。

②中国统计年鉴(1997)，表 10－1，表 11－3。

（王放，中国城市化与可持续发展，2000 年，科学出版社）

对表 8.5 中计算的结果进行分析，可以看出中国的城镇分布具有明显的区域均衡的趋势，而且在政策上更加强调对于西部地区、经济落后地区增加城镇建设的力度，这在城市化战略中表现为“低效的对称”，对于城市化追求整体效益的最大化，是一种有害的倾向。纵观世界各国城市发展和布局的基本规律，城市化战略的突出表现为“高效的非对称”，即在合宜的地理区位、低成本的城市增值、明显的竞争优势、互补的产业结构和有独特市场价值的产业琏等条件下，积极扩大城市的规模，极大的吸纳资源、资本、人才和技术，创造经济增长的制高点，以其巨大的规模效应和辐射带动作用，去影响其周边区域。而不大符合上述条件的地方，则设法缩小城市规模、甚至不必出现城镇的形态，鼓励这些地方的人力、物力、财力向更有利的地方集聚，最大限度地发挥其实际效益。美国的经济总量，主要集中于纽约都市带、芝加哥都市带和洛杉矶都市带；日本的经济总量，主要集中于东京都市带、大阪都市带和名古屋都市带；亚洲四小龙的经济重心也都分别集中于一个十分密集的都市圈内；欧洲的主要经济实力也是如此。上述种种例证，说明了城市的布局和发展一定要打破“低效对称”和“维持均衡”的思维方式，大力在中国的珠江三角洲地区、长江三角洲地区和环渤海地区，高密度地呈集群式地扩大城市体系(包括从国际大都市一直到小城镇的科学体系)，如果能在三大城市体系中创造出占全国 GDP 总量的 75%即 3/4 的经济能力，人口集聚能力达到全国人口的 40%，则国家城市化的“主力”，即可担负起支持实现现代化的重任，这种非均衡式、非对称性的城市战略，可以作为今后战略制定中一种思考的出发点。

注释专栏 8.3

关于“十五”时期实施城市化战略的几个问题

国家计委宏观经济研究院　史育龙

一、加快城市化进程是当前保持国民经济持续发展的客观要求，也是实现我国长期发展目标的内在要求，由于种种原因，我国过去走了一条在推进工业化进程的同时，抑制城市化的发展之路。改革开放 20 年来，城市化仍然未能与工业化同步发展。其中既有国情条件和体制方面的原因，也是特定发展模式下的必然结果。随着我国工业化进程的不断推进，城市化对于国民经济和社会发展的重要性将会得到进一步体现。加快城市化进程的必要性主要体现为：

1. 目前我国经济的发展已经从总量大幅度扩张阶段逐渐转向提高质量、追求效益、优化结构的发展阶段。城市化进程的发展，不仅直接有助于提高国民经济的集约程度，而且可以为产业结构的调整升级创造广阔的发展空间。因此城市化将成为保持国民经济持续快速增长的主要动力之一。

2. 从我国国民经济和社会发展的长期目标来看，城市化水平的提高应该是我国第三步战略目标的重要内容之一。要把一个乡村人口占多数的国家建设成为现代化强国，没有城市化的大发展，是不可想象的。

3. 从当前的宏观经济形势来看，有效需求不足已成为保持经济持续增长的主要障碍，而其中的关键又在于农村市场。在我国大多数地区，特别是中西部地区，由于城乡经济发展水平存在相当大的差距，占人口大多数的乡村地区，经济规模远小于城市地区，乡村居民的收入水平和生活质量也都明显低于城市地区。因此在启动市场、扩大需求，特别是将规模巨大的农村市场由“潜在”转变为“现实”，过程中，城市化处于牵一发动全身的核心位置。

二、我国目前的城市化水平滞后于工业化水平，但对滞后程度需要准确把握

从统计数据来看，1998 年我国 GDP 中来自二、三产业的比例(非农化水

平)已达到82%,城市化水平按市镇非农业人口口径只有23.9%,按第四次人口普查的市镇人口口径则为30.4%。如果据此就得出我国城市化水平严重滞后于工业化水平的结论,我们认为值得进一步深入研究。

事实上,我国目前真实的城市化水平要比统计数据高。按照国际通用的地域划分原则,考虑到我国没有建立起固定的人口普查小区概念,因此现实的城镇人口应以集中分布在城镇建成区的市镇非农业人口为基数,加上:(1)定居在城市近郊、使用城市基础设施、参与城市经济活动的部分农业人口;(2)改革开放以来进入各级城镇,长期从事非农业经济活动的部分农业人口。按照大多数国家的划分标准,这两部分人口应视为城镇人口,但在我国目前仍被排除在城镇人口统计口径之外。前者按国际通用的占总量的25%左右计,则约为0.97亿;后者采用较保守的估计,按目前全国跨省流动农民工总量0.8亿的65%计,则为0.52亿。如果加上这两部分,1998年我国城市化水平实际应为35.8%左右。

研究表明,与城市化水平直接相关的不是价值量的非农化水平,而应当是劳动力的非农化水平。因此,与城市化水平成为对照的不是82%的非农业产值比例,而是50.2%的劳动力非农化水平。此外,根据对世界各国城市化水平与人均GDP相关关系的数量分析,我国1998年在人均GDP达到约770美元的情况下,城市化水平应当在40%左右。据此,参照世界各国普遍存在的劳动力非农化水平高于城市化水平的情况,与我国50.2%的劳动力非农化水平对比,同时考虑到我国计划生育政策和劳动力人均赡养系数的城乡差别,可以认为我国城市化水平相对于经济发展水平存在一定程度的滞后,但并不存在"严重滞后"的问题。持"严重滞后"的结论也与对城市化与工业化相关关系的理解偏差有关。拉美、南亚和非洲的一些发展中国家,由缺少相应经济基础支撑的"过度城市化"所造成的严重社会后果,已经成为一种病态的发展现象。对此,我们应保持清醒的认识。

三、"十五"时期城市化速度不会突破每年1个百分点

根据世界多数国家城市化发展的规律,有些专家提出我国即将进入城市化的加速阶段,"十五"时期的城市化速度将超过每年1个百分点甚至更高。但是,国内外城市化的历史同样表明,城市化进程,特别是一个时期的城市化速度直接受制于当时的经济增长状况。

国内外城市化发展的大量历史数据表明,在城市化水平达到50%以前,城市化的正常速度是每年平均增长0.5个百分点。考虑到从"九五"后期一直到"十五"期间,将是我国经济发展的转型时期,也是经济结构大调整时期。由于支持经济增长的因素发生了变化,经济结构调整和优化升级的任务十分艰巨,预计"十五"时期的经济增长速度将有所减缓,预测在7%左右。这将对"十五"时期的城市化速度构成基础性约束。另外,"十五"时期的就业、农村经济和投资形势都十分严峻,这些因素又从不同方面严重制约着城市化发展速度。因此,"十五"时期的城市化速度可能会比"九五"前三年每年平均0.47

个百分点的速度有所提高，但不会高于“八五”时期年均增长0.74个百分点的速度。若出台一些鼓励城市化发展的政策，速度则可能略高于“八五”时期，但不会超过每年1个百分点。预计“十五”期末的城市化水平，按现行的城镇人口口径，将达到36%左右。按修正后的城镇人口口径，将会达到40%—43%。

四、城市化将是“十五”时期的一个重要增长点，但不能以此作为“十五”规划的主线

从世界各国城市化发展历程的规律来看，“十五”时期开始，我国的城市化进程应当进入一个较快发展的阶段。但从宏观经济形势及其未来走势看，城市化的高速推进面临一定的制约。理论与现实的差距提供了推动城市化发展的政策空间，而且客观上也需要一定的城市化速度来解决当前国民经济中面临的主要矛盾，启动市场，推进国民经济的持续健康发展。

当前我国经济生活遇到的主要问题是国内有效需求不足，并引起全社会经济活动的循环受阻。显然，提高城市化水平肯定有助于启动市场，扩大内需，进而带动经济增长。城市化本身也可以创造出一定的就业岗位。但城市化并非无源之水、无本之木，并非只需敞开大门，让农民进城即可实现，而是需要为进入城市的农民创造就业岗位，提供固定住所和基本生活保障，以及就业前必要的劳动技能培训等。与让农民“进得来”相比，让他们“留得住”更为重要。否则，单纯强调城市化水平的提高，就会既缺乏必要的实现手段，也难以长期保持这种水平。

总之，由于经济发展的走势限制了“十五”时期我国城市化速度提高的程度，决定了我们不能对城市化战略寄予过高的期望。城市化将是“十五”时期我国国民经济的一个重要增长点，但不是社会经济生活中的核心问题。以城市化为主线制订“十五”规划的时机尚不成熟。当前既要从战略高度重视城市化问题，从基础设施建设和政策调整两方面入手，为下一步大规模推进城市化进程创造条件，同时又要防止出现类似“开发区热”的“城市化热”，特别是“城镇热”。

五、中国的城市化战略要围绕大城市和小城镇作文章

二战以后，推动全球城市化进程的主要力量由发达国家转向发展中国家，在发展中国家城市人口规模迅速膨胀的同时，发达国家的城市发展则在科技革命的带动下，成为调节人口和经济活动空间分布方式的重要手段。随着制造业技术的不断成熟和基础设施渐趋完善，一些具备区位优势的大城市和超大城市与周边地区的发展走向融合，形成规模巨大的大都市群，其中的核心城市则发展成为对全球经济具有影响力的“世界城市”，处于全球城市体系的顶尖位置。大都市带和世界城市已经成为全球经济、技术和信息创新活动的源泉，成为左右全球经济走势的中枢。因此，发达国家对世界市场的主导力量，主要体现在这些大都市带和世界城市上。

作为一个发展中人口大国，我们实施城市化战略，一方面要打破现存的

城乡二元结构，实现人口经济活动的合理分布和自由流动，带动地区经济协调发展，为城乡居民提供文明优质的生活环境，最大限度地提高全社会经济运行效率；另一方面要着眼于提高国家的整体竞争力，在实现由传统落后的乡村社会向现代城市社会的转型同时，建立起具有强大竞争力的经济体系和具有可持续发展能力的社会一经济系统。因此，我国的城市化战略目标，既要有助于解决当前国民经济中存在的问题，也要从长远考虑，使其有助于总体上提高国民经济的质量，有助于实现两个转变，有助于增强综合国力。

发展小城镇是一个大战略，但这并不意味着小城镇将是中国城市化的唯一出路。在充分肯定小城镇战略地位的同时，也要看到大城市在中国城市化战略中所起的不可替代的作用。大城市和小城镇在中国城市化发展战略中将处于同等重要的地位，中国的城市化战略需要围绕大城市和小城镇共同作文章。

首先，大城市、特大城市在国民经济发展中起骨干作用。除了有比中小城市高得多的经济效益以外，大城市的高度发展，既是增强综合国力、提升我国产业国际竞争力的需要，也是从根本上提高我国城市化水平及其质量的需要。处于我国城市体系顶尖位置的特大城市，虽然人口规模和地域空间与发达国家的顶尖城市相当，但经济结构层次、综合实力以及效益指标要低得多。如上海的GDP总量仅为香港的1/4和东京1/20左右。因此，从这些方面讲，我国的大城市还存在巨大的发展空间。

其次，知识经济的挑战要求我们必须将大城市，特别是国际经济中心城市和大都市带的发展置于优先地位。通过这种高效率的集聚人口和经济活动的布局模式，在大幅度提高我国经济运行和产业布局效率的同时，还可以促进知识和信息的创新活动。

最后，从对农村富余劳动力的吸纳能力来看，大城市和小城镇将是我国具有最大潜力的区域。北京、上海、广州和深圳等城市对外来人口的巨大吸纳能力就说明了这一点。党的十五届三中全会提出“发展小城镇，是带动农村经济和社会发展的大战略”，准确地论述了小城镇在我国社会经济发展战略中的地位。对农村经济而言，小城镇是大战略，但在全国城镇体系发展的大系统中，小城镇只是中国城市化战略中的一个方面，如果不提高小城镇在集聚人口、经济发展方面的质量，继续依靠大量“乡改镇”造成小城镇数量扩张，不仅无法实现中国城市化发展的长期目标，而且这种分散的发展模式甚至可能导致对我国资源一环境生态系统的巨大破坏。

六、根据东、中、西三大地带的具体情况确立不同的城市化发展目标

由于我国各个地区的经济社会发展水平存在着巨大的差异，城市化发展面临的主要矛盾也各不相同。不能以一种模式来指导不同地区的城市化实践。

东部沿海地区乡村非农产业的发展达到相当的水平，由于乡镇企业的分

散导致了城镇集聚能力下降，影响了城市功能的发挥和城市化水平进一步提高；同时，由于资源破坏和环境恶化日益加剧，也造成了巨大的生态环境压力。

中部地区城市化面临的主要问题在于巨大的乡村人口压力和相对不足的城市吸纳能力之间的矛盾。受国内外经济环境变化的影响,近年来一些老工业基地出现经济衰退迹象,大量下岗职工限制了城市对乡村人口的吸纳。

西部地区城市化发展面临的主要问题在于城乡二元结构的矛盾，在计划经济时代依托国家投资在中心城市建立起的资源开采和重化工工业以及军工制造业，与乡村地区的非农产业缺乏内在关联。同时由于自然环境恶劣，缺乏充足的农产品剩余以滋养乡村非农产业的发展。而且西部地区的经济开发和对外开放步伐相对滞后，城市产业面临的技术进步和产业结构调整任务十分艰巨。近年来由于国内外市场的原材料供应普遍过剩，以资源开发和初级产品制造业为主的城市工业处境困难，因此出现了城乡产业的双重落后，使得现有的城乡结构变动极为迟缓。

针对不同地区面临的主要问题，需要确立不同的城市化发展目标。东部地区的城市发展要与产业结构升级、经济发展再上台阶结合起来，从调整城镇体系的空间结构入手，以提高城市化的质量为主要目标，致力于形成环渤海地区、长江三角洲和珠江三角洲三个大都市带，以此作为接近和赶上世界先进水平，提升国际竞争力的主要手段。要将上海、北京—天津和广州—深圳等城市群体发展成为国际性经济中心城市乃至“世界城市”的目标提高到国家战略的高度，从政策上给这些城市足够大的发展空间。中部地区要致力于扩大城市吸纳乡村人口的容量，要完善城市基础设施，积极引导、鼓励大中城市的规模适度扩大，大力发展小城镇，使中部地区成为提高我国城市化水平的主战场。西部地区由于受自然环境的限制，不能要求在下世纪初就形成规模等级齐全、职能分工合理、空间结构完善的理想城镇体系，城市化发展的中期目标是要以大城市和小城镇为重点，通过人口和经济活动空间分布的大调整，形成与生态环境相适应的城市布局模式。要依托现有的大中城市，在少数条件相对较好的地方形成较大的人口集聚核心。

七、“十五”时期实施城市化战略的对策建议

(一) 修订《城市规划法》第4条“严格控制大城市规模”的提法，按照市场经济条件下效益优先的原则，对不同地区、不同环境约束条件下的大城市确定不同的环境容量，制定不同的发展政策，如鼓励发展、一般限制或严格控制等，避免一刀切的简单化处理办法。

(二) 对上海、北京、广州、天津、深圳、大连、青岛等处于沿海城镇密集地区的核心城市，要通过调整行政区划给予足够的发展空间，在鼓励有条件的中心城市向国际化大都市方向发展的同时，密切与周边地区的经济联系，促进我国沿海地区几个大都市带的形成。

（三）除了经济发展总体水平以外，当前制约我国城市化进程的主要原因是严峻的城乡就业形势和城市基础设施难以承受更大规模的人口冲击。前者在短期内预计难以出现根本变化。后者则可以通过加大城市基础设施投资力度，来提高各级各类城市对新增人口的吸纳能力。

（四）要改变过去那种依靠“县改市”、“县改区”、“乡改镇”等通过“翻牌”方式提高城市化水平的做法，切实提高城市化对经济增长的实质性刺激和带动作用，设立市镇建制的标准要相对稳定，城镇人口统计口径也不宜频繁调整。建议从第五次人口普查开始，按照国际通行规则，建立按照常住地和职业特点划分的城镇人口统计口径。

（五）尽快在全国放开小城镇的户籍管理制度。在条件成熟时自下而上地依次放开小城市和大中城市，最后是省会城市和直辖市的户籍管理。用10到15年的时间，建立起新的户籍登记办法，用身份证制度代替现行的户籍管理制度。逐步打破长期限制我国劳动力流动、影响人力资源合理配置的根本约束。对具有投资移民性质的城市新增居民，要有相应的优惠政策。

（六）将现有的城镇居民社会保障制度延伸到小城镇，而且一定要涵盖新进入城镇的居民。建立起适应小城镇发展要求的新的住房制度、医疗制度、劳动就业制度、教育制度和社会保障制度。同时，要结合下岗职工再就业工程，积极探索对新落户的城镇居民进行工作技能培训的措施，提高他们对城镇生活的适应能力。

（七）结合农民承包土地30年不变的政策，试行暂不要求农民退还承包地和自留地，以使用权的转包或入股的方式从原承包地获取一定的收益，用以支付进城初期的安置费用，待下一轮土地承包时再行调整。

（八）积极探索促使乡镇企业适度集中发展、合理布局的政策措施，以此作为带动小城镇发展的主要手段。要从建立激励机制入手，通过完善的小区基础和服务设施吸引乡镇企业进入；制订土地使用费的不同标准，使进入小区的企业可以降低生产成本；新建乡镇企业原则上必须进入乡镇一级的工业园区，分散在村以下居民点的乡镇企业进行扩建必须进入工业园区发展。考虑到乡镇企业分散发展的非经济因素，也可以采取以地换地、土地入股等方式，解决远离工业小区的企业向小城镇集中所需工业用地。考虑到全国现有的2015万家乡镇企业中有87%分散在行政村和自然村中，如果其中能有一半在“十五”期间集中到建制镇以上居民点的话，将对我国城市化水平的提高作出巨大的贡献。

（九）改革小城镇建设的投资体制，逐步建立多元化的小城镇建设投入机制，将分税制的有关政策直接下放到建制镇。“十五”期间在所有建制镇设立财政预算制度，充实小城镇的财力，规范小城镇财务制度。在小城镇收取的城市维护建设税、基础设施配套费、市场管理费等要专款用于城镇基础设施建设。

资料来源：中宏网，2001.01.25.

第九章　中国城市化的战略设计

中国城市化战略设计七原则：

1. 城市是具有规模、等级、互补、共生的空间充填；城市是具有结构、功能、协同、进化的动态系统。
2. 城市系统的结构具有等级性、共轭性、异质性、多样性。
3. 城市系统的功能具有互相作用、互相制约的自组织、自学习、自适应能力。
4. 系统内部与外部的关系，既要考虑承载力的制约，又要考虑城市的扩散与带动。
5. 宏观监控城市的“动力表征”、城市的“质量表征”和城市的“公平表征”。
6. 国家城市化的数量规模与空间布局应当有一个战略性的突破：建立以高密度为特征的大城市区（群），以产业链为纽带的城市带，以区域发展中心为特征的城市圈，分别从“面、线、点”的有机组合，形成中国城市化的主力军。充分发挥城市集群“发展成本低、土地占用面积小、基础设施配套好、产业结构互补性强、市场竞争力和生产集约能力高、综合“成本一收益”指数高、积聚国民财富能力高、能加速实现社会公平等优势。
7. 国家城市化战略设计的着力点在于持续培育城市的竞争力，迅速提升城市发展的国际竞争力，克服“大城市不大、中城市不活、小城市不强、小城镇不优”的弊病，切实提高我国城市化的整体水平。

中国城市化进程的六项基本措施：

1. 修改《城市规划法》；
2. 进一步调整全国城市布局；
3. 认真规划国家大城市的规模和数量；
4. 重点提升城市建设的质量；
5. 克服城市产业趋同性；
6. 改革户籍管理制度。

一　中国城市化战略设计七原则

中国城市化的积极推进，应当考虑以下的战略设计原则：

1. 必须将城市视作具有规模、等级、互补、共生及其在国土空间布局中表现出的有机充填；必须将城市视作具有结构、功能、协同、进化及其在时间序列识别上表现出的整体系统。

2. 在城市系统的结构因子中，各种自然生态因素、技术物理因素、经济资产因素、社会文化因素、人文因素等构成了城市综合体的等级性、共轭性、异质性、多样性。

3. 在城市系统的功能因子中，通过城市系统中的物质流、能量流、信息流、人口流、资金流等的互相作用、互相影响、互相制约，特别是通过城市的物质代谢过程、能量传递过程、信息反馈过程和优化配置过程，去培育城市的自组织、自学习、自适应能力。

4. 在系统的内部环境与外部环境的关系中，既要考虑区域承载力对于城市需求的制约，又要考虑城市发展对于外部环境的影响力、扩散力、带动力。只有当一个城市向外部的索取被该城市对外部的回馈相平衡时，城市运行才是健康的与合理的。

5. 宏观监控城市发展的“动力表征”、城市内涵的“质量表征”和城市状态的“公平表征”，是城市化战略设计的基本依据。上述三种表征的定量化，共同构成了城市化进程中质量的统一判别，并以此作为城市化进程健康发展的评价基础，实现城市的可持续发展。

6. 国家城市化的数量规模与空间布局应当有一个战略性的突破：建立以高密度为特征的三大城市区（群）；建立以产业链为纽带的七大城市带；建立以区域发展中心为特征的十五个城市圈，分别从“面、线、点”的有机组合，作为中国城市化的主力军，完成中国城市化空间布局的战略目标。上述的城市化战略空间布局，将容纳全国人口的50%，可集中高素质人才的75%，可创造国内生产总值的85%，可创造全国工业总产值的90%，可带动全国外贸进出口总量的95%，充分发挥城市集群“发展成本低、土地占用面积小、基础设施配套好、产业结构互补性强、市场竞争力和生产集约能力高、综合‘成本－收益’指数高、积聚国民财富能力高、能加速实现社会公平”等优势。

7. 以发展克服“城市病”、以规划减少“城市病”、以管理医治“城市病”。国家城市化战略设计的着力点在于持续培育城市的竞争力，通过产业升级、结构优化、技术创新等，积极提升城市的综合实力。经济全球化已成历史潮流，我国加入WTO后，中国城市发展已经纳入世界城市化进程。这就意味着在参与经济全球化中使用同一游戏规则，即在更广泛的领域里接受全球化国际竞争的挑战。因此我们必须更新观念，积极采取应对措施，迅速提升城市发展的国际竞争力，克服“大城市不大、中城市不活、小城市不强、小城镇不优”的弊病，切实提高我国城市化的整体水平。

注释专栏 9.1

城市的国际竞争力

二十世纪后期，亚太地区一批城市迅速成为全球最具国际竞争力的城市。美国哈佛大学的波特教授九十年代初已是研究国际竞争力问题的著名专家，他指出：一个城市的国际竞争力实质是城市的生产率，城市国际竞争力是指城市创造财富、提高收入的能力。波特认为影响产业竞争力的因素有六：包括四大直接因素即生产要素状况、需求状况、相关及辅助产业的状况和企业的经营战略、结构与竞争方式，两大辅助因素即机遇和政府行为。政府通过一系列政策实施可以直接影响企业和产业的国际竞争力，从而影响到国家或地区的国际竞争力。这六方面相互影响，相互加强，共同构成一个动态的激励创新的竞争环境。他以此建立指标体系，通过收集的统计数据和专家问卷获取的数据使评价指标量化，采用因子分析的方法，构造竞争力指数，通过比较获得竞争力排名。

美国巴克内尔大学的彼德教授从二十世纪八十年代开始就对城市国际竞争力的一些问题做了开拓性的探索，他认为：城市竞争力（UC）＝f（经济因素、战略因素）。经济因素＝生产要素＋基础设施＋区位＋经济结构＋城市环境；战略因素＝政府效率＋城市战略＋公私部门合作＋制度灵活性。他在分析城市国际竞争力时，选取了三个指标即零售额、制造增加值和商业值，组成指标体系表现城市竞争力；同时又选取了一些构成指标，采用多指标综合评价的判别式分析法，得出各城市竞争力得分，比较后得出各城市的竞争力排名。并且根据评价结果一方面对城市竞争力进行了历史、结构、区域性的分析，同时根据城市竞争力解释框架建立了城市竞争力与解变量的回归方程，对其高低及变化的原因进行了分析和比较。

国际上关于城市国际竞争力的研究，虽然在有些方面还莫衷一是，但在一些主要的方面正趋达成共识：第一，国家和城市的竞争是关于其财富（或价值）及其增长的竞争，但它又包括多个侧面。第二，评价城市国际竞争力的指标体系，必须建立一个令人信服的理论基础和理论框架，不能随意抽取指标进行组合。第三，城市国际竞争力的许多关键指标是软指标即问卷指标。第四，研究城市国际竞争力既要研究其表现又要研究构成要素。城市国际竞争力是一个具有明确直观含义却又不易精确把握的概念，但它主要是指一个城市在竞争和发展过程中与其他城市相比较所具有的吸引、争夺、拥有、控制和转化资源，争夺、占领和控制市场，以创造价值，为其居民提供福利的能力。城市国际竞争力是个复杂的混沌系统，其众多的要素和环境子系统以不同的方式存在，共同集合构成城市综合国际竞争力，创造城市价值。

城市国际竞争力主要通过城市产业竞争和增长的绩效表现出来。国际竞争力可以用与收益价值有关的指标，从不同的方面来反映。通过综合市场占有率、经济增长率、劳动生产率和人均 GDP 四个关键指标可以较为准确地表现一个城市国际竞争力的相对地位。

二 中国城市化进程的六项基本措施

如何克服中国城市化进程中表现出的“大城市不大、中城市不活、小城市不强、小城镇不优”的现状，是城市化战略推行的中心思考。以下六项基本措施是未来中国城市发展的要点。

1. 适应经济全球化和信息时代的要求，尽快修改《城市规划法》，放松对大型、超大型城市的规模控制，构建 2—3 个世界级城市，作为我国城市体系的龙头。同时要十分加强城市功能与基础设施的完善、积极投入数字城市的建设、传统产业的信息化改造、城市服务体系的提升等，将中国城市的竞争力置于国际的大背景之中。

2. 必须将中国城市的发展视作一个有机联系的整体系统。城市化进程中的规模设计应统筹考虑城市大中小分布的系列谱和不同规模城市的“生态位”，不能人为地强调只能发展城市体系中的某个部分而忽略其他部分。应当进一步调整全国城市布局，优化城市功能和加强产业转移力度，放大城市扩散效应，将其真正塑造成带动区域经济发展的龙头。我国超大型、特大型城市现有 32 个，其中东部 16 个，西部 6 个，中部 10 个，基本覆盖全国。可以在珠江三角洲地区建立以广州、深圳为核心的城市群，在长江三角洲地区建立以上海、南京、杭州为核心的城市群，在环渤海地区建立以北京、天津为核心的城市群，作为进入国际竞争前沿的中国高地。

3. 认真规划国家大城市的规模和数量，加强城市基础设施建设和第三产业发展，将其塑造成国际级和国家级的人才中心、贸易中心、物流中心、金融中心、技术中心、信息中心、文化中心等，充分发挥城市的集聚效应、辐射作用、带动作用。大城市在城市体系充分发挥了城市的规模效益、经济效益和社会效益，是国家城市化战略的核心主力。城市化战略设计中要敢于克服“大城市不大”的现状。

4. 加大中小城市的建设步伐，重点提升城市建设的质量，尤其要加大城市基础设施建设、城市服务业和社区建设的力度。中小城市是我国城市体系的中坚力量，其发展状况直接影响到中国城市化进程的目标。城市化战略设计中必须要克服“中城市不活、小城市不强”的现状。

5. 根据各地经济发展水平选择合适的路径，对于乡镇企业比较发达且分布比较集中，城镇密度比较高的地区，鼓励城镇集中合并，选择以中心城镇为中心、卫星城镇分布周围的方式发展小城镇。对于乡镇企业不发达地区，首先大力发展经济、培育实力，为城镇的建设创造条件。对于有大型企业的地区，可以在其周围建立城镇，但一定要注意城镇的区位分布，注意其他配套产业的发展，防止企业风险转化为城镇风险。小城镇建设是中国城市化战略等级中的基础力量，是大中城市的触角与延伸。城市化战略设计中必须要克服“小城镇不优”的现状。

6. 改革户籍管理制度，逐步打破“二元结构、城乡分治，一国两策”的体制，积极引导，加强管理，实现人员自由流动，缩小城乡差别，实现城乡一体化。

注释专栏9.2

大北京地区空间发展规划遐想

吴良镛

北京面临挑战

北京面临的挑战来自多个方面，包括世界的、亚洲的以及全国的等等。

从世界范围看，随着科技迅速发展和经济全球化的推进，世界进入了所谓的“城市世纪”，或者“城市时代”，人居形态和城市发展在世界化。同时，土地、水、能源等资源消耗也在加快，全球生态日益恶化，价值观和文化的西方化垄断加剧，发达与不发达的两极分化日趋严重。

在地区范围内，北京面临着日本、韩国等的竞争。

从全国来看，面临诸如体制改革、投资多元化、经济结构调整、人口进入城市化加速阶段等，还面临着旅游高潮、城市郊区化、对城市绿地空地的蚕食、旧城区改造步伐加快、城市特色日渐消逝、小汽车浪潮出现等问题；而且面临着长江三角洲和珠江三角洲以及台湾 0 竞争。

在 1999 年建国 50 年大庆期间，新闻报道中有“长高的北京”、“长大的北京”等说法。我们认为这些年来北京市有关方面的努力成绩斐然。但是，与我们所面临的局面相比，许多重大的问题——时还难从根本上加以扭转。例如：

——旧城问题。如果拥挤问题得不到根本的解决，旧城必然会继续遭到破坏。

——郊区化问题。郊区化是必然的趋势，问题是应该以什么模式进行郊区化？欧洲有郊区化现象，美国也有郊区化现象，但它们的模式显然不同。我曾反对那种缺乏规划、任由开发商的利益驱动、盲目发展的郊区化模式。如今在北京这种苗头已经有所显现。

——生态问题。北京的生态问题是超越市域的，甚至超越区域，与内蒙古或更远的地方有关，因此不能只“就北京论北京”，而要从更大范围，以更大的力度，采取更为积极主动的措施，来解决生态问题。

总之，北京目前所面临的问题已不只是历史文化名城和旧城能否有一个良好的“体形环境”，而是整个北京能不能有一个良好的生活环境。

在发展中解决矛盾

北京作为中国的首都、国际著名城市，是一定要发展的，不能仅仅停留在今天的局面上。在发展中解决矛盾，这是一个很重要的思路。

北京作为首都，在城市建设方面会遇到一些机遇。一般来说，这些机遇是能够很好地促进首都建设的，例如，申办甚至举办奥运会、博览会等等。我们希望借奥运会的东风，促进首都较落后地区的改造，并进行更合理的规划。昆明的世博会就对城市建设有很大的推动，当地人说，城市建设方面几十年的欠账，在很短的时间内得到补偿。

面对这些机遇，如果没有相应的、较完善的战略规划，反过来也会影响北京对这种优势的把握。矛盾的焦点主要集中在对空间的需求上，应该更科学地探讨时空发展模式，以更合理的空间布局来应对这些国际活动的需求。

目前，许多负面的因素正困扰着我们。例如水资源紧缺、环境污染、用地紧张，等等。有学者认为，下个世纪中叶我国可利用的水资源会达到最低限，可能发生全面的“水荒”，问题十分紧迫。

总的来说，我们对大城市的经验的研究显得还不够。二十世纪四十年代芒福德提出城市世界将面临的“四大爆炸”，即人口爆炸、郊区爆炸、高速公路爆炸和旅游地爆炸。最初，我看到这种提法觉得很新鲜。二三年前，我在无锡的一次会议上介绍过这“四大爆炸”，当时我还讲，高速公路我们刚开始，旅游也刚刚开始，还不到爆炸的程度。现在看来，这两个爆炸已经在我们面前了。不是说我们的高速公路已经太多了，而是说缺乏全面的统筹。现在，我们的旅游也有了迅猛的发展。“四大爆炸”虽然才刚刚开始，但可以看到在我国已经有所反应了。我们应该认真考虑我们的对策。

因此，我们对北京的发展要有乐观的估计，同时对将会发生的问题不能掉以轻心，必须对发展的方向进行有益的引导，以免产生后患。

从更大的空间范围研究北京

在城市发展过程中，宏观的、全局性的、影响地区发展的关键问题，有时不完全是技术手段所能够解决的。技术手段可以解决一些问题，但是只能解决某个技术环节的问题，比如，采用无铅汽油以应对空气污染问题；建立交桥来缓解交通问题等等。这些技术性手段的解决，所得到的结果，可以看现在的东京。东京的交通效率是很高的，但是他俩投入了巨额的资金，并且最后还是要迁都，他们称为“行政中心转移”，目的是为了争取更多的空间。他们用技术手段争取空间的方法。已经无法继续应对城市发展的需求了。

现在，我们研究的焦点是北京在未来的发展中应该怎么办。我认为，需要从更大的空间范围来研究北京，而不是“就问题研究问题”。

在新的城市世纪、城市时代，城市是社会、生态问题的焦点，包括难以尽如人意的环境问题，如水资源紧缺、污水问题，以及缺乏教育、医疗等等。不过，目前已有一种共识，认为这些问题的所在，也恰是解决问题的机遇之所在。要在发展中解决问题，关键是用什么样的战略来对待发展。

不久前，我在德国参加了一个题为“二十一世纪城市的未来”的会议。会议有一个共同的观点，城市使得越来越多的人，可以在有限的空间内，实现较高的经济和生态效益。城市是文化与创新的发源地，是交流与宽容的场所，城市的作用无可替代。在这个意义上，可以说城市是我们共同的未来。

大北京地区是正在兴起的大城市集聚区，其命运如何，影响巨大，所以我们要从大范围来研究这个问题，然后再回到北京问题上。

对于近年来国外大城市规划理论的借鉴，有几个方面：

第一，世界城市体系理论。经济的全球化造成大城市之间的联系，在某种程度上超越了国家机器。在某些问题上，大城市之间的直接沟通，具有更大的自由度。城市在解决某些全球性的问题上，具有很大的发展空间。像环太平洋城市之间的会议，大约每年，或是隔年召开一次，研究每个城市自身与环太平洋城市之间的问题，包括航道的问题、空运的问题。比如上海研究它的空运体系，首先要研究它在国际空运体系中的地位。

第二，核心——边缘理论。有一位叫 A. J. Scott 的学者提出“繁荣的飞地”这一概念，就是说发展中国家中的某些局部的大城市，只是发达国家大城市网络体系的“繁荣的飞地”，只是与其有限的局部空间——城市中心进行联系。像内罗毕，城市本身发展得不错，相当繁华，经常与发达国家的大城市网络中的城市进行交流，而周围的区域则很糟糕。因此，如果我们自己不把我们的城市体系发展完善，就会沦落为“飞地中繁荣的孤岛”。那么北京、天津和河北的城市，是走完善区域体系之道呢，还是只是孤立地发展呢？答案是明确的，一个城市不能够独善其身。全球经济空间累积的过程跟每一个功能性城市网络的关系是，一方面，富裕的城市彼此之间紧密联结；另一方面，在全球资本主义广阔的经济边缘上，有少数“繁荣的飞地”——就是所谓的本国国土内的“外国的土地”，是为世界城市体系的市场提供原料和廉价加工的。

我们中国不仅要参与世界经济大循环，而且要逐步占有重要的地位，否则我们就会成为发达国家的边疆。

从区域的角度出发，大北京地区将共同发挥我国政治、经济、文化中心的作用。我们可以通过空间上的“疏解”和“集中”，形成完善的城镇网络，解决城市面临的问题，促进区域整体发展。对策包括以下几个方面：

——疏解北京市区的部分功能。开发北京、蓟县、北戴河一线，缓解北京旧城压力，带动区域发展。

——改善区域生态环境。北部作为生态环境敏感区，疏解人口，保护北部山区的植被和水源，疏浚河道，保护湿地，建设“绿心”

——盘山国家风景名胜区和白洋淀国家公园，合理利用和保护沿海资源。

——“重新集中”。城市发展多方面的综合，不是几年内就能形成的，新城的建设使我们懂得，一座新城的成熟至少要付出一代人的努力。要在地区内平衡居住与工作，将区域内不同用地组织联系在一起。

——建设方便舒适的区域“交通走廊”，港口合理分工，寻找新的工业化发展机会。

——促进京津都市带发展。北京与天津组成双城，优势互补，共同发挥我国北方中心城市作用。北京进一步强化政治、文化、商务、金融、信息、高科技产业基地等功能，天津积极发挥港口和滨海新区的作用。

探索北京市域内可持续发展的城市形态

基于大北京的设想，使得我们有更大的空间和更多的可能性，为北京提供发展的机遇。

大北京地区的生态问题既有区外因素，也有区内的因素，但就风沙问题来说，更主要的还在于区内。问题的解决应立足于区域内部的综合整治，同时辐射区外。大北京地区生态改善对策的五个层次是：

——在整个北方地区加强“三北”防护林体系的建设；

——大北京地区外围的生态建设，退耕还草、还林；

——大北京地区区域内部外圈层的山地防护林建设，尤其要加强古北口、南口、三家店等风口的林业建设，形成安全屏障与防卫纵深；

——大北京地区区域内部的绿色组团、绿色廊道、道路绿带、农田防护林建设，永定河谷、潮白河谷、温榆河谷及其周围地区沙化治理；

——城市地区外围、城郊的生态绿色屏障。

交通与土地利用。交通系统要立足于疏解，不能再聚焦，北京放射加环形的交通模式要改变。关于拆北京旧城以取得其土地的使用权，我有个比方，就像把故宫的铜鼎熔化掉。用它的铜；也就像用古代的字画作纸浆来造纸。生态绿化系统。要尽可能增加楔形绿地，增加森林面积，改善水系，经营生态农田。要由单中心向多中心转变。立足于“有机疏散”，分流旧城中心的内容；分散就业结构。这样做的好处是：第一，旧城得以有效保护；第二，“釜底抽薪”，减少中心区难以从技术上解决的交通压力。建立新的发展轴。沿着交通轴，改变以往向心的发展方向，向外发展。政府把土地控制在自己手中，引导开发行为。改变治理的方式，改变投资体系。为了彻底改变北京“摊大饼”式的发展模式，我提出一种“葡萄串”式的发展模式。就是沿着发展轴方向，在合适的地区“长一串葡萄出来”，每一串都有核心，就是公共生活中心。核与核之间有绿地、阳光和新鲜空气。尽可能发展公共交通，有条件的发展地铁或轻轨等轨道交通，以遏制“小汽车浪潮”。

在1999年的《北京宪章》中有一条，就是回归基本原理（back to the basic)。城市要有整体的秩序，合理的尺度；要保护自然，等等。我们的理想就是建设“理想城”。我们的祖先在当时建造了“无比的杰作”（北京城），我叫它“最后的结晶”，因为北京作为首都是历代的“首善之区”，集中了历代工匠的智慧。从元朝一直到十八世纪都是世界最大的城市。而我们现在却把北京搞得密度这样高，这就是破坏。像“菊儿胡同”那样的努力——已经写入《世界建筑史》(第20版）中，到现在不能被充分理解。

我们要有理想，要在不尽如人意的现实中争取实现“理想城”的机会，为人民提供“适宜居住的城市”。最近我参加了亚洲的一个会议，主要议题是“示范城市”(model cities)。我们也应该把北京建设成为中国的“示范城市。”

（摘自《诤友》2001年第6期）

三 中国城市发展的空间设计

城市化发展模式必须从中国人口集聚的要求、发展效率的要求、工业化水平的要求、信息化程度的要求、服务业成长的要求、现代化进程的要求、经济全球化的要求、城市化支付成本的要求以及国土利用效率的要求来统筹考虑。

从总体上看，到2010年，伴随着工业化的进程，我国将基本实现城市化。根据法国经济学家朗索瓦·佩鲁的增长极理论，经济发展初期，经济发展应以极化效应为主。这种极化效应在区域地理上表现为经济活动集中在某一地理位置，即在这里集中配置资金、技术、信息、配套设备等，并使其产生极大的磁铁引力。极化效应使生产要素从非增长极向增长极集中，扩大增长极同非增长极之间的差别。到经济发展后期，则以扩散效应为主，使生产要素（特别是资本和技术）从增长极向其腹地扩散，缩小二者之间的差别。我国未来的一段时期仍属经济发展的初中期，因而我国城市化的总趋势仍是一个聚集极化的过程，当然东、中、西部在这个总趋势下的侧重点有所不同。

1. 中国东部地区的城市化应以大城市群发展为主

大城市群是现代生产力积聚过程中产业发展起来的一种人口分布的城市化的新形式。城市群的优越性在于它既可以利用生产力区域高度集中的积极作用，又能克服某些过度集中带来的不良后果。因此，大城市群或大城市带的发展将是世界文明的重要标志之一。大城市群或大城市区的布局特点是，在一定区域范围内聚集了众多的城市，组成一个“相互依赖、互存互利、互补增殖、共建共享”的经济组合体，其中有一个中心城市起带头作用。例如美国东部五大湖区已形成一个世界上最庞大的城市群，纽约、芝加哥、费城、底特律、匹兹堡、巴尔的摩有200多个中小城市等都集中在这里。它东靠大西洋，背临五大湖，交通运输方便，矿产资源丰富，工业原料与产品消费比较统一，因而具有经济发展的强大生命力。这个城市群以纽约为龙头，交通枢纽芝加哥连着钢铁城匹兹堡和巴尔的摩、汽车城底特律、军工城费城、电子工业城市波士顿，加上芝加哥的机械制造，组成一个大型化、工业化、协作化的现代工业生产有机综合体。美国最大的金融中心纽约，由于聚集了许多大企业、大银行、大贸易公司的总部，使其控制了整个地区的经济命脉而起着带头作用。

大城市群一般具有下列共同点：

(1) 处于门户位置；(2) 具有枢纽功能；(3) 密集的网络结构；(4) 较为发达的第三产业。其主要优点在于可以在一个大的区域范围内对所在各个城市进行合理规划和建设，避免大城市内人口和工业等活动过于集中，使有关城市各展其长，既相对独立又相互联系，组成一个有机综合体。

我国改革开放以来，东部沿海发展迅速，并初步形成了长江三角洲、珠江三角洲、京津唐、胶东半岛、辽宁中部五大城市群的雏形。但是，结构和功能还很不完善，城市粗放分散，产业结构趋同等，严重阻碍了城市群功能的发挥。如在珠江三角洲，新崛起的一座座几万、十几万人口的小城市星罗棋布，但在这城乡一体化的繁荣景象后面，城市粗放化的弊病也很明显：城市与城市间呈一种分散、均衡、无重点的状况，从功能布局到功能设置看不出任何有机联系；城市内部构架杂乱无章，不少城市的企业、机关、酒店、学校乃至稻田，全都混在一块，形成“城中有乡、乡中有城”的现象。以人口和经济集中为前提的，代表城市主导功能的高层次第三产业如金融、信息、贸易、教育、保险、房地产等，在许多城市发育不全。各城市间的产业结构有惊人的趋同性，各市县之间、各企业之间争能源、争材料、争资金、争市场的矛盾日益突出。

再比如小城镇建设最高成效的苏锡常地区，建制镇的建成区面积平均已达到1.53平方公里，但平均每个建制镇的常住人口仅为6384人，建制镇的人口密度仅为每平方公里4169人，还不到国家标准的一半。从城市规模理论看，一般在20万人至25万人以上，城市才能发挥较好的规模效益。因此，东部地区不宜再走以分散的小城镇建设为主的城市化道路，而应走以大城市为主导的集约型城市化道路。要使以大城市为中心的城市群体之间相互分工、紧密关联，群体内每一个城市的发展都是整个城市群体发展的组成部分。即使是处在这些城市群体内部的小城镇，也是作为城市单元参加城市群体内部的职能分工的，它们往往作为大城市的一个功能区或一个部分而存在，由发达的交通及通讯设施联系起来。

今后要将重点放在完善以中心城市为核心的城镇网络和区域快速交通、通信等基础设施网络，引导大城市的传统产业向小城市和小城镇转移，促进大城市产业结构的调整和升级，推动小城镇集约发展并升级为中等城市，从而形成众多规模不同、相互联系紧密的、功能互补的大、中、小城市协调发展的城市群体。从未来趋势看，我国将逐步形成与国际经济接轨的三大城市群，即以香港、广州为中心的华南大城市群，以上海为主的沪宁杭大城市群和以北京为主的天津、大连、青岛三角连结的环渤海大城市群。西太平洋国家经济的稳定增长、国家经济环境对我国发展所带来的机遇以及我国改革开放步伐的加快，都将为三大城市群的形成创造有利条件，它们的兴起和发展将成为中国经济发达、高度城市化的重要标志。

2. 中国中部地区的城市化应走以中间突破为主的大中小城市协调发展道路

中部地区正从城市化的初级阶段转向成长阶段，城镇体系框架已基本形成，空间分布也较为合理，但大多数省区的城镇体系还不够完善，或首位度偏高，缺乏承上启下的次经济中心城市，或中心城市在区域经济格局中的地位不突出。

这一地区的城市化要走以中间突破为主的大中小城市发展并举道路。

重点发展县城城镇和标准镇。尤其是县城的扩展，这是一个承上启下的重要层次，一方面可以接纳来自大中城市由于产业结构调整带来的工业扩散，并有效地迎接各方面的辐射。另一方面也可以延伸到农村广大腹地。县城是农村城市化最有发展潜力的区位。从历史上看，我国县城具有悠久的历史，多数具有相当长的建制史，中部地区许多县城的人口规模已超过国外的小城市，其基础设施也具备了一定规模，具有很强的实践意义和可行性。

一是可以突破城市建设所需的资金。县城市政方面有较好的基础，可以少花钱。另外在投资渠道方面，可以变现行的国家、企业和地方政府三位一体的投资渠道为国家、企业、地方政府和农民四位一体的投资渠道。

二是可以突破安排就业所需要的资金限制。让一部分工业和服务业的乡村企业和个私大户集中到县城。

三是可以突破所需交通和通讯条件限制。交通和通讯是城市化的重要条件，我国县城作为县政治、经济、文化中心，经过50多年的发展，许多已有较好的交通和通讯设施。

四是可以解决农业劳动力进城的适应性问题。近期宜多发展县城的劳动密集型产业，技术要求较低，而乡镇企业的农民工有一段工作经验，这种迁移适应性问题较易解决。

要加快大中心城市的发展，增加城市经济实力，充分发挥城市功能。重点改造和发展武汉、郑州、长沙、太原、南昌、合肥等现有大区级中心城市和省级中心城市，逐步形成区域经济中心城市，以带动区域经济的发展。同时，发展省辖地区中心城市，加强省内二级中心城市的发展，使之同省级中心城市相互补充，发挥城市群体的区域核心作用。围绕能源基地的建设和矿产资源的开发，对外开放和区域经济发展的要求，新建或扩建一批城市，重点发展铁路干线沿线和长江中上游沿岸及其他大江、大河沿岸地区的一批地方中心城市。

3. 中国西部地区的城市化应走重点抓好区域中心城市的道路

西部地区大多数省区还处在城市化的初级阶段，城市的首位度普遍偏高，城市产业结构单一，“基地化”作用突出而综合经济中心职能较弱，城镇体系的发育程度较低。

这一地区的城市化应走重点突破的道路，采取集中开发、集中投资的方法，重点建设若干基础好、交通条件便利的区域中心城市，使之逐步发展成为具备一定辐射力的增长极，有步骤地发展和新建一批工矿、工贸新城市。与此同时，要注意充实和提高重庆、成都、贵阳、昆明、南宁、西安、兰州、乌鲁木齐等现有的大城市，注意发挥其极化、扩散效应，使之成为西部地区开发建设的重要“据点”和促进城市化发展的重要依托。

西部地区发展小城镇要充分吸取东部地区由于乡镇企业发展的分散化而造成的小城镇发展的粗放式和成本高的教训。鉴于分散的农村工业化的种种弊端，应着力以较集中的方式发展农村工业。要兴办工业园区，对起点较高，在不长时间内能发挥骨干作用的企业，优先引入区内。同时，促进农村工业企业的外向化、国际化经营，上档次、上台阶。在此基础上，重点建设一批实行新体制的县城和小城镇。工业园区开发与小城镇建设同步进行。要通过加快小城镇建设，引导乡镇企业集中布局。为有力推动乡镇企业的集中化，当前可在西部地区率先进行小城镇户籍制度的改革。全面放开小城镇户口，允许农村特别是贫困地区农民自由迁往小城镇地区，发展工业和第三产业，从而实现小城镇和农村户口的并轨。这样，既可以推动西部地区小城镇的发展，又可以减轻农村贫困地区的人口和就业压力。

四　城市发展战略的突破：创建中心城市

按照城市的基本职能划分，中心城市有综合型中心城市、政治型中心城市、经济型中心城市、交通型中心城市、文化型中心城市、旅游型中心城市、宗教型中心城市七类。在工业化、城市化、现代化三位一体的进程中，“中心城市突破”被视为一种必然的发展模式。中国的“中心城市”，在急速融入全球的今天，应当具备足够的竞争力，得以带动周边区域完成这一进程。

1. 中心城市突破：城市化进程的必然选择

一般认为，城市化是以现代工业、信息与技术革命为推动力，实现传统农业社会向现代工业社会与信息社会的大转变，是工业化、城市化、现代化三位一体的文明演变过程。我国要在今后的半个世纪里完成这一演变，同步实现物的城市化、人的城市化和思想观念的城市化，必须遵循经济发展的一般规律，从我国的实际出发，采取中心城市突破的发展模式，通过中心城市率先基本实现城市化来带动和加快全国城市化建设的进程。

任何国家的城市化都是一个渐进的过程，这是由经济发展不平衡规律所决定的。由于城市集聚了先进生产力、优秀的人才和大量的发展资金，所以大城市特别是中心城市往往体现出超先增长的特征，并成为带动整个区域发展的增长极。从世界各国城市化的实践看，大城市特别是中心城市在推进城市化进程中也往往起着主导作用。美、日、欧等在推进城市化过程中都充分发挥了中心城市的特殊作用，实施中心城市突破战略，中心城市在资本聚集、人口聚集、规模效应、辐射带动效应及经济高速增长、持续增长方面起到了难以估量的作用，并形成了像伦敦、东京、纽约、汉城等占全国总人口1/10左右的特大型城市，从而实现了中心城市率先实现城市化，进而带动全局整体实现城市化这样一个双赢的结局。因此，推进我国城市化建设，就必须遵循这种经济发展规律，实行中心城市突破战略，通过中心城市的城市化来带动和促进全国城市化的进程。

全球经济一体化意味着世界范围的分工、交流、合作、竞争等诸关系的日益强化。只有中心城市才具备与世界进行分工交流所需要的完备的基础设施，才能有足够的产业集聚和经济规模参与全球性的竞争。我国中心城市由于其自身的区位和资源优势，仍将是国际资本和大型跨国公司进入中国的首选区位。这些中心城市的城市化，将使中国在整体上与外界保持密切的经贸和技术信息交流，能够全面跟踪世界先进技术的发展并在局部领域培育创新能力，在抢占知识经济制高点的国际竞争中能够始终站在较为前列的有利位置。

从我国经济发展所处的阶段性特征来分析，我国现时的经济发展已处于工业化社会较为成熟的阶段，也就是处于从后工业化时代开始向信息经济时代起步的时期。在这个经济发展阶段，高新技术已越来越超越于一般的自然资源和物质资源而成为制约经济发展的最重要的、甚至具有决定性作用的资源要素。高新技术产业不仅需要有发达和规范的金融资本市场，而且需要有城市化的信息网络和高效、安全的管理服务系统与之相配套。而只有中心城市才可能拥有适应信息经济时代发展高新技术产业要求的各项必备条件。一般来说，中心城市交通便利，生产社会化程度高，特别是大型中心城市，更凝聚着雄厚的高科技力量，也具有发达的金融资本市场和完备的信息服务体系。因此，实施中心城市突破战略，不仅是必须的，也是完全可能的。可以这样讲，在信息经济即将到来的时代，没有中心城市的城市化，就不会有整个区域经济的城市化，更不会有全国的城市化。

到二十一世纪中叶基本实现城市化，是全党全国人民为之奋斗的宏伟目标。中心城市率先基本实现城市化，是邓小平关于分阶段、分区域基本实现城市化战略思想的重要内容。作为区域经济发展和社会进步的火车头，中心城市发展得更快一些，率先基本实现城市化的宏伟目标，是全国基本实现城市化大局的客观需要。统计资料表明，我国的特大城市以0.43％的面积，集中了全国40％以上的非农人口，2/3的国内生产总值，3/4的工业总产值和外资利用额，充分表明了中心城市是经济和社会发展的火车头，是社会主义城市化建设的龙头。中心城市的城市化必然会创造出强有力和高效率的发展动力，推动国家的城市化进程。

2. 中心城市战略的目标定位

城市化战略的目标定位是要明确一个中心城市实现城市化的内容、所要达到的水平和影响力，确定一个中心城市在国家和世界经济、政治、文化生活中的发展方向，在全国或世界某一区域所处的位置、特点、主要功能及发挥的作用。从一定意义上讲，中心城市的区域城市化过程就是实现城市发展目标的过程。确定城市发展目标，必须从所处的时代环境和城市自身的发展特点出发，充分考虑以下四个基本因素。

一般而言，中心城市通常都具有生产、流通、服务以及行政管理等多方面的功能。由于历史的原因和城市独特的区位，每个城市最基本的功能往往不尽相同，从而也就构成了该城市的个性和特点。功能不同，中心城市的职能定位也就不同。按照城市的最基本职能划分，可以分为以下几类：一是综合型中心城市，如美国的纽约、我国的上海等。二是政治型中心城市，如比利时的布鲁塞尔、瑞士的日内瓦。三是经济型中心城市，如瑞士的苏黎士、德国的鲁尔、我国的沈阳等。四是交通型中心城市，如新加坡、我国的武汉、郑州等。五是文化型中心城市，如意大利的威尼斯、法国的戛纳等。六是旅游型中心城市，如美国的夏威夷、我国的桂林等。七是宗教型中心城市，如耶路撒冷、沙特的麦加等均属此类。今后，中国的中心城市在确定城市化目标时，应该立足自身的优势，突出自身的特色，保证自身最主要功能的发挥，切忌照搬照抄和千篇一律。

一般而说，从城市辐射和影响的空间范围来看，中心城市又可以分为国际性中心城市、区域性中心城市、全国性中心城市和地区性中心城市。不同等级的中心城市具有不同的职能，也应该有不同的城市化战略目标。因此，中心城市在确定城市化目标时，应该从自身职能出发，因地制宜，各得其所。

近年来，国内掀起了一股“国际大都市热”。据不完全统计，国内已有几十个城市定位于城市化国际大都市。实际上世界公认的国际大都市寥若晨星，它应该是指那些具有超群的政治、经济、科技实力，并且和全世界或大多数国家发生经济、政治、科技和文化交流，有着全球性影响的国际第一流城市。显而易见，国内除已有的香港外，还有北京、上海可能实现这一目标。而以上海为例，上海2000年国内生产总值占全国的比重为4.6%，但比之东京18.6%（1991年）、伦敦17%（1987年）还有相当的差距，距国际大都市的标准还相当遥远。上海尚且如此，其他中心城市距离国际大都市的差距就更加明显，甚至有的城市在可预见的将来根本就不可能成为国际大都市。因此，中心城市城市化战略的目标定位，不仅要考虑振奋人心，更要考虑现实性和可能性。

中心城市作为全国或区域内的经济中心，自然担当“主角”，处于主导地位。但是，这并不意味着中心城市就可以撇开周围的中小城市而独立发展，甚至搞“大而全”、“小而全”。而是相反，中心城市应该重视建立与周围中小城市之间的分工协作关系，以实现优势互补和共同繁荣。首先，应该在遵循比较优势的基础上，实行细密的经济分工，发展各自的优势产业；其次，通过紧密的协作关系和经济链，把中心城市和中小城市结为相互依存的统一体。例如，中心城市作为技术研发中心、运营中心和销售中心，而中小城市则作为制造加工基地和产业配套基地等。

3. 中心城市如何推进城市化

在建设城市的过程中，实施全面开放战略尤为重要。一是拓展领域。今后的对外开放是全方位的开放，中心城市不仅要加大第一、二产业的开放力度，更应该在服务领域的开放上走在前面，从直接生产领域对外开放为主，转向基础设施和金融、贸易、通信、信息等服务领域的开放，提高中心城市在各个领域内的国际参与度和融合度。二是提升层次。必须在同国际资本流动主渠道、同高新技术制高点、同国际市场需求接轨方面取得突破，把工作着力点放到引进跨国公司战略性投资上来，力争在关键产品、关键技术、关键市场合作开发开拓上取得实质性进展。三是进出结合。积极推动企业国际化生产经营，以世界市场为范围，广泛利用国内外资源，积极参与国际分工竞争，鼓励具有竞争优势、生产能力较强的产业向发展中国家转移，提高企业的国际竞争能力。四是创新形式。开辟利用外资的新渠道和新形式，结合重大基础设施项目的对外招商，采取综合投资开发、BOT、BOO、BLT等多种形式，加快城市装备城市化。

首先要进一步改革企业制度。必须以建立现代企业制度为目标，加快从投资主体多元化向主体成分多元化转变的步伐，使企业制度和企业组织形式具有更大的兼容性和灵活性。第二是进一步完善社会保障制度。要实现社会养老保险的全覆盖、全收缴、全发放，率先在全国建立起规范的独立于企事业单位之外的社会保障体系，使企业职工养老保险制度完成向国家统一制度过渡，基本养老金由现收现付制向基金积累制过渡，提高全社会的保障能力。第三是进一步推进政府职能的转变。政府的职能应由过去直接管理微观经济活动，转向宏观调控，特别是要重视制定市场规则和规范市场秩序，为企业竞争创造公平的市场环境。

关键在于促进产业结构的优化升级。在产业结构调整上，坚持在“发展中调整”而不是在“调整中发展”的指导思想，逐步确立第三产业的主体地位，从三次产业数量比重的变化转向三次产业效益比重的变化。在城乡结构调整上，要按照生产条件及生产手段城市化、产业规模化、技术高新化、机制市场化、城乡一体化、人民生活水平和生活质量文明富庶化的“六化”标准，重点加快农业高新技术产业区的开发和建设，带动农村工业化、城市化。在工业结构调整上，要按照市场导向、竞争定位的要求转向以高新技术主导的装备制造业为主体，加快高新技术产业化步伐，同时，加快用高新技术改造传统产业，以信息化带动工业化。

所谓经营城市，就是利用市场手段，将城市可以用来经营的部分存量资产和生产要素推向市场进行重新组合和优化配置，从中获得收益，再将这部分收入投入到城市建设新的领域，走以城养城、以城建城的城建市场化之路。第一，要搞好城市总体布局，逐步形成既有严格功能区分又互相紧密联系的、各具特色的功能分区。第二，要完善中心市场体系，增强城市的吸纳和辐射能力。要以集中的市场群体、完善的市场功能、先进的交易方式和一流的市场服务为目标，把中心城市建成全国或区域性的商贸中心、金融中心和信息中心。第三，要加快基础设施建设，提高中心城市的载体能力。要重点抓好信息网、交通网的建设。

中心城市的城市化必须实现人口、资源、环境的良性互动和经济、社会的协调发展，避免“生态危机”，形成人与自然的和谐统一，走可持续发展的道路。

表 9.1　中国经济指标

年度数据

	国内生产总值	居民消费价格指数	广义货币供应量[1]	广义货币供应量[2]	狭义货币供应量	工业增加值[3]	社会商品零售总额	固定资产投资[4]	出口	进口	进出口差额	外国直接投资 实际发生	外国直接投资 合同承诺	外汇储备	外币存款
	RMB bn		RMB bn	RMB bn	RMB bn	RMB bn	RMB bn	RMB bn	US$ bn	US$ bn	US$ bn	US$ bn	US$ bn	US$ bn	US$ bn
1993	3456.1	114.7		3488.0	1628.0	1414.4	1246.2	1245.8	91.7	104.0	−12.2	27.5	111.4	21.2	
1994	4675.9	124.1		4692.4	2054.1	1936.0	1626.5	1704.3	121.0	115.6	5.4	33.8	82.7	51.6	
1995	5848.7	117.1		6075.1	2398.7	2471.8	2062.0	2001.9	148.8	132.1	16.7	37.5	91.3	73.6	
1996	6788.5	108.3		7609.5	2851.5	2908.2	2477.4	2297.4	151.0	138.8	12.2	41.7	73.3	105.0	
1997	7446.3	102.8		9099.5	3482.6	3175.2	2729.9	2494.1	182.8	142.4	40.4	45.3	51.0	139.9	
1998	7834.5	99.1		10449.9	3895.4	3354.1	2915.3	2845.8	183.7	140.2	43.5	45.5	52.1	145.0	
1999	8191.1	98.6		11989.8	4583.7	3535.7	3113.5	2987.6	194.9	165.7	29.2	40.4	41.2	154.7	
2000	8940.4	100.4	13835.7	13460.0	5317.1	2368.5	3415.3	3261.9	249.2	255.1	24.1	40.8	62.7	165.6	128.3
2001	9593.3	100.7	15830.2		5987.2	2695.0	3759.5	3689.8	266.2	243.6	22.5	46.9	69.2	212.2	134.9
2002															
同比增长率%[5]															
1994	12.6			34.5	26.2		30.5	36.8	31.9	11.2	−144.1	22.9	−25.8	143.4	
1995	10.5			29.5	16.8	14.0	26.8	17.5	23.0	14.2	209.6	10.9	10.4	42.6	
1996	9.6			25.3	18.9	13.0	20.1	14.8	1.5	5.1	−26.8	11.2	−19.7	42.7	
1997	8.8			19.6	22.1	11.2	10.2	8.6	21.0	2.5	230.9	8.6	−30.4	33.2	
1998	7.8			14.8	11.9	8.9	6.8	14.1	0.5	−1.5	7.6	0.4	2.2	3.6	
1999	7.1			14.7	17.7	8.5	6.8	5.2	6.1	18.2	−32.8	−11.1	−20.9	6.7	
2000	8.0		14.0	12.3	16.0	11.4	9.7	9.7	27.8	35.8	−17.5	0.9	50.8	7.0	
2001	7.3		14.4		12.7	9.9	10.1	12.1	6.8	8.2	−6.5	14.9	10.4	28.1	5.2
2002															

注释：

1. 从 2000 年 6 月起，将证券公司客户保证金计入广义货币供应量(M2)。该栏数据反映了使用新的界定后的官方调整。增长率为名义值，不包括季节调整。
2. 调整前的广义货币供应量的官方数据。
3. 月度和季度工业增加值含年销售收入超过 500 万的国企和非国企。
4. 月度和季度投资数据不含城镇和农村的集体和个人投资。
5. 除去国内生产总值和工业增加值，其他增长率均为名义值。

季度数据

续表 9.1

	国内生产总值	居民消费价格指数	广义货币供应量[1]	广义货币供应量[2]	狭义货币供应量	工业增加值[3]	社会商品零售总额	固定资产投资[4]	出口	进口	进出口差额	外国直接投资 实际发生	外国直接投资 合同承诺	外汇储备	外币存款
	RMB bn		RMB bn	RMB bn	RMB bn	RMB bn	RMB bn	RMB bn	US$ bn	US$ bn	US$ bn	US$ bn	US$ bn	US$ bn	US$ bn
2000															
Qtr1	1817.3	0.1		12258.1	4515.8	501.2	839.4	223.5	51.7	46.5	5.2	7.1	11.1	156.8	
Qtr2	3949.1	0.1		12660.5	4802.4	598.4	785.4	530.2	62.8	55.6	7.2	17.2	24.2	158.6	
Qtr3	6212.4	0.1	13370.1	13047.4	5061.7	606.5	808.8	593.3	67.8	61.0	6.8	26.7	37.9	160.1	120.4
Qtr4	8940.4	0.9	13835.7	13460.0	5317.1	662.4	981.7	1077.2	66.9	62.0	4.9	40.8	62.7	165.6	128.3
2001															
Qtr1	1989.5	0.8	14334.7	13874.4	5303.3	586.8	925.6	256.0	42.1	39.0	4.4	8.0	16.0	176.0	129.3
Qtr2	4294.2	1.6	14781.0		5518.7	694.3	865.9	636.8	65.7	61.9	3.8	20.7	33.4	180.8	134.0
Qtr3	6722.7	0.8	15182.0		5682.3	678.6	887.7	699.1	70.4	65.0	5.5	32.2	49.3	195.8	134.8
Qtr4	9593.3	−0.13	15830.2		5987.2	735.3	1080.2	1190.7	71.3	62.1	9.2	46.9	69.2	212.2	134.9
2002															
Qtr1	2102	−0.6	16406.5		5947.5	649.4	1003.5	467.2	64.7	57.4	7.3	10.1	17.9	277.6	141.2
Qtr2	2451.6	−1.1	16960.1		6314.4	796.6	941.2	785.8	77.4	71.3	6.1	24.6	44.0	242.8	144.5
							同比增长率%[5]								
2000															
Qtr1	8.1			13.0	18.7	10.7	10.4	8.5	39.1	41.0	24.0	−2.8	27.1	6.9	
Qtr2	8.2			13.7	23.7	11.7	9.9	13.7	37.8	32.5	99.4	−7.4	24.6	7.9	
Qtr3	8.2		15.3	13.4	20.8	12.5	9.4	16.9	25.0	43.1	−41.4	−8.7	27.9	5.7	
Qtr4	8.0		14.0	12.3	16.0	10.7	9.2	1.1	15.4	28.8	−50.1	0.9	50.8	7.0	
2001															
Qtr1	8.1		14.8	13.2	17.4	11.2	10.3	15.1	−18.6	−16.2	−15.9	11.7	44.3	12.1	19.8
Qtr2	7.9		14.3	14.3	14.9	10.8	10.3	20.1	4.5	11.3	−47.7	20.5	38.2	14.0	17.9
Qtr3	7.6		13.6		12.3	9.5	9.8	17.8	3.9	6.5	−19.8	20.7	30.4	22.3	12.0
Qtr4	7.3		14.4		12.7	8.8	10.0	10.5	6.6	0.2	86.8	14.9	10.4	28.1	5.2
2002															
Qtr1	7.6		14.4		10.1	10.9	8.4	26.1	9.8	5.2	66.5	27.5	11.6	29.3	5.2
Qtr2	7.8		14.7		12.8	12.4	8.7	23.4	17.8	15.1	61.6	18.7	31.4	34.2	3.8

续表 9.1

月度数据

	国内生产总值	居民消费价格指数	广义货币供应量[1]	广义货币供应量[2]	狭义货币供应量	工业增加值[3]	社会商品零售总额	固定资产投资[4]	出口	进口	进出口差额	外国直接投资 实际发生	外国直接投资 合同承诺	外汇储备	外币存款
	RMB bn		RMB bn	RMB bn	RMB bn	RMB bn	RMB bn	RMB bn	US$ bn	US$ bn	US$ bn	US$ bn	US$ bn	US$ bn	US$ bn
2000															
Oct		100.0	13423.2	12952.2	4995.3	209.5	302.9	221.7	22.8	12.9	3.8	31.4	43.5	161.3	122.7
Nov		101.3	13613.7	13099.4	5078.7	217.1	310.8	250.4	22.1	21.6	0.5	36.2	48.6	163.9	127.4
Dec		101.5	13835.7	13461.0	5314.7	235.8	368.0	605.1	22.0	21.4	0.6	40.8	62.7	165.6	128.3
2001															
Jan		101.2	14124.0	13754.4	5440.6	169.5	333.3		16.8	15.5	1.3	2.2		168.6	130.1
Feb		100.0	14229.2	13621.0	5199.8	193.4	304.7	113.1	19.1	18.2	0.8	4.6	9.2	174.8	128.9
Mar		100.8	14334.7	13874.5	5303.3	223.9	287.6	142.9	23.0	20.7	2.3	8.0	16.0	175.8	129.3
Apr		101.6	14415.2	13995.0	5326.1	226.6	282.1	167.6	22.8	21.9	0.9	11.0	20.2	177.2	131.9
May		101.7	14557.7	13901.6	5342.3	227.9	293.0	196.3	20.8	18.8	2.0	15.1	26.0	179.0	134.7
Jun		101.4	14781.0		5518.7	239.8	290.9	272.9	22.1	21.3	0.8	20.7	33.4	180.8	134.0
Jul		101.5	14922.9		5350.3	220.1	285.1	218.3	22.9	21.0	1.9	24.2	40.3	184.5	133.6
Aug		101.0	14994.2		5580.9	223.3	288.9	220.0	23.5	22.2	1.4	27.4	43.7	190.0	134.7
Sep		99.9	15182.0		5682.3	235.2	313.7	260.8	24.0	21.8	2.1	32.2	49.3	195.8	134.8
Oct		100.2	15149.7		5611.5	233.2	334.7	250.4	22.8	18.9	3.9	37.3	55.2	203.0	135.7
Nov		99.7	15408.8		5658.0	238.9	342.2	274.0	24.0	20.8	3.2	41.9	60.4	208.3	135.3
Dec		99.7	15830.2		5987.2	263.2	403.3	666.3	24.5	22.4	2.1	46.9	69.2	212.2	134.9
2002															
Jan		99.0	15966.9		6057.7	215.8	359.6	NA	21.7	19.0	2.7			217.4	
Feb		100	16093.6		5870.3	188.0	332.4	140.8	19.1	15.9	3.2	5.9	11.4	223.5	
Mar		99.2	16406.5		5947.5	245.6	311.5	185.6	23.8	22.5	1.3	10.1	17.9	227.6	141.2
Apr		98.7	16457.1		6046.1	256.9	305.2	215.2	26.7	25.8	1.0	14.1	21.3	233.8	
May		98.9	16606.1		6128.5	261.7	320.2	243.0	24.6	22.4	2.2	16.9	27.9		143.6
Jun		99.2	16960.1		6314.4	278.0	315.8	327.6	26.0	23.1	2.9	24.6	44.0	242.8	144.5
Jul		99.1	17085.1		6348.8	256.8	309.7	269.5	29.2	27.0	2.2	29.5	54.4		144.4

月度数据

续表 9.1

	国内生产总值	居民消费价格指数	广义货币供应量[1]	广义货币供应量[2]	狭义货币供应量	工业增加值[3]	社会商品零售总额	固定资产投资[4]	出口	进口	进出口差额	外国直接投资		外汇储备	外币存款
												实际发生	合同承诺		
	RMB bn		RMB bn	RMB bn	RMB bn	RMB bn	RMB bn	RMB bn	US$ bn	US$ bn	US$ bn	US$ bn	US$ bn	US$ bn	US$ bn
					同比增长率%[5]										
2001															
Oct			12.9		12.3	8.8	10.5	13.0	0.1	−0.2	1.6	18.6	26.9	25.8	10.6
Nov			13.2		11.4	7.9	10.1	9.4	8.4	−3.7	523.9	15.6	24.4	27.1	6.2
Dec			14.4		12.7	8.7	9.6	10.1	11.5	4.6	270.7	14.9	10.4	28.1	5.2
2002															
Jan			13.1		9.5	18.6	7.9	NA	29.2	21.9	207.7			28.9	
Feb			13		10.9	2.7	9.1	24.5	0.4	−12.6	39.1	28.4	24.4	27.9	
Mar			14.4		10.1	10.9	8.3	28.0	3.5	8.4	−41.3	26.6	11.6	29.4	5.2
Apr			14.1		11.5	12.1	8.2	28.4	17.3	17.8	3.9	29.1	5.1	32.0	
May			14		14.5	12.9	9.3	23.9	18.4	19.3	9.7	12.38	7.29		2.5
Jun			14.7		12.8	12.4	8.6	20.0	17.8	8.6	252.2	18.7	31.4	34.2	3.8
Jul			14.4		17.0	12.8	8.6	23.5	28.1	28.9	13.9	22.0	34.9		4.0

资料来源:国务院发展研究中心,2002.8.20。

五 城市规模效应的提升：大城市区（群）——城市带——城市圈

在中国位于沿海地区的京津唐地区、长江三角洲地区、珠江三角洲地区有希望成为主导中国经济发展、参与国际竞争的大城市群。今后，中国经济将越来越向各个大城市区，特别是向京津唐、长江三角洲、珠江三角洲这三个大城市区（群）进行集聚，三个大城市群将在不久的将来成长为具有巨大影响力的经济空间。当然要达到这一点还需要国家城市化整体战略设计中有一套明确的大城市区、大城市群的政策作为支撑。

大城市区是城市发展的一种空间表现形式，也是城市化的高级形式，建设和发展大城市区首先符合了经济全球化、区域经济一体化的时代潮流；其次，建设和发展大城市区有利于都市圈内各类规模大小城市之间优势互补．联动发展，共同提高，符合圈内城市发展的内在要求。同时，大城市区的建设必将有利于进一步强化核心大都市的经济、文化、科教与信息等中心的地位，有利于将其建设成为有较强国际竞争力的国际化中心城市。

大城市区的建设和发展将按照区域共同利益的原则，重点推进交通网、人才网、金融网、信息网四大网络的建设，强化大都会作为核心城市的功能建设：到2010年大城市区内GDP人均达到4000美元以上；城市化率达到75％以上，形成优势互补、各具特色、协调发展的一体化区域经济，从整体上提高国家的综合实力。

大城市区在国家和区域经济发展中具有非常重要的地位，它既有较好的投资环境和较强的经济实力，也有较完善的城市功能和较高的投入一产出效益，同时又是一个国家或一个地区社会经济发展的中心，具有强大的吸引力和凝聚力。1995年底，我国有32个人口规模在100万以上的特大城市。其中超过200万人的有10个，依次为上海、北京、天津、沈阳、武汉、广州、重庆、哈尔滨、南京、西安，均为全国性的中心城市或跨省区的大区域性中心城市。

1. 首都经济群——环渤海湾大城市区（群）

截止2001年年末，北京10年涨大100平方公里，新版地图将以五环路为地图中心。而规划部门则审慎预测：北京城区还将继续向四周扩展。根据国务院批准的《北京城市总体规划》，到2010年，北京市区面积将达到610平方公里左右。近年来，随着人口的膨胀和经济社会的迅猛发展，城市的生存空间日益逼仄，国内各大城市的加速扩张成为趋势。有关资料表明：未来10年水资源短缺将是中国国内最具挑战性的问题。而北京人均占有量为300立方米左右，仅为全国人均占有量的1/7，在世界各国首都中居百位之后。北京市社科院长期研究水资源供应与城市人口容量的研究结果显示：2005年，北京可支撑的人口容量为1277.77万人，但实际北京总人口在1997年即突破1500万大关。

表 9.2　首都经济群——环渤海湾大城市区（群）的城市综合发展成本

城市	人均基础建设成本（万元/人）	人均住房成本（元/人）	人均教育成本（元/年）	人均就业成本（元/年）	人均生活能源成本（千瓦小时/人）
城市合计	0.84	528.88	287.00	71.79	263.65
北京	0.90	1132.88	545.00	136.25	430.30
天津	1.01	12.59	397.00	99.25	362.40
唐山	0.55	501.45	145.00	36.25	214.00
秦皇岛	0.71	470.59	256.00	64.00	214.20
廊坊	1.21	496.16	210.00	52.50	150.30
保定	0.65	559.61	170.00	42.50	210.70

注释专栏 9.3

首都经济圈

编者按：2002 年 7 月 29 日香港《亚洲周刊》发表署名文章：首都经济圈，创新世纪传奇。作者纪硕鸣先生在文中指出，在市场经济力量推动下，北京一天津首都经济圈成为环渤海经济区的龙头；人们期待天津与北京的互动不仅能带动环渤海湾的经济腾飞，也能成为中国经济第三次飞跃的强力发动机。

当磁悬浮高速列车穿梭于北京与天津，全球最相近的两个超大型城市的距离将拉近。投资 130 亿元人民币的京津磁悬浮高速列车已进入专家论证的最后阶段，如获得批准，预计明年可以动工兴建，一旦落成，来往京津之间仅需 20 分钟，天津机场将成首都的第二国际机场，家住天津而工作在北京也将成为可能。近年，中国首都北京市的人流物流极度膨胀，污染严重，资源匮乏，物价上扬；寻找城市命运的出口成了北京持续发展的当务之急。当京津两市被 20 分钟车程的磁悬浮列车连接，两个城市的互动将开展新的一页。人们期待，双城互动互补将成为带动首都经济圈的火车头、启动中国经济新一轮增长的发动机。

一、京津民间互动频繁

事实上，京津民间的互动非常频繁，由于天津物价便宜，到天津购物成为一部分北京人的消费时尚。今年春节前后，北京及周边地区到天津购物的人流比平时增加三四倍，每天的往返人数在 10 万人次左右，每天为天津带来 3000 万元的营业收入。由于天津的楼价比北京低一半，到天津看房、购房的北京人也多了起来。

当北京每年 8 万对新人面对 4000 元人民币一桌的婚礼酒宴时，不少新婚男女将喜庆宴席办到了天津，婚礼车队浩浩荡荡的行进在开往天津的高速公路上。京津高速仅97公里，全程只需一个多小时。天津1000元人民币一桌的婚宴，豪华的气派绝不亚于北京。天津夏日的海滩，最耀眼的还是挂着“京”字车牌的汽车。曾经有人提出京津合并的方案，但行政措施并非是牵动民间交往的最佳力量。这一刻，天津与北京两个历史上的伙伴在市场经济力量的引导下，找到了新的互动方式，两个特大型城市的命运注定会连在一起，合则互利，分则两害。

二、经济新腾飞的关注点

中国加入世贸后，寻找经济第三次腾飞的关注点落到了环渤海湾。八十年代深圳珠海带起珠江三角洲高速发展，形成中国改革开放的第一次浪潮；九十年代浦东开发带动长江三角洲，形成了中国经济的又一次起飞；人们期待着，中国经济的再一次起飞，可以由环渤海湾经济开发来带领，并辐射东北、华北及西北地区。北京及天津的学术界不久前推出了《大北京地区规划》；最近又在探讨“首都经济圈发展研究”的方案；甚至京津两个特大型城市合并的议题也提到了政协的案头，期望“三北”地区也能如华南、华东般闪烁经济成就的辉煌。

但国家建设部有关部门评价“京津合并”时称，“合并”尚无方案，也没时间表，甚至不现实，而“大北京规划”也没有分项论证的时间表。不过，天津的学者认为，京津合作互补优势，谋求共同发展应该有时间表及新思路。

三、优势互补形成龙头

天津市长李盛霖接受《亚洲周刊》访问时表示，天津历史上欠帐很多，八十年代南方起步，天津还在清扫障碍；九十年代中国经济起飞，天津仅在为起飞做准备，“但天津人是有思路的，天津正在努力重拾昔日的辉煌。天津已连续十年保持经济快速增长，GDP年均增幅12%，我们的目标是经过几年的努力，把天津建设成为现代化国际港口大都市和中国北方重要的经济中心。”

京津重新开创世纪传奇，带动环渤海区域的发展，需要全新的合作互动。然而，这两个过于集中的特大型城市，经济互动的落差却很大。由于强调发展地方经济，更因为北京作为首都的特殊地位，北京市近年来强势发展，不仅是政治、文化、科技中心，也力求成为经济中心。虽然有天津国际大港，北京仍远赴唐山建港口；天津原有不少始发火车，现在都迁往北京始发；天津的工业基础好，北京仍要重金兴建首钢、燕京石化。南开大学经济学教授郭鸿懋表示，与北京体制上的摩擦到城市定位的矛盾是天津发展的瓶颈之一。

定位不明确的恶果不仅是天津发展滞缓，也令北京极度膨胀，人流、物流过于集中，城市污染及资源缺乏。发展国际都市的要求，使京津间的互动合作越来越成为人们关注的热点。

天津市副市长王述祖强调，天津与北京不存在竞争，任何跨国公司的总部都会离政治中心近一些，便于信息与各方面的联系，但在制造业方面，天津有更优越的条件，津京互补才可以托起华北经济的龙头。

中国第三次飞跃就看渤海湾，就看京津地区，这个口号喊了十年，但一直没有腾飞起来。南开大学经济系副主任江曼琦副教授指出，设想以京津加上环绕周围的唐山、保定、秦皇岛、承德、沧州、张家口、廊坊等七个城市，形成经济一体，优势互补的首都经济圈，这个经济圈不以一个城市为中心，而以京津的互动互助为核心，带动周边经济的发展。江曼琦认为，东北亚有几个经济圈，包括日本的东京横滨首都经济圈、韩国的汉城仁川首都经济圈；中国参与东北亚经济的合作竞争，需要以京津双城的互补为龙头。

中国北方经济落后是因为缺乏带头的城市，在环渤海湾真正可以带头的是北京和天津。江曼琦认为，经济中心要有很强的经济实力，很强的服务体系，有经济控制能力，是新技术新产业的所在地，还不能忽视制造业。北京缺少土地，缺少发展新产业制造业的人力条件及环境。天津有发展制造业的优势，工业基础好，技术工人力量强，两地在金融、旅游、新技术研发等众多领域有互补优势。“在一个城市不足以成为经济中心的情况下，要以‘城市带’或不同城市的互补成为中心，首都经济圈应以京津两地优势互补形成中心。”

北京大学光华管理学院战略与公共政策系主任武常岐教授认为，环渤海经济区域一直没有大的突破，与天津有很大关系，天津有众多优势，但始终未发展出经济效益，“至今京津两地竞争与替代的关系没能转变成互补的关系。”武常岐指出，京津两地的互补定位，一要以市场调节，二要靠中央的指令及协调。

人们期待着，天津这只待飞的凤凰，在与北京的互动中，不仅能带动环渤海湾的经济腾飞，也能成为中国经济第三次飞跃的强力发动机。

资料来源：参考消息，2002年8月1日，第1版，第8版。

著名未来学家约翰·奈斯比特曾一针见血地指出：日本衰退的一个原因是“人力、物力、信息资源过度集中于东京”。1996年，面积约占全国0.6%的东京居住了超过全国1/10的人口，超过全国20%的GDP，而全国人口的1/4以上集中在东京周围50公里以内。东京已患上空气污染、住房拥挤、物价昂贵、交通不畅等一系列“都市综合症”，不得不考虑迁都事宜。

城市扩张的未来已经成为世界性的研究难题。2001年10月底在深圳召开的2000年中国建筑设计发展国际论坛上，日本建筑大师黑川纪章曾表示：希望中国不要重蹈日本和欧洲城市规划的覆辙，美国、欧洲、日本最不应该的就是将城市中心的居民向郊外疏散。东京在郊外建了很多住宅，住在那里的人每天至少要花两个小时的时间才能到办公室。东京中心区的大楼每天晚上6点就纷纷成为“无灯大厦”，城市中心毫无生气。北京应在保留中心居住区的前提下再进行开发建设。

大城市向超大城市向巨型城市的转化，是由于资本的无控制聚集而造成的必然结果。城市中心的经济活动最密集，因而工作机会也最密集，每天大量员工涌进城市是必然的集体行为。结果通勤耗费的时间使人筋疲力尽，生活质量大打折扣；其次，郊区居民出行只能寄望于汽车和火车，被禁锢在小社区里，丧失了城市里丰富多彩的生活和与其他社区居民随机邂逅交流的自由；再次，欧美的郊区化是由汽车文化支撑的，土地、能源和环境是其代价，我们的经济实力还不具备；更重要的，随着城市扩张，郊区的自然景观次第被城市聚居的建筑景观取代，郊区生活的概念被颠覆，住在郊区逐渐重新变成了住在城乡结合部，再变成了住在城里，只不过，这个住处离工作地点实在是太遥远了！最后，由于郊区生活方式要求住户具有相应的经济承受能力，它实际上造成了严密的阶级隔离。同一个社区的居民，身份地位彼此相近，城市人口结构的自然生态不复存在。

通过扩大地域扩大城市规模不是坏事，但城市的环路应适可而止。城市规模离开城市形态来谈毫无意义，即不在数量本身，而在如何分布，城市规模控制关键控制的是形态。理想的模式是建设新的中心区，或是像美国西海岸的城市连绵体一样建设带状城镇群。城镇群目前在中国已经开始出现，如沪－宁－杭等，北京也正在考虑把天津、河北统一起来考虑。今后，网络的发展可以改变上班方式，但蓝领还是应近可能就近居住。

如果说，城市的大具有一种大气的壮美，大而无当则是可怕的。的确，城市的规模往往是不以人的意志为转移的。学界有过旧城与新城的争论，也有过迁都、分散北京城市职能的讨论，只要北京作为政治、文化、经济管理、军事中心的地位不变，城市的扩张趋势就不可逆转。有识之士指出，在政府与房地产资本两种决定性的权利之外，北京的未来已不是规划师所能简单决定的。立足大都市的现状，在城市内部满足生活的全部功能，安排人们的日常生活是知易行难的选择。

通过首都经济圈—环渤海湾大都市圈的科学概念，把北京市及相邻的天津市、河北省统筹考虑，探索、提出首都及周边省市的城乡发展规划，在地区规划研究中形成一种地区城乡空间发展规划研究的“区域整体性理论”。这一理论倡导全球市场、区域经济、科学文化与技术创新相结合，走可持续的城市发展道路，通过综合的发展途径，提高城市环境质量。“环渤海湾大都市圈”不是行政区划概念，而是指对包括北京、天津、唐山、秦皇岛、保定等在内的城乡建设规模进行统筹研究，通过合理的布局与建设，形成完善的城镇网络，疏散北京市区部分功能，合理发展沿海港口和工业，改善区域生态环境，促进京津都市带及区域整体发展，使“首都经济圈”共同发挥我国政治、经济、文化等中心的作用。

2. 沪宁杭经济群——长江三角洲大城市区（群）

1998 年以来，江、浙、沪各地先后提出富民强省、富民强市，率先基本实现现代化的发展目标，并相继实施城市化、信息化、高新技术产业化战略。这标志长江三角洲地区经济增长方式从以往数量扩张向质量提升的根本转型，是告别小康、走向富强的发展战略大转移。

农业、农村、农民的巨变，为长江三角洲地区近年来城市化浪潮的涌起提供了必要条件。统计资料表明，浙江省 2001 年农村居民人均纯收入达到 4582 元，农民富裕程度连续 17 年位居全国之首。城镇居民收入去年也首次跃居全国第一。另据统计，江苏省去年农民人均收入为3785元，其中苏南农民纯收入达到4990元。江、浙两省农民的富裕是农村工业化的结果，工业化的快速发展对城市化提出了紧迫要求。

苏南农村工业化是苏南农业价值转移造成的，苏南地区目前进入工业化中后期。现在大家不约而同地抓城市建设，这是工业价值积累横向转移的一种体现，是大势所趋。城市化浪潮是全面性的，是继乡镇工业、外向型经济之后，又一次重大发展机遇。城市改造和建设是提高城市功能和资源积聚效能的重要起点。

近年来，在长江三角洲地区15大城市的城市建设形成激烈的竞争局面，旧城改造和新区建设突飞猛进。南京、无锡今年拆除旧城建筑面积均超过100万平方米。各地纷纷大手笔调整行政区划。据统计，从1999年到2001年，江苏省撤乡并镇628个，撤并村15000多个，江、浙两省城市化水平均超过40%。2001年8月，浙江省在全国率先实行城乡一体化最低生活保障办法，将农民纳入最低生活保障网。在苏南地区，包括失业保险、养老保险在内的社会保障系统，从去年开始向个体工商户和外来劳务人员延伸。2001年，南京市首开吸纳外来劳务人员参加养老保险人数超过10万人。户籍制度改革的全面推进使城乡二元结构不断被突破。

表9.3　沪宁杭经济群——长江三角洲大城市区（群）的城市综合发展成本

城市	人均教育成本（元/年）	人均就业成本（元/年）	人均生活能源成本（千瓦小时/人）	人均基础设施成本（万元/人）	人均住房成本（万元/人）
城市合计	264.00	66.05	389.30	1.42	0.17
上海	742.00	185.50	468.20	1.81	0.45
杭州	227.00	56.75	556.60	1.88	0.44
宁波	372.00	93.00	391.70	2.15	0.33
金华	254.00	63.50	394.40	0.91	0.08
绍兴	202.00	50.50	198.40	1.80	0.38
嘉兴	146.00	36.50	228.20	4.41	0.26
湖州	128.00	32.00	224.90	1.53	0.25
南通	207.00	51.75	419.70	0.79	0.01
常州	217.00	54.25	482.80	0.62	0.01
苏州	227.00	56.75	409.70	0.69	0.01
无锡	315.00	78.75	458.10	0.71	0.07
扬州	217.00	54.25	411.00	0.92	0.05
镇江	197.00	49.25	365.40	0.92	0.01
南京	248.00	62.00	441.20	0.80	0.04

信息化和高新技术产业化发展是长江三角洲地区发展战略大转移的重要方向。二十世纪九十年代以来，沿海发达省市普遍把发展高新技术产业作为经济的第一增长点和第一推动力，呈现出千舟竞发之势。上海电子信息产业、生物医药、新材料已

成为高新技术产业中的重要领域。三大产业产值已占全市高新技术产业总产值的八成以上，形成了较强的技术优势和产业基础。

3. 广（广州）深（深圳）经济群——珠江三角洲大城市区（群）改革开放二十多年来，“珠三角”城市群辐射力渐强，广东对全国最大的贡献莫过于以广州、深圳为轴心的“珠三角”城市群的崛起。这是一片神奇的土地。广州依托改革开放的东风，经济发展一路高歌，深圳则以无与伦比的“深圳速度”缔造了城市发展史的奇迹。两个中心城市优势互补，比翼齐飞，加快发展高新技术，从而带动了全省经济快速发展，城市化水平迅速提高。日前，广东省已向世人宣告，全省城镇人口的比重已超过农村人口，占了全省总人口的55%，其中，珠江三角洲达到72%，并催生出了一大片充满经济活力的城市，形成“珠三角”城市群。这是亚太地区最具活力的经济区之一，它以占广东30%的人口，创造着全省77%的GDP。根据中国城市和区域经济研究专家学者的调研，珠三角已成为全球最大的轻工业生产基地，其生产规模已超出美国东岸及欧洲。

表9.4　广（广州）深（深圳）经济群——珠江三角洲大城市区（群）的城市综合发展成本

城市	人均住房成本（万元/人）	人均基础建设成本（万元/人）	人均生活成本（千瓦小时/万元）	人均就业成本（元/年）	人均教育成本（元/年）
城市合计	0.36	0.29	225.65	89.23	357.00
广州	0.17	0.25	180.70	91.00	364.00
深圳	2.12	0.36	204.70	418.25	1673.00
珠海	0.04	0.14	161.47	138.00	552.00
汕头	0.02	0.18	365.65	62.25	249.00
汕尾	0.00	0.34	312.04	10.50	42.00
潮州	0.11	0.39	267.77	35.75	143.00
佛山	0.15	0.27	214.12	125.00	500.00
江门	0.17	0.18	118.80	77.25	309.00
肇庆	0.21	0.42	157.10	64.25	257.00
惠州	0.21	0.18	156.66	64.00	256.00
东莞	0.55	0.21	555.06	112.25	449.00
中山	0.41	0.35	293.60	63.00	252.00
阳江	0.12	0.36	195.92	28.00	112.00
茂名	0.22	0.22	104.78	24.00	96.00
湛江	0.16	0.23	96.34	25.00	100.00

注释专栏 9.4

转型期城市生态学前沿研究进展

澳大利亚的 Halifax 生态城是在 Adelaide 市外 60km 的一片 17hm^2 的退化的农田上建设的。当地居民通过社区自助性开发方式进行生态恢复、治理水土流失，并向传统房地产商挑战。首期开发了一片 2.4 hm^2 混合功能居住区，居民 800 余人，90%的技术是对区内及区域环境友好的，70%的植物种是当地种。区内综合开发了各种节水、节能、节物的生态建筑技术，包括太阳能供热水、制冷、取暖、自然采光、中水及雨水利用技术，选用对人体无毒、无过敏、节能、低温室气体排放的建筑材料等。其发起人 Joan Bourne 太太患癌症 30 年，通过这种生态建设活动及健康的人居环境，其生理和心理健康明显增强。Whyalla 生态市在 Adeliaide 市北 400km，占地 15 hm^2，居民 2.6 万人。该地原是一个废弃的钢铁工业基地，建设者们通过各种生态恢复措施，如人工湿地，废水回用，垃圾堆肥，太阳能的利用以及生态建筑的规划设计与社区参与型管理等进行生态建设。城市形态和格局一反澳大利亚传统方格式的殖民地形态的城市布局，按 Kevin Lynch 提出的 3 种城市形态进行生态设计。其生态建设的 12 条原则是：退化生态系统的恢复；适应当地生态型；在环境容量限度内开发；防止城镇摊大饼式外延；优化能源结构和效率；创造和促进新的经济增长点；提供卫生、安全的人居环境；社区共生；基础设施及社区服务共享；历史文化的延续性；突出多样性的文化景观，修复和支持生态基础设施。

人类聚居地生态学研究围绕当前困扰城市各级部门的环境问题、交通问题、居住问题和生活质量问题，逐渐聚焦在 3M 目标：物质代谢（Metabolism）、交通过程（Mobility）和生态基础设施的维护（Maintenance）；和 3I ＋ 3M 方法：影响评价（Impact assessment）、关系整合（Interaction synthesis）、体制调控（Institutional regulation）、指标测度（Measuring），动态监控（Monitoring）及系统模拟（Modeling）上。

城市的核心是人，发展的动力和阻力也是人。正确处理好人与土地（包括地表的水、土、气、生物和人工构筑物）的生态关系是人居生态研究的核心任务。城市的表现形式是社区的格局、形态，而其神或魂却是生态的“生”字，包括生存能力（示范区的吸引力，离心力和竞争力），生产实力（从第一性生产到废弃物的处置），生活魅力（方便适宜的设施，丰富多彩的环境）及生境活力（风、水、花、鸟等自然生境和生物活力）。人作为符合生态系统的主体，其日常生活活动对城市生态系统功能的好坏起着重要作用。以往对产业活动和城乡建设对物理环境的单项影响研究较多，而对生活消费活动对生态的影响研究 较少。家居生态学将家庭视为一个生态系统，隶属于更大的社区、村镇或区域，研究其可持续的生活方式、生产过程和生态对策。Christensen 在《Home Ecology》一书中从食物、能量、水、光、空气、消耗品、健康、辐射、绿化等不同层面论述了人居生态系统的代谢过程以及其和动物、植物与人的关系，但还只是停留在描述性而非机理性的研究上。

丹麦 Kalundborg 镇的工业综合体可以说是一个典型的高效、和谐的产业生态系统。二十世纪八十年代初，以燃煤发电厂向炼油厂和制药厂供应余热为起点，进行工厂之间的废弃物再利用的合作。经过 10 多年的滚动发展和优化组合，目前该系统已成为一个包括发电厂，炼油厂，生物技术制品厂，塑料板厂，硫酸厂，水泥厂，种植业、养殖业和园艺业，以及 Kalundborg 镇的供热系统在内的复合生态系统。各个系统单元（企业）之间通过利用彼此的余热、净化后的废水、废气，以及硫、硫化钙等副产品作为原材料等，一方面实现了整个镇的废弃物产生最小化；另一方面，各个系统单元均从相互合作中降低了生产成本，获得了直接的经济效益。这种合作模式并没有通过政府渠道干预，工厂之间的交换或者贸易都是通过民间谈判和协商解决的。有些合作基于经济利益，有些则基于基础设施的共享。各企业在合作的初期主要追求经济利益，但近年来却更多地考虑了环境及生态效益。

能值分析（Emergy 或 Embodied energy analysis）理论和方法是著名系统生态学家 H. T. Odum 提出来的一种重要的生态价值测度理论。他定义生态系统某一层次中一流动或储存的能量 a 所隐含的经过上几层生态链直接或间接转换所需的另一种类别能量 b 的数值，为该层次能量 a 的 b 能值（一般以太阳能为标准，故称太阳能值）。这一方法在生态学中具有较为广泛的适用性，尤其对传统市场方法难以估价的许多自然资源不失为一种有效途径，国内外众多学者将之用于生态系统的价值分析和可持续发展政策制定，并取得了可喜的成果。在生态影响评价中引进能值分析，有利于比较不同产品、过程和活动的总能耗及其影响。

Rees 和 Wackernagel 探讨了自然资本占用的空间测度问题，提出了生态足迹（Ecological footprint）的概念。生态足迹被定义为在现有技术条件下，按空间面积计量的支持一个特定地区的经济和人口的物质、能源消费和废弃物处理所要求的土地和水等自然资本的数量。他们最早估计了典型城市工业区（人口大于 300 人/km^2）要占用比其所包含的区域面积大 10—20 倍的土地（包括水域）面积，由此外推，人类的物质需求现在已超过了地球的承载力。受他们的先驱工作的推动，国际上一些生态经济学家也开始从事这方面的研究，Lasson 等估计了哥伦比亚加勒比海沿岸地区半密集的养虾农场的发展对生态系统支持的占用，它占用了比农场大 35—190 倍的地表面积，大约 80%所需的养虾饲料来源于农场外的自然生态系统。Carl Folke 等估计了北欧波罗的海地区和全球城市发展的生态足迹，研究表明，波罗的海地区的 29 个大城市因对自然资本的消费占用了比该地区的城市面积大至少565—1130倍的自然生态系统面积。全球774个大城市（人口占全球的20%）因海产品消费占用了25%的全球可得到的具有生产力的海洋生态系统面积。同时，为降低这些城市的温室效应，需要比作为碳库的全球10%还多的森林面积来吸收CO_2。M. Wackernagel等在他们早期工作的基础上，完成了52个国家（占全球人口的80%）的1992年的生态足迹研究报告，他们的报告表明，在1992年，人类过度使用了全球当年所生产的自然资本总量的大约1/3强。Jeroen等关于这一概念及其方法作了详细的评述，对该方法中的不足之处，如所使用的累加方法、权重确定、矿物能土地概念、自然资本贸易在生态足迹计算中的特殊意义、不同地区土地的生物生产力的差异对生态足迹计算值的影响、生态足迹分析对区域政策和公众行动的实际意义等等作了中肯的批评，提出了一些建设性的建议或改进意见。

生命周期评价是对某种物质、过程或产品从产生到扔弃乃至再生的整个“生命”周期内的资源、环境、经济和技术评估。1990年环境毒理学与化学学会（SETAC）将生命周期评价定义为“生命周期评价是一种对产品、生产工艺以及活动对环境的压力进行评价的客观过程，它是通过对能量和物质利用以及由此造成的环境废物排放进行辨识和量化来进行的。其目的在于评估能量和物质利用，以及由此造成的环境的影响，寻求改善环境影响的机会以及如何利用这种机会。这种评价贯穿于产品、工艺和消费活动的整个生命周期，包括原材料提取与加工、产品制造、运输以及销售、产品的使用、再利用和维护，以及废物循环和最终的废物的处置”。目前生命周期评价（LCA）已形成了基本的概念框架、技术步骤和系统软件，其基本结构可归纳为4个有机联系的部分：定义目标与确定范围；清查分析；影响评价和改善评价等。欧盟于1996年起组织了5个国家7个科研院所在华开展了工业生产过程的生态持续能力研究，主要以夏利汽车为例开展工业产品的生命周期评价并取得了可喜的成果。国际标准化组织（ISO）将生命周期评价方法规定为ISO14000认证的基本方法。有关产品生态设计的理论尽管尚不完善，但在实践上发展很快，生命周期设计（LCD），生命周期工程（LCE），为环境而设计（DfE），为拆解再生而设计（DfD），为再循环而设计（DfR）等一系列新的设计理念和方法正在成为产业生态学的新方法。

资料来源：王如松，《生态学报》第20卷第5期，2000年，834—838页。

六 中国数字城市建设的战略设计框架

数字城市是从工业化时代向信息化时代转换的基本标志之一。它一般指在城市“自然、社会、经济”系统的范畴中，能够有效获取、分类存储、自动处理和智能识别海量数据的、具有高分辨率和高度智能化的、既能虚拟现实又可直接参与城市管理和服务的一项综合工程。

数字城市所必需的关键技术包括：超大容量超高速计算机、科学计算技术、虚拟现实技术、卫星图象分析与3S技术、宽带卫星通讯技术、ATM（异步传输模式）、网络技术、互操作系统、元数据等。数字城市所必需的基本知识包括城市规划学、城市网络学、城市地理学、城市经济学、城市社会学、城市统计学、城市生态学和城市管理学。

因此，无论从科学的定义上，还是从管理的定义上，数字城市均可视作是人类发展的台阶式进化，其中既包含着生产方式、生活方式、文化方式和人际关系的社会经济变革，也包含着政府决策、政府管理、政府服务和廉正建设的革命性进展。中国数字城市的建设，将对中国现代化水平的提高，将对国家信息化水平的提高，将对中国城市管理水平的提高，具有重要的战略意义。从宏观层面上进行思考，有五个战略要点应当加以集中关注。

1. 数字城市信息基础设施的规划，是实现数字城市的战略准备

数字城市信息基础设施的规划与建设，以及设计可以表达信息基础设施完善程度的“数字覆盖率”、“数字分辨率”、“数字传输速率”和“数字鸿沟差异率”，是任何一个城市进入数字城市的先决条件和战略准备。一个城市的数字化水平，首先取决于它的信息获取能力，以及与该能力有充分联系的信息产生、信息传递和信息应用等各个环节。数字城市信息基础设施的规划与建设，其中心始终围绕着城市对于信息获取总能力的持续提高。

对于一个高效、便捷、动态的数字城市建设而言，信息基础设施的规划居于战略基础地位，这事实上是一个联系着航天（外空间）、航空、地面、地下的立体网络，该网络通过各类传感器、各类调制解调装置、各类接受通道、各类应用终端、各类反馈系统、各类自动识别系统和各类虚拟现实中心等组成，从各类信号（包括卫星信号）接收、图形图象处理、光纤传输网络、超大型计算机枢纽同常规的社会、经济、环境统计资料的有机结合，形成数字城市信息基础设施规划的基本内容，其中包括了不断更新的技术进步，也包括了不断提高的城市管理水平，同时还牵涉到城市立法与决策的相应转换，从而为信息城市数字化水平的整体提高，编制出高质量的发展蓝图。同时，数字城市信息基础设施的规划与建设作为最必要的战略准备，还必须针对每个城市的自身特点及城市的发展方向，严格地从空间布局、网络构战、数据处理、应用领域、信息安全和效能评估诸多方面，作出与传统城市规划相连接的整体思考。

2. 城市基础数据库建设，是数字城市建设的战略基础

一个城市的信息化程度，从源头上取决于该城市基础数据库的容量、速度、便捷性、可靠性、可更新能力和智能化水平。从宏观上去考察，一个数字城市的基础

数据库至少应包括以下 10 项内容：

——数字人口管理：针对衡量城市人口整体状况的各项基本指标，特别是人口结构、人口素质、人口动态变化、个人身份识别、个人信用档案、人的户籍管理、人的基本生理指标、人的职业流动等，从宏观管理到微观管理应当有全面的记录。

——数字土地管理：主要对城市规划、土地利用、地形地貌特征、城市空间布局、城市图形、地产价格及其动态变化、城市土地级差地租动态变化等，一直到门牌、户型、街道、城市基础设施（能源、交通、通讯、自来水及排污管道等）的动态记录和识别。

——数字经济管理：主要针对贸易、企业、工商等的经济增长、统计报表等，作出实时的记录和存储。

——数字金融管理：涉及政府、企业、国际贸易、股票交易、债券、保险、投资、个人信用、供销支付等的电子管理。

——数字社区管理：对每一个社区的家庭、健康、教育、娱乐、社区活动、社区建设、社区服务等，作出系统的记录。

——数字环境管理：对于城市中环境污染源、治理状况、环保设施、环保产业以及城市生态、城市绿化、城市园林等的系统档案。

——数字文化管理：包括网络教育、远程医疗、数字图书、数字出版、数字新闻、多媒体娱乐等。

——数字交通管理：立体化、智能化、自动化的交通网络管理。

——数字灾害管理：城市火灾、洪灾、风灾、地震、交通灾害、管道泄露、地面沉降流行病传染等。

——数字犯罪管理：城市安全、罪犯识别、司法管理、监所管理等。

通过以上 10 个大类的城市数据库建设，将为促进数字城市的发展奠定坚实的基础。

3. 加速电子政府的建设，应当成为数字城市建设的战略主导

数字城市建设中，电子政府是提高政府工作效率，提升政府施政水平，优化政府服务功能的最佳选择。同时也是提高政府办公透明度、实现公正廉洁和有效监督的重要工具。因此，数字政府是数字城市建设中占有战略主导地位的一项任务。

在全世界各国倡导的信息高速公路的五大应用领域中，电子政府均被列为数字应用的第一位。同传统定义下的政府运作相比，电子政府可以认为是行政管理的一场革命性变化。在数字城市中的计算机、数据库、信息技术和互联网，为电子政府提供了技术支撑条件和信息交流的公共平台，通过这个平台，引导城市管理迈向更加快速、更加高效和更加智能的台阶。政府在一个社会系统中居于核心的地位，它肩负着对整个社会导向、协调、控制、管理和服务的功能，城市经济的发展、城市社会的进步、城市文化的繁荣、城市人民生活质量的保障等，都离不开政府的主导作用。在一个高度数字化的城市中，政府执行上述功能的基本途径是通过广泛收集“自然、社会、经济”复杂系统中的各类信息，在进行加工整理和方案预演后，向公众发布有关指令性的、调控性的、解释性的和服务性的“高等级信息集合”，同时能够快速有效地收集到社会反馈的广泛信息，以便于对“高等级信息”进行修正和优化。鉴于这些原因，在数字城市规划中一向把电子政府作为数字城市的神经中枢去

建设，它将打破现有行政机构的人为组织界限，构建一个电子化的虚拟机关，突破时间限制（如现行的8小时工作制）、空间限制（如现行的严格属地原则）、流程限制（如现行的必须一级对一级的转送）、暗箱限制（如现行的关系寻租、政治寻租等），达到政务公开、采购公开、管理公开和服务公开。

据统计，由于逐步实现电子政府和提高政府的信息化水平，1992年至1998年的6年间，美国政府员工减少了24万人，全国关闭了近2000个办公室，减少政府开支1180亿美元。在对民众和企业的服务方面，政府中的20个局确立了3000项服务标准，废止了1.6万项以上的过时行政法规，简化了3.1万多项行政服务。

但是，这里必须关注的最大挑战之一是政府网的安全问题。一个电子政府，如果不能成功抵御计算机病毒的侵袭和黑客的攻击，如果没有出色的防火墙和稳定可靠的密码技术，那就很难达到数字城市的预定要求。

4. 全方位的电子商务架构是数字城市建设的战略核心

数字城市的最大服务对象和需求用户是关于电子商务的全面建设。随着信息时代的到来与加速发展，联系到千家万户和每个公民的切身需求，电子商务系统的全方位、多等级和虚拟化建设，将成为未来城市发展活力的具体体现之一。

电子商务建设的关键和难点，集中地体现在如何完成“物流、信息流、货币流”三者的有机匹配和统一网络化。在城市商业行为中，创造一个“公信、稳定、安全、有序、高效”的虚拟商业环境，把每个人、每个企业、每项政府采购和各类供需交易等的交换活动转换成一种全新的方式，即把包括生产中心、采购中心、仓储中心、配送中心、批发中心、零售中心和各类电子住户充分联结的物流系统；把网络查询、电子订货、电子交易、价格协商、电子指南、合同拟订、电子服务、电子广告和电子仲裁的信息流系统；把虚拟资本、投资往来、货币兑换、股权交易、电子消费、电子结算、电子钱包、电子家政计划等的货币流系统，整体地纳入到不同级别、不同类型、不同平台、不同中心的统一数字管理体系之中，这将是数字城市建设中一个特别庞大、特别精密和具有特别法律效力的战略实体工程。

5. 城市交通智能化的全面建设，是数字城市的战略启动

数字城市的先行战略启动，应首先考虑城市交通智能化的全面建设。城市交通是一个高度动态化的空间网络体系。它从一个（随机的）起点，经过不同等级通道，通过不同交叉联结，经历不同信号调控和不同速度交混，走到目的地的（随机的）终点，其中还包括了不同车辆特性。不同静态交通（如停车场、修理厂、洗车厂等），不同环保要求和不同交通工具的具体规定。城市交通智能化的最终目的是实现“路程最小化、时间最小化和成本最小化”的目标函数。

城市交通智能化必须把地理信息系统、全球定位系统和卫星遥感技术的3S技术，加上各种智能化传感器，结合城市规划中的现实交通网络（包括地面交通、地下交通、空中交通和铁路、公路、水路）和未来发展的交通网络，在数字城市的总体规划下，完善不断变化着的城市电子地图和各类地物标志，周密设置不同交通等级的虚拟控制中心，虚拟流动模拟、虚拟通过能力、虚拟交通疏导方案、虚拟交通寻的优选，从而将移动物体（车辆）的流动通量，无人值守的自动调控信号及车载智能终端等的信息采集、信息处理、信息反馈和优化决策组成一个高度灵敏的交通智能系统，该系统将成为数字城市建设中首先实现的可行目标。

中国的数字城市建设，是促进国家信息化的最重要内容之一。随着数字城市的

实现，将会更加优化地去配置城市的自然资本、货币资本、人力资本、生产资本、社会资本和政治资本，由此达到大力节省资源，提高整体效率，促进经济发展、推动社会进步，改善生态质量的基本要求，将国家可持续发展战略所规定的目标大大地向前推进一步。

据世界银行2000年的测算，一个规模百万人口城市的数字建设，当其基本达到可开始实际应用的程度时，该城市的总产值（城市总财富）在投入不变的条件下将会增加2.5—3.0倍，相当于是目前传统城市状态下的3.5—4.0倍，这意味着数字城市可促进经济水平翻两番，实现“四倍跃进”。如果同时加上城市的环境保护、城市的组织程度、城市的文化建设等，其价值还要大大超出仅仅只对经济增长的度量。

由此，本文建议在中国选择1—2个大城市作为国家试点，全面推进数字城市建设，把规划、设计、实施和不断完善提高，作为今后10年发展的一项国家工程，为整体推进中国城市数字化建设提供借鉴。

第十章　关于中国实施城市化战略的政策建议

一　充分认识推进城市化战略的“双重性”特征

对于中国而言，在二十一世纪推进城市化的任务，具有明显的“双重性”特征。一方面在整体上中国仍需加速实现工业时代的城市化目标，即努力促进城市“工业产值占GDP的份额”从倒U型曲线的左侧，通过临界顶点，向倒U型曲线的右侧转移，同时加速国家城市化率在数量上和质量上的增长和发展，将城市人口与农村人口的比例从现在的状况完全倒转过来，即从36%比64%（城市比农村），转换为至少70%比30%。另一方面，中国又必须面对和适应信息时代的更加艰巨更加高级的城市化目标，即除继续完成工业化阶段的任务外，必须对于城市信息化、生态化、竞争力、全球化和社会公平等目标，加以特别的关注。尤其是那些比较发达的地区和城市，为了率先实现现代化，必须考虑比工业化时代更加丰富的指标，并且同步地与世界中等发达国家的水平和高度进行定量式的对照，以求得实实在在的城市化水平。

这样，中国的城市化任务就要比世界发达国家的城市发展任务更加艰难，其实质是中国城市化在目前实现工业化要求的同时，叠加了以信息化为代表的更高目标。这种双重式的城市化进程，只有发挥后发优势和实施跨越发展的战略，才能将此双重性特征，整体地消失于2050年，其运行轨迹可以示意如下（见图10.1）：

发达国家沿着一条完成工业化（1900～1990年）之后（见图10.1，OA线），经过一个短时期的过渡（10—20年），城市发展开始朝向信息化前进的（见图10.1，B点）轨迹发展，从轨迹上看是沿着一个“单层的方向”（见图10.1，OAB线）；中国的城市发展正处于实现工业化目标的过程中（见图10.1，O′A′B′线），全面完成这

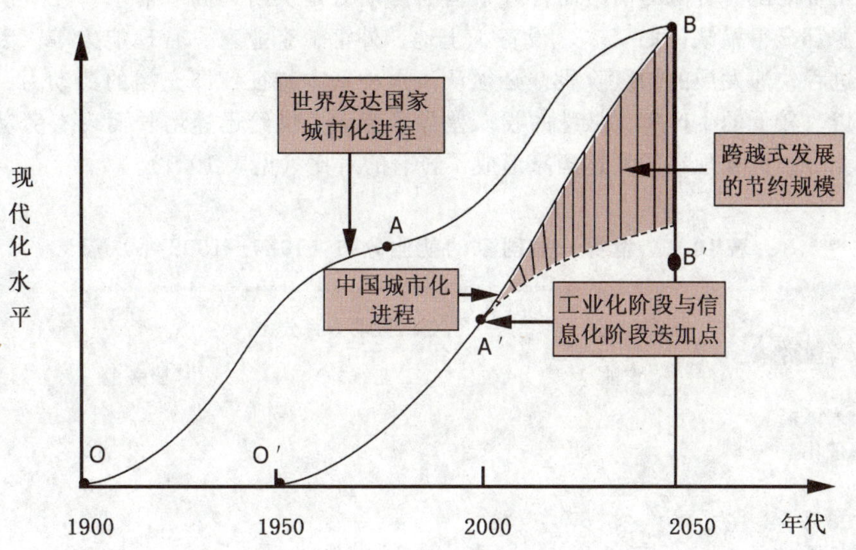

图 10.1 中国城市化进程的双重性特征示意图

个阶段的任务要到 2010～2020 年，但同时又必须从现在起（即不能等到 10 年或 20 年完成工业化阶段之后），城市发展就要叠加信息时代规定的现代化目标（图 10.1，从点 A′起），从轨迹上看，这实质上是沿着一条“双层的方向”前进（图 10.1，O′A′B 线），由此体现出中国的城市化只有在 2050 年达到中等发达国家水平时，才能真正结束这种发展阶段的双重性约束。

二 密切关注城市化进程中的就业问题

随着中国城市化战略的推进，政府的一个永恒主题是如何培育城市新的经济增长点，如何在城市提供更多的就业机会和如何通过增加就业提高社会富祉和全民生活水平。

随着知识经济时代和经济全球化的到来，单纯从事物质生产的就业比例将会变得越来越小，而从事非物质生产部门的劳动力比例会越来越高。人作为经济发展的受益者，又作为创造社会财富的参与者，这种作为发展进程中有效劳动力的使用，提供了两种主要的积极效应：其一，由于市场的不完善，通过促进对中国现实劳动力更加符合实际的使用方式，和采用符合资源秉赋特征的技术政策，有可能促进城市化的进程；其二，特别为穷人提供更多的就业机会，将会使他们在社会总收益中的份额增大，从而为减少贫困、促进社会公平和保持社会稳定，提供了重要的保证。

依照世界发达国家的标准去衡量，中国劳动力的一个显著特征是工资水平普遍偏低。世界劳工组织的统计分析指出：如果把中国的劳动力成本定为 1.0，一些国家和地区的劳动力成本分别是：香港 4.6，印度 2.5，韩国 2.6，南非 3.4，日本

2.9，美国2.6，他们的工资水平大大地高于中国。相对于可以提高生产力和允许支付更高工资的配套资源的供给而言，中国的劳动力是供给远高于需求。几乎所有的配套资源都显得稀缺，如资本、设备、土地、外汇、企业家、管理能力等。因此在城市化进程快速发展的初级阶段，必须认清这种基本特征：即充裕的劳动力、普遍的低工资、较低的生产率、悬殊的收入差异、劳动力供给迅速增长而现有劳动力利用又不充分。这和现在的发达国家形成了显著的对比（见表10.1）。

表10.1　世界一些国家的就业分布（1980～1992年）

国家	就业的劳动力百分比（%）		
	农业（%）	工业（%）	服务业（%）
低收入国家			
埃塞俄比亚	88	2	10
马里	85	2	13
坦桑尼亚	85	5	10
孟加拉国	59	13	28
加纳	59	11	30
肯尼亚	81	7	12
尼日利亚	48	7	45
塞内加尔	81	6	13
印度	62	11	27
洪都拉斯	38	15	47
玻利维亚	47	19	34
喀麦隆	79	7	14
巴基斯坦	47	20	33
中国	73	14	13
埃及	42	21	37
中等收入国家			
印度尼西亚	56	14	30
菲律宾	45	16	39
斯里兰卡	49	21	30
秘鲁	35	12	53
阿根廷	13	34	53
哥伦比亚	10	24	66
匈牙利	15	31	54
俄罗斯	20	46	34
墨西哥	23	29	48
马来西亚	26	28	46
韩国	17	36	47
高收入国家			
英国	2	28	70
日本	7	34	59
德国	3	39	58
美国	3	25	72

资料来源：吉利斯等著《发展经济学》，第四版212页，中国人民大学出版社。

建议国家在推进城市化的政策层面上，在以下几个方面作出必要的规划：

1. 着手编制中国劳动力供需、劳动力配置、劳动力流动、劳动力培训和劳动力价值的总体规划，动态地掌握劳动力在国内外企业、城乡部门和第一、二、三产业部门的现状、发展与未来的预测。

2. 通过城市化、经济全球化、传统产业升级和经济结构调整，及时编制劳动就业机会的平衡表，与国家发展计划同步地作出就业机会的创造、分配与调整。

3. 建立大型国有企业如石油工业、冶金工业、采矿工业等的发展生命周期曲线。根据企业生命周期曲线的运行，适时地对就业安排、岗位调整和再就业计划，作出科学的预测。

4. 通过经济全球化的带动，与世界上有关国家订立劳动力输出的长期合同，全方位地走出国门，寻求国际就业机会，扩大劳动力的就业渠道。

5. 积极推进非公有经济的发展，鼓励私人企业和中小企业的迅速扩大，由此去创造更多的劳动力就业机会。

三　以国家战略的高度积极推进中国的城市化进程

城市化是一个国家现代化水平的重要标志，是人类文明进步的必然结果。1996年在伊斯坦布尔召开的“世界人居二大会”指出：“二十一世纪是城市的世纪”。中国作为世界上人口最多的发展中国家，长期以来城市化发展水平严重滞后于经济社会发展水平与工业化发展水平。1999年中国城镇总数达1.9万个左右，全国设市城市668个，城市人口3.89亿，占全国总人口的30.90%，这不但与中等发达国家70%以上的城市化率水平比相差甚远，与2000年世界平均城市化率水平50%相比，低了19个百分点，与人均GNP相当国家的城市化率水平46%相比，低了15个百分点。同时，与中国的工业化率相比，中国的城市化率低了12个百分点，与中国非农就业比重相比，中国的城市化率低了20个百分点。按照邓小平设计的到2050年中国达到中等发达国家水平，初步实现现代化的目标要求，中国的城市率到2050年必须达到70%—80%，这意味着在今后50年的时间内，中国的城市化率增长率要以每年0.78%—0.98%的速度增长。这也意味着在未来50年之内，中国约有7.2—8.8亿人口从农村转移到城市，由此带来居住问题、就业岗位、生活方式和消费方式等方面的深刻转变，它不仅涉及社会经济问题，也涉及资源与能源、生态与环境问题，其范围之广，影响之深在人类发展史上是空前的，难怪国外的学者惊叹：“中国的城市化与美国的高科技发展将是深刻影响二十一世纪人类发展的两大课题。”

注释专栏 10.1

城市发展历程

国际经验和我国城市化的教训表明，城市化超前或滞后都不利于整个经济和社会的发展，城市化必须与经济社会发展的水平相适应。我国地域辽阔，区域经济发展水平差异很大，城市化的基础条件也有很大不同，因此，城市化应充分体现区域特色，可通过区域城市化道路来实现城市化总体战略目标。

从总体上看，到2010年，伴随着工业化的进程，我国将基本实现城市化。根据法国经济学家朗索瓦·佩鲁的增长极理论，经济发展初期，经济发展应以极化效应为主。这种极化效应在区域地理上表现为经济活动集中在某一地理位置，即在这里集中配置资金、技术、信息、配套设备等，并使其产生极大的磁铁引力。极化效应使生产要素从非增长极向增长极集中，扩大增长极同非增长极之间的差别。到经济发展后期，则以扩散效应为主，使生产要素（特别是资本和技术）从增长极向其腹地扩散，缩小二者之间的差别。我国未来的一段时期仍属经济发展的初中期，因而我国城市化的总趋势仍是一个聚集极化的过程，当然东、中、西部在这个总趋势下的侧重点有所不同。

加快中国城市化进程，既是中国现代化建设的历史重任，也是有效解除阻碍中国现代化推进的约束“瓶颈”，保证中国经济社会实现高速、持续和协调发展的重大战略举措。为此，我们建议：

(1) 制定未来50年中国城市发展的总体规划。既要充分借鉴世界各国在工业化时代城市化过程的经验与教训，又要在可持续原则指导下，去研究在信息时代、知识经济时代条件下，城市化和城市发展的客观规律，制定出具有前瞻性的、科学的中国城市发展总体规划，以明确中国城市发展的战略目标、基本方针和总体布局与措施。

注释专栏 10.2

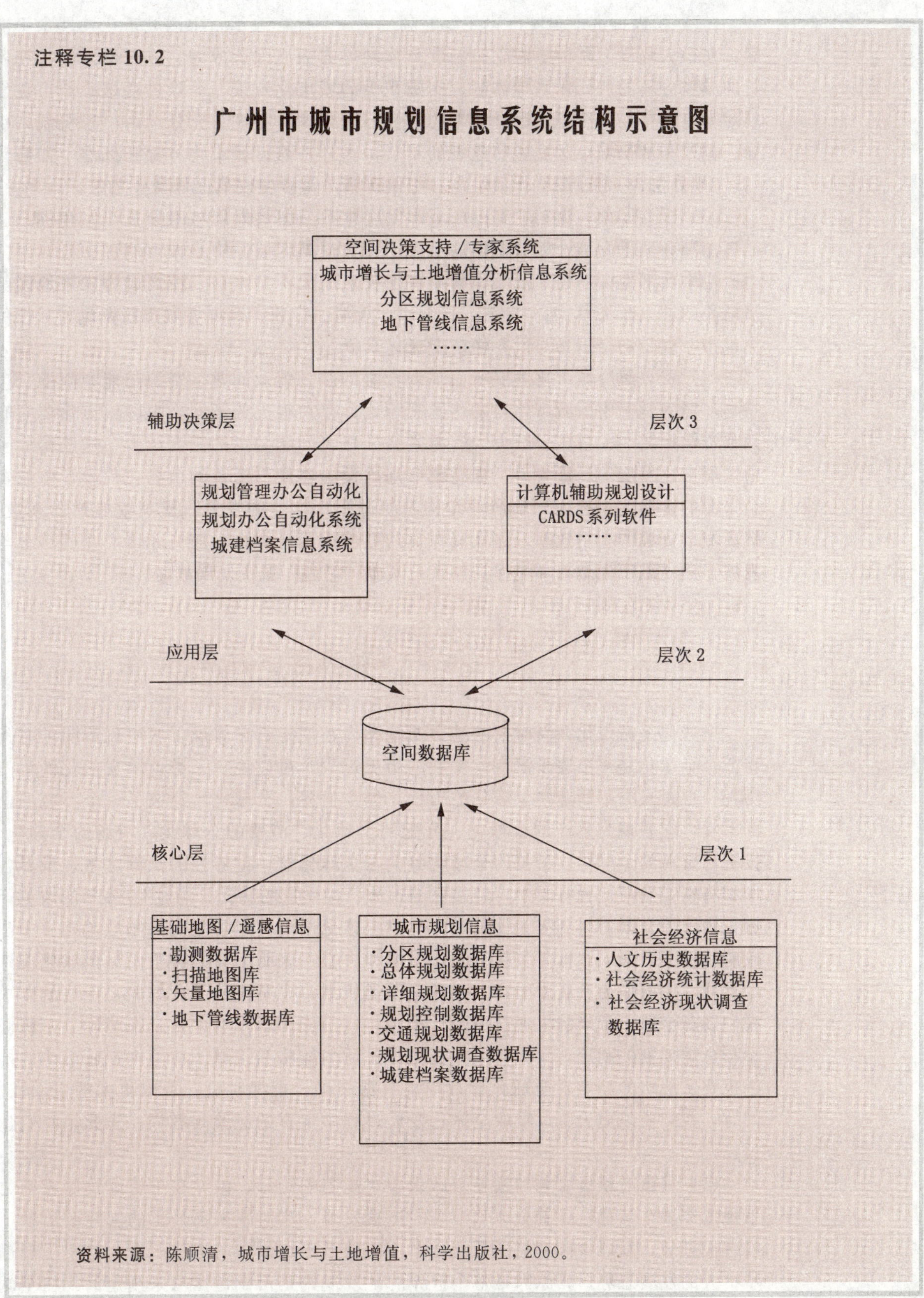

资料来源：陈顺清，城市增长与土地增值，科学出版社，2000。

(2) 积极推进中国城市化发展的制度创新与体制改革。中国城市化发展水平滞后，在很大程度上是由于观念、制度与体制等方面原因造成的。应逐步打破长期实行的城乡分离的二元化管理体制，实施积极的城市化政策，消除过度担心城市化发展对现有城市，乃至整个社会带来的恐惧心理与冲击心理。充分运用市场机制来引导、调控和加快城市化发展和建设的步伐。另外，修订城市化方针和标准，如修订《城市规划法》；合理调整行政区划；尽快实施户籍制度改革也是当务之急。

(3) 建立开放、流动、有序的城市发展体系。加快规划与引导长江三角洲、珠江三角洲和环渤海湾地区城市群的发展；充实提高区域性中心城市的带动与辐射能力；在中西部地区新建一批具有新经济增长点的大中型城市，使之成为未来地区经济增长的“火车头”；面向世界，把北京、上海、广州、深圳等城市培育成国际性的大都市，以带动全国参与世界经济全球化竞争。

(4) 重点解决城市化发展所面临的资金问题、就业问题、资源与能源问题、生态与环境问题。中国城市化与发达国家相比，存在很大的不同，中国城市化要同时面临资金短缺、人口压力巨大、资源紧张、环境问题尖锐的巨大压力，这已构成了中国城市化发展的严重障碍。提高城市基础设施建设与运营的市场化程度，争取资金来源的多样化；着力调整产业结构，促进第三产业的发展，提高就业弹性系数；提高城市资源的利用效率，建立资源集约型城市经济体系；加快环境产业的培育与发展，建立城市生态与环境保护体系，实施“绿色”城市发展战略。

四　制定完善的经济全球化战略

全球化是城市化在新时期的基本课题和内在规定，它体现了城市化鲜明的时代特征。全球化是一个逐步演变、发展的历史过程，可以说，人类追求现代化的艰辛历程，也是人类不断走向全球化的历程。当今世界，全球化已经成了一个不能回避的事实，它表现为生产的全球化、分配的全球化、消费的全球化、市场的全球化、投资与贸易的全球化、科技的全球化等。在全球化这一世界性的浪潮之下，世界各国都将别无选择地置身其中，迎接它的挑战，接受它的洗礼。经过20多年的改革开放，中国综合国力得到极大提高，为挑战全球化浪潮奠定了坚实的物质基础。中国政府积极寻求加入“世界贸易组织”气魄和决心，表明了我们勇于面对全球化浪潮的挑战。中国作为发展中国家，全球化既是机遇，也是挑战，利弊兼之，这就要求我们要对全球化带来的机遇与风险、利益与代价作出客观的评估。在国际上，积极参与全球规则的制定，实施积极、务实与灵活的战略和策略。在国内，城市化的推进也要从战略的高度对全球化挑战作出纵深布局，把握时机，争取更大的主动权。同时，我们要以史为鉴，吸取全球化发展过程中宝贵的经验与教训。为此，我们建议：

(1) 城市应积极参与和领导全球化游戏规则的制订，倡导在可持续发展原则之下规范经济全球化。随着全球化浪潮的迅猛发展，非但原来不公正的国际政治秩序没有被打破，发展中国家在国际社会中反而处于更加不利的地位，南北差距呈现逐步扩大的发展态势。其原因是整个世界的游戏规则是由发达国家来制定的，在全球化的竞争中，由发达国家唱主角，发展中国家只能被迫充当配角。中国在推进城市化的战略中，应积极倡导在可持续发展原则之下，对经济全球化的竞争规则与经济全球化的发展方加以严格规范。唯有如此，才能避免全球化造成的区域之间的巨大鸿沟，才能使人类文明得以健康承传，也才能使全球化带来的福音公平地泽被全人类。

(2) 构筑城市安全体系，化解全球化风险的挑战。亚洲经济危机就是全球化浪潮对发展中国家冲击的一个典型的例子，许多发展中国家领导人非常痛惜地指出，在全球化浪潮中我们没有任何安全感可言，多年辛苦劳动取得成就有可能毁于一旦。所以，只有牢固地构筑起城市的信息安全、金融安全、经济安全、社会安全、科技安全、生态安全与文化安全等城市安全体系网，才能从容应对全球化的挑战，也才能真正达到趋利弊害的目的。

(3) 构建城市知识创新体系，优先实施知识经济战略。推动全球化进程的动力源泉是作为“第一生产力”的科学技术，尤其是信息科技突飞猛进的发展。作为发展中的世界大国，中国与发达国家在知识创新、知识生产、知识应用与知识传播等方面存在着较大的差距，只有在城市优先实施知识经济战略，集中力量，重点加快信息科技和生物科技的发展，才能尽快跨越与发达国家之间的数字鸿沟，才能拥有更多属于自己的知识产权，才能从全球化的动力源头，牢牢地掌握主动权，跟上全球化发展的步伐，抓住全球化的机遇。

(4) 实施强强联合战略，组建中国跨国企业集团。在全球化的过程中，跨国公司扮演了十分重要的角色，跨国公司在全球的资本流动与扩张推动了全球化发展进程，全球化又为这些公司的跨国经营活动创造了更加便利的条件。中国的城市必须要实施强强联合战略，组建自己跨国企业集团，培育更多的世界排名前500强的跨国公司，代表中华民族在全球化这个国际舞台上，参与世界性经济竞争与角逐，最终在二十一世纪的上半叶实现中华民族的伟大复兴。

五　实行环境治理的跨越式发展，创建绿色文明城市

中国把到本世纪中叶，实现生态环境的良性循环，达到碧水蓝天、山川秀美作为生态环境建设与保护的目标，同时也是创建绿色文明城市的目标。完成这一目标不能沿袭传统的“先污染后治理，先开发后保护，先破坏后恢复”的老路，必须跨越传统的环境保护模式。

目前中国因“发展加快”造成的环境污染和因“发展不足”导致的生态破坏并存，并且均呈加剧的总体趋势，正在或即将威胁中华民族的生态安全。发达国家在一般在人均GDP达到5000美元以后，才开始大规模的环境污染治理。而且通常认为，当人均GDP达到4000—5000美元左右时，环境质量才会出现好转。中国目前人均GDP只有800美元，不可能拿出大量的资金用于环境治理和生态环境建设，环境治理投资占GNP的比例也小于发达国家水平。诚然，环境质量的提高受制于经济水平这一重要因素，但是通过产业结构调整、科技进步、改变消费水平与方式、加强环境法规与管理、不断提高环境意识等因素也对其产生不可忽视的影响。上述这些因素实际上规定了政策调控的可行区间，即通过严格调控这些因素，弥补经济

系统对环境投入的不足，完全有可能在低于环境库兹涅茨曲线峰值（人均4000—5000美元）时，提前实现生态环境的良性循环，跨越传统的依靠经济实力治理环境的思路。

在当前经济水平的刚性约束下，城市在创建环境模范城和绿色文明城市时，政策发挥作用的弹性区间在于：

- 结合国民经济结构的战略性调整，促进高技术改造传统工业，淘汰落后的技术工艺。通过投资结构的调整，诱导环境友好型项目的建设和产业群的形成。
- 坚持环境与发展的综合决策，污染防治和生态环境保护并重。从开发、建设的源头控制生态破坏，污染防治要依靠产业、产品结构的调整，实行源头和生产全过程的控制，逐步达到循环经济的要求。
- 超越传统式的环境管理，从区划和规划入手，按照生态规律组织布局经济活动。
- 适宜地引导消费，选择适合的消费模式。
- 完善环境法规和政策，利用市场机制和经济手段，强化环境管理。
- 广泛深入地开展环境宣传教育，提高各级管理者和广大人民群众的环境意识，多方开展环境领域的科研、技术、管理等的国际交流和合作。
- 增加资金投入，加强环境污染治理和生态建设的力度。环境污染治理的投资占GNP的比例逐步提高到1%—1.5%；城市公共绿地面积占城市面积的比例要稳步提高。

总之，只有多管齐下，才可能在较低的经济水平下，超越传统的环境保护理念。正如世界银行在展望二十一世纪中国的环境时写道，如果迅速系统地采取果断的政策，中国的环境质量将取得巨大的改善，碧水蓝天不是梦。

六　寻求城市“效率与公平”的结合点和平衡点

效率与公平对城市而言是一对更高层次的矛盾体，它关系着城市财富总量增加与社会整合有序之间的优化配置。寻求“效率与公平”之间的均衡点与结合点一直是实现城市化战略所追求的主要目标。

“效率与公平”的关系表现在城市中即为追求倾斜增长还是追求均衡增长问题。倾斜增长有助于加速城市经济发展，但必然导致收入差异的扩大，而均衡增长有助于城市贫富差异的缩小，但可能牺牲发展的速度和质量。事实上城市发展的差异是客观存在的，并非愈小愈好，而是存在一个合理的“度”或称“临界阈值”。因此对于城市发展的宏观调控，就是努力把城市发展的空间差异牢牢地保持在某个“度”内。

因此，城市发展战略的制定必须在效率和公平之间进行反复的权衡，既要保证社会财富的持续积累，又要保证全社会公平地享受发展所带来的收益。

与此同时，始终关注和警惕在经济转轨过程中，由于追求效率而引发的诸如失业人员增多、社会心理失衡等一系列危害社会安全的问题，及时采取综合措施，防患于未然。

七　依靠科技进步，加速经济增长方式的转变，提升城市的国际竞争力

经济的增长主要源于两方面：生产要素的投入量增加和生产要素的生产率提高。粗放型和集约型经济增长方式的划分，归根结底是看经济增长究竟是主要依赖增加生产要素投入量，还是通过提高生产要素的生产率来驱动。

传统的依靠资源、能源的高投入、高消耗为特征的粗放型经济增长，不仅造成城市产业结构趋同化，生产成本上升，经济效益和竞争力低下，而且大量地消耗和占有生态环境容量，削弱环境支持系统对城市发展的承载能力，加剧环境与发展之间的矛盾，更有甚者诱发通货膨胀，造成国民经济波动等许多社会深层次的问题。因此，从粗放型向集约型的转变是城市化的必然选择。这种转变实质上是减少“硬”物质的投入，而增加“智力”的投入。城市必须坚定不移地推进经济增长方式转变，向科技进步要效益、向结构调整要效益，向规模经济要效益，向科学管理要效益，不断提升发展的质量和经济的竞争力。

注释专栏 10.2

北京城市发展战略：提升城市结构

刘世锦　国务院发展研究中心

一、国外大都市发展战略的经验

目前北京市经济和社会发展中面临的诸多问题，也是发达国家大都市在特定历史阶段所面临的共性问题，欧美等西方发达国家工业化初期的城市发展战略是以增长为核心的。自上世纪二十到三十年代开始，西方发达国家为解决城市可持续发展的问题，开始调整大城市的发展战略。战后的二、三十年，是发达国家大都市“两化”进程加快发展的时期，一种新型城市发展战略的脉络日益清晰——以发展城市快速轨道交通为“龙头”，加快城市郊区化和郊区城市化建设，最终形成城市圈和城市带，走可持续发展之路。在纽约、芝加哥、东京、巴黎等国际大都市，通过人口、产业、政府、医院、文教等机构大规模地迁往大城市边缘地带，很好地解决了城区过密、郊区过疏、环境污染、人口过度密集和交通拥挤等“大城市病”的问题，同时，以大城市为中心、以众多中小城镇为卫星城的大都市圈的形成，实现了大城市与中小城市的优势互补和集聚效应，为大都市可持续发展走出了一条成功的道路。总结发达国家大都市发展战略的演变历程，我们发现这样一些共性经验：

第一，通勤方式的多样化与高效化，在很大程度上决定了城市人口与产业向郊区大规模扩散与转移的范围和方式。

第二，多元立体化交通体系特别是城市快速轨道交通网络（如地铁和城市轻轨网络）的加快发展，是实施新型城市发展战略的重中之重。纵观现代国际大都市，无一不具有立体的、多元化的交通网络，私人汽车、公共汽车，地铁、城市轻轨等都可以作为人们通勤手段。特别是以地铁和城市轻轨为主的大规模和现代化的快速轨道交通体系，已经成为城市居民最重要的通勤手段。

第三，充分发挥市场价格机制在调节城市功能分工和人口与产业空间布局上的基础性作用。从各国大城市的城区住宅、产业和就业的外迁过程看，市场价格机制在城市郊区化和郊区城市化过程中发挥了基础性作用。换句话说,人口、产业与资源在城市中心区与边缘区之间的转换,基本上是在价格信号的引导下完成的,企业和居民拥有自由选择权和最终的决定权(不排除政府公共设施征用),而政府的作用更多的是引导,而不是行政干预。

第四，以城市中心区为基点，副中心区的大规模放射性扩张，使得现代化城市摆脱了单一城市概念，形成了“大都市区”的城市圈模式。随着城市“两化”的发展，城市与郊区的界限不再泾渭分明，原有大都市被星罗棋布的中小城市包围着。日本东海道城市带上，集中了全国一半人口和2/3的工业产值。欧洲西北部甚至形成了人口达8000万人，面积23万平方公里，横跨5国的巨型都市带。

二、北京城市发展战略的调整方向与目标

综合国外大都市“两化”的成功经验，我们认为，北京城市发展战略的目标应该是：以发展快速、大运量、低成本和网络化的城市轨道交通系统为突破口，全面提升城市结构，重新调整城市人口与产业资源的区位布局和功能分工，加快一大批卫星城镇和若干城市副中心的建设，以城市中心区为原点，形成放射状的空间格局，提高城市资源配置效率，促进城市郊区化和郊区城市化发展。同时，通过城市结构的提升，为北京市经济发展提供长期、稳定的增长点。

所谓城市结构，是指一个城市在经济与社会发展过程中形成的人流、物流和信息流在不同城市区位上（主要是城市中心区与边缘区之间）的空间分布与功能联系。合理的城市结构能够最大限度和最经济地分配、疏导与调节人流、物流和信息流在城市中心区内部、中心区和边缘区之间的空间布局与功能互动。

对比北京未来城市发展战略目标，我们不难看出，北京市提升城市结构的工作重点集中在以下两个方面：

一是重点解决城市中心区特别是二、三环路以内的拥挤、污染、过密等问题，尽管近年来二、三环路内新修了平安大街和广安大街，四、五环路相继开通，周边几条放射状城市快速路也建成通车，但是我们也应看到，

二、三环路以内的交通拥堵状况并没有根本改观；污染（包括工业和生活污染）和人口过密的问题也没有因新建了几个郊区居住小区而得到根本缓解。

二是重点解决城市中心区与边缘区之间的二元结构问题，使得经济发达但交通拥挤、人口过密、环境污染、地价高昂的城市中心区，能够在市场价格信号的作用下，向经济欠发达但发展空间广阔、人口密度适中、环境清洁、地价低廉的城市边缘区有序、低成本和高效率地扩散。

通过提升城市结构，我们认为能够从根本上解决前述北京原有的城市发展战略所不能解决的一系列问题：

第一，有利于以城市中心区与边缘区之间的立体的、放射状的扩张方式，替代原有的平面的、“摊大饼”式的扩张方式。在建设一大批卫星城镇和边缘集团的过程中，通过高效率、网络化、大运量、立体化的交通体系建设，使得人口、产业与资源有序、低成本地从城市中心地带迁出，避免了城市规模“大饼”越摊越大，有利于最大限度地发挥城市不同区位在功能分工和资源空间配置上的互补优势。

第二，合理调节城市中心区与边缘区的功能分工和空间布局，可以在很大程度上缓解人口与产业过度密集于城市中心区的问题，逐步消除原有城区与郊区在经济与社会发展梯度上的二元结构，同时，也有利于推动城市户籍制度、用工制度和社会保障制度的改革。

第三，有助于从根本上解决城市经济增长与社会发展之间的矛盾。在城市结构的提升过程中，快速轨道交通系统和配套工商业设施的建设，科教文卫设施和娱乐休闲产业的发展，汽车和房地产业的兴旺，不仅为经济增长提供强大的投资与消费需求，而且为社会全面发展奠定坚实的基础。

第四，有助于建立符合市场经济规律的城市发展战略和机制。在提升城市结构过程中，市场价格机制将取代传统的行政干预，成为人口、资源与产业的布局和结构调整的基础性机制，也为政府利用经济杠杆来调节城市功能与城市结构，提高政策实际效果奠定基础。

资料来源：国务院发展研究中心网站，http：//www. drcnet. com. cn/

为了实现城市经济增长方式的转变，应着力于：

（1）迎接知识经济，建立创新体系，发展高科技，实现产业化。
用高新技术改造和装备传统工业，以先进的工艺流程替代落后的工艺流程，吸收先进的管理思想和经验，提高生产要素的利用效率，增强科技进步对经济增长的贡献率。

（2）依托科技进步和全球化所带来的机遇，调整经济结构，降低能源、原材料的消耗强度，减少单位产出的污染排放量，缓解对生态环境的压力和冲击，建立起低污染、低消耗的经济体系，逐步迈向一个循环经济的社会。

（3）深化经济体制改革，促进国民经济的战略性重组，实施专业化、规模化和多元化的经营，使得国民经济的整体素质和竞争力产生“质”的提升。

(4) 通过教育和职业技能培训，增殖人力资本，提高全社会的劳动生产率。

(5) 提高资本的运营效率，依靠科技进步抵消或克服投资的边际效益递减。

八　发达国家城市化经验的借鉴

世界发达国家的城市化发展虽然也曾走过类似我国这样的弯路，但自从二次大战后，他们根据世界经济发展的新形势，纷纷调整自身的城市化战略，力求以工业化推进城市化，以城市化推动现代化。如今发达国家的城市化平均水平已高达75%以上，全世界平均城市化率也达到47%，而我国仅达36%强。反观发达国家城市化进程，值得我们借鉴的经验如下：

1. 不受行政级别的限制，以经济规模或竞争能力设定城市规模

如美国东海岸的优越地理环境，使美国首先形成了一条密集的波士顿—纽约—华盛顿城市经济带。尤其是纽约，已成为美国甚至世界的经济中心。而华盛顿虽然是首都，但仅仅是个行政中心，人口只有55万，充其量只能算个中等城市。美国的另一条城市经济带是旧金山－硅谷—洛杉机高科技产业带。日本在环东京湾城市经济带，形成了东京—名古屋—阪（大阪）神（神户）“都会带”。澳大利亚首都堪培拉只有十几万人口，仅作为行政中心，而悉尼却有300万人口，是一个经济十分发达的大城市。可见发达国家的城市化遵循城市化发展的规律，以经济发展实际和经济规模为主线来安排城市的层级，而不搞“官位设市”。

2. 淡化城市的行政区划，以产业关联的经济区划发展城市与管理城市

城市的形成与发展首先以生产力的进步与提升为基本前提，因此城市建设与城市管理的主题是资源优化配置、技术创新、调整结构、开拓市场、扩大就业与辐射带动，整体地提高区域的财富集聚能力和社会成员的生活质量。这就决定了城市的建设与管理首先关注的是产业链的优化与市场群的互补，为经济发展提供充分的服务。淡化城市的行政区划就是为了解除对于区域经济合理构成的硬性约束，真正将区域发展的潜力解放出来。

3. 讲究城市发展成本，合理经营城市，客观进行城市布局

城市本身作为可增值资产，决定了建设城市、经营城市中必须讲究比较成本，高投入、低产出绝不是城市经营者的价值取向。在美国中部和澳大利亚西部，由于没有良好的交通条件，产业难以集聚成长，城市基础设施的投入成本高昂，交通条件和人居环境较差，人气难于在此聚积，考虑到建设城市和经营城市的高成本与低盈利，政府没有在此进行主观的“人为构市”。

4. 突出城市产业强项，培育城市比较优势

一个城市可以构筑多种产业功能，但从城市竞争力的发展来看，只能突出其主体功能、以形成强势产业。如德国展览名城汉诺威、印刷机械城和大学城海德堡，荷兰港口城市鹿特丹，意大利服装名城米兰，瑞士钟表之都洛桑等城市，均以其独到的城市国际竞争力优势而屹立于世。纵观这些具有强劲国际竞争力的优秀城市，无一不是产业特色显耀、城市个性鲜明的功能城市，其城市活力和强势后劲，具有较强的吸引力和辐射力，而那些“全能城市”却不断走向衰落，两者形成强烈反差。

5. 构建“超级城市”，充分发挥集聚效应、规模效应、“成本—收益”效应，成为未来世界现代化的“缩影”和“样板”。

根据联合国的预测，到2050年，世界城市人口将占总人口的三分之二，而当时世界上10大城市人口的数量更高达5亿人，出现了与现在完全不相同的“超巨大城市”（美国《商业周刊》称之为“超级城市”），可能占当时城市人口总量的1/10。这种城市发展的轨迹，一方面为社会财富的积累和生活质量的提高，带来了新的动力和源泉，另一方面也会发生现今人类尚未想象到的组织方式、生产方式、生活方式和文化方式的巨大变革，这种既存在机遇也存在挑战的城市发展过程，是值得中国进行深入研究的前沿课题之一。

注释专栏 10.3

城市向地下延伸

城市如生命一样在生长、变化。预计二十一世纪的城市在向高空发展的同时，也将向地下索取空间，进行多层次的利用。日本从4月份开始实施“关于深层地下空间公共利用特别措施法”，人们正在把热切的目光投向隐含新的巨大利用潜能的深层地下空间和它的有效利用。交通、信息、能源等城市基础设施的地下化自不必说，甚至将来建设深层地下都市也在构想之中。二十世纪平面式的都市功能在二十一世纪将从地下、地上两个方面重新进行立体配置，使大城市重新恢复绿色的时代即将来临。

现在地下空间的利用最深处也不过40至50米。但深层地下空间比地下40米更深，如果地下空间有超高层建筑的地基等，那么深层地下空间是指其地基支持层10米以下的空间，在这样的空间里进行的建设仅限于公共性较强的铁道、电气、煤气、电信和上下水道等生活设施，不允许私人进行开发建设。

以往，地铁建设等对地下空间的利用基本是在道路等公共用地的地下部分弯弯曲曲地进行，而且是“先下手为强”。根据这次通过的法律，在深层地下空间进行公益事业建设时，即便通过私人用地的地下也不发生补偿损失，因此有可能改变过去弯弯曲曲的地下道路建设方式，而采用距离最短的直线设计。预计有望缩短工程建设周期，降低成本。

在深层地下空间利用方面，目前将推进地铁及水、电、煤气等管道设施的建设。第一阶段将建设公共性网络系统设施。第二阶段将允许民间建设，许多人认为民间的设施将向生活和生产基地的方向发展。

此外，在生活和生产基地的建设方面，人们也在考虑把垃圾处理设施以及不宜剧烈振动的工厂等生产基地转移到地下空间，实现这些设施或基地的地下化。例如有人认为，如果沿海工业地带的生产基地等能够实现地下化，那么城市的滨江区将成为比现在更加舒适的空间。

在建设生活和生产式地下空间时，的确存在这样一个问题，即人与地下空间的关系问题。特别是“光”与“空气”的问题。

现在人们已经在用光纤维将光引入地下空间，或者是利用太阳光跟踪系统跟踪太阳光，用镜子反射太阳光，从而把阳光引进地下空间。此外，人们还在用虚拟现实技术进行虚拟阳光的研究，但是关于虚拟阳光对一般人的精神会产生什么影响却依然是个未知数。

大林组公司对“城市功能立体化”的想法是：如果人们并非长期在地下空间居住，而只是进行三四小时的短暂逗留，例如建设电影院、音乐厅和购物街道等，他们认为建设地下城市是完全可能的。

还有比大林组公司的想法更具发展眼光的构想。在泡沫经济时代，大成建设公司便提出了“艾丽斯城市网络构想”，即在地下空间同时建设地铁车站、商店、办公室、防火中心等设施。

此外，鹿岛建设公司在其2001年1月号的《鹿岛》杂志上发表了这样一个设想，即100年后在东京都中心的地下建设一个地下城，该城空间直径为500米，高度为1000米，建在拥有坚硬岩石的地下300米处。

未来深层地下空间的建设成本是现在地上建设成本的3到10倍，因此建设项目往往容易受制约。只在有开发出低成本、长距离、大断面挖掘技术以及防灾等问题得到解决的情况下，地下空间才可能变为梦想中的巨大都市空间。

资料来源：日本《日刊工业新闻》，2001年7月7日。

第二篇

中国城市指标体系
设计报告

第十一章 中国城市化战略的指标体系

依据中国城市化发展战略的理论内涵、结构内涵、功能内涵和统计内涵，我们建立了由五大体系组成的衡量中国城市化进程的指标体系。这些指标以及由这些指标形成的体系，力求具备：

1. 内部逻辑清晰、合理、自恰；

2. 简捷、易取，所代表的信息量大；

3. 权威、通用，可以在统一基础上进行宏观对比；

4. 层次分明，具有严密的等级系统并在不同层次上进行时间和空间排序；

5. 具有理论依据或统计规律的权重分配，评分度量和排序规则。

衡量中国城市发展总体能力的指标体系构成了一个庞大的和严密的定量式大纲，依据各个指标的表现和位置，既可以分析、比较、判别和评价中国城市发展的状态、进程和总体能力的态势，又可以还原、复制、模拟、预测中国城市发展的未来演化、方案预选和监测预警。它应当成为决策者、管理者和社会公众认识和把握中国城市发展的基本工具。

中国城市发展的指标体系，分为总体层、系统层、状态层和要素层四个等级。总体层：将表达中国城市发展的总体能力，它代表着宏观识别国家城市化战略实施的总体态势和总体效果，以及对于中国城市化战略实施动态调控的总体把握。

系统层：依照城市系统的理论解释，将城市内部的逻辑关系和函数关系分别表达为：城市基础实力支持系统、城市竞争能力支持系统、城市社会安全能力支持系统、城市管理能力支持系统和城市可持续能力支持系统。

状态层：在每一个划分的支持系统内、能够代表系统状态行为的关系结构。在某一时刻的起点，它们表现为静态的，随着时间的变化，它们呈现动态的特征。

要素层：采用可测的、可比的、可以获得的要素及要素群，对系统状态层的数量表现、强度表现、速率表现给予直接地度量。本报告采用了104个“要素”或称“指标”，全面系统地对于城市系统进行了定量的描述，构成了指标体系的最基层的要素。

一　建立城市发展指标体系的统计规则

目前，对于城市化战略的认识与行动，虽然在各个国家和地区尚有许多不同的声音，甚至出现不少相互矛盾的争议，但是从全球的、宏观的、整体的角度去理解，一些共同的指导原则以及实施城市化的判别标准，已在全球行动纲领和国家发展战略中被普遍地接受，并已作为制定城市发展指标体系的依据。

国家的城市化从其本质上去考察，这是一个复杂的巨系统，在语义学中也是一个庞大的"集合名词"，其中渗透着哲学认知、人地关系、区域开发、社会进化、文化背景、未来选择、战略构成、模型集合以及相关的方法论。十分明显，企图用一句话或某个简单的定义去涵盖它，均会失之于浅陋或偏颇。

判别一个国家或一个地区的城市化规模（数量上的表达）和城市化程度（质量上的表达），在目前国际学术界正在逐渐形成统一的理论解释，并进而向可以操作、可以调控的共同认知方向作出努力。

这些共识从深层次的内核去表述，最终必须归纳为城市攀越三类"零增长"的台阶：

1. 实现城市人口数量和规模的"零增长"，这是城市化战略必须越过的第一个台阶，它意味着首先应当突破人口巨大增长所带来的压力，而后才可以逼近和达到城市生存支持系统在承载能力上的宏观稳定（零增长）。在实现这一零增长的同时，对应在人口素质和能力的提高上，则必须有着明显的高增长，这一组完全非对称的组合，揭示了消除城市发展第一个瓶颈的基本内涵。

2. 实现城市资源和能量消耗速率的"零增长"，这是城市化战略必须越过的第二个台阶，它意味着在城市财富不断增长的前提下，保持资源消耗的常量状态或减量状态，以实现地球承载力的永续支撑能力。与此同时，对应在城市社会财富积累的提高上，则必须有着明显的高增长，这第二组非对称的组合，揭示了消除城市发展第二个瓶颈的基本内涵。

3. 实现城市生态环境退化速率的"零增长"，这是城市化战略必须越过的第三个台阶，它意味着城市的生活质量和生存空间，在不受威胁的基础上，不间断地推动城市文明的进程和人类自身的完善。与此同时，对应在生活质量与生存空间的建设和提高上，则必须有着明显的改善，这一组完全非对称的组合，提示了消除城市发展第三个瓶颈的基本内涵。

以上三组非对称性的"零增长"，是对城市化度量的根本指导原则和标准，它们将保证从本质上把城市化战略所关注的中心内容，即协调人口、资源、环境与城市发展在数量和质量上所表征的总体关系，置于不同发展阶段（时间上）和不同地理区域（空间上）的背景下，并能随时动态地对其进行宏观的度量和判断。无疑它已在城市化的初始定义中，向着精确化、数量化的方向前进了一大步。城市化战略的三大"零增长"目标，是在承认增长、承认提高、承认发展的前提下，运用人类的组织能力、学习能力和创造能力即不断追求知识、技术、创新、智慧、文明等必然实现的总归宿。实施城市化战略的度量标准，正是在以上三项总原则的指导下，加以细化和分类的。

在牛文元与美国学者 W. M. 哈瑞斯（1996）共同承担的洛克菲勒基金项目中，将判别城市化发展的具体准则归纳为 12 项基本内容（见 SCI 核心刊物检索的《Journal of Environmental Managmant》上 Niu and Harris，Vol. 47，1996）。这 12 项内容充分细化了三大非对称“零增长”的原则，并且比较完整地勾画出了判定城市发展的一组规则集合。

注释专栏 11.1

国内外大城市现代化指标体系对照表

指标类别	指标项	国际城市标准	中国城市标准
经济类	人均 GNP	2 万美元	5000 美元
	第三产业占 GNP 比重	70%	50%—55%
	高新技术产品产值占工业总产值的比重	70%	20%—25%
社会类	恩格尔系数	低于 15%	低于 25%
	每万人拥有医生人数	50 人	13 人左右
	婴儿死亡率	低于 0.7%	目前为 1.3%—1.5%
	人口平均寿命	75 岁	72—75 岁
	社会保障覆盖率	95%	95%
文化类	文化支出占生活支出	40%	
	人均图书占有量	30 本	20 本（深圳）
	家庭彩色电视机普及率	100%	
	电话普及率	90%	50%（深圳）
	家庭电脑普及率	50%	20 部/百人（武汉）
	家庭上网率	30%	500 户/万人（武汉）
教育类	人口文盲率	低于 2%	
	劳动力文化指数	15 年以上	12 年以上（深圳）
	青年人受高等教育比重	70%	
	12 年义务教育普及率	100%	
	教育投入占 GNP 比重	5%	5%
科技类	每万人拥有科技人员数	2000 人	500 人
	科技进步对经济的贡献率	70%	55%
	每年市级科技经费占预算财政支出比重	5%	2%（广州）
	技术开发费占企业销售收入比重	5%	2.5%
	拥有自主知识产权的高新技术产品产值占全市高新技术产品产值比重	80%	
居住类	人均居住面积	30 平方米	15—20 平方米
	每万人轿车拥有量	4000 辆	1500 辆（武汉）
	每万人商业服务网点	700 个	
基础设施类	人均道路面积	25 平方米	10 平方米（广州）
	燃气普及率	100%	
	人均生活用水	400 升/日	300 升/日（深圳）
	人均生活用电	2500 千瓦时/年	500 千瓦时

续表

指标类别	指标项	国际城市标准	中国城市标准
环境类	人均绿地面积	30 平方米	10 平方米
	人均公园面积	20 平方米	
	二氧化碳年日均程度	低于 0.006 毫克/立方米	
	悬浮物年日均程度	低于 0.09 毫克/立方米	
	污水排放处理达标率	100%	95%
	建筑物平均密度	低于 100 米	
	无氟冰箱、空调器使用率	100%	
	住宅小区园林化率	80%	30%—35%

注：以上数据是根据有关研究成果及各类公开数据分析综合而成，仅供参考。

资料来源：厉有为，城市现代化指标体系探讨，红旗出版社，2001。

二　中国城市发展的定量识别

为了定量监测和评估中国城市化战略的实施，非常有必要从“城市系统”的运行过程中，提取出那些具有标识性意义的定量化信息，作为建立城市发展指标体系的依据，由此去识别作为“自然、经济、社会”复杂系统（城市或城市集合）的宏观表现。这些定量化信息一般表达为：

1. 可以是城市系统变量互相联系的“节点”；
2. 可以是城市系统中内变量的“库量”；
3. 可以是城市系统中内变量的“梯度”；
4. 可以是城市系统中内变量的“增量”；
5. 可以是城市系统中内变量的“减量”；
6. 可以是城市系统中内变量的“峰量”；
7. 可以是城市系统中内过程的“控制量”；
8. 可以是城市系统或子系统的“输出量”或“输入量”；
9. 可以是城市系统的“反馈量”；
10. 可以是城市系统的“临界量”；
11. 可以是城市系统的“突变量”；
12. 可以是城市系统的“边界量”；
13. 可以是其它具有反映城市系统行为本质的信息。

将这些定量化信息从所要研究的对象中确定出来，通过随着时段的观察、测量、推断、解析，获取准确的能够基本还原和复制城市系统行为轨迹的一组具有关键点位的逻辑性取样，即本报告所谓的“指标”。进一步将这些指标联合起来以说明整体行为规律的“集合”即所谓的“城市发展指标体系”。

注释专栏 11.2

研究城市现代化指标体系　加快现代化中心城市建设

广州市市长　林树森

现代化是传统社会向现代社会多层面、全方位的转变过程，包括经济领域的工业化、政治领域的民主化、社会领域的城市化和价值观念的理性化，及其相互间的互动过程。基本实现现代化，对于今日中国这样的发展中的社会主义大国来说，无疑是一项极其艰巨的伟大事业，也是一个非常广泛、十分深刻的历史发展过程。

由于中国幅员辽阔，发展很不平衡，因而各地不可能同步实现现代化，只能是某些经济发展较快、社会基础较好的地区率先实现现代化，从而影响和带动全国实现现代化。实践证明，在现代化建设过程中，城市的地位和作用是举足轻重的，尤其是经济比较发达的城市，特别是沿海中心城市在率先基本实现现代化方面肩负着重大的历史使命。现代化既是一个不断发展的过程，又是一个动态的概念。关于现代化指标体系，国际、国内各方面有很多说法。但鉴于它的相对性和动态性，如何结合国家、地区和城市的实际情况给出一些定性和定量的描述，无疑是需要很好研究的。

改革开放以来，广州经济社会持续快速发展，特别是“九五”时期，广州的现代化建设跃上了一个新的台阶，从而为建设现代化区域中心城市奠定了良好的基础。

首先是综合经济实力不断增强。2000 年，全市国内生产总值达到 2383.07 亿元，人均 3.45 万元，约合 4175 美元。三次产业比例为 3.96∶43.69∶52.35。建立了一批具有全国影响的市场，初步形成了多种经济成份公平竞争、共同发展的新格局。2000 年，全市海关进出口总额 233.81 亿美元，相当于 GDP 的 81.2%。金融、保险、旅游、商业等方面对外开放近年也不断迈出新的步伐。

其次，社会事业向与经济协调发展的格局转变。实施“科教兴市”战略迈出新步伐，科技实力不断增强，科技成果的转化和推广逐渐加快；教育事业稳步发展，素质教育全面推进。文化、艺术、出版、广播电视、卫生、体育等社会事业稳步发展。大力推进以创建文明城市为龙头的各项群众性精神文明创建活动，城市整体文明程度和市民综合素质有新的提高。在经济持续快速发展的基础上，城乡居民收入稳定增长，人民生活水平实现初步富裕。2000 年，城镇居民人均可支配收入 13967 元，农村居民人均纯收入 6086 元。居民消费结构发生变化，购房、购车、旅游、教育、通讯等方面消费显著增加，恩格尔系数已由 1995 年的 50.2%降为 42.6%。城市每百户家庭的彩电、冰箱、空调器拥有量均超过 100 台，每 2 户家庭拥有一台电脑，市区平均每人拥有一部以上固定电话或移动电话。城市居民人均居住面积13.3平方米，农村居民人均居住面积30.6平方米。全市社会保险综合参保率为72.9%，平均预期寿命达到74.5岁。

第三，城市建设也取得了明显成效。广州自然生态条件得天独厚，由西江、北江和东江共同冲积而成的珠江三角洲平原，是自然赋予广州的宝贵财富，两千多来，广州城市便在这山水之间的平原沃野上扩展，也使广州地区成为物产丰富的"鱼米之乡"；南部在珠江口接入南海，随着广州城市向东、向南拓展，"六脉皆通海"的特征将更加突出。"山、城、田、海"为广州建设成最适宜创业发展和居住生活的山水生态城市创造了条件。围绕城市现代化建设，近几年广州市通过实施"一年一小变，三年一中变"规划，城市基础设施、城市环境、城市景观建设取得了前所未有的成效，环境综合指标达到近十多年来的最好水平。城市建成区人均公共绿地面积已从1995年的4.69平方米提高到2000年7.87平方米，城市环境综合整治定量考核指标达到82.16分（未包括工作分，工作分满分3分）。

广东省委、省政府颁布了《经济特区和珠江三角洲基本实现现代化的主要评价指标》，指标共10项：（1）人均GDP5000美元（广州去年4175美元，括号数字表示广州去年实际数，下同）；（2）第三产业增加值占GDP比重50%（52.35%）；（3）高新技术产品产值占工业总产值比重20%（15.78%）；（4）城市化水平60%（72.6%）；（5）信息化综合指数60%（57.5%）；（6）平均预期寿命75岁（74.5岁）；（7）适龄青年高等教育入学率20%（46.2%）；（8）社会保险综合参保率95%（72.9%）；（9）城市环境综合整治定量考核指标89分（82.16分）；（10）城市居民人均公共绿地10平方米以上（7.87平方米）。上述10项指标，广州市在"十五"期间可以全部达到。

除了按省的评价指标进行比较之外，广州没有再制定任何评价体系。因为我们知道，"现代化"是一个相对的概念，关键是做好建设和发展的基础工作。为此，我们制定了"十五"时期经济社会发展的工作重点：

1. 以增强中心城市综合竞争能力为纲，大力调整经济结构。推动传统产业、高新技术产业和服务业协调发展。努力提升区域工业基地功能，完善中心城市大服务业体系，加速形成都市型农业特色。全面推进国民经济和社会信息化，积极发展信息产业，推动信息技术在各个领域的运用，加快建设国际化区域性信息中心的步伐。立足于发展大交通，建立干支衔接、畅达便捷，铁路、公路、水路、航空、管道运输配套的综合运输网络。继续调整产业区域布局，加快城市化进程，促进城乡经济协调发展。调整完善所有制结构，促进多种经济成分共同发展。

2. 以实现城市建设和管理现代化为目标，努力建设适宜创业发展和生活居住的城市。进一步完善城市规划和城市设计，加快城市功能布局和城镇体系建设。以道路交通为重点，构筑中心城市现代化基础设施体系，完善高效、快捷、立体的城市综合交通网络，建设一批具有现代化水平的城市标志性工程和精品。切实抓好城市环境综合整治和建设，推进“青山、碧水、蓝天、绿地”工程，创建国家环境保护模范城市，加快改造“城中村”步伐，改善市容面貌和生态环境。进一步深化城市管理体制改革，促进社区建设和管理上新水平。

3. 以体制创新和科技创新为动力，增创中心城市发展新优势。大力发展高新技术尤其是有自主知识产权的高新技术产业，建立和完善科技创新体系。深化科技体制改革，加快科技成果产业化进程。全面推进素质教育，加快教育改革与发展，为实施“科教兴市”战略奠定坚实的人才和知识基础。进一步突破影响生产力发展的体制性障碍，逐步完善社会主义市场经济体制和运行机制。推进国有经济布局战略性调整和企业制度创新，形成一批具有较强综合竞争力的大型企业集团，放开搞活国有中小企业。建立和完善统一开放、竞争有序的市场体系，增强中心城市的市场配套和集散功能。继续推进行政管理体制改革，努力建设廉洁、勤政、务实、高效的政府。

4. 以中国即将加入世贸组织为契机，提高国民经济的国际化程度。积极参与国际经济分工和竞争，培育和完善有利于开放型经济发展的法制环境、政策环境、市场环境、服务环境和城市环境。推进全方位、多层次、宽领域的对外开放，扩大对外交流合作，提高广州对外知名度。大力发展服务贸易，促进服务领域的对外开放迈出更大步伐。培育外商投资新的增长点，创新招商引资方式，不断提高利用外资的质量和水平。加快“走出去”的步伐，利用好国内外两种资源，开拓两个市场。实施科技兴贸和市场多元化战略，优化出口结构，提高外贸出口的效益和规模。

5. 以人为中心，建立与经济发展更加协调的社会发展体系。加强文化建设，发展具有民族优秀文化传统和岭南地方特色，融合世界先进文化的现代化中心城市文化体系。发展卫生、体育事业，完善社区服务体系。加快建立和完善资金来源多元化、保障体系规范化、管理服务社会化的社会保障体系，积极发展社会救济、社会福利、优抚安置、社会互助等社会保障事业。扩大就业门路，完善就业服务体系，努力实现充分就业。

6. 以增加收入、改善人居环境和出行条件、丰富休闲生活为基本内容，不断提高居民的物质和文化生活水平。拓宽居民消费领域，优化居民消费结构，让市民普遍享受基础教育、技能教育、各种社会事业服务以及日趋现代化的城市基础设施服务。健全最低工资保障制度，落实增加居民收入的各项政策。改善人居环境，提高人民的整体生活质量。

7. 以提高市民综合素质和城市文明程度为着力点，推进社会主义民主法制和精神文明建设。加强市民社会主义思想道德建设，坚持不懈地进行理想信念教育，深入开展群众性精神文明创建活动，进一步形成有利于社会主义现代化建设的思想道德体系、舆论环境和文化氛围。加强基层民主政治建设，健全村委会、居委会的各项制度，保障公民的基本政治权利。全面推进依法治市进程，规范行政机关的行政行为，推行政务公开，从源头上防止腐败。整顿和规范市场经济秩序，进一步搞好社会治安综合治理，为改革开放和现代化建设营造良好的文明法制环境。

资料来源：厉有为，城市现代化指标体系探讨，红旗出版社，2001。

依据中国城市化发展战略的理论内涵、结构内涵、功能内涵和统计内涵，我们建立了由五大体系组成的衡量中国城市化进程的指标体系。这些指标以及由这些指标形成的体系，力求具备：

1. 内部逻辑清晰、合理、自恰；
2. 简捷、易取，所代表的信息量大；
3. 权威、通用，可以在统一基础上进行宏观对比；
4. 层次分明，具有严密的等级系统并在不同层次上进行时间和空间排序；
5. 具有理论依据或统计规律的权重分配，评分度量和排序规则。

衡量中国城市发展总体能力的指标体系构成了一个庞大的和严密的定量式大纲，依据各个指标的表现和位置，既可以分析、比较、判别和评价中国城市发展的状态、进程和总体态势，又可以还原、复制、模拟、预测中国城市发展的未来演化、方案预选和监测预警。它应当成为决策者、管理者和社会公众认识和把握中国城市发展的基本工具。

三 中国城市发展的指标体系设计

中国城市发展指标体系的设计依据，是提取城市结构与功能中反映城市系统整体变化和运行轨迹的本质要素，追索其动态发展与变化的集聚点、发散点、突变点、转折点、波动点等的行为，由此对城市发展作出评价和度量。

在西纳索为法国著名学者弗朗索瓦·佩鲁《新发展观》所作的序言中，引入了奥古斯特·孔德在十九世纪所总结的名言：“就其实质而言，发展这一术语对于确定人类究竟在什么地方实现真正的完美，有着难以估量的优势……。”这里，显然把发展与进化有机地联系在一起。许多学者有着共同的感触，他们对发展问题（包括城市发展问题）的关注预示着经济学及其所应用的分析方法，将发生某种根本的变革。其中必须强调指出，只要一谈到发展，作为其行为主体的城市除了人之外似乎都不可能担当，这是一个以人的全面发展为主线的社会整体进化，它远远超过了“满足人类生存”这一简单的道德要求。由此出发，其合理的顺延就逐渐地形成了导致“城市发展指标体系”产生的源头。产生突破性认识的“城市发展”内涵度量，具有以下三个基本的特征，即这种新概念特别强调城市所具有“整体性”、“内生性”和“综合性”的含义。

所谓“整体性”是指这样的一种观点，即在城市系统各种因果关联的具体分析之中，不仅仅考虑人类生存与发展所面对的各种外部因素，而且还要考虑其内在关系中必须承认的各个方面的不协调。尤其对于一个城市或整个世界而言，发展的本质在于如何从整体观念上去协调各种不同利益集团、各种不同规模、不同层次、不同结构、不同功能的实体的发展。发展的总进程应如实地被看作是实现“妥协”(compromise) 的结果。所谓“内生性”，依照数学上的常规表达，是指描述城市系统内在关系和状态的方程组的各个依变量，这些变量的调控将影响行为的总体结果。在实际应用上，“内生”的概念常被认为是一个国家或城市的内部动力、内部潜力和内部的创造力，如其资源的储量与承载力、环境的容量与缓冲力、科技的水平与转化力等。所谓“综合性”，当然不是简单的叠加，它代表着涉及到城市发展的各个要素之间的互相作用的组合。这种互相作用组合包含了各种关系（线性的与非线性的、确定的与随机的等）的层次思考、时序思考、空间思考与时空耦合思考。既要考虑内聚力，也要考虑排斥力；既要考虑增量，也要考虑减量，最终要把发展视作影响它的各种要素的关系“总矢量”。承认城市发展所具有的“整体性”、“内生性”与“综合性”的特质，将有助于我们去理解周围涉及到发展的深层次因果分析。联合国教科文组织在七十年代就把发展总结为：“发展越来越被看作是社会灵魂的一种觉醒。”(UNESCO：《1977～1982 中期规则》，第 64 页）而城市发展思想及其度量的生成，正是以上述发展概念的拓广为基础的。图 11.1 构建了中国城市发展指标体系的内涵抽象。

依照城市发展的内在规律和城市运行的本质体现，设计了有 104 项基础要素、19 项状态要素、5 大支持系统和最终集成的综合结果所组成的中国城市发展指标体系，分为总体层、系统层、状态层和要素层四个等级。通过层次分析的多级运算和权重阈值的时空判别，作为对中国城市发展进行基本评价、动态监测、合理调控、战略参考的工具。总体层：将表达中国城市发展的总体能力，它代表着宏观识别国家城市化战略实施的总体态势和总体效果，以及对于中国城市化战略实施动态调控的总体把握。系统层：依照城市系统的理论解释，将城市内部的逻辑关系和函数关系分别表达为：城市基础实力支持系统、城市竞争能力支持系统、城市社会安全能力支持系统、城市管理能力支持系统和城市可持续能力支持系统。状态层：在每一个划分的支持系统内、能够代表系统状态行为的关系结构。在某一时刻的起点，它们表现为静态的，随着时间的变化，它们呈现动态的特征。

要素层：采用可测的、可比的、可以获得的要素及要素群，对系统状态层的数量表现、强度表现、速率表现给予直接地度量。本报告采用了 104 个“要素”或称“指标”，全面系统地对于城市系统进行了定量的描述，构成了指标体系的最基层的要素。

在已经建立的城市发展指标体系中，属于复合的、庞大的和具有理念性结构的体系，并不多见，整个世界总共不超过 4 个。而以系统理论和方法去构建的指标体系，除了中国的这套指标体系外，世界上还未发现有类似的研究。

以下我们列出中国城市发展指标体系的总体框架以及它们所包含的细目。

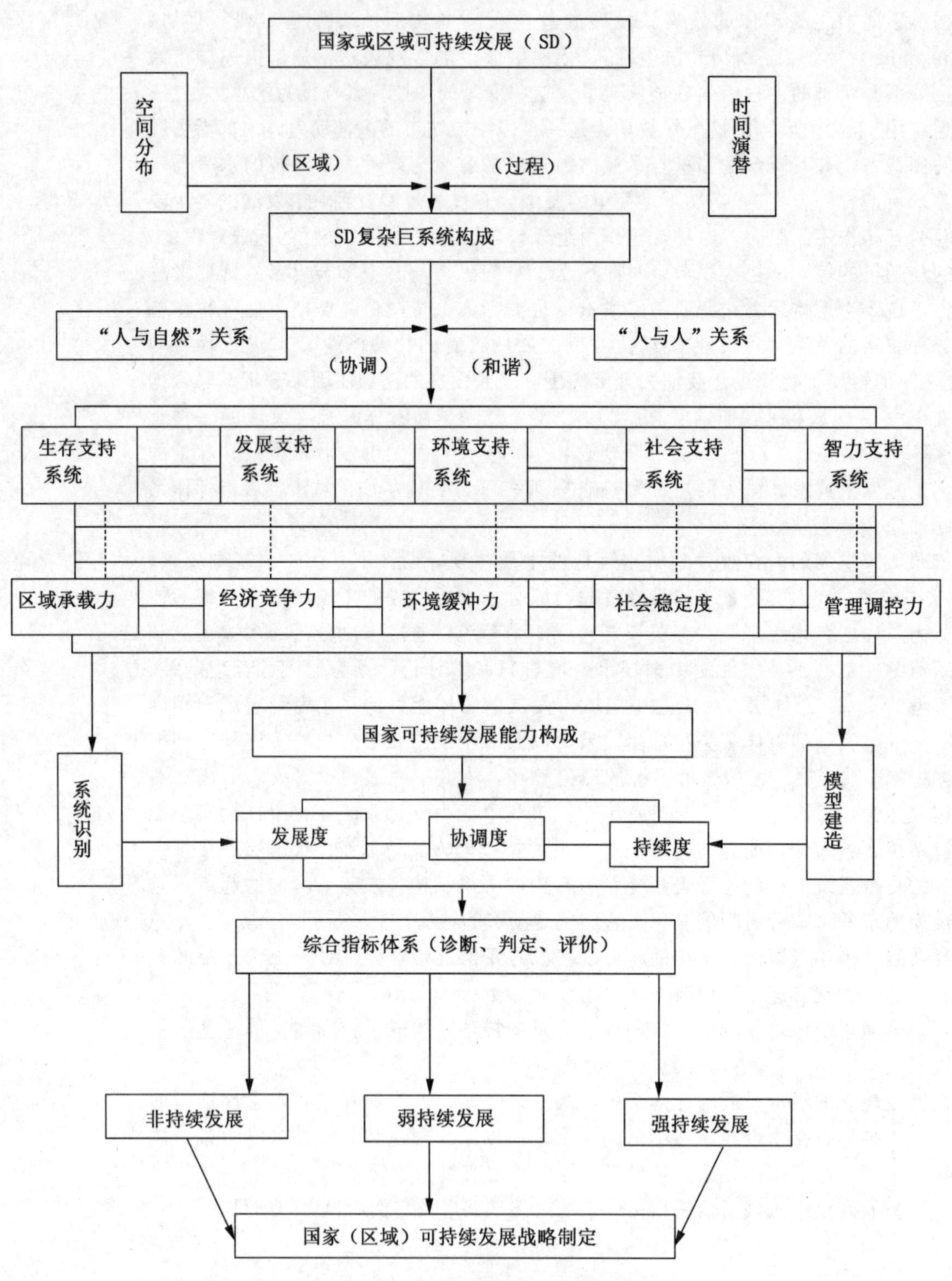

图 11.1　城市发展流程图

四　中国城市发展指标体系

在建立城市发展总体识别的原则下，拟定了共 104 项要素组成的要素层。中国城市发展指标体系的结构如下：

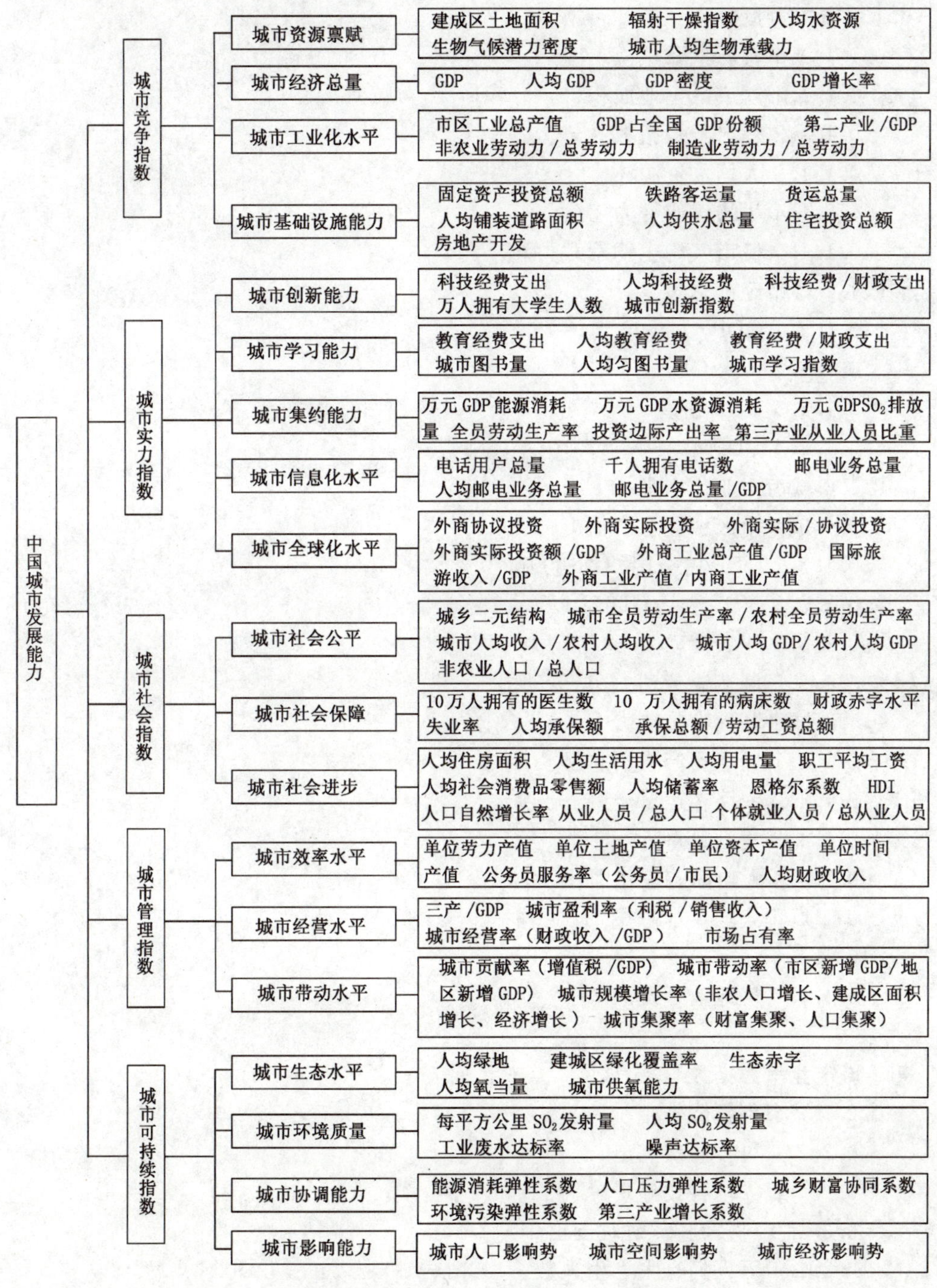

图 11.2　中国城市发展指标体系

中国城市发展能力指标体系（CUDC）

0　中国城市发展能力

0.1 城市实力指数

0.1.1 城市资源禀赋

0.1.1.1 建成区土地面积

0.1.1.2 辐射干燥指数

0.1.1.3 人均水资源

0.1.1.4 生物气候潜力密度

0.1.1.5 城市人均生物承载力

0.1.2 城市经济总量

0.1.2.1 GDP

0.1.2.2 人均 GDP

0.1.2.3 GDP 密度

0.1.2.4 GDP 增长率

0.1.3 城市工业化水平

0.1.3.1 市区工业总产值

0.1.3.2 GDP 占全国 GDP 份额

0.1.3.3 第二产业/GDP

0.1.3.4 非农劳动力/总劳动力

0.1.3.5 制造业劳动力/总劳动力

0.1.4 城市基础设施能力

0.1.4.1 固定资产投资总额

0.1.4.2 铁路客运量

0.1.4.3 货运总量

0.1.4.4 人均铺装道路面积

0.1.4.5 人均供水总量

0.1.4.6 住宅投资总额

0.1.4.7 房地产开发

0.2 城市竞争力指数

0.2.1 城市创新能力

0.2.1.1 科技经费支出

0.2.1.2 人均科技经费

0.2.1.3 科技经费/财政支出

0.2.1.4 万人拥有大学生人数

0.2.1.5 城市创新指数

0.2.2 城市学习能力

0.2.2.1 教育经费支出
0.2.2.2 人均教育经费
0.2.2.3 教育经费/财政支出
0.2.2.4 城市图书量
0.2.2.5 人均图书量
0.2.2.6 城市学习指数
0.2.3 城市集约能力
0.2.3.1 万元 GDP 能源消耗
0.2.3.2 万元 GDP 水资源消耗
0.2.3.3 万元 GDPSO2 排放量
0.2.3.4 全员劳动生产率
0.2.3.5 投资边际产出率
0.2.3.6 第三产业从业人员比重
0.2.4 城市信息化水平
0.2.4.1 电话用户总量
0.2.4.2 千人拥有电话数
0.2.4.3 邮电业务总量
0.2.4.4 人均邮电业务总量
0.2.4.5 邮电业务总量/GDP
0.2.5 城市全球化水平
0.2.5.1 外商协议投资
0.2.5.2 外商实际投资
0.2.5.3 外商实际/协议投资
0.2.5.4 外商实际投资额/GDP
0.2.5.5 外商工业总产值/GDP
0.2.5.6 国际旅游收入/GDP
0.2.5.7 外商工业产值/内商工业产值

0.3 城市社会指数

0.3.1 城市社会公平
0.3.1.1 城乡二元结构率
0.3.1.2 城市全员劳动生产率/农村全员劳动生产率
0.3.1.3 城市人均收入/农村人均收入
0.3.1.4 城市人均 GDP/农村人均 GDP
0.3.1.5 非农人口/总人口
0.3.2 城市社会保障
0.3.2.1 10 万人拥有的医生数
0.3.2.2 10 万人拥有的病床数
0.3.2.3 财政赤字水平
0.3.2.4 失业率
0.3.2.5 人均承保额

0.3.2.6 承保总额/劳动工资总额

0.3.3 城市社会进步

0.3.3.1 人均住房面积

0.3.3.2 人均生活用水

0.3.3.3 人均用电量

0.3.3.4 职工平均工资

0.3.3.5 人均社会消费品零售额

0.3.3.6 人均储蓄率

0.3.3.7 恩格尔系数

0.3.3.8 HDI

0.3.3.9 人口自然增长率

0.3.3.10 从业人员/总人口

0.3.3.11 个体就业人员/总从业人员

0.4 城市管理指数

0.4.1 城市效率水平

0.4.1.1 单位劳力产值

0.4.1.2 单位土地产值

0.4.1.3 单位资本产值

0.4.1.4 单位时间产值

0.4.1.5 公务员服务率（公务员/市民）

0.4.1.6 人均财政收入

0.4.2 城市经营水平

0.4.2.1 三产/GDP

0.4.2.2 城市盈利率（利税/销售收入）

0.4.2.3 城市经营率（财政收入/GDP）

0.4.2.4 市场占有率

0.4.3 城市带动水平

0.4.3.1 城市贡献率（增值税/GDP）

0.4.3.2 城市带动率（市区新增 GDP/地区新增 GDP）

0.4.3.3 城市规模增长率（非农人口增长、建成区面积增长、经济增长）

0.4.3.4 城市集聚率（财富集聚、人口集聚）

0.5 城市可持续指数

0.5.1 城市生态水平

0.5.1.1 人均绿地

0.5.1.2 建城区绿化覆盖率

0.5.1.3 生态赤字

0.5.1.4 人均氧当量

0.5.1.5 城市供氧能力

0.5.2 城市环境质量

0.5.2.1 每平方公里 SO2 发射量
0.5.2.2 人均 SO2 发射量
0.5.2.3 工业废水达标率
0.5.2.4 噪声达标率
0.5.3 城市协调能力
0.5.3.1 能源消耗弹性系数
0.5.3.2 人口压力弹性系数
0.5.3.3 城乡财富协同系数
0.5.3.4 环境污染弹性系数
0.5.3.5 第三产业增长系数
0.5.4 城市影响能力
0.5.4.1 城市人口影响势
0.5.4.2 城市空间影响势
0.5.4.3 城市经济影响势

第十二章　中国城市基础实力指数

一　城市基础实力的内涵界定

城市基础实力强调从城市总体规模和综合实力上反映城市的发展基础。它是城市综合发展能力的发展基底，也是反映城市经济发展水平和城市经济运行健康程度的一种间接度量。一般说来，城市只有在其基础总量达到一定的额度和水平之后，才可能获得相应的规模收益，城市的功能才能逐步地健全起来。城市基础实力越强，表明城市进一步发展的基础越雄厚，城市“起飞”的力度和速度也就越强大。所以城市的基础实力分析是评定、刻画城市整体发展能力的前提和基点。

二　城市基础实力的构成

城市基础实力就其本身来说，可以由四大部分即城市资源禀赋、城市经济总量、城市工业化水平和城市基础设施能力来表征。

城市资源禀赋：即城市所在地区各类资源的赋存条件，反映出城市资源的丰裕程度，它为城市提供了发展的空间和物质基础。城市资源的存量状况可以直接或间接地影响城市的发展成本，进而影响到城市的发展质量和效益。资源赋存数量丰富和组合匹配状况良好的城市，其发展成本就低，城市建设克服自然障碍的难度就小，也就越容易促进城市的发展。反之，则不利于城市的发展。有鉴于此，我们用建成区土地面积（既反映城市的空间规模，又反映了城市的土地资源状况）、辐射干燥指数（反映城市气候状况）、人均水资源（既反映城市水资源存量状况，又反映了水资源对现有城市人口的满足程度）、生物气候潜力（反映城市区域生物资源的大小）和人均生物气候承载力（反映城市地区的生物量对城市地区人口的潜在支持能力）。这五个方面主要从土地资源、水资源、生物资源、气候资源的角度，揭示城市所处的自然状况和自然资源条件。

城市经济总量：是对城市经济发展水平的总体度量和反映，主要体现城市的“库量”，它构成了城市实力的主体部分。城市经济规模越大，城市越有可能从规模经济中受益。衡量城市的经济总量指标主要包括：GDP 总量（经济规模的绝对量指标）、人均 GDP（经济的相对规模）、GDP 密度（反映财富的聚集程度，同时也反映了财富的空间分布状况）、GDP 增长率（反映经济运行的的活力）。

城市工业化水平：城市的产业结构是反映城市经济发展水平的主要指标。一般来说，随着经济的发展，产业结构出现高度化趋势，即农业在国民经济中所占的份额越来越小。产业结构的合理程度也会对经济的发展水平和发展质量产生重要影响。我们主要选取城市的工业化水平来表达。反映城市工业化发展水平的主要指标有：市区工业总产值（工业发展的绝对规模）、GDP 占全国 GDP 份额、第二产业增加值占 GDP 的比例（反映工业在城市国民经济中的相对地位）、非农劳动力占总劳动力的比例（反映劳动力在非农产业中的分布）和制造业中的劳动力占总劳动力的比例（反映劳动力在工业的核心—制造业中的分布状况）。工业化水平的衡量主要集中在工业产值和就业两方面。

城市基础设施能力：这是城市赖以生存和发展的物质基础。城市基础设施的存量状况、设施能力、设施的完备程度，是城市功能得以有效发挥、城市经济得以健康维持的前提。而在现实中，基础设施的发展滞后或基础设施的存量不足往往成为城市发展强有力的制约因素。我们选用如下指标衡量城市的基础设施存量和能力：固定资产投资总额（反映对固定资产投资包括基础设施投资的总规模）、铁路客运量（反映铁路运输旅客的集散能力）、货运总量（反映整个地区交通整体运营能力）、人均铺装道路面积（是城市基础设施的主要指标之一，反映城市道路的存量状况，也在一定程度上反映城市的流通状况）、人均供水总量（是城市的基础设施之一，反映城市对居民生活和生产活动的供水能力）、住宅投资总额（反映对城市居住条件进行改善的投资规模）、房地产开发（是衡量城市经济景气状况的一个指标，也在一定程度上反映城市的商品房市场的需求状况）。

三　城市基础实力的分项评估

1. 城市资源禀赋评价

将构成城市资源禀赋的五个要素进行无量纲化汇总，在本报告所列的 50 个代表城市中，统计分析的结果表明：上海位居全国 50 个城市之首，为 42.43，银川居第 50 位，只有 0.21，前者是后者的 202 倍。其中上海、广州、深圳、北京、武汉、天津、重庆、大庆、珠海、南京居前 10 名，城市资源禀赋平均为 20.66，城市资源禀赋前 10 名的平均水平是后 10 名的 15 倍左右，这说明了在全国 50 个主要城市中，城市资源赋存状况的差异很大。

根据评价的结果我们将 50 个城市按照资源禀赋进行分级：

资源禀赋优越（资源禀赋＞10）：有 9 个城市，分别是上海、广州、深圳、北京、武汉、天津、重庆、大庆、珠海，其资源禀赋平均为 21.91；

资源禀赋较优越（6＜资源禀赋＜10）：有 7 个城市，分别是南京、杭州、厦门、沈阳、大连、福州、苏州，其资源禀赋平均为 7.37；

资源禀赋中等（ 4＜资源禀赋＜6）：有宁波、成都、昆明、长春、长沙、温州、青岛、哈尔滨、济南、西安、无锡等 11 个城市，其资源禀赋平均为 4.95；

资源禀赋较劣（2＜资源禀赋＜4），有 13 个城市，分别是南宁、南昌、贵阳、郑州、湛江、汕头、海口、石家庄、合肥、烟台、太原、南通、兰州，其资源禀赋平均为 2.86；

资源禀赋劣（资源禀赋＜2），有 10 个城市分别是唐山、乌鲁木齐、连云港、威海、秦皇岛、北海、包头、呼和浩特、西宁、银川，其资源禀赋平均为1.34。

从全国50个城市的平均状况而言，其资源禀赋平均为7.08，而处于资源禀赋较为优越的区间。城市分级之间的比较（见图12.1）。

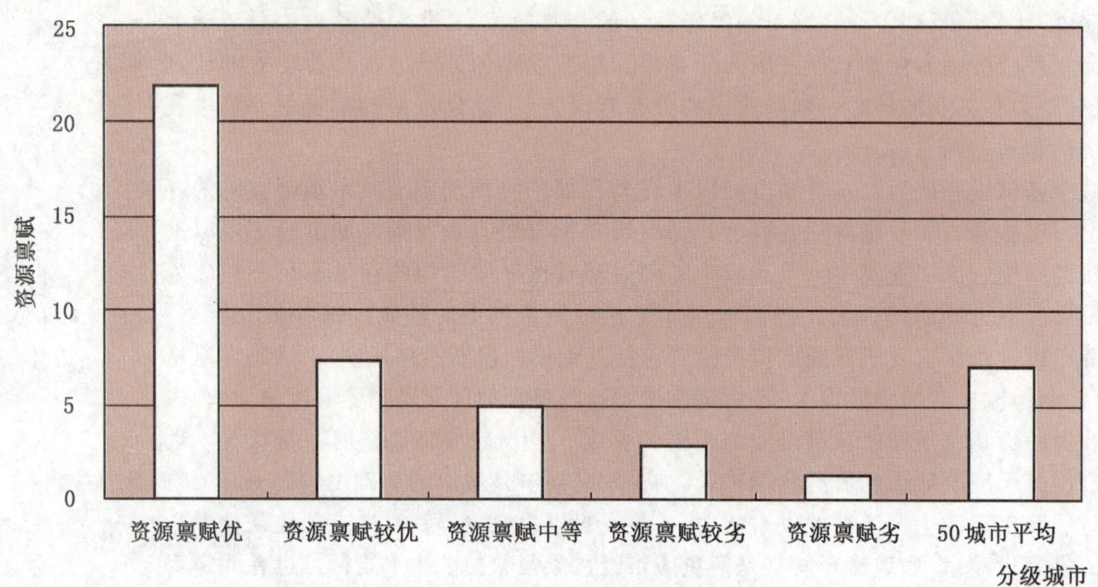

图12.1　城市资源禀赋分级比较图

2. 城市经济总量评价

将表征城市经济总量的指标进行无量纲化汇总，结果表明：在全国50个城市中，上海经济总量得分47.3，遥居榜首，北海以0.11分位居全国末尾，两者差距400余倍；位居全国前10名的城市有：上海、广州、深圳、北京、天津、南京、杭州、苏州、武汉、大连，经济总量得分平均为16.8；威海、湛江、南宁、呼和浩特、贵阳、包头、连云港、西宁、银川、北海处于后10名，经济总量平均得分只有0.46，前10名几乎是后10名的30余倍，这说明50个城市经济总量存在很大的差距。

根据经济总量得分，将50个城市分级如下：

经济总量大（经济总量得分＞20）：包括上海、广州、深圳、北京，经济总量平均得分31.81；

经济总量较大（4—10）：天津、南京、杭州、苏州、武汉、大连、大庆、石家庄、沈阳，经济总量平均得分6.12；

经济总量中等（2—3）：无锡、青岛、宁波、珠海、厦门、济南、长春、哈尔滨、长沙、成都、福州、西安，经济总量平均得分3.22；

经济总量较小（1—2）：南通、重庆、温州、郑州、合肥、海口、昆明、汕头、南昌、秦皇岛、乌鲁木齐、兰州、烟台，经济总量平均得分1.46；

经济总量小（＜1）：唐山、太原、威海、湛江、南宁、呼和浩特、贵阳、包头、连云港、西宁、银川、北海，经济总量平均得分0.53。

全国50个城市的经济总量平均水平为5.35，处于经济总量较大范围之列。

从经济总量的分级状况来看，经济总量大的城市其平均水平与经济总量较大的城市平均水平之间存在着明显的梯度，两者相差 5 倍左右，并且是经济总量较小城市平均水平的 60 倍左右，而经济总量较大的城市则与经济总量中等之间的差距不到 2 倍，（见图 12.2）所示。

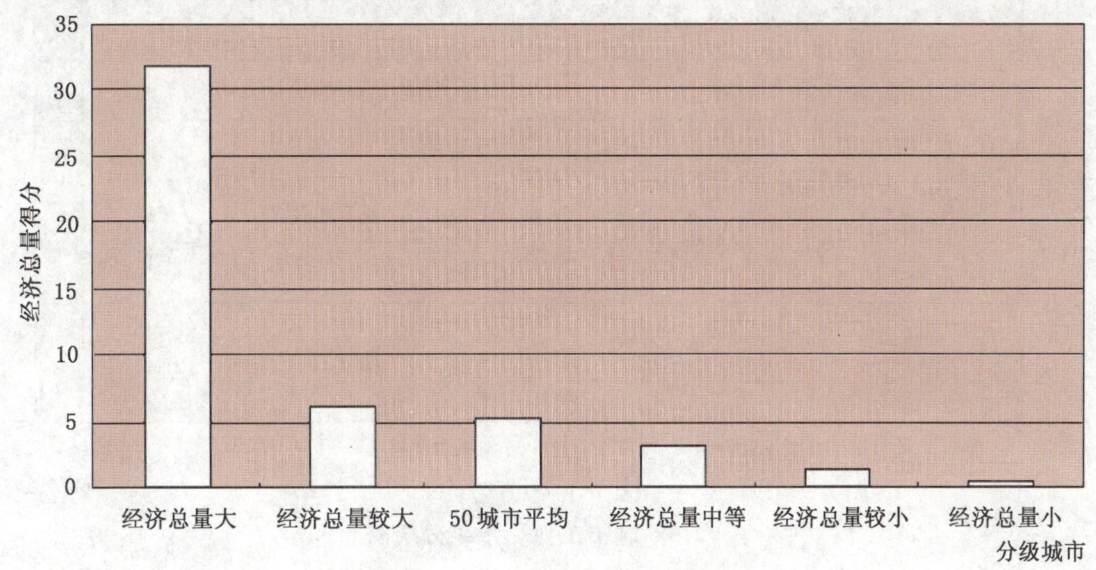

图 12.2　城市经济总量分级图

3. 城市工业化水平评价

城市工业化水平的汇总结果表明：在全国 50 个城市的排行榜中，上海市以 64.87 的得分高居第一位，而北海的工业化水平的得分只有 0.18，两者相差 300 倍以上；其中：上海、北京、广州、深圳、天津、南京、武汉、沈阳、苏州、大连位于前 10 名，城市工业化水平平均得分 23.22；秦皇岛、南宁、汕头、连云港、海口、呼和浩特、西宁、银川、湛江、北海排在后 10 名，平均得分为 1.37，前 10 名是后 10 名的 17 倍左右，说明城市之间工业化水平的程度也差距较大。

根据工业化水平得分，把 50 个城市分为如下几级：

城市工业化水平高（城市工业化水平得分＞20）：有上海、北京、广州、深圳、天津 5 个城市，工业化水平平均得分 34.98；

城市工业化水平较高（8＜城市工业化水平得分＜14）：有南京、武汉、沈阳、苏州、大连、重庆、杭州、厦门、大庆、青岛、西安等 11 个城市，工业化水平平均得分 10.17；

城市工业化水平一般（5＜城市工业化水平得分＜8）：有长春、宁波、济南、珠海、无锡、哈尔滨、成都、福州、石家庄等 9 个城市，工业化水平平均得分 6.63；

城市工业化水平较低（2＜城市工业化水平得分＜5）：有温州、昆明、长沙、郑州、南昌、合肥、兰州、太原、南通、烟台、唐山、贵阳、乌鲁木齐、威海、包头、秦皇岛、南宁、汕头等 18 个城市，工业化水平平均得分 3.35；

城市工业化水平低（城市工业化水平得分＜2）：有连云港、海口、呼和浩特、西宁、银川、湛江、北海等 8 个城市，工业化水平平均得分 1.05。

全国 50 个城市平均工业化水平为 8.28，属于工业化水平较高一级。

各分级之间的比较（见图 12.3）。

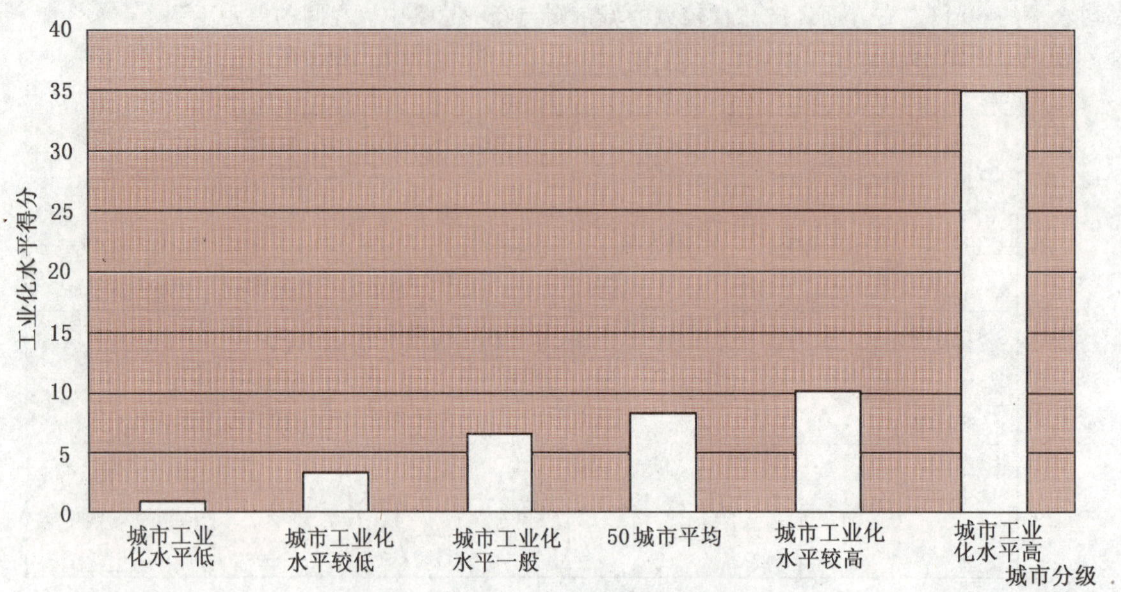

图 12.3　城市工业化水平分级图

4. 城市基础设施能力评价

城市基础设施能力评价结果显示：上海、北京、广州、深圳基础设施能力高居全国前 4 名，分别得分为 62.88、28.25、22.27、17.64，其中上海的基础设施能力几乎是北京的 2 倍多，这 4 个城市基础设施能力的平均得分为 32.76；呼和浩特、西宁、湛江、北海四个城市位居全国后 4 名，其基础设施能力平均为 0.17；前者是后者的近 200 倍。

按照基础设施能力得分分级如下：

基础设施能力强（基础设施能力得分＞15）：包括上海、北京、广州、深圳，基础设施能力平均得分 32.76；

基础设施能力较强（4＜基础设施能力得分＜10）：包括天津、南京、武汉、沈阳、哈尔滨、珠海、杭州、大庆，基础设施能力平均得分 5.51；

基础设施能力中等（2＜基础设施能力得分＜4）：包括大连、重庆、成都、青岛、苏州、济南、西安、宁波、长春，基础设施能力平均得分 2.69；

基础设施能力较弱（1＜基础设施能力得分＜2）：包括石家庄、无锡、长沙、福州、厦门、昆明、郑州、乌鲁木齐、太原、温州、南昌，基础设施能力平均得分 1.50；

基础设施能力弱（基础设施能力得分＜1）：包括兰州、合肥、海口、唐山、贵阳、秦皇岛、南宁、南通、汕头、烟台、包头、威海、连云港、银川、呼和浩特、西宁、湛江、北海，基础设施能力平均得分 0.50。

全国 50 个城市的平均水平为 4.50，总体上处于基础设施能力较强之列。

各分级之间的基础设施能力平均水平较大，（见图 12.4）所示。

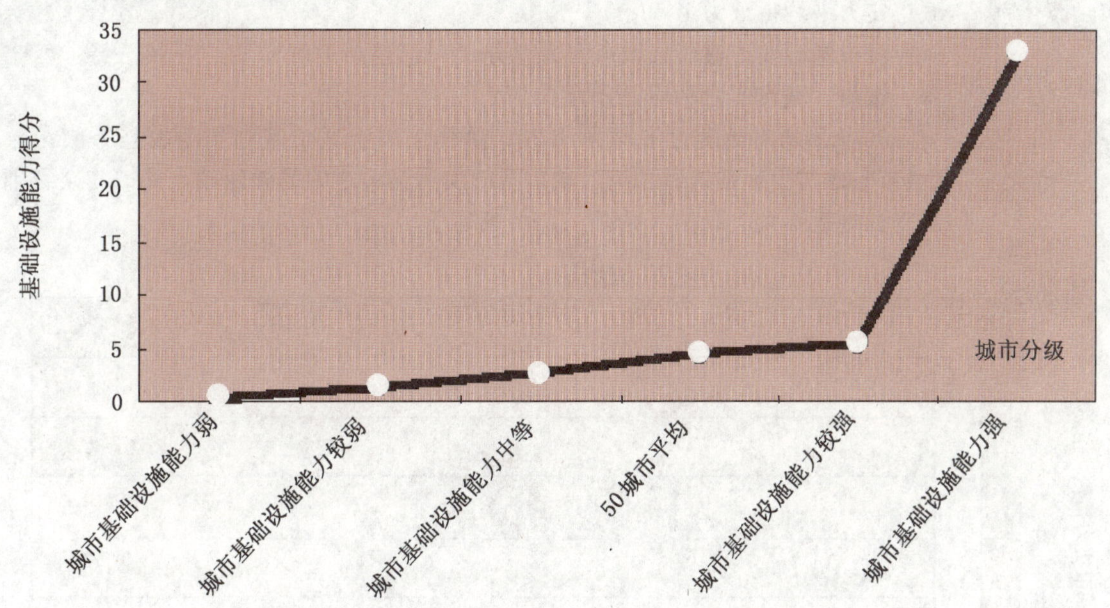

图 12.4　城市基础设施能力分级图

四　城市基础实力总体评估

在上述分项评价的基础上，我们对城市基础实力进行综合评估。结果表明：上海市基础实力居 50 个城市之首，得分为 54.37，广州以 29.52 的得分名列第二，是上海的 1/2 强，北京第三，城市实力得分为 27.64，与广州接近。位于前 10 位的城市依次是：上海、广州、北京、深圳、天津、武汉、南京、杭州、大庆、沈阳，平均得分为 19.13；海口、秦皇岛、威海、湛江、包头、连云港、呼和浩特、西宁、北海、银川是名列后 10 位的城市，城市实力平均得分为 1.00，前者是后者的 19 倍。

按照城市基础实力综合得分把全国 50 个主要城市划分为如下几级：

城市基础实力很强（城市实力得分＞25）：包括的城市有：上海、广州、北京、深圳，城市实力平均得分为 34.38；

城市基础实力强（8＜城市实力得分＜15）：包括的城市有：天津、武汉、南京，城市实力平均得分为 10.85；

城市基础实力较强（4＜城市实力得分＜8）：包括的城市有：杭州、大庆、沈阳、苏州、重庆、大连、珠海、厦门、青岛，宁波、哈尔滨、长春、西安、济南、成都、福州、无锡，城市实力平均得分为 5.36；

城市基础实力中等（2＜城市实力得分＜4）：包括的城市有：石家庄、长沙、温州、昆明、郑州、南昌、合肥、南通，城市实力平均得分为 2.89；

城市基础实力弱（1＜城市实力得分＜2）：包括的城市有：太原、兰州、烟台、贵阳、汕头、南宁、唐山、乌鲁木齐、海口、秦皇岛、威海、湛江、包头、连云港，城市实力平均得分为 1.59；

城市基础实力很弱（城市实力得分<1）：包括的城市有：呼和浩特、西宁、北海、银川，城市实力平均得分为 0.57。

50 个城市基础实力平均为 6.20，总体上属于城市基础实力较强一级。除一级（城市基础实力很强）和二级（城市基础实力强）之间的差距较大外，其余级别之间的得分差距不太大。如（见图 12.5）所示。

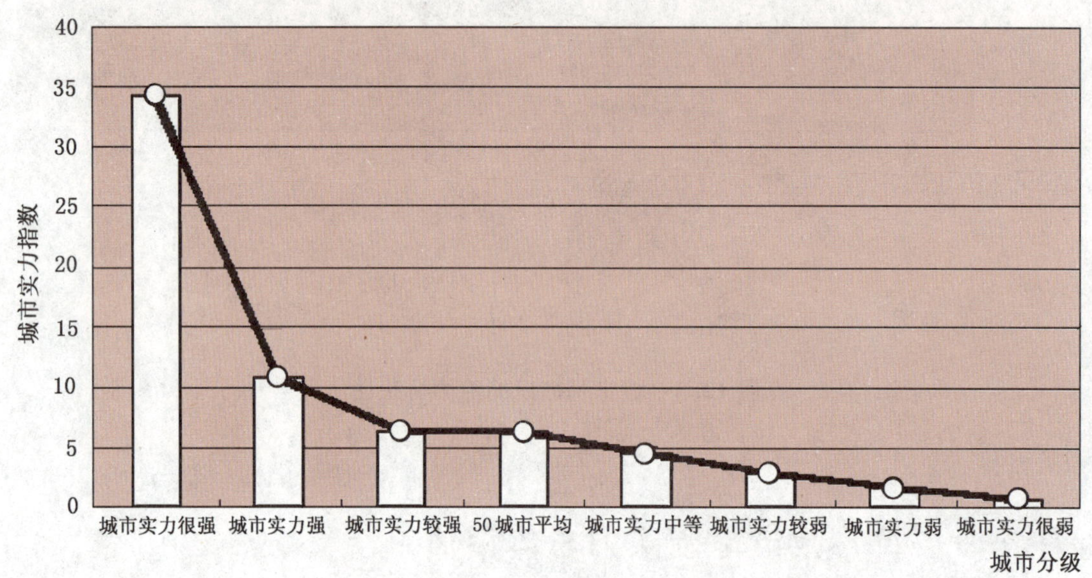

图 12.5　城市实力分级图

总之，通过对城市基础实力的评估，发现壮大城市基础实力的着力点主要可以通过结构调整和加强基础设施建设。首先应加大结构调整的步伐，加速推进工业化进程，促进城市经济持续、快速地增长；加大基础设施建设的力度，特别是在当前内需不足的情况下，更凸现出投资基础设施的重要性，要保持基础设施建设的速度适当快于城市发展的总体速度，与城市所担负的职能相协调。

第十三章　中国城市竞争能力指数

一　城市竞争能力的内涵界定

城市竞争能力是指城市在国际化和市场化舞台上、在生产力要素的综合表达上、在提升生产力水平的动力培育上、在发展模式选择与制度创新上所表现出的比较优势和综合潜力。

城市竞争能力是城市综合发展能力的先导组成部分，同时也是城市发展的基本驱动力。如果说城市基础实力是城市综合发展的基础和起点，那么城市竞争能力则是城市发展的希望和动力，使得城市在发展进程中，立于不败之地。因此，作为城市发展的精髓，城市竞争能力的认识、评价与培育，对于城市的发展具有特别重要的意义。一个基础实力雄厚的城市，如果缺乏竞争力，它注定要落在竞争能力强劲的城市后面。

二　城市竞争能力的结构

城市竞争能力从其本质出发，可以抽象出“城市创新能力、城市学习能力、城市集约能力、城市信息化水平、城市全球化水平”五个方面的集合表征。

城市创新能力：主要是对城市科技水平的度量，是指城市高效地运用和整合科技资源并将其转化为新产品、新工艺、新服务的能力，亦即科技成果的产出能力。城市创新能力是城市保持其竞争力的有力武器和不竭动力，也是城市在发展过程中着力培育的领域和支撑点。由于统计资料的限制，我们主要从科技经费资源和科技人力资源两发面进行描述。其构成指标是：科技经费支出（或应用科技经费投入规模）、人均科技经费（科技经费的支持强度）、科技经费占财政支出的比例（反映城市财政对科技的支持力度）、万人拥有大学生数（反映科技人力资源水平）、城市创新指数（一个综合性指标）等。

城市学习能力：主要是指城市公民持续不断地学习新知识、接受新观念、容纳新思想的能力。二十一世纪是以知识的生产、传播和应用为基础的知识社会，经济和科技的竞争越来越围绕人才和知识的竞争展开。“终身学习”成为当今社会发展的必然趋势。教育作为担负知识创新、传播和应用的主要基地及培养创新人才的重要摇篮，正成为先导性、全局性、基础性的知识产业和关键的基础设施。正如江泽民主席在亚太经合组织人力资源能力建设高峰会议的开幕式上所倡导的“构筑终身教育体系，创建学习型社会”、“二十一世纪中国应该成为人人皆学之邦”。国内一些城市诸如大连市、青岛市也随之响应提出要建设学习型城市。一个城市如果拥有整体素质优良的公民，那么她就拥有了强大的智力支持和雄厚的人才储备。

注释专栏 13.1

中共大连市委关于建设学习型城市的决定

http：//www. ln. xinhua. org/dalian/xxcs/scindex. htm

二十一世纪是学习的世纪，正如江泽民同志所说，“二十一世纪中国应该成为人人皆学之邦”。大连要率先基本实现社会主义现代化，必须不断提高市民综合素质和城市文明程度，为此，市委就建设学习型城市作如下决定。

一、提高认识，增强建设学习型城市的责任感和紧迫感

1. 学习型城市体现时代精神和进取精神，体现城市的生机与活力。其基本含义是以人的发展为中心，以提高人的综合素质为目标，树立终身教育、终身学习的理念，大兴学习之风，弘扬创新精神。发展教育事业，优化教育结构，构建多层次、开放性、立体化的终身教育体系和网络，普及科学文化知识，加速知识更新，培养和造就大批各级各类人才，真正形成尊重知识、尊重人才的社会氛围，不断提高市民素质和城市文明程度。

2. 建设学习型城市是时代发展的客观需要。未来社会，成功者将是那些在竞争中比对手学习得更快的企业、组织和个人。当前，世界多极化和经济全球化趋势日益增强，科技发展和知识创新异常迅猛，科技进步正在深刻地改变着经济和社会生活。国际和国内城市间的竞争也日趋激烈，而人才培养和人力资源的开发在竞争中越来越具有决定性意义。学习是获取知识的基本途径，是前进的基础、创新的动力。大连要在竞争中保持和发展业已形成的相对优势，就必须适应时代的要求，建设学习型城市，提高教育水平和人力资源开发能力。

3. 建设学习型城市是率先基本实现社会主义现代化的需要。科学技术是第一生产力，是推动经济发展和社会进步的重要力量。是否重视学习、善于学习决定着一个城市的兴衰。到 2010 年，我市要率先基本实现社会主义现代化。实现这一宏伟目标，机遇与挑战并存，任务艰巨而繁重，必须实施科教强市战略，加快学习型城市建设，为我市经济发展和社会全面进步提供智力支持、精神动力和思想保证。

4. 建设学习型城市是提高干部、群众综合素质的需要。面向未来，实现我市经济跨越式发展，对人的素质要求越来越高，学习应该成为每个干部、群众工作和生活的重要组成部分。江泽民同志多次号召全党“都要学习、学习、再学习”。广大干部、群众要增强学习的紧迫感和自觉性，树立终身学习的理念，通过多种途径和形式进行学习，不断更新知识，用人类社

会创造的一切知识丰富和提高自己。各级党委要从实现我市世纪初发展目标的战略高度，充分认识建设学习型城市的极端重要性，增强责任感和紧迫感，切实把这项工作抓紧抓好，抓出成效。

二、组织好全民读书活动，树立“人人是学习之人”的社会理念

1. 提倡市民人人都处在学习之中。创建学习型组织，要从每个市民做起，树立浓厚的学习兴趣，养成良好的学习习惯，探索科学的学习方法。要创建学习型家庭。家庭生活要充实文化活动的内容，创造人人好学的气氛。通过读书看报、评论电视节目、辅导子女、参观游览、欣赏音乐、讨论问题等方式，提高生活质量。要使市民人人是学生，人人是老师，在工作中学习，在学习中工作。企业要成为学习型企业，社区要成为学习型社区。这样，创建学习型城市才具有坚实的社会基础，城市才能真正成为学习型城市。

2. “全民读书”活动是组织干部、群众学习的重要途径。要总结过去全民读书活动的经验，兴办适合各种层次人需要的各类学校或读书小组。倡导“为祖国和城市的未来，为自己的将来而努力学习”的理念。

3. 要学习思想政治理论，坚定正确的理想信念。广大党员、干部要系统掌握马列主义、毛泽东思想、邓小平理论的科学体系和精神实质，深刻领会解放思想、实事求是的精髓，牢牢把握“一个中心、两个基本点”的核心。学习理论要同学习江泽民同志的重要论述和党中央的重大方针、政策结合起来，特别要在全面、正确掌握“三个代表”重要思想上下工夫。通过学习，要使党员、干部进一步提高理论素养，坚定正确的政治方向；进一步解放思想观念，树立创新意识，提高知识水平、业务本领和领导能力；进一步增强党性修养和拒腐防变的能力，把实践党的宗旨自觉贯彻到各项工作中去。人民群众要学习和掌握马列主义、毛泽东思想尤其是邓小平理论的基本观点。结合理论学习，在青少年中加强思想道德教育和国防教育。在广大干部、群众中广泛开展学习近代史、现代史活动，认清社会主义在中国产生和发展的历史必然性；开展学习马克思主义唯物论和无神论活动，破除迷信，抵制各种伪科学；开展普及法律知识活动，增强法律意识，提高依法治市水平，维护社会稳定。

4. 要学习现代科技知识，提高科学文化素质。要根据本职工作和自身发展的需要，学习相关的科技文化知识。着眼于实施信息化战略，普及信息网络知识，提高信息技术的普及应用程度。企业员工要适应结构优化升级和发展高新技术产业的需要，学习专业技术和生产技能。农民要适应农业产业化、现代化的需要，学习农业科学技术和文化知识。

5. 学习市场经济知识，增强竞争能力。要学习社会主义市场经济理论知识，掌握市场经济规则，增强探索和把握现代化建设规律的能力。着眼于实施国际化战略，学习国际经济贸易知识，了解世界贸易组织规则、程序

和运作方式，加快与国际惯例接轨的步伐。学习与市场经济相关的法律法规、金融和管理等方面的知识，在市民中倡导学习外语。

6. 要立足岗位，坚持在实践中学习。这既是学习的重要途径，也是建设学习型城市的重要方面。要加强对干部、群众在职学习的组织指导。市委常委和市委委员要率先垂范，各级干部要以身作则，为群众做出榜样。要坚持马克思主义学风，学以致用，摒弃形式主义。

三、构筑终身教育体系，形成“处处是学习之所”的城市氛围

1. 向学习型城市迈进的一个重要基础是有一个全员学习、终身学习的环境和氛围。也就是说，每一层次、每一年龄段的人，都有适合自己需要的学校或学习组织。人的一生始终处于一种学习的状态之中。要高质量地发展教育事业，推进素质教育，调整教育布局和结构，形成多层次、开放式的教育发展格局。建立和完善以社区为主体的托幼一体化学前教育体系，高标准普及九年义务教育，2005 年起普及高中阶段教育。大力发展高等教育，扩大招生规模，建成一批有特色的重点学校和重点学科。积极发展职业教育，全面推进继续教育，加强在职劳动者的专业技术和岗位技能培训，促进学校教育、家庭教育和社会教育的有机结合，使不同年龄的人都有受教育的机会。大力发展教育产业，合理配置教育资源，形成政府办学为主、各种社会力量共同参与的办学格局。优化教师队伍结构，完善教育发展运行机制。

2. 加快现代教育培训网络建设。充分发挥广播、电视和因特网等传媒的作用，形成广覆盖、多层次的教育培训网络。率先在中小学普及信息化教育，加速建设宽带高速的多媒体教育网络系统，满足不同学习者受教育的需要。

3. 搞好家庭读书、楼组读书、班组读书活动，办好各类成人教育、业余夜校、社区学校、再就业培训班。要求各单位成为学习型组织，做到求知有学处、实践有用处、深造有去处，创造一种时时、处处、人人学习的社会氛围。

四、加强领导，加快学习型城市建设的步伐

1. 加强党的领导是建设学习型城市的根本保证。各级党委要把建设学习型城市作为一项长期的事关全局的战略任务，纳入重要议事日程，加强领导，明确责任，切实抓紧抓好。全市成立建设学习型城市工作指导委员会，建立联席会议制度。各区市县、市直各单位也要建立相应机构。职能部门要协调工、青、妇等各级各类组织形成合力，齐抓共管。要制定短期和长期规划，建立必要的地方法规和各项制度，形成机制，加快学习型城市建设的步伐。

2. 加强舆论引导，营造浓厚氛围。新闻媒体要开辟专栏和专题节目，加强对学习型城市建设的宣传。要引导干部、群众适应时代发展的要求，更

新思想观念，树立终身学习的理念，肯于学习，善于学习；加大典型宣传的力度，营造尊师重教、尊重知识、尊重人才的舆论氛围；深入报道发展教育事业、构建终身教育体系及立足岗位开展全民读书活动的好做法、好经验，为建设学习型城市创造良好的社会舆论环境。

3. 设计载体，吸引干部、群众广泛参与。设计多层次、宽领域、有实效的活动载体，增强感召力和吸引力，使干部、群众积极投入到创建学习型城市的活动中来。在全市建设学习型家庭、学习型社区、学习型组织、学习型企业、学习型政府，奠定建设学习型城市的坚实社会基础。"党委学习中心组"、"大连讲坛"、"社区教育学院"等载体要总结经验，改革创新，不断提高学习、教育的水平。广泛开展群众性文化活动，寓学于乐，促进全民学习活动的开展。

4. 加大投入，进一步加强教育、文化阵地建设。要依法保证教育拨款，不断增加对教育的投入。进一步拓展筹措教育经费的渠道，鼓励社会办学和捐资助学。进一步加强思想教育和文化设施建设。各级党校要充分发挥党员、干部教育主阵地的作用。企事业单位和城市社区、农村乡镇等基层组织要为群众学习提供必要的条件。要繁荣图书市场，建立布局合理的图书报刊网点，方便群众购书。

5. 要促进公共文化设施的建设和利用。各类图书馆、文化馆要向市民开放，要定期举办各类读书讲座、论坛，推介新书，组织竞赛，使之成为群众读书活动的主阵地。要大力促进新闻出版事业的发展，出好报、出好书，为群众提供更好的精神食粮。

市委号召，在新的历史条件下，全市广大党员、干部和人民群众要积极行动起来，振奋精神，勤奋学习，努力提高综合素质，为大连建设成为学习型城市，率先基本实现社会主义现代化而努力奋斗！

根据资料的可得性，城市的学习能力大体可以从教育经费和教育基础设施两大方面来表达，组成指标主要有：教育经费支出（教育经费的投入规模）、人均教育经费（教育投入的强度）、教育经费占财政支出的比例（财政对城市教育的扶持力度）、城市图书量（城市学习资源的基础设施总量规模）、人均图书量（城市学习资源基础设施的相对规模）、城市学习指数（反映城市公民学习状况的综合指标）等。

城市集约能力：主要反映城市对物质资源、资金和劳动力资源的消耗强度和利用效率和对于城市环境的保护能力。资源的利用效率越高，越有利于节约生产成本和提高效益，进而有助于城市竞争力的提高，同时能在很大程度上减轻城市的环境压力，促进城市的可持续发展能力。表达城市集约能力的主要指标有：万元 GDP 能耗（反映经济发展对能源资源的消耗强度和利用效率）、万元 GDP 水资源消耗（反映城市经济发展对水资源的消耗强度和利用效率）、万元 GDP 二氧化硫排放（反映经济增长过程中污染物的排放强度和对环境的压力）、全员劳动生产率（反映劳动力资源的利用效率和经济产出能力）、投资边际产出率（反映资本的利用水平）、第三产业从业人员的比重（反映就业结构和产业结构的优化程度）。

城市的信息化水平：信息化是新世纪的时代发展要求，也是社会发展的潮流和必然趋势。信息已经成为新的、高级的生产要素。中国政府指出“大力推进国民经济和社会信息化，是覆盖现代化建设全局的战略措施。以信息化带动工业化，发挥后发优势，实现社会生产力的跨越式发展”，号召“要把推进国民经济和社会信息化放在优先位置”。城市作为实现信息化的前沿阵地和主要载体，应把信息化作为推动工业化的加速器和产业结构优化升级的动力。我们根据实际资料选取以下指标来表征城市的信息化水平：电话用户总量（反映信息基础设施的普及规模）、千人拥有电话数（反映信息基础设施的相对存量）、邮电业务总量（反映信息产业的发展总规模）、人均邮电业务总量（反映邮电业的相对规模）、邮电业务总量占GDP比例（反映邮电业在国民经济中的地位）。

城市全球化水平：是综合反映城市的对外开放程度和参与国际化竞争能力的标度，同时在一定程度上反映了城市的吸引能力和发展环境的优劣程度。随着中国加入WTO号角的吹响，标志着中国参与全球化进程的步伐加快。国际竞争国内化和国内竞争国际化的态势日益明显，城市也不可避免地被卷进了全球化竞争的洪流，接受其洗礼和挑战中。可以说，在很大程度上，全球化是对城市发展的一种考验。但是国际化不仅仅是挑战，它也可能带来的是机遇，问题是城市能否把握住这些机遇，接受并化解全球化的挑战，关系到城市能否持久的发展。城市全球化水平正是对城市国际竞争力的一种综合衡量。它主要有以下指标构成：外商协议投资和外商实际投资（反映外资的规模，间接反映了城市总体投资环境状况）、外商实际投资占外商协议投资比例和外商实际投资占GDP比例（反映城市对外资的吸引能力）、外商工业总产值占GDP比例和外商工业产值与内商的工业产值之比（反映外商在工业领域的地位和参与工业发展的深度）、国际旅游收入占GDP比例（反映城市发展国际旅游的能力、水平和规模状况）。

三 城市竞争能力分项评估

1. 城市创新能力评价

将城市创新能力评价指标进行无量纲化后的汇总结果表明：上海市创新能力得分49.01，居全国第一，北京名列第二，得分为46.61，这两个城市的得分均远远高于其他城市。北海作为50城市之末位，得分为0.02，与上海和北京相差极其悬殊。位于前10名的城市有：上海、北京、深圳、广州、南京、天津、济南、杭州、武汉、郑州，其创新能力平均得分为16.82；秦皇岛、汕头、连云港、唐山、呼和浩特、海口、湛江、银川、西宁、北海是排在后10名的城市，城市创新能力平均得分0.54，不到前10名城市的1/30。

根据城市创新能力得分，我们将50个城市划分为如下几类：

城市创新能力强（城市创新能力得分＞10）：城市有：上海、北京、深圳、广州、南京，其城市创新能力平均得分27.53；其中上海和北京得分均在45以上，是属于创新能力很强的城市；

城市创新能力较强（4＜城市创新能力得分＜8）：包括的城市有：天津、济南、杭州、武汉、郑州、沈阳、长沙，其创新能力平均得分 5.57，是第一梯队的 1/5 左右；

城市创新能力中等（2<城市创新能力得分<4）：包括的城市有：温州、大庆、哈尔滨、青岛、大连、西安、福州、苏州、厦门、烟台、石家庄、长春、宁波、重庆、威海、成都、昆明，城市创新能力平均得分 2.97；

城市创新能力较弱（1<城市创新能力得分<2）：包括的城市有：南昌、兰州、合肥、无锡、珠海、南宁、包头、太原、南通、乌鲁木齐、贵阳、秦皇岛，城市创新能力平均得分 1.34；

城市创新能力弱（城市创新能力得分<1）：包括的城市有：汕头、连云港、唐山、呼和浩特、海口、湛江、银川、西宁、北海，城市创新能力平均得分 0.48，不到创新能力强的城市平均水平 1/50。

50 个城市的平均创新能力得分为 4.95，属于城市创新能力较强一级。

关于城市各分级之间创新能力的比较（见图 13.1）所示。

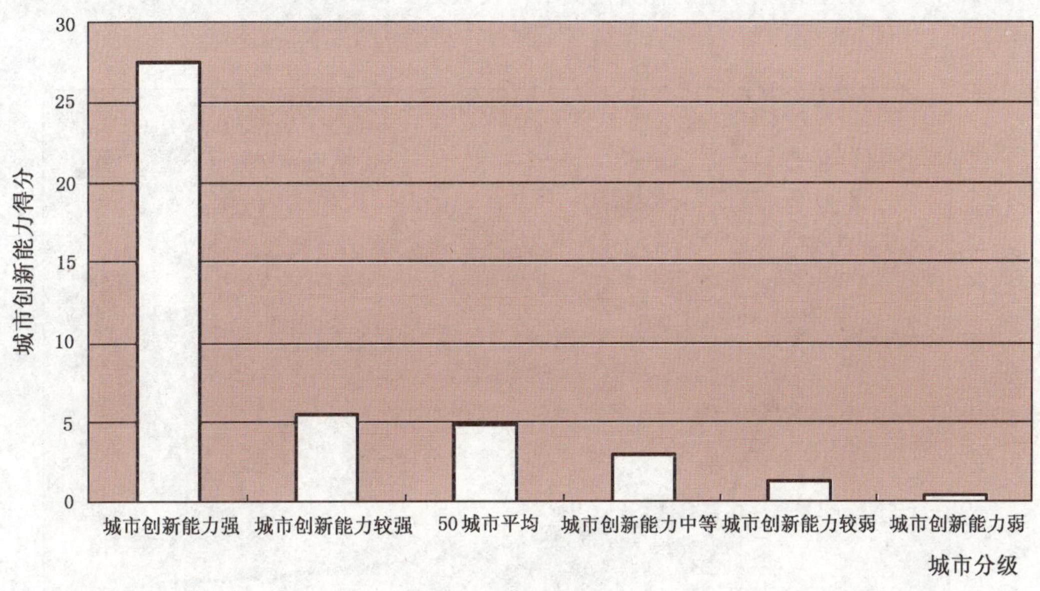

图 13.1　城市创新能力分级图

2. 城市学习能力评价

将城市学习能力评价指标进行汇总的结果表明：北京市城市学习能力得分 66.42，在 50 个城市中名列第一，上海市以 42.49 分居第二位，二者遥遥领先于其他城市。北海市学习能力得分只有 0.19，居第 50 位。北京、上海、深圳、广州、天津、南京、武汉、杭州、沈阳、厦门位于前 10 名，其学习能力平均得分 17.57；而唐山、西宁、连云港、海口、大庆、威海、湛江、包头、温州、北海位于后 10 名，平均学习能力得分 0.51，是前者 1/30 左右。

根据城市学习能力得分将 50 个城市划分为如下几类：

城市学习能力强（城市学习能力得分>10）：包括如下城市：北京、上海、深圳、广州，其城市学习能力平均得分 34.89，其中上海和北京的城市学习能力很强；

城市学习能力较强（4＜城市创新能力得分＜10）：包括的城市有：天津、南京、武汉、杭州、沈阳，其学习能力平均得分 6.50，是城市学习能力强城市平均水平的 1/5 强；

城市学习能力中等（2＜城市创新能力得分＜4）：有如下城市：厦门、福州、济南、哈尔滨、成都、大连、长春、苏州、青岛、长沙、石家庄、无锡、重庆，城市学习能力平均得分 2.69；

城市学习能力较弱（1＜城市创新能力得分＜2）：包括的城市有：郑州、宁波、珠海、昆明、西安、兰州、南昌、合肥、太原、贵阳、汕头、乌鲁木齐，城市学习能力平均得分 1.52；

城市学习能力弱（城市创新能力得分＜1）：包括如下城市：南通、南宁、烟台、秦皇岛、呼和浩特、银川、唐山、西宁、连云港、海口、大庆、威海、湛江、包头、温州、北海，城市学习能力平均得分 0.63。

全国 50 城市平均学习能力得分为 4.71，可以列入城市学习能力较强之列。

各分级城市学习能力之间的比较（见图 13.2）。

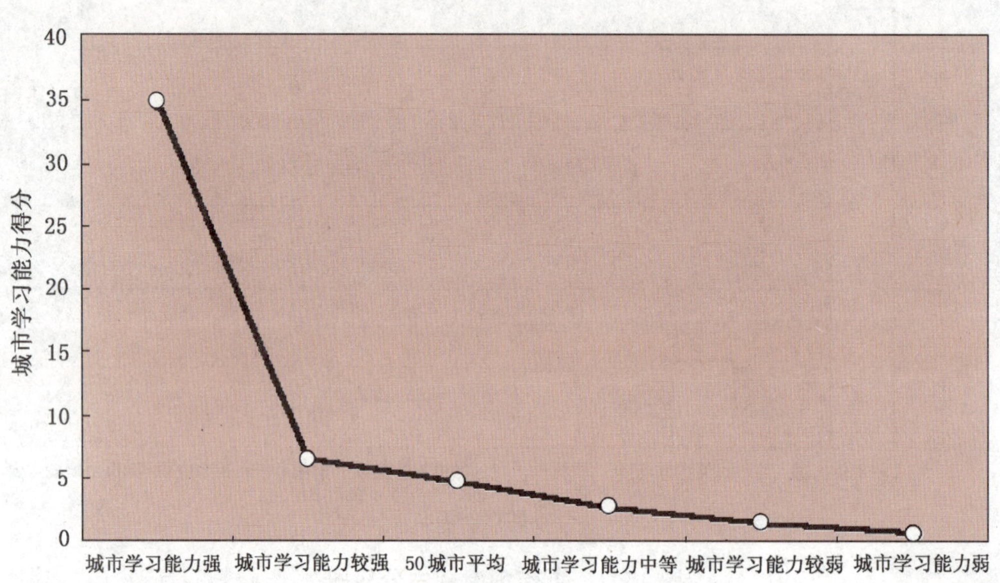

图 13.2　城市学习能力分级图

3. 城市集约能力

城市集约能力指标的汇总结果显示：上海和北京的集约能力分别排在全国 50 城市第一和第二位，各自得分 22.88、20.15。北海居第 50 位，得分为 0.54，是上海和北京 1/40 左右。排在前 10 位的城市有：上海、北京、广州、南京、深圳、天津、武汉、大连、重庆、大庆，其城市集约能力平均得分为 11.74；银川、烟台、秦皇岛、汕头、包头、呼和浩特、连云港、威海、湛江、北海排在后 10 位，城市集约能力平均得分 1.22，只有前者的 1/10 左右。

依据城市集约能力得分，对 50 个城市进行分级如下：

城市集约能力强（城市集约能力得分>10）：包括上海、北京、广州、南京、深圳，城市集约能力平均得分 15.98；

城市集约能力较强（5<城市创新能力得分<10）：包括的城市有：天津、武汉、大连、重庆、大庆、杭州、沈阳，城市集约能力平均得分 6.87；

城市集约能力中等（3<城市创新能力得分<5）：包括如下城市：宁波、苏州、贵阳、西安、济南、青岛、兰州、郑州、石家庄、太原、长沙、福州、成都、昆明、长春，城市集约能力平均得分 3.67；

城市集约能力较弱（2<城市创新能力得分<3）：包括如下城市：珠海、南昌、无锡、哈尔滨、温州、合肥、厦门、乌鲁木齐、海口、南宁、唐山，城市集约能力平均得分 2.43；

城市集约能力弱（城市创新能力得分<2）：有如下城市：南通、西宁、银川、烟台、秦皇岛、汕头、包头、呼和浩特、连云港、威海、湛江、北海，城市集约能力平均得分 1.30。

全国 50 个城市平均集约能力得分 4.71，属于城市集约能力中等行列。

各分级城市集约能力比较（见图 13.3）所示：

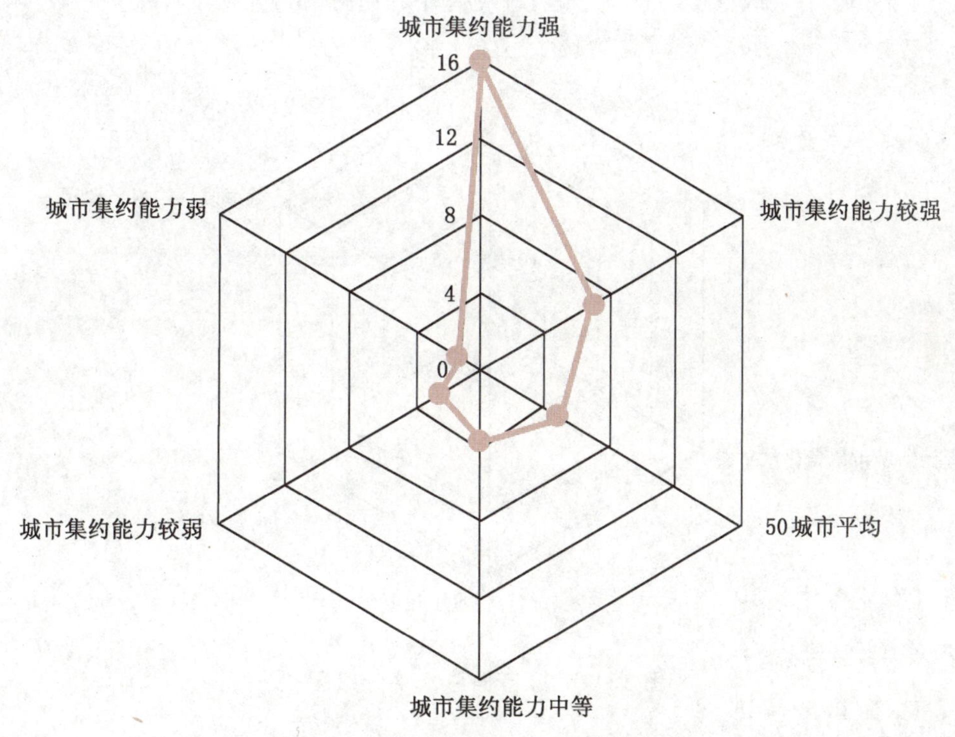

图 13.3　城市集约能力分级图

4. 城市信息化水平评价

将城市信息化水平评价指标进行汇总，结果表明：上海的城市信息化水平最高，得分为 48.58，北海只有 0.33 居于末尾，是上海市的 1/150 左右。其中，上海、北京、深圳、广州、天津、苏州、南京、沈阳、杭州、武汉，城市信息化水平平均得分 17.98，而烟台、唐山、连云港、威海、西宁、秦皇岛、包头、湛江、呼和浩特、北海，城市信息化水平平均得分 0.60，是前者的 1/30。

根据城市化水平得分将全国 50 个城市分为如下几类：

城市信息化水平高（信息化水平得分＞20）：有如下城市：上海、北京、深圳、广州，其信息化水平平均得分 36.02；

城市信息化水平较高（5＜信息化水平得分＜7）：包括的城市有：天津、苏州、南京、沈阳、杭州、武汉，5.96，是前者的 1/6 左右；

城市信息化水平中等（3＜信息化水平得分＜5）：包括如下城市：大连、西安、厦门、哈尔滨、福州、宁波、珠海、长春、青岛、长沙、重庆、昆明，其信息化水平平均得分 3.90；

城市信息化水平较低（1＜信息化水平得分＜3）：有如下城市：无锡、郑州、济南、海口、大庆、温州、石家庄、汕头、太原、南昌、兰州、成都、乌鲁木齐、南宁、合肥、贵阳、南通，其信息化水平平均得分 1.98；

城市信息化水平低（信息化水平得分＜1）：有如下城市：银川、烟台、唐山、连云港、威海、西宁、秦皇岛、包头、湛江、呼和浩特、北海，其信息化水平平均得分只有 0.63。

全国 50 个城市信息化水平平均得分 5.83，属于城市信息化水平较高之列。

各分级城市之间信息化水平的差距（见图 13.4）所示。

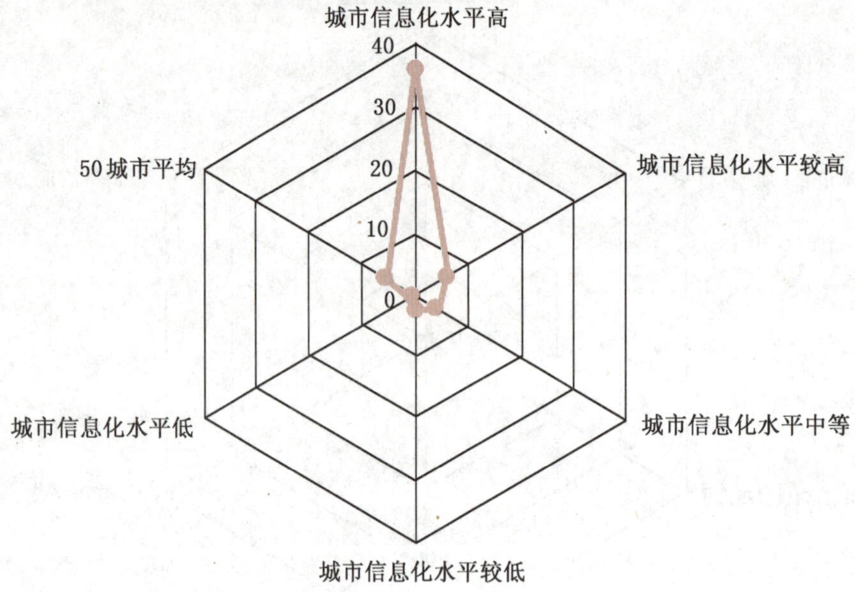

图 13.4　城市信息水平分级图

5. 城市全球化水平评价

根据指标汇总结果显示：上海以 34.46 分高居榜首，北京以 26.46 分第二位，北海倒数第一，得分为 0.07，几乎是上海的 1/500。上海、北京、广州、深圳、天津、苏州、南京、大连、厦门、珠海居全国 50 城市前 10 名，全球化水平平均得分 13.10；连云港、南宁、湛江、西宁、呼和浩特、贵阳、兰州、唐山、包头、北海位居后 10 名，其全球化平均得分 0.24，不到前者的 1/50。

根据全球化水平得分对 50 个城市进行分级如下：

城市全球化水平高（全球化水平得分＞10）：包括的城市有：上海、北京、广州、深圳、天津，其全球化水平平均得分 21.14；

城市全球化水平较高（4＜全球化水平得分＜7）：包括的城市有：苏州、南京、大连、厦门、珠海、重庆，其全球化水平平均得分 4.89，是前者的 1/4 左右；

城市全球化水平中等（2＜全球化水平得分＜4）：包括的城市有：沈阳、合肥、青岛、长春、杭州、武汉、西安、福州、无锡，其全球化水平平均得分 2.62；

城市全球化水平较低（1＜全球化水平得分＜2）：包括的城市有：南通、汕头、宁波、乌鲁木齐、石家庄、南昌、郑州，其全球化水平平均得分 1.49；

城市全球化水平低（全球化水平得分＜1）：包括的城市有：烟台、长沙、济南、大庆、温州、成都、哈尔滨、秦皇岛、昆明、太原、银川、威海、海口、连云港、南宁、湛江、西宁、呼和浩特、贵阳、兰州、唐山、包头、北海，其全球化水平平均得分 0.52。

全国 50 个城市全球化水平平均为 3.91，可以归入城市全球化水平中等的行列。

分级城市之间全球化水平的比较（见图 13.5）所示。

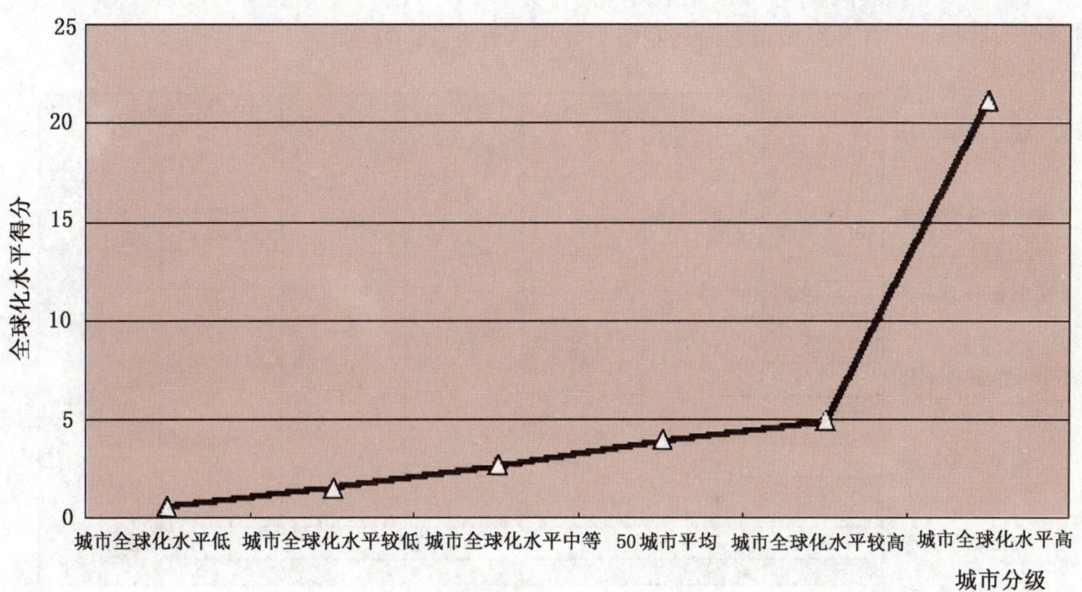

图 13.5　城市全球化水平分级图

四　城市竞争能力总体评估

在上述各分项评价的基础上，对各城市竞争能力进行如下总体评估。综合汇总结果表明：上海的城市竞争能力居各城市之首，得分为 44.27，北京得分 35.25，名列第二。这两个城市的城市竞争能力明显高于其他城市。北海居最后，得分为 0.19，不到上海的 1/200。上海、北京、深圳、广州、天津、南京、武汉、杭州、大连、沈阳是入围前 10 名的城市，其平均竞争力得分为 15.14；而威海、秦皇岛、唐山、银川、包头、连云港、西宁、呼和浩特、湛江、北海依次排在后 10 名，其竞争力平均得分 0.71，是前者的 1/20 左右。

依据城市竞争力得分，可以把各城市归为如下几类：

城市竞争力强（城市竞争力得分>15）：包括的城市有：上海、北京、深圳、广州，其城市竞争力平均得分 28.62；

城市竞争力较强（4<城市竞争力得分<10）：包括的城市有：天津、南京、武汉、杭州、大连、沈阳、苏州，其城市竞争力平均得分 5.92；

城市竞争力中等（2<城市竞争力得分<4）：重庆、济南、厦门、福州、西安、青岛、长春、宁波、哈尔滨、珠海、郑州、长沙、大庆、石家庄、无锡、成都、昆明、合肥，其城市竞争力平均得分 2.85；

城市竞争力较低（1<城市竞争力得分<2）：温州、南昌、兰州、太原、贵阳、乌鲁木齐、汕头、烟台、南通、南宁、海口，其城市竞争力平均得分 1.54；

城市竞争力低（<城市竞争力得分<1）：威海、秦皇岛、唐山、银川、包头、连云港、西宁、呼和浩特、湛江、北海，其城市竞争力平均得分 0.71。

全国 50 个城市竞争力平均得分 5.00，归属于城市竞争力较强之列。

各分级城市之间的竞争力差距（见图 13.6）。

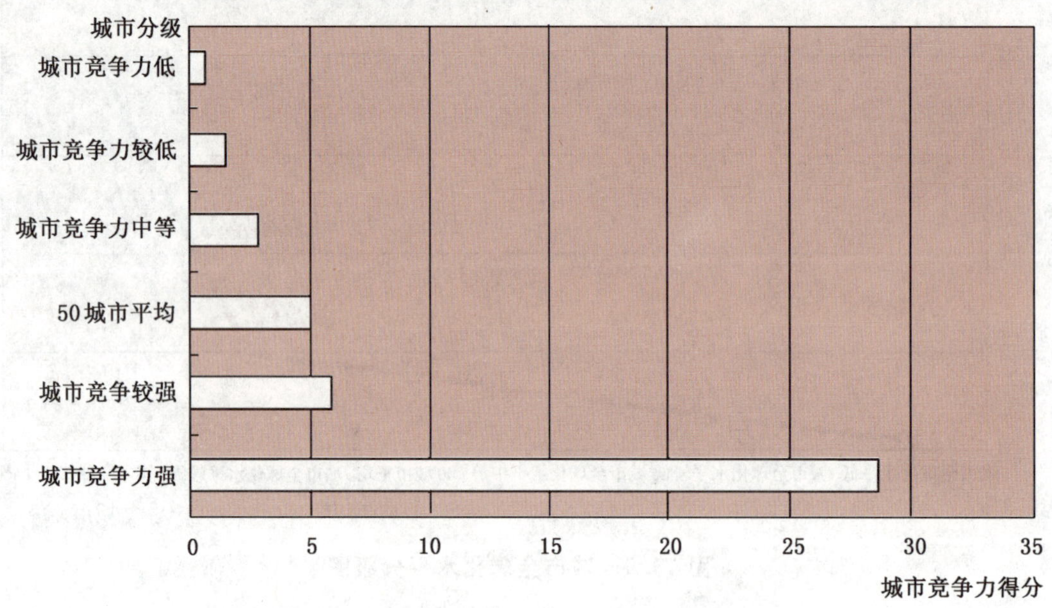

图 13.6　城市竞争力分级图

总之，提升城市的竞争能力，不但要靠培育和强化城市的创新能力，加速科技成果的转化和推广，更要利用先进技术改造传统产业，推进产业结构的升级换代，提高资源的利用水平和效率以及产品的竞争力；要靠加速推进信息化进程，以信息化带动工业化实现城市跨越式发展；要加大改革开放力度，不断进行制度和管理创新，优化投资环境，增强对外资的凝聚力和创造参与国际竞争的良好氛围；要加大教育的投入力度，加大教育改革步伐，发展和壮大教育产业，创建学习型城市，为城市的可持续发展储备雄厚的知识、技术和人力资本。

第十四章　中国城市社会安全能力指数

一　城市社会安全能力内涵界定

联合国开发计划署（UNDP）在其主持的年度报告《人类发展报告》中，把社会安全（SOCIAL SECURITY）的目标定位为创建一个使人民能够享受长寿、健康和有创造力生活的、富有活力的人居环境。在很多情形下，社会安全能力与社会发展能力或社会进步状况的含义相同，认为人类的发展过程就是扩大人民作出选择和不断提高生活质量的过程。这说明了社会发展追求的是以人为中心的整体进步、全面发展与安全保障。

城市作为人口的集聚地，其社会发展能力应定位于维系城市社会系统的安全运行、有效发挥社会系统的功能、实现社会系统有序的能力。从其本质出发，城市社会安全能力包括如下五个基本方面：整个城市社会系统健康、有序、稳定的运行能力；全体社会成员平等享受公共财富与享受机会平等的能力；社会系统抵抗和缓解外部（如自然灾害等）和内部（如重大决策失误、社会动乱等）的干扰和冲击的能力（社会抗逆能力）；社会认识、尊重、保护、发扬人类文明传承的能力；社会对于理性的、自觉的人文关怀精神的培育能力。社会安全能力在个体层面上，表现为社会成员自身发展能力的提高过程，包括学习能力、健康程度、就业能力、适应能力；在群体层面上，表现为互助能力、关爱能力，以及生活质量、人口素质的整体提高。

城市社会安全能力建设过程就是不断提高社会系统维持有序运行、承受和抵抗外界及内部干扰能力的过程，在这个过程中也是人类自身能力和文明程度不断提高的过程、社会组织管理能力不断提升的过程、社会公平程度不断改善的过程、社会保障体系能力不断强化的过程。

城市社会安全能力担负的功能是为城市的综合发展提供“组织能力”和“稳定有序”的保障。可以说，城市社会安全系统是整个城市复合系统的协调保障体系，一旦城市社会系统出现问题，则可能导致整个城市系统的混乱和无序，乃至于陷入瘫痪状态。因此，开展城市社会发展能力评价对于城市持续发展、实现城市目标、促进城市有序运行具有重要意义。

二　城市社会安全能力的结构

依据系统的层次性，我们把社会安全能力归结为社会公平能力、社会保障能力、社会进步能力（包括社会成员的发展能力）三个主要方面。

社会公平能力主要侧重于从城乡之间的差别来描述。城市发挥着对区域腹地的辐射和带动功能，扮演着“区域增长极”的角色。通过城市的辐射和带动作用，推进整个区域的发展，从而达到城乡经济社会发展一体化。因此，城乡之间的差别变化动态地反映了城乡社会经济一体化的进程和趋势。表征城乡之间的公平程度，我们选取了如下指标：城乡二元结构指数（从整体上反映城乡之间的差距）、城乡劳动生产率之比（反映城乡劳动生产率之间的差别，农村劳动生产率的提高是推进城市化步伐的前提条件）、城乡居民收入之比（反映城乡居民收入差距）、城乡人均GDP之比（反映城乡之间经济发展水平的差距）、城市非农人口占总人口的比例（反映城市化的水平和程度）。

城市社会保障能力是城市内部稳定、有序的调节器和安全阀。如果城市社会保障水平低下，有可能诱发城市的诸多不安定因素，对整个城市的社会安全造成威胁，甚至损害整个城市的可持续发展能力。因此，建立完善的社会保障体系具有重要作用。反映城市社会保障能力的指标如下：每10万人拥有的医生数和每10万人拥有的病床数（反映城市医疗、卫生条件的保障水平）、财政赤字水平（反映城市财政的保障水平）、失业率（反映社会对劳动就业的保障水平）、人均承保额（反映居民投保的相对规模）、承保总额占劳动工资总额的比例（反映劳动者投保的力度）。

城市社会进步能力侧重于动态反映城市居民生活水平、就业状况和发展变化趋势，这也是体现社会发展以人为本全面发展目标的重要组成部分。就居民的生活水平和生活质量来说，主要包括如下指标：人均住房面积（反映居民居住条件）、人均生活用水（反映居民用水状况）、人均用电量（反映居民用电情况）、职工平均工资（反映城市职工的收入状况）、人均社会消费品零售总额（反映居民的生活用品需求状况和水平）、人均储蓄率和恩格尔系数（直观地反映居民的生活质量）、人口自然增长率（反映城市人口的动态变化）。HDI指标是由联合国开发计划署提出用以表达整个社会总体的发展状况。从业人员占总人口比例和个体就业人员占从业人员的比例反映整个城市的就业水平和服务水平。

三　城市社会安全能力分项评估

1. 城市社会公平能力评价

把构成社会公平能力的5项指标进行标准化处理汇总，结果显示：上海市以71.16分高居各城市之首，北京第二，社会公平能力得分48.78，与上海市相差20多分，湛江名列最后，社会公平能力得分0.59，不到上海市的1/100。上海、北京、广州、深圳、天津、武汉、南京、沈阳、厦门、大连在50个城市中居前10名，其社会公平能力平均得分32.39；汕头、包头、呼和浩特、银川、秦皇岛、西宁、南通、连云港、北海、湛江位居后10名，其社会公平能力平均得分2.30，不到前者的1/10。

根据社会公平能力得分及分值分布，可以把50个城市分为以下几类：

城市社会公平能力强（城市社会公平能力得分＞25）：包括的城市有：上海、北京、广州、深圳、天津、武汉，其社会公平能力平均得分43.14；

城市社会公平能力较强（10<城市社会公平能力得分<20）：包括的城市有：南京、沈阳、厦门、大连、苏州、杭州、重庆、西安、济南，其社会公平能力平均得分13.65；

城市社会公平能力中等（5<城市社会公平能力得分<10）：包括的城市有：哈尔滨、成都、宁波、青岛、珠海、无锡、福州、乌鲁木齐、长春、海口、太原、昆明、长沙、大庆、兰州、石家庄、贵阳、南昌、烟台，其社会公平能力平均得分7.46；

城市社会公平能力较弱（3<城市社会公平能力得分<5）：包括的城市有：唐山、南宁、郑州、温州、合肥、威海、汕头、包头、呼和浩特，其社会公平能力平均得分3.77；

城市社会公平能力弱（城市社会公平能力得分<3）：包括的城市有：银川、秦皇岛、西宁、南通、连云港、北海、湛江，其社会公平能力平均得分1.90。

全国50个城市平均社会公平能力得分11.83，属于城市公平能力较强一级。

各分级城市社会公平能力之间的比较（见图14.1）所示。

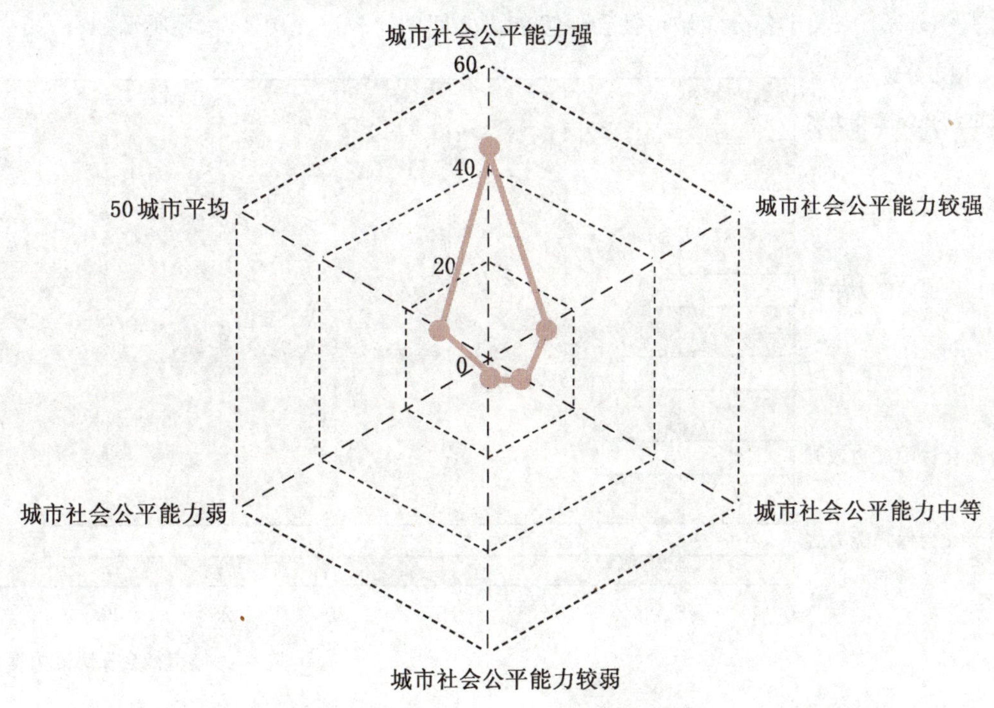

图14.1　城市社会公平分级

2. 城市社会保障能力评价

城市社会保障能力评价指标汇总的结果表明：在50个城市排行榜中，上海市位居第一，城市社会保障能力得分41.23，而北京市位居第二，社会保障能力得分35.55，北海市社会保障能力得分0.59，排在第50位，不到上海市的1/60。上海、深圳、北京、广州、南京、杭州、天津、大连、西安、福州排在前10位，其社会保障能力平均得分18.84；秦皇岛、银川、重庆、呼和浩特、包头、烟台、威海、连云港、西宁、北海位居后10位，其社会保障能力平均得分1.41，不到前者的1/10。

根据城市社会保障能力得分，可以把全国50个城市分为如下几级：

城市社会保障能力强（社会保障能力得分>25）：包括的城市有：上海、深圳、北京、广州，其社会保障能力平均得分 32.78；

城市社会保障能力较强（7<社会保障能力得分<12）：包括的城市有：南京、杭州、天津、大连、西安、福州、长沙、沈阳、哈尔滨、济南，其社会保障能力平均得分 8.72，是前者的 1/4 左右；

城市社会保障能力中等（4<社会保障能力得分<7）：包括的城市有：成都、石家庄、武汉、昆明、大庆、青岛、郑州、厦门、苏州、长春、宁波、无锡、海口、乌鲁木齐、南昌、温州、合肥、太原，其社会保障能力平均得分 5.56；

城市社会保障能力较弱（2<社会保障能力得分<4）：包括的城市有：珠海、南宁、兰州、南通、汕头、唐山、贵阳、湛江，其社会保障能力平均得分 2.93；

城市社会保障能力弱（社会保障能力得分<2）：包括的城市有：秦皇岛、银川、重庆、呼和浩特、包头、烟台、威海、连云港、西宁、北海，其社会保障能力平均得分 1.41。

全国 50 个城市社会保障能力平均得分 7.52，属于城市社会保障能力较强一级。

关于各分级城市社会保障能力之间的比较（见图 14.2）所示。

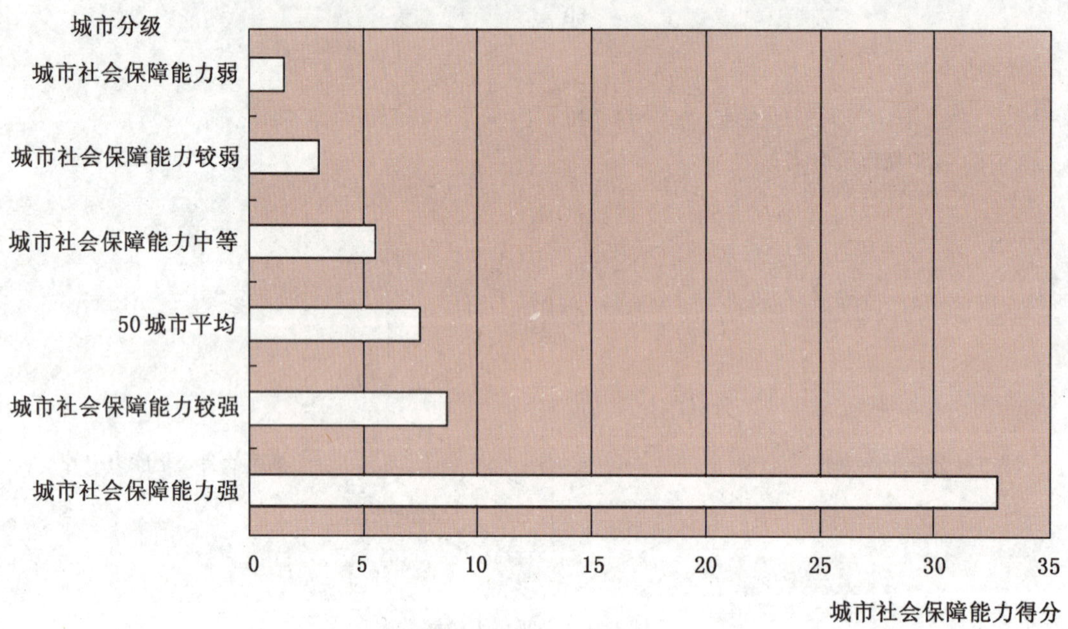

图 14.2　城市社会保障力分级

3. 城市社会进步能力

城市社会进步能力指标汇总的结果表明：在全国 50 个城市中，上海市的城市进步能力最强，社会进步能力得分为 38.38，深圳其次，社会进步能力得分 34.47，北海最弱，社会进步能力得分只有 0.41，几乎是上海市的 1/100。上海、深圳、广州、北京、南京、杭州、天津、武汉、大连、苏州是位居前 10 名的城市，其社会进步能力平均得分 18.23；烟台、贵阳、湛江、银川、威海、呼和浩特、包头、连云港、西宁、北海，其社会进步能力平均得分 0.99，是前者的 1/18 左右。

依据城市社会进步能力得分和分值分布，对全国 50 城市分级如下：

城市社会进步能力强（社会进步能力得分＞25）：包括的城市有：上海、深圳、广州、北京，其社会进步能力平均得分 32.23；

城市社会进步能力较强（6＜社会进步能力得分＜11）：包括的城市有：南京、杭州、天津、武汉、大连、苏州、珠海、大庆、厦门、宁波、沈阳，其社会进步能力平均得分 7.86，是前者的 1/4 左右；

城市社会进步能力中等（2＜社会进步能力得分＜6）：福州、成都、济南、哈尔滨、青岛、西安、长春、石家庄、无锡、长沙、温州、重庆、昆明、郑州、乌鲁木齐、海口、兰州，其社会进步能力平均得分 3.90；

城市社会进步能力较弱（1＜社会进步能力得分＜2）：包括的城市有：合肥、南通、南宁、南昌、汕头、唐山、秦皇岛、太原、烟台、贵阳、湛江、银川，其社会进步能力平均得分 1.61；

城市社会进步能力弱（社会进步能力得分＜1）：包括的城市有：威海、呼和浩特、包头、连云港、西宁、北海，其社会进步能力平均得分 0.79。

全国 50 个城市社会进步能力平均得分 6.51，处于城市社会进步能力较强之列。

各分级城市社会进步能力之间的差距（见图 14.3）所示。

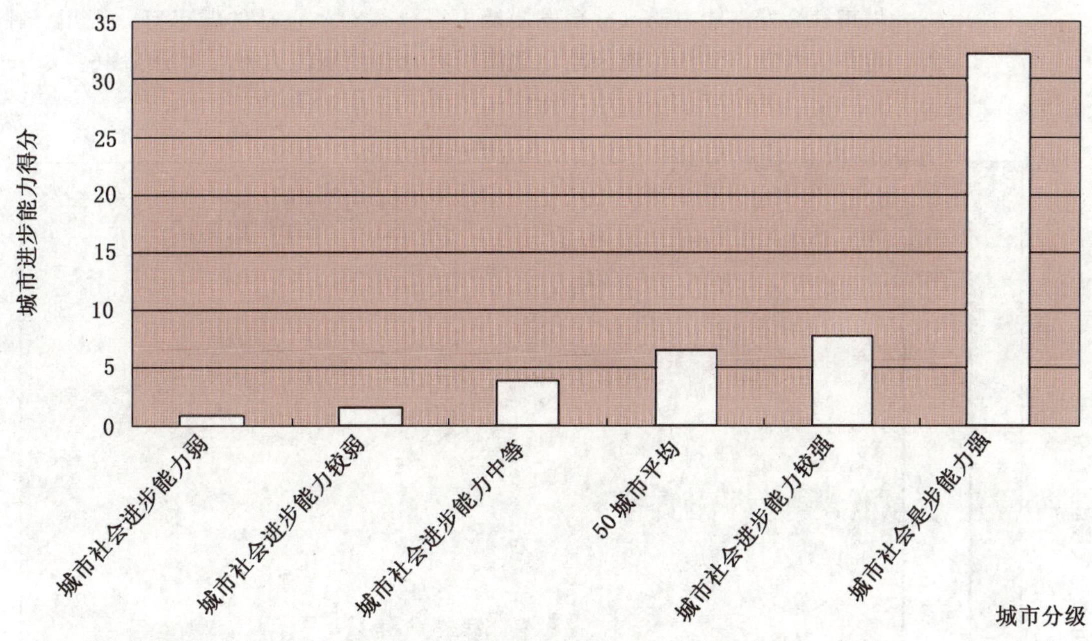

图 14.3　城市社会进步能力分级

四　城市社会安全能力总体评估

基于以上的分项评价，可以进行城市社会发展能力的总体评价。结果表明：在全国 50 个城市中，上海市以 50.26 分列在第一位，深圳居于第二位，城市社会发展能力得分 37.14，与上海市有 13 分左右的差距，北海最低，城市社会发展能力得分 0.70，只有上海市的 1/70 左右。上海、深圳、北京、广州、天津、武汉、南京、杭州、沈阳、大连依次排在前10位，其社会发展能力平均得分22.99，烟台、南通、秦皇岛、威海、银川、呼和浩特、包头、西宁、湛江、连云港、北海依次排在后10位，其社会发展能力平均得分1.75，不到前者的1/10。

依据城市社会发展能力得分，将全国50个城市分为如下几类：

城市社会发展能力强（社会发展能力得分＞30）：包括的城市有：上海、深圳、北京、广州，其社会发展能力平均得分38.58；

城市社会发展能力较强（7＜社会发展能力得分＜20）：包括的城市有：天津、武汉、南京、杭州、沈阳、大连、厦门、苏州、西安、哈尔滨、济南、成都、宁波、福州，其社会发展能力平均得分9.83，是前者的1/4左右；

城市社会发展能力中等（4＜社会发展能力得分＜7）：包括的城市有：青岛、珠海、大庆、长沙、无锡、长春、昆明、重庆、石家庄、乌鲁木齐、海口、郑州、太原、温州，其社会发展能力平均得分5.49；

城市社会发展能力较弱（2＜社会发展能力得分＜4）：包括的城市有：兰州、南昌、合肥、南宁、贵阳、唐山、汕头、烟台、南通、秦皇岛、威海，其社会发展能力平均得分2.89；

城市社会发展能力弱（社会发展能力得分＜2）：包括的城市有：银川、呼和浩特、包头、西宁、湛江、连云港、北海，其社会发展能力平均得分1.46。

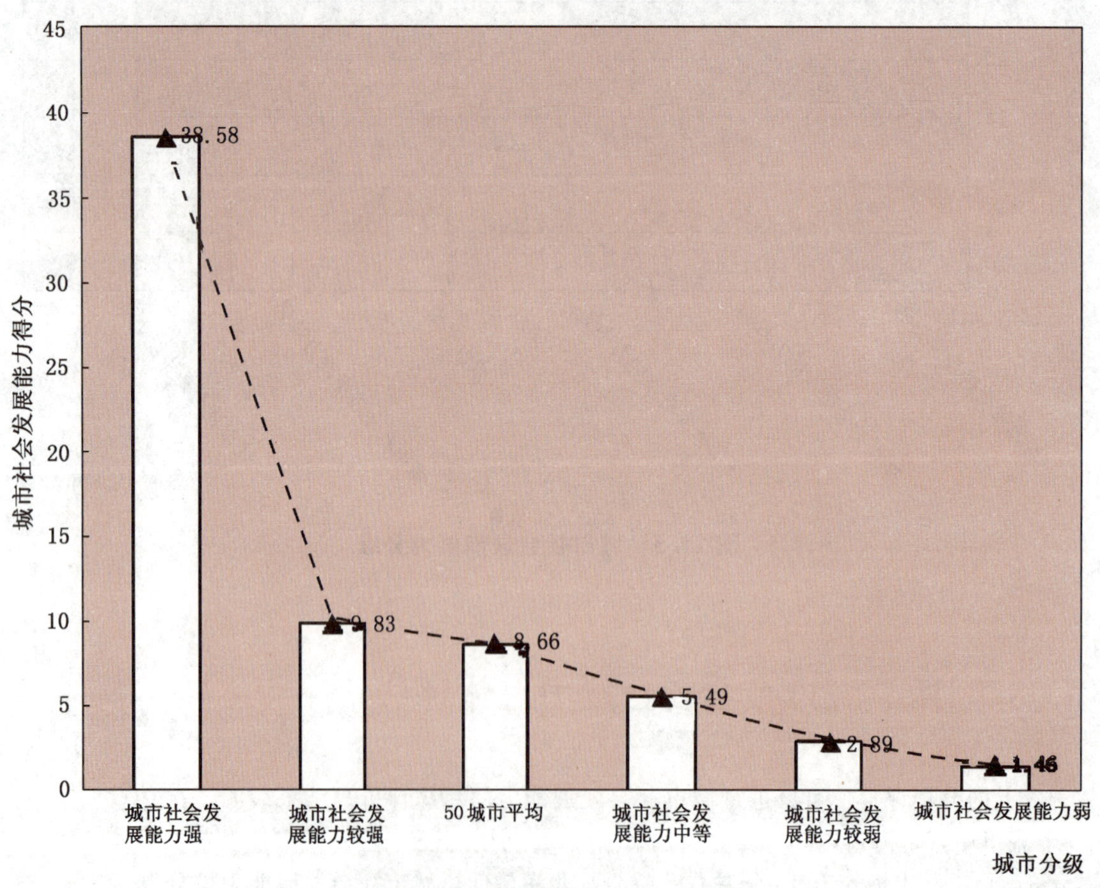

图14.4　城市社会发展能力分级

全国50个城市社会发展能力平均得分8.66，属于城市社会发展能力较强之列。

各分级城市社会发展能力之间的比较（见图14.4）所示。

总之，提高城市的社会发展能力，一方面，调整城乡之间的收入分配政策，深化户籍制度改革，允许农村人口的自由流动，加快城乡一体化进程；另一方面，要加大社会保障制度改革的步伐，建立起多层次、多元化、开放式的社会保障体系，充分发挥社会稳定器的作用。

第十五章 中国城市管理能力指数

一 城市管理能力的内涵

城市管理在一个城市的发展中具有中枢地位。城市管理的核心理念在于按照以人为本和可持续发展的思想来规划城市、建设城市、管理城市，科学地处理城市经济社会与城市人口、资源、环境之间的复杂关系。通过提高城市规划、建设和管理的水平，促进人和人、人和自然的协调与和谐。城市管理能力的高低可以从城市的效率水平、城市的经营水平和城市的带动水平三个方面得到综合反映。

城市效率水平是衡量城市管理水平的重要指标。城市作为一个复杂的人造组织系统，系统结构合理、功能优化、运行有序是系统高效率的前提条件。城市效率表现为城市在单位时间内创造财富的效率（发展速率），城市在单位面积上创造财富的效率（发展强度），城市投资的单位资本创造财富的效率，城市战略性资源的配置效率，城市的行政运行效率，以及城市的行政服务效率等方面。

城市经营水平的实质内涵就是要倡导政府行为和市场行为的有机结合，通过市场化运作，加强对城市可经营资源的整理、开发、组合、利用和优化配置。在未来城市现代化建设中，必须积极盘活城市存量资产，吸引社会资金参与，有序推动土地、基础设施等城市资源的市场化进程，同时设计好、培育好、维护好“城市形象”。对城市可经营资源进行合理开发、整合利用和优化配置，是推动城市建设实现良性循环和可持续发展的必要手段。

城市带动能力的实质内涵就是城市作为区域的发展中心，对其周边地区经济社会发展的辐射、带动和贡献能力。实施“中心城市”带动战略是当前推进中国区域经济社会发展基本着力点“中心城市”可分为政治型中心城市、经济型中心城市、资源型中心城市、交通型中心城市、文化型中心城市、旅游型中心城市、宗教型中心城市七类。中国在大力推进工业化、城市化、信息化的进程中，优先实施“中心城市突破”的带动战略，将成为中国经济社会必然的发展模式。城市的带动能力主要表现为城市对区域发展的贡献能力，城市对区域发展的带动能力，城市人口、经济等规模的增长能力，城市财富的集聚能力、城市的人口与资本的集聚能力等方面。

注释专栏 15.1

城市管理模式　从后果导向转向原因导向

同济大学城市发展战略与管理研究院诸大建教授指出，人们除了对现代化城市管理的内涵和内容还存在着模糊的理解外，在城市管理的方法和思路方面也需要进行从后果导向到原因导向的战略性转变。

诸大建指出，现代化的城市管理是指以城市基础设施为重点对象，以发挥城市综合效益为目的的综合管理。从城市的可持续发展的角度看，现代化城市是一个由经济系统、社会系统、环境系统组成的复合系统，它同时进行着经济再生产、人口再生产和生态再生产。城市在这三种再生产中分别产生经济效益、社会效益和环境效益。因此，现代化意义上的城市管理包含了城市经济管理、城市社会管理和城市环境管理三个方面。

诸大建认为，现行的城市管理方法和思路大体分为两种，一种是把重点放在城市问题发生之后进行治理的城市管理思路，称为后果导向的城市管理模式；另一种是把重点放在针对这些问题产生根源上的城市管理思路，称为原因导向的城市管理模式。

近年来，上上下下都呼吁要建立城市管理的长效管理机制，诸大建认为，所谓长效管理就是要建立原因导向的城市管理模式。这就是说，在实施城市管理时，不仅需要突击式的治理不时发生的城市问题，而且需要深入到治理它们赖以产生问题的原因，不仅需要从发展方面控制城市问题发生的机制，而且需要从制度方面祛除城市问题产生的条件。

资料来源：诸大建，同济大学城市发展战略与管理研究院。

二　城市管理能力指标体系

1. 城市效率水平

城市效率水平是衡量城市管理水平的直接指标。效率水平主要由以下 6 个要素表达：1）单位面积产值：城市单位面积创造的产值通常由单位面积创造的 GDP 表达（又称经济密度）；2）单位劳力产值：表达每一个城市劳动者创造财富的能力，可由城市国内生产总值（万元）与城市从业人员总数之比表示，它衡量城市劳动生产率的高低；3）单位资本产值：表达城市资本投资总额创造的财富能力，它由城市国内生产总值（GDP）与城市固定资产投资总额之比表达；4）单位时间产值：表示城市在单位时间内创造财富能力，它由每天城市创造的国内生产总值（GDP）表示。5）公务员服务效率：表示城市公务行政的服务效率，它由城市行政机关和社会团体

（万人）与市区年末总人口（万人）之比表达；6）人均财政收入：表达一个城市的财政汲取能力，它由地方财政收入与城市总人口之比表示。

2. 城市经营水平

城市经营水平是衡量在市场经济条件下，城市管理效益高低的重要指标。经营水平主要由以下4个指标表达：1）第三产业产值占GDP比重：它是对城市经济结构水平、产业结构高级化程度和城市经济活力程度的综合反映；2）城市盈利率：该指标反映企业盈利能力和具有活力的重要标志，它由城市工业企业利税总额（万元）/市区工业企业产品销售收入（万元）表达；3）城市经营率：该指标表达通过经营城市，给城市带来直接经济利益高低，它由城市财政预算内收入（万元）/GDP（万元）表达；4）市场占有率：该指标表示城市工业企业经济力高低，它由该城市工业企业产品销售收入（万元）/全国城市工业企业产品销售收入（万元）表达。

3. 城市带动水平

城市带动水平是衡量城市发展对区域经济社会发展的辐身、带动和贡献能力的高低。城市带动水平主要由以下4个指标表达：1）城市贡献率：由市区工业企业本年应交增值税（万元）/市区国内生产总值（万元）表达；2）城市带动率：由城市区新增GDP/区域新增GDP表达；3）城市规模增长率：由城市非农人口增长率、城市建成区面积增长率和城市经济增长率共同表达；4）城市集聚度：由城市财富集聚度和城市人口集聚度共同表达。

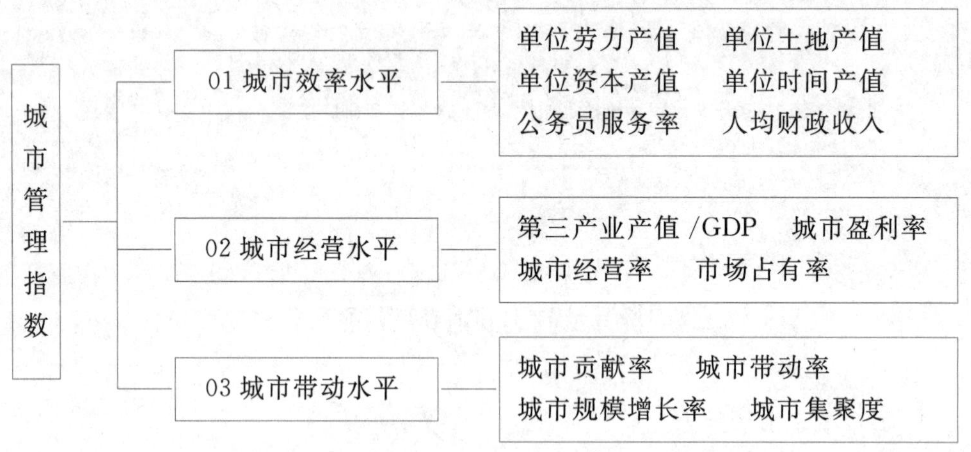

图15.1 中国城市管理能力指标体系结构框架

注释专栏 15.1

2002 年世界人居日的主题：城市与城市的合作

2002 年 3 月 12 日联合国人居中心（UNHSP）在肯尼亚首都内罗毕宣布将 2002 年世界人居日是 2002 年 10 月 7 日。今年的主题是：城市与城市的合作。届时世界人居日全球庆典活动将在比利时首都布鲁塞尔举行，由比利时政府外交部和欧盟联合主办。

自从 1913 年第一个国际地方当局协会成立以来，城市之间和地方当局之间的国际合作不断发展。交流首先在发达国家的城市之间展开，随后又扩展到了发展中国家的城市。在今天这样一个日益城市化的世界里，今年世界人居日的主题就是要鼓励更多的城市与城市的合作，也就是通常所说的 C2C。C2C 既可以发生在相邻国家的城市间，也可以发生在分别位于地球两端的城市之间。建立姐妹城市是 C2C 最早的范例的一种。近年来，在国际组织和地方当局网络的鼓励与帮助下，通过城市领导人的积极努力，C2C 的范围不断扩大。城市间的合作，作为一种积极交流“经验教训”、提高城市管理能力、实现可持续的城市化发展的经济而有效的途径，已经日益得到人们的认可。

今天，全世界有一半以上的人口生活在城镇里，联合国高度重视可持续的城市化发展。在去年的“伊斯坦布尔+5”大会，即联合国大会特别会议上，各国政府共同签署了一份“新千年城市与其他人类住区宣言”。这份宣言表示拥护“千年宣言”中确定的具体目标，那就是争取到 2020 年实现 1 亿贫民窟居民生活的极大改善。今年世界人居日的主题就是致力于帮助整个世界实现这些目标。

联合国人类住区规划署，即联合国人居署（UN-HABITAT），由联合国大会授权，通过在人类住区领域采取适当的行动和提高政策的科学性，来帮助有关的国家和社会消除造成这些问题的根源。自 1985 年由联大设立以来，世界人居日每年都在 10 月份的第一个星期一举行庆祝活动。联合国已将这一天设定为全世界对人类住区状况以及获得适当住房的基本人权进行反思的日子。今年，各国政府和地方当局受到号召组织相应的庆祝活动，以增强人们对通过更多的城市与城市的合作来改善我们的居住环境的必要性的认识。

资料来源：联合国人居中心（UNHSP）新闻公报，2002 年 04 月 02 日。

三　城市管理能力分类与综合评价

1. 城市效率水平评价

第一类：城市效率水平指数高于40.0的城市是深圳64.47，珠海48.04，上海40.39，共计3个城市；

第二类：城市效率水平指数介于40.0—30.0的城市是福州37.69，广州37.01，大庆35.75，石家庄34.29，无锡33.17，苏州32.09，南昌31.42，大连31.29，杭州30.20，共计9个城市；

第三类：城市效率水平指数介于30.0—20.0的城市是北京29.89，南京27.02，海口26.82，长沙26.09，汕头25.98，成都25.08，厦门24.70，沈阳24.51，南通24.51，济南24.08，秦皇岛23.64，宁波22.39，青岛22.25，昆明22.00，共计14个城市；

第四类：城市效率水平指数介于20.0—10.0的城市是合肥19.99，长春19.93，天津19.62，郑州19.12，威海18.77，温州18.67，西安18.44，乌鲁木齐18.43，烟台17.98，重庆17.50，南宁17.45，唐山16.66，哈尔滨16.28，武汉15.17，呼和浩特14.41，湛江12.69，太原11.63，包头10.91，贵阳10.69，连云港10.59，兰州10.38，共计21个城市；

第五类：城市效率水平指数低于10.0的城市是银川9.32，西宁6.88，北海6.55，共计3个城市。

表15.1　中国城市效率水平分类与排序表

级别分类	城市效率水平指数排序
一级（1—3名）	深圳64.47，珠海48.04，上海40.39。
二级（4—12名）	福州37.69，广州37.01，大庆35.75，石家庄34.29，无锡33.17，苏州32.09，南昌31.42，大连31.29，杭州30.20。
三级（13—26名）	北京29.89，南京27.02，海口26.82，长沙26.09，汕头25.98，成都25.08，厦门24.70，沈阳24.51，南通24.51，济南24.08，秦皇岛23.64，宁波22.39，青岛22.25，昆明22.00。
四级（27—47名）	合肥19.99，长春19.93，天津19.62，郑州19.12，威海18.77，温州18.67，西安18.44，乌鲁木齐18.43，烟台17.98，重庆17.50，南宁17.45，唐山16.66，哈尔滨16.28，武汉15.17，呼和浩特14.41，湛江12.69，太原11.63，包头10.91，贵阳10.69，连云港10.59，兰州10.38。
五级（48—50名）	银川9.32，西宁6.88，北海6.55。

2. 城市经营水平评价

第一类：城市经营水平指数高于50.0的城市是上海66.51，深圳53.97，共计2个城市；

第二类：城市经营水平指数50.0—40.0的城市是广州45.75，海口45.30，天津43.31，北京43.11，长沙42.62，南京42.51，昆明42.24，郑州41.63，共计8个城市；

第三类：城市经营水平指数40.0—30.0的城市是杭州34.69，银川34.62，哈尔滨34.39，南宁34.39，呼和浩特33.01，苏州32.32，汕头32.24，武汉32.18，南通31.46，沈阳31.39，福州31.35，大庆30.51，西宁30.48，无锡30.39，合肥30.25，珠海30.19，西安30.09，共计17个城市；

第四类：城市经营水平指数30.0—25.0的城市是济南29.88，北海29.44，太原29.27，秦皇岛29.19，石家庄28.17，湛江27.79，长春26.20，南昌26.08，烟台25.82，威海25.02，共计10个城市；

第五类：城市经营水平指数低于25.0的城市是温州24.99，包头24.30，兰州23.94，成都23.74，连云港23.39，唐山21.16，共计6个城市。

表15.2　中国城市经营水平分类与排序表

级别分类	城市经营水平指数排序
一级（1—2名）	上海66.51，深圳53.97。
二级（3—10名）	广州45.75，海口45.30，天津43.31，北京43.11，长沙42.62，南京42.51，昆明42.24，郑州41.63。
三级（11—17名）	乌鲁木齐39.26，宁波38.15，贵阳37.82，大连37.39，厦门37.05青岛36.75，重庆35.88。
四级（18—34名）	杭州34.69，银川34.62，哈尔滨34.39，南宁34.39，呼和浩特33.01，苏州32.32，汕头32.24，武汉32.18，南通31.46，沈阳31.39，福州31.35，大庆30.51，西宁30.48，无锡30.39，合肥30.25，珠海30.19，西安30.09。
五级（35—44名）	济南29.88，北海29.44，太原29.27，秦皇岛29.19，石家庄28.17，湛江27.79，长春26.20，南昌26.08，烟台25.82，威海25.02。
六级（45—50名）	温州24.99，包头24.30，兰州23.94，成都23.74，连云港23.39，唐山21.16

3. 城市带动水平评价

第一类：城市带动水平指数高于70.0的城市是广州72.64，大庆72.14，深圳71.55，共计3个城市；

第二类：城市带动水平指数介于70.0—50.0的城市是太原58.57，北京58.03，海口56.16，武汉55.89，厦门55.85，上海55.14，贵阳54.67，天津53.81，长春52.92，乌鲁木齐52.39，包头52.01，南京51.82，兰州51.66，珠海50.27，共计

14 个城市；

第三类：城市带动水平指数介于 50.0—40.0 的城市是西安 46.98，银川 46.29，沈阳 45.76，昆明 45.40，大连 44.32，合肥 43.86，郑州 42.59，青岛 42.54，南昌 41.64，南宁 40.68，威海 40.51，南通 40.31，无锡 40.29，共计 13 个城市；

第四类：城市带动水平指数介于 40.0—30.0 的城市是济南 39.87，西宁 38.87，长沙 38.76，苏州 38.07，宁波 38.01，杭州 38.00，重庆 37.78，连云港 37.06，烟台 36.80，呼和浩特 36.31，湛江 36.27，秦皇岛 36.03，石家庄 35.91，哈尔滨 34.44，温州 34.00，成都 33.72，唐山 32.78，汕头 31.91，福州 30.86，共计 19 个城市；

第五类：城市带动水平指数低于 30.0 的城市是北海 16.68。

表 15.3　中国城市带动水平分类与排序表

级别分类	城市带动水平指数排序
一级（1—3 名）	广州 72.64，大庆 72.14，深圳 71.55。
二级（4—17 名）	太原 58.57，北京 58.03，海口 56.16，武汉 55.89，厦门 55.85，上海 55.14，贵阳 54.67，天津 53.81，长春 52.92，乌鲁木齐 52.39，包头 52.01，南京 51.82，兰州 51.66，珠海 50.27。
三级（18 — 30 名）	西安 46.98，银川 46.29，沈阳 45.76，昆明 45.40，大连 44.32，合肥 43.86，郑州 42.59，青岛 42.54，南昌 41.64，南宁 40.68，威海 40.51，南通 40.31 无锡 40.29。
四级（31 — 49 名）	济南 39.87，西宁 38.87，长沙 38.76，苏州 38.07，宁波 38.01，杭州 38.00 重庆 37.78，连云港 37.06，烟台 36.80，呼和浩特 36.31，湛江 36.27，秦皇岛 36.03，石家庄 35.91，哈尔滨 34.44，温州 34.00，成都 33.72，唐山 32.78，汕头 31.91，福州 30.86。
五级（50 名）	北海 16.68。

4. 城市管理能力指数评价

第一类：城市管理指数高于 40.0 的城市是深圳 63.33，上海 54.01，广州 51.80，大庆 46.13，北京 43.68，珠海 42.83，海口 42.76，南京 40.45，共计 8 个城市；

第二类：城市管理指数介于 40.0—35.0 的城市是厦门 39.20，天津 38.91，大连 37.67，乌鲁木齐 36.69，昆明 36.55，长沙 35.82，共计 6 个城市；

第三类：城市管理指数介于 35.0—30.0 的城市是无锡 34.62，郑州 34.45，武汉 34.41，贵阳 34.39，杭州 34.30，苏州 34.16，沈阳 33.89，青岛 33.85，福州 33.30，太原 33.16，南昌 33.05，长春 33.02，宁波 32.85，石家庄 32.79，南通 32.09，西安 31.84，合肥 31.37，济南 31.28，南宁 30.84，重庆 30.39，银川 30.08，汕头 30.04，共计 22 个城市；

第四类：城市管理指数介于 30.0—25.0 的城市是秦皇岛 29.62，包头 29.07，兰州 28.66，哈尔滨 28.37，威海 28.10，呼和浩特 27.91，成都 27.51，烟台

26.87，温州 25.89，湛江 25.58，西宁 25.41，共计 11 个城市；

第五类：城市管理指数低于 25.0 的城市是连云港 23.68，唐山 23.53，北海 17.56，共计 3 个城市。

表 15.4 中国城市管理指数分类与排序表

级别分类	城市管理指数排序
一级（1—8 名）	深圳 63.33，上海 54.01，广州 51.80，大庆 46.13，北京 43.68，珠海 42.83，海口 42.76，南京 40.45。
二级（9—14 名）	厦门 39.20，天津 38.91，大连 37.67，乌鲁木齐 36.69，昆明 36.55，长沙 35.82。
三级（15 — 36 名）	无锡 34.62，郑州 34.45，武汉 34.4，1，贵阳 34.39，杭州 34.30，苏州 34.16，沈阳 33.89，青岛 33.85，福州 33.30，太原 33.16，南昌 33.05 长春 33.02，宁波 32.85，石家庄 32.79，南通 32.09，西安 31.84，合肥 31.37，济南 31.28，南宁 30.84，重庆 30.39，银川 30.08，汕头 30.04。
四级（37 — 47 名）	秦皇岛 29.62，包头 29.07，兰州 28.66，哈尔滨 28.37，威海 28.10，呼和浩特 27.91，成都 27.51，烟台 26.87，温州 25.89，湛江 25.58，西宁 25.41。
五级（48 — 50 名）	连云港 23.68，唐山 23.53，北海 17.56。

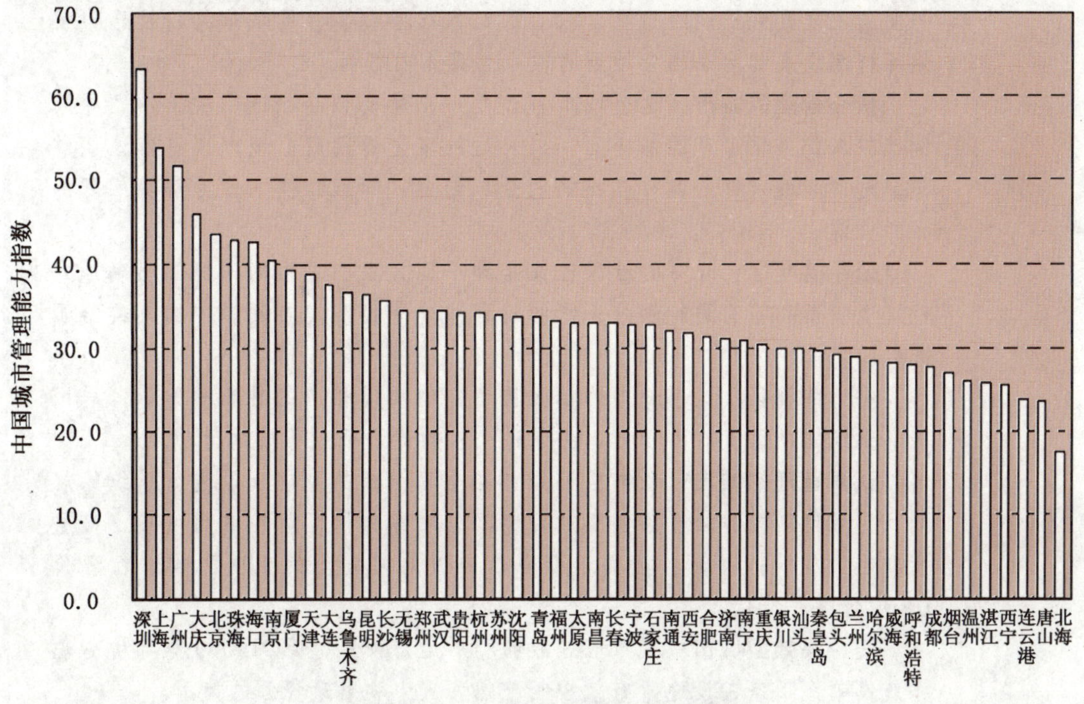

图 15.2 中国城市管理能力排序

第十六章　中国城市可持续能力指数

城市是人类文明进步的结晶，是人类先进文化、先进生产力的集中体现，城市的可持续发展是全社会实现可持续发展的核心。二十一世纪是城市高度发达与繁荣的世纪，目前世界各国都把实现城市可持续发展作为政府工作的核心目标之一。以生态城市、绿色城市为核心内容的可持续发展城市建设，已成为世界城市发展的方向和潮流。根据1992年“里约宣言”精神，中国政府在1994年通过《中国21世纪议程》中，十分清晰地构画出了中国城市可持续发展的基本蓝图。当前，大力培育和建设城市可持续能力，是发展我国先进生产力，尽快实现第三步走发展战略目标的关键。

注释专栏16.1

国际可持续发展城市协会

国际可持续发展城市协会确立“可持续发展城市”的标准：应该是一个面向未来具有正确的指导、精心的组织准备和装备的城市，以及已为长期可持续发展制定了相应计划的城市。具体内容如下：

精心管理的城市：这个城市应该是一个协商领导、透明决策，领导层能够在保护文化遗产的基础上，以长远的眼光看问题；地方政府应该能够充分利用当地人群的各种各样的利益、能力、知识和技术作为解决问题的一种资源。

公平的社区：地方的社区应该是和平而又互相尊重的，能够明确地对经济上贫困和富有进行划分；能够对那些处于经济发展阴影中的人群给予关心。

有力的社区：这个地方的社区应该能够提供相应的教育和知识；居民能够认识对社区负有的责任，并通过个人的计划采取积极的行动。

认真管理的城市：城市应该能够在全面分析的基础上，进行系统的规划，为环境质量和社会条件制定目标，利用各种指标监控城市发展，衡量所取得的成就；决策者在决定投资前应该对基础上的负面影响进行评价(环境影响评价)。

资源高效型城市：城市应该能够利用生态预算、ISO14000等环境管理系统高效利用基础设施，有效控制自然、人力和财政资源的使用。

生态城市：生态城市应该能够提供高质量的生活和美好的发展前景，提供洁净的空气和淡水，提供足够的绿色空间供休闲娱乐，为动植物提供足够的生长和栖息地，保护森林并逐步扩大其面积，防止土壤土质下降和受到侵蚀，将能源供应逐渐向可再生能源转化，制定计划并扶持推行步行、自行车、公共交通等对环境影响有利的交通手段。

全球性的城市：建立并保持与世界上其他大城市的联系，建立友好城市体，加入像国际可持续发展城市协会这样的组织，参加像“水资源保护运动”、“城市气候保护运动”这样的国际运动或网络。

一 城市可持续能力的内涵

城市作为人类社会特有的地域组织形式，是人类创造的一种人工生态系统，在一定的生产力发展水平和自然地理条件下，一个城市对人类活动的容纳能力是有一定容量的，也就是说一个城市的容纳能力具有一定临界限度，如果人类经济社会活动超过这一临界限度，将会对城市发展带来巨大的破坏。因此，人类对于城市资源的开发和利用，均应约束在城市生态环境容量的临界阈值之内。城市生态环境的容量主要表现在为城市人口提供生产、生活和娱乐的生态服务能力；表现在为城市人口生产、生活安全保障提供的环境缓冲能力、环境自净能力和环境抗逆能力，总之，城市“人口、资源、环境、发展”四位一体的高度协调构成了城市可持续能力的基本内容。

注释专栏 16.2

上海获联合国首颁“城市可持续发展贡献奖”

2002年9月3日，在南非约翰内斯堡举行的可持续发展世界首脑会议上，中国上海获得了由联合国颁发的“城市可持续发展贡献奖”。上海市副市长韩正到会接受了这一奖项。

“城市可持续发展贡献奖”是联合国第一次颁发的奖项，主要表彰在城市建设和环境、资源保护方面有突出成绩的城市。此举表明上海在环境建设、环境保护方面作出的努力得到了联合国机构的肯定。同获此项奖项的世界其他城市是南非德班、巴西库里迪巴和法国里昂。

韩正在颁奖仪式上表示，城市可持续发展是上海市政府和上海人民共同渴望和继续努力的方向。在经济高速发展的同时，上海始终保持了将环境建设和环境保护放在重要位置来考虑，使经济和社会和谐发展，走可持续的道路。

资料来源：《解放日报》2002年9月5日。

城市作为一个复杂的人造生态系统，寻求系统内部各个要素之间，即寻求城市人口、资源、能源、环境、经济、社会等要素之间的协调发展，是实现城市可持续发展的基本保证。城市可持续能力的高低主要表现为城市经济发展与城市资源消耗之间的有机匹配；表现为经济发展与生态环境保护之间的合理平衡；表现为人口发展与经济发展之间的和谐演进；表现为城乡之间财富积累与分配是否公正；表现为人口代际之间占有财富和获得发展机会是否公平；表现为城市经济活动内部要素之间是否协调；表现为城市产业结构是否合理等。

城市作为一个区域经济、政治和文化的中心，尤其是在中国这样一个城乡二元结构十分明显的国家，城市在区域发展中所处的中心地位是不言而喻的。城市的生存与发展同周边乡村地区是相互依存，密不可分的。根据区域经济社会发展演化发展的一般规律，区域经济社会的发展呈现梯度发展的基本特征，在区域内处于边缘地位的广大乡村发展要依靠处于中心地位的城市去带动、去辐射。国际一般经验表明，在一个区域内，由处于中心地位的城市带动处于边缘地位的乡村发展具有一定的空间尺度，全球平均水平是：城市的建成区面积应直接带动其周围乡村地区发展的空间尺度是1∶50，例如英国的伦敦的带动比例是1∶58，日本的东京是1∶71，德国的柏林是1∶47，法国的巴黎是1∶50；美国的纽约是1∶80。从广义上来说，由城市的带动、辐射作用表征的城市影响能力，表现为城市对整个区域空间经济社会发展速度和发展规模的影响能力；表现为对区域的财富积累、财富分配的影响能力；表现为对区域内一定规模人口的知识水平、生产水平、生活水平、文明水平的影响能力。

综合上述分析，我们可以简要地把支撑城市可持续发展的基本要素，解析为城市生态服务能力、城市环境支撑能力、城市协调发展能力和城市外部影响能力。

二　城市可持续能力评价指标体系设计

1. 中国城市可持续能力指标体系建立的基本原则

由表达城市可持续能力的单项指标进一步构建表达城市可持续发能力的指标体系，一般遵循以下五大原则：1）综合性原则：要求任何一个单位指标都应具有高度的概括性，能够准确、敏感地反映城市这一复杂巨系统可持续能力的最本质、最重要的特征。2）独立性原则：要求指标之间既具有一定的关联性，又要具有相互独立性。通过对指标作 Pearson 相关性检验、Kendall 相关性检验和 Spearman 相关性检验等，对指标进行精简化处理，从而保证能够更好地抓住反映城市可持续发展的本质因素。3）逻辑自洽原则：指标体系的设计还应深入研究指标之间的逻辑关系，它包括因果关系、增减关系、约束关系、非线性作用关系等等。指标之间逻辑关系的识别与表达是构建指标体系的基础性工作，也是指标体系是否合理、科学的关键性步骤。4）定量性原则：通过对指标之间函数关系的定量识别，力求使每一个指标能够以精确的数量来进行计算、表达和操作，对一些定性的指标进行规范化、权重化处理，使其定量化，从而大大增强指标体系的可操作性。5）阈值识别原则：构建一个完整的指标体系除了应满足上述四个原则外，还需要确定指标的判别规则，尤其是要判别指标的初值、等级、分类规则、临界阈值等，以达到对城市可持续能力状况的等级进行划分的要求。在上述理论指导下，我们设计了“三级叠加，逐层收敛，设定阈值，规范权重，分类排序”指标体系。

2. 中国城市可持续能力指标体系（见图 16.1）

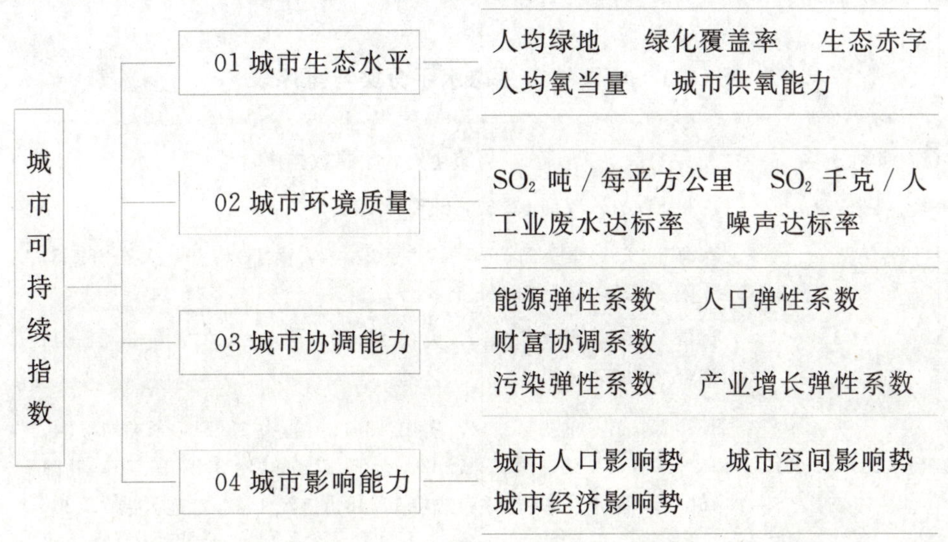

图 16.1　中国城市可持续能力指标体系

三　城市可持续能力评价分析

根据上述设计的城市可持续能力指标体系和计算方法，我们对中国 50 个城市的生态水平、环境质量、协调能力和影响能力进行计算、分析的排序，并在此基础之上计算出中国 50 个城市的可持续能力，进一步进行了分类和排序。为了保证评估结果的客观性和公正性，引用数据全部来源于国家统计局 2000、2001 年最新发布的中国城市统计年鉴、部门统计年鉴，以及有关部、委、局公开发布的部门城市统计数据。

1. 城市生态水平评价

第一类：生态水平指数高于 35.0 的城市是广州 81.01，深圳 61.57，北海

57.13，共计3个城市；

第二类：生态水平指数35.0—25.0的城市是珠海34.25，秦皇岛29.15，北京27.03，南宁26.79，大连26.78，沈阳26.37，南京25.92，共计7个城市；

第三类：生态水平指数20.0—25.0的城市是海口22.96，青岛22.40，大庆21.60，威海21.37，杭州21.04，烟台20.32，无锡20.04，共计7个城市；

第四类：生态水平指数高于15.0—20.0的城市是长沙18.80，包头18.48，唐山18.41，汕头18.11，长春18.04，乌鲁木齐17.88，厦门17.32，合肥17.00，哈尔滨16.70，贵阳16.42，福州15.96，呼和浩特15.48，湛江15.25，连云港15.20，共计14个城市；

第五类：生态水平指数高于10.0—15.0的城市是石家庄14.94，济南14.82，苏州14.69，昆明14.25，银川13.44，南通13.26，宁波13.22，西安12.83，太原12.53，武汉11.98，南昌10.57，郑州10.20，共计12个城市；

第六类：生态水平指数低于10.0的城市是天津9.19，成都7.87，重庆7.55，上海7.26，温州7.26，西宁4.73，兰州0.17，共计7个城市。

表16.1　中国城市生态水平分类与排序表

级别分类	城市生态水平指数排序
一类（1—3名）	广州81.01，深圳61.57，北海57.12。
二类（4—10名）	珠海34.25，秦皇岛29.15，北京27.03，南宁26.79，大连26.78，沈阳26.37，南京25.92。
三类（11—17名）	海口22.96，青岛22.40，大庆21.60，威海21.37，杭州21.04，烟台20.32，无锡20.04。
四类（18—31名）	长沙18.80，包头18.48，唐山18.41，汕头18.11，长春18.04，乌鲁木齐17.88，厦门17.32，合肥17.00，哈尔滨16.70，贵阳16.42，福州15.96，呼和浩特15.48，湛江15.25，连云港15.20。
五类（32—43名）	石家庄14.94，济南14.82，苏州14.69，昆明14.25，银川13.44，南通13.26，宁波13.22，西安12.83，太原12.53，武汉11.98，南昌10.57，郑州10.20。
六类（44—50名）	天津9.19，成都7.87，重庆7.55，上海7.26，温州7.26，西宁4.73，兰州0.17。

2. 城市环境质量水平评价

第一类：环境质量水平指数高于60.0的城市是杭州76.07，长沙70.75，深圳69.38，无锡66.69，海口66.67，汕头65.87，苏州63.86，珠海63.59，郑州62.98，福州62.87，合肥62.26，长春60.58，哈尔滨60.06，共计13个城市；

第二类：环境质量水平指数60.0—55.0的城市是烟台59.63，昆明58.76，石家庄58.49，北京58.27，大连57.80，天津57.37，成都56.32，大庆56.15，共计8个城市；

第三类：环境质量水平指数 50.0—55.0 的城市是武汉 55.88，济南 55.60，厦门 55.55，呼和浩特 55.42，南宁 55.40，沈阳 53.34，青岛 52.82，上海 52.68，广州 52.65，西宁 51.82，兰州 51.76，连云港 51.00，共计 12 个城市；

第四类：环境质量水平指数 40.0—50.0 的城市是银川 48.72，西安 48.50，北海 47.77，南通 47.43，南京 46.99，湛江 46.90，乌鲁木齐 46.58，南昌 46.33，温州 46.11，重庆 44.42，包头 43.48，秦皇岛 43.17，威海 42.92。共计 13 个城市；

第五类：环境质量水平指数低于 40.0 的城市是宁波 35.48，太原 31.72，唐山 31.65，贵阳 17.32，共计 4 个城市。

表 16.2　中国城市环境质量水平分类与排序表

级别分类	城市环境质量水平指数排序
一类（1—13 名）	杭州 76.07，长沙 70.75，深圳 69.38，无锡 66.69，海口 66.67，汕头 65.87。苏州 63.86，珠海 63.59，郑州 62.98，福州 62.87，合肥 62.26，长春 60.58，哈尔滨 60.06。
二类（14—21 名）	烟台 59.63，昆明 58.76，石家庄 58.49，北京 58.27，大连 57.80，天津 57.37，成都 56.32，大庆 56.15。
三类（22—33 名）	武汉 55.88，济南 55.60，厦门 55.55，呼和浩特 55.42，南宁 55.40，沈阳 53.34，青岛 52.82，上海 52.68，广州 52.65，西宁 51.82，兰州 51.76 连云港 51.00。
四类（34—46 名）	银川 48.72，西安 48.50，北海 47.77，南通 47.43，南京 46.99，湛江 46.90 ，乌鲁木齐 46.58，南昌 46.33，温州 46.11，重庆 44.42，包头 43.48，秦皇岛 43.17，威海 42.92。
五类（47—50 名）	宁波 35.48，太原 31.72，唐山 31.65，贵阳 17.32。

3. 城市协调能力评价

第一类：协调能力指数高于 75.0 的城市是乌鲁木齐 76.00，兰州 75.71，海口 75.57，上海 75.47，共计 4 个城市；

第二类：协调能力指数 75.0—70.0 的城市是太原 73.89，沈阳 73.66，北京 73.62，包头 73.37，无锡 71.77，苏州 70.73，天津 70.59，唐山 70.53，南京 70.14，共计 9 个城市；

第三类：协调能力指数 70.0—65.0 的城市是深圳 69.66，呼和浩特 69.03，银川 68.66，广州 67.33，大连 67.30，长春 67.02，贵阳 67.01，哈尔滨 66.84，威海 66.35，济南 66.16，秦皇岛 66.15，南宁 65.77，珠海 65.30，烟台 65.03，共计 24 个城市；

第四类：协调能力指数 65.0—60.0 的城市是杭州 64.99，北海 64.74，青岛 64.27，武汉 64.25，石家庄 63.89，郑州 63.85，长沙 62.25，南昌 61.64，西安 60.99，共计 9 个城市；

第五类：协调能力指数 60.0—55.0 的城市是连云港 59.29，厦门 59.13，温州

58.32，成都 58.30，宁波 58.27，南通 57.90，合肥 57.30，西宁 56.61，福州 56.33，重庆 55.92，共计 10 个；

第六类：协调能力指数低于 55.0 的城市是湛江 53.47，大庆 49.76，汕头 44.73，昆明 43.57，共计 4 个城市。

表 16.3　中国城市协调能力排序表

级别分类	城市协调能力排序
一类（1—4 名）	乌鲁木齐 76.00，兰州 75.71，海口 75.57，上海 75.47。
二类（5—13 名）	太原 73.89，沈阳 73.66，北京 73.62，包头 73.37，无锡 71.77，苏州 70.73，天津 70.59，唐山 70.53，南京 70.14。
三类（14—27 名）	深圳 69.66，呼和浩特 69.03，银川 68.66，广州 67.33，大连 67.30，长春 67.02，贵阳 67.01，哈尔滨 66.84，威海 66.35，济南 66.16，秦皇岛 66.15，南宁 65.77，珠海 65.30，烟台 65.03。
四类（28—36 名）	杭州 64.99，北海 64.74，青岛 64.27，武汉 64.25，石家庄 63.89 郑州 63.85，长沙 62.25，南昌 61.64，西安 60.99。
五类（37—46 名）	连云港 59.29，厦门 59.13，温州 58.32，成都 58.30，宁波 58.27，南通 57.90，合肥 57.30，西宁 56.61，福州 56.33，重庆 55.92。
六类（47—50 名）	湛江 53.47，大庆 49.76，汕头 44.73，昆明 43.57。

4. 城市影响能力评价

第一类：影响能力指数高于 45.0 的城市是深圳 100.00，大庆 56.67，上海 45.92，共计 3 个城市；

第二类：影响能力指数 45.0—30.0 的城市是宁波 38.96，厦门 38.58，珠海 37.86，广州 32.06，济南 31.49，青岛 30.61，武汉 30.54，福州 30.36，共计 7 个城市；

第三类：影响能力指数 30.0—20.0 的城市是无锡 26.93，北京 26.85，杭州 24.87，长春 23.76，苏州 23.30，沈阳 22.93，南京 22.13，海口 21.64，石家庄 20.91，共计 9 个城市；

第四类：影响能力指数 20.0—15.0 的城市是大连 19.98，威海 19.44，长沙 19.12，天津 18.97，南昌 18.57，温州 17.75，昆明 17.59，哈尔滨 16.37，湛江 15.89，西安 15.29，共计 10 个城市；

第五类：影响能力指数 15.0—10.0 的城市是成都 14.63，南通 14.45，重庆 12.29，烟台 11.92，郑州 11.62，秦皇岛 11.51，唐山 11.18，汕头 10.79，共计 8 个城市；

第六类：影响能力指数低于 10.0 的城市是南宁 9.12，连云港 8.54，贵阳 8.27，合肥 7.93，乌鲁木齐 7.65，兰州 5.94，太原 5.38，银川 4.61，呼和浩特 4.15，包头 3.34，北海 3.17，西宁 0.00，共计 12 个城市。

表 16.4　中国城市影响能力分类与排序表

级别分类	城市影响能力排序
一类（1—3 名）	深圳 100.00，大庆 56.67，上海 45.92。
二类（4—11 名）	宁波 38.96，厦门 38.58，珠海 37.86，广州 32.06，济南 31.49，青岛 30.61，武汉 30.54，福州 30.36。
三类（12—20 名）	无锡 26.93，北京 26.85，杭州 24.87，长春 23.76，苏州 23.30，沈阳 22.93，南京 22.13，海口 21.64，石家庄 20.91。
四类（21—30 名）	大连 19.98，威海 19.44，长沙 19.12，天津 18.97，南昌 18.57，温州 17.75，昆明 17.59，哈尔滨 16.37，湛江 15.89，西安 15.29。
五类（31—38 名）	成都 14.63，南通 14.45，重庆 12.29，烟台 11.92，郑州 11.62，秦皇岛 11.51，唐山 11.18，汕头 10.79。
六类（39—50 名）	南宁 9.12，连云港 8.54，贵阳 8.27，合肥 7.93，乌鲁木齐 7.65，兰州 5.94，太原 5.38，银川 4.61，呼和浩特 4.15，包头 3.34，北海 3.17，西宁 0.00。

5. 城市可持续能力综合评价

第一类：可持续能力高于 50.0 的城市是深圳 75.15，广州 58.26，珠海 50.25，共计 3 个城市；

第二类：可持续能力为 50.0—40.0 的城市是杭州 46.74，海口 46.71，北京 46.44，无锡 46.36，大庆 46.05，上海 45.33，沈阳 44.08，北海 43.20，苏州 43.15，大连 42.97，长沙 42.73，厦门 42.65，青岛 42.53，长春 42.35，济南 42.02，福州 41.38，南京 41.30，武汉 40.66，共计 18 个城市；

第三类：可持续能力为 40.0—35.0 的城市是哈尔滨 39.99，石家庄 39.56，南宁 39.27，烟台 39.23，天津 39.03，威海 37.52，秦皇岛 37.50，郑州 37.16，乌鲁木齐 37.03，宁波 36.48，合肥 36.12，呼和浩特 36.02，共计 12 个城市；

第四类：可持续能力为 35.0—30.0 的城市是汕头 34.88，包头 34.67，西安 34.40，成都 34.28，南昌 34.28，银川 33.86，昆明 33.54，连云港 33.51，兰州 33.40，南通 33.26，唐山 32.94，湛江 32.88，温州 32.36，太原 30.88，重庆 30.05，共计 15 个城市；

第五类：可持续能力低于 30.0 的城市是西宁 28.29，贵阳 27.26，共计 2 个城市。

表 16.5　中国城市可持续指数分类与排序表

级别分类	城市可持续能力排序
一类（1—3 名）	深圳 75.15，广州 58.26，珠海 50.25。
二类（4—21 名）	杭州 46.74，海口 46.71，北京 46.44，无锡 46.36，大庆 46.05，上海 45.33 沈阳 44.08，北海 43.20，苏州 43.15，大连 42.97，长沙 42.73，厦门 42.65 青岛 42.53，长春 42.35，济南 42.02，福州 41.38，南京 41.30，武汉 40.66
三类（22—33 名）	哈尔滨 39.99，石家庄 39.56，南宁 39.27，烟台 39.23，天津 39.03，威海 37.52，秦皇岛 37.50，郑州 37.16，乌鲁木齐 37.03，宁波 36.48，合肥 36.12，呼和浩特 36.02。
四类（34—48 名）	汕头 34.88，包头 34.67，西安 34.40，成都 34.28，南昌 34.28，银川 33.86，昆明 33.54，连云港 33.51，兰州 33.40，南通 33.26，唐山 32.94，湛江 32.88，温州 32.36，太原 30.88，重庆 30.05。
五类（49—50 名）	西宁 28.29，贵阳 27.26。

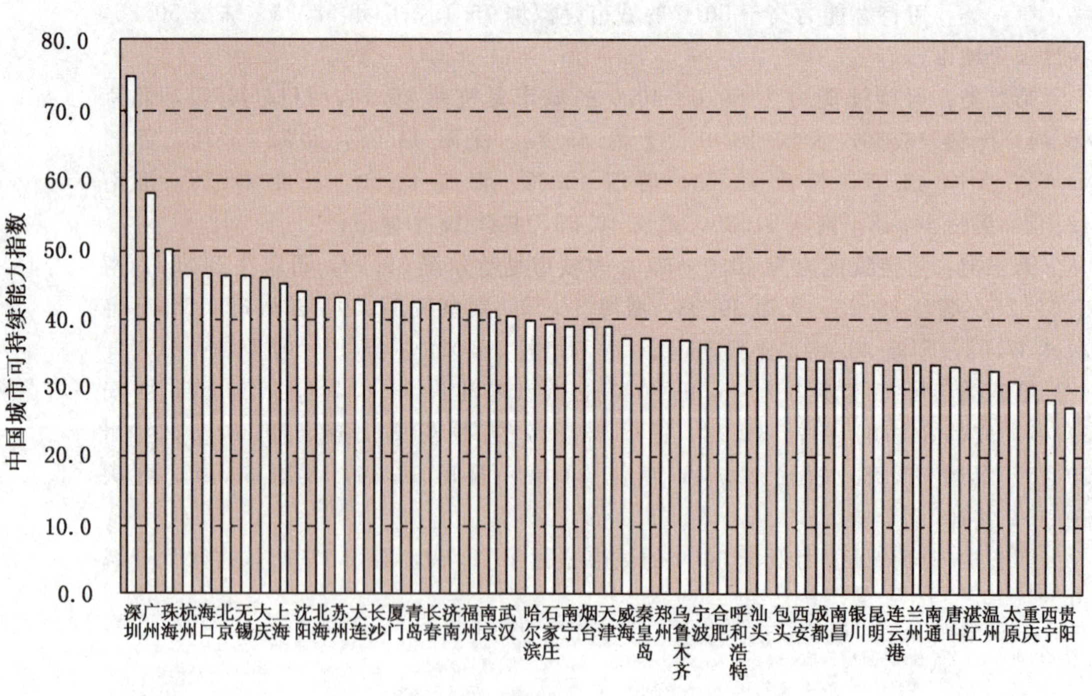

图 16.2　中国城市可持续能力指数排序

第三篇

中国城市发展能力统计报告

第十七章 中国城市发展“真实能力”评估

考虑到城市发展实际上是“数量”与“质量”的共同表征；是“规模”与“能力”的共同表征；是“现状表达”与“未来起飞”的共同表征；也是城市“综合实力”与“发展潜力”的共同表征。上述二类的共同表征结果被定义为“城市发展真实能力”，它将成为宏观评价城市发展水平和城市发展效益的客观参考，集中表达了对于城市本质的深层次认识。本《报告》首次应用城市发展的“真实能力”概念，计算了中国具代表性的50个城市的发展水平与发展质量，将城市发展评估纳入到更加科学、更加合理的层次之中。

一 关于中国城市样本选择的说明

《中国城市发展报告》共选择全国50个主要城市作为评价对象，其中包括：

1. 省会城市和计划单列市(35个)

北京、天津、石家庄、太原、呼和浩特、沈阳、大连、长春、哈尔滨、上海、南京、杭州、宁波、合肥、福州、厦门、南昌、济南、青岛、郑州、武汉、长沙、广州、深圳、南宁、海口、重庆、成都、贵阳、昆明、西安、兰州、西宁、银川、乌鲁木齐。在这35个城市中有：直辖市(包括省会城市)4个，分别是北京、天津、上海、重庆；副省级城市(包括省会城市)15个，分别是沈阳、大连、长春、哈尔滨、南京、杭州、宁波、厦门、济南、青岛、武汉、广州、深圳、成都、西安；地级省会城市16个，分别是石家庄、太原、呼和浩特、合肥、福州、南昌、郑州、长沙、南宁、海口、贵阳、昆明、兰州、西宁、银川、乌鲁木齐。

2. 沿海开放城市和港口城市(9个)

秦皇岛、连云港、烟台、威海、汕头、湛江、珠海、北海、南通

3. 代表性的资源型城市(2个)

大庆、包头

4. 特别选择的城市(4个)

唐山、无锡、苏州、温州

5. 拉萨由于统计数据缺乏暂未列入统计分析范畴。

6. 本报告由于资料口径原因暂未包括中国的香港、台北、澳门。

本报告评价的结果仅限于以上50个城市的比较。

二　中国城市综合实力评估

城市综合实力主要是指从总体规模上衡量城市的发展状况和发展实力的强弱。我们选取12项指标来刻画城市的综合实力，分别是：市区年末总人口（人口规模）、市区年末总产值（经济总规模）、市区工业总产值（工业规模）、市区固定资产投资总额（经济增长的动力）、市区房地产开发投资额（城市的景气状况）、批发零售贸易商品销售总额（城市的消费规模）、外商实际投资额（城市的开放和吸引程度）、市区在岗职工平均工资（居民的生活水平）、城乡居民储蓄年末余额（增长的潜力）、市区高等学校在校学生数（人口的素质）、城市的竞争指数、城市影响能力等。

将这项指标进行标准化处理，再加权汇总，结果如下表和图：

表 17.1　中国主要城市综合实力评价结果

城市	城市综合实力指数	排序	城市	城市综合实力指数	排序
上海	0.864	1	无锡	0.131	26
北京	0.664	2	郑州	0.127	27
广州	0.569	3	昆明	0.125	28
深圳	0.449	4	温州	0.105	29
天津	0.377	5	南昌	0.098	30
武汉	0.315	6	兰州	0.095	31
南京	0.281	7	太原	0.091	32
沈阳	0.244	8	合肥	0.091	33
杭州	0.222	9	乌鲁木齐	0.09	34
大连	0.217	10	贵阳	0.08	35
重庆	0.214	11	烟台	0.078	36
苏州	0.194	12	海口	0.078	37
西安	0.19	13	汕头	0.076	38
厦门	0.18	14	南宁	0.075	39
青岛	0.174	15	南通	0.073	40
济南	0.17	16	唐山	0.072	41
大庆	0.168	17	湛江	0.065	42
哈尔滨	0.166	18	秦皇岛	0.064	43
宁波	0.166	19	威海	0.055	44
长春	0.164	20	呼和浩特	0.046	45
成都	0.161	21	连云港	0.046	46
福州	0.149	22	包头	0.044	47
珠海	0.138	23	银川	0.042	48
长沙	0.137	24	西宁	0.037	49
石家庄	0.134	25	北海	0.02	50

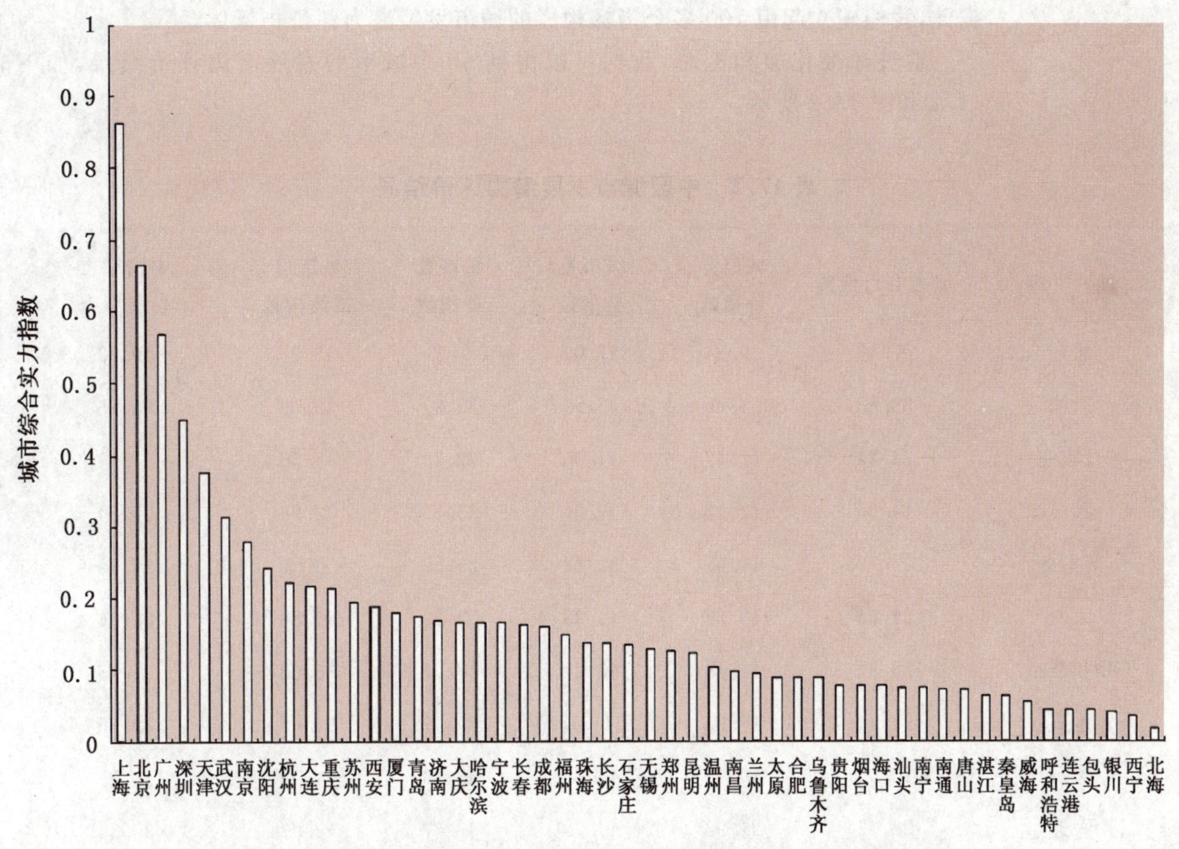

图 17.1　中国城市综合实力排序

从表 17.1 和图 17.1 可以看出，50 个城市的综合实力悬殊。上海综合实力最强为 0.864，居全国城市首位，而排在最末位的北海只有 0.02，两者相差 40 余倍。其中上海、北京、广州、深圳、天津、武汉、南京、沈阳、杭州、大连在全国分别位居前十名，而唐山、湛江、秦皇岛、威海、呼和浩特、连云港、包头、银川、西宁、北海等城市位居全国后十名。

再从前十名和后十名的内部差异来看，居全国城市第十名的大连市，其综合实力指数为 0.217，只有上海市的 1/4 左右。而后十名中，综合实力最低的北海是最高的唐山市的 0.27 倍，说明两者内部的差距基本相近。

从前十名的平均实力来看，其平均综合实力指数为 0.420，后十名平均综合实力指数为 0.049，前者是后者的 8.6 倍。这说明在全国主要城市中，城市综合实力的差距比较大。

三　中国城市发展潜力评估

城市综合实力只是从城市的规模上衡量城市的发展状况，而城市作为一个复杂的系统，要全面地反映其发展状况，仅有规模上的评价是不够的，还必须从其未来发展潜力，进行多角度刻画。根据我们的研究，全面反映城市的发展潜力可以由城市的实力、城市的竞争能力、城市的社会发展能力、城市的管理能力和城市的持续能力综合表征。

据此，我们建立起由100多个指标构成的城市发展潜力评价指标体系。

通过标准化加和汇总，我们可以得到50个城市的发展潜力评价结果，如下表17.2和图17.2所示。

表17.2 中国城市发展潜力评价结果

城　市	城市实力指数	城市竞争指数	城市社会指数	城市管理指数	城市可持续指数	中国城市发展潜力
北京	51.88	29.84	57.09	51.8	58.26	49.77
天津	33.88	24.46	42.99	38.91	39.03	35.85
石家庄	28.24	17.47	41.00	32.79	39.56	31.81
唐山	24.06	12.13	39.06	23.53	32.94	26.34
秦皇岛	21.72	14.69	32.42	29.62	37.5	27.19
太原	21.55	18.27	46.93	33.16	30.88	30.16
呼和浩特	18.87	14.18	40.27	27.91	36.02	27.45
包头	24.44	16.93	41.7	29.07	34.67	29.36
沈阳	28.04	19.13	43.82	33.89	44.08	33.79
大连	28.32	21.98	45.75	37.67	42.97	35.34
长春	27.04	17.89	35.59	33.02	42.35	31.18
哈尔滨	28.17	17.12	44.1	28.37	39.99	31.55
大庆	41.74	15.78	38.21	46.13	46.05	37.58
上海	62.93	51.24	58.17	54.01	45.33	54.34
南京	33.78	28.86	48.43	40.45	41.3	38.56
无锡	31.24	17.07	45.94	34.62	46.36	35.05
苏州	32.68	23.35	45.56	34.16	43.15	35.78
南通	27.71	18.68	32.67	32.09	33.26	28.88
连云港	21.94	16.06	25.64	23.68	33.51	24.17
杭州	33.17	21.62	50.8	34.3	46.74	37.33
宁波	28.43	17.58	43.37	32.85	36.48	31.74
温州	30.64	18.62	38.66	25.89	32.36	29.23
合肥	24.7	22.2	36.61	31.37	36.12	30.20
福州	27.54	22.18	47.75	33.3	41.38	34.43
厦门	31.07	19.65	51.15	39.2	42.65	36.74

续表 17.2

城　市	城市实力指数	城市竞争指数	城市社会指数	城市管理指数	城市可持续指数	中国城市发展潜力
南昌	24.65	18.6	38.43	33.05	34.28	29.80
济南	25.95	21.46	43	31.28	42.02	32.74
青岛	29.06	17.99	38.83	33.85	42.53	32.45
烟台	24.42	17.75	34.04	26.87	39.23	28.46
威海	24.78	17.98	36.31	28.1	37.52	28.94
郑州	20.96	22.09	34.53	34.45	37.16	29.84
武汉	32.63	16.92	44	34.41	40.66	33.72
长沙	26.05	20.23	44.51	35.82	42.73	33.87
广州	41.63	53.08	51.85	43.68	46.44	47.34
深圳	57.9	40	82.71	63.33	75.15	63.82
珠海	44.2	20.49	48.23	42.83	50.25	41.20
汕头	22.99	18.31	35.27	30.04	34.88	28.30
湛江	18.22	7.53	20.67	25.58	32.88	20.98
南宁	23.37	17.12	43.72	30.84	39.27	30.86
北海	21.92	9.51	35.21	17.56	43.2	25.48
海口	21.23	16.3	62.92	42.76	46.71	37.98
重庆	29.54	17.82	25.68	30.39	30.05	26.70
成都	27.2	13.48	45.19	27.51	34.28	29.53
贵阳	23.15	19.24	36.93	34.39	27.26	28.19
昆明	25.26	17.19	44.56	36.55	33.54	31.42
西安	23.34	16.63	40.89	31.84	34.4	29.42
兰州	20.63	19.09	40.68	28.66	33.4	28.49
西宁	15.33	18.74	38.19	25.41	28.29	25.19
银川	9.71	19.87	44.77	30.08	33.86	27.66
乌鲁木齐	19.24	16.83	54.68	36.69	37.03	32.89

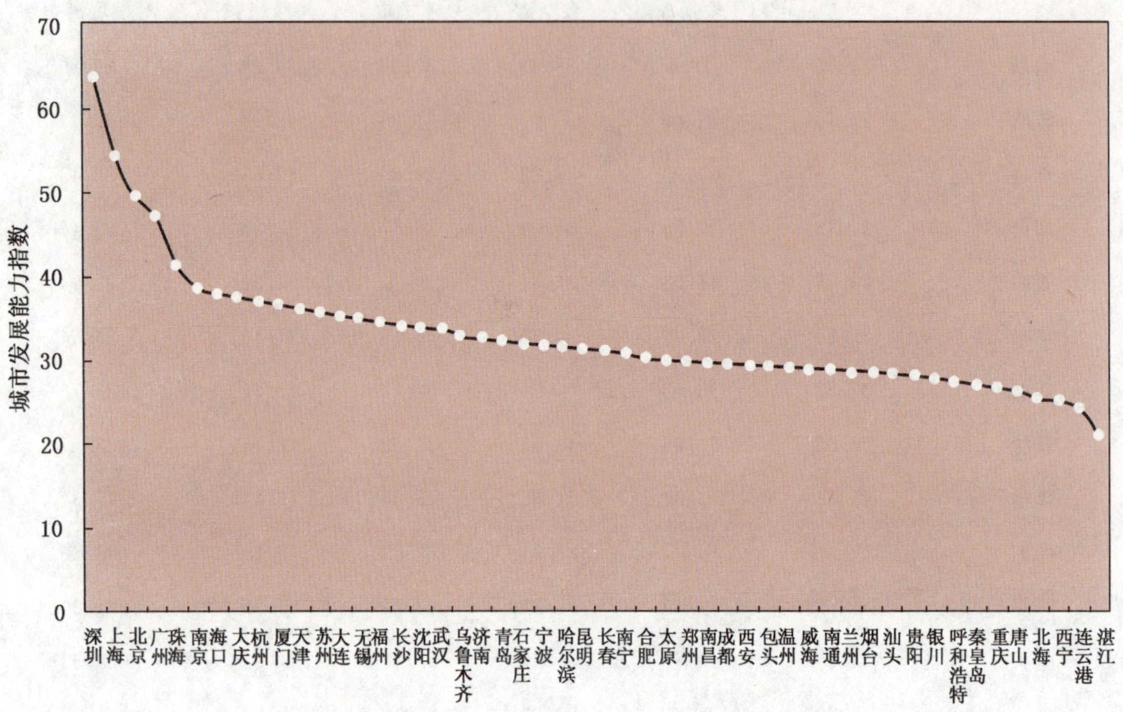

图 17.2　中国城市发展潜力排序图

从汇总的结果来看，深圳、上海、北京、广州、珠海、南京、海口、大庆、杭州、厦门城市发展潜力居全国前十名，而贵阳、银川、呼和浩特、秦皇岛、重庆、唐山、北海、西宁、连云港、湛江位居全国后十名。

表 17.3 把城市综合实力和城市发展潜力的结果进行比较，可以发现两者的差距较大。

表 17.3

城市综合实力排序	城市	中国城市发展潜力排序	城市
1	上海	1	深圳
2	北京	2	上海
3	广州	3	北京
4	深圳	4	广州
5	天津	5	珠海
6	武汉	6	南京
7	南京	7	海口
8	沈阳	8	大庆
9	杭州	9	杭州
10	大连	10	厦门
11	重庆	11	天津
12	苏州	12	苏州
13	西安	13	大连
14	厦门	14	无锡
15	青岛	15	福州
16	济南	16	长沙
17	大庆	17	沈阳
18	哈尔滨	18	武汉
19	宁波	19	乌鲁木齐
20	长春	20	济南
21	成都	21	青岛
22	福州	22	石家庄
23	珠海	23	宁波
24	长沙	24	哈尔滨
25	石家庄	25	昆明
26	无锡	26	长春
27	郑州	27	南宁
28	昆明	28	合肥
29	温州	29	太原
30	南昌	30	郑州
31	兰州	31	南昌

续表 17.3

城市综合实力排序	城市	中国城市发展潜力排序	城市
32	太原	32	成都
33	合肥	33	西安
34	乌鲁木齐	34	包头
35	贵阳	35	温州
36	烟台	36	威海
37	海口	37	南通
38	汕头	38	兰州
39	南宁	39	烟台
40	南通	40	汕头
41	唐山	41	贵阳
42	湛江	42	银川
43	秦皇岛	43	呼和浩特
44	威海	44	秦皇岛
45	呼和浩特	45	重庆
46	连云港	46	唐山
47	包头	47	北海
48	银川	48	西宁
49	西宁	49	连云港
50	北海	50	湛江

四　中国城市发展"真实能力"评估

从综合实力上来说，上海位居全国首位，而从发展潜力上来看，却排在全国第二位。深圳的综合实力排名第四位，而其发展潜力却居全国第一。考虑到城市发展实际上是"数量"与"质量"的共同表征；是"规模"与"动力"的共同表征；也是城市"综合实力"与"发展潜力"的共同表征，上述二类的共同表征结果被定义为"城市发展真实能力"，它将成为宏观评价城市发展水平和城市发展效益的客观参考，集中表达了对于城市本质的深层次认识。此外，由于城市综合实力与城市发展潜力两者之间在排序上的差距，容易年造成不必要的误解，城市发展的"真实能力"将以城市发展潜力的评价为基础，利用城市综合实力的结果对其进行加权处理，即用综合实力指数作为权重，对城市发展潜力进行修正，最终获得中国城市发展的"真实能力"，其结果如下表 17.4 和图 17.3。

表 17.4 中国城市发展"真实能力"表

城市	中国城市发展潜力	权重表	中国城市发展"真实能力"
北京	49.77	0.664	33.05
天津	35.85	0.377	13.52
石家庄	31.81	0.134	4.26
唐山	26.34	0.072	1.90
秦皇岛	27.19	0.064	1.74
太原	30.16	0.091	2.74
呼和浩特	27.45	0.046	1.26
包头	29.36	0.044	1.29
沈阳	33.79	0.244	8.24
大连	35.34	0.217	7.67
长春	31.18	0.164	5.11
哈尔滨	31.55	0.166	5.24
大庆	37.58	0.168	6.31
上海	54.34	0.864	46.95
南京	38.56	0.281	10.84
无锡	35.05	0.131	4.59
苏州	35.78	0.194	6.94
南通	28.88	0.073	2.11
连云港	24.17	0.046	1.11
杭州	37.33	0.222	8.29
宁波	31.74	0.166	5.27
温州	29.23	0.105	3.07
合肥	30.2	0.091	2.75
福州	34.43	0.149	5.13
厦门	36.74	0.18	6.61
南昌	29.8	0.098	2.92
济南	32.74	0.17	5.57
青岛	32.45	0.174	5.65
烟台	28.46	0.078	2.22
威海	28.94	0.055	1.59
郑州	29.84	0.127	3.79
武汉	33.72	0.315	10.62
长沙	33.87	0.137	4.64
广州	47.34	0.569	26.94
深圳	63.82	0.449	28.66
珠海	41.2	0.138	5.69
汕头	28.3	0.076	2.15
湛江	20.98	0.065	1.36
南宁	30.86	0.075	2.31
北海	25.48	0.02	0.51
海口	37.98	0.078	2.96

续表 17.4

城市	中国城市发展潜力	权重表	中国城市发展“真实能力”
重庆	26.7	0.214	5.71
成都	29.53	0.161	4.75
贵阳	28.19	0.08	2.26
昆明	31.42	0.125	3.93
西安	29.42	0.19	5.59
兰州	28.49	0.095	2.71
西宁	25.19	0.037	0.93
银川	27.66	0.042	1.16
乌鲁木齐	32.89	0.09	2.96

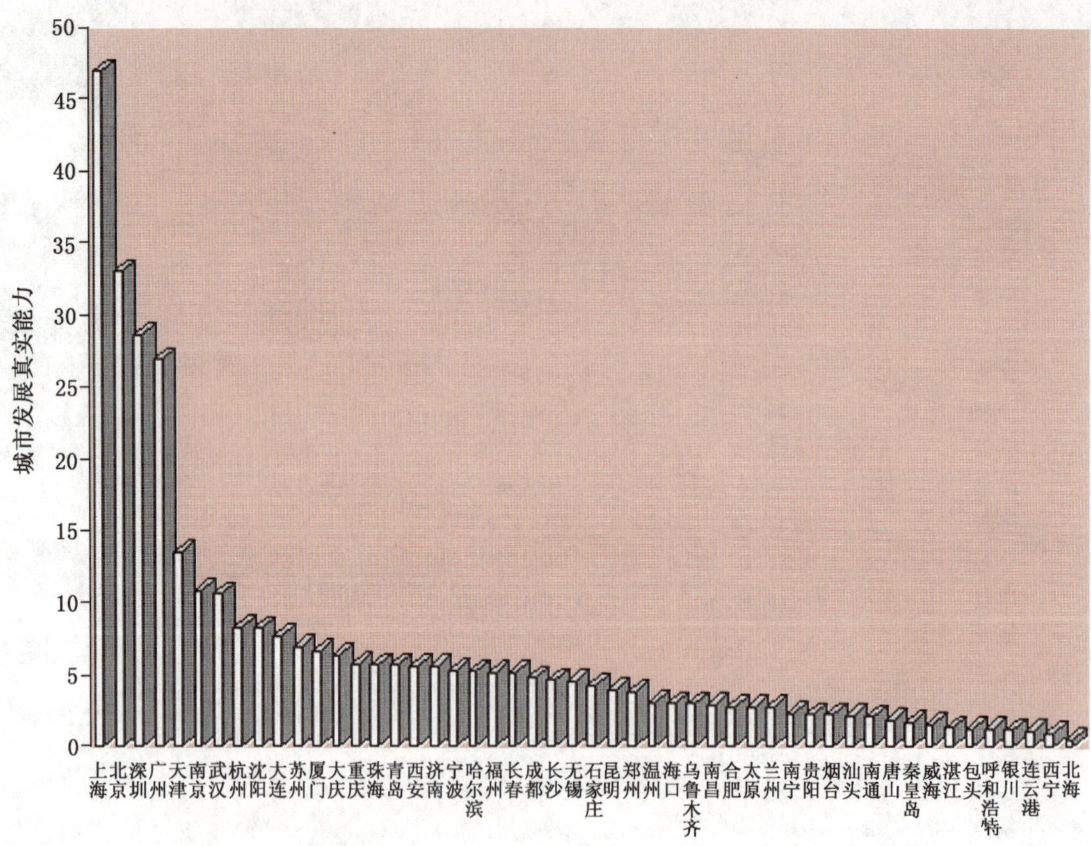

图 17.3　中国城市发展“真实能力”排序图(修正后的城市排序)

从上表(17.4)和图(17.3)可以看出，上海、北京、深圳、广州、天津、南京、武汉、杭州、沈阳、大连位居全国前十名，唐山、秦皇岛、威海、湛江、包头、呼和浩特、银川、连云港、西宁、北海排在全国后十名。这种排序结果从总体上反映了全国 50 个城市目前发展的“真实能力”排名状况。

第十八章　中国城市基本要素统计分析

依据本报告所拟定的城市发展指标体系，第 18 章集中统计分析了中国城市各类要素的状况，结果如下。

表 18.1 中国城市发展能力总表

城市	中国城市发展能力					中国城市发展能力	中国城市发展能力排序	
	城市实力指数	城市竞争指数	城市社会指数	城市管理指数	城市可持续指数		城市	排序
北京	27.64	35.25	34.43	29.00	30.84	33.05	上海	1
天津	12.77	9.22	16.21	14.67	14.71	13.52	北京	2
石家庄	3.78	2.34	5.49	4.39	5.30	4.26	深圳	3
唐山	1.73	0.87	2.81	1.69	2.37	1.90	广州	4
秦皇岛	1.39	0.94	2.07	1.90	2.40	1.74	天津	5
太原	1.96	1.66	4.27	3.02	2.81	2.74	南京	6
呼和浩特	0.87	0.65	1.85	1.28	1.66	1.26	武汉	7
包头	1.08	0.74	1.83	1.28	1.53	1.29	杭州	8
沈阳	6.84	4.67	10.69	8.27	10.76	8.24	沈阳	9
大连	6.15	4.77	9.93	8.17	9.32	7.67	大连	10
长春	4.43	2.93	5.84	5.42	6.95	5.11	苏州	11
哈尔滨	4.68	2.84	7.32	4.71	6.64	5.24	厦门	12
大庆	7.01	2.65	6.42	7.75	7.74	6.31	大庆	13
上海	54.37	44.27	50.26	46.66	39.17	46.95	重庆	14
南京	9.49	8.11	13.61	11.37	11.61	10.84	珠海	15
无锡	4.09	2.24	6.02	4.54	6.07	4.59	青岛	16
苏州	6.34	4.53	8.84	6.63	8.37	6.94	西安	17
南通	2.02	1.36	2.38	2.34	2.43	2.11	济南	18
连云港	1.01	0.74	1.18	1.09	1.54	1.11	宁波	19
杭州	7.36	4.80	11.28	7.61	10.38	8.29	哈尔滨	20
宁波	4.72	2.92	7.20	5.45	6.06	5.27	福州	21
温州	3.22	1.96	4.06	2.72	3.40	3.07	长春	22
合肥	2.25	2.02	3.33	2.85	3.29	2.75	成都	23
福州	4.10	3.30	7.11	4.96	6.17	5.13	长沙	24
厦门	5.59	3.54	9.21	7.06	7.68	6.61	无锡	25

续表 18.1

城市	中国城市发展能力					中国城市发展能力	中国城市发展能力排序	
	城市实力指数	城市竞争指数	城市社会指数	城市管理指数	城市可持续指数		城市	排序
南昌	2.42	1.82	3.77	3.24	3.36	2.92	石家庄	26
济南	4.41	3.65	7.31	5.32	7.14	5.57	昆明	27
青岛	5.06	3.13	6.76	5.89	7.40	5.65	郑州	28
烟台	1.90	1.38	2.66	2.10	3.06	2.22	温州	29
威海	1.36	0.99	2.00	1.55	2.06	1.59	海口	30
郑州	2.66	2.81	4.39	4.38	4.72	3.79	乌鲁木齐	31
武汉	10.28	5.33	13.86	10.84	12.81	10.62	南昌	32
长沙	3.57	2.77	6.10	4.91	5.85	4.64	合肥	33
广州	29.52	16.98	32.48	29.47	33.15	26.94	太原	34
深圳	26.00	17.96	37.14	28.44	33.74	28.66	兰州	35
珠海	6.10	2.83	6.66	5.91	6.93	5.69	南宁	36
汕头	1.75	1.39	2.68	2.28	2.65	2.15	贵阳	37
湛江	1.18	0.49	1.34	1.66	2.14	1.36	烟台	38
南宁	1.75	1.28	3.28	2.31	2.95	2.31	汕头	39
北海	0.44	0.19	0.70	0.35	0.86	0.51	南通	40
海口	1.66	1.27	4.91	3.34	3.64	2.96	唐山	41
重庆	6.32	3.81	5.50	6.50	6.43	5.71	秦皇岛	42
成都	4.38	2.17	7.28	4.43	5.52	4.75	威海	43
贵阳	1.85	1.54	2.95	2.75	2.18	2.26	湛江	44
昆明	3.16	2.15	5.57	4.57	4.19	3.93	包头	45
西安	4.43	3.16	7.77	6.05	6.54	5.59	呼和浩特	46
兰州	1.96	1.81	3.86	2.72	3.17	2.71	银川	47
西宁	0.57	0.69	1.41	0.94	1.05	0.93	连云港	48
银川	0.41	0.83	1.88	1.26	1.42	1.16	西宁	49
乌鲁木齐	1.73	1.51	4.92	3.30	3.33	2.96	北海	50

资料来源：国家统计局城市社会经济调查总队．2001 中国城市统计年鉴，中国统计出版社，2002。

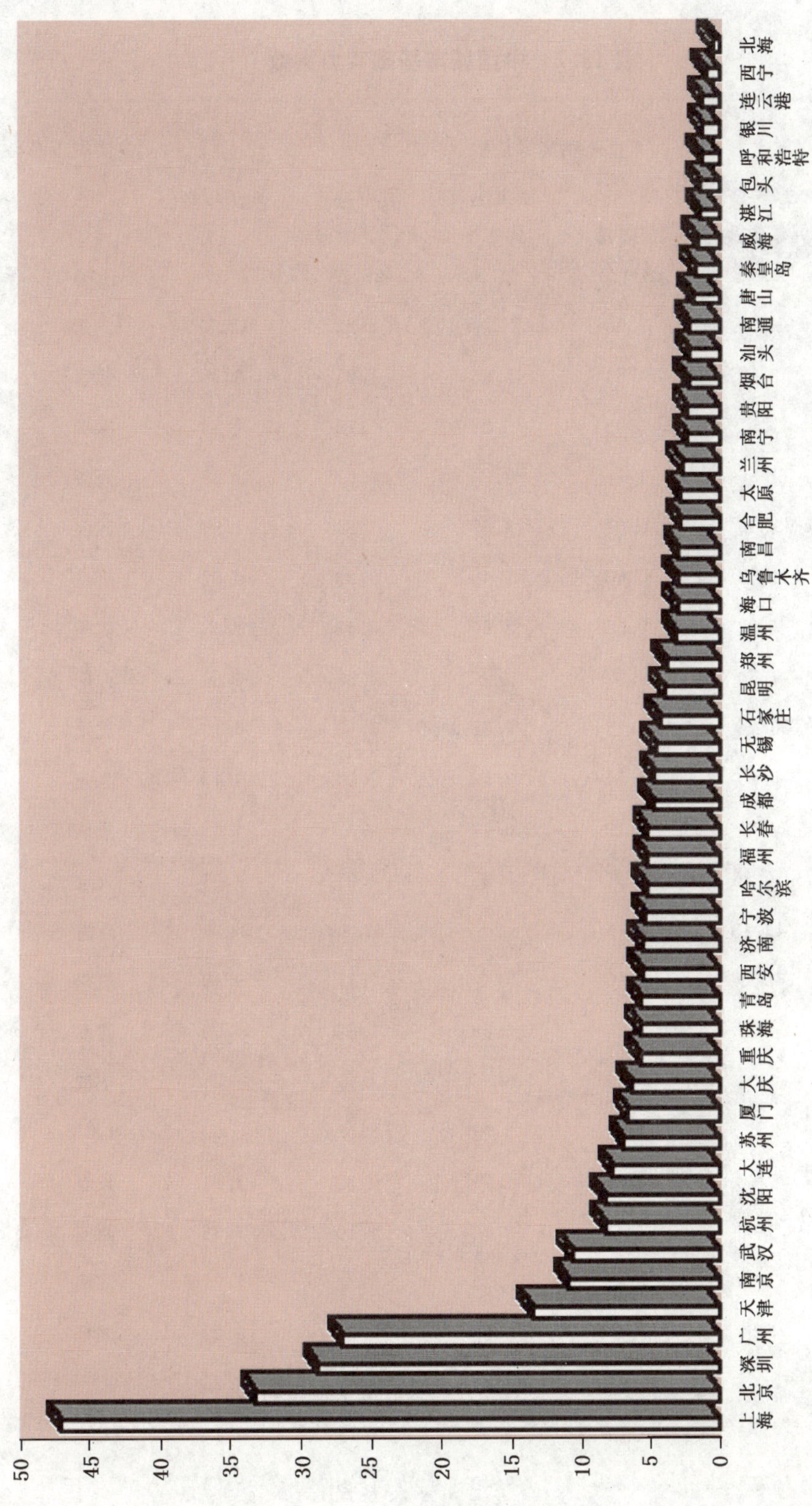

表 18.1图　中国城市发展能力排序图

表 18.2　中国城市基础实力指数

城市	城市基础实力指数				城市基础实力指数	中国城市基础实力指数	
	城市资源禀赋	城市经济总量	城市工业化水平	城市基础设施能力		城市	排序
北京	26.78	23.23	32.30	28.25	27.64	上海	1
天津	12.93	9.06	20.88	8.22	12.77	广州	2
石家庄	2.80	4.84	5.65	1.85	3.78	北京	3
唐山	1.91	0.95	3.28	0.79	1.73	深圳	4
秦皇岛	1.56	1.14	2.24	0.62	1.39	天津	5
太原	2.16	0.81	3.67	1.21	1.96	武汉	6
呼和浩特	1.19	0.63	1.43	0.23	0.87	南京	7
包头	1.22	0.35	2.30	0.42	1.08	杭州	8
沈阳	7.50	4.17	10.87	4.83	6.84	大庆	9
大连	6.24	5.11	9.78	3.45	6.15	沈阳	10
长春	5.10	3.11	7.52	2.00	4.43	苏州	11
哈尔滨	4.76	3.10	6.47	4.37	4.68	重庆	12
大庆	10.16	4.91	8.97	4.01	7.01	大连	13
上海	42.43	47.30	64.87	62.88	54.37	珠海	14
南京	9.39	7.96	13.26	7.37	9.49	厦门	15
无锡	4.07	3.80	6.69	1.82	4.09	青岛	16
苏州	6.01	6.49	10.14	2.71	6.34	宁波	17
南通	2.11	1.92	3.51	0.55	2.02	哈尔滨	18
连云港	1.68	0.34	1.71	0.32	1.01	长春	19
杭州	8.45	7.41	9.50	4.10	7.36	西安	20
宁波	5.70	3.62	7.35	2.22	4.72	济南	21
温州	4.99	1.88	4.80	1.20	3.22	成都	22
合肥	2.71	1.63	3.82	0.83	2.25	福州	23
福州	6.06	2.67	5.96	1.71	4.10	无锡	24
厦门	7.94	3.40	9.40	1.63	5.59	石家庄	25
南昌	3.38	1.23	3.94	1.12	2.42	长沙	26

续表 18.2

城市	城市基础实力指数				城市基础实力指数	中国城市基础实力指数	
	城市资源禀赋	城市经济总量	城市工业化水平	城市基础设施能力		城市	排序
济南	4.74	3.40	7.02	2.48	4.41	温州	27
青岛	4.79	3.78	8.85	2.80	5.06	昆明	28
烟台	2.69	1.02	3.46	0.45	1.90	郑州	29
威海	1.61	0.80	2.64	0.40	1.36	南昌	30
郑州	3.20	1.87	4.15	1.42	2.66	合肥	31
武汉	15.74	5.16	13.22	6.99	10.28	南通	32
长沙	5.01	3.08	4.41	1.77	3.57	太原	33
广州	34.89	31.00	29.91	22.27	29.52	兰州	34
深圳	33.68	25.71	26.96	17.64	26.00	烟台	35
珠海	10.00	3.49	6.73	4.18	6.10	贵阳	36
汕头	3.07	1.36	2.04	0.51	1.75	汕头	37
湛江	3.20	0.71	0.67	0.16	1.18	南宁	38
南宁	3.62	0.71	2.06	0.62	1.75	唐山	39
北海	1.37	0.11	0.18	0.09	0.44	乌鲁木齐	40
海口	2.94	1.43	1.44	0.82	1.66	海口	41
重庆	10.60	1.90	9.51	3.28	6.32	秦皇岛	42
成都	5.44	2.77	6.29	3.01	4.38	威海	43
贵阳	3.29	0.43	3.04	0.65	1.85	湛江	44
昆明	5.18	1.41	4.47	1.57	3.16	包头	45
西安	4.72	2.43	8.35	2.24	4.43	连云港	46
兰州	2.04	1.09	3.77	0.94	1.96	呼和浩特	47
西宁	0.75	0.28	1.05	0.19	0.57	西宁	48
银川	0.21	0.23	0.88	0.32	0.41	北海	49
乌鲁木齐	1.90	1.11	2.68	1.24	1.73	银川	50

资料来源：国家统计局城市社会经济调查总队．2001 中国城市统计年鉴，中国统计出版社，2002。

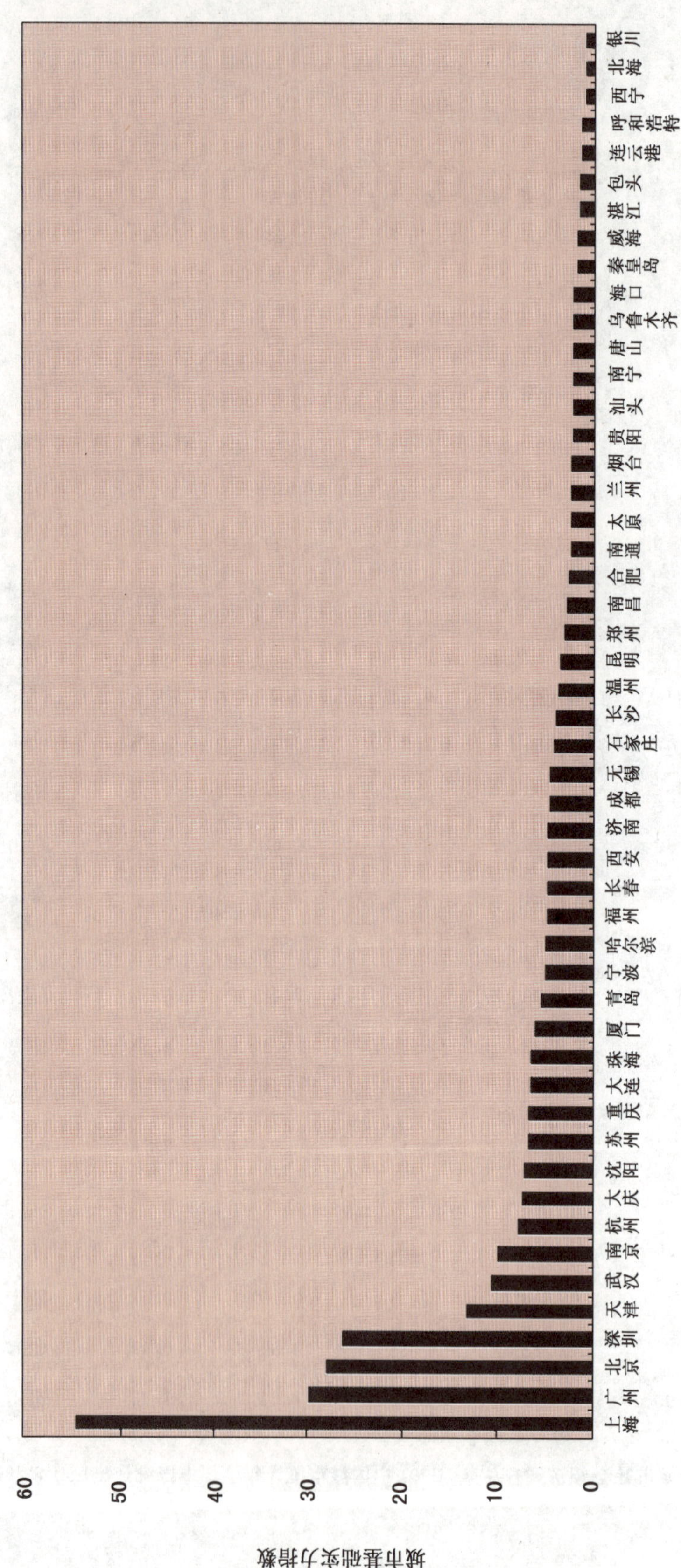

表18.2图　中国城市基础实力指数排序图

表 18.3　中国城市资源禀赋

城市	城市资源禀赋					城市资源禀赋	中国城市资源禀赋排序	
	建成区土地面积得分	干燥度得分	人均水资源得分	生物气候潜力密度得分	人均生物承载力得分		城市	排序
北京	58.47	55.60	2.16	11.14	6.52	26.78	上海	1
天津	25.79	25.75	2.54	5.69	4.90	12.93	广州	2
石家庄	2.09	10.16	0.00	1.78	0.00	2.80	深圳	3
唐山	1.26	6.00	0.41	1.21	0.68	1.91	北京	4
秦皇岛	0.49	5.74	0.12	1.01	0.44	1.56	武汉	5
太原	2.56	6.59	0.13	0.89	0.62	2.16	天津	6
呼和浩特	0.46	3.46	0.37	0.40	1.24	1.19	重庆	7
包头	1.00	3.39	0.69	0.07	0.97	1.22	大庆	8
沈阳	8.74	21.09	0.78	4.19	2.69	7.50	珠海	9
大连	8.49	15.14	0.96	3.53	3.08	6.24	南京	10
长春	4.04	14.97	1.33	2.13	3.04	5.10	杭州	11
哈尔滨	4.38	16.20	0.37	1.89	0.99	4.76	厦门	12
大庆	3.63	16.80	16.80	1.63	11.92	10.16	沈阳	13
上海	86.40	79.58	3.53	35.88	6.75	42.43	大连	14
南京	9.21	24.56	1.06	10.10	2.00	9.39	福州	15
无锡	1.79	11.37	0.86	4.95	1.38	4.07	苏州	16
苏州	2.06	17.51	0.86	8.06	1.57	6.01	宁波	17
南通	0.41	6.61	0.26	2.77	0.52	2.11	成都	18
连云港	0.18	4.09	1.20	1.37	1.54	1.68	昆明	19
杭州	6.24	19.95	1.56	11.97	2.52	8.45	长春	20
宁波	1.22	15.66	3.59	4.94	3.08	5.70	长沙	21
温州	1.56	10.06	1.23	7.79	4.29	4.99	温州	22
合肥	1.65	7.58	0.64	3.12	0.58	2.71	青岛	23
福州	1.75	13.67	1.93	9.05	3.89	6.06	哈尔滨	24
厦门	1.77	15.61	4.78	9.82	7.72	7.94	济南	25
南昌	1.02	9.10	0.25	5.46	1.08	3.38	西安	26

续表 18.3

城市	城市资源禀赋					城市资源禀赋	中国城市资源禀赋排序	
	建成区土地面积得分	干燥度得分	人均水资源得分	生物气候潜力密度得分	人均生物承载力得分		城市	排序
济南	2.92	13.74	1.47	3.27	2.29	4.74	无锡	27
青岛	2.95	14.98	0.92	3.54	1.57	4.79	南宁	28
烟台	1.31	6.70	1.43	1.56	2.46	2.69	南昌	29
威海	0.14	4.71	0.71	1.06	1.43	1.61	贵阳	30
郑州	2.50	9.58	0.92	2.24	0.76	3.20	郑州	31
武汉	10.86	27.98	8.33	18.19	13.33	15.74	湛江	32
长沙	2.32	12.96	1.05	7.49	1.23	5.01	汕头	33
广州	43.85	52.77	10.73	48.63	18.43	34.89	海口	34
深圳	9.08	42.15	30.53	44.90	41.75	33.68	石家庄	35
珠海	0.74	13.73	8.70	13.65	13.19	10.00	合肥	36
汕头	0.97	7.49	0.37	5.82	0.70	3.07	烟台	37
湛江	0.38	5.84	0.90	5.47	3.43	3.20	太原	38
南宁	1.00	5.64	2.63	4.71	4.11	3.62	南通	39
北海	0.00	1.82	1.30	1.75	2.00	1.37	兰州	40
海口	0.05	7.38	0.40	5.59	1.27	2.94	唐山	41
重庆	9.53	18.01	4.22	9.78	11.47	10.60	乌鲁木齐	42
成都	6.20	12.74	1.33	5.52	1.41	5.44	连云港	43
贵阳	1.03	7.79	1.37	3.26	3.00	3.29	威海	44
昆明	2.82	10.60	1.87	4.25	6.38	5.18	秦皇岛	45
西安	5.71	13.34	0.50	2.88	1.16	4.72	北海	46
兰州	2.42	6.13	0.34	0.46	0.85	2.04	包头	47
西宁	0.21	3.18	0.01	0.28	0.08	0.75	呼和浩特	48
银川	0.14	0.00	0.11	0.00	0.81	0.21	西宁	49
乌鲁木齐	1.89	7.01	0.12	0.14	0.31	1.90	银川	50

资料来源：国家统计局城市社会经济调查总队．2001 中国城市统计年鉴，中国统计出版社，2002。

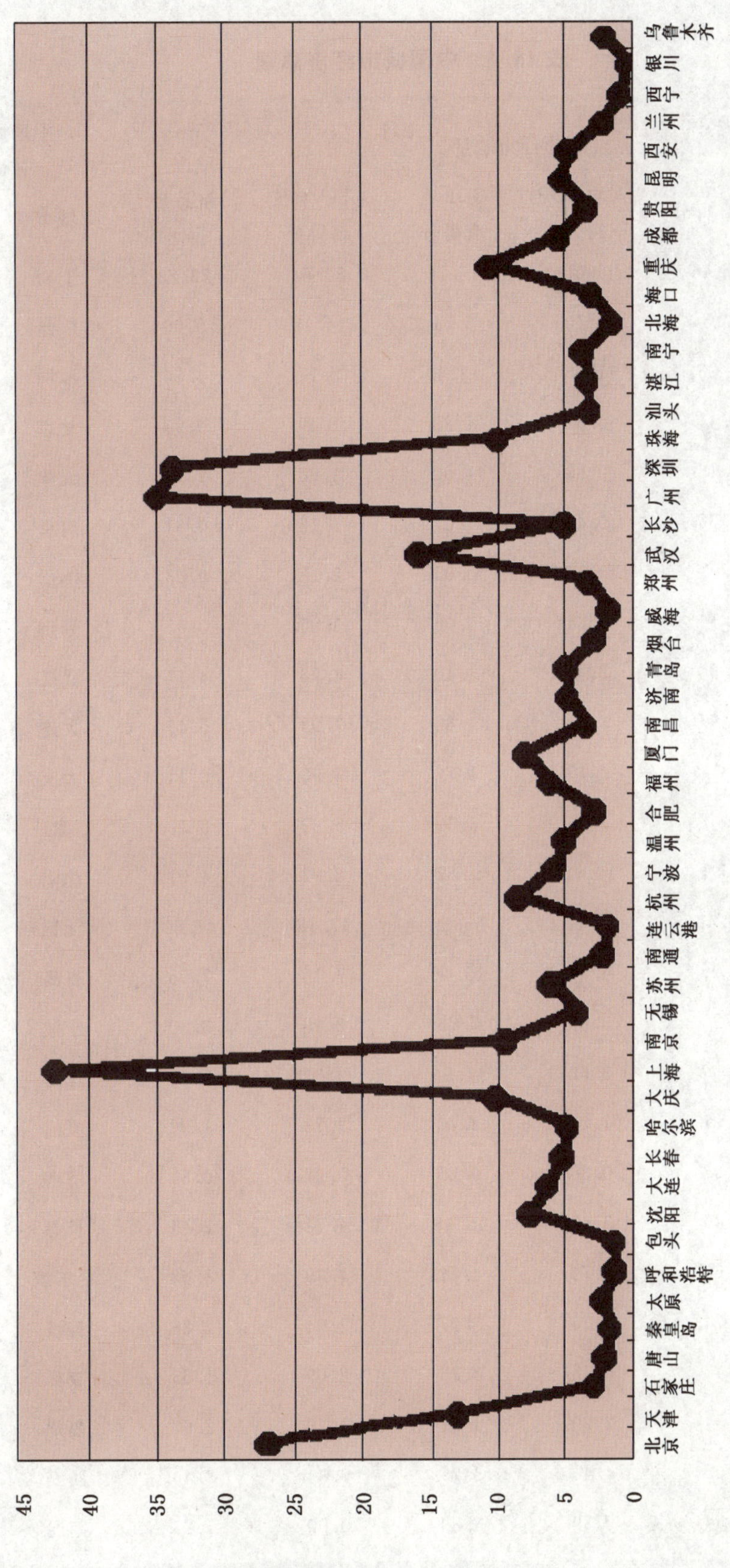

表 18.3图 中国城市资源禀赋图

表 18.4 中国城市经济总量

城市	城市经济总量				城市经济总量	中国城市经济总量排序	
	GDP 得分	人均 GDP 得分	GDP 密度得分	GDP 增长率得分		城市	排序
北京	37.46	9.06	15.76	30.64	23.23	上海	1
天津	12.54	4.10	5.41	14.19	9.06	广州	2
石家庄	1.23	1.95	13.40	2.77	4.84	深圳	3
唐山	0.44	0.62	1.23	1.49	0.95	北京	4
秦皇岛	0.18	0.83	1.90	1.66	1.14	天津	5
太原	0.56	0.43	1.07	1.16	0.81	南京	6
呼和浩特	0.09	0.18	0.05	2.18	0.63	杭州	7
包头	0.16	0.25	0.06	0.95	0.35	苏州	8
沈阳	5.37	2.44	4.10	4.76	4.17	武汉	9
大连	3.99	3.91	4.62	7.92	5.11	大连	10
长春	2.57	2.15	1.77	5.95	3.11	大庆	11
哈尔滨	2.07	1.50	3.59	5.22	3.10	石家庄	12
大庆	3.91	10.95	1.87	2.92	4.91	沈阳	13
上海	86.40	20.05	65.59	17.18	47.30	无锡	14
南京	5.06	4.47	15.16	7.16	7.96	青岛	15
无锡	1.23	3.22	7.76	2.98	3.80	宁波	16
苏州	1.39	3.62	11.94	9.03	6.49	珠海	17
南通	0.21	1.03	3.70	2.73	1.92	厦门	18
连云港	0.07	0.36	0.25	0.67	0.34	济南	19
杭州	3.46	5.47	15.98	4.72	7.41	长春	20
宁波	1.60	3.74	4.74	4.39	3.62	哈尔滨	21
温州	0.74	1.76	2.07	2.94	1.88	长沙	22
合肥	0.43	0.78	3.23	2.09	1.63	成都	23
福州	1.54	2.90	4.51	1.76	2.67	福州	24
厦门	2.03	4.49	3.75	3.34	3.40	西安	25
南昌	0.64	0.89	3.39	0.00	1.23	南通	26

续表 18.4

城市	城市经济总量				城市经济总量	中国城市经济总量排序	
	GDP得分	人均GDP得分	GDP密度得分	GDP增长率得分		城市	排序
济南	2.58	2.47	3.43	5.12	3.40	重庆	27
青岛	2.51	2.77	5.55	4.30	3.78	温州	28
烟台	0.48	0.72	0.38	2.48	1.02	郑州	29
威海	0.14	0.94	0.64	1.47	0.80	合肥	30
郑州	0.93	0.91	2.83	2.82	1.87	海口	31
武汉	9.03	2.35	2.28	6.99	5.16	昆明	32
长沙	1.25	1.84	7.30	1.93	3.08	汕头	33
广州	29.76	14.18	23.17	56.90	31.00	南昌	34
深圳	17.94	44.90	27.59	12.40	25.71	秦皇岛	35
珠海	0.81	6.37	3.73	3.04	3.49	乌鲁木齐	36
汕头	0.33	0.73	4.07	0.32	1.36	兰州	37
湛江	0.25	0.41	0.46	1.71	0.71	烟台	38
南宁	0.31	0.55	0.40	1.58	0.71	唐山	39
北海	0.00	0.03	0.00	0.41	0.11	太原	40
海口	0.17	1.03	3.08	1.46	1.43	威海	41
重庆	3.91	0.36	0.09	3.22	1.90	湛江	42
成都	2.48	1.69	5.21	1.71	2.77	南宁	43
贵阳	0.34	0.31	0.26	0.82	0.43	呼和浩特	44
昆明	1.35	1.61	0.69	1.98	1.41	贵阳	45
西安	2.61	1.30	3.74	2.05	2.43	包头	46
兰州	0.53	0.62	0.86	2.37	1.09	连云港	47
西宁	0.02	0.00	0.37	0.74	0.28	西宁	48
银川	0.03	0.17	0.04	0.67	0.23	银川	49
乌鲁木齐	0.47	0.76	1.79	1.42	1.11	北海	50

资料来源：国家统计局城市社会经济调查总队.2001中国城市统计年鉴，中国统计出版社，2002。

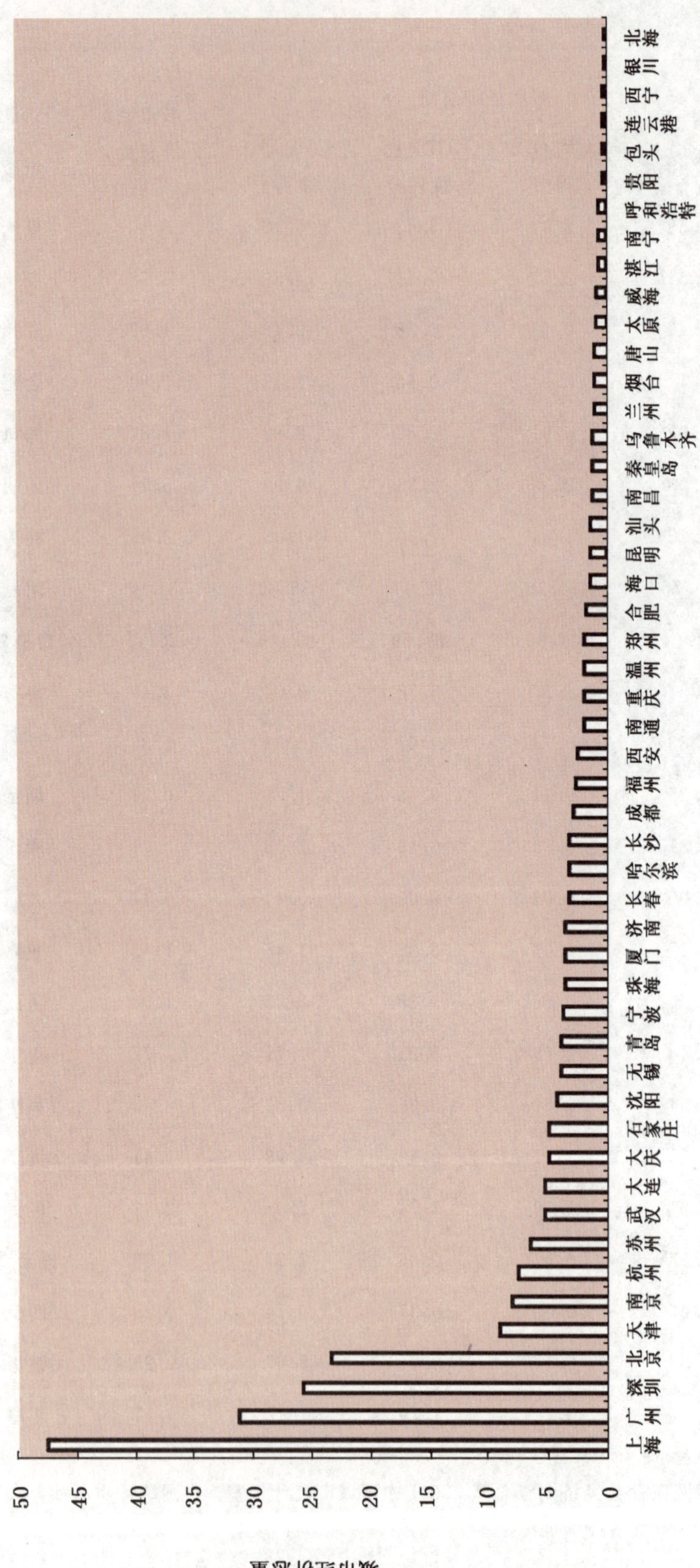

表18.4图　中国城市经济总量排序图

表 18.5　中国城市工业化水平

城市	城市工业化水平						中国城市工业化水平排序	
	工业总产值得分	GDP 占全国份额得分	市区第二产业占 GDP 比重得分	非农劳动力占总劳动力的比例得分	制造业劳动力占总劳动力的比例得分	城市工业化水平	城市	排序
北京	27.40	37.46	11.80	65.75	19.08	32.30	上海	1
天津	14.88	12.54	13.74	37.52	25.74	20.88	北京	2
石家庄	0.91	1.23	4.24	13.33	8.53	5.65	广州	3
唐山	0.33	0.44	4.19	7.01	4.44	3.28	深圳	4
秦皇岛	0.11	0.18	1.08	6.32	3.49	2.24	天津	5
太原	0.40	0.56	3.00	9.06	5.36	3.67	南京	6
呼和浩特	0.03	0.09	1.30	4.55	1.17	1.43	武汉	7
包头	0.17	0.16	2.66	4.13	4.40	2.30	沈阳	8
沈阳	2.81	5.37	7.24	24.04	14.86	10.87	苏州	9
大连	3.65	3.99	5.75	20.80	14.73	9.78	大连	10
长春	1.91	2.57	5.80	16.16	11.16	7.52	重庆	11
哈尔滨	1.03	2.07	2.73	16.31	10.23	6.47	杭州	12
大庆	3.80	3.91	16.80	16.43	3.94	8.97	厦门	13
上海	86.40	86.40	27.98	71.57	52.00	64.87	大庆	14
南京	5.93	5.06	9.39	27.75	18.15	13.26	青岛	15
无锡	1.32	1.23	5.58	12.97	12.33	6.69	西安	16
苏州	2.32	1.39	10.11	19.21	17.70	10.14	长春	17
南通	0.28	0.21	3.46	7.25	6.38	3.51	宁波	18
连云港	0.06	0.07	2.16	4.36	1.88	1.71	济南	19
杭州	2.89	3.46	6.82	22.09	12.23	9.50	珠海	20
宁波	1.92	1.60	6.10	16.27	10.83	7.35	无锡	21
温州	0.44	0.74	5.04	10.50	7.26	4.80	哈尔滨	22
合肥	0.39	0.43	4.19	9.01	5.06	3.82	成都	23
福州	0.87	1.54	4.44	14.53	8.43	5.96	福州	24
厦门	2.09	2.03	7.29	17.60	17.97	9.40	石家庄	25
南昌	0.32	0.64	3.98	8.82	5.93	3.94	温州	26

续表 18.5

城市	城市工业化水平						中国城市工业化水平排序	
	工业总产值得分	GDP 占全国份额得分	市区第二产业占 GDP 比重得分	非农劳动力占总劳动力的比例得分	制造业劳动力占总劳动力的比例得分	城市工业化水平	城市	排序
济南	1.38	2.58	4.63	16.87	9.65	7.02	昆明	27
青岛	2.94	2.51	6.76	17.23	14.84	8.85	长沙	28
烟台	0.32	0.48	3.61	7.44	5.45	3.46	郑州	29
威海	0.20	0.14	1.91	5.49	5.47	2.64	南昌	30
郑州	0.46	0.93	1.66	12.67	5.04	4.15	合肥	31
武汉	4.80	9.03	8.68	27.72	15.86	13.22	兰州	32
长沙	0.45	1.25	2.62	12.52	5.21	4.41	太原	33
广州	21.83	29.76	13.54	56.20	28.23	29.91	南通	34
深圳	19.78	17.94	17.99	44.24	34.84	26.96	烟台	35
珠海	1.21	0.81	6.38	12.14	13.11	6.73	唐山	36
汕头	0.21	0.33	1.88	5.22	2.59	2.04	贵阳	37
湛江	0.22	0.25	2.86	0.00	0.00	0.67	乌鲁木齐	38
南宁	0.10	0.31	0.47	7.02	2.41	2.06	威海	39
北海	0.00	0.00	0.04	0.26	0.60	0.18	包头	40
海口	0.07	0.17	0.00	6.35	0.60	1.44	秦皇岛	41
重庆	2.79	3.91	7.41	21.14	12.28	9.51	南宁	42
成都	0.92	2.48	4.17	16.06	7.80	6.29	汕头	43
贵阳	0.20	0.34	3.16	7.90	3.60	3.04	连云港	44
昆明	0.53	1.35	4.33	12.22	3.92	4.47	海口	45
西安	1.57	2.61	6.72	18.91	11.96	8.35	呼和浩特	46
兰州	0.49	0.53	3.88	9.38	4.57	3.77	西宁	47
西宁	0.00	0.02	0.83	3.60	0.78	1.05	银川	48
银川	0.03	0.03	1.26	2.08	0.99	0.88	湛江	49
乌鲁木齐	0.30	0.47	1.57	8.36	2.70	2.68	北海	50

资料来源：国家统计局城市社会经济调查总队．2001 中国城市统计年鉴，中国统计出版社，2002。

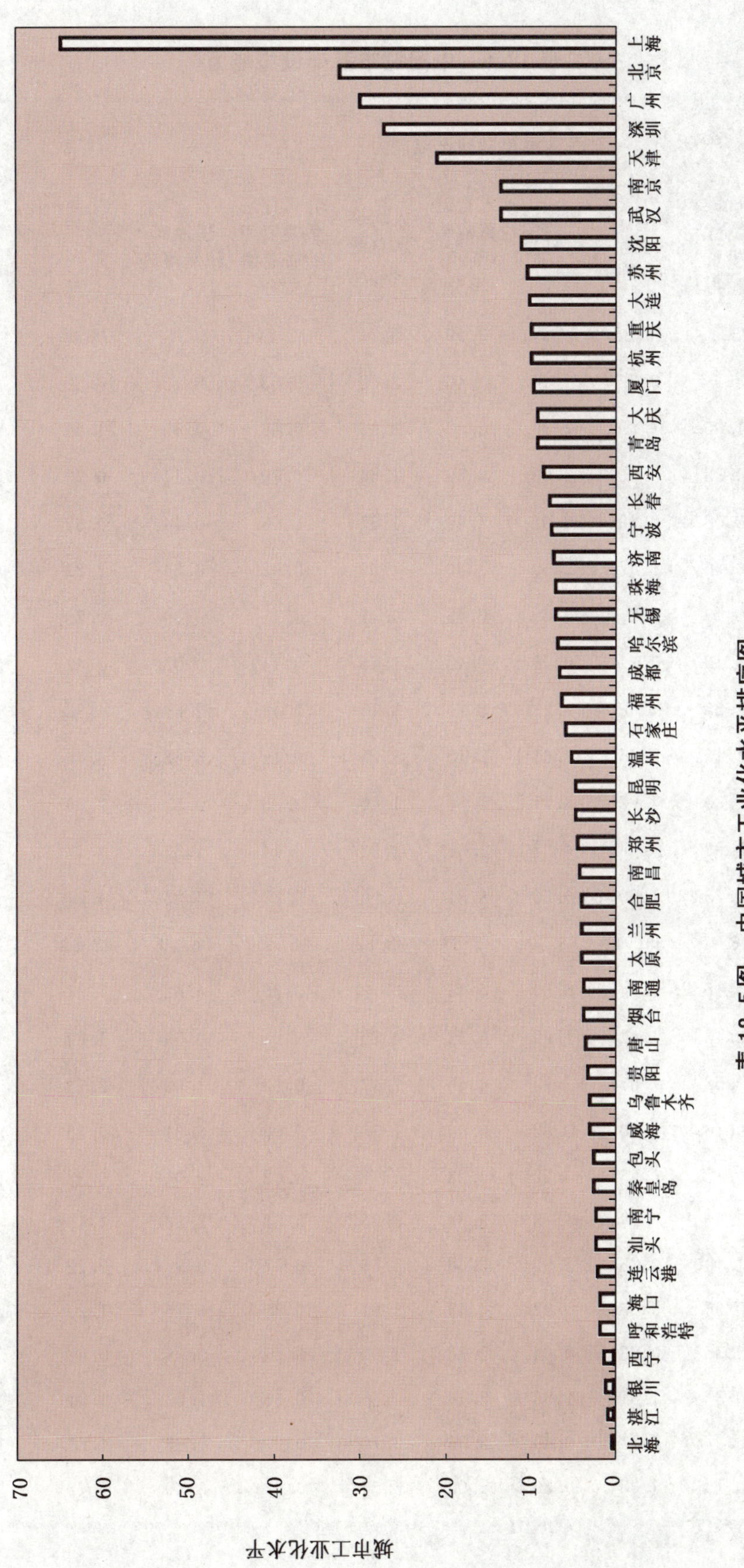

表18.5图　中国城市工业化水平排序图

表 18.6 中国城市基础设施能力

城市	城市基础设施能力								国城市基础设施能力排序	
	市区固定资产投资总额得分	铁路客运量得分	地区货运总量得分	人均道路铺装面积得分	人均供水总量得分	市区住宅固定资产投资总额得分	房地产开发得分	城市基础设施能力	城市	排序
北京	25.19	45.88	41.71	3.99	8.74	12.77	59.44	28.25	上海	1
天津	10.94	9.32	19.92	5.46	3.08	0.03	8.78	8.22	北京	2
石家庄	1.00	1.79	2.86	2.23	3.95	0.66	0.45	1.85	广州	3
唐山	0.23	0.64	2.03	0.89	1.54	0.10	0.11	0.79	深圳	4
秦皇岛	0.08	0.48	0.61	1.40	1.61	0.03	0.14	0.62	天津	5
太原	0.46	1.67	2.50	1.32	1.65	0.62	0.24	1.21	南京	6
呼和浩特	0.13	0.27	0.09	0.42	0.47	0.13	0.09	0.23	武汉	7
包头	0.10	0.21	0.76	0.47	1.25	0.11	0.05	0.42	沈阳	8
沈阳	2.25	11.66	7.23	3.79	3.75	2.49	2.64	4.83	哈尔滨	9
大连	1.16	5.15	8.63	2.15	3.25	0.19	3.62	3.45	珠海	10
长春	1.30	4.92	3.11	1.80	1.70	0.33	0.82	2.00	杭州	11
哈尔滨	1.82	16.60	4.93	1.06	2.22	2.14	1.81	4.37	大庆	12
大庆	1.75	1.90	0.50	8.37	14.48	0.84	0.23	4.01	大连	13
上海	86.40	39.91	86.40	15.87	38.82	86.40	86.40	62.88	重庆	14
南京	3.15	5.14	6.80	5.46	25.69	0.70	4.62	7.37	成都	15
无锡	0.43	1.42	1.69	3.52	4.85	0.21	0.59	1.82	青岛	16
苏州	0.53	2.83	2.73	4.66	7.17	0.03	1.02	2.71	苏州	17
南通	0.10	0.00	0.82	0.90	1.78	0.00	0.21	0.55	济南	18
连云港	0.12	0.15	0.22	0.98	0.72	0.02	0.04	0.32	西安	19
杭州	3.36	4.14	4.78	3.61	6.65	3.28	2.86	4.10	宁波	20
宁波	1.49	0.75	3.32	2.46	5.56	0.97	0.97	2.22	长春	21
温州	0.65	0.88	0.92	1.45	3.01	0.75	0.76	1.20	石家庄	22
合肥	0.35	0.68	0.04	2.38	1.90	0.11	0.35	0.83	无锡	23
福州	0.38	1.01	1.88	2.16	4.86	0.05	1.63	1.71	长沙	24
厦门	0.97	0.71	0.40	3.56	3.76	0.09	1.95	1.63	福州	25
南昌	0.13	1.38	0.36	1.00	4.64	0.09	0.20	1.12	厦门	26

续表 18.6

城市	城市基础设施能力								国城市基础设施能力排序	
	市区固定资产投资总额得分	铁路客运量得分	地区货运总量得分	人均道路铺装面积得分	人均供水总量得分	市区住宅固定资产投资总额得分	房地产开发得分	城市基础设施能力	城市	排序
济南	1.48	4.46	3.93	3.60	2.00	0.47	1.43	2.48	昆明	27
青岛	1.68	1.68	7.61	3.44	2.14	1.40	1.62	2.80	郑州	28
烟台	0.21	0.28	1.03	1.35	0.12	0.03	0.12	0.45	乌鲁木齐	29
威海	0.09	0.07	0.18	2.04	0.22	0.11	0.12	0.40	太原	30
郑州	0.57	2.96	1.55	1.03	2.21	0.92	0.73	1.42	温州	31
武汉	8.36	12.20	10.01	0.00	5.55	7.18	5.59	6.99	南昌	32
长沙	0.97	2.08	1.32	1.60	4.86	0.81	0.78	1.77	兰州	33
广州	17.79	24.85	27.79	9.85	31.56	9.25	34.79	22.27	合肥	34
深圳	15.46	7.43	3.16	24.59	29.92	22.29	20.65	17.64	海口	35
珠海	0.19	0.00	0.68	13.80	13.80	0.04	0.75	4.18	唐山	36
汕头	0.12	0.17	0.00	1.32	1.72	0.02	0.23	0.51	贵阳	37
湛江	0.13	0.23	0.48	0.07	0.00	0.15	0.07	0.16	秦皇岛	38
南宁	0.18	0.42	0.30	0.98	2.21	0.08	0.19	0.62	南宁	39
北海	0.00	0.01	0.03	0.45	0.12	0.01	0.00	0.09	南通	40
海口	0.23	0.00	0.11	2.43	2.60	0.24	0.11	0.82	汕头	41
重庆	1.53	3.45	11.60	0.30	0.42	0.97	4.68	3.28	烟台	42
成都	1.13	6.70	6.94	1.48	3.08	1.42	0.34	3.01	包头	43
贵阳	0.40	0.86	0.55	0.31	1.54	0.47	0.42	0.65	威海	44
昆明	0.62	1.49	3.01	1.24	2.51	0.73	1.38	1.57	连云港	45
西安	1.41	6.27	3.57	0.81	1.02	0.88	1.71	2.24	银川	46
兰州	0.68	0.70	0.76	0.81	2.71	0.61	0.31	0.94	呼和浩特	47
西宁	0.07	0.10	0.03	0.30	0.66	0.10	0.07	0.19	西宁	48
银川	0.07	0.10	0.00	0.59	1.27	0.09	0.08	0.32	湛江	49
乌鲁木齐	0.55	1.72	1.68	1.69	1.05	1.06	0.94	1.24	北海	50

资料来源：国家统计局城市社会经济调查总队.2001 中国城市统计年鉴，中国统计出版社，2002。

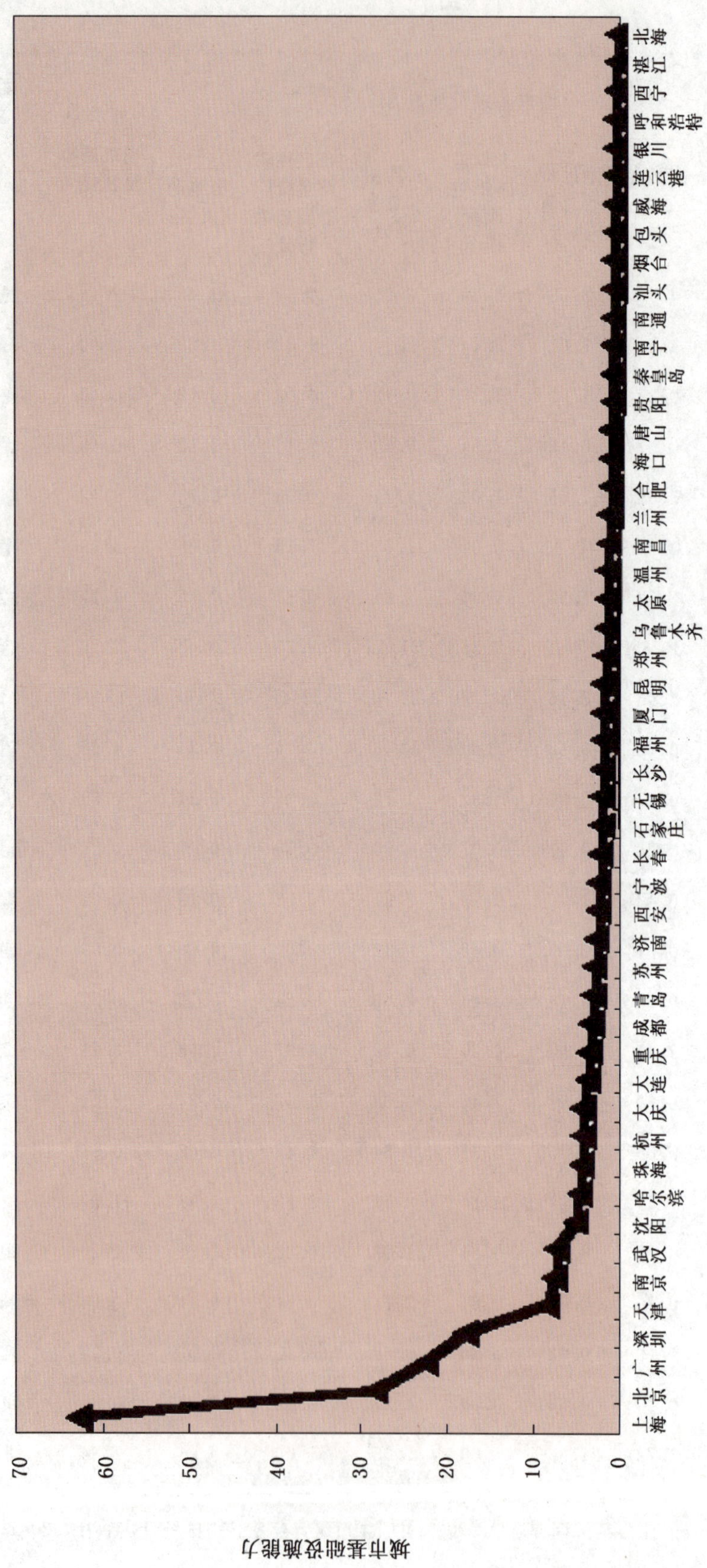

表18.6图 中国城市基础设施能力排序图

表 18.7　中国城市竞争能力指数

城市	城市竞争能力指数					城市竞争能力指数	中国城市竞争能力指数排序	
	城市创新能力	城市学习能力	城市集约能力	城市信息化水平	城市全球化水平		城市	排序
北京	46.61	42.49	20.15	40.50	26.46	35.25	上海	1
天津	7.42	9.93	8.46	6.62	13.66	9.22	北京	2
石家庄	2.65	2.16	3.42	2.18	1.30	2.34	深圳	3
唐山	0.67	0.69	2.01	0.82	0.17	0.87	广州	4
秦皇岛	1.03	0.81	1.53	0.62	0.71	0.94	天津	5
太原	1.14	1.33	3.40	1.82	0.62	1.66	南京	6
呼和浩特	0.64	0.79	1.29	0.33	0.21	0.65	武汉	7
包头	1.25	0.34	1.49	0.49	0.15	0.74	杭州	8
沈阳	4.32	4.40	5.19	5.81	3.61	4.67	大连	9
大连	3.47	2.76	7.84	4.82	4.95	4.77	沈阳	10
长春	2.65	2.68	3.09	3.60	2.65	2.93	苏州	11
哈尔滨	3.55	2.92	2.62	4.35	0.78	2.84	重庆	12
大庆	3.86	0.58	5.74	2.23	0.84	2.65	济南	13
上海	49.01	66.42	22.88	48.58	34.46	44.27	厦门	14
南京	10.75	7.88	10.23	6.26	5.43	8.11	福州	15
无锡	1.43	2.13	2.68	2.92	2.02	2.24	西安	16
苏州	3.22	2.34	4.49	6.29	6.32	4.53	青岛	17
南通	1.14	0.96	1.79	1.06	1.87	1.36	长春	18
连云港	0.71	0.62	1.21	0.76	0.40	0.74	宁波	19
杭州	5.69	4.92	5.33	5.46	2.59	4.8	哈尔滨	20
宁波	2.46	1.83	4.50	4.10	1.70	2.92	珠海	21
温州	3.96	0.32	2.46	2.21	0.83	1.96	郑州	22
合肥	1.62	1.51	2.41	1.51	3.05	2.02	长沙	23
福州	3.30	3.43	3.31	4.33	2.16	3.3	大庆	24
厦门	2.80	3.66	2.28	4.46	4.50	3.54	石家庄	25

续表 18.7

城市	城市竞争能力指数					城市竞争能力指数	中国城市竞争能力指数排序	
	城市创新能力	城市学习能力	城市集约能力	城市信息化水平	城市全球化水平		城市	排序
南昌	1.85	1.54	2.73	1.78	1.21	1.82	无锡	26
济南	7.35	3.42	3.97	2.58	0.93	3.65	成都	27
青岛	3.52	2.32	3.77	3.32	2.71	3.13	昆明	28
烟台	2.75	0.82	1.54	0.85	0.97	1.38	合肥	29
威海	2.26	0.56	0.92	0.67	0.54	0.99	温州	30
郑州	4.69	1.86	3.52	2.90	1.07	2.81	南昌	31
武汉	5.43	5.39	8.01	5.32	2.51	5.33	兰州	32
长沙	4.11	2.29	3.37	3.12	0.97	2.77	太原	33
广州	15.22	13.74	16.48	23.65	15.81	16.98	贵阳	34
深圳	16.07	16.91	10.15	31.35	15.31	17.96	乌鲁木齐	35
珠海	1.41	1.81	2.78	4.04	4.09	2.83	汕头	36
汕头	0.72	1.09	1.50	1.85	1.79	1.39	烟台	37
湛江	0.44	0.49	0.71	0.48	0.34	0.49	南通	38
南宁	1.35	0.89	2.22	1.62	0.35	1.28	南宁	39
北海	0.02	0.19	0.34	0.33	0.07	0.19	海口	40
海口	0.54	0.61	2.23	2.54	0.44	1.27	威海	41
重庆	2.42	2.00	7.49	3.12	4.04	3.81	秦皇岛	42
成都	2.23	2.82	3.27	1.71	0.82	2.17	唐山	43
贵阳	1.04	1.12	4.11	1.22	0.20	1.54	银川	44
昆明	2.00	1.80	3.16	3.08	0.70	2.15	包头	45
西安	3.32	1.70	3.99	4.50	2.28	3.16	连云港	46
兰州	1.70	1.69	3.73	1.77	0.18	1.81	西宁	47
西宁	0.19	0.65	1.67	0.66	0.30	0.69	呼和浩特	48
银川	0.41	0.71	1.62	0.88	0.55	0.83	湛江	49
乌鲁木齐	1.11	1.01	2.27	1.70	1.48	1.51	北海	50

资料来源：国家统计局城市社会经济调查总队.2001 中国城市统计年鉴，中国统计出版社，2002。

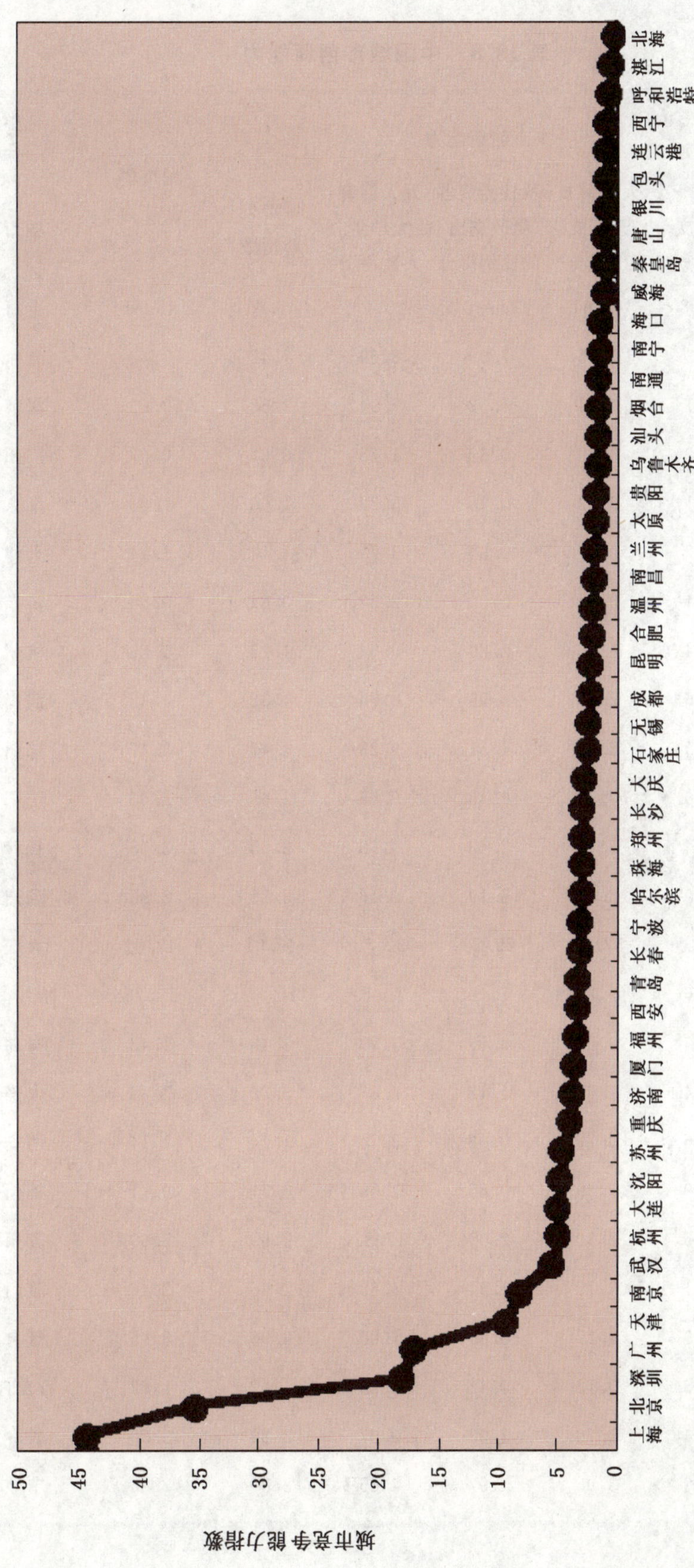

表18.7图　中国城市竞争能力指数排序图

表 18.8　中国城市创新能力

城市	城市创新能力						中国城市创新能力排序	
	科学事业费支出得分	人均科技经费支出得分	科技经费占财政支出的比例得分	万人拥有大学生人数得分	城市创新指数	城市创新能力	城市	排序
北京	56.28	43.61	66.40	20.17	46.61	46.61	上海	1
天津	6.73	7.15	7.09	8.69	7.42	7.42	北京	2
石家庄	0.21	0.91	1.52	7.94	2.65	2.65	深圳	3
唐山	0.07	0.29	0.60	1.73	0.67	0.67	广州	4
秦皇岛	0.01	0.22	0.18	3.72	1.03	1.03	南京	5
太原	0.07	0.17	0.55	3.79	1.14	1.14	天津	6
呼和浩特	0.01	0.04	0.00	2.53	0.64	0.64	济南	7
包头	0.24	1.35	2.89	0.52	1.25	1.25	杭州	8
沈阳	1.86	2.69	3.95	8.76	4.32	4.32	武汉	9
大连	0.85	2.25	1.51	9.28	3.47	3.47	郑州	10
长春	0.20	0.37	0.48	9.55	2.65	2.65	沈阳	11
哈尔滨	0.74	1.71	2.43	9.30	3.55	3.55	长沙	12
大庆	0.89	6.21	8.19	0.16	3.86	3.86	温州	13
上海	86.40	57.36	29.50	22.80	49.01	49.01	大庆	14
南京	2.06	5.24	7.60	28.10	10.75	10.75	哈尔滨	15
无锡	0.13	0.91	0.69	3.99	1.43	1.43	青岛	16
苏州	0.24	1.65	1.12	9.88	3.22	3.22	大连	17
南通	0.06	0.77	0.98	2.74	1.14	1.14	西安	18
连云港	0.03	0.39	0.85	1.59	0.71	0.71	福州	19
杭州	0.56	2.30	2.09	17.82	5.69	5.69	苏州	20
宁波	0.51	3.15	1.54	4.63	2.46	2.46	厦门	21
温州	0.69	4.47	8.88	1.80	3.96	3.96	烟台	22
合肥	0.03	0.12	0.12	6.23	1.62	1.62	石家庄	23
福州	0.34	1.70	2.08	9.07	3.30	3.30	长春	24
厦门	0.69	3.98	1.97	4.55	2.80	2.80	宁波	25

续表 18.8

城市	城市创新能力					城市创新能力	中国城市创新能力排序	
	科学事业费支出得分	人均科技经费支出得分	科技经费占财政支出的比例得分	万人拥有大学生人数得分	城市创新指数		城市	排序
南昌	0.08	0.32	1.00	6.01	1.85	1.85	重庆	26
济南	2.32	6.59	12.50	7.97	7.35	7.35	威海	27
青岛	1.33	4.22	3.98	4.57	3.52	3.52	成都	28
烟台	0.59	2.79	6.07	1.53	2.75	2.75	昆明	29
威海	0.23	3.41	4.57	0.85	2.26	2.26	南昌	30
郑州	0.91	3.10	5.69	9.04	4.69	4.69	兰州	31
武汉	2.01	1.69	3.88	14.14	5.43	5.43	合肥	32
长沙	0.29	1.21	1.84	13.09	4.11	4.11	无锡	33
广州	11.70	15.24	9.12	24.81	15.22	15.22	珠海	34
深圳	7.31	44.90	5.31	6.78	16.07	16.07	南宁	35
珠海	0.22	4.08	1.34	0.00	1.41	1.41	包头	36
汕头	0.12	0.75	1.33	0.70	0.72	0.72	太原	37
湛江	0.02	0.09	0.24	1.40	0.44	0.44	南通	38
南宁	0.09	0.47	1.06	3.77	1.35	1.35	乌鲁木齐	39
北海	0.00	0.03	0.05	0.00	0.02	0.02	贵阳	40
海口	0.02	0.34	0.32	1.48	0.54	0.54	秦皇岛	41
重庆	1.97	1.43	2.27	3.99	2.42	2.42	汕头	42
成都	0.07	0.00	0.11	8.75	2.23	2.23	连云港	43
贵阳	0.10	0.37	0.64	3.02	1.04	1.04	唐山	44
昆明	0.34	1.16	1.01	5.48	2.00	2.00	呼和浩特	45
西安	0.21	0.22	0.36	12.49	3.32	3.32	海口	46
兰州	0.11	0.41	1.23	5.05	1.70	1.70	湛江	47
西宁	0.00	0.01	0.07	0.67	0.19	0.19	银川	48
银川	0.01	0.10	0.14	1.39	0.41	0.41	西宁	49
乌鲁木齐	0.06	0.26	0.47	3.64	1.11	1.11	北海	50

资料来源：国家统计局城市社会经济调查总队．2001 中国城市统计年鉴，中国统计出版社，2002。

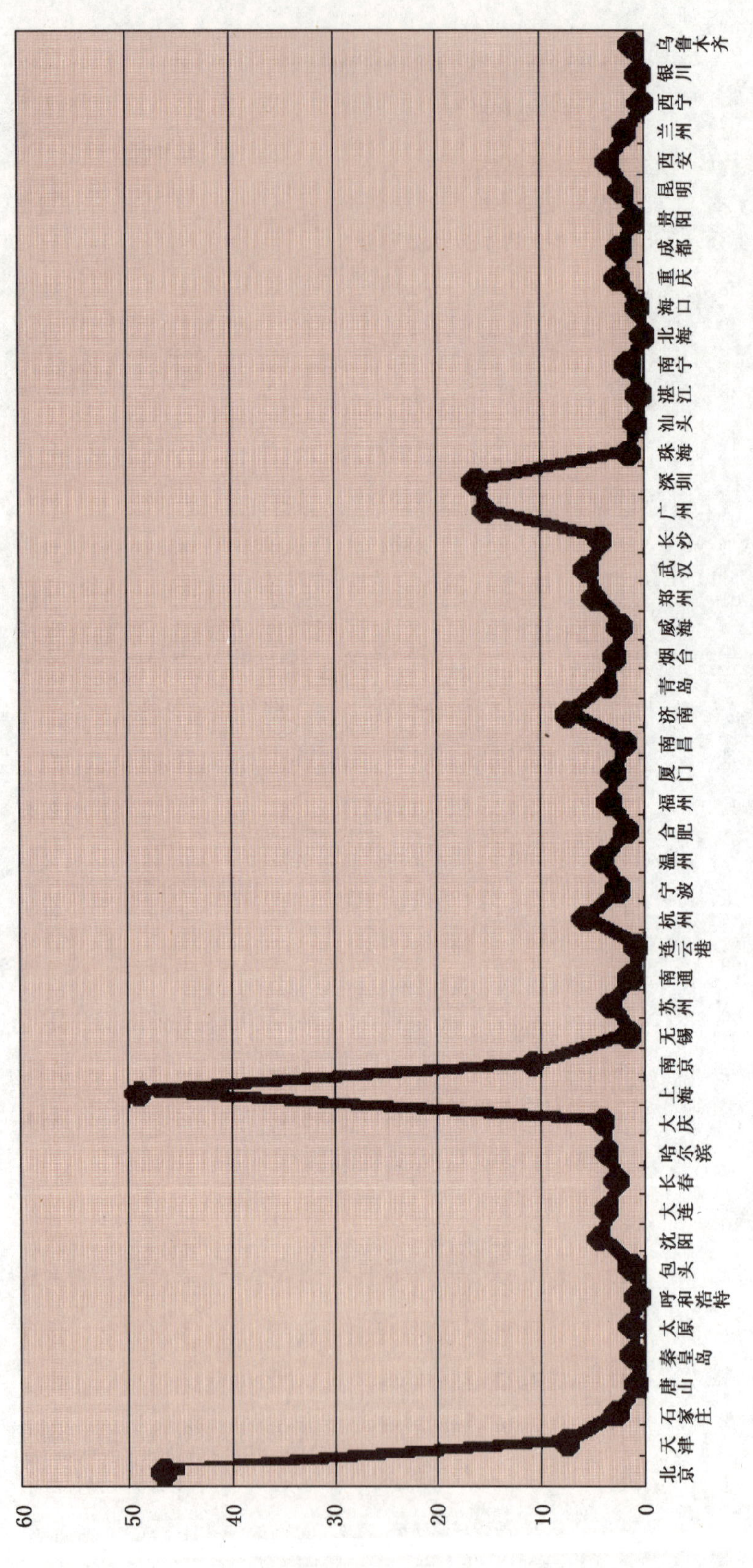

表18.8图　中国城市创新能力图

表 18.9　中国城市学习能力

城市	城市学习能力							中国城市学习能力排序	
	教育事业费支出得分	人均教育经费得分	教育经费占财政支出的比例得分	公共图书馆总藏量得分	人均公共图书馆藏书得分	城市学习指数	城市学习能力	城市	排序
北京	47.40	24.21	66.40	34.74	39.69	42.49	42.49	上海	1
天津	12.02	8.58	16.66	5.03	7.38	9.93	9.93	北京	2
石家庄	0.49	1.45	5.05	0.50	3.32	2.16	2.16	深圳	3
唐山	0.18	0.51	2.29	0.08	0.42	0.69	0.69	广州	4
秦皇岛	0.11	0.89	2.44	0.03	0.58	0.81	0.81	天津	5
太原	0.26	0.49	3.30	0.46	2.14	1.33	1.33	南京	6
呼和浩特	0.08	0.40	1.56	0.16	1.73	0.79	0.79	武汉	7
包头	0.08	0.28	1.14	0.03	0.18	0.34	0.34	杭州	8
沈阳	2.75	2.60	7.57	2.89	6.20	4.40	4.40	沈阳	9
大连	1.36	2.41	3.55	1.31	5.19	2.76	2.76	厦门	10
长春	0.81	1.25	4.81	1.39	5.17	2.68	2.68	福州	11
哈尔滨	1.17	1.81	5.15	1.42	5.05	2.92	2.92	济南	12
大庆	0.11	0.55	1.00	0.12	1.13	0.58	0.58	哈尔滨	13
上海	86.40	38.07	34.82	86.40	86.40	66.42	66.42	成都	14
南京	2.26	3.74	10.20	4.70	18.51	7.88	7.88	大连	15
无锡	0.50	2.30	4.63	0.29	2.93	2.13	2.13	长春	16
苏州	0.50	2.36	3.87	0.44	4.51	2.34	2.34	苏州	17
南通	0.09	0.80	2.04	0.09	1.79	0.96	0.96	青岛	18
连云港	0.04	0.44	1.91	0.03	0.67	0.62	0.62	长沙	19
杭州	0.97	2.68	5.20	2.13	13.61	4.92	4.92	石家庄	20
宁波	0.84	3.50	3.57	0.14	1.12	1.83	1.83	无锡	21
温州	0.00	0.00	0.00	0.16	1.44	0.32	0.32	重庆	22
合肥	0.17	0.65	2.60	0.43	3.70	1.51	1.51	郑州	23
福州	0.75	2.57	6.45	0.85	6.51	3.43	3.43	宁波	24
厦门	1.59	6.28	6.69	0.40	3.33	3.66	3.66	珠海	25

续表 18.9

城市	城市学习能力							中国城市学习能力排序	
	教育事业费支出得分	人均教育经费得分	教育经费占财政支出的比例得分	公共图书馆总藏量得分	人均公共图书馆藏书得分	城市学习指数	城市学习能力	城市	排序
南昌	0.16	0.43	2.84	0.56	3.73	1.54	1.54	昆明	26
济南	0.95	1.69	5.82	1.67	6.99	3.42	3.42	西安	27
青岛	1.46	3.08	5.38	0.35	1.32	2.32	2.32	兰州	28
烟台	0.22	0.65	2.64	0.09	0.49	0.82	0.82	南昌	29
威海	0.06	0.78	1.81	0.00	0.13	0.56	0.56	合肥	30
郑州	0.49	1.06	3.59	0.69	3.48	1.86	1.86	太原	31
武汉	4.01	2.28	10.89	4.21	5.55	5.39	5.39	贵阳	32
长沙	0.28	0.76	2.31	1.08	7.03	2.29	2.29	汕头	33
广州	15.53	13.41	15.24	8.54	15.95	13.74	13.74	乌鲁木齐	34
深圳	10.79	44.90	10.36	1.80	16.69	16.91	16.91	南通	35
珠海	0.33	4.37	2.94	0.03	1.38	1.81	1.81	南宁	36
汕头	0.23	1.03	3.62	0.06	0.50	1.09	1.09	烟台	37
湛江	0.08	0.27	1.76	0.05	0.28	0.49	0.49	秦皇岛	38
南宁	0.08	0.31	1.44	0.28	2.33	0.89	0.89	呼和浩特	39
北海	0.01	0.16	0.71	0.00	0.08	0.19	0.19	银川	40
海口	0.06	0.66	1.72	0.02	0.58	0.61	0.61	唐山	41
重庆	3.11	1.45	4.88	0.57	0.00	2.00	2.00	西宁	42
成都	0.49	0.56	4.94	1.89	6.20	2.82	2.82	连云港	43
贵阳	0.21	0.53	2.05	0.41	2.42	1.12	1.12	海口	44
昆明	0.54	1.24	2.32	0.79	4.13	1.80	1.80	大庆	45
西安	0.76	0.75	3.89	0.92	2.19	1.70	1.70	威海	46
兰州	0.24	0.62	3.80	0.53	3.26	1.69	1.69	湛江	47
西宁	0.03	0.21	1.75	0.10	1.18	0.65	0.65	包头	48
银川	0.02	0.25	0.96	0.12	2.21	0.71	0.71	温州	49
乌鲁木齐	0.20	0.67	2.84	0.17	1.19	1.01	1.01	北海	50

资料来源：国家统计局城市社会经济调查总队．2001 中国城市统计年鉴，中国统计出版社，2002。

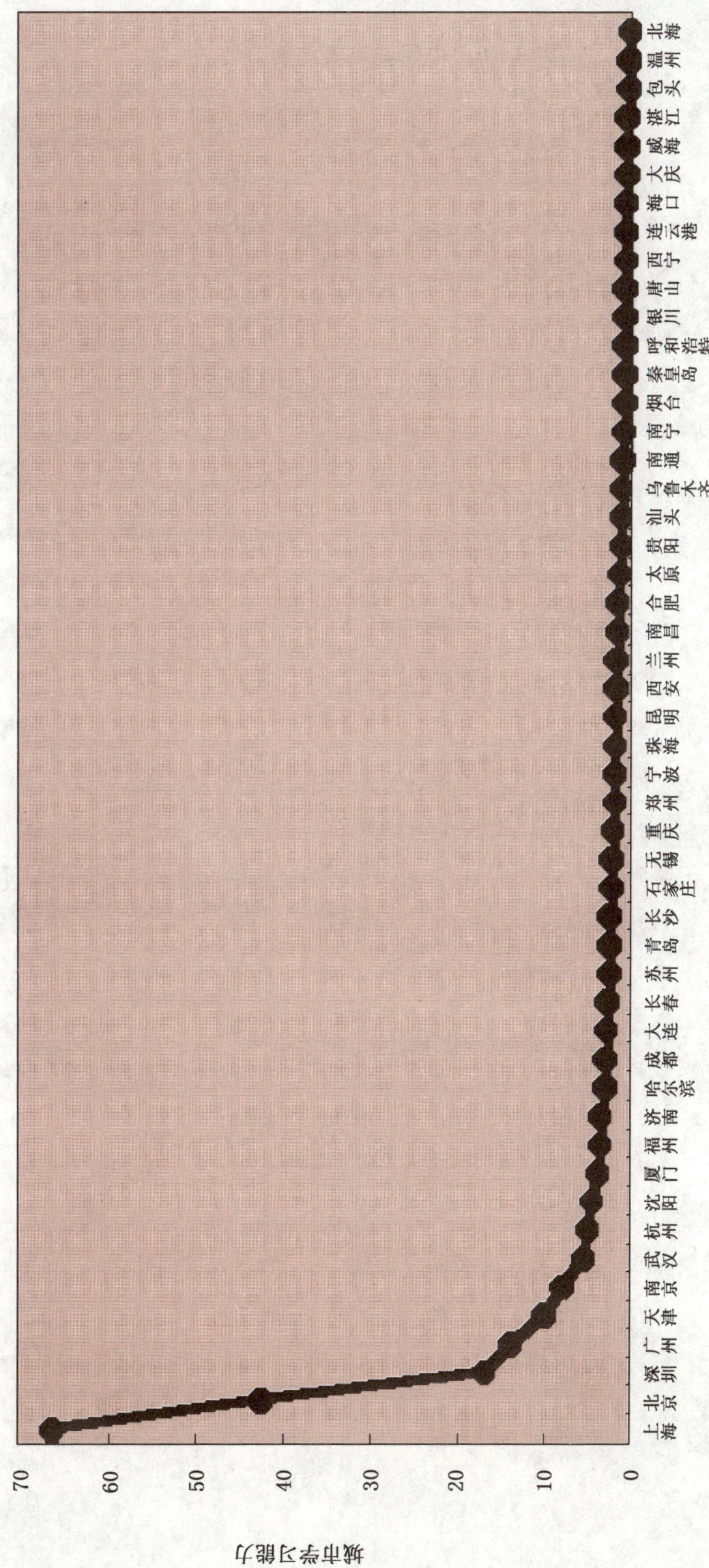

表 18.9图　中国城市学习能力排序图

表 18.10　中国城市集约能力

城市	城市集约能力							中国城市集约能力排序	
	万元 GDP 能源消耗得分	万元 GDP 水资源消耗得分	万元 GDP 二氧化硫排放量得分	全员劳动生产率得分	人均社会消费品零售总额得分	市区第三产业就业人员比重得分	城市集约能力	城市	排序
北京	25.39	8.23	3.00	10.82	9.84	53.92	20.15	上海	1
天津	10.07	4.03	2.56	8.69	2.17	15.88	8.46	北京	2
石家庄	4.70	3.75	0.71	2.97	3.25	6.45	3.42	广州	3
唐山	4.23	2.45	2.96	1.34	0.33	0.39	2.01	南京	4
秦皇岛	0.75	1.71	1.23	1.43	0.22	3.41	1.53	深圳	5
太原	6.30	4.21	4.76	0.74	0.09	3.38	3.40	天津	6
呼和浩特	1.04	1.54	0.39	0.39	0.06	3.93	1.29	武汉	7
包头	3.67	2.65	1.58	0.60	0.02	0.00	1.49	大连	8
沈阳	1.92	5.28	1.66	6.20	3.35	12.86	5.19	重庆	9
大连	3.89	1.94	1.29	7.47	2.44	10.73	7.84	大庆	10
长春	1.55	1.65	0.41	4.71	0.15	7.40	3.09	杭州	11
哈尔滨	1.92	3.54	0.33	1.79	1.60	6.49	2.62	沈阳	12
大庆	4.15	2.35	0.40	16.80	0.65	3.81	5.74	宁波	13
上海	20.11	22.53	5.06	17.67	13.33	44.41	22.88	苏州	14
南京	7.99	23.76	3.17	7.97	5.26	14.69	10.23	贵阳	15
无锡	1.94	2.47	0.14	5.33	2.02	4.13	2.68	西安	16
苏州	4.47	5.24	0.74	7.46	19.40	6.50	4.49	济南	17
南通	2.14	1.71	1.71	1.86	0.90	2.52	1.79	青岛	18
连云港	1.09	1.29	1.11	0.93	0.36	2.36	1.21	兰州	19
杭州	2.78	3.11	0.80	8.63	7.84	14.58	5.33	郑州	20
宁波	3.02	3.12	3.41	7.62	2.06	8.17	4.50	石家庄	21
温州	1.89	2.41	1.00	5.11	0.72	3.36	2.46	太原	22
合肥	2.16	3.05	0.55	1.91	0.88	5.60	2.41	长沙	23
福州	1.87	3.30	0.03	5.17	2.50	8.14	3.31	福州	24
厦门	1.62	1.38	1.01	6.04	2.98	1.98	2.28	成都	25

续表 18.10

城市	城市集约能力							中国城市集约能力排序	
	万元 GDP 能源消耗得分	万元 GDP 水资源消耗得分	万元 GDP 二氧化硫排放量得分	全员劳动生产率得分	人均社会消费品零售总额得分	市区第三产业就业人员比重得分	城市集约能力	城市	排序
南昌	1.32	6.77	0.81	1.85	0.63	4.68	2.73	昆明	26
济南	2.68	1.67	1.05	5.90	1.04	10.80	3.97	长春	27
青岛	2.97	1.52	1.62	5.69	1.85	6.95	3.77	珠海	28
烟台	1.04	0.33	0.48	2.56	0.37	3.37	1.54	南昌	29
威海	0.58	0.00	1.23	1.93	0.12	1.18	0.92	无锡	30
郑州	6.22	4.23	0.53	1.86	0.73	6.64	3.52	哈尔滨	31
武汉	3.91	10.22	2.28	8.91	0.91	18.85	8.01	温州	32
长沙	0.81	5.05	0.35	3.49	0.71	9.02	3.37	合肥	33
广州	5.20	17.57	3.29	26.95	13.48	39.08	16.48	厦门	34
深圳	7.61	0.40	0.51	29.41	14.56	17.17	10.15	乌鲁木齐	35
珠海	2.12	4.12	0.03	5.67	2.71	3.46	2.78	海口	36
汕头	0.80	2.48	0.45	0.78	0.81	3.84	1.50	南宁	37
湛江	0.00	0.41	0.63	0.38	0.02	2.04	0.71	唐山	38
南宁	1.22	3.91	0.48	1.31	0.55	5.43	2.22	南通	39
北海	0.29	0.73	0.45	0.00	0.06	0.57	0.34	西宁	40
海口	0.90	2.75	0.00	0.66	0.58	7.80	2.23	银川	41
重庆	13.54	5.46	10.26	3.91	0.00	9.71	7.49	烟台	42
成都	0.62	4.09	0.95	3.98	0.83	8.55	3.27	秦皇岛	43
贵阳	7.50	4.37	8.00	0.99	0.42	3.01	4.11	汕头	44
昆明	3.60	2.67	0.47	2.83	1.04	8.26	3.16	包头	45
西安	2.94	2.73	2.08	3.31	0.87	10.51	3.99	呼和浩特	46
兰州	9.50	5.22	1.44	1.50	0.52	3.45	3.73	连云港	47
西宁	2.51	3.70	0.62	0.26	0.07	2.58	1.67	威海	48
银川	3.16	3.24	0.68	0.08	0.07	2.04	1.62	湛江	49
乌鲁木齐	2.85	1.82	1.73	1.26	0.43	5.05	2.27	北海	50

资料来源：国家统计局城市社会经济调查总队.2001 中国城市统计年鉴，中国统计出版社，2002。

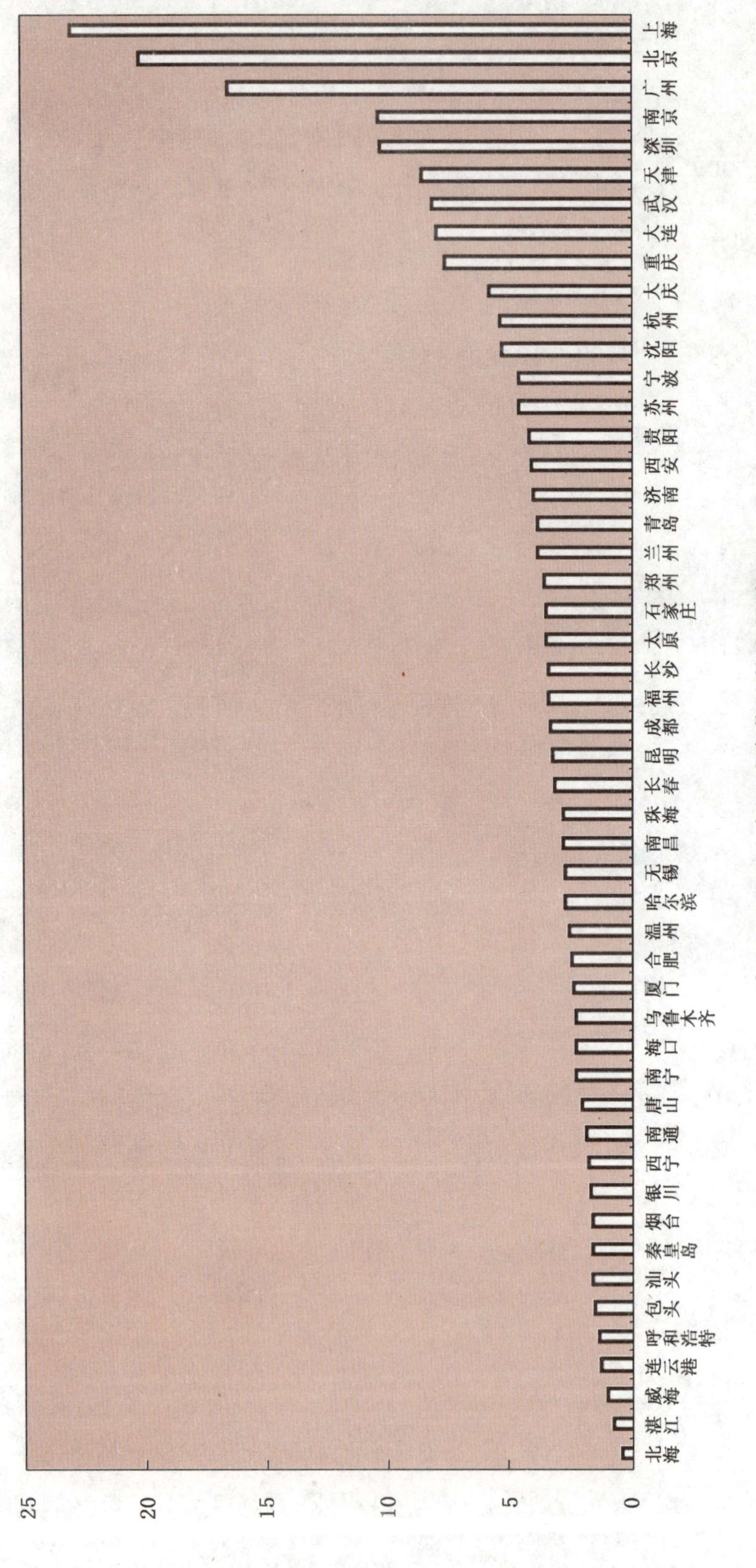

表18.10图　中国城市集约能力排序图

表 18.11　中国城市信息化水平

城市	城市信息化水平						中国城市信息化水平排序	
	市区本地电话用户得分	千人拥有电话数得分	邮电业务总量得分	市区人均邮电业务总量得分	邮电业务总量占GDP的比例得分	城市信息化水平	城市	排序
北京	51.00	15.11	66.40	15.21	54.77	40.50	上海	1
天津	14.41	4.75	4.81	1.75	7.39	6.62	北京	2
石家庄	1.02	1.56	1.02	1.64	5.64	2.18	深圳	3
唐山	0.31	0.16	0.31	0.56	2.76	0.82	广州	4
秦皇岛	0.12	0.67	0.04	0.48	1.78	0.62	天津	5
太原	0.93	0.85	0.74	0.84	5.73	1.82	苏州	6
呼和浩特	0.12	0.22	0.00	0.16	1.17	0.33	南京	7
包头	0.15	0.13	0.10	0.28	1.77	0.49	沈阳	8
沈阳	5.89	2.49	5.67	2.75	12.27	5.81	杭州	9
大连	3.18	3.03	3.96	3.55	10.36	4.82	武汉	10
长春	2.19	1.55	2.94	2.41	8.91	3.60	大连	11
哈尔滨	3.76	3.77	2.53	2.03	9.67	4.35	西安	12
大庆	1.15	3.67	1.07	2.68	2.59	2.23	厦门	13
上海	86.40	23.20	79.99	15.72	37.59	48.58	哈尔滨	14
南京	4.74	4.32	4.94	4.10	13.20	6.26	福州	15
无锡	1.26	4.25	1.04	2.45	5.60	2.92	宁波	16
苏州	1.91	6.63	2.37	5.34	15.19	6.29	珠海	17
南通	0.12	0.76	0.16	0.94	3.32	1.06	长春	18
连云港	0.06	0.40	0.07	0.52	2.74	0.76	青岛	19
杭州	3.05	5.69	3.40	4.62	10.54	5.46	长沙	20
宁波	1.60	4.70	1.76	3.60	8.83	4.10	重庆	21
温州	0.62	1.64	0.87	1.93	5.97	2.21	昆明	22
合肥	0.52	1.05	0.42	0.93	4.61	1.51	无锡	23
福州	1.33	2.82	2.46	4.00	11.04	4.33	郑州	24
厦门	1.40	3.49	2.44	4.59	10.35	4.46	济南	25

续表 18.11

城市	城市信息化水平					城市信息化水平	中国城市信息化水平排序	
	市区本地电话用户得分	千人拥有电话数得分	邮电业务总量得分	市区人均邮电业务总量得分	邮电业务总量占GDP的比例得分		城市	排序
南昌	0.78	1.19	0.68	1.09	5.15	1.78	海口	26
济南	1.96	1.50	1.79	1.72	5.94	2.58	大庆	27
青岛	2.16	2.36	2.21	2.34	7.54	3.32	温州	28
烟台	0.45	0.56	0.25	0.52	2.46	0.85	石家庄	29
威海	0.04	0.47	0.07	0.68	2.09	0.67	汕头	30
郑州	1.51	1.83	1.30	1.52	8.33	2.90	太原	31
武汉	7.13	0.18	6.40	2.03	10.86	5.32	南昌	32
长沙	1.35	2.22	1.57	2.25	8.20	3.12	兰州	33
广州	21.75	10.32	37.60	14.92	33.69	23.65	成都	34
深圳	13.08	44.90	24.81	44.90	29.05	31.35	乌鲁木齐	35
珠海	0.43	5.31	0.93	5.82	7.72	4.04	南宁	36
汕头	0.47	1.25	0.55	1.25	5.72	1.85	合肥	37
湛江	0.34	0.57	0.02	0.21	1.24	0.48	贵阳	38
南宁	0.57	1.33	0.43	0.89	4.86	1.62	南通	39
北海	0.00	0.04	0.00	0.15	1.44	0.33	银川	40
海口	0.26	2.13	0.42	2.11	7.80	2.54	烟台	41
重庆	5.64	0.00	2.47	0.69	6.80	3.12	唐山	42
成都	3.41	2.75	0.32	0.39	1.67	1.71	连云港	43
贵阳	0.49	0.41	0.35	0.57	4.28	1.22	威海	44
昆明	1.60	2.20	1.77	2.06	7.76	3.08	西宁	45
西安	4.02	2.37	3.18	1.95	11.00	4.50	秦皇岛	46
兰州	0.90	1.35	0.58	0.89	5.14	1.77	包头	47
西宁	0.08	0.17	0.03	0.21	2.79	0.66	湛江	48
银川	0.11	0.74	0.05	0.42	3.09	0.88	呼和浩特	49
乌鲁木齐	0.55	0.93	0.58	1.08	5.37	1.70	北海	50

资料来源：国家统计局城市社会经济调查总队.2001中国城市统计年鉴，中国统计出版社，2002。

表18.11图　中国城市信息化水平排序图

表 18.12　中国城市全球化水平

城市	城市全球化水平								中国城市全球化水平排序	
	市区外商协议投资额得分	市区外商实际投资额得分	外商实际投资占协议投资的比例得分	外商实际投资占GDP的比例得分	外商工业总产值占GDP比例得分	国际旅游收入占GDP比例得分	外商工业产值占内商工业产值的比例得分	城市全球化水平	城市	排序
北京	45.36	52.16	11.07	14.52	2.31	56.75	3.06	26.46	上海	1
天津	27.47	31.88	6.23	12.55	6.83	4.50	6.16	13.66	北京	2
石家庄	0.05	0.45	0.29	8.04	0.04	0.18	0.03	1.30	广州	3
唐山	0.01	0.30	0.04	0.58	0.04	0.18	0.04	0.17	深圳	4
秦皇岛	0.17	0.26	0.79	0.90	0.41	1.82	0.66	0.71	天津	5
太原	0.13	0.20	1.16	2.33	0.03	0.49	0.03	0.62	苏州	6
呼和浩特	0.04	0.05	0.86	0.33	0.03	0.14	0.04	0.21	南京	7
包头	0.08	0.21	0.33	0.34	0.05	0.04	0.03	0.15	大连	8
沈阳	5.60	5.69	4.60	6.02	0.77	1.50	1.06	3.61	厦门	9
大连	7.05	8.14	3.60	5.33	2.87	4.62	3.07	4.95	珠海	10
长春	1.30	0.67	6.08	7.70	1.17	0.38	1.24	2.65	重庆	11
哈尔滨	0.43	1.11	1.24	0.99	0.19	1.25	0.23	0.78	沈阳	12
大庆	0.06	0.05	3.77	2.03	0.00	0.00	0.00	0.84	合肥	13
上海	86.40	86.40	16.56	0.24	12.27	24.44	14.88	34.46	青岛	14
南京	7.63	5.32	7.73	6.78	2.86	5.75	1.91	5.43	长春	15
无锡	1.84	2.23	2.07	3.16	1.44	2.16	1.23	2.02	杭州	16
苏州	4.72	6.58	2.67	7.66	6.37	8.38	7.88	6.32	武汉	17
南通	0.21	0.20	1.45	7.30	1.22	1.58	1.13	1.87	西安	18
连云港	0.05	0.04	1.11	0.78	0.27	0.25	0.27	0.40	福州	19
杭州	1.50	2.00	3.19	1.96	1.33	6.89	1.27	2.59	无锡	20
宁波	1.75	2.51	2.23	2.19	1.01	1.52	0.68	1.70	南通	21
温州	0.08	0.19	0.80	3.60	0.16	0.78	0.18	0.83	汕头	22
合肥	0.31	0.38	1.39	0.49	9.10	0.57	9.10	3.05	宁波	23
福州	0.82	1.73	1.36	2.64	1.02	5.01	2.55	2.16	乌鲁木齐	24
厦门	2.88	6.13	1.62	4.45	1.90	7.74	6.74	4.50	石家庄	25

续表 18.12

城市	城市全球化水平								中国城市全球化水平排序	
	市区外商协议投资额得分	市区外商实际投资额得分	外商实际投资占协议投资的比例得分	外商实际投资占GDP的比例得分	外商工业总产值占GDP比例得分	国际旅游收入占GDP比例得分	外商工业产值占内商工业产值的比例得分	城市全球化水平	城市	排序
南昌	0.01	0.08	0.21	6.58	0.41	0.58	0.60	1.21	南昌	26
济南	1.06	1.66	2.08	0.46	0.30	0.57	0.35	0.93	郑州	27
青岛	3.96	4.28	3.09	2.53	1.41	2.84	0.86	2.71	烟台	28
烟台	0.32	0.55	0.86	3.02	0.40	1.15	0.50	0.97	长沙	29
威海	0.17	0.22	0.81	1.30	0.20	0.94	0.10	0.54	济南	30
郑州	0.23	0.26	2.11	3.43	0.10	1.23	0.12	1.07	大庆	31
武汉	2.15	7.85	1.66	1.88	0.97	1.83	1.22	2.51	温州	32
长沙	0.07	0.50	0.38	2.80	0.08	2.82	0.14	0.97	成都	33
广州	12.28	51.65	2.59	4.96	3.95	28.48	6.71	15.81	哈尔滨	34
深圳	12.45	29.09	3.69	18.61	4.96	27.39	10.99	15.31	秦皇岛	35
珠海	1.12	3.37	0.88	5.31	1.85	13.80	2.33	4.09	昆明	36
汕头	0.28	0.24	1.68	6.46	0.37	2.85	0.66	1.79	太原	37
湛江	0.09	0.17	0.70	0.91	0.15	0.23	0.15	0.34	银川	38
南宁	0.13	0.20	0.89	0.92	0.05	0.17	0.10	0.35	威海	39
北海	0.00	0.00	0.00	0.25	0.02	0.22	0.02	0.07	海口	40
海口	0.15	0.89	0.25	0.00	0.18	1.31	0.28	0.44	连云港	41
重庆	1.04	0.91	4.67	18.15	0.46	2.68	0.40	4.04	南宁	42
成都	0.33	0.54	1.92	0.86	0.24	1.41	0.45	0.82	湛江	43
贵阳	0.03	0.10	0.44	0.39	0.04	0.39	0.04	0.20	西宁	44
昆明	0.03	0.05	1.35	0.68	0.11	2.55	0.16	0.70	呼和浩特	45
西安	1.64	0.98	6.09	0.14	0.46	6.14	0.49	2.28	贵阳	46
兰州	0.11	0.00	0.00	0.81	0.03	0.28	0.02	0.18	兰州	47
西宁	0.02	0.01	1.76	0.00	0.00	0.31	0.00	0.30	唐山	48
银川	0.03	0.01	3.27	0.16	0.16	0.07	0.17	0.55	包头	49
乌鲁木齐	0.07	0.01	9.00	0.23	0.03	0.98	0.03	1.48	北海	50

资料来源：国家统计局城市社会经济调查总队．2001 中国城市统计年鉴，中国统计出版社，2002。

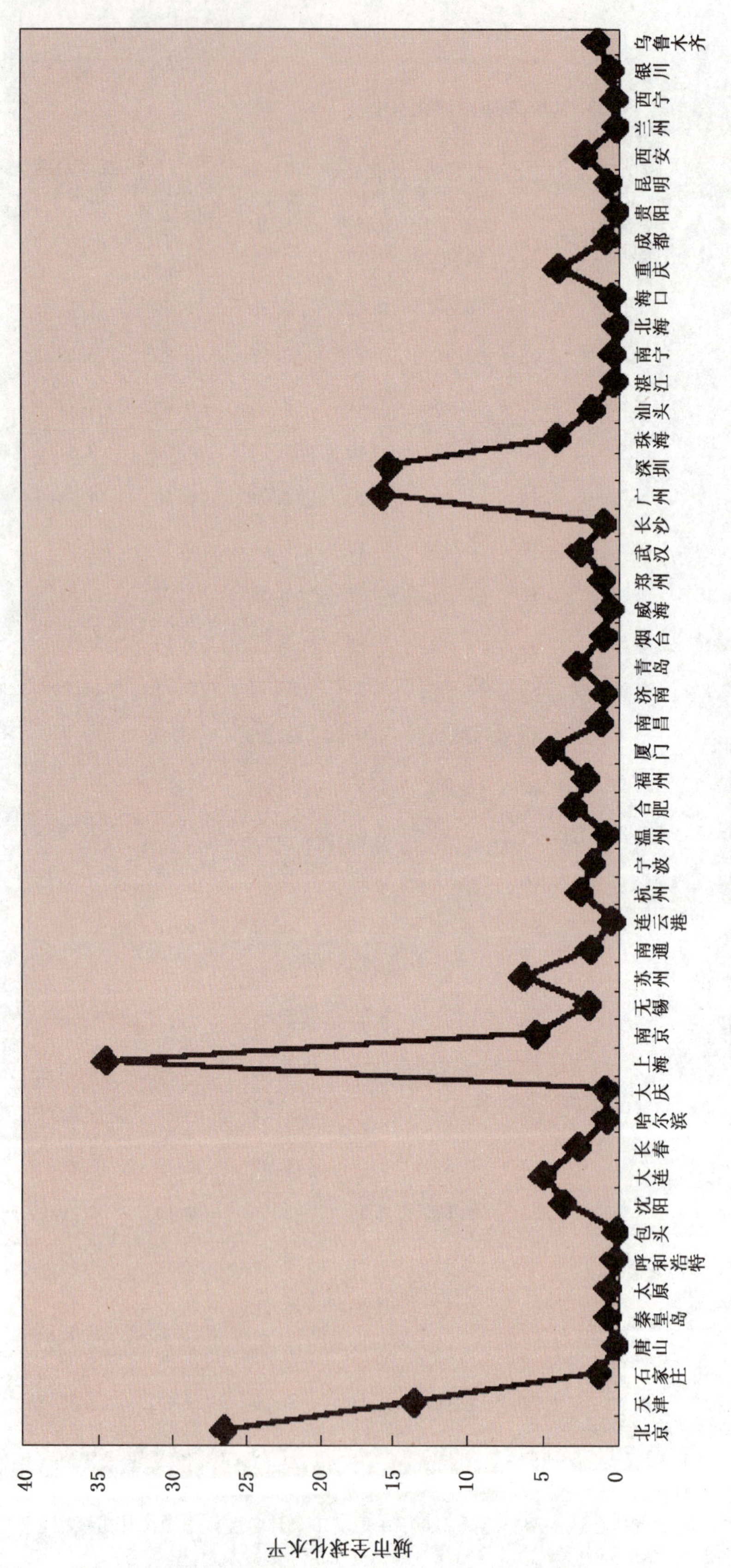

表18.12图　中国城市全球化水平图

表 18.13　中国城市社会安全能力指数

城市	城市社会安全能力指数			城市社会安全能力指数	中国城市社会安全能力指数排序	
	城市社会公平	城市社会保障	城市社会进步		城市	排序
北京	48.78	28.34	26.16	34.43	上海	1
天津	28.89	10.36	9.37	16.21	深圳	2
石家庄	5.52	6.85	4.12	5.49	北京	3
唐山	4.46	2.28	1.69	2.81	广州	4
秦皇岛	2.69	1.87	1.66	2.07	天津	5
太原	7.23	4.10	1.48	4.27	武汉	6
呼和浩特	3.05	1.55	0.95	1.85	南京	7
包头	3.21	1.38	0.91	1.83	杭州	8
沈阳	18.08	7.59	6.41	10.69	沈阳	9
大连	13.64	8.38	7.76	9.93	大连	10
长春	7.69	5.55	4.27	5.84	厦门	11
哈尔滨	9.90	7.45	4.61	7.32	苏州	12
大庆	6.25	6.31	6.69	6.42	西安	13
上海	71.16	41.23	38.38	50.26	哈尔滨	14
南京	18.37	11.60	10.85	13.61	济南	15
无锡	8.80	5.16	4.10	6.02	成都	16
苏州	13.35	5.64	7.53	8.84	宁波	17
南通	2.23	3.03	1.90	2.38	福州	18
连云港	1.44	1.32	0.78	1.18	青岛	19
杭州	12.74	11.14	9.95	11.28	珠海	20
宁波	9.53	5.54	6.52	7.20	大庆	21
温州	3.96	4.28	3.94	4.06	长沙	22
合肥	3.80	4.28	1.91	3.33	无锡	23
福州	8.16	7.91	5.28	7.11	长春	24
厦门	14.99	5.99	6.64	9.21	昆明	25

续表 18.13

城市	城市社会安全能力指数			城市社会安全能力指数	中国城市社会安全能力指数排序	
	城市社会公平	城市社会保障	城市社会进步		城市	排序
南昌	5.17	4.31	1.82	3.77	重庆	26
济南	10.07	7.14	4.71	7.31	石家庄	27
青岛	9.40	6.27	4.60	6.76	乌鲁木齐	28
烟台	5.11	1.38	1.47	2.66	海口	29
威海	3.64	1.36	0.99	2.00	郑州	30
郑州	4.07	6.02	3.06	4.39	太原	31
武汉	27.03	6.62	7.93	13.86	温州	32
长沙	6.57	7.71	4.01	6.10	兰州	33
广州	41.57	25.99	29.90	32.48	南昌	34
深圳	41.40	35.55	34.47	37.14	合肥	35
珠海	9.39	3.73	6.84	6.66	南宁	36
汕头	3.45	2.79	1.80	2.68	贵阳	37
湛江	0.59	2.13	1.31	1.34	唐山	38
南宁	4.30	3.68	1.86	3.28	汕头	39
北海	1.12	0.59	0.41	0.70	烟台	40
海口	7.29	5.11	2.33	4.91	南通	41
重庆	10.88	1.69	3.92	5.50	秦皇岛	42
成都	9.77	6.95	5.11	7.28	威海	43
贵阳	5.23	2.25	1.38	2.95	银川	44
昆明	6.81	6.60	3.31	5.57	呼和浩特	45
西安	10.77	7.93	4.60	7.77	包头	46
兰州	6.07	3.53	2.00	3.86	西宁	47
西宁	2.42	1.13	0.69	1.41	湛江	48
银川	2.78	1.86	1.00	1.88	连云港	49
乌鲁木齐	7.89	4.54	2.34	4.92	北海	50

资料来源：国家统计局城市社会经济调查总队．2001 中国城市统计年鉴，中国统计出版社，2002。

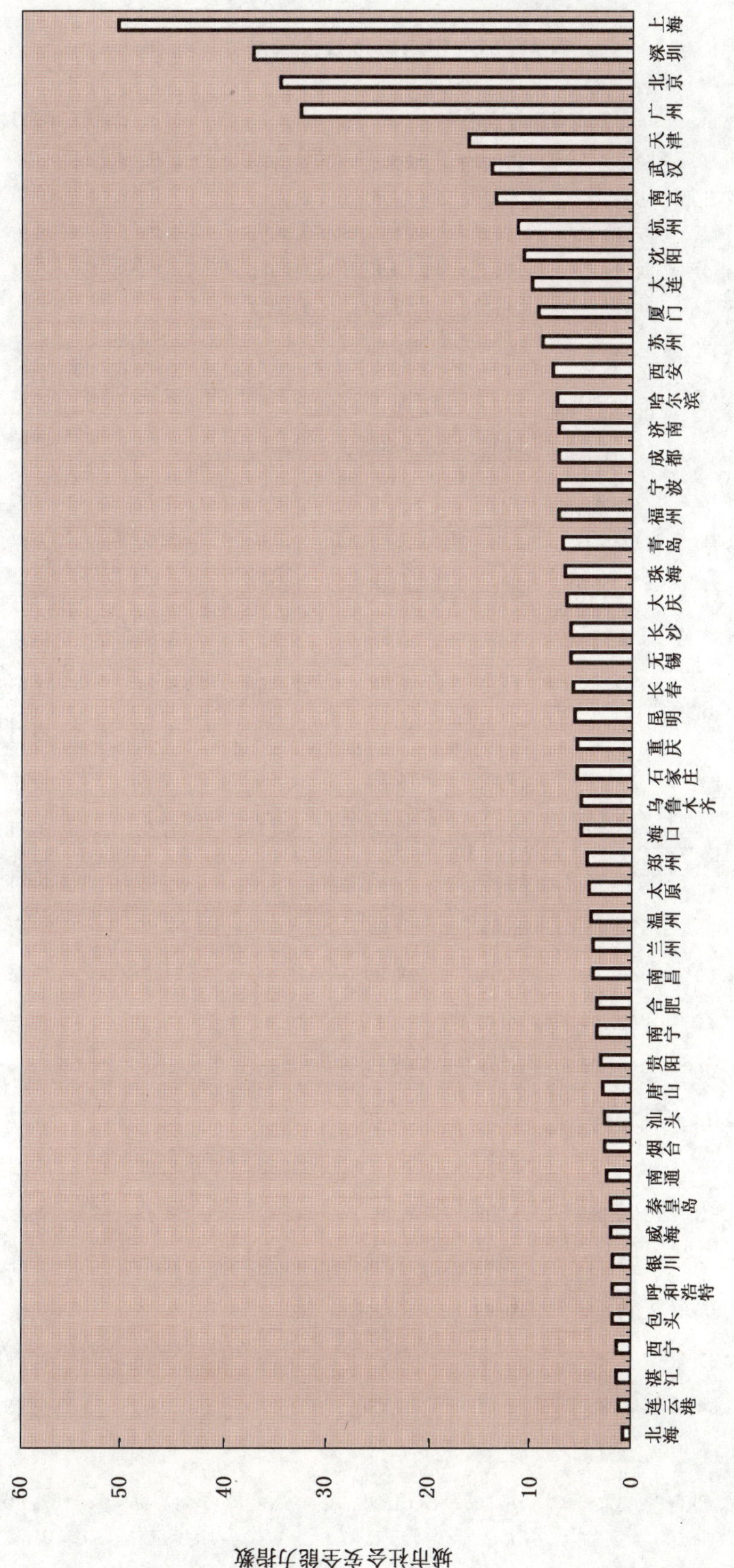

表 18.13图　中国城市社会安全能力指数排序图

表 18.14 中国城市社会公平

城市	城市社会公平						中国城市社会公平	
	城乡二元结构系数得分	城市全员劳动生产率与农村之比得分	城市人均收入与农村人均收入之比得分	城市人均 GDP 与农村人均 GDP 之比得分	城市非农人口占总人口的比例得分	城市社会公平	城市	排序
北京	36.03	35.09	58.54	63.53	50.73	48.78	上海	1
天津	23.66	30.54	32.72	34.52	22.98	28.89	北京	2
石家庄	5.42	12.61	5.05	3.26	1.25	5.52	广州	3
唐山	5.44	7.20	2.98	5.67	1.02	4.46	深圳	4
秦皇岛	2.31	5.57	2.95	1.82	0.81	2.69	天津	5
太原	5.71	7.25	8.19	8.40	6.59	7.23	武汉	6
呼和浩特	2.35	3.97	3.57	3.55	1.82	3.05	南京	7
包头	1.92	3.59	3.92	3.76	2.88	3.21	沈阳	8
沈阳	12.72	19.75	19.64	21.63	16.65	18.08	厦门	9
大连	9.23	18.21	14.85	15.45	10.47	13.64	大连	10
长春	3.66	12.44	9.24	7.34	5.75	7.69	苏州	11
哈尔滨	7.59	14.94	10.28	9.53	7.17	9.90	杭州	12
大庆	0.00	11.15	8.55	4.61	6.97	6.25	重庆	13
上海	62.50	60.81	74.90	83.89	73.70	71.16	西安	14
南京	12.26	22.76	19.77	20.63	16.46	18.37	济南	15
无锡	9.20	12.95	6.94	10.12	4.80	8.80	哈尔滨	16
苏州	17.13	19.37	5.25	17.76	7.23	13.35	成都	17
南通	2.72	6.78	0.04	0.00	1.58	2.23	宁波	18
连云港	1.52	4.10	1.10	0.09	0.40	1.44	青岛	19
杭州	10.86	20.22	13.81	12.56	6.24	12.74	珠海	20
宁波	9.18	15.45	10.66	10.25	2.11	9.53	无锡	21
温州	3.35	8.79	6.76	0.90	0.00	3.96	福州	22
合肥	1.84	7.29	6.40	1.45	2.03	3.80	乌鲁木齐	23
福州	6.66	13.55	11.10	7.19	2.29	8.16	长春	24
厦门	18.00	13.53	16.59	18.00	8.83	14.99	海口	25

续表 18.14

城市	城市社会公平						中国城市社会公平	
	城乡二元结构系数得分	城市全员劳动生产率与农村之比得分	城市人均收入与农村人均收入之比得分	城市人均GDP与农村人均GDP之比得分	城市非农人口占总人口的比例得分	城市社会公平	城市	排序
南昌	3.13	8.04	6.43	4.90	3.37	5.17	太原	26
济南	7.60	13.82	10.95	11.97	6.03	10.07	昆明	27
青岛	8.14	14.37	7.90	10.42	6.16	9.40	长沙	28
烟台	5.56	6.94	5.33	6.12	1.62	5.11	大庆	29
威海	4.33	5.31	2.34	4.68	1.56	3.64	兰州	30
郑州	0.54	7.88	8.58	0.07	3.31	4.07	石家庄	31
武汉	31.50	23.68	29.04	31.50	19.43	27.03	贵阳	32
长沙	4.08	11.65	10.00	4.25	2.89	6.57	南昌	33
广州	27.24	43.47	46.73	52.43	37.97	41.57	烟台	34
深圳	44.90	33.75	41.39	44.90	42.04	41.40	唐山	35
珠海	3.67	10.65	12.03	9.90	10.70	9.39	南宁	36
汕头	3.40	2.39	5.92	3.78	1.75	3.45	郑州	37
湛江	1.87	0.00	0.00	0.52	0.56	0.59	温州	38
南宁	2.79	6.08	5.17	4.85	2.60	4.30	合肥	39
北海	1.72	1.31	0.38	1.86	0.30	1.12	威海	40
海口	7.80	5.86	7.19	7.80	7.80	7.29	汕头	41
重庆	10.24	18.25	12.70	12.05	1.16	10.88	包头	42
成都	8.56	14.28	11.35	10.72	3.95	9.77	呼和浩特	43
贵阳	2.81	6.17	8.00	5.80	3.38	5.23	银川	44
昆明	3.46	9.55	10.36	6.61	4.04	6.81	秦皇岛	45
西安	4.45	14.68	15.17	12.79	6.78	10.77	西宁	46
兰州	2.73	6.83	8.32	7.14	5.30	6.07	南通	47
西宁	1.89	3.00	3.32	2.71	1.16	2.42	连云港	48
银川	2.10	2.52	3.35	3.55	2.40	2.78	北海	49
乌鲁木齐	6.89	6.98	8.17	8.80	8.59	7.89	湛江	50

资料来源：国家统计局城市社会经济调查总队．2001中国城市统计年鉴，中国统计出版社，2002。

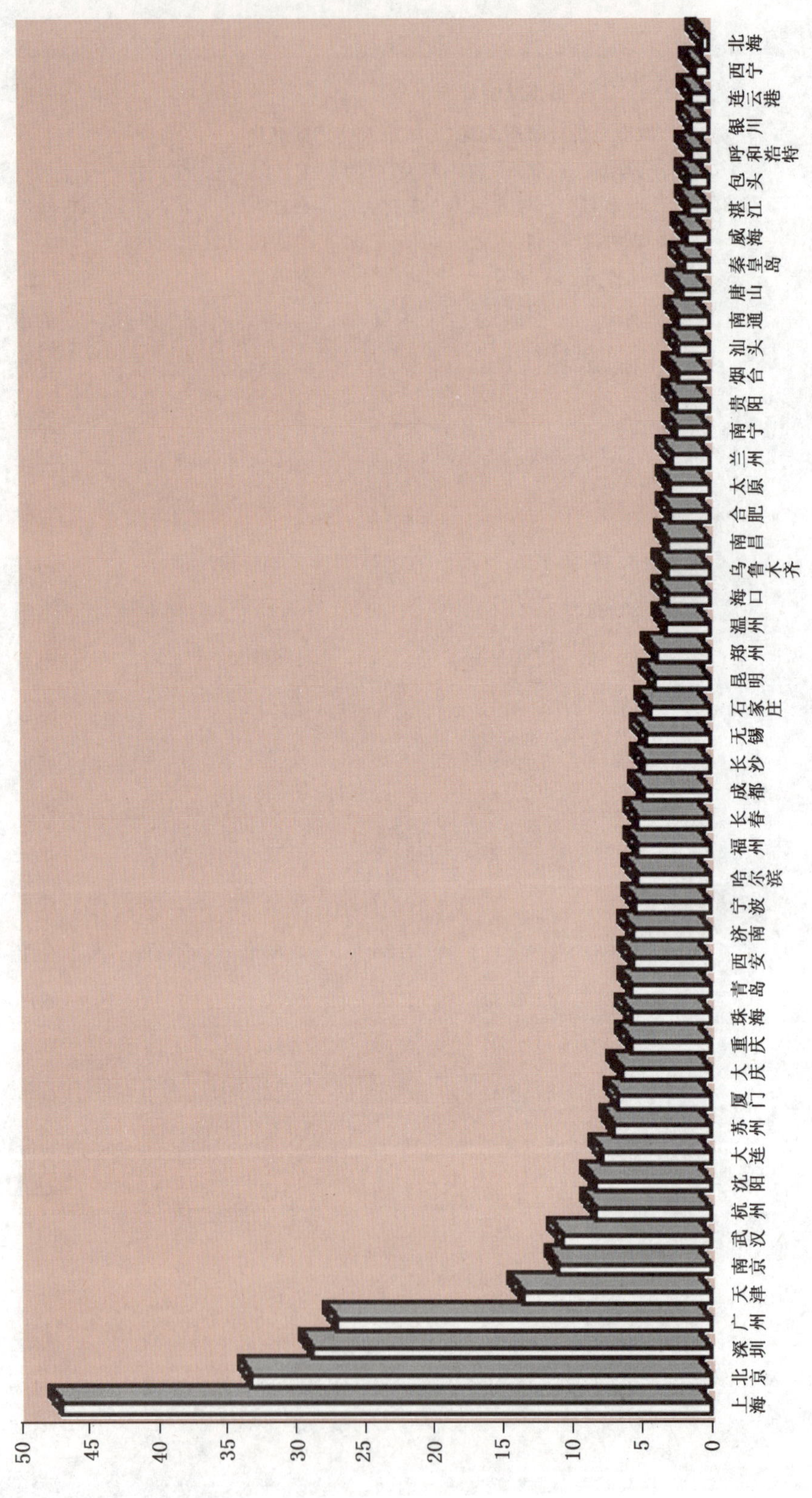
城市发展能力
0
5
10
15
20
25
30
35
40
45
50
上海
北京
深圳
广州
天津
南京
武汉
杭州
沈阳
大连
苏州
厦门
大庆
重庆
珠海
青岛
西安
济南
宁波
哈尔滨
福州
长春
成都
长沙
无锡
石家庄
昆明
郑州
温州
海口
乌鲁木齐
南昌
合肥
太原
兰州
南宁
贵阳
烟台
汕头
南通
唐山
秦皇岛
威海
湛江
包头
呼和浩特
银川
连云港
西宁
北海

表 18.15　中国城市社会保障

城市	城市社会保障水平							中国城市社会保障水平	
	每十万人拥有医生数得分	每十万人拥有医院床位数得分	城市赤字率得分	失业率得分	人均承保额得分	市区承保额占工资总额的比例得分	城市社会保障水平	城市	排序
北京	40.97	32.26	37.00	59.64	0.07	0.09	28.34	上海	1
天津	14.87	14.01	14.40	10.99	2.12	5.76	10.36	深圳	2
石家庄	7.99	13.18	6.52	10.05	0.94	2.39	6.85	北京	3
唐山	2.56	4.46	3.19	2.56	0.20	0.72	2.28	广州	4
秦皇岛	2.73	1.94	2.52	2.79	0.33	0.89	1.87	南京	5
太原	6.24	7.33	5.99	3.63	0.33	1.08	4.10	杭州	6
呼和浩特	2.04	2.08	1.77	2.71	0.13	0.60	1.55	天津	7
包头	1.81	2.09	2.03	1.48	0.16	0.72	1.38	大连	8
沈阳	10.02	13.09	7.93	9.31	1.02	4.16	7.59	西安	9
大连	8.41	12.70	12.36	6.76	2.79	7.25	8.38	福州	10
长春	6.47	8.16	3.49	12.04	0.73	2.42	5.55	长沙	11
哈尔滨	10.17	11.72	7.28	11.26	1.25	3.05	7.45	沈阳	12
大庆	6.90	9.71	11.64	7.99	0.64	1.00	6.31	哈尔滨	13
上海	40.82	40.95	44.12	51.11	24.11	46.27	41.23	济南	14
南京	6.90	13.45	28.10	11.46	3.18	6.51	11.60	成都	15
无锡	1.05	7.20	10.43	6.93	1.61	3.71	5.16	石家庄	16
苏州	2.23	7.03	14.36	0.69	2.66	6.84	5.64	武汉	17
南通	1.77	5.33	5.42	1.59	1.13	2.94	3.03	昆明	18
连云港	0.56	1.46	2.10	2.51	0.26	1.02	1.32	大庆	19
杭州	16.14	15.80	17.19	4.94	4.60	8.14	11.14	青岛	20
宁波	5.22	6.22	7.54	4.90	3.02	6.37	5.54	郑州	21
温州	0.05	3.07	9.24	8.63	1.02	3.67	4.28	厦门	22
合肥	5.38	5.89	7.10	4.85	0.51	1.95	4.28	苏州	23
福州	9.53	9.50	12.14	11.55	1.27	3.44	7.91	长春	24
厦门	2.35	4.49	10.89	10.42	2.94	4.82	5.99	宁波	25

续表 18.15

城市	城市社会保障水平							中国城市社会保障水平	
	每十万人拥有医生数得分	每十万人拥有医院床位数得分	城市赤字率得分	失业率得分	人均承保额得分	市区承保额占工资总额的比例得分	城市社会保障水平	城市	排序
南昌	5.01	5.39	6.75	6.06	0.58	2.05	4.31	无锡	26
济南	8.89	10.10	11.29	6.41	1.40	4.77	7.14	海口	27
青岛	8.74	6.44	11.07	2.77	2.50	6.12	6.27	乌鲁木齐	28
烟台	0.00	0.83	4.34	1.08	0.32	1.72	1.38	南昌	29
威海	0.87	0.55	2.47	3.43	0.17	0.64	1.36	温州	30
郑州	8.68	8.45	8.24	7.70	0.71	2.37	6.02	合肥	31
武汉	9.90	5.99	15.35	1.74	1.08	5.63	6.62	太原	32
长沙	10.81	10.32	8.68	13.70	0.68	2.06	7.71	珠海	33
广州	25.45	25.53	31.98	23.13	19.07	30.75	25.99	南宁	34
深圳	41.81	36.49	31.87	33.36	44.90	24.87	35.55	兰州	35
珠海	4.24	4.59	7.04	5.21	0.63	0.67	3.73	南通	36
汕头	1.12	1.49	5.15	6.94	0.39	1.66	2.79	汕头	37
湛江	0.36	1.04	2.86	6.50	0.24	1.76	2.13	唐山	38
南宁	5.64	4.90	3.99	4.72	0.60	2.21	3.68	贵阳	39
北海	0.26	0.00	0.90	1.78	0.06	0.51	0.59	湛江	40
海口	2.59	6.21	6.89	4.12	3.02	7.80	5.11	秦皇岛	41
重庆	1.77	2.58	0.00	2.01	0.45	3.30	1.69	银川	42
成都	16.10	13.56	5.95	0.00	1.47	4.60	6.95	重庆	43
贵阳	0.02	3.66	3.99	2.69	0.58	2.58	2.25	呼和浩特	44
昆明	9.89	9.42	7.77	12.50	0.00	0.00	6.60	包头	45
西安	7.32	9.40	12.91	12.90	1.05	4.02	7.93	烟台	46
兰州	5.01	6.07	5.65	2.15	0.50	1.80	3.53	威海	47
西宁	1.20	3.07	0.85	1.38	0.05	0.24	1.13	连云港	48
银川	2.00	3.01	2.48	2.88	0.18	0.58	1.86	西宁	49
乌鲁木齐	5.24	9.00	8.19	3.34	0.43	1.05	4.54	北海	50

资料来源： 国家统计局城市社会经济调查总队．2001 中国城市统计年鉴，中国统计出版社，2002。

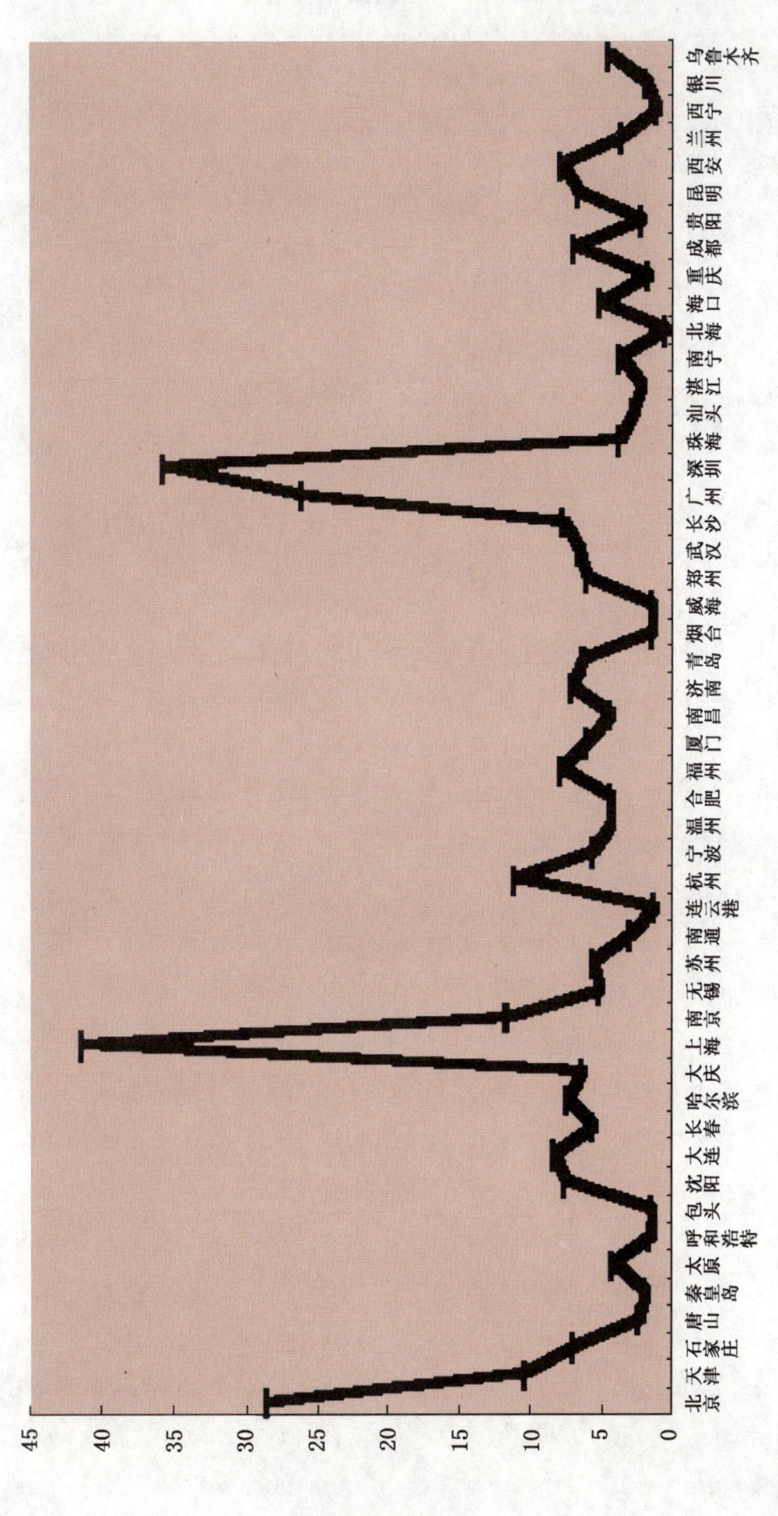

表18.15图　中国城市社会保障水平图

表 18.16　中国城市社会进步

城市	城市社会进步											城市社会进步	中国城市社会进步排序	
	人均住房面积得分	人均生活用水量得分	人均生活用电量得分	在岗职工平均工资得分	人均社会消费品零售总额得分	城乡居民人均储蓄年末余额得分	恩格尔系数得分	HDI 指数	自然增长率得分	从业人员占总人口比例得分	城镇个体劳动者从业人员得分		城市	排序
北京	23.37	20.87	9.60	38.47	9.84	16.05	38.47	32.97	61.63	30.77	5.76	26.16	上海	1
天津	6.94	2.36	4.50	12.41	2.17	4.15	12.41	12.49	34.16	8.47	3.03	9.37	深圳	2
石家庄	4.19	4.20	1.55	2.41	3.25	2.82	2.41	7.88	8.15	4.63	3.79	4.12	广州	3
唐山	1.90	1.70	0.46	0.70	0.33	0.54	0.70	2.36	5.79	1.65	2.50	1.69	北京	4
秦皇岛	1.85	1.30	0.41	1.28	0.22	1.10	1.28	2.42	3.70	1.90	2.84	1.66	南京	5
太原	1.99	0.82	0.65	0.51	0.09	1.07	0.51	4.47	2.01	3.08	1.10	1.48	杭州	6
呼和浩特	0.86	0.97	0.21	0.08	0.06	0.36	0.08	1.68	3.90	1.32	0.96	0.95	天津	7
包头	1.69	0.48	0.21	0.00	0.02	0.19	0.00	1.10	2.01	0.97	3.31	0.91	武汉	8
沈阳	3.23	4.58	2.61	3.50	3.35	3.48	3.50	8.84	22.39	4.11	10.94	6.41	大连	9
大连	4.49	2.44	3.11	7.19	2.44	4.11	7.19	9.40	17.98	5.32	21.70	7.76	苏州	10
长春	3.54	4.53	1.52	3.36	0.15	1.67	3.36	6.88	10.52	3.37	8.12	4.27	珠海	11
哈尔滨	1.74	3.84	2.36	1.68	1.60	2.25	1.68	8.21	13.29	7.64	6.41	4.61	大庆	12
大庆	9.55	3.81	3.04	9.08	0.65	4.28	9.08	6.46	11.10	5.44	11.13	6.69	厦门	13
上海	23.09	44.82	13.71	62.81	13.33	14.54	62.81	41.85	86.40	56.60	2.24	38.38	宁波	14
南京	4.90	24.27	4.18	13.08	5.26	3.68	13.08	15.38	22.04	7.77	5.71	10.85	沈阳	15
无锡	3.59	4.62	2.03	4.86	2.02	2.11	4.86	4.28	11.43	3.90	1.35	4.10	福州	16
苏州	6.19	6.07	2.66	8.00	19.40	2.40	8.00	6.78	16.77	4.15	2.42	7.53	成都	17
南通	1.62	1.01	0.00	1.92	0.90	0.92	1.92	2.94	6.40	2.01	1.25	1.90	济南	18
连云港	0.24	0.89	0.32	0.59	0.36	0.14	0.59	1.05	2.67	0.80	0.95	0.78	哈尔滨	19
杭州	5.44	9.95	4.25	11.42	7.84	5.25	11.42	15.29	17.77	7.12	13.72	9.95	青岛	20
宁波	5.10	5.55	2.16	9.84	2.06	2.66	9.84	6.48	12.39	3.52	12.14	6.52	西安	21
温州	10.50	3.22	1.88	4.01	0.72	1.92	4.01	2.23	4.33	1.06	9.45	3.94	长春	22
合肥	0.63	4.15	1.32	1.09	0.88	0.53	1.09	4.65	4.98	1.71	0.00	1.91	石家庄	23
福州	7.45	7.08	3.69	3.93	2.50	2.49	3.93	8.01	10.11	4.02	4.86	5.28	无锡	24
厦门	4.04	8.53	3.96	8.96	2.98	2.21	8.96	5.09	13.28	7.22	7.82	6.64	长沙	25

续表 18.16

城市	城市社会进步												中国城市社会进步排序	
	人均住房面积得分	人均生活用水量得分	人均生活用电量得分	在岗职工平均工资得分	人均社会消费品零售总额得分	城乡居民人均储蓄年末余额得分	恩格尔系数得分	HDI指数	自然增长率得分	从业人员占总人口比例得分	城镇个体劳动者从业人员得分	城市社会进步	城市	排序
南昌	0.00	2.73	0.66	1.16	0.63	0.70	1.16	4.39	0.97	2.35	5.25	1.82	温州	26
济南	6.20	2.05	2.51	4.03	1.04	1.37	4.03	7.75	12.52	2.88	7.49	4.71	重庆	27
青岛	3.92	2.52	2.28	4.44	1.85	1.81	4.44	6.05	13.43	3.83	6.01	4.60	昆明	28
烟台	2.40	0.00	0.67	0.96	0.37	0.60	0.96	0.83	6.20	0.59	2.59	1.47	郑州	29
威海	1.87	0.30	0.46	0.56	0.12	0.66	0.56	0.71	3.45	1.19	1.06	0.99	乌鲁木齐	30
郑州	2.34	2.84	2.47	1.70	0.73	1.72	1.70	6.97	7.11	3.29	2.78	3.06	海口	31
武汉	3.25	10.21	2.69	4.37	0.91	0.81	4.37	8.60	24.39	2.30	25.39	7.93	兰州	32
长沙	3.37	6.85	2.90	2.76	0.71	1.77	2.76	9.24	10.26	3.52	0.00	4.01	合肥	33
广州	28.79	56.90	13.74	46.58	13.48	21.50	46.58	30.60	43.86	13.53	13.30	29.90	南通	34
深圳	30.61	29.49	44.90	44.90	14.56	44.90	44.90	32.49	15.98	44.90	31.51	34.47	南宁	35
珠海	9.14	9.57	5.18	7.38	2.71	6.04	7.38	4.05	4.40	9.33	10.07	6.84	南昌	36
汕头	1.29	2.66	1.83	1.86	0.81	1.04	1.86	1.29	2.48	3.88	0.81	1.80	汕头	37
湛江	1.31	2.17	0.24	1.24	0.02	0.42	1.24	1.01	2.27	3.56	0.98	1.31	唐山	38
南宁	1.70	5.06	0.79	0.84	0.55	0.84	0.84	3.79	2.51	1.53	2.06	1.86	秦皇岛	39
北海	1.00	0.18	0.15	0.20	0.06	0.07	0.20	0.12	1.06	1.31	0.17	0.41	太原	40
海口	2.88	3.25	0.44	2.06	0.58	2.16	2.06	3.09	0.00	6.25	2.82	2.33	烟台	41
重庆	4.89	3.48	3.39	1.64	0.00	0.00	1.64	2.49	18.06	0.00	7.51	3.92	贵阳	42
成都	6.57	7.47	1.47	3.57	0.83	1.88	3.57	10.50	11.97	3.06	5.30	5.11	湛江	43
贵阳	0.99	1.46	1.13	0.52	0.42	0.30	0.52	1.81	4.26	1.37	2.39	1.38	银川	44
昆明	1.31	4.37	2.57	2.57	1.04	1.44	2.57	6.84	8.10	3.61	2.00	3.31	威海	45
西安	3.30	5.67	1.83	2.36	0.87	1.98	2.36	7.89	10.00	3.61	10.73	4.60	呼和浩特	46
兰州	0.81	1.32	0.95	1.18	0.52	0.98	1.18	4.33	6.51	2.00	2.21	2.00	包头	47
西宁	0.43	0.75	0.23	0.35	0.07	0.14	0.35	1.32	2.11	0.34	1.52	0.69	连云港	48
银川	0.86	0.88	0.66	0.46	0.07	0.27	0.46	1.72	2.28	2.84	0.51	1.00	西宁	49
乌鲁木齐	1.70	1.23	1.13	1.78	0.43	1.18	1.78	4.92	5.98	2.93	2.65	2.34	北海	50

资料来源：国家统计局城市社会经济调查总队．2001 中国城市统计年鉴，中国统计出版社，2002。

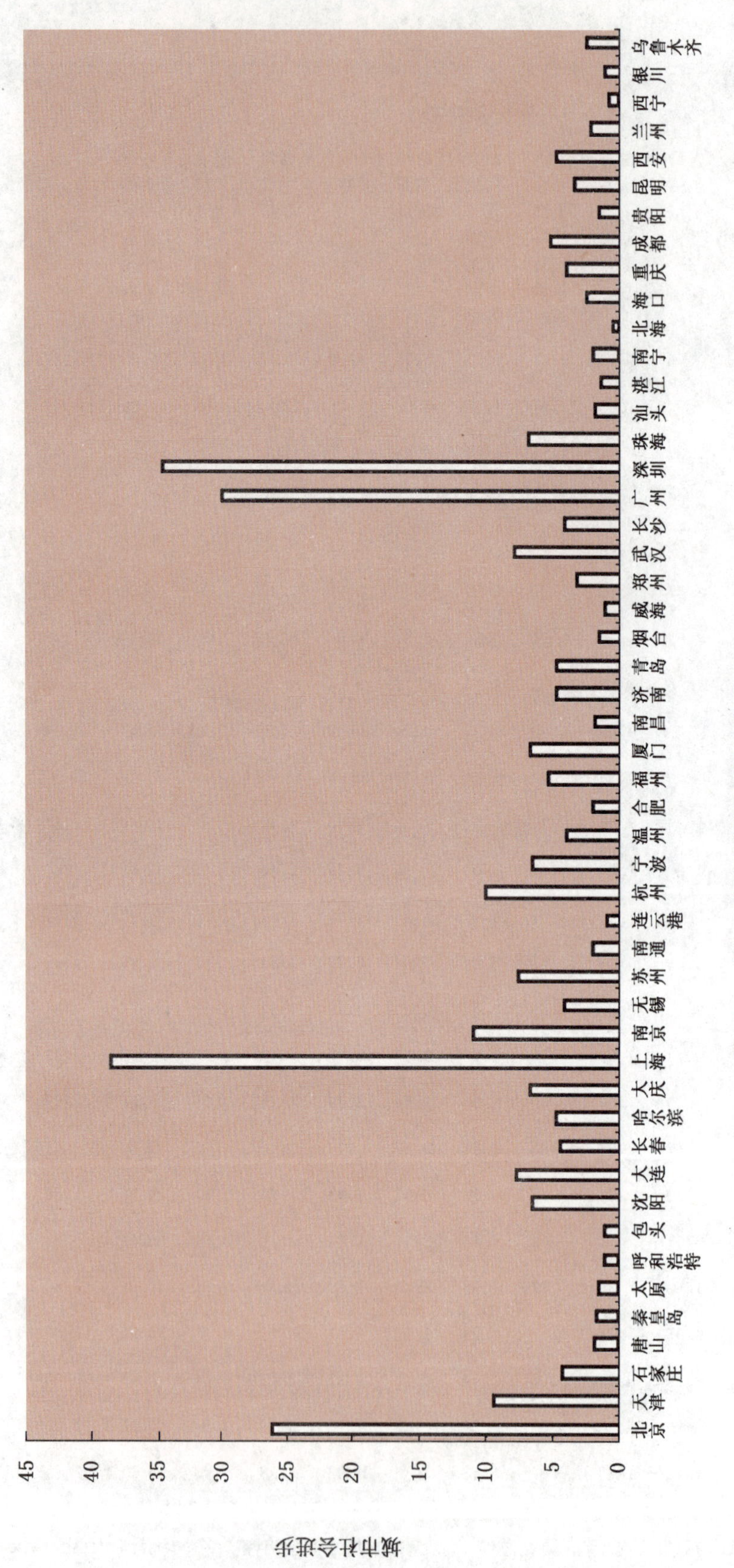

表18.16图 中国城市社会进步图

表 18.17　中国城市管理能力指数

城市	城市管理能力指数			城市管理能力指数	中国城市管理能力指数排序	
	城市效率水平	城市经营水平	城市带动水平		城市	排序
北京	19.85	28.63	38.53	29.00	上海	1
天津	7.40	16.33	20.29	14.67	广州	2
石家庄	4.59	3.77	4.81	4.39	北京	3
唐山	1.20	1.52	2.36	1.69	深圳	4
秦皇岛	1.51	1.87	2.31	1.90	天津	5
太原	1.06	2.66	5.33	3.02	南京	6
呼和浩特	0.66	1.52	1.67	1.28	武汉	7
包头	0.48	1.07	2.29	1.28	沈阳	8
沈阳	5.98	7.66	11.17	8.27	大连	9
大连	6.79	8.11	9.62	8.17	大庆	10
长春	3.27	4.30	8.68	5.42	杭州	11
哈尔滨	2.70	5.71	5.72	4.71	厦门	12
大庆	6.01	5.13	12.12	7.75	苏州	13
上海	34.90	57.46	47.64	46.66	重庆	14
南京	7.59	11.95	14.56	11.37	西安	15
无锡	4.35	3.98	5.28	4.54	珠海	16
苏州	6.23	6.27	7.39	6.63	青岛	17
南通	1.79	2.30	2.94	2.34	宁波	18
连云港	0.49	1.08	1.70	1.09	长春	19
杭州	6.70	7.70	8.44	7.61	济南	20
宁波	3.72	6.33	6.31	5.45	福州	21
温州	1.96	2.62	3.57	2.72	长沙	22
合肥	1.82	2.75	3.99	2.85	哈尔滨	23
福州	5.62	4.67	4.60	4.96	昆明	24
厦门	4.45	6.67	10.05	7.06	无锡	25

续表 18.17

城市	城市管理能力指数			城市管理能力指数	中国城市管理能力指数排序	
	城市效率水平	城市经营水平	城市带动水平		城市	排序
南昌	3.08	2.56	4.08	3.24	成都	26
济南	4.09	5.08	6.78	5.32	石家庄	27
青岛	3.87	6.39	7.40	5.89	郑州	28
烟台	1.40	2.01	2.87	2.10	海口	29
威海	1.03	1.38	2.23	1.55	乌鲁木齐	30
郑州	2.43	5.29	5.41	4.38	南昌	31
武汉	4.78	10.14	17.61	10.84	太原	32
长沙	3.57	5.84	5.31	4.91	合肥	33
广州	21.06	26.03	41.33	29.47	贵阳	34
深圳	28.95	24.23	32.13	28.44	温州	35
珠海	6.63	4.17	6.94	5.91	兰州	36
汕头	1.97	2.45	2.43	2.28	南通	37
湛江	0.82	1.81	2.36	1.66	南宁	38
南宁	1.31	2.58	3.05	2.31	汕头	39
北海	0.13	0.59	0.33	0.35	烟台	40
海口	2.09	3.53	4.38	3.34	秦皇岛	41
重庆	3.75	7.68	8.08	6.50	唐山	42
成都	4.04	3.82	5.43	4.43	湛江	43
贵阳	0.86	3.03	4.37	2.75	威海	44
昆明	2.75	5.28	5.68	4.57	呼和浩特	45
西安	3.50	5.72	8.93	6.05	包头	46
兰州	0.99	2.27	4.91	2.72	银川	47
西宁	0.25	1.13	1.44	0.94	连云港	48
银川	0.39	1.45	1.94	1.26	西宁	49
乌鲁木齐	1.66	3.53	4.72	3.30	北海	50

资料来源：国家统计局城市社会经济调查总队.2001中国城市统计年鉴，中国统计出版社，2002。

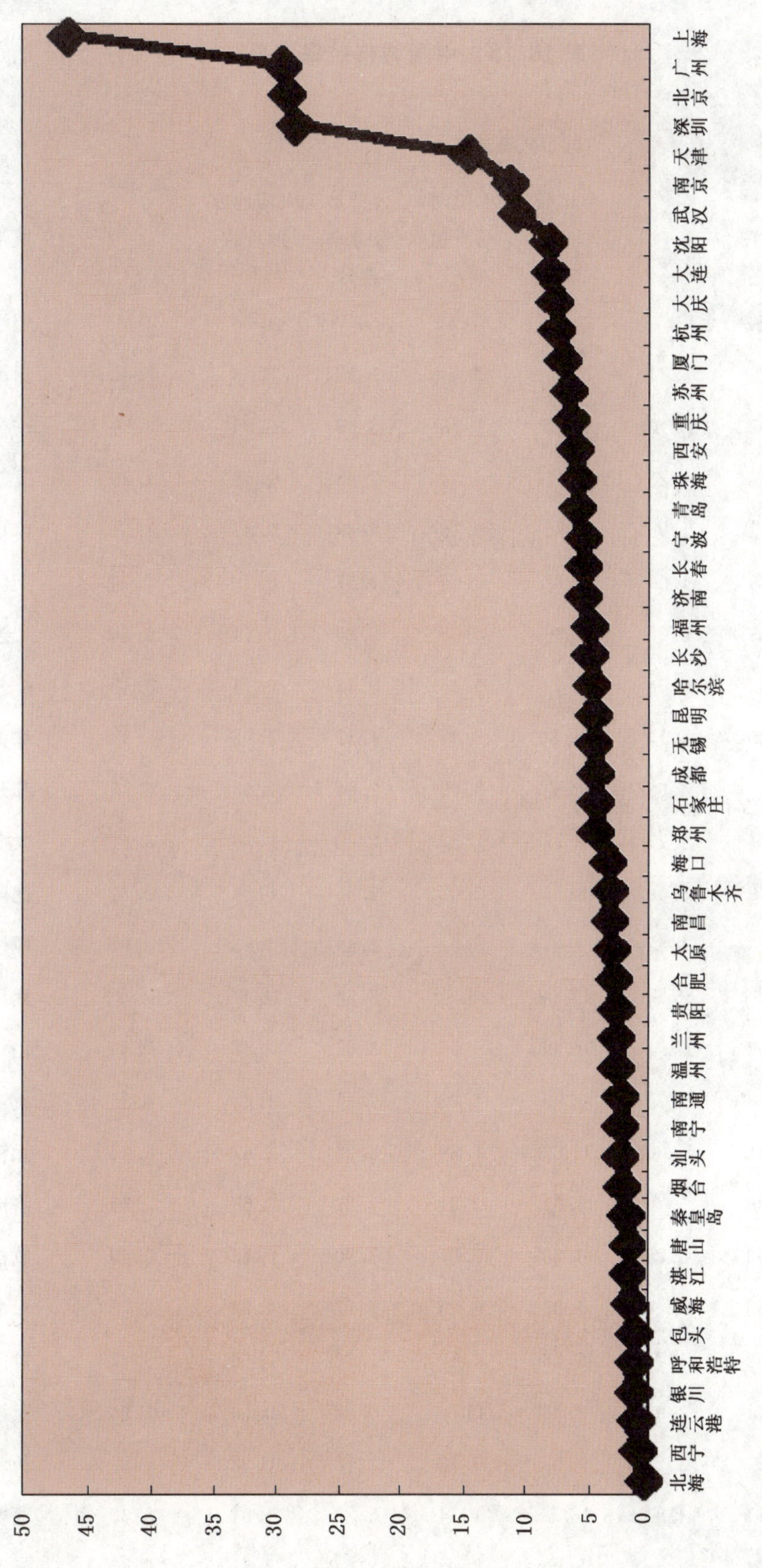

表18.17图　中国城市管理能力指数排序图

表 18.18　中国城市效率水平

城市	城市效率水平							中国城市效率水平排序	
	单位劳动力产值得分	GDP 密度得分	单位资本产值得分	单位时间产值得分	公务员服务率得分	人均地方财政收入得分	城市效率水平	城市	排序
北京	10.82	15.76	21.45	37.46	29.30	4.28	19.85	上海	1
天津	8.69	5.41	7.68	12.54	7.15	2.93	7.40	深圳	2
石家庄	2.97	13.40	3.13	1.23	6.28	0.56	4.59	广州	3
唐山	1.34	1.23	3.11	0.44	0.88	0.19	1.20	北京	4
秦皇岛	1.43	1.90	2.85	0.18	2.39	0.32	1.51	南京	5
太原	0.74	1.07	2.12	0.56	1.67	0.19	1.06	天津	6
呼和浩特	0.39	0.05	0.36	0.09	2.95	0.14	0.66	大连	7
包头	0.60	0.06	1.49	0.16	0.43	0.14	0.48	杭州	8
沈阳	6.20	4.10	14.86	5.37	4.32	1.02	5.98	珠海	9
大连	7.47	4.62	19.70	3.99	2.42	2.54	6.79	苏州	10
长春	4.71	1.77	7.77	2.57	2.40	0.39	3.27	大庆	11
哈尔滨	1.79	3.59	3.36	2.07	4.56	0.84	2.70	沈阳	12
大庆	16.80	1.87	9.44	3.91	2.49	1.53	6.01	福州	13
上海	17.67	65.59	13.08	86.40	8.54	18.09	34.90	武汉	14
南京	7.97	15.16	10.08	5.06	3.61	3.68	7.59	石家庄	15
无锡	5.33	7.76	8.99	1.23	1.11	1.65	4.35	厦门	16
苏州	7.46	11.94	11.73	1.39	2.22	2.62	6.23	无锡	17
南通	1.86	3.70	3.01	0.21	1.32	0.63	1.79	济南	18
连云港	0.93	0.25	0.25	0.07	1.30	0.13	0.49	成都	19
杭州	8.63	15.98	3.68	3.46	5.77	2.72	6.70	青岛	20
宁波	7.62	4.74	3.03	1.60	2.65	2.66	3.72	重庆	21
温州	5.11	2.07	2.16	0.74	0.88	0.79	1.96	宁波	22
合肥	1.91	3.23	2.05	0.43	2.78	0.52	1.82	长沙	23
福州	5.17	4.51	14.65	1.54	6.28	1.54	5.62	西安	24
厦门	6.04	3.75	8.90	2.03	2.44	3.53	4.45	长春	25

续表 18.18

城市	城市效率水平						城市效率水平	中国城市效率水平排序	
	单位劳动力产值得分	GDP 密度得分	单位资本产值得分	单位时间产值得分	公务员服务率得分	人均地方财政收入得分		城市	排序
南昌	1.85	3.39	9.80	0.64	2.56	0.24	3.08	南昌	26
济南	5.90	3.43	6.83	2.58	4.88	0.94	4.09	昆明	27
青岛	5.69	5.55	5.55	2.51	1.92	2.01	3.87	哈尔滨	28
烟台	2.56	0.38	4.14	0.48	0.55	0.29	1.40	郑州	29
威海	1.93	0.64	1.71	0.14	1.40	0.37	1.03	海口	30
郑州	1.86	2.83	4.50	0.93	3.74	0.71	2.43	汕头	31
武汉	8.91	2.28	5.70	9.03	1.93	0.82	4.78	温州	32
长沙	3.49	7.30	3.46	1.25	5.12	0.82	3.57	合肥	33
广州	26.95	23.17	22.02	29.76	14.96	9.49	21.06	南通	34
深圳	29.41	27.59	9.38	17.94	44.46	44.90	28.95	乌鲁木齐	35
珠海	5.67	3.73	12.07	0.81	13.80	3.69	6.63	秦皇岛	36
汕头	0.78	4.07	4.53	0.33	1.72	0.42	1.97	烟台	37
湛江	0.38	0.46	2.78	0.25	0.98	0.10	0.82	南宁	38
南宁	1.31	0.40	2.72	0.31	2.87	0.23	1.31	唐山	39
北海	0.00	0.00	0.47	0.00	0.27	0.05	0.13	太原	40
海口	0.66	3.08	0.77	0.17	7.02	0.86	2.09	威海	41
重庆	3.91	0.09	14.06	3.91	0.00	0.49	3.75	兰州	42
成都	3.98	5.21	8.73	2.48	3.75	0.07	4.04	贵阳	43
贵阳	0.99	0.26	0.95	0.34	2.30	0.30	0.86	湛江	44
昆明	2.83	0.69	6.48	1.35	3.90	1.24	2.75	呼和浩特	45
西安	3.31	3.74	8.16	2.61	2.52	0.68	3.50	连云港	46
兰州	1.50	0.86	0.83	0.53	2.01	0.20	0.99	包头	47
西宁	0.26	0.37	0.00	0.02	0.88	0.00	0.25	银川	48
银川	0.08	0.04	0.21	0.03	1.80	0.18	0.39	西宁	49
乌鲁木齐	1.26	1.79	1.05	0.47	4.77	0.61	1.66	北海	50

资料来源：国家统计局城市社会经济调查总队．2001 中国城市统计年鉴，中国统计出版社，2002。

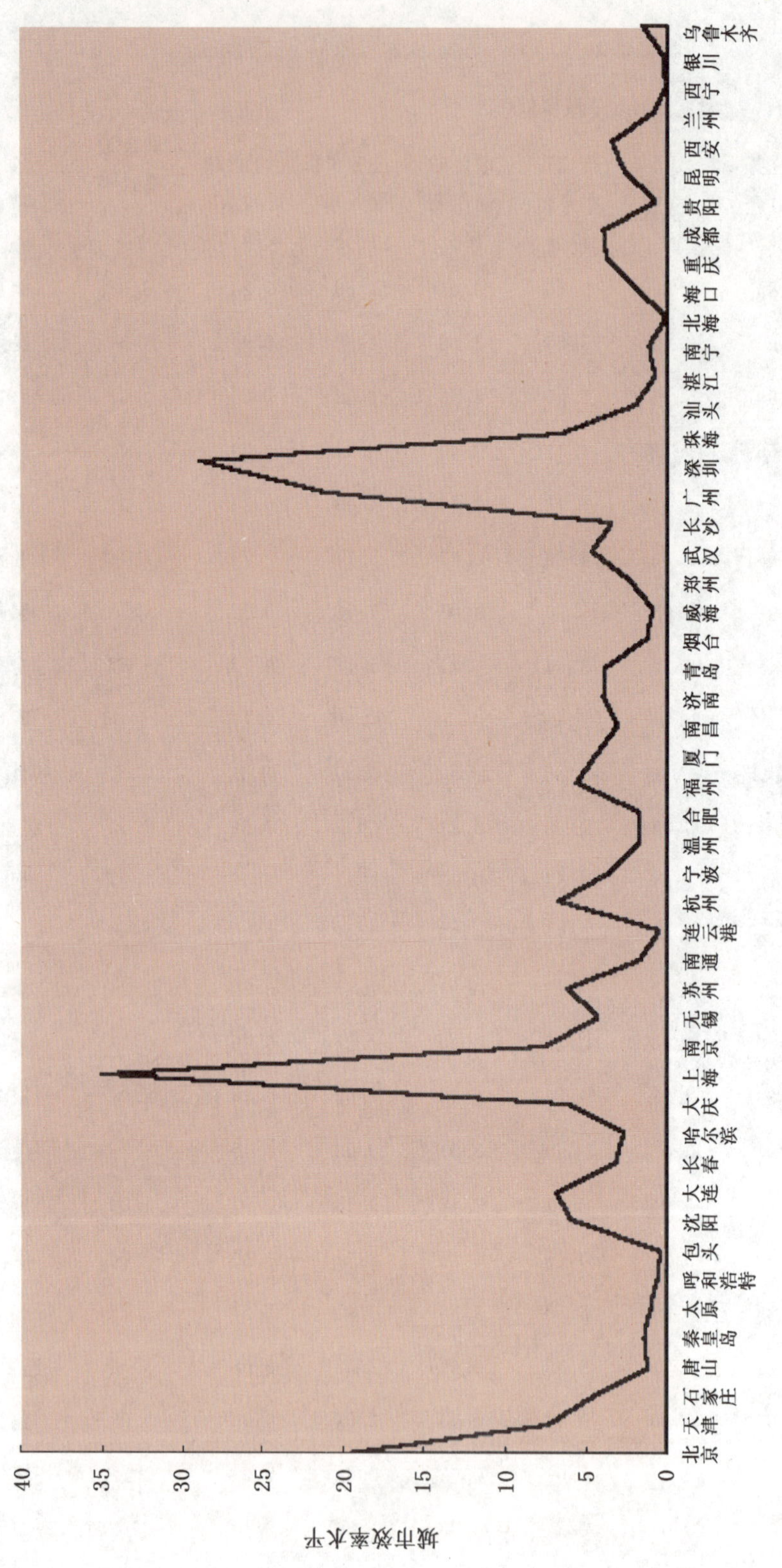

表18.18图　中国城市效率水平图

表 18.19 中国城市经营水平

城市	城市经营水平				城市经营水平	中国城市经营水平排序	
	市区第三产业占 GDP 比重得分	城市盈利率得分	城市经营率得分	市场占有率得分		城市	排序
北京	53.92	6.33	26.26	27.98	28.63	上海	1
天津	23.42	4.25	22.85	14.79	16.33	北京	2
石家庄	9.28	1.93	2.96	0.93	3.77	广州	3
唐山	2.77	1.05	1.93	0.34	1.52	深圳	4
秦皇岛	5.20	0.10	2.06	0.11	1.87	天津	5
太原	6.03	0.72	3.49	0.41	2.66	南京	6
呼和浩特	3.16	0.33	2.55	0.03	1.52	武汉	7
包头	1.63	0.42	2.07	0.16	1.07	大连	8
沈阳	17.05	2.24	8.65	2.68	7.66	杭州	9
大连	14.86	1.86	12.26	3.48	8.11	重庆	10
长春	10.14	2.96	2.17	1.92	4.30	沈阳	11
哈尔滨	12.94	1.20	7.73	0.97	5.71	厦门	12
大庆	0.00	16.80	0.00	3.70	5.13	青岛	13
上海	59.43	11.94	72.09	86.40	57.46	宁波	14
南京	19.02	2.81	20.23	5.71	11.95	苏州	15
无锡	7.65	1.29	5.68	1.31	3.98	长沙	16
苏州	9.16	1.42	12.39	2.12	6.27	西安	17
南通	3.83	1.24	3.85	0.26	2.30	哈尔滨	18
连云港	2.07	0.70	1.49	0.05	1.08	郑州	19
杭州	15.27	3.65	9.20	2.68	7.70	昆明	20
宁波	10.18	2.86	10.56	1.74	6.33	大庆	21
温州	5.41	0.79	3.90	0.39	2.62	济南	22
合肥	4.85	0.88	4.92	0.37	2.75	福州	23
福州	10.39	0.87	6.69	0.74	4.67	长春	24
厦门	9.98	1.86	12.88	1.96	6.67	珠海	25

续表 18.19

城市	城市经营水平				城市经营水平	中国城市经营水平排序	
	市区第三产业占 GDP 比重得分	城市盈利率得分	城市经营率得分	市场占有率得分		城市	排序
南昌	5.83	1.82	2.29	0.29	2.56	无锡	26
济南	12.12	1.71	5.24	1.25	5.08	成都	27
青岛	10.19	1.43	11.05	2.91	6.39	石家庄	28
烟台	3.71	1.38	2.69	0.28	2.01	海口	29
威海	2.96	0.65	1.73	0.16	1.38	乌鲁木齐	30
郑州	11.08	1.87	7.78	0.41	5.29	贵阳	31
武汉	20.45	5.81	9.71	4.58	10.14	合肥	32
长沙	11.06	6.84	5.03	0.42	5.84	太原	33
广州	42.32	6.97	33.79	21.05	26.03	温州	34
深圳	27.26	5.98	44.90	18.79	24.23	南宁	35
珠海	7.41	1.32	6.88	1.05	4.17	南昌	36
汕头	5.62	0.36	3.61	0.22	2.45	汕头	37
湛江	2.95	2.54	1.54	0.20	1.81	南通	38
南宁	6.72	0.80	2.70	0.10	2.58	兰州	39
北海	0.68	0.20	1.48	0.00	0.59	烟台	40
海口	7.80	0.78	5.48	0.07	3.53	秦皇岛	41
重庆	11.76	2.02	14.23	2.69	7.68	湛江	42
成都	11.60	2.23	0.57	0.88	3.82	唐山	43
贵阳	4.46	2.13	5.27	0.25	3.03	呼和浩特	44
昆明	8.08	4.28	8.26	0.50	5.28	银川	45
西安	11.89	1.63	8.19	1.16	5.72	威海	46
兰州	5.44	0.37	2.80	0.48	2.27	西宁	47
西宁	2.86	0.08	1.56	0.01	1.13	连云港	48
银川	2.73	0.00	3.06	0.03	1.45	包头	49
乌鲁木齐	7.64	0.38	5.82	0.29	3.53	北海	50

资料来源：国家统计局城市社会经济调查总队．2001 中国城市统计年鉴，中国统计出版社，2002。

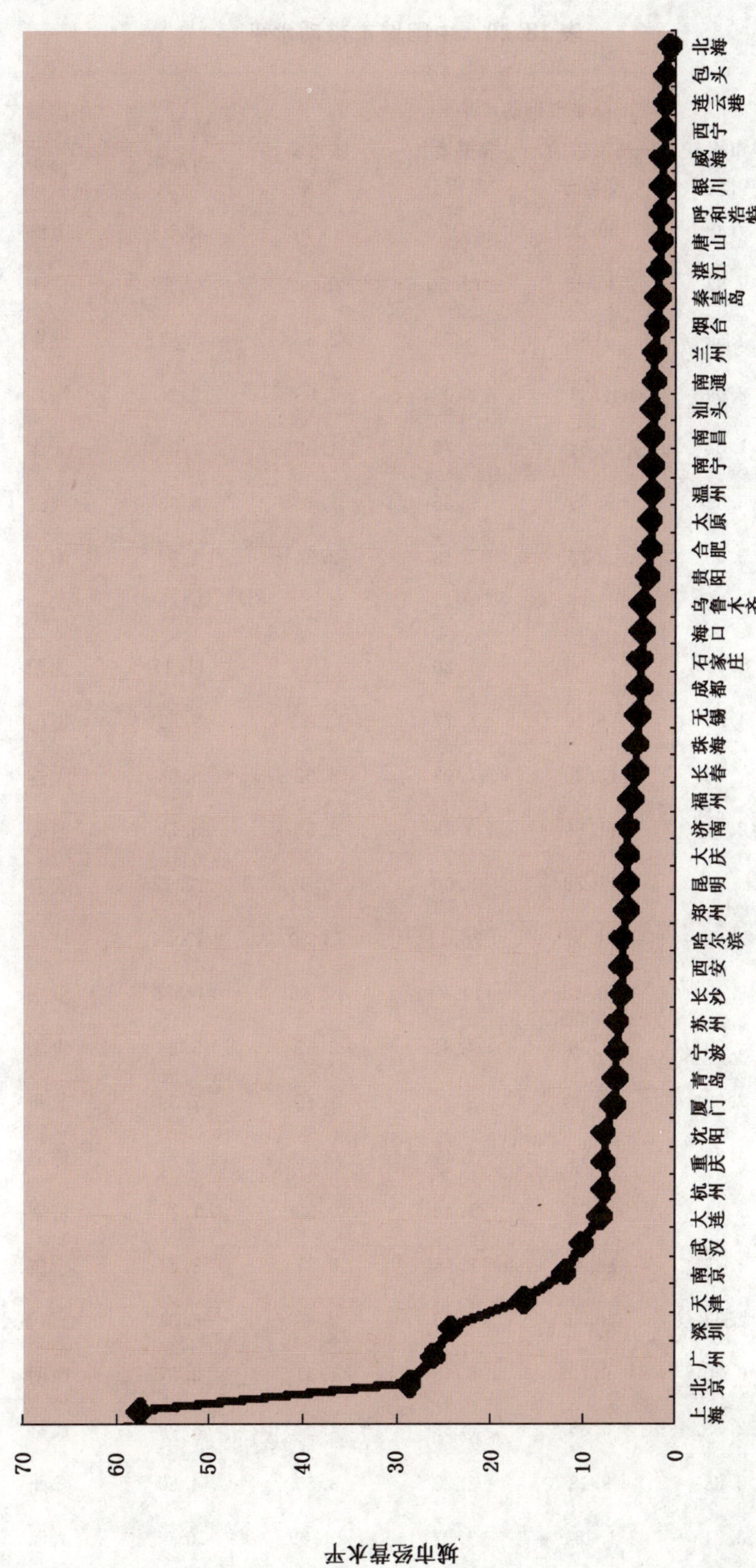

表 18.19图　中国城市经营水平排序图

表 18.20　中国城市带动水平

城市	城市带动水平				城市带动水平	中国城市带动水平排序	
	城市贡献率得分	城市带动率得分	规模增长率得分	城市集聚率		城市	排序
北京	10.00	59.00	29.20	55.92	38.53	上海	1
天津	9.87	30.85	13.50	26.92	20.29	广州	2
石家庄	3.55	7.51	5.62	2.57	4.81	北京	3
唐山	2.09	4.29	2.02	1.03	2.36	深圳	4
秦皇岛	1.02	4.54	1.75	1.92	2.31	天津	5
太原	2.82	8.85	2.85	6.80	5.33	武汉	6
呼和浩特	0.00	3.22	1.13	2.34	1.67	南京	7
包头	1.47	3.34	1.24	3.10	2.29	大庆	8
沈阳	1.70	18.00	7.26	17.70	11.17	沈阳	9
大连	4.31	16.17	6.77	11.21	9.62	厦门	10
长春	4.78	13.38	7.93	8.62	8.68	大连	11
哈尔滨	2.14	11.60	3.28	5.85	5.72	西安	12
大庆	16.80	12.78	8.00	10.90	12.12	长春	13
上海	24.59	64.37	28.11	73.50	47.64	杭州	14
南京	9.15	20.32	11.71	17.05	14.56	重庆	15
无锡	4.39	9.36	4.81	2.55	5.28	青岛	16
苏州	7.82	12.33	8.23	1.15	7.39	苏州	17
南通	4.72	4.64	2.41	0.00	2.94	珠海	18
连云港	1.11	3.75	1.44	0.53	1.70	济南	19
杭州	4.83	14.48	8.16	6.27	8.44	宁波	20
宁波	4.63	10.78	7.35	2.49	6.31	哈尔滨	21
温州	0.70	6.79	5.48	1.31	3.57	昆明	22
合肥	2.33	6.30	3.32	4.01	3.99	成都	23
福州	0.38	9.18	5.28	3.55	4.60	郑州	24
厦门	3.21	13.64	9.27	14.09	10.05	太原	25

续表 18.20

城市	城市带动水平				城市带动水平	中国城市带动水平排序	
	城市贡献率得分	城市带动率得分	规模增长率得分	城市集聚率		城市	排序
南昌	0.94	6.65	4.09	4.64	4.08	长沙	26
济南	1.92	11.75	5.46	7.99	6.78	无锡	27
青岛	5.29	11.55	6.90	5.86	7.40	兰州	28
烟台	1.43	5.18	3.86	1.00	2.87	石家庄	29
威海	1.53	3.46	3.47	0.44	2.23	乌鲁木齐	30
郑州	1.86	6.62	5.99	7.17	5.41	福州	31
武汉	5.94	23.86	14.25	26.36	17.61	海口	32
长沙	1.82	9.17	5.02	5.24	5.31	贵阳	33
广州	8.90	56.90	55.71	43.81	41.33	南昌	34
深圳	7.39	42.82	34.61	43.68	32.13	合肥	35
珠海	2.36	10.16	5.33	9.90	6.94	温州	36
汕头	0.75	4.54	2.54	1.87	2.43	南宁	37
湛江	1.06	4.85	2.23	1.29	2.36	南通	38
南宁	0.49	5.50	2.42	3.79	3.05	烟台	39
北海	0.40	0.00	0.58	0.35	0.33	汕头	40
海口	0.61	5.91	3.20	7.80	4.38	唐山	41
重庆	4.75	14.60	8.35	4.63	8.08	湛江	42
成都	0.40	10.18	6.44	4.69	5.43	秦皇岛	43
贵阳	3.43	6.30	3.02	4.75	4.37	包头	44
昆明	1.77	8.95	5.55	6.43	5.68	威海	45
西安	1.21	15.05	7.78	11.67	8.93	银川	46
兰州	1.41	8.19	3.32	6.71	4.91	连云港	47
西宁	0.70	2.29	1.07	1.70	1.44	呼和浩特	48
银川	0.51	3.22	1.35	2.70	1.94	西宁	49
乌鲁木齐	0.96	6.77	2.75	8.38	4.72	北海	50

资料来源：国家统计局城市社会经济调查总队.2001中国城市统计年鉴，中国统计出版社，2002。

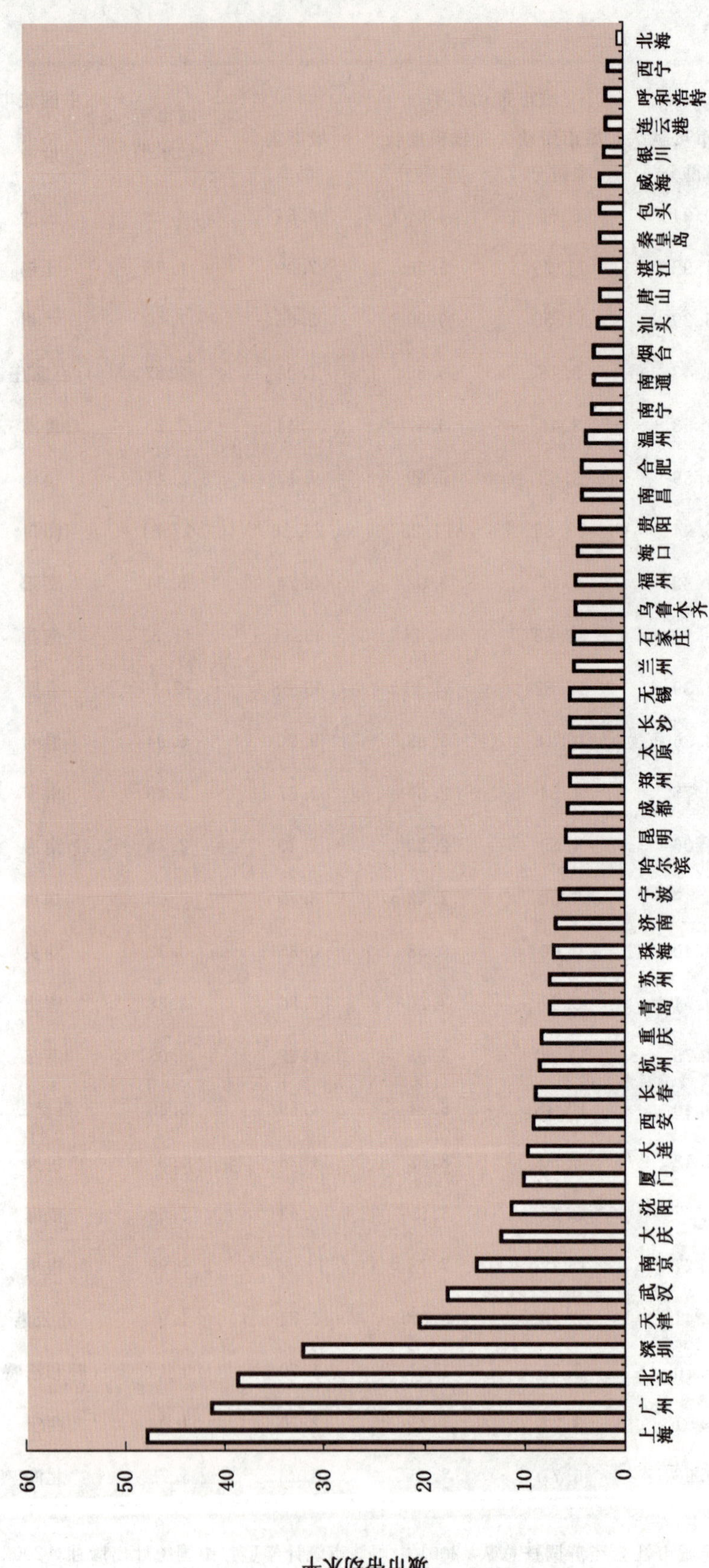

表18.20图　中国城市带动水平排序图

表 18.21　中国城市可持续能力指数

城市	城市可持续能力指数				城市可持续能力指数	中国城市可持续能力指数排序	
	城市生态水平	城市环境质量	城市协调能力	城市影响能力		城市	排序
北京	17.95	38.69	48.88	17.83	30.84	上海	1
天津	3.46	21.63	26.61	7.15	14.71	深圳	2
石家庄	2.00	7.84	8.56	2.80	5.30	广州	3
唐山	1.33	2.28	5.08	0.80	2.37	北京	4
秦皇岛	1.87	2.76	4.23	0.74	2.40	天津	5
太原	1.14	2.89	6.72	0.49	2.81	武汉	6
呼和浩特	0.71	2.55	3.18	0.19	1.66	南京	7
包头	0.81	1.91	3.23	0.15	1.53	沈阳	8
沈阳	6.43	13.01	17.97	5.59	10.76	杭州	9
大连	5.81	12.54	14.60	4.34	9.32	大连	10
长春	2.96	9.94	10.99	3.90	6.95	苏州	11
哈尔滨	2.77	9.97	11.10	2.72	6.64	大庆	12
大庆	3.63	9.43	8.36	9.52	7.74	厦门	13
上海	6.27	45.52	65.21	39.67	39.17	青岛	14
南京	7.28	13.20	19.71	6.22	11.61	济南	15
无锡	2.63	8.74	9.40	3.53	6.07	长春	16
苏州	2.85	12.39	13.72	4.52	8.37	珠海	17
南通	0.97	3.46	4.23	1.05	2.43	哈尔滨	18
连云港	0.70	2.35	2.73	0.39	1.54	西安	19
杭州	4.67	16.89	14.43	5.52	10.38	重庆	20
宁波	2.19	5.89	9.67	6.47	6.06	福州	21
温州	0.76	4.84	6.12	1.86	3.40	无锡	22
合肥	1.55	5.67	5.21	0.72	3.29	宁波	23
福州	2.38	9.37	8.39	4.52	6.17	长沙	24
厦门	3.12	10.00	10.64	6.94	7.68	成都	25

续表 18.21

城市	城市可持续能力指数				城市可持续能力指数	中国城市可持续能力指数排序	
	城市生态水平	城市环境质量	城市协调能力	城市影响能力		城市	排序
南昌	1.04	4.54	6.04	1.82	3.36	石家庄	26
济南	2.52	9.45	11.25	5.35	7.14	郑州	27
青岛	3.90	9.19	11.18	5.33	7.40	昆明	28
烟台	1.58	4.65	5.07	0.93	3.06	海口	29
威海	1.18	2.36	3.65	1.07	2.06	温州	30
郑州	1.30	8.00	8.11	1.48	4.72	南昌	31
武汉	3.77	17.60	20.24	9.62	12.81	乌鲁木齐	32
长沙	2.58	9.69	8.53	2.62	5.85	合肥	33
广州	46.09	29.96	38.31	18.24	33.15	兰州	34
深圳	27.64	31.15	31.28	44.90	33.74	烟台	35
珠海	4.73	8.78	9.01	5.22	6.93	南宁	36
汕头	1.38	5.01	3.40	0.82	2.65	太原	37
湛江	0.99	3.05	3.48	1.03	2.14	汕头	38
南宁	2.01	4.16	4.93	0.68	2.95	南通	39
北海	1.14	0.96	1.29	0.06	0.86	秦皇岛	40
海口	1.79	5.20	5.89	1.69	3.64	唐山	41
重庆	1.62	9.51	11.97	2.63	6.43	贵阳	42
成都	1.27	9.07	9.39	2.36	5.52	湛江	43
贵阳	1.31	1.39	5.36	0.66	2.18	威海	44
昆明	1.78	7.35	5.45	2.20	4.19	呼和浩特	45
西安	2.44	9.22	11.59	2.91	6.54	连云港	46
兰州	0.02	4.92	7.19	0.56	3.17	包头	47
西宁	0.18	1.92	2.09	0.00	1.05	银川	48
银川	0.56	2.05	2.88	0.19	1.42	西宁	49
乌鲁木齐	1.61	4.19	6.84	0.69	3.33	北海	50

资料来源：国家统计局城市社会经济调查总队．2001中国城市统计年鉴，中国统计出版社，2002。

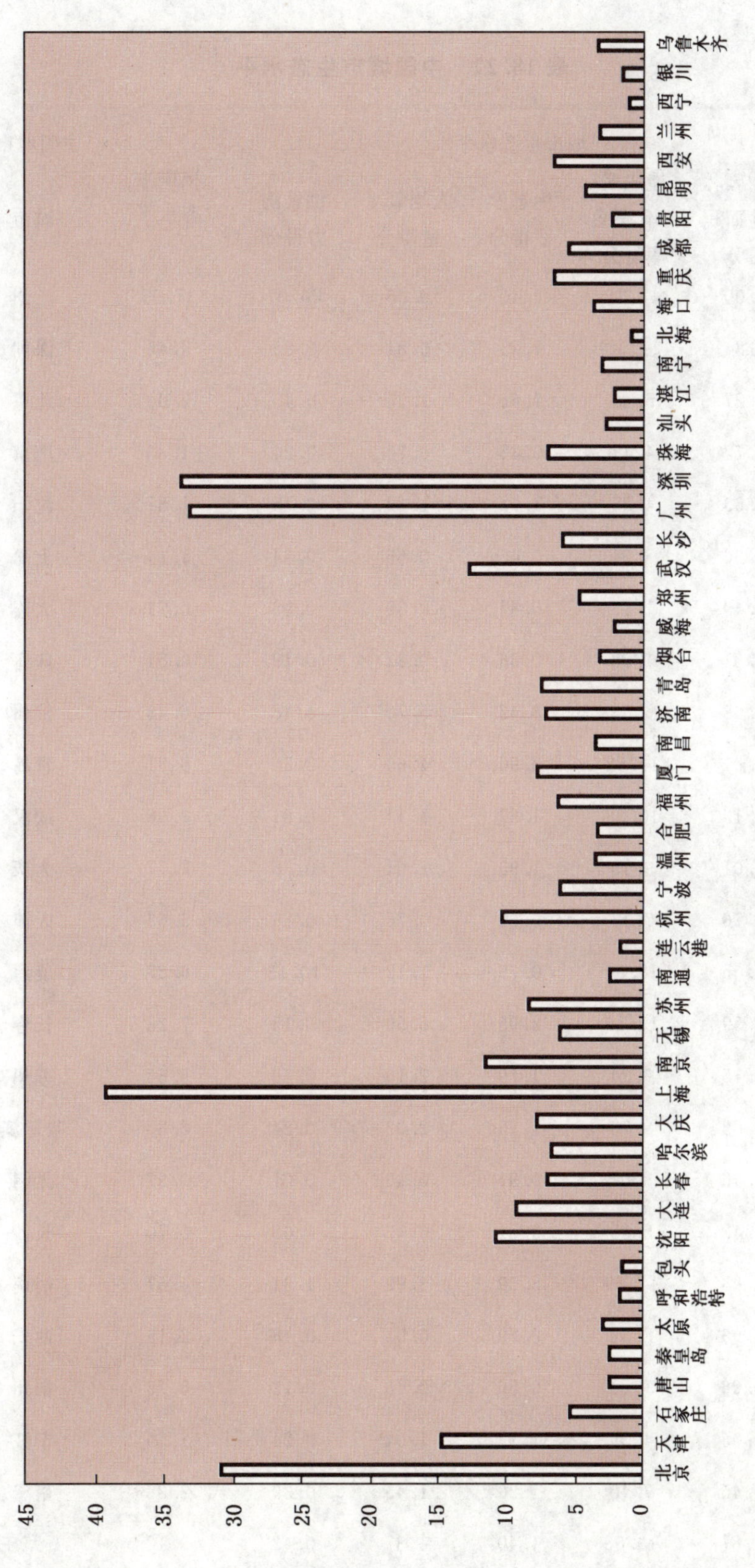

表 18.21图　中国城市可持续能力指数排序图

表 18.22 中国城市生态水平

城市	城市生态水平						中国城市生态水平排序	
	人均园林绿地面积得分	建成区绿化覆盖率得分	生态赤字得分	人均氧当量得分	供氧能力得分	城市生态水平	城市	排序
北京	9.00	47.21	4.40	9.06	20.07	17.95	广州	1
天津	0.84	11.60	1.23	0.81	2.85	3.46	深圳	2
石家庄	1.27	6.40	0.66	1.28	0.40	2.00	北京	3
唐山	0.77	4.48	0.38	0.76	0.24	1.33	南京	4
秦皇岛	1.63	4.25	1.68	1.62	0.15	1.87	沈阳	5
太原	0.66	3.61	0.45	0.65	0.34	1.14	上海	6
呼和浩特	0.49	1.62	0.87	0.50	0.08	0.71	大连	7
包头	0.81	1.88	0.36	0.82	0.19	0.81	珠海	8
沈阳	5.68	6.88	8.42	5.70	5.48	6.43	杭州	9
大连	4.61	14.52	2.96	4.60	2.36	5.81	青岛	10
长春	1.12	10.05	1.67	1.14	0.81	2.96	武汉	11
哈尔滨	1.01	9.13	1.93	1.01	0.78	2.77	大庆	12
大庆	4.76	7.17	0.60	4.76	0.86	3.63	天津	13
上海	1.05	18.33	0.75	1.12	10.13	6.27	厦门	14
南京	5.59	19.13	2.95	5.59	3.15	7.28	长春	15
无锡	2.15	7.24	1.19	2.15	0.39	2.63	苏州	16
苏州	2.02	8.73	1.15	2.02	0.34	2.85	哈尔滨	17
南通	0.46	3.61	0.31	0.46	0.01	0.97	无锡	18
连云港	0.42	2.13	0.51	0.42	0.02	0.70	长沙	19
杭州	3.98	11.69	2.39	3.99	1.31	4.67	济南	20
宁波	0.95	8.32	0.59	0.93	0.18	2.19	西安	21
温州	0.66	1.81	0.56	0.66	0.12	0.76	福州	22
合肥	1.05	4.29	1.12	1.04	0.24	1.55	宁波	23
福州	1.45	7.40	1.20	1.45	0.39	2.38	南宁	24
厦门	1.87	10.03	1.40	1.87	0.42	3.12	石家庄	25

续表 18.22

城市	城市生态水平						中国城市生态水平排序	
	人均园林绿地面积得分	建成区绿化覆盖率得分	生态赤字得分	人均氧当量得分	供氧能力得分	城市生态水平	城市	排序
南昌	0.35	3.59	0.78	0.34	0.13	1.04	秦皇岛	26
济南	0.72	9.71	0.89	0.74	0.54	2.52	海口	27
青岛	2.88	10.26	2.19	2.86	1.30	3.90	昆明	28
烟台	0.92	4.49	1.31	0.93	0.28	1.58	重庆	29
威海	0.88	3.26	0.82	0.88	0.04	1.18	乌鲁木齐	30
郑州	0.26	5.48	0.30	0.25	0.19	1.30	烟台	31
武汉	0.00	15.49	1.60	0.00	1.78	3.77	合肥	32
长沙	2.04	5.24	2.89	2.05	0.66	2.58	汕头	33
广州	56.90	24.40	35.37	56.90	56.90	46.09	唐山	34
深圳	44.34	34.85	5.36	44.32	9.35	27.64	贵阳	35
珠海	5.78	10.17	1.61	5.76	0.31	4.73	郑州	36
汕头	0.89	3.56	1.38	0.89	0.17	1.38	成都	37
湛江	0.24	3.05	1.37	0.24	0.06	0.99	威海	38
南宁	1.36	5.14	1.87	1.36	0.32	2.01	太原	39
北海	0.83	2.00	2.00	0.83	0.06	1.14	北海	40
海口	1.12	5.38	1.26	1.13	0.06	1.79	南昌	41
重庆	0.24	4.99	0.77	0.23	1.85	1.62	湛江	42
成都	0.46	3.19	1.67	0.45	0.56	1.27	南通	43
贵阳	0.83	4.18	0.43	0.83	0.30	1.31	包头	44
昆明	1.22	5.10	0.84	1.22	0.53	1.78	温州	45
西安	0.35	9.52	1.31	0.33	0.67	2.44	呼和浩特	46
兰州	0.01	0.00	0.00	0.02	0.05	0.02	连云港	47
西宁	0.08	0.49	0.22	0.08	0.00	0.18	银川	48
银川	0.60	1.21	0.37	0.60	0.04	0.56	西宁	49
乌鲁木齐	2.08	1.70	1.64	2.08	0.54	1.61	兰州	50

资料来源：国家统计局城市社会经济调查总队 .2001 中国城市统计年鉴，中国统计出版社，2002。

表 18.22图　中国城市生态水平排序图

表 18.23 中国城市环境质量

城市	城市环境质量					中国城市环境质量排序	
	每平方公里二氧化硫排放量得分	人均 SO_2 排放量得分	工业废水排放达标率得分	噪声达标率得分	城市环境质量	城市	排序
北京	60.25	60.10	25.52	8.89	38.69	上海	1
天津	34.37	33.17	16.22	2.75	21.63	北京	2
石家庄	7.42	11.84	5.78	6.31	7.84	深圳	3
唐山	2.47	2.68	2.94	1.02	2.28	广州	4
秦皇岛	3.22	3.93	2.36	1.54	2.76	天津	5
太原	3.46	3.89	2.51	1.68	2.89	武汉	6
呼和浩特	4.51	4.22	1.17	0.30	2.55	杭州	7
包头	3.83	2.51	1.11	0.20	1.91	南京	8
沈阳	21.89	21.62	6.30	2.24	13.01	沈阳	9
大连	19.30	18.34	9.44	3.09	12.54	大连	10
长春	16.07	15.57	6.74	1.36	9.94	苏州	11
哈尔滨	16.02	16.10	5.27	2.49	9.97	厦门	12
大庆	16.47	13.33	7.22	0.71	9.43	哈尔滨	13
上海	53.96	70.10	33.64	24.36	45.52	长春	14
南京	13.72	20.66	9.28	9.15	13.20	长沙	15
无锡	12.30	12.55	5.54	4.55	8.74	重庆	16
苏州	15.46	17.38	8.57	8.14	12.39	济南	17
南通	0.00	3.63	3.15	7.07	3.46	大庆	18
连云港	3.87	3.01	2.05	0.46	2.35	福州	19
杭州	17.23	19.44	8.68	22.20	16.89	西安	20
宁波	8.09	6.10	7.25	2.12	5.89	青岛	21
温州	8.72	8.05	1.46	1.14	4.84	成都	22
合肥	7.41	8.27	3.81	3.17	5.67	珠海	23
福州	14.84	14.77	6.01	1.85	9.37	无锡	24
厦门	16.16	14.54	7.92	1.38	10.00	郑州	25

续表 18.23

城市	城市环境质量					中国城市环境质量排序	
	每平方公里二氧化硫排放量得分	人均 SO_2 排放量得分	工业废水排放达标率得分	噪声达标率得分	城市环境质量	城市	排序
南昌	7.38	8.53	0.87	1.39	4.54	石家庄	26
济南	15.14	14.70	6.42	1.54	9.45	昆明	27
青岛	12.94	13.59	7.15	3.09	9.19	宁波	28
烟台	7.56	7.05	3.43	0.57	4.65	合肥	29
威海	4.07	2.47	2.27	0.64	2.36	海口	30
郑州	11.68	12.00	5.09	3.23	8.00	汕头	31
武汉	29.84	28.36	10.92	1.29	17.60	兰州	32
长沙	12.09	12.98	13.70	0.00	9.69	温州	33
广州	45.43	45.64	19.87	8.89	29.96	烟台	34
深圳	41.95	37.26	41.37	4.02	31.15	南昌	35
珠海	13.75	13.40	6.14	1.81	8.78	乌鲁木齐	36
汕头	5.57	6.88	3.13	4.45	5.01	南宁	37
湛江	6.03	5.72	0.00	0.44	3.05	南通	38
南宁	7.24	6.86	1.73	0.79	4.16	湛江	39
北海	1.90	1.66	0.16	0.10	0.96	太原	40
海口	7.80	7.80	3.47	1.73	5.20	秦皇岛	41
重庆	18.41	13.67	5.35	0.59	9.51	呼和浩特	42
成都	13.44	14.45	5.71	2.66	9.07	威海	43
贵阳	3.82	0.00	1.25	0.48	1.39	连云港	44
昆明	12.28	11.55	4.89	0.67	7.35	唐山	45
西安	15.31	16.28	3.32	1.95	9.22	银川	46
兰州	8.16	7.65	3.02	0.84	4.92	西宁	47
西宁	3.08	3.36	1.23	0.00	1.92	包头	48
银川	4.01	3.52	0.42	0.23	2.05	贵阳	49
乌鲁木齐	5.88	6.40	2.80	1.69	4.19	北海	50

资料来源：国家统计局城市社会经济调查总队 .2001 中国城市统计年鉴，中国统计出版社，2002。

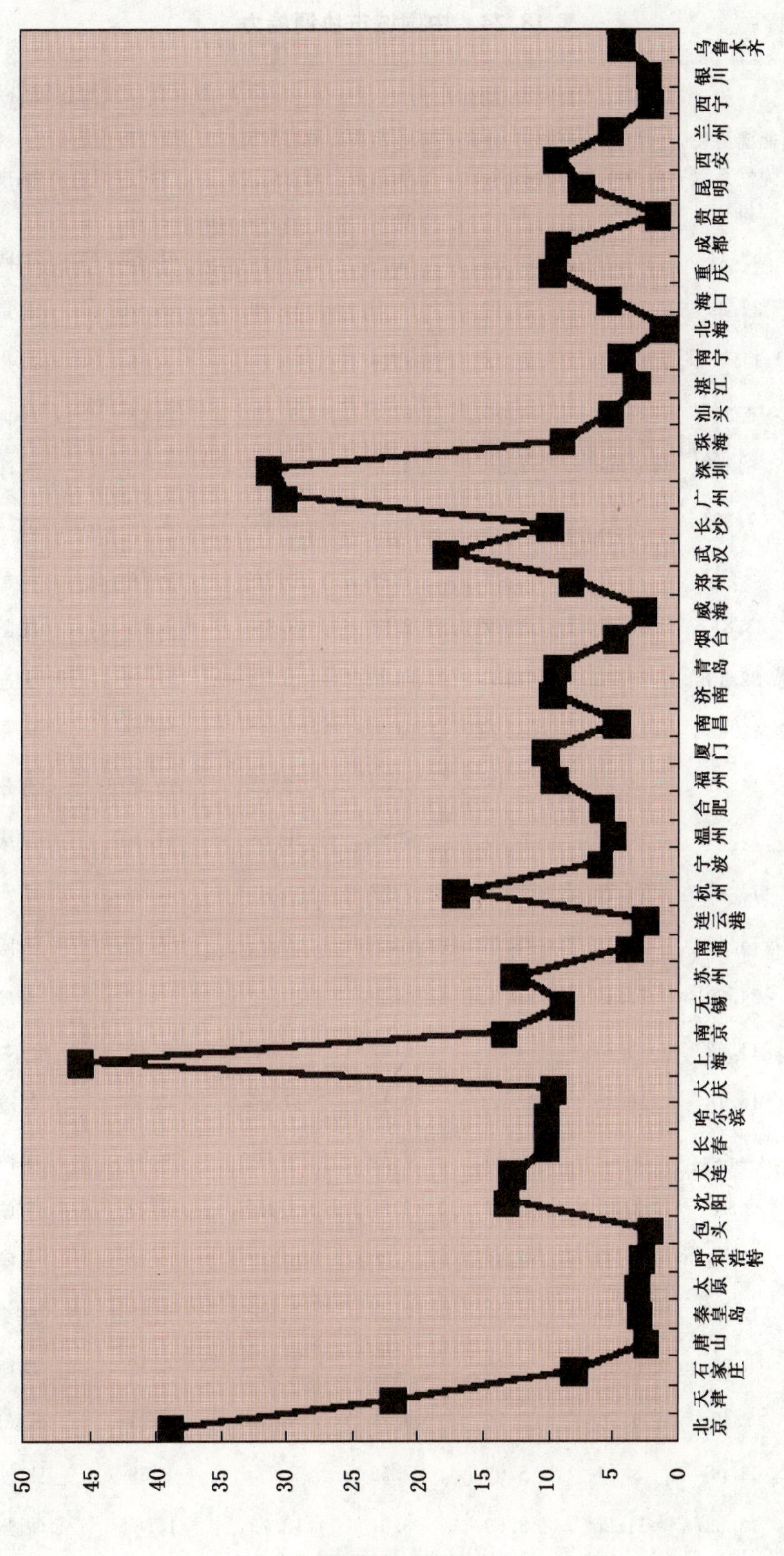

表18.23图 中国城市环境质量图

表 18.24　中国城市协调能力

城市	城市协调能力						中国城市协调能力排序	
	能源消耗弹性系数得分	人口压力弹性系数得分	城乡财富协同系数得分	环境污染弹性系数得分	第三产业增长系数得分	城市协调能力	城市	排序
北京	59.11	55.05	51.07	31.37	47.82	48.88	上海	1
天津	32.32	32.29	26.00	18.16	24.29	26.61	北京	2
石家庄	11.46	10.43	4.23	6.46	10.23	8.56	广州	3
唐山	6.31	5.16	4.05	3.13	6.75	5.08	深圳	4
秦皇岛	6.40	5.09	1.58	3.02	5.08	4.23	天津	5
太原	7.96	7.34	7.12	4.31	6.90	6.72	武汉	6
呼和浩特	4.01	3.76	2.50	2.24	3.37	3.18	南京	7
包头	3.81	3.53	3.19	2.26	3.35	3.23	沈阳	8
沈阳	22.13	20.93	18.41	11.66	16.73	17.97	大连	9
大连	18.65	18.16	11.28	10.38	14.55	14.60	杭州	10
长春	14.61	14.25	5.18	7.68	13.24	10.99	苏州	11
哈尔滨	14.34	14.46	8.26	7.85	10.58	11.10	重庆	12
大庆	15.07	14.75	4.26	7.72	0.00	8.36	西安	13
上海	74.43	70.15	78.07	41.18	62.21	65.21	济南	14
南京	24.00	22.17	18.31	13.26	20.80	19.71	青岛	15
无锡	11.22	10.47	9.01	6.47	9.84	9.40	哈尔滨	16
苏州	16.18	16.45	15.24	9.15	11.60	13.72	长春	17
南通	6.20	6.19	1.16	3.16	4.42	4.23	厦门	18
连云港	3.91	3.50	0.77	2.33	3.13	2.73	宁波	19
杭州	18.18	17.11	9.63	10.79	16.42	14.43	无锡	20
宁波	13.60	12.63	5.07	7.21	9.85	9.67	成都	21
温州	8.30	8.55	0.06	4.20	9.52	6.12	珠海	22
合肥	7.49	6.55	2.16	3.75	6.13	5.21	石家庄	23
福州	11.08	8.43	5.09	7.59	9.78	8.39	长沙	24
厦门	13.82	11.25	8.69	6.67	12.79	10.64	福州	25

续表 18.24

城市	城市协调能力						中国城市协调能力排序	
	能源消耗弹性系数得分	人口压力弹性系数得分	城乡财富协同系数得分	环境污染弹性系数得分	第三产业增长系数得分	城市协调能力	城市	排序
南昌	8.35	7.01	3.73	4.29	6.83	6.04	大庆	26
济南	12.34	12.66	7.11	9.04	15.09	11.25	郑州	27
青岛	13.97	13.55	7.64	8.94	11.82	11.18	兰州	28
烟台	6.67	5.58	2.85	3.88	6.38	5.07	乌鲁木齐	29
威海	4.28	3.23	2.99	2.24	5.50	3.65	太原	30
郑州	11.04	10.04	1.90	6.01	11.55	8.11	温州	31
武汉	26.78	20.20	19.15	14.59	20.47	20.24	南昌	32
长沙	10.41	9.94	4.23	6.46	11.60	8.53	海口	33
广州	49.08	45.41	37.95	25.24	33.88	38.31	昆明	34
深圳	35.67	33.06	41.47	19.09	27.12	31.28	贵阳	35
珠海	10.59	10.79	9.27	6.72	7.69	9.01	合肥	36
汕头	5.07	0.00	2.68	3.18	6.07	3.40	唐山	37
湛江	5.80	5.27	0.00	2.38	3.93	3.48	烟台	38
南宁	6.16	6.05	3.16	3.74	5.55	4.93	南宁	39
北海	1.84	2.00	0.62	2.00	0.01	1.29	秦皇岛	40
海口	6.93	5.57	7.69	4.05	5.22	5.89	南通	41
重庆	16.27	15.32	2.25	9.23	16.77	11.97	威海	42
成都	11.10	11.35	6.25	5.92	12.32	9.39	湛江	43
贵阳	6.85	6.40	3.61	3.85	6.10	5.36	汕头	44
昆明	0.00	5.94	4.19	7.40	9.71	5.45	包头	45
西安	15.60	15.71	6.80	8.81	11.02	11.59	呼和浩特	46
兰州	8.32	8.18	5.69	4.27	9.50	7.19	银川	47
西宁	3.26	3.03	1.56	0.00	2.62	2.09	连云港	48
银川	3.12	3.33	2.72	2.01	3.24	2.88	西宁	49
乌鲁木齐	7.57	7.26	9.00	4.24	6.13	6.84	北海	50

资料来源：国家统计局城市社会经济调查总队. 2001 中国城市统计年鉴，中国统计出版社，2002。

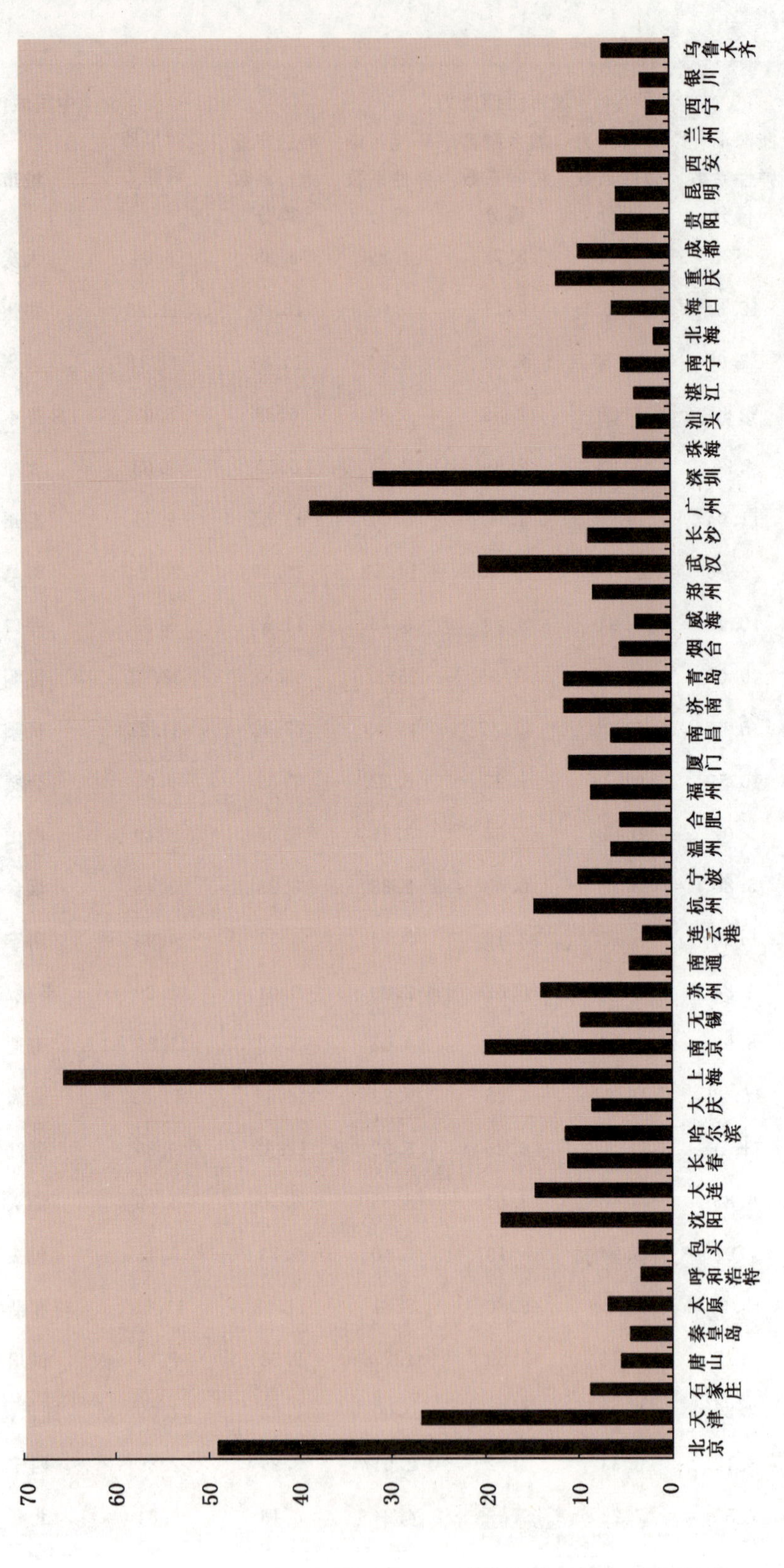

表18.24图 中国城市协调能力图

表 18.25 中国城市影响能力

城市	城市影响能力			城市影响能力	中国城市影响能力排序	
	人口影响势得分	空间影响势得分	经济影响势得分		城市	排序
北京	9.06	22.21	22.21	17.83	深圳	1
天津	4.10	8.68	8.68	7.15	上海	2
石家庄	1.95	3.23	3.23	2.80	广州	3
唐山	0.62	0.90	0.90	0.80	北京	4
秦皇岛	0.83	0.69	0.69	0.74	武汉	5
太原	0.43	0.52	0.52	0.49	大庆	6
呼和浩特	0.18	0.19	0.19	0.19	天津	7
包头	0.25	0.10	0.10	0.15	厦门	8
沈阳	2.44	7.17	7.17	5.59	宁波	9
大连	3.91	4.55	4.55	4.34	南京	10
长春	2.15	4.77	4.77	3.90	沈阳	11
哈尔滨	1.50	3.32	3.32	2.72	杭州	12
大庆	10.95	8.80	8.80	9.52	济南	13
上海	20.05	49.49	49.49	39.67	青岛	14
南京	4.47	7.10	7.10	6.22	珠海	15
无锡	3.22	3.68	3.68	3.53	苏州	16
苏州	3.62	4.97	4.97	4.52	福州	17
南通	1.03	1.07	1.07	1.05	大连	18
连云港	0.36	0.41	0.41	0.39	长春	19
杭州	5.47	5.55	5.55	5.52	无锡	20
宁波	3.74	7.83	7.83	6.47	西安	21
温州	1.76	1.92	1.92	1.86	石家庄	22
合肥	0.78	0.69	0.69	0.72	哈尔滨	23
福州	2.90	5.34	5.34	4.52	重庆	24
厦门	4.49	8.17	8.17	6.94	长沙	25

续表 18.25

城市	城市影响能力			城市影响能力	中国城市影响能力排序	
	人口影响势得分	空间影响势得分	经济影响势得分		城市	排序
南昌	0.89	2.28	2.28	1.82	成都	26
济南	2.47	6.80	6.80	5.35	昆明	27
青岛	2.77	6.61	6.61	5.33	温州	28
烟台	0.72	1.03	1.03	0.93	南昌	29
威海	0.94	1.14	1.14	1.07	海口	30
郑州	0.91	1.76	1.76	1.48	郑州	31
武汉	2.35	13.26	13.26	9.62	威海	32
长沙	1.84	3.01	3.01	2.62	南通	33
广州	14.18	20.27	20.27	18.24	湛江	34
深圳	44.90	44.90	44.90	44.90	烟台	35
珠海	6.37	4.65	4.65	5.22	汕头	36
汕头	0.73	0.87	0.86	0.82	唐山	37
湛江	0.41	1.35	1.34	1.03	秦皇岛	38
南宁	0.55	0.75	0.75	0.68	合肥	39
北海	0.03	0.08	0.08	0.06	乌鲁木齐	40
海口	1.03	2.02	2.02	1.69	南宁	41
重庆	0.36	3.77	3.77	2.63	贵阳	42
成都	1.69	2.69	2.69	2.36	兰州	43
贵阳	0.31	0.84	0.84	0.66	太原	44
昆明	1.61	2.50	2.50	2.20	连云港	45
西安	1.30	3.71	3.71	2.91	呼和浩特	46
兰州	0.62	0.54	0.54	0.56	银川	47
西宁	0.00	0.00	0.00	0.00	包头	48
银川	0.17	0.21	0.21	0.19	北海	49
乌鲁木齐	0.76	0.65	0.65	0.69	西宁	50

资料来源：国家统计局城市社会经济调查总队．2001 中国城市统计年鉴，中国统计出版社，2002。

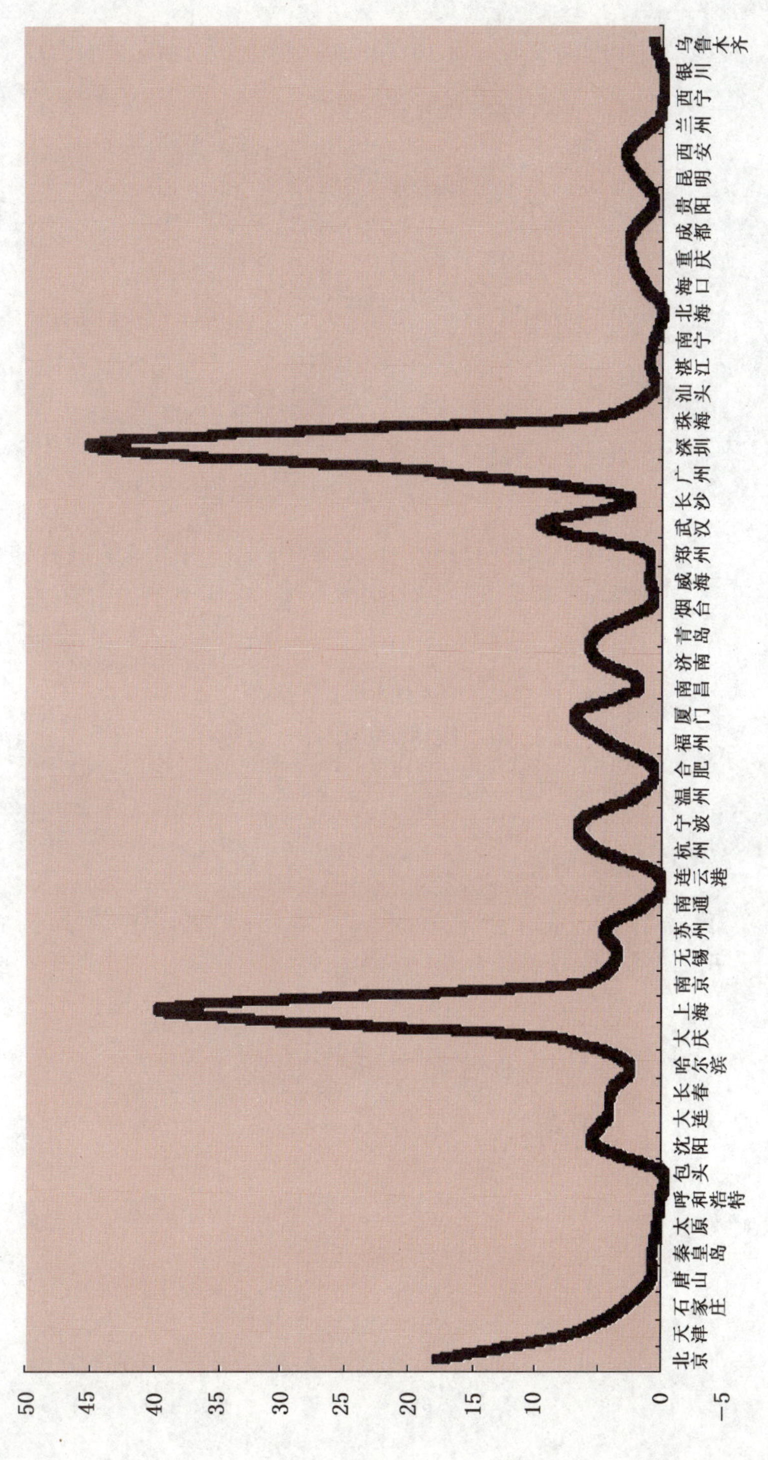

表18.25图　中国城市影响能力图

第四篇

中国城市能力资产负债分析报告

第十九章　城市发展能力资产负债理论分析

制定城市发展能力资产负债表的目的在于表达城市发展总能力的每一个基层要素指标的相对比较优势与相对比较劣势，并进而将比较优势、比较劣势进行定量化、规范化，然后置于统一基础中加以对比，形成了所谓城市发展能力的“资产”（比较优势）和“负债”（比较劣势），而对城市发展能力“资产”（比较优势）和“负债”（比较劣势）资产负债的定量分析与评估，实质上是对城市发展质量的定量分析与综合评判。

一　城市发展能力资产负债表的制定原理

城市发展能力“资产负债表”的构筑是建立在对于城市发展能力的系统解析之上的：即城市发展总能力是建立在具有内部逻辑自洽和统一解释的“城市基础实力指数”、“城市竞争能力指数”、“城市社会安全能力指数”、“城市管理能力指数”、“城市可持续能力指数”五大指数共同作用基础之上的。

在认识资产负债表是表达城市发展质量的前提下，通过对于城市发展行为的本质剖析，建立了表达城市发展能力的五大指数（具有内部逻辑自洽的和统一解释的）和表达上述五大指数的103项基层要素，对于每一个基层要素在空间分布（选取的50个城市）中，寻求其相对比较优势与相对比较劣势。

二　中国城市发展能力资产负债矩阵构建

在城市发展能力资产负债原理的指导下，依构成中国城市发展能力的103“源指标”与50个城市（地理单元），作为二维数据的矩阵，逐项统计每一属性源指标在50个地理单元中排序分布，制定出50×103＝5150的基层位次矩阵（见表19.1），以及50×16＝80的状态层位次矩阵（见表19.2）。作为计算城市发展五大指数中每一项的“分资产负债”，以及作为整体发展能力的“总资产负债”的基础。

表 19.1 中国城市发展能力基层要素的资产负债矩阵表

指标序号	北京	天津	石家庄	唐山	秦皇岛	太原	呼和浩特	包头	沈阳	大连	长沙	哈尔滨	大庆	上海	南京	无锡	苏州	南通	连云港	杭州	宁波	温州	合肥	福州	厦门	南昌	济南	青岛	烟台	威海	郑州	武汉	长沙	广州	深圳	珠海	汕头	湛江	南宁	北海	海口	重庆	成都	贵阳	昆明	西安	兰州	西宁	银川	乌鲁木齐
111	2	4	29	24	40	12	38	17	8	6	16	14	19	1	10	31	36	44	46	13	41	30	23	35	39	37	25	26	28	48	22	9	27	3	21	45	34	42	32	50	49	5	7	33	18	11	15	43	47	20
112	34	48	41	36	21	45	43	40	27	47	15	4	1	13	24	25	18	17	22	19	9	6	35	14	26	11	37	28	29	31	42	23	8	12	10	2	3	20	44	16	7	33	38	5	32	46	49	30	50	39
113	40	28	50	30	46	47	23	14	41	35	22	45	1	36	37	29	34	39	8	26	9	19	27	18	6	44	20	31	12	17	25	7	24	11	2	4	33	16	5	3	32	10	21	13	15	43	38	49	42	48
114	35	39	40	34	37	43	45	49	33	36	41	42	44	18	22	21	17	20	26	15	27	7	24	10	14	12	30	28	29	31	32	11	13	4	1	2	6	5	9	3	8	16	23	19	25	38	47	46	50	48
115	31	26	50	32	42	43	16	19	28	24	22	47	4	39	41	30	38	40	13	27	21	11	44	17	9	29	25	34	15	18	46	10	35	14	3	2	33	7	5	1	23	6	37	12	8	45	36	49	20	48
121	2	5	24	31	43	32	46	41	8	9	12	18	7	1	11	23	27	42	47	13	22	28	36	21	19	29	15	16	30	44	26	6	25	3	4	33	37	40	39	50	45	10	14	38	20	17	34	49	48	35
122	20	26	17	33	24	44	46	43	28	12	23	32	2	8	16	7	11	19	36	6	9	14	34	10	4	31	18	15	30	13	39	37	21	5	1	3	29	42	38	48	22	49	27	47	25	40	41	50	45	35
123	21	32	1	30	18	33	47	46	31	24	36	23	35	2	7	6	4	10	42	3	19	28	13	17	25	14	26	16	44	34	22	39	9	11	5	20	8	40	43	50	12	49	15	45	41	29	38	37	48	27
124	4	5	29	30	17	44	2	26	34	7	8	10	37	32	18	22	3	6	42	27	15	12	21	45	36	50	11	20	9	14	23	24	43	1	13	25	49	16	28	31	35	41	47	48	39	46	19	33	38	40
131	3	4	22	27	43	28	47	33	17	9	14	23	6	1	7	18	13	34	44	11	16	31	29	24	15	39	21	8	32	36	35	10	40	5	2	19	41	37	45	50	46	12	25	42	30	20	26	49	48	38
132	2	5	24	31	43	32	46	41	8	9	12	18	7	1	11	23	27	42	47	13	22	28	36	21	19	29	15	16	30	44	26	6	25	3	4	33	37	40	39	50	45	10	14	38	20	17	34	49	48	35
133	43	20	29	3	45	27	34	2	33	37	21	46	1	28	26	12	4	6	7	30	19	5	10	32	15	14	36	18	8	23	47	35	42	40	16	9	39	11	48	49	50	24	38	17	25	22	13	41	31	44
134	12	5	6	33	18	7	13	38	24	35	25	27	29	45	19	14	15	10	37	8	28	1	16	32	30	42	11	17	36	2	3	43	41	20	26	44	47	50	39	49	46	21	4	22	31	9	23	34	48	40
135	44	12	17	19	30	24	45	1	21	14	13	20	47	23	16	5	6	7	36	29	15	11	28	27	2	22	26	8	10	3	37	31	38	32	9	4	39	50	40	42	49	25	33	35	41	18	34	48	46	43
141	2	5	16	32	49	26	34	40	12	25	15	9	10	1	8	31	35	47	37	7	13	22	30	38	24	48	14	11	36	44	29	6	20	4	3	46	45	41	39	50	33	19	21	28	27	17	18	42	43	23
142	2	11	23	29	31	16	35	37	3	12	9	1	25	4	17	26	21	48	42	15	38	30	32	34	39	22	10	28	40	46	13	7	20	5	18	49	45	41	36	47	50	19	6	27	24	8	33	43	44	14
143	2	4	18	12	31	13	44	23	11	8	20	10	42	1	14	26	24	29	38	17	19	32	48	27	43	40	16	6	25	41	28	9	30	5	35	37	50	34	39	46	45	3	7	36	15	21	33	47	49	22
144	45	25	21	31	10	26	39	35	23	37	34	44	3	17	15	6	8	32	11	22	24	29	7	27	13	36	12	14	18	4	42	50	33	19	2	1	20	49	30	9	5	48	40	47	38	46	41	43	28	16
145	38	44	16	24	21	30	43	20	35	36	42	37	3	7	2	8	9	22	34	15	11	18	26	13	25	6	40	39	49	47	33	32	10	5	4	1	23	50	17	45	12	48	29	28	27	46	19	31	14	41
146	4	49	21	35	42	14	25	29	9	38	33	7	20	1	28	34	48	50	43	6	18	13	36	44	41	39	26	11	45	32	12	3	17	5	2	47	46	30	37	40	24	23	10	16	19	22	15	27	31	8
147	2	5	30	44	37	34	42	47	14	8	27	13	46	1	9	28	25	33	49	10	21	20	29	12	15	39	19	17	43	36	22	7	23	3	4	24	32	48	35	50	45	6	38	26	11	18	31	41	40	16
211	2	4	26	36	45	39	48	15	8	19	31	17	16	1	11	35	30	38	41	23	21	13	44	24	20	37	6	9	10	18	12	14	25	3	5	27	28	43	32	49	46	7	42	29	22	34	33	50	47	40
212	3	16	30	37	38	43	48	9	19	21	42	23	7	2	17	29	27	20	28	22	15	5	45	18	14	39	6	13	8	4	12	33	26	11	1	10	24	46	32	44	35	31	50	34	25	47	36	49	41	40
213	1	12	25	32	44	36	50	6	15	35	43	17	7	9	10	38	37	21	13	30	31	2	48	19	26	28	5	11	4	3	8	23	20	16	24	29	14	41	18	45	40	27	49	34	33	46	22	47	42	39
214	31	37	9	36	11	23	13	46	27	22	10	12	48	33	1	30	16	26	28	3	32	43	5	8	35	7	18	34	39	44	4	19	2	21	45	49	47	38	17	50	40	41	14	25	20	6	15	42	29	24
215	1	19	18	46	29	39	36	11	24	30	28	16	14	2	5	42	27	32	34	13	35	6	23	15	33	20	3	17	9	4	7	26	10	12	8	43	45	48	21	50	47	41	37	38	31	25	22	49	44	40
221	2	3	23	31	38	26	37	36	8	13	17	12	47	1	11	22	29	42	44	18	15	50	35	16	9	39	14	10	27	41	21	7	34	4	5	32	24	40	43	49	46	6	25	28	19	20	30	45	48	33
222	3	7	21	35	13	43	26	39	22	18	31	20	49	2	15	10	16	19	25	17	8	50	34	11	4	44	23	9	28	12	29	33	42	6	1	5	14	45	46	30	27	36	48	37	24	47	38	41	40	32
223	1	4	10	21	9	12	18	34	23	48	27	24	49	7	13	15	44	31	6	36	41	50	29	5	11	28	17	25	19	20	30	16	47	33	37	42	2	32	45	14	40	38	26	35	46	43	8	3	39	22
224	2	6	25	39	46	20	27	45	7	15	12	11	42	1	3	32	31	37	43	10	40	36	23	17	33	16	9	34	38	50	19	5	13	4	24	48	41	44	26	49	47	29	8	21	14	22	18	30	28	35
225	4	30	24	45	38	27	12	47	23	26	17	19	41	1	2	29	28	25	33	3	42	34	9	7	31	11	8	39	44	49	22	32	6	21	13	37	43	46	18	48	40	50	10	20	15	36	14	16	5	35
226	2	5	23	42	35	26	17	46	11	34	21	14	49	1	4	22	36	32	30	8	39	50	20	7	9	24	10	31	40	41	25	16	19	6	3	33	28	48	37	43	47	44	15	29	27	45	12	13	18	38
231	10	16	11	8	39	5	22	3	47	25	44	40	17	20	15	32	21	13	18	37	23	24	19	36	46	34	29	26	35	42	9	38	48	45	27	31	43	50	28	33	41	7	49	2	14	30	1	6	4	12
231	40	41	22	13	24	9	14	5	31	44	42	33	39	25	2	35	23	28	21	38	36	29	15	30	46	4	43	45	48	50	16	18	10	19	49	20	17	47	8	11	12	26	27	7	32	37	6	1	3	34
233	37	25	36	4	12	2	21	5	24	30	43	45	44	33	16	47	39	7	6	41	10	19	29	49	35	22	27	20	28	9	38	23	42	34	46	48	32	18	26	8	50	3	31	1	40	17	15	13	14	11
234	36	24	27	32	26	46	45	40	22	13	17	42	1	29	18	7	9	21	30	8	5	3	28	11	14	31	12	16	15	10	38	19	20	4	2	6	43	48	34	50	44	33	23	41	25	35	37	47	49	39
235	12	29	4	36	39	46	45	48	13	16	47	20	38	10	7	11	1	15	22	2	14	25	19	8	9	26	27	18	35	42	28	41	32	5	3	6	17	49	24	40	23	50	33	31	21	37	30	43	44	34
236	3	32	27	49	16	37	2	50	18	24	30	34	46	21	19	42	40	39	22	9	25	41	11	15	48	28	10	33	31	47	20	12	8	6	35	45	23	43	4	44	1	29	17	36	7	14	38	5	26	13
241	2	3	29	39	46	20	43	40	7	13	15	8	31	1	12	23	21	47	48	14	24	35	36	26	28	27	19	17	37	49	18	9	22	4	5	42	32	38	30	50	41	6	10	33	16	11	25	45	44	34
242	9	27	30	47	33	37	44	46	35	25	36	10	11	7	22	4	3	32	39	8	5	21	31	13	12	29	38	26	42	41	23	49	20	14	1	2	19	40	15	48	6	50	18	43	16	28	24	45	17	34
243	1	16	27	38	47	25	50	40	5	7	8	13	32	2	9	26	18	41	43	12	21	24	36	11	15	29	22	17	39	44	23	6	20	3	4	30	28	48	34	49	35	19	42	37	14	10	33	46	45	31
244	8	46	24	38	39	37	47	43	30	17	19	25	18	13	20	11	3	22	29	10	9	12	32	5	7	31	34	21	42	23	27	44	15	6	1	2	16	49	28	40	4	48	50	41	14	33	36	45	35	26
245	2	47	37	39	45	12	46	38	29	30	23	18	49	34	32	36	3	33	16	31	26	21	28	6	20	27	41	35	44	40	9	42	14	17	11	22	5	48	10	8	1	43	50	25	13	19	24	4	7	15
251	3	2	44	48	27	34	38	31	8	4	16	28	46	1	6	12	7	26	36	18	13	41	24	20	11	49	19	9	22	25	32	17	43	10	5	15	23	35	33	50	30	21	29	45	47	14	37	42	39	40
252	4	3	31	26	28	37	41	23	12	6	27	21	45	1	13	14	8	34	42	19	15	39	25	16	7	43	18	10	20	29	38	9	30	2	5	11	33	36	35	49	17	24	32	40	44	22	50	46	47	48
253	16	19	47	48	27	26	14	39	13	17	4	38	8	12	6	20	24	11	7	23	25	37	21	34	35	46	28	15	31	22	18	42	45	43	36	40	9	33	30	49	44	10	29	41	32	5	50	3	2	1
254	21	12	5	35	26	14	37	36	16	17	6	39	31	49	18	19	8	1	24	32	28	11	41	23	15	4	45	25	9	20	13	38	22	33	7	10	2	27	30	29	50	3	42	43	40	47	34	44	46	48
255	25	3	47	41	16	45	43	35	26	7	13	36	49	5	11	9	2	4	19	18	17	33	1	15	10	22	32	12	20	24	39	27	42	14	8	6	21	30	40	38	29	31	34	44	37	28	48	50	23	46
256	2	24	48	44	11	38	42	49	34	14	45	31	50	12	16	20	5	13	37	10	28	32	33	8	6	35	41	21	22	18	27	36	15	4	3	1	7	40	46	25	19	23	29	39	17	9	43	30	47	26
257	22	8	47	43	12	45	41	42	23	10	15	35	49	5	16	13	2	9	19	20	24	34	1	6	3	18	31	21	17	32	40	26	39	11	4	7	14	30	36	38	27	33	28	44	37	29	48	50	25	46
311	16	13	33	9	36	14	19	30	18	32	47	26	50	10	31	12	5	34	38	22	15	39	48	27	1	40	28	25	11	7	49	2	41	23	3	45	29	42	35	6	4	24	17	37	44	46	43	20	21	8

续表 19.1

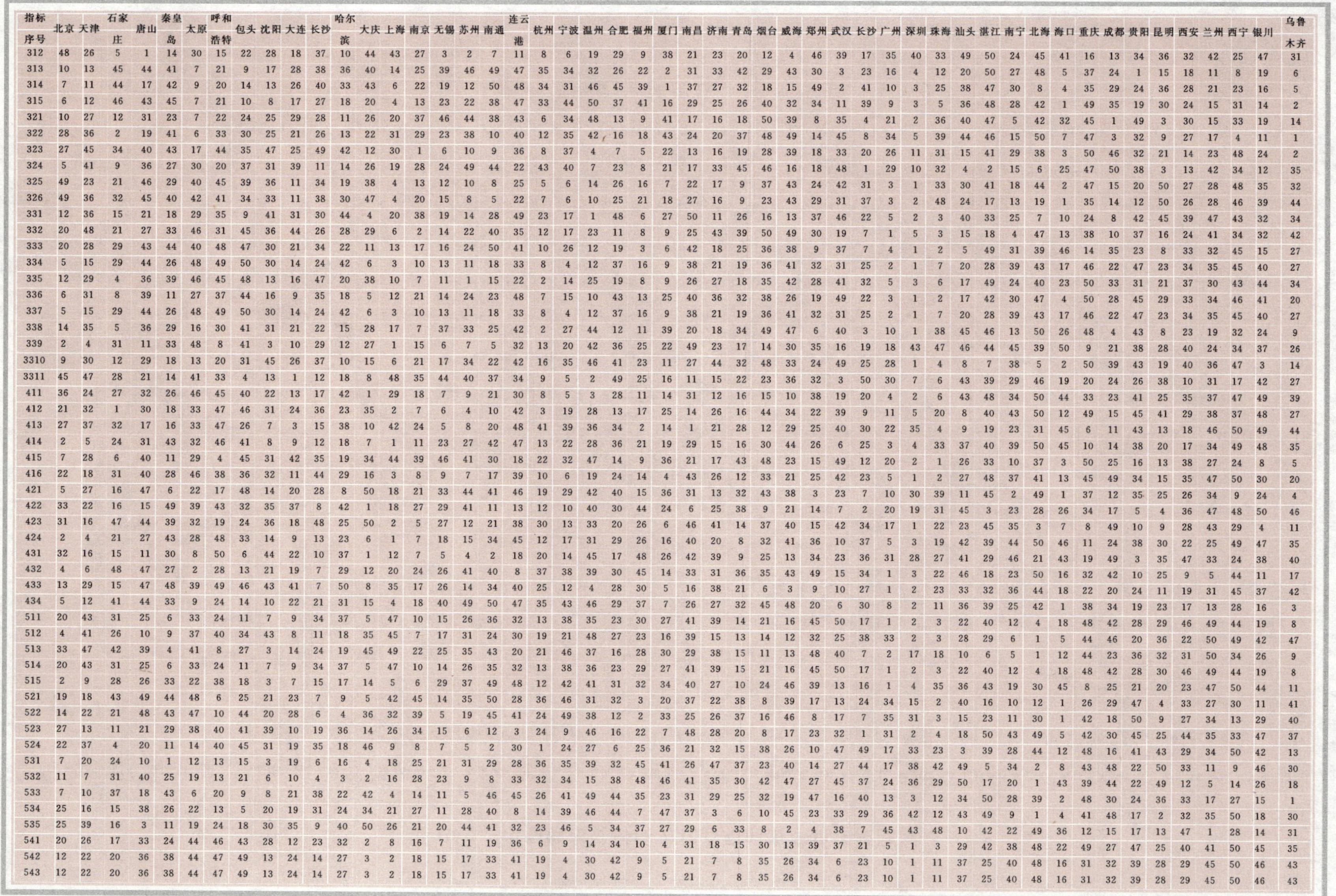

指标/序号	北京	天津	石家庄	唐山	秦皇岛	太原	呼和浩特	包头	沈阳	大连	长沙	哈尔滨	大庆	上海	南京	无锡	苏州	南通	连云港	杭州	宁波	温州	合肥	福州	厦门	南昌	济南	青岛	烟台	威海	郑州	武汉	长沙	广州	深圳	珠海	汕头	湛江	南宁	北海	海口	重庆	成都	贵阳	昆明	西安	兰州	西宁	银川	乌鲁木齐
312	48	26	5	1	14	30	15	22	28	18	37	10	44	43	27	3	2	7	11	8	6	19	29	9	38	21	23	20	12	4	46	39	17	35	40	33	49	50	24	45	41	16	13	34	36	32	42	25	47	31
313	10	13	45	44	41	7	21	9	17	28	38	36	40	14	25	39	46	49	47	35	34	32	26	22	2	31	33	42	29	43	30	3	23	16	4	12	20	50	27	48	5	37	24	1	15	18	11	8	19	6
314	7	11	44	17	42	9	20	14	13	26	40	33	43	6	22	19	12	50	48	34	31	46	45	39	1	37	27	32	18	15	49	2	41	10	3	25	38	47	30	8	4	35	29	24	36	28	21	23	16	5
315	6	12	46	43	45	7	21	10	8	17	27	18	20	4	13	23	22	38	47	33	44	50	37	41	16	29	25	26	40	32	34	11	39	9	3	5	36	48	28	42	1	49	35	19	30	24	15	31	14	2
321	10	27	12	31	23	7	22	24	25	29	28	11	26	20	37	46	44	38	43	6	34	48	13	9	41	17	16	18	50	39	8	35	4	21	2	36	40	47	5	42	32	45	1	49	3	30	15	33	19	14
322	28	36	2	19	41	6	33	30	25	21	26	13	22	31	29	23	38	10	40	12	35	42	16	18	43	24	20	37	48	49	14	45	8	34	5	39	44	46	15	50	7	47	3	32	9	27	17	4	11	1
323	27	45	34	40	43	17	44	35	47	25	49	42	12	30	1	6	10	9	36	8	37	4	7	5	22	13	16	19	28	39	18	33	20	26	11	31	15	41	29	38	3	50	46	32	21	14	23	48	24	2
324	5	41	9	36	27	30	20	37	31	39	11	14	26	19	28	24	49	44	22	43	40	7	23	8	21	17	33	45	46	16	18	48	1	29	10	32	4	2	15	6	25	47	50	38	3	13	42	34	12	35
325	49	23	21	46	29	40	45	39	36	11	34	19	38	4	13	12	10	8	25	5	6	14	26	16	7	22	17	9	37	43	24	42	31	3	1	33	30	41	18	44	2	47	15	20	50	27	28	48	35	32
326	49	36	32	45	40	42	41	34	33	11	38	30	47	4	20	15	8	5	22	7	6	10	25	21	18	27	16	9	23	43	29	31	37	3	2	48	24	17	13	19	1	35	14	12	50	26	28	46	39	44
331	12	36	15	21	18	29	35	9	41	31	30	44	4	20	38	19	14	28	49	23	17	1	48	6	27	50	11	26	16	13	37	46	22	5	2	3	40	33	25	7	10	24	8	42	45	39	47	43	32	34
332	20	48	21	27	33	46	31	45	36	44	26	28	29	6	2	14	22	40	35	12	17	23	11	8	9	25	43	39	50	49	30	19	7	1	5	3	15	18	4	47	13	38	10	37	16	24	41	34	32	42
333	20	28	29	43	44	40	48	47	30	21	34	22	11	13	17	16	24	50	41	10	26	12	19	3	6	42	18	25	36	38	9	37	7	4	1	2	5	49	31	39	46	14	35	23	8	33	32	45	15	27
334	5	15	29	44	26	48	49	50	30	14	24	42	6	3	10	13	11	18	33	8	4	12	37	16	9	38	21	19	36	41	32	31	25	2	1	7	20	28	39	43	17	46	22	47	23	34	35	45	40	27
335	12	29	4	36	39	46	45	48	13	16	47	20	38	10	7	11	1	15	22	2	14	25	19	8	9	26	27	18	35	42	28	41	32	5	3	6	17	49	24	40	23	50	33	31	21	37	30	43	44	34
336	6	31	8	39	11	27	37	44	16	9	35	18	5	12	21	14	24	23	48	7	15	10	43	13	25	40	36	32	38	26	19	49	22	3	1	2	17	42	30	47	4	50	28	45	29	33	34	46	41	20
337	5	15	29	44	26	48	49	50	30	14	24	42	6	3	10	13	11	18	33	8	4	12	37	16	9	38	21	19	36	41	32	31	25	2	1	7	20	28	39	43	17	46	22	47	23	34	35	45	40	27
338	14	35	5	36	29	16	30	41	31	21	22	15	28	17	7	37	33	25	42	2	27	44	12	11	39	20	18	34	49	47	6	40	3	10	1	38	45	46	13	50	26	48	4	43	8	23	19	32	24	9
339	2	4	31	11	33	48	8	41	3	10	29	12	27	1	15	6	7	5	32	13	20	42	36	25	22	49	23	17	14	30	35	16	19	18	43	47	46	44	45	39	50	9	21	38	28	40	24	34	37	26
3310	9	30	12	29	18	13	20	31	45	26	37	10	15	6	21	17	34	22	42	16	35	46	41	23	11	27	44	32	48	33	24	49	25	28	1	4	8	7	38	5	2	50	39	43	19	40	36	47	3	14
3311	45	47	28	21	14	41	33	4	13	1	12	18	8	48	35	44	40	37	34	9	5	2	49	25	16	11	15	22	23	36	32	3	50	30	7	6	43	39	29	46	19	20	24	26	38	10	31	17	42	27
411	36	24	27	32	26	46	45	40	22	13	17	42	1	29	18	7	9	21	30	8	5	3	28	11	14	31	12	16	15	10	38	19	20	4	2	6	43	48	34	50	44	33	23	41	25	35	37	47	49	39
412	21	32	1	30	18	33	47	46	31	24	36	23	35	2	7	6	4	10	42	3	19	28	13	17	25	14	26	16	44	34	22	39	9	11	5	20	8	40	43	50	12	49	15	45	41	29	38	37	48	27
413	27	37	32	17	16	33	47	26	7	3	15	38	10	42	24	5	8	20	48	41	39	36	34	2	14	1	21	28	12	29	25	40	30	22	35	4	9	19	23	31	45	6	11	43	13	18	46	50	49	44
414	2	5	24	31	43	32	46	41	8	9	12	18	7	1	11	23	27	42	47	13	22	28	36	21	19	29	15	16	30	44	26	6	25	3	4	33	37	40	39	50	45	10	14	38	20	17	34	49	48	35
415	7	28	6	40	11	29	4	45	31	42	35	19	34	44	39	46	41	30	18	22	32	47	14	9	36	21	17	43	48	23	15	49	12	20	2	1	26	33	10	37	3	50	25	16	13	38	27	24	8	5
416	22	18	31	40	28	46	38	36	32	11	44	29	16	3	8	9	7	17	39	10	6	19	24	14	4	43	26	12	33	21	25	42	23	5	1	2	27	48	37	41	13	45	49	34	15	35	47	50	30	20
421	5	27	16	47	6	22	17	48	14	20	28	8	50	18	21	33	44	41	46	19	29	42	40	15	36	31	13	32	43	38	3	23	7	10	30	39	11	45	2	49	1	37	12	35	25	26	34	9	24	4
422	33	22	16	15	49	39	43	32	35	37	8	42	1	18	27	29	41	11	13	12	10	40	30	44	24	6	25	38	9	21	14	7	2	20	19	31	45	3	23	28	26	34	17	5	4	36	47	48	50	46
423	31	16	47	44	39	32	19	24	36	18	48	25	50	2	5	27	12	21	38	30	13	33	20	26	6	46	41	14	37	40	15	42	34	17	1	22	23	45	35	3	7	8	49	10	9	28	43	29	4	11
424	2	4	21	27	43	28	48	33	14	9	13	23	6	1	7	18	15	34	45	12	17	31	29	26	16	40	20	8	32	41	36	10	37	5	3	19	42	39	44	50	46	11	24	38	30	22	25	49	47	35
431	32	16	15	11	30	8	50	6	44	22	10	37	1	12	7	5	4	2	18	20	14	45	17	48	26	42	39	9	25	13	34	23	36	31	28	27	41	29	46	21	43	19	49	3	35	47	33	24	38	40
432	4	6	48	47	27	2	28	13	21	19	7	29	12	20	24	26	41	40	8	37	38	39	30	45	14	33	31	36	35	43	49	15	34	1	3	22	46	18	23	50	16	32	42	10	25	9	5	44	11	17
433	13	29	15	47	48	39	49	46	43	41	7	50	8	35	17	26	14	34	40	25	12	4	28	30	5	16	38	21	6	3	9	10	27	1	2	23	33	32	36	44	18	22	20	24	11	19	31	45	37	42
434	5	12	41	44	33	9	24	14	10	22	21	31	15	4	18	40	49	50	47	35	43	46	29	37	7	26	27	32	45	48	20	6	30	8	2	11	36	39	25	42	1	38	34	19	23	17	13	28	16	3
511	20	43	31	25	6	33	24	11	7	9	34	37	5	47	10	15	26	36	32	13	38	35	23	30	27	41	39	14	21	16	45	50	17	1	2	3	22	40	12	4	18	48	42	28	29	46	49	44	19	8
512	4	41	26	10	9	37	40	34	43	8	11	18	35	45	7	17	31	24	30	19	21	48	27	23	16	39	15	13	14	12	32	25	38	33	2	3	28	29	6	1	5	44	46	20	36	22	50	49	42	47
513	33	47	42	39	4	41	8	27	3	14	24	19	45	49	22	25	35	43	20	21	46	37	16	28	30	29	38	15	11	13	48	40	7	2	17	18	10	6	5	1	12	44	23	36	32	31	50	34	26	9
514	20	43	31	25	6	33	24	11	7	9	34	37	5	47	10	14	26	35	32	13	38	36	23	29	27	41	39	15	21	16	45	50	17	1	2	3	22	40	12	4	18	48	42	28	30	46	49	44	19	8
515	2	9	28	26	33	22	38	18	3	7	15	17	14	5	6	29	37	49	48	12	42	41	31	32	34	40	27	10	24	46	39	13	16	1	4	35	36	43	19	30	45	8	25	21	20	23	47	50	44	11
521	19	18	43	49	44	48	6	25	21	23	7	9	5	42	45	14	35	50	28	36	46	31	32	3	20	37	22	38	8	39	17	13	24	34	15	2	40	16	10	12	1	26	29	47	4	33	27	30	11	41
522	14	22	21	48	43	47	10	44	20	28	6	4	36	32	39	5	19	45	41	24	49	38	12	2	33	25	26	37	16	46	8	17	7	35	31	3	15	23	11	30	1	42	18	50	9	27	34	13	29	40
523	27	13	11	21	29	38	40	41	39	10	19	36	14	26	34	15	6	12	3	24	9	46	16	22	7	48	28	20	8	17	23	32	1	31	2	4	18	50	43	49	5	42	30	45	25	44	35	33	47	37
524	22	37	4	20	11	14	40	45	31	19	35	18	46	9	8	7	5	2	30	1	24	27	6	25	36	21	32	15	38	26	10	47	49	17	33	23	3	39	28	44	12	48	16	41	43	29	34	50	42	13
531	7	20	24	10	1	12	13	15	3	19	6	16	4	18	25	21	31	29	28	36	35	39	32	45	41	26	47	37	23	40	14	27	44	17	38	42	49	5	34	2	8	43	48	22	50	33	11	9	46	30
532	11	7	31	40	25	19	13	21	6	10	4	3	2	16	28	23	9	8	33	32	34	15	38	48	46	41	35	30	42	47	27	45	37	24	36	29	50	17	20	1	43	39	44	22	49	12	5	14	26	18
533	7	10	37	18	43	6	20	9	8	21	38	22	42	4	14	11	5	46	45	26	41	49	44	35	23	31	29	25	32	19	47	16	40	13	3	12	34	50	28	39	2	48	30	24	36	33	17	27	15	1
534	25	16	15	38	26	22	13	5	20	19	31	24	34	21	27	11	28	40	8	14	39	46	44	7	47	37	3	6	10	45	23	33	29	36	42	12	43	49	9	1	4	41	48	17	2	32	35	50	18	30
535	25	39	16	3	11	19	24	18	30	35	9	40	50	26	21	20	44	41	32	23	46	5	34	37	27	29	6	33	8	2	4	38	7	45	43	48	10	42	22	49	36	12	15	17	13	47	1	28	14	31
541	20	26	17	33	24	44	46	43	28	12	23	32	2	8	16	7	11	19	36	6	9	14	34	10	4	31	18	15	30	13	39	37	21	5	1	3	29	42	38	48	22	49	27	47	25	40	41	50	45	35
542	12	22	20	36	38	44	47	49	13	24	14	27	3	2	18	15	17	33	41	19	4	30	42	9	5	21	7	8	35	26	34	6	23	10	1	11	37	25	40	48	16	31	32	39	28	29	45	50	46	43
543	12	22	20	36	38	44	47	49	13	24	14	27	3	2	18	15	17	33	41	19	4	30	42	9	5	21	7	8	35	26	34	6	23	10	1	11	37	25	40	48	16	31	32	39	28	29	45	50	46	43

表 19.2　中国城市发展能力状态层的资产负债矩阵表

指标序号	北京	天津	石家庄	唐山	秦皇岛	太原	呼和浩特	包头	沈阳	大连	长沙	哈尔滨	大庆	上海	南京	无锡	苏州	南通	连云港	杭州	宁波	温州	合肥	福州	厦门	南昌	济南	青岛	烟台	威海	郑州	武汉	长沙	广州	深圳	珠海	汕头	湛江	南宁	北海	海口	重庆	成都	贵阳	昆明	西安	兰州	西宁	银川	乌鲁木齐
11	4	6	35	41	45	38	48	47	13	14	20	24	8	1	10	27	16	39	43	11	17	22	36	15	12	29	25	23	37	44	32	5	21	2	3	9	33	31	28	46	34	7	18	30	19	26	40	49	50	42
12	4	5	12	39	35	40	44	46	13	10	20	21	11	1	6	14	8	26	47	7	16	28	30	24	19	34	18	15	38	41	29	9	22	2	3	17	33	43	42	50	31	27	23	45	32	25	37	48	49	36
13	2	5	25	36	41	33	46	40	8	10	17	22	14	1	6	21	9	34	44	12	18	26	31	24	13	30	19	15	35	39	29	7	28	3	4	20	43	49	42	50	45	11	23	37	27	16	32	47	48	38
14	2	5	22	36	38	30	47	43	8	13	21	9	12	1	6	23	17	40	45	11	20	31	34	25	26	32	18	16	42	44	28	7	24	3	4	10	41	49	39	50	35	14	15	37	27	19	33	48	46	29
21	2	6	24	44	41	37	45	36	11	17	23	15	14	1	5	33	20	38	43	8	25	13	32	19	21	30	7	16	22	27	10	9	12	4	3	34	42	47	35	50	46	26	28	40	29	18	31	49	48	39
22	2	5	20	41	38	31	39	48	9	15	16	13	45	1	6	21	17	35	43	8	24	49	30	11	10	29	12	18	37	46	23	7	19	4	3	25	33	47	36	50	44	22	14	32	26	27	28	42	40	34
23	2	6	21	38	43	22	46	45	12	8	27	31	10	1	4	30	14	39	47	11	13	32	33	24	34	29	17	18	42	48	20	7	23	3	5	28	44	49	37	50	36	9	25	15	26	16	19	40	41	35
24	2	5	29	42	46	31	49	47	8	11	18	14	27	1	7	23	6	39	43	9	16	28	37	15	13	32	25	19	41	44	24	10	21	4	3	17	30	48	36	50	26	20	34	38	22	12	33	45	40	35
25	2	5	25	48	35	37	45	49	12	8	15	34	31	1	7	20	6	21	41	16	23	32	13	19	9	26	30	14	28	39	27	17	29	3	4	10	22	43	42	50	40	11	33	46	36	18	47	44	38	24
31	2	5	31	35	45	26	43	42	8	10	24	16	29	1	7	21	11	47	48	12	18	38	39	22	9	33	15	19	34	40	37	6	28	3	4	20	41	50	36	49	25	13	17	32	27	14	30	46	44	23
32	3	7	16	38	41	32	44	46	12	8	24	13	19	1	5	26	23	36	48	6	25	31	30	10	22	29	14	20	45	47	21	17	11	4	2	33	37	40	34	50	27	43	15	39	18	9	35	49	42	28
33	4	7	23	38	39	40	46	47	15	9	22	19	12	1	5	24	10	34	48	6	14	26	33	16	13	36	18	21	41	45	29	8	25	3	2	11	37	43	35	50	31	27	17	42	28	20	32	49	44	30
41	4	6	15	39	36	40	45	47	12	7	25	28	11	1	5	17	10	34	46	8	22	32	33	13	16	26	18	20	37	41	29	14	23	3	2	9	31	44	38	50	30	21	19	43	27	24	42	49	48	35
42	2	5	28	43	41	33	44	49	11	8	24	18	21	1	6	26	15	38	48	9	14	34	32	23	12	36	22	13	40	46	19	7	16	3	4	25	37	42	35	50	29	10	27	31	20	17	39	47	45	30
43	3	5	29	41	43	25	48	44	9	11	13	21	8	1	7	27	17	38	47	14	20	36	35	31	10	34	19	16	39	45	24	6	26	2	4	18	40	42	37	50	32	15	23	33	22	12	28	49	46	30
51	3	13	25	34	26	40	46	44	5	7	15	17	12	6	4	18	16	43	47	9	23	45	32	22	14	41	20	10	31	38	36	11	19	1	2	8	33	42	24	39	27	29	37	35	28	21	50	49	48	30
52	2	5	26	45	41	40	42	48	9	10	14	13	18	1	8	24	11	38	44	7	28	33	29	19	12	35	17	21	34	43	25	6	15	4	3	23	31	39	37	50	30	16	22	49	27	20	32	47	46	36
53	2	5	23	37	40	30	46	45	8	9	17	16	26	1	7	20	11	41	48	10	19	31	36	25	18	32	14	15	38	42	27	6	24	3	4	22	44	43	39	50	33	12	21	35	34	13	28	49	47	29
54	4	7	22	37	38	44	47	48	11	18	19	23	6	2	10	20	17	33	45	12	9	28	39	16	8	29	13	14	35	32	31	5	25	3	1	15	36	34	41	49	30	24	26	42	27	21	43	50	46	40

三　城市发展能力资产负债的算法基础

为了严格比较50个城市在发展能力上的质量差异，课题组提出了特定的算法基础，并对50个城市进行了资产负债表的严格计量。

1. 资产负债权重赋值的规范

在每一项要素的空间分布范围中，排序从1，2，……，50，其资产权重规范为5.0，4.9，4.8，……，0.1；排序从1，2，……，50，其负债权重规范为－0.1，－0.2，－0.3，……，－5.0。

2. 资产负债分值的确定

各指数层资产要素的总分值 x_i（$i=1, 2, 3, 4, 5, \cdots\cdots, 50$）利用下式计算即：

$x_i=(5.0\times n_1+4.9\times n_2+\cdots\cdots 4.2\times n_9+4.1\times n_{10}+\cdots\cdots+0.1\times n_{50})$

其中，n_j 分别对应该支持指数中位次为1，2，……，10……50的资产要素个数；

各指数层负债要素的总分值 y_i（$i=1, 2, 3, 4, 5, \cdots\cdots, 50$）利用下式计算即：

$y_i=(-0.1\times n_1)+(-0.2\times n_2)+\cdots\cdots(-0.3\times n_3)+\cdots\cdots(-5.0\times n_{50})$

其中，n_k 分别对应该指数中位次为1，2，……，50的负债要素个数。

3. 相对资产与相对负债的计算

相对资产计算公式为：用总分值 x_i（$i=1, 2, \cdots\cdots, 4, 5, \cdots\cdots, 50$）与该项指数源指标总数 N_i（N_i 对应数值是21，29，22，14，17）之比，作为该项指数的相对“资产”量度 Xi（$i=1, 2, 3, 4, 5, \cdots\cdots, 50$）即：

$X_i=(x_i/5.0\times N_i)\times 100\%$

相对负债计算公式为：用总分值 y_i（$i=1, 2, 3, 4, 5, \cdots\cdots, 50$）与该项源指标总数 N_i（N_i 对应数值是21，29，22，14，17）之比，作为该支持的相对“资产”量度 Y_i（$i=1, 2, 3, 4, 5, \cdots\cdots, 50$）即：

$Y_i=(y_i/5.0\times N_i)\times 100\%$

4. 资产负债质量系数及其标准确定

资产质量系数：用该支持指数资产要素总分值 x_i 与其资产指标总数 $\sum n_j$ 之比定义为该指数资产质量系数 ε_i（$i=1, 2, 3, 4, 5$）用以反映每一个资产的相对质量，即

$\varepsilon_i=x_i/\sum n_j$，$\varepsilon_i\in(5.0, 0.1)$

设定资产质量标准：$5.0\leqslant\varepsilon_i\leqslant 4.0$，表明资产品质优良；$4.0<\varepsilon_i\leqslant 3.0$，资产品质较好；$3.0<\varepsilon_i\leqslant 2.0$，资产品质一般；$2.0<\varepsilon_i\leqslant 1.0$，资产品质较差；$1.0<\varepsilon_i\leqslant 0.1$，资产品质很差。

负债质量系数：用该支持指数资产负债要素总分值 y_i 与其负债指标总数 $\sum n_k$ 之比定义为该支持资产质量系数 γ_i（$i=1, 2, 3, 4, 5$）用以反映每一个负债的相对质量，即

$\gamma_i=y_i/\sum n_k$，$\gamma_i\in(-0.1, -5.0)$。

设定负债质量标准：$-5.0\leqslant\gamma_i\leqslant-4.0$，表明负债品质很差；$-4.0<\gamma_i\leqslant-$

3.0，负债品质较差；$-3.0<\gamma_i\leqslant-2.0$，负债品质一般；$-2.0<\gamma_i\leqslant-1.0$，负债品质较好；$-1.0<\gamma_i\leqslant-0.1$，负债品质很好。

5. 资产的比较优势（净资产）的计算

把某项支持指数的相对资产与该项相对负债之和作为该项支持指数的净资产，又称“比较优势能力”A_i：

$A_i=X_i+Y_i$（$i=1$，2，3，4，5，……，50）

进而把发展五大支持指数分别揭示的“相对资产”与“相对负债”，综合到总体层次上，便形成了总体层次上的城市发展能力的“相对总资产”与“相对总负债”，可以获得城市的“总净资产量”S，即又称“总体比较优势能力”：

$S=(\sum x_i/5.0\times103-\sum y_i/5.0\times103)\times100\%$

四　城市发展能力的资产负债类型划分

城市发展能力的资产负债类型，具有不同的表现，我们初步归纳为以下四类九种，分别为：

1. 简单识别型

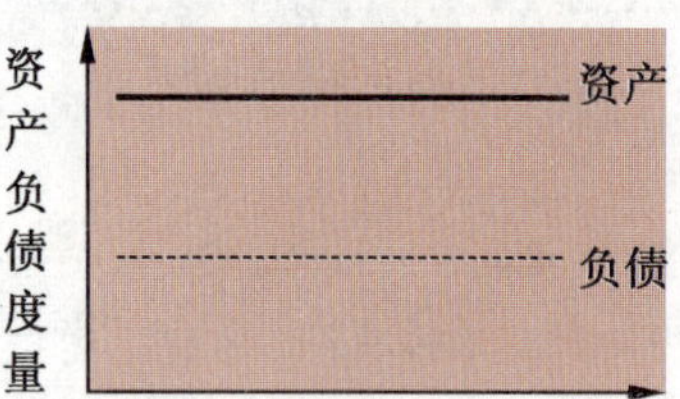

图 19.1a　简单资产型

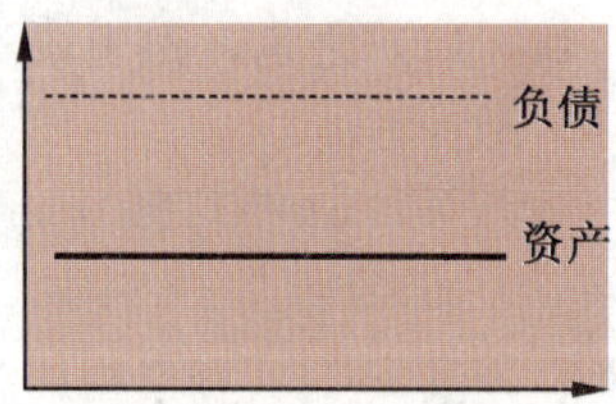

图 19.1b　简单负债型

2. 基层识别型

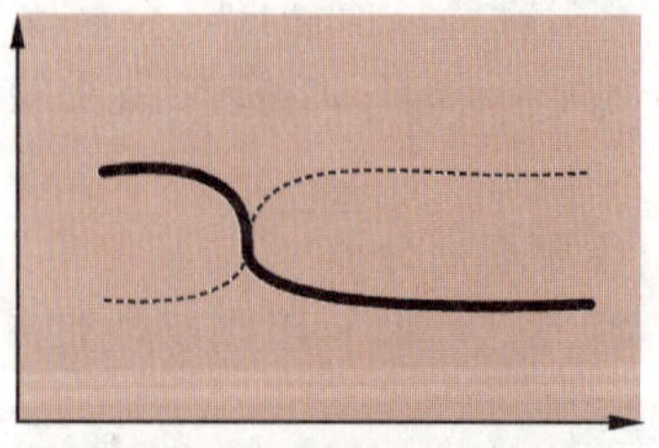

图 19.2a　基层资产型

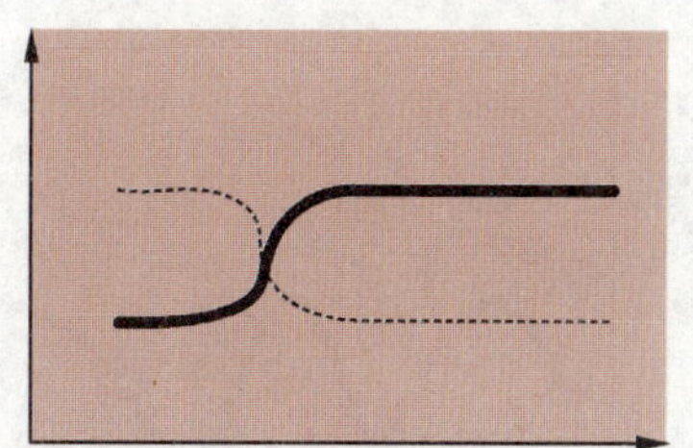

图 19. 2b　基层负债型

3. 中层识别型

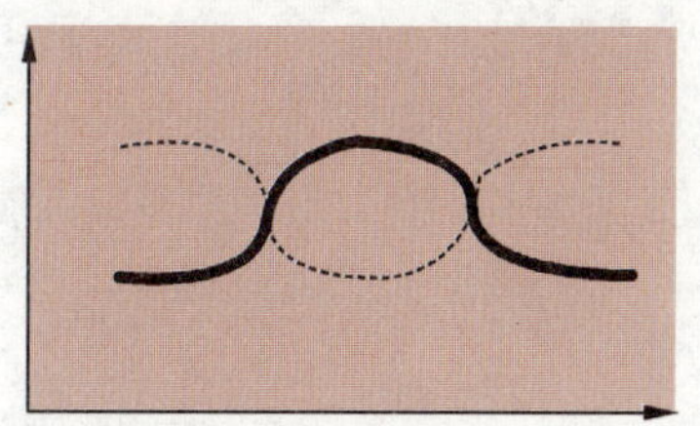

图 19. 3a　中层资产型

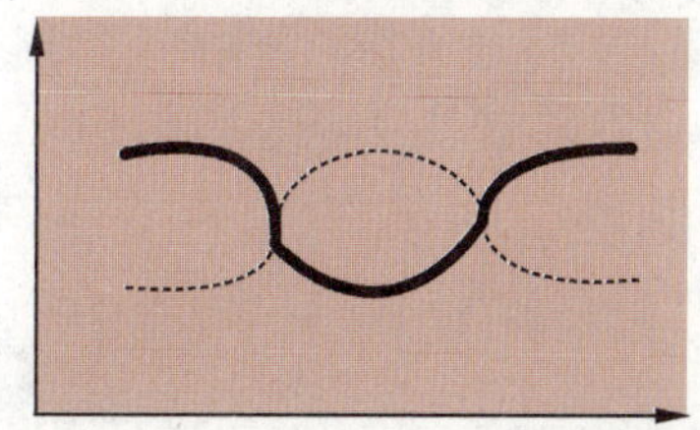

图 19. 3b　中层负债型

4. 高层识别型

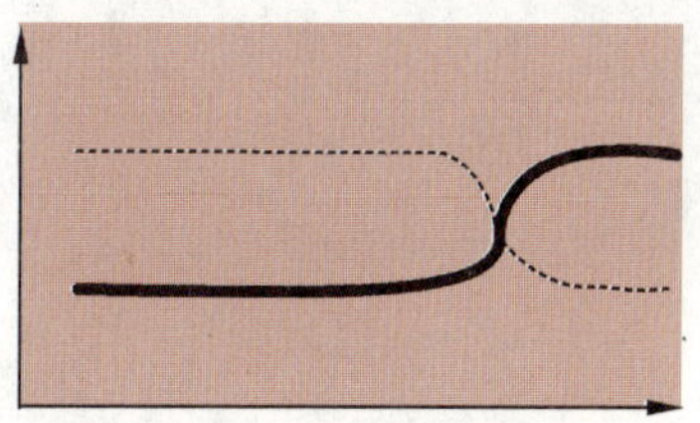

图 19. 4a　高层资产型

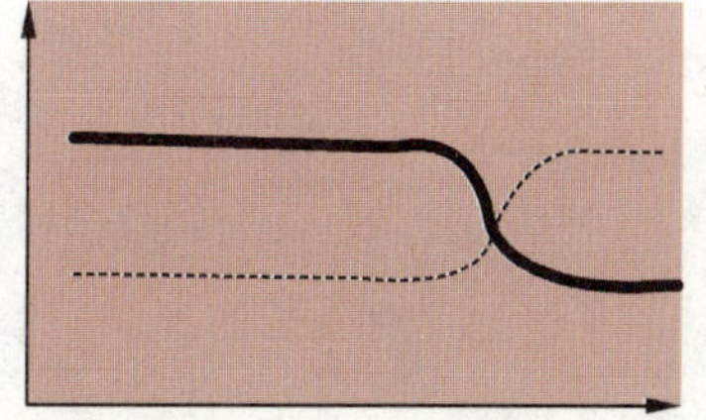

图 19. 4b　高层负债型

5. 随机识别型

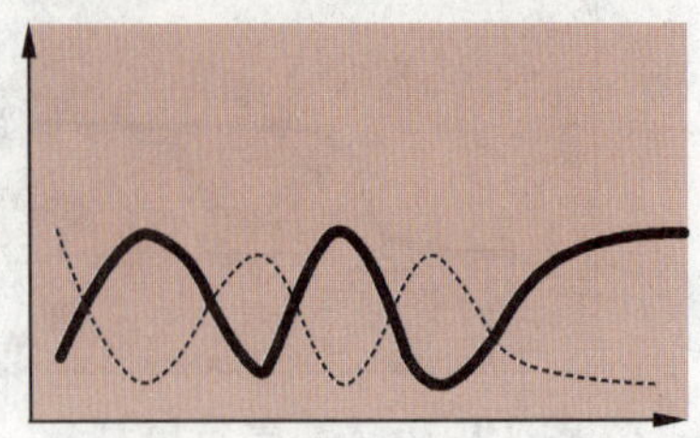

图 19.5　随机资产负债型

第二十章 中国城市发展能力综合资产负债分析

利用城市发展能力资产负债表即可对中国50个城市的发展质量做出相应的数值判别。其基本思想是用对应的相对资产与相对负债相互抵消的净资产，作为城市发展综合能力的“质”的表征。该报告对城市发展总体能力及其五大支撑能力的资产负债进行了分析，结果如下表20.1—20.6，图20.1—20.6所示。

表 20.1　中国城市发展总能力资产负债表

城市	城市发展总能力				
	相对资产（%）	相对负债（%）	相对净资产（%）	资产质量系数	负债质量系数
北京	70.58	−31.42	39.17	3.53	−1.57
天津	58.62	−43.38	15.24	2.93	−2.17
石家庄	52.45	−49.20	3.24	2.62	−2.46
唐山	38.72	−63.28	−24.56	1.94	−3.16
秦皇岛	43.22	−58.08	−14.85	2.16	−2.90
太原	43.73	−58.27	−14.54	2.19	−2.91
呼和浩特	36.68	−65.32	−28.64	1.83	−3.27
包头	39.92	−62.08	−22.16	2.00	−3.10
沈阳	58.50	−43.50	15.01	2.93	−2.17
大连	60.97	−41.03	19.94	3.05	−2.05
长春	53.28	−48.72	4.56	2.66	−2.44
哈尔滨	53.18	−48.12	5.07	2.66	−2.41
大庆	53.50	−48.50	4.99	2.67	−2.43
上海	71.44	−30.21	41.22	3.57	−1.51
南京	68.64	−33.01	35.63	3.43	−1.65
无锡	61.22	−40.43	20.80	3.06	−2.02
苏州	60.33	−41.32	19.01	3.02	−2.07
南通	47.50	−54.50	−7.01	2.37	−2.73
连云港	37.79	−64.21	−26.43	1.89	−3.21
杭州	66.80	−35.20	31.59	3.34	−1.76
宁波	55.81	−45.84	9.96	2.79	−2.29
温州	48.35	−53.30	−4.95	2.42	−2.67
合肥	46.76	−55.22	−8.45	2.34	−2.76
福州	61.13	−40.52	20.60	3.06	−2.03
厦门	60.89	−41.11	19.79	3.04	−2.06
南昌	43.51	−58.49	−14.97	2.18	−2.92
济南	55.63	−46.02	9.61	2.78	−2.30
青岛	58.29	−43.36	14.93	2.91	−2.17
烟台	45.42	−56.23	−10.82	2.27	−2.81
威海	42.89	−58.76	−15.86	2.14	−2.94
郑州	50.12	−51.88	−1.77	2.51	−2.59
武汉	51.44	−50.56	0.87	2.57	−2.53
长沙	53.46	−48.54	4.91	2.67	−2.43
广州	74.60	−27.40	47.20	3.73	−1.37
深圳	79.42	−22.23	57.18	3.97	−1.11
珠海	60.54	−41.46	19.09	3.03	−2.07
汕头	45.59	−56.41	−10.82	2.28	−2.82
湛江	29.73	−72.27	−42.54	1.49	−3.61
南宁	46.35	−55.65	−9.30	2.32	−2.78
北海	31.71	−70.29	−38.58	1.59	−3.51
海口	52.52	−49.48	3.05	2.63	−2.47
重庆	40.82	−61.18	20.37	2.04	−3.06
成都	47.34	−54.66	−7.32	2.37	−2.73
贵阳	40.47	−61.53	−21.07	2.02	−3.08
昆明	51.98	−49.67	2.31	2.60	−2.48
西安	44.93	−56.37	−11.44	2.25	−2.82
兰州	40.87	−60.78	−19.90	2.04	−3.04
西宁	29.24	−71.77	−42.52	1.46	−3.59
银川	36.85	−65.15	−28.29	1.84	−3.26
乌鲁木齐	46.19	−55.81	−9.61	2.31	−2.79

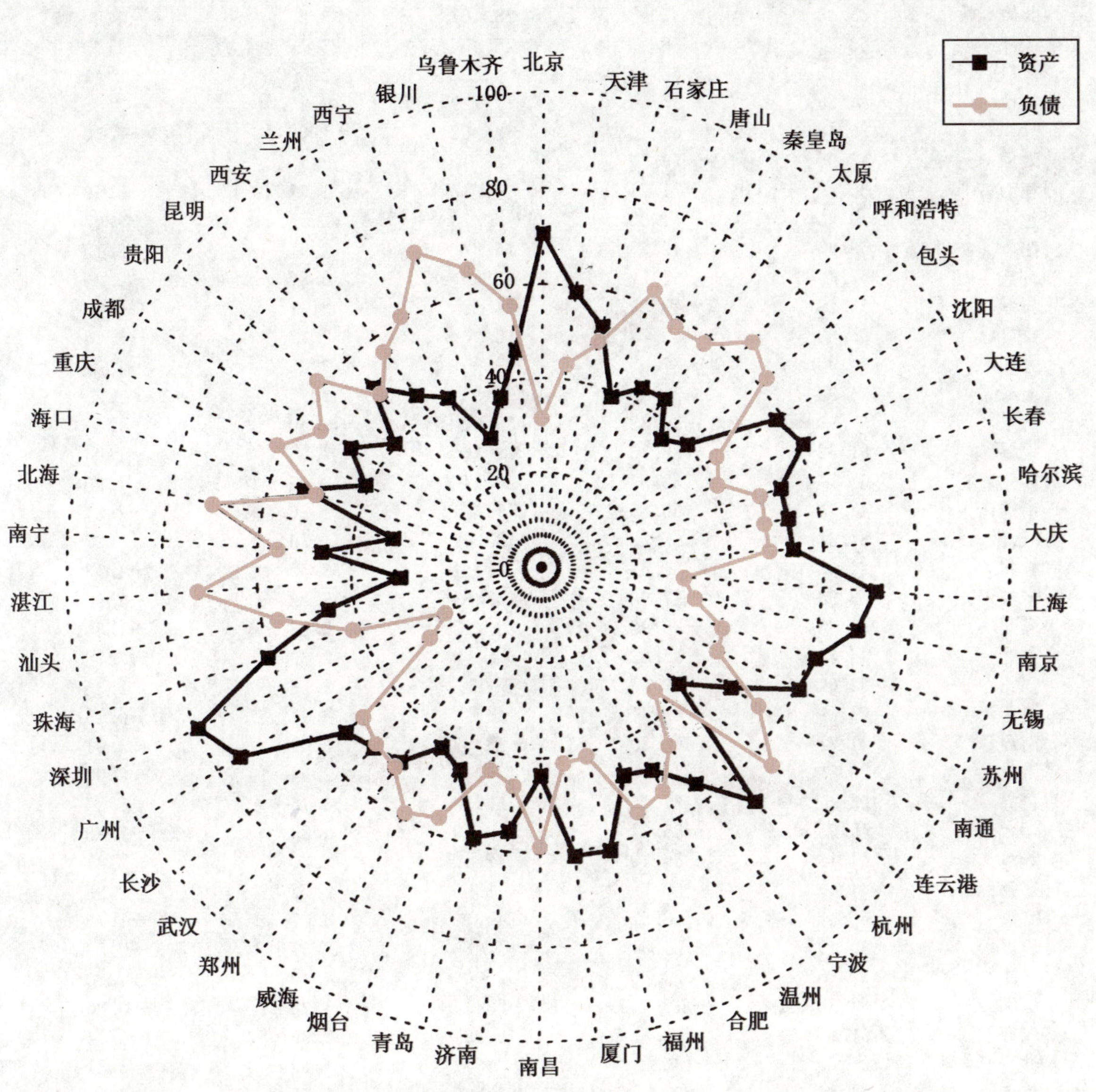

图 20.1　中国城市发展总能力资产负债图

表 20.2　中国城市基础实力指数资产负债表

城市	城市基础实力指数				
	相对资产（%）	相对负债（%）	相对净资产（%）	资产质量系数	负债质量系数
北京	65.05	−36.95	28.10	3.25	−1.85
天津	63.71	−38.29	25.43	3.19	−1.91
石家庄	52.10	−48.19	3.90	2.60	−2.41
唐山	44.86	−57.14	−12.29	2.24	−2.86
秦皇岛	36.48	−62.10	−25.62	1.82	−3.10
太原	42.95	−59.05	−16.10	2.15	−2.95
呼和浩特	30.29	−71.71	−41.43	1.51	−3.59
包头	40.95	−61.05	−20.10	2.05	−3.05
沈阳	59.33	−42.67	16.67	2.97	−2.13
大连	57.43	−44.57	12.86	2.87	−2.23
长春	58.19	−43.81	14.38	2.91	−2.19
哈尔滨	55.33	−43.24	12.10	2.77	−2.16
大庆	64.95	−37.05	27.90	3.25	−1.85
上海	75.33	−24.95	50.38	3.77	−1.25
南京	67.90	−32.38	35.52	3.40	−1.62
无锡	61.52	−38.76	22.76	3.08	−1.94
苏州	61.71	−38.57	23.14	3.09	−1.93
南通	45.14	−56.86	−11.71	2.26	−2.84
连云港	34.67	−67.33	−32.67	1.73	−3.37
杭州	70.38	−31.62	38.76	3.52	−1.58
宁波	62.38	−37.90	24.48	3.12	−1.90
温州	64.38	−35.90	28.48	3.22	−1.80
合肥	46.38	−55.62	−9.24	2.32	−2.78
福州	52.67	−47.62	5.05	2.63	−2.38
厦门	58.29	−43.71	14.57	2.91	−2.19
南昌	41.71	−60.29	−18.57	2.09	−3.01
济南	58.86	−41.43	17.43	2.94	−2.07
青岛	63.24	−37.05	26.19	3.16	−1.85
烟台	45.05	−55.24	−10.19	2.25	−2.76
威海	44.10	−56.19	−12.10	2.20	−2.81
郑州	44.48	−57.52	−13.05	2.22	−2.88
武汉	63.43	−38.57	24.86	3.17	−1.93
长沙	50.19	−51.81	−1.62	2.51	−2.59
广州	82.00	−20.00	62.00	4.10	−1.00
深圳	84.38	−15.90	68.48	4.22	−0.80
珠海	59.14	−42.86	16.29	2.96	−2.14
汕头	35.71	−66.29	−30.57	1.79	−3.31
湛江	34.48	−67.52	−33.05	1.72	−3.38
南宁	36.57	−65.43	−28.86	1.83	−3.27
北海	27.81	−74.19	−46.38	1.39	−3.71
海口	36.95	−65.05	−28.10	1.85	−3.25
重庆	56.57	−45.43	11.14	2.83	−2.27
成都	54.95	−47.05	7.90	2.75	−2.35
贵阳	42.76	−59.24	−16.48	2.14	−2.96
昆明	51.43	−48.86	2.57	2.57	−2.44
西安	46.86	−51.71	−4.86	2.34	−2.59
兰州	41.33	−58.95	−17.62	2.07	−2.95
西宁	18.10	−83.90	−65.81	0.90	−4.20
银川	20.29	−81.71	−61.43	1.01	−4.09
乌鲁木齐	37.24	−64.76	−27.52	1.86	−3.24

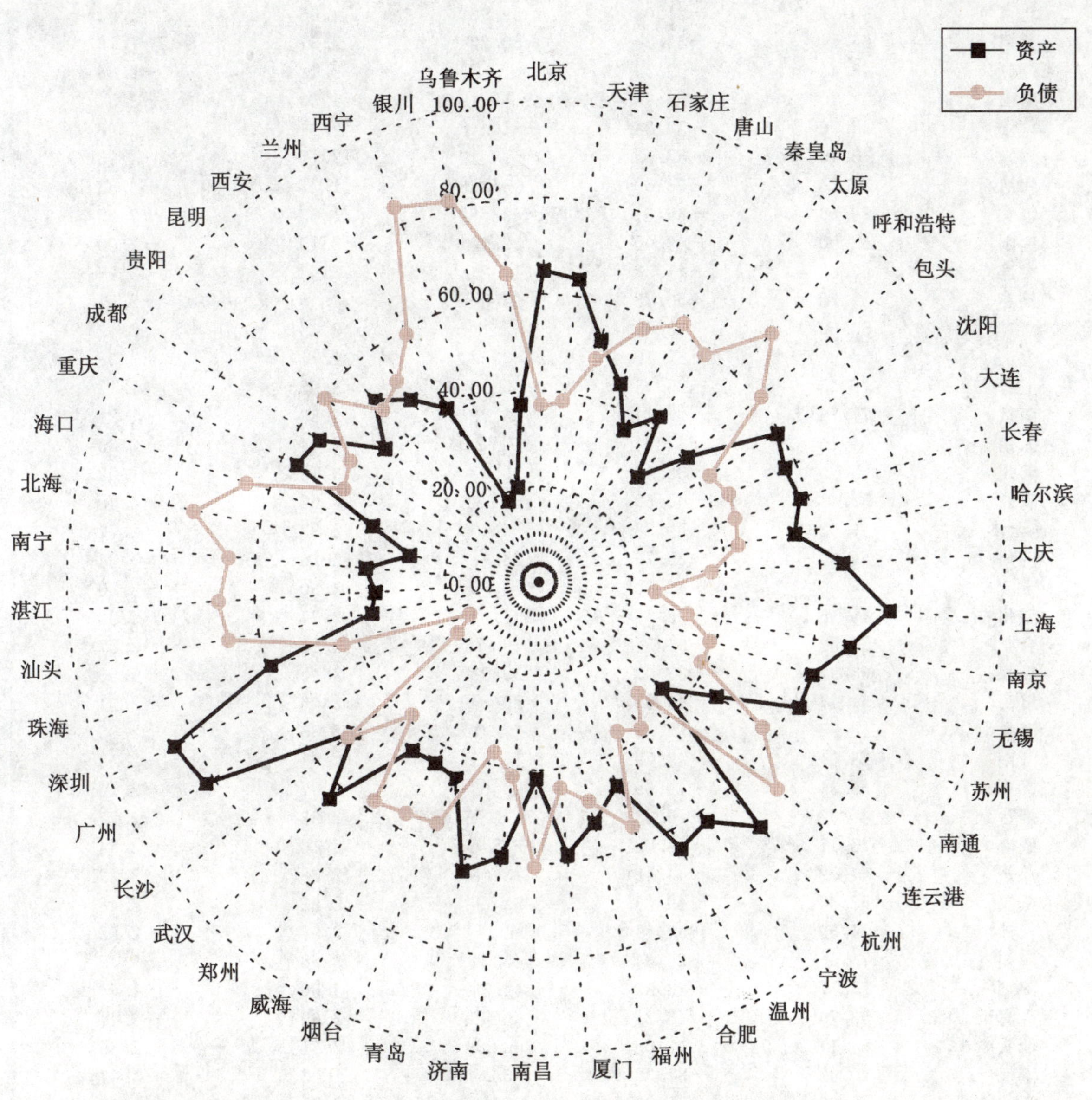

图 20.2　中国城市基础实力指数资产负债图

表 20.3　中国城市竞争能力指数资产负债表

城市	城市竞争能力指数				
	相对资产（%）	相对负债（%）	相对净资产（%）	资产质量系数	负债质量系数
北京	80.97	−21.03	59.93	4.05	−1.05
天津	66.14	−35.86	30.28	3.31	−1.79
石家庄	48.41	−53.59	−5.17	2.42	−2.68
唐山	31.10	−70.90	−39.79	1.56	−3.54
秦皇岛	42.76	−59.24	−16.48	2.14	−2.96
太原	43.45	−58.55	−15.10	2.17	−2.93
呼和浩特	35.31	−66.69	−31.38	1.77	−3.33
包头	36.69	−65.31	−28.62	1.83	−3.27
沈阳	62.00	−40.00	22.00	3.10	−2.00
大连	60.62	−41.38	19.24	3.03	−2.07
长春	51.72	−50.28	1.45	2.59	−2.51
哈尔滨	53.66	−48.34	5.31	2.68	−2.42
大庆	34.90	−67.10	−32.21	1.74	−3.36
上海	78.55	−23.45	55.10	3.93	−1.17
南京	77.86	−24.14	53.72	3.89	−1.21
无锡	54.76	−47.24	7.52	2.74	−2.36
苏州	63.52	−38.48	25.03	3.18	−1.92
南通	52.41	−49.59	2.83	2.62	−2.48
连云港	46.62	−55.38	−8.76	2.33	−2.77
杭州	65.24	−36.76	28.48	3.26	−1.84
宁波	56.00	−46.00	10.00	2.80	−2.30
温州	45.45	−56.55	−11.10	2.27	−2.83
合肥	50.62	−51.38	−0.76	2.53	−2.57
福州	68.97	−33.03	35.93	3.45	−1.65
厦门	61.17	−40.83	20.34	3.06	−2.04
南昌	46.97	−55.03	−8.07	2.35	−2.75
济南	58.21	−43.79	14.41	2.91	−2.19
青岛	59.31	−42.69	16.62	2.97	−2.13
烟台	46.62	−55.38	−8.76	2.33	−2.77
威海	43.17	−58.83	−15.66	2.16	−2.94
郑州	57.52	−44.48	13.03	2.88	−2.22
武汉	52.34	−49.66	2.69	2.62	−2.48
长沙	51.59	−50.41	1.17	2.58	−2.52
广州	73.66	−28.34	45.31	3.68	−1.42
深圳	73.17	−28.83	44.34	3.66	−1.44
珠海	53.79	−48.21	5.59	2.69	−2.41
汕头	54.14	−47.86	6.28	2.71	−2.39
湛江	20.62	−81.38	−60.76	1.03	−4.07
南宁	45.03	−56.97	−11.93	2.25	−2.85
北海	24.07	−77.93	−53.86	1.20	−3.90
海口	37.93	−64.07	−26.14	1.90	−3.20
重庆	46.21	−55.79	−9.59	2.31	−2.79
成都	40.14	−61.86	−21.72	2.01	−3.09
贵阳	38.34	−63.66	−25.31	1.92	−3.18
昆明	50.83	−51.17	−0.34	2.54	−2.56
西安	47.10	−54.90	−7.79	2.36	−2.74
兰州	44.97	−57.03	−12.07	2.25	−2.85
西宁	36.00	−62.48	−26.48	1.80	−3.12
银川	40.21	−61.79	−21.59	2.01	−3.09
乌鲁木齐	38.97	−63.03	−24.07	1.95	−3.15

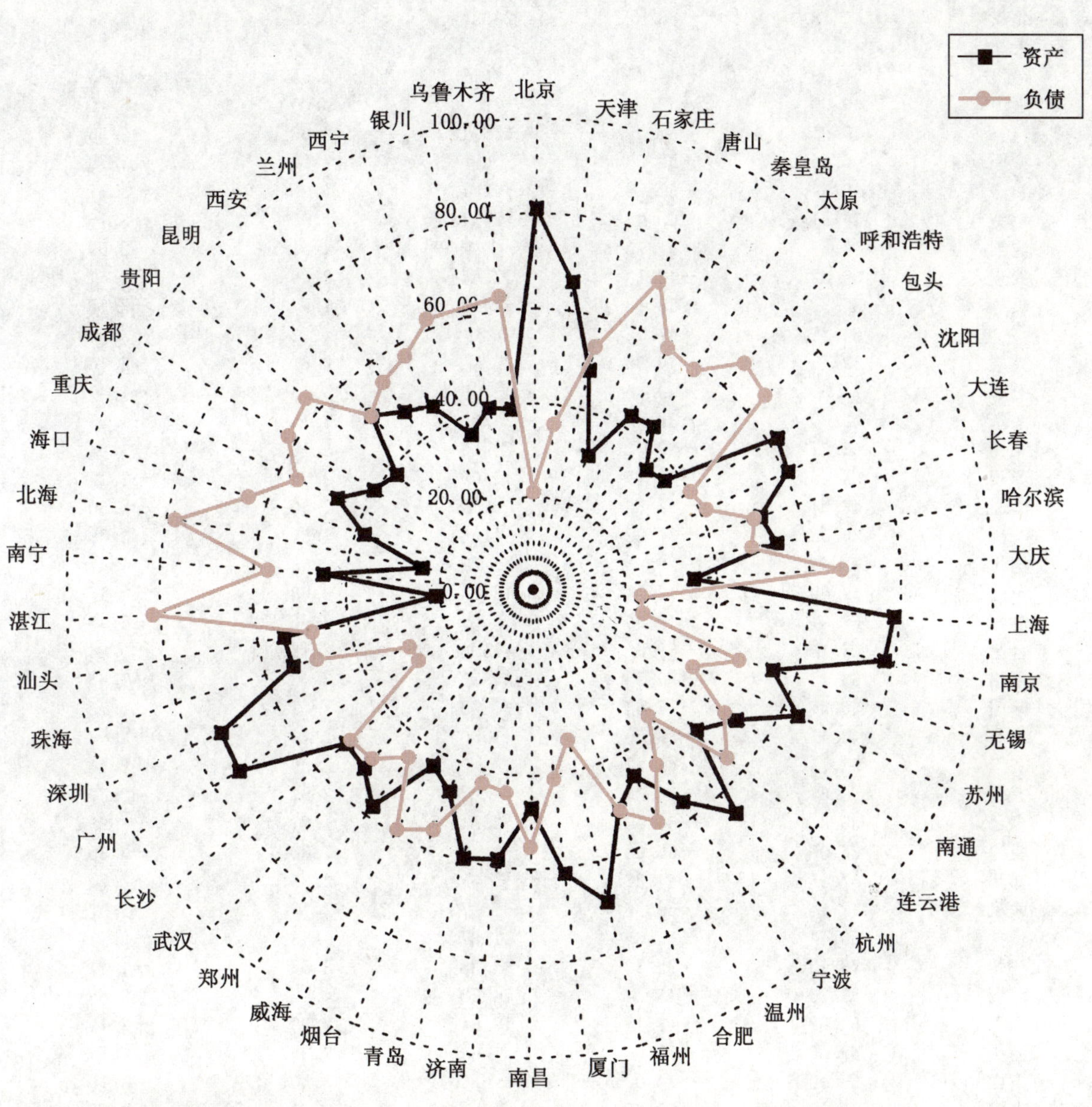

图 20.3　中国城市竞争能力指数资产负债图

表 20.4　中国城市社会安全能力指数资产负债表

城市	城市社会安全能力指数				
	相对资产（%）	相对负债（%）	相对净资产（%）	资产质量系数	负债质量系数
北京	65.18	－36.82	28.36	3.26	－1.84
天津	47.36	－54.64	－7.27	2.37	－2.73
石家庄	57.09	－44.91	12.18	2.85	－2.25
唐山	40.00	－62.00	－22.00	2.00	－3.10
秦皇岛	40.91	－61.09	－20.18	2.05	－3.05
太原	46.45	－55.55	－9.09	2.32	－2.78
呼和浩特	39.64	－62.36	－22.73	1.98	－3.12
包头	38.91	－63.09	－24.18	1.95	－3.15
沈阳	50.27	－51.73	－1.45	2.51	－2.59
大连	59.82	－42.18	17.64	2.99	－2.11
长春	38.82	－63.18	－24.36	1.94	－3.16
哈尔滨	54.45	－47.55	6.91	2.72	－2.38
大庆	52.45	－49.55	2.91	2.62	－2.48
上海	72.55	－29.45	43.09	3.63	－1.47
南京	63.00	－39.00	24.00	3.15	－1.95
无锡	63.27	－38.73	24.55	3.16	－1.94
苏州	59.55	－42.45	17.09	2.98	－2.12
南通	49.91	－52.09	－2.18	2.50	－2.60
连云港	30.18	－71.82	－41.64	1.51	－3.59
杭州	72.64	－29.36	43.27	3.63	－1.47
宁波	59.09	－42.91	16.18	2.95	－2.15
温州	52.91	－49.09	3.82	2.65	－2.45
合肥	43.18	－58.82	－15.64	2.16	－2.94
福州	68.45	－33.55	34.91	3.42	－1.68
厦门	66.36	－35.64	30.73	3.32	－1.78
南昌	43.45	－58.55	－15.09	2.17	－2.93
济南	53.73	－48.27	5.45	2.69	－2.41
青岛	50.64	－51.36	－0.73	2.53	－2.57
烟台	36.27	－65.73	－29.45	1.81	－3.29
威海	36.00	－66.00	－30.00	1.80	－3.30
郑州	47.18	－54.82	－7.64	2.36	－2.74
武汉	42.64	－59.36	－16.73	2.13	－2.97
长沙	56.64	－45.36	11.27	2.83	－2.27
广州	73.18	－28.82	44.36	3.66	－1.44
深圳	88.36	－13.64	74.73	4.42	－0.68
珠海	59.82	－42.18	17.64	2.99	－2.11
汕头	47.00	－55.00	－8.00	2.35	－2.75
湛江	28.00	－74.00	－46.00	1.40	－3.70
南宁	51.45	－50.55	0.91	2.57	－2.53
北海	33.45	－68.55	－35.09	1.67	－3.43
海口	70.00	－32.00	38.00	3.50	－1.60
重庆	26.82	－75.18	－48.36	1.34	－3.76
成都	57.18	－44.82	12.36	2.86	－2.24
贵阳	36.55	－65.45	－28.91	1.83	－3.27
昆明	51.55	－50.45	1.09	2.58	－2.52
西安	44.55	－57.45	－12.91	2.23	－2.87
兰州	43.00	－59.00	－16.00	2.15	－2.95
西宁	33.73	－68.27	－34.55	1.69	－3.41
银川	46.82	－55.18	－8.36	2.34	－2.76
乌鲁木齐	59.55	－42.45	17.09	2.98	－2.12

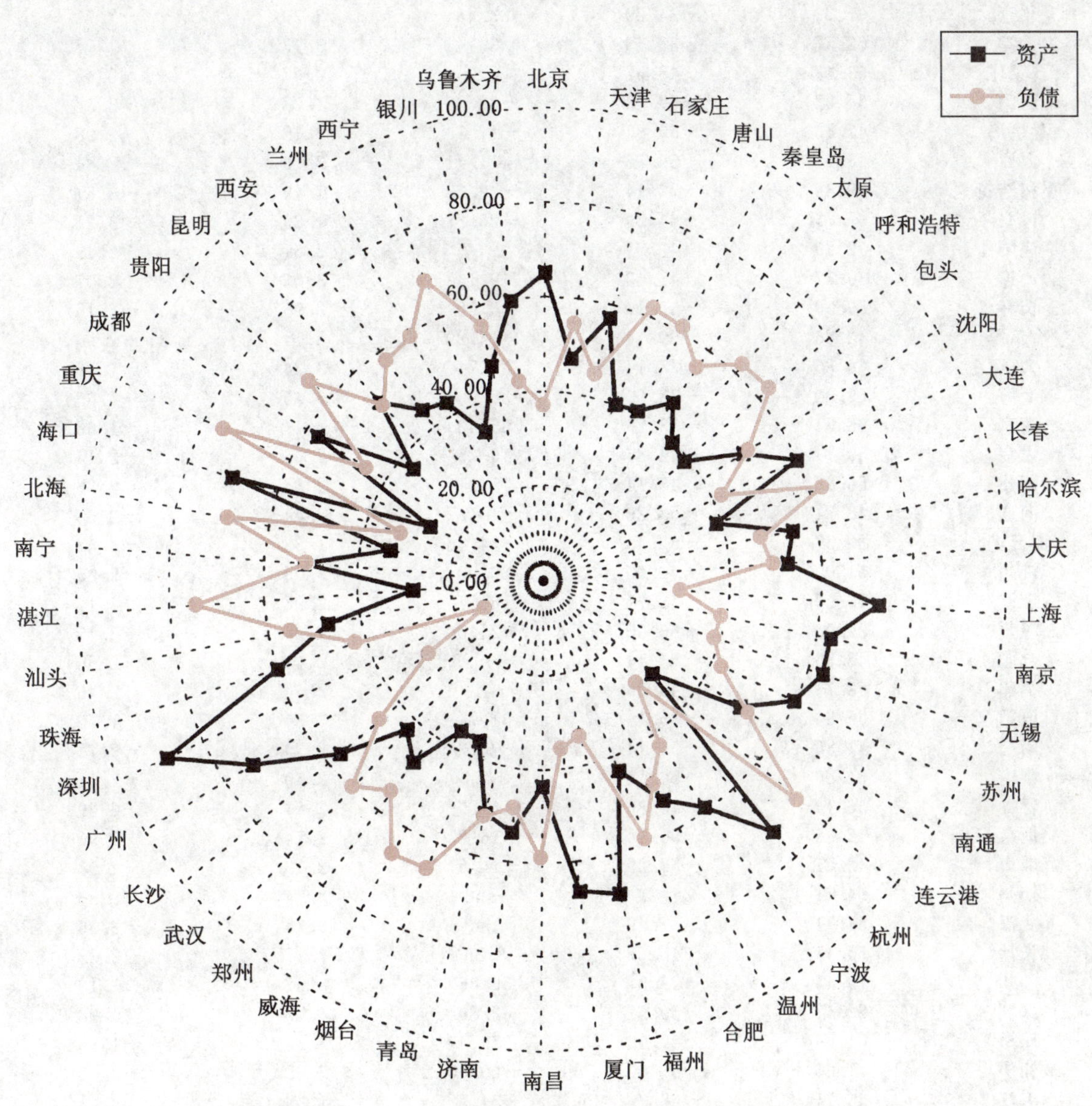

图 20.4 中国城市社会安全能力指数资产负债图

表 20.5　中国城市管理能力指数资产负债表

城市	城市管理能力指数				
	相对资产（%）	相对负债（%）	相对净资产（%）	资产质量系数	负债质量系数
北京	67.71	−34.29	33.43	3.39	−1.71
天津	62.57	−39.43	23.14	3.13	−1.97
石家庄	53.43	−48.57	4.86	2.67	−2.43
唐山	34.57	−67.43	−32.86	1.73	−3.37
秦皇岛	42.43	−59.57	−17.14	2.12	−2.98
太原	45.14	−56.86	−11.71	2.26	−2.84
呼和浩特	29.86	−72.14	−42.29	1.49	−3.61
包头	37.71	−64.29	−26.57	1.89	−3.21
沈阳	52.29	−49.71	2.57	2.61	−2.49
大连	60.57	−41.43	19.14	3.03	−2.07
长春	59.00	−30.10	16.00	2.95	−2.15
哈尔滨	42.86	−59.14	−16.29	2.14	−2.96
大庆	66.86	−35.14	31.71	3.34	−1.76
上海	69.00	−33.00	36.00	3.45	−1.65
南京	68.71	−33.29	35.43	3.44	−1.66
无锡	59.14	−42.86	16.29	2.96	−2.14
苏州	56.86	−45.14	11.71	2.84	−2.26
南通	48.71	−53.29	−4.57	2.44	−2.66
连云港	33.57	−68.43	−34.86	1.68	−3.42
杭州	61.00	−41.00	20.00	3.05	−2.05
宁波	59.29	−42.71	16.57	2.96	−2.14
温州	39.00	−63.00	−24.00	1.95	−3.15
合肥	48.86	−53.14	−4.29	2.44	−2.66
福州	52.71	−49.29	3.43	2.64	−2.46
厦门	66.86	−35.14	31.71	3.34	−1.76
南昌	47.86	−54.14	−6.29	2.39	−2.71
济南	51.86	−50.14	1.71	2.59	−2.51
青岛	56.14	−45.86	10.29	2.81	−2.29
烟台	42.86	−59.14	−16.29	2.14	−2.96
威海	43.71	−58.29	−14.57	2.19	−2.91
郑州	54.71	47.29	7.43	2.74	−2.36
武汉	54.71	−47.29	7.43	2.74	−2.36
长沙	55.43	−46.57	8.86	2.77	−2.33
广州	79.43	−22.57	56.86	3.97	−1.13
深圳	82.43	−19.57	62.86	4.12	−0.98
珠海	64.86	−37.14	27.71	3.24	−1.86
汕头	41.00	−61.00	−20.00	2.05	−3.05
湛江	33.71	−68.29	−34.57	1.69	−3.41
南宁	42.00	−60.00	−18.00	2.10	−3.00
北海	24.00	−78.00	−54.00	1.20	−3.90
海口	56.29	−45.71	10.57	2.81	−2.29
重庆	45.71	−56.29	−10.57	2.29	−2.81
成都	47.14	−54.86	−7.71	2.36	−2.74
贵阳	50.43	−51.57	−1.14	2.52	−2.58
昆明	60.71	−41.29	19.43	3.04	−2.06
西安	48.29	−53.71	−5.43	2.41	−2.69
兰州	36.29	−65.71	−29.43	1.81	−3.29
西宁	25.86	−76.14	−50.29	1.29	−3.81
银川	36.43	−65.57	−29.14	1.82	−3.28
乌鲁木齐	49.43	−52.57	−3.14	2.47	−2.63

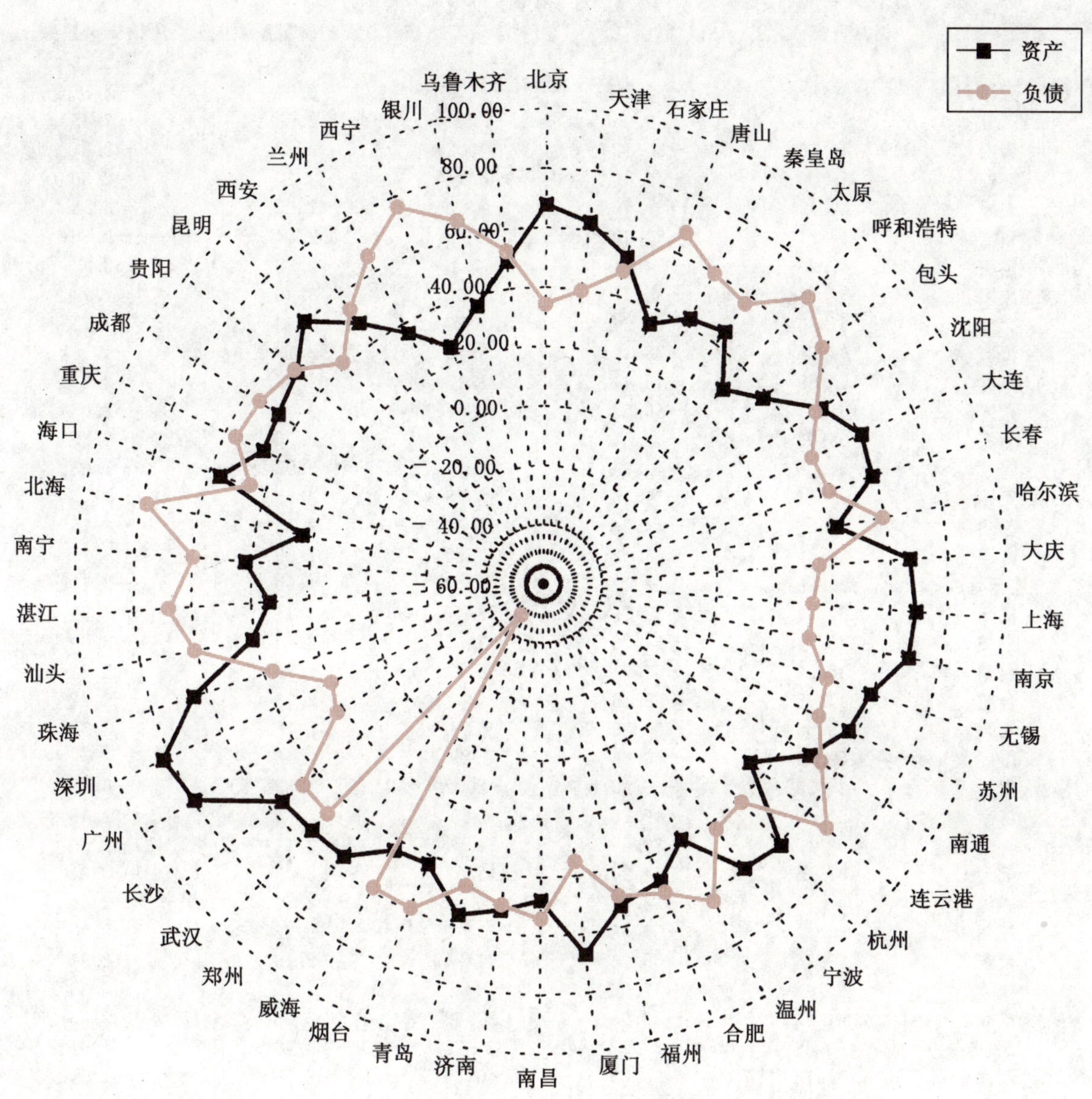

图 20.5　中国城市管理能力指数资产负债图

表 20.6　中国城市可持续能力指数资产负债表

城市	城市可持续能力指数				
	相对资产（%）	相对负债（%）	相对净资产（%）	资产质量系数	负债质量系数
北京	69.06	−32.94	36.12	3.45	−1.65
天津	50.82	−51.18	−0.35	2.54	−2.56
石家庄	52.94	−49.06	3.88	2.65	−2.45
唐山	45.88	−56.12	−10.24	2.29	−2.81
秦皇岛	56.00	−46.00	10.00	2.80	−2.30
太原	40.47	−61.53	−21.06	2.02	−3.08
呼和浩特	48.71	−53.29	−4.59	2.44	−2.66
包头	47.29	−54.71	−7.41	2.36	−2.74
沈阳	67.29	−34.71	32.59	3.36	−1.74
大连	67.76	−34.24	33.53	3.39	−1.71
长春	63.88	−38.12	25.76	3.19	−1.91
哈尔滨	56.59	−45.41	11.18	2.83	−2.27
大庆	61.41	−40.59	20.82	3.07	−2.03
上海	55.06	−46.94	8.12	2.75	−2.35
南京	61.06	−40.94	20.12	3.05	−2.05
无锡	70.94	−31.06	39.88	3.55	−1.55
苏州	57.06	−44.94	12.12	2.85	−2.25
南通	37.88	−64.12	−26.24	1.89	−3.21
连云港	39.88	−62.12	−22.24	1.99	−3.11
杭州	62.24	−39.76	22.47	3.11	−1.99
宁波	40.24	−61.76	−21.53	2.01	−3.09
温州	35.29	−66.71	−31.41	1.76	−3.34
合肥	43.65	−58.35	−14.71	2.18	−2.92
福州	55.65	−46.35	9.29	2.78	−2.32
厦门	51.65	−50.35	1.29	2.58	−2.52
南昌	36.35	−65.65	−29.29	1.82	−3.28
济南	52.82	−49.18	3.65	2.64	−2.46
青岛	62.12	−39.88	22.24	3.11	−1.99
烟台	57.76	−44.24	13.53	2.89	−2.21
威海	49.18	−52.82	−3.65	2.46	−2.64
郑州	44.47	−57.53	−13.06	2.22	−2.88
武汉	43.76	−58.24	−14.47	2.19	−2.91
长沙	54.94	−47.06	7.88	2.75	−2.35
广州	64.94	−37.06	27.88	3.25	−1.85
深圳	69.88	−32.12	37.76	3.49	−1.61
珠海	71.18	−30.82	40.35	3.56	−1.54
汕头	45.18	−56.82	−11.65	2.26	−2.84
湛江	38.35	−63.65	−25.29	1.92	−3.18
南宁	57.65	−44.35	13.29	2.88	−2.22
北海	53.65	−48.35	5.29	2.68	−2.42
海口	70.94	−31.06	39.88	3.55	−1.55
重庆	26.24	−75.76	−49.53	1.31	−3.79
成都	37.65	−64.35	−26.71	1.88	−3.22
贵阳	38.12	−63.88	−25.76	1.91	−3.19
昆明	48.00	−54.00	−6.00	2.40	−2.70
西安	36.59	−65.41	−28.82	1.83	−3.27
兰州	34.35	−67.65	−33.29	1.72	−3.38
西宁	28.47	−73.53	−45.06	1.42	−3.68
银川	39.06	−62.94	−23.88	1.95	−3.15
乌鲁木齐	49.65	−52.35	−2.71	2.48	−2.62

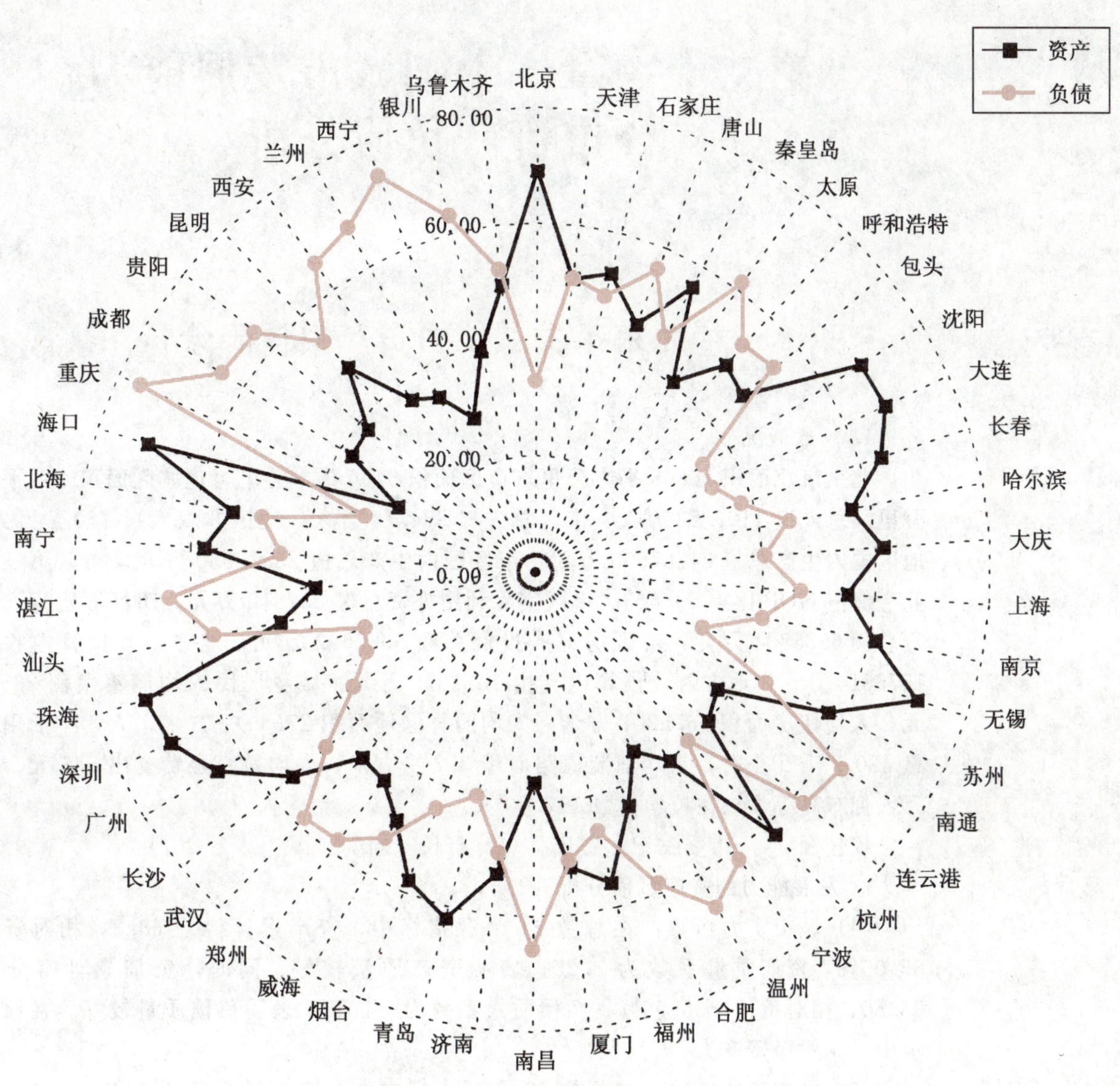

图 20.6　中国城市可持续能力指数资产负债图

第二十一章　中国城市发展能力分市资产负债分析

一　北京市发展能力资产负债表分析

1. 一般概况

北京市总面积16808平方公里，市区面积6496平方公里，建城区面积488平方公里。总人口1107.53万人，市区总人口974.14万人，地区非农人口760.7万人。地区国内生产总值24787600万元，市区国内生产总值23323050万元，市区第三产业产值占GDP比重59.6%。市区实际利用外资总额237810万元，市区固定资产投资总额6535884万元，市区房地产投资总额5069692万元。地方财政预算内收入1575514万元，地方财政预算内支出1882876万元。城乡居民人均储蓄余额26503元，人均住房面积16.52平方米，人均园林绿地面积27.39平方米，人均生活用电量430.3千瓦小时，人均铺装道路面积3.7平方米，人均教育经费支出545元，每万人拥有高等学校在校学生数147.30人。

现任领导：市委书记　贾庆林　　市长　刘淇

2. 发展能力的资产负债分析

(1) 城市实力指数：在总数21个源指标中，资产累计得分68.3，相对资产65.05%，资产质量系数为3.25，表明资产质量较好。同时，负债累计得分－38.80，相对负债－36.95%，负债质量系数为－1.85，表明负债质量较好。在该大项中，相对净资产为28.10%。

(2) 城市竞争指数：在总数29个源指标中，资产累计得分117.4，相对资产80.97%，资产质量系数为4.05，表明资产质量优良。同时，负债累计得分－30.50，相对负债－21.03%，负债质量系数为－1.05，表明负债质量较好。在该大项中，相对净资产为59.93%。

(3) 城市社会指数：在总数22个源指标中，资产累计得分71.7，相对资产65.18%，资产质量系数为3.26，表明资产质量较好。同时，负债累计得分－40.50，相对负债－36.82%，负债质量系数为－1.84，表明负债质量一般。在该大项中，相对净资产为28.36%。

(4) 城市管理指数：在总数14个源指标中，资产累计得分47.4，相对资产67.71%，资产质量系数为3.39，表明资产质量较好。同时，负债累计得分－24.00，相对负债－34.29%，负债质量系数为－1.71，表明负债质量较好。在该大项中，相对净资产为33.43％。

(5) 城市可持续指数：在总数17个源指标中，资产累计得分58.7，相对资产69.06％，资产质量系数为3.45，表明资产质量较好。同时，负债累计得分－28.00，相对负债－32.94％，负债质量系数为－1.65，表明负债质量较好。在该大项中，相对净资产为36.12％。

总计上述五大项，在总数103个源指标中，总资产累计得分363.5，相对总资产70.58％，总资产质量系数为3.53，表明总资产质量较好。同时，总负债累计得分－161.80，相对总负债－31.42％，总负债质量系数为－1.57，表明总负债质量较好。该城市发展能力相对总净资产为39.17％。

表 21.1 北京市发展能力资产负债分析

资产						五大指数	资产					
位次	指标数	占指标总数(%)	指标分值	相对资产(%)	资产质量系数		位次	指标数	占指标总数(%)	指标分值	相对资产(%)	资产质量系数
1—5	10	47.62	48.5	46.19		实力指数	1—5	10	47.62	—2.50	—2.38	
6—10	0	0.00	0.0	0.00			6—10	0	0.0	0.00	0.00	
11—15	1	4.76	3.9	3.71		资产:负债	11—15	1	4.76	—1.20	—1.14	
16—20	1	4.76	3.1	2.95		65.05 36.95	16—20	1	4.76	—2.00	—1.90	
21—25	1	4.76	3.0	2.86		净资产:28.10	21—25	1	4.76	—2.10	—2.00	
26—30	0	0.00	0.0	0.00			26—30	0	0.00	0.00	0.00	
31—35	3	14.29	5.3	5.05			31—35	3	14.29	—10.00	—9.52	
36—40	2	9.52	2.4	2.29			36—40	2	9.52	—7.80	—7.43	
41—45	3	14.29	2.1	2.00			41—45	3	14.29	—13.20	—12.57	
46—50	0	0.00	0.0	0.00			46—50	0	0.00	0.00	0.00	
合计	21	100.00	68.3	65.05	3.25	21	合计	21	100.00	—38.80	—36.95	—1.85
1—5	17	58.62	82.9	57.17		竞争指数	1—5	17	58.62	—3.80	—2.62	
6—10	3	10.34	12.6	8.69			6—10	3	10.34	—2.70	—1.86	
11—15	1	3.45	0.0	0.00		资产:负债	11—15	1	3.45	—1.20	—0.83	
16—20	1	3.45	3.5	2.41		80.97 21.03	16—20	1	3.45	—1.60	—1.10	
21—25	3	10.34	8.5	5.86		净资产:59.93	21—25	3	10.34	—6.80	—4.69	
26—30	0	0.00	0.0	0.00			26—30	0	0.00	0.00	0.00	
31—35	1	3.45	2.0	1.38			31—35	1	3.45	—3.10	—2.14	
36—40	3	10.34	4.0	2.76			36—40	3	10.34	—11.10	—7.79	
41—45	0	0.00	0.0	0.00			41—45	0	0.00	0.00	0.00	
46—50	0	0.00	0.0	0.00			46—50	0	0.00	0.00	0.00	
合计	29	100.00	117.4	80.97	4.05	29	合计	29	100.00	—30.50	—21.03	—1.05
1—5	4	18.18	18.7	17.00		社会指数	1—5	4	18.18	—1.70	—1.55	
6—10	6	27.27	25.8	23.45			6—10	6	27.27	—4.80	—4.36	
11—15	3	13.64	11.5	10.45		资产:负债	11—15	3	13.64	—3.80	—3.45	
16—20	3	13.64	9.7	8.82		65.18 36.82	16—20	3	13.64	—5.60	—5.09	
21—25	0	0.00	0.0	0.00		净资产:28.36	21—25	0	0.00	0.00	0.00	
26—30	2	9.09	4.7	4.27			26—30	2	9.09	—5.50	—5.00	
31—35	0	0.00	0.0	0.00			31—35	0	0.00	0.00	0.00	
36—40	0	0.00	0.0	0.00			36—40	0	0.00	0.00	0.00	
41—45	1	4.55	0.6	0.55			41—45	1	4.55	—4.50	—4.09	
46—50	3	12.64	0.7	0.64			46—50	3	13.64	—14.60	—13.27	
合计	22	100.00	71.7	65.18	3.26	22	合计	22	100.00	—40.50	—36.82	—1.84
1—5	5	35.71	23.7	33.86		管理指数	1—5	5	35.71	—1.80	—2.57	
6—10	1	7.14	4.4	6.29			6—10	1	7.14	—0.70	—1.00	
11—15	1	7.14	3.8	5.43		资产:负债	11—15	1	7.14	—1.30	—1.86	
16—20	0	0.00	0.0	0.00		67.71 34.29	16—20	0	0.00	0.00	0.00	
21—25	2	14.29	5.9	8.43		净资产:33.43	21—25	2	14.29	—4.30	—6.14	
26—30	1	7.14	2.4	3.43			26—30	1	7.14	—2.70	—3.86	
31—35	3	21.43	5.7	8.14			31—35	3	21.43	—9.60	—13.71	
36—40	1	7.14	1.5	2.14			36—40	1	7.14	—3.60	—5.14	
41—45	0	0.00	0.0	0.00			41—45	0	0.00	0.00	0.00	
46—50	0	0.00	0.0	0.00			46—50	0	0.00	0.00	0.00	
合计	14	100.00	47.4	67.71	3.39	14	合计	14	100.00	—24.00	—34.29	—1.71
1—5	2	11.76	9.6	11.29		可持续指数	1—5	2	11.76	—0.60	—0.71	
6—10	2	11.76	8.8	10.35			6—10	2	11.76	—1.40	—1.65	
11—15	4	23.53	15.5	18.24		资产:负债	11—15	4	23.53	—4.90	—5.76	
16—20	4	23.53	12.5	14.71		69.06 32.94	16—20	4	23.53	—7.90	—9.29	
21—25	3	17.65	8.1	9.53		净资产:36.12	21—25	3	17.65	—7.20	—8.47	
26—30	1	5.88	2.4	2.82			26—30	1	5.88	—2.70	—3.18	
31—35	1	5.88	1.8	2.12			31—35	1	5.88	—3.30	—3.88	
36—40	0	0.00	0.0	0.00			36—40	0	0.00	0.00	0.00	
41—45	0	0.00	0.0	0.00			41—45	0	0.00	0.00	0.00	
46—50	0	0.00	0.0	0.00			46—50	0	0.00	0.00	0.00	
合计	17	100.00	58.7	69.06	3.45	17	合计	17	100.00	—28.00	—32.94	—1.65
资产总指标数		占指标总数(%)	总资产分值	相对总资产(%)	总资产质量系数	相对总资产:相对总负债 70.58 31.42	负债总指标数		占指标总数(%)	总负债分值	相对总负债(%)	总负债质量系数
103		100.00	363.5	70.58	3.53	相对净资产:39.17	103		100.00	—161.80	—31.42	—1.57

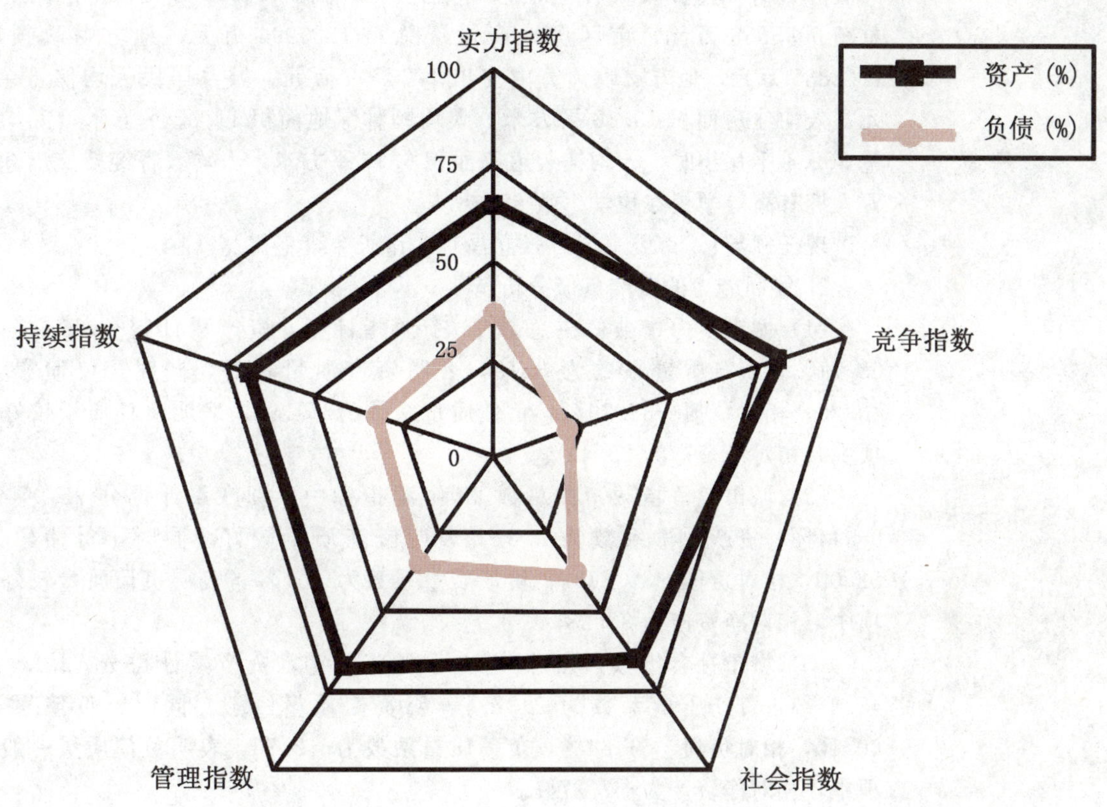

图 21.1 北京市发展能力资产负债图

二　天津市发展能力资产负债表分析

1. 一般概况

天津市总面积 11920 平方公里，市区面积 5908 平方公里，建城区面积 386 平方公里。总人口 912 万人，市区总人口 682.05 万人，地区非农人口 532.51 万人。地区国内生产总值 16393600 万元，市区国内生产总值 13928800 万元，市区第三产业产值占 GDP 比重 47.3%。市区实际利用外资总额 256000 万元，市区固定资产投资总额 5035668 万元，市区房地产投资总额 1325994 万元。地方财政预算内收入 1268835 万元，地方财政预算内支出 1773709 万元。城乡居民人均储蓄余额 15745 元，人均住房面积 13.88 平方米，人均园林绿地面积 11.07 平方米，人均生活用电量 362.4 千瓦小时，人均铺装道路面积 6.17 平方米，人均教育经费支出 397 元，每万人拥有高等学校在校学生数 65.08 人。

现任领导：市委书记　张立昌　　市长　李盛霖

2. 发展能力的资产负债分析

(1) 城市实力指数：在总数 21 个源指标中，资产累计得分 66.9，相对资产 63.71%，资产质量系数为 3.19，表明资产质量较好。同时，负债累计得分－40.20，相对负债－38.29%，负债质量系数为－1.91，表明负债质量较好。在该大项中，相对净资产为 25.43%。

(2) 城市竞争指数：在总数 29 个源指标中，资产累计得分 95.9，相对资产 66.14%，资产质量系数为 3.31，表明资产质量较好。同时，负债累计得分－52.00，相对负债－35.86%，负债质量系数为－1.79，表明负债质量较好。在该大项中，相对净资产为 30.28%。

(3) 城市社会指数：在总数 22 个源指标中，资产累计得分 52.1，相对资产 47.36%，资产质量系数为 2.37，表明资产质量一般。同时，负债累计得分－60.10，相对负债－54.64%，负债质量系数为－2.73，表明负债质量一般。在该大项中，相对净资产为－7.27%。

(4) 城市管理指数：在总数 14 个源指标中，资产累计得分 43.8，相对资产 62.57%，资产质量系数为 3.13，表明资产质量较好。同时，负债累计得分－27.60，相对负－39.43 债%，负债质量系数为－1.97，表明负债质量较好。在该大项中，相对净资产为 23.14%。

(5) 城市可持续指数：在总数 17 个源指标中，资产累计得分 43.2，相对资产 50.82%，资产质量系数为 2.54，表明资产质量一般。同时，负债累计得分－43.50，相对负债－51.18%，负债质量系数为－2.56，表明负债质量一般。在该大项中，相对净资产为－0.35%。

总计上述五大项，在总数 103 个源指标中，总资产累计得分 301.9，相对总资产 58.62%，总资产质量系数为 2.93，表明总资产质量一般。同时，总负债累计得分－223.40，相对总负债－43.38 %，总负债质量系数为－2.17，表明总负债质量一般。该城市发展能力相对总净资产为 15.24%。

表 21.2 天津市发展能力资产负债分析

资产						五大指数	资产					
位次	指标数	占指标总数（%）	指标分值	相对资产（%）	资产质量系数		位次	指标数	占指标总数（%）	指标分值	相对资产（%）	资产质量系数
1—5	9	42.86	41.7	39.71		实力指数	1—5	9	42.86	−4.20	−4.00	
6—10	0	0.00	0.0	0.00			6—10	0	0.0	0.00	0.00	
11—15	2	9.52	7.9	7.52		资产：负债	11—15	2	9.52	−2.30	−2.19	
16—20	1	4.76	3.1	2.95		63.71 38.29	16—20	1	4.76	−2.00	−1.90	
21—25	1	4.76	2.6	2.48		净资产：25.43	21—25	1	4.76	−2.50	−2.38	
26—30	3	14.29	7.3	6.95			26—30	3	14.29	−8.00	−7.62	
31—35	1	4.76	1.9	1.81			31—35	1	4.76	−3.20	−3.05	
36—40	1	4.76	1.2	1.14			36—40	1	4.76	−3.90	−3.71	
41—45	1	4.76	0.7	0.67			41—45	1	4.76	−4.40	−4.19	
46—50	2	9.52	0.5	0.48			46—50	2	9.52	−9.70	−9.24	
合计	21	100.00	66.9	63.71	3.19	21	合计	21	100.00	−40.20	−38.29	−1.91
1—5	8	27.59	38.1	26.28		竞争指数	1—5	8	27.59	−2.70	−1.86	
6—10	3	10.34	13.2	9.10			6—10	3	10.34	−2.70	−1.86	
11—15	2	6.90	7.8	5.38		资产：负债	11—15	2	6.90	−2.40	−1.66	
16—20	5	17.24	16.9	11.66		66.14 35.86	16—20	5	17.24	−8.60	−5.93	
21—25	3	10.34	8.0	5.52		净资产：30.28	21—25	3	10.34	−7.30	−5.03	
26—30	3	10.34	6.7	4.62			26—30	3	10.34	−8.60	−5.93	
31—35	1	3.45	1.9	1.31			31—35	1	3.45	−3.20	−2.21	
36—40	1	3.45	1.4	0.97			36—40	1	3.45	−3.70	−2.55	
41—45	1	3.45	1.0	0.69			41—45	1	3.45	−4.10	−2.83	
46—50	2	6.90	0.9	0.62			46—50	2	6.90	−9.30	−6.41	
合计	29	100.00	95.9	66.14	3.31	29	合计	29	100.00	−52.00	−35.86	−1.79
1—5	1	4.55	4.7	4.27		社会指数	1—5	1	4.55	−0.40	−0.36	
6—10	0	0.00	0.0	0.00			6—10	0	0.00	0.00	0.00	
11—15	6	27.27	22.7	20.64		资产：负债	11—15	6	27.27	−7.90	−7.18	
16—20	0	0.00	0.0	0.00		37.36 54.64	16—20	0	0.00	0.00	0.00	
21—25	1	4.55	2.8	2.55		净资产：−7.27	21—25	1	4.55	−2.30	−2.09	
26—30	5	22.73	11.5	10.45			26—30	5	22.73	−14.00	−12.73	
31—35	2	9.09	3.6	3.27			31—35	2	9.09	−6.60	−6.00	
36—40	3	13.64	4.5	4.09			36—40	3	13.64	−10.80	−9.82	
41—45	2	9.09	1.6	1.45			41—45	2	9.09	−8.60	−7.82	
46—50	2	9.09	0.7	0.64			46—50	2	9.09	−9.50	−8.64	
合计	22	100.00	52.1	47.36	2.37	22	合计	22	100.00	−60.10	−54.64	−2.73
1—5	2	14.29	9.3	13.29		管理指数	1—5	2	14.29	−0.90	−1.29	
6—10	1	7.14	4.5	6.43			6—10	1	7.14	−0.60	−0.86	
11—15	1	7.14	3.9	5.57		资产：负债	11—15	1	7.14	−1.20	−1.71	
16—20	3	21.43	10.3	14.71		62.57 39.43	16—20	3	21.43	−5.00	−7.14	
21—25	2	14.29	5.6	8.00		净资产：23.14	21—25	2	14.29	−4.60	−6.57	
26—30	3	21.43	6.9	9.86			26—30	3	21.43	−8.40	−12.00	
31—35	1	7.14	1.9	2.71			31—35	1	7.14	−3.20	−4.57	
36—40	1	7.14	1.4	2.00			36—40	1	7.14	−3.70	−5.29	
41—45	0	0.00	0.0	0.00			41—45	0	0.00	0.00	0.00	
46—50	0	0.00	0.0	0.00			46—50	0	0.00	0.00	0.00	
合计	14	100.00	43.8	62.57	3.13	14	合计	14	100.00	−27.60	−39.43	−1.97
1—5	0	0.00	0.0	0.00		可持续指数	1—5	0	0.00	0.00	0.00	
6—10	3	17.65	12.7	14.94			6—10	3	17.65	−2.60	−3.06	
11—15	1	5.88	3.8	4.47		资产：负债	11—15	1	5.88	−1.30	−1.53	
16—20	3	17.65	9.9	11.65		50.82 51.18	16—20	3	17.65	−5.40	−6.35	
21—25	3	17.65	8.7	10.24		净资产：−0.35	21—25	3	17.65	−6.60	−7.76	
26—30	1	5.88	2.5	2.94			26—30	1	5.88	−2.60	−3.06	
31—35	0	0.00	0.0	0.00			31—35	0	0.00	0.00	0.00	
36—40	2	11.76	2.6	3.06			36—40	2	11.76	−7.60	−8.94	
41—45	3	17.65	2.6	3.06			41—45	3	17.65	−12.70	−14.94	
46—50	1	5.88	0.4	0.47			46—50	1	5.88	−4.70	−5.53	
合计	17	100.00	43.2	50.82	2.54	17	合计	17	100.00	−43.50	−51.18	−2.56
资产总指标数		占指标总数（%）	总资产分值	相对总资产（%）	总资产质量系数	相对总资产：相对总负债 58.62 43.38	负债总指标数		占指标总数（%）	总负债分值	相对总负债（%）	总负债质量系数
103		100.00	301.9	58.62	2.93	相对净资产：15.24	103		100.00	−223.40	−43.38	−2.17

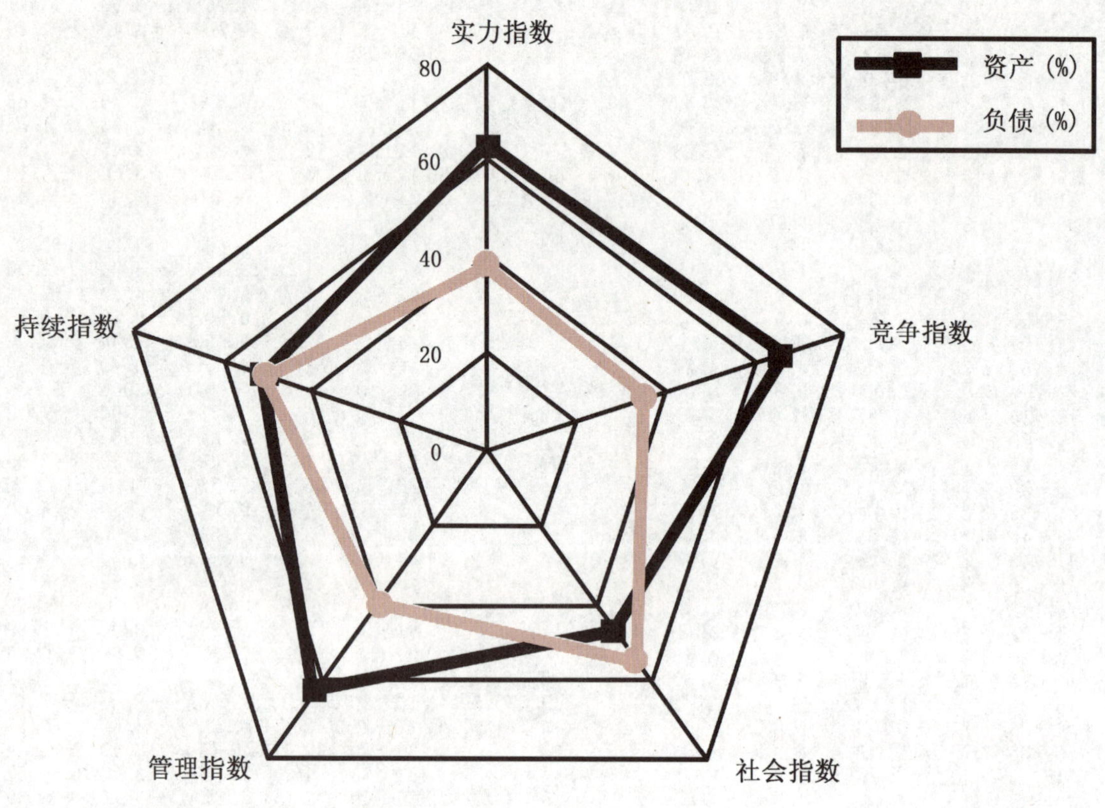

图 21.2　天津市发展能力资产负债图

三　石家庄市发展能力资产负债表分析

1. 一般概况

石家庄市总面积 15848 平方公里，市区面积 307 平方公里，建城区面积 112 平方公里。总人口 889.8 万人，市区总人口 166.8 万人，地区非农人口 213.52 万人。地区国内生产总值 10031119 万元，市区国内生产总值 4177309 万元，市区第三产业产值占 GDP 比重 51.9%。市区实际利用外资总额 10241 万元，市区固定资产投资总额 1408741 万元，市区房地产投资总额 201279 万元。地方财政预算内收入 200653 万元，地方财政预算内支出 256178 万元。城乡居民人均储蓄余额 23962 元，人均住房面积 15.9 平方米，人均园林绿地面积 21.53 平方米，人均生活用电量 352.9 千瓦小时，人均铺装道路面积 6.7 平方米，人均教育经费支出 208 元，每万人拥有高等学校在校学生数 31.04 人。

现任领导：市委书记　吴振华　　市长　臧胜业

2. 发展能力的资产负债分析

(1) 城市实力指数：在总数 21 个源指标中，资产累计得分 54.7，相对资产 52.10%，资产质量系数为 2.60，表明资产质量一般。同时，负债累计得分－50.60，相对负债－48.19%，负债质量系数为－2.41，表明负债质量一般。在该大项中，相对净资产为 3.90%。

(2) 城市竞争指数：在总数 29 个源指标中，资产累计得分 70.2，相对资产 48.41%，资产质量系数为 2.42，表明资产质量一般。同时，负债累计得分－77.70，相对负债－53.59%，负债质量系数为－2.63，表明负债质量一般。在该大项中，相对净资产为－5.17%。

(3) 城市社会指数：在总数 22 个源指标中，资产累计得分 62.80，相对资产 57.09%，资产质量系数为 2.85，表明资产质量一般。同时，负债累计得分－49.40，相对负债－44.91%，负债质量系数为－2.25，表明负债质量一般。在该大项中，相对净资产为 12.18%。

(4) 城市管理指数：在总数 14 个源指标中，资产累计得分 37.4，相对资产 53.43%，资产质量系数为 2.67，表明资产质量一般。同时，负债累计得分－34.00，相对负债－48.57%，负债质量系数为－2.43，表明负债质量一般。在该大项中，相对净资产为 4.86%。

(5) 城市可持续指数：在总数 17 个源指标中，资产累计得分 45.0，相对资产 52.94%，资产质量系数为 2.65，表明资产质量一般。同时，负债累计得分－41.70，相对负债－49.06%，负债质量系数为－2.45，表明负债质量一般。在该大项中，相对净资产为 3.88%。

总计上述五大项，在总数 103 个源指标中，总资产累计得分 270.1，相对总资产 52.45%，总资产质量系数为 2.62，表明总资产质量一般。同时，总负债累计得分－253.40，相对总负债－49.20%，总负债质量系数为－2.46，表明总负债质量一般。该城市发展能力相对总净资产为 3.24%。

表 21.3　石家庄市发展能力资产负债分析

资　产							资　产					
位　次	指标数	占指标总数（%）	指标分值	相对资产（%）	资产质量系数	五大指数	位次	指标数	占指标总数（%）	指标分值	相对资产（%）	资产质量系数
1－5	1	4.76	5.0	4.76		实力指数	1－5	1	4.76	－0.10	－0.10	
6－10	1	4.76	4.5	4.29			6－10	1	4.76	－0.60	－0.57	
11－15	0	0.00	0.0	0.00		资产：负债	11－15	0	0.00	0.00	0.00	
16－20	5	23.81	17.1	16.29		52.10　48.19	16－20	5	23.81	－6.60	－6.29	
21－25	6	28.57	17.1	16.29		净资产：3.90	21－25	6	28.57	－13.50	－12.86	
26－30	4	19.05	8.7	8.29			26－30	4	19.05	－11.70	－11.14	
31－35	0	0.00	0.0	0.00			31－35	0	0.00	0.00	0.00	
36－40	1	4.76	1.1	1.05			36－40	1	4.76	－4.00	－3.81	
41－45	1	4.76	1.0	0.95			41－45	1	4.76	－4.10	－3.90	
46－50	2	9.52	0.2	0.19			46－50	2	9.52	－10.00	－9.52	
合计	21	100.00	54.7	52.10	2.60	21	合计	21	100.00	－50.60	－48.19	－2.41
1－5	2	6.90	9.3	6.41		竞争指数	1－5	2	6.90	－0.90	－0.62	
6－10	2	6.90	8.3	5.72			6－10	2	6.90	－1.90	－1.31	
11－15	1	3.45	4.0	2.76		资产：负债	11－15	1	3.45	－1.10	－0.76	
16－20	1	3.45	3.3	2.28		48.41　53.59	16－20	1	3.45	－1.80	－1.24	
21－25	8	27.59	22.1	14.24		净资产：－5.17	21－25	8	27.59	－18.70	－12.90	
26－30	7	24.14	16.1	11.10			26－30	7	24.14	－19.60	－13.52	
31－35	1	3.45	2.0	1.38			31－35	1	3.45	－3.10	－2.14	
36－40	2	6.90	2.9	2.00			36－40	2	6.90	－7.30	－5.03	
41－45	1	3.45	0.7	0.48			41－45	1	3.45	－4.40	－3.03	
46－50	4	14.79	1.5	1.03			46－50	4	13.79	－18.90	－13.03	
合计	29	100.00	70.2	48.41	2.42	29	合计	29	100.00	－77.70	－53.59	－2.68
1－5	4	18.18	18.8	17.09		社会指数	1－5	4	18.18	－1.60	－1.45	
6－10	2	9.09	8.5	7.73			6－10	2	9.09	－1.70	－1.55	
11－15	3	13.64	11.4	10.36		资产：负债	11－15	3	13.64	－3.90	－3.55	
16－20	0	0.00	0.0	0.00		57.09　44.91	16－20	0	0.00	0.00	0.00	
21－25	2	9.09	6.0	5.45		净资产：12.18	21－25	2	9.09	－4.20	－3.82	
26－30	4	18.18	8.9	8.09			26－30	4	18.18	－11.50	－10.45	
31－35	4	18.18	7.4	6.73			31－35	4	18.18	－13.00	－11.82	
36－40	0	0.00	0.0	0.00			36－40	0	0.00	0.00	0.00	
41－45	2	9.09	1.3	1.18			41－45	2	9.09	－8.90	－8.09	
46－50	1	4.55	0.5	0.45			46－50	1	4.55	－4.60	－4.18	
合计	22	100.00	62.8	57.09	2.85	22	合计	22	100.00	－49.40	－44.91	－2.25
1－5	1	7.14	5.0	7.14		管理指数	1－5	1	7.14	－0.10	－0.14	
6－10	1	7.14	4.5	6.43			6－10	1	7.14	－0.60	－0.86	
11－15	2	14.29	7.2	10.29		资产：负债	11－15	2	14.29	－3.00	－4.29	
16－20	2	14.29	7.0	10.00		53.43　48.57	16－20	2	14.29	－3.20	－4.57	
21－25	2	14.29	5.7	8.14		净资产：4.86	21－25	2	14.29	－4.50	－6.43	
26－30	1	7.14	2.4	3.43			26－30	1	7.14	－2.70	－3.86	
31－35	2	13.29	3.9	5.57			31－35	2	14.29	－6.30	－9.00	
36－40	0	0.00	0.0	0.00			36－40	0	0.00	0.00	0.00	
41－45	1	7.14	1.0	1.43			41－45	1	7.14	－4.10	－5.86	
46－50	2	14.29	0.7	1.00			46－50	2	14.29	－9.50	－13.57	
合计	14	100.00	37.4	53.43	2.67	14	合计	14	100.00	－34.00	－48.57	－2.43
1－5	1	5.88	4.7	5.53		可持续指数	1－5	1	5.88	－0.40	－0.47	
6－10	0	0.00	0.0	0.00			6－10	0	0.00	0.00	0.00	
11－15	2	11.76	7.6	8.94		资产：负债	11－15	2	11.76	－2.60	－3.06	
16－20	4	23.53	13.1	15.41		52.94　49.06	16－20	4	23.53	－7.30	－8.59	
21－25	2	11.76	5.7	6.71		净资产：3.88	21－25	2	11.76	－4.50	－5.29	
26－30	2	11.76	4.8	5.65			26－30	2	11.76	－5.40	－6.35	
31－35	3	17.65	6.0	7.06			31－35	3	17.65	－9.30	－10.94	
36－40	1	5.88	1.4	1.65			36－40	1	5.88	－3.70	－4.35	
41－45	2	11.76	1.7	2.00			41－45	2	11.76	－8.50	－10.00	
46－50	0	0.00	0.0	0.00			46－50	0	0.00	0.00	0.00	
合计	17	100.00	45.0	52.94	2.65	17	合计	17	100.00	－41.70	－49.06	－2.45
资产总指标数		占指标总数（%）	总资产分值	相对总资产（%）	总资产质量系数	相对总资产：相对总负债 52.45　49.20	负债总指标数		占指标总数（%）	总负债分值	相对总负债（%）	总负债质量系数
103		100.00	270.1	52.45	2.62	相对净资产：3.24	103		100.00	－253.40	－49.20	－2.46

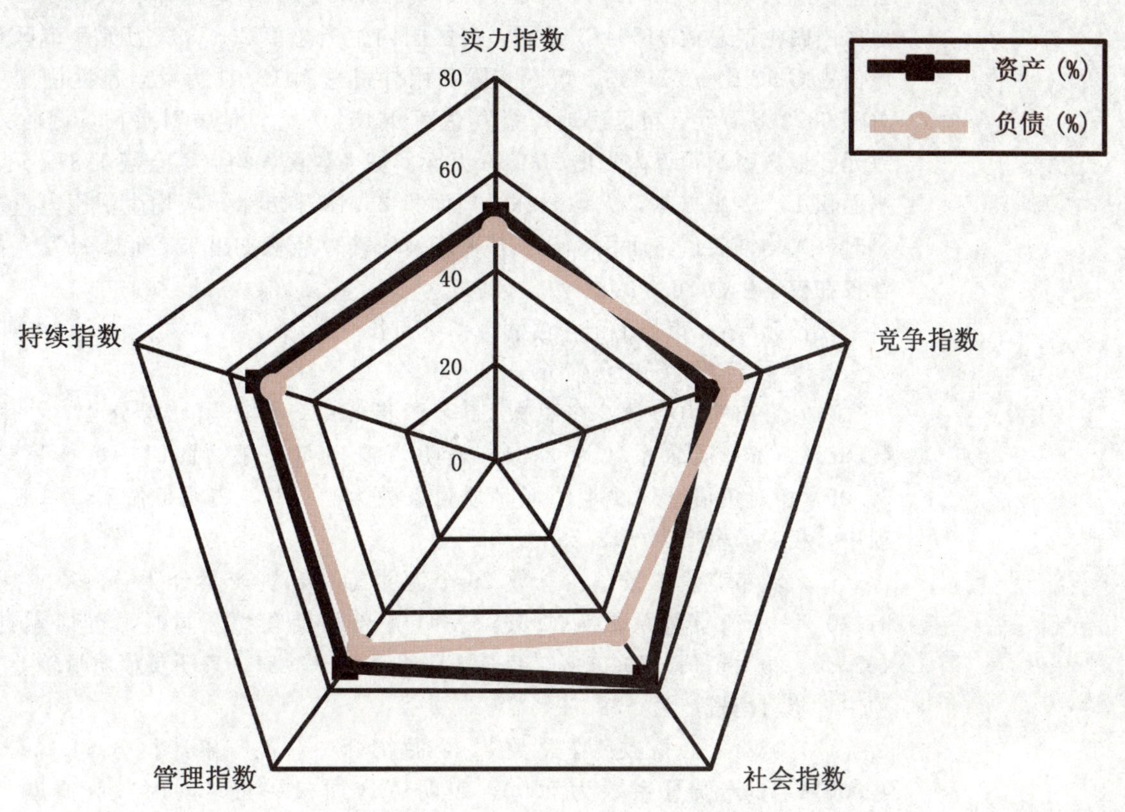

图 21.3 石家庄市发展能力资产负债图

四　唐山市发展能力资产负债表分析

1. 一般概况

唐山市总面积13472平方公里，市区面积1090平方公里，建城区面积122平方公里。总人口699.79万人，市区总人口168.35万人，地区非农人口190.71万人。地区国内生产总值9150473万元，市区国内生产总值2957392万元，市区第三产业产值占GDP比重32.1%。市区实际利用外资总额12701万元，市区固定资产投资总额687388万元，市区房地产投资总额96154万元。地方财政预算内收入157812万元，地方财政预算内支出209519万元。城乡居民人均储蓄余额12879元，人均住房面积15.13平方米，人均园林绿地面积23.18平方米，人均生活用电量214千瓦小时，人均铺装道路面积5.5平方米，人均教育经费支出145元，每万人拥有高等学校在校学生数26.36人。

现任领导：市委书记　白润璋　　市长　张和

2. 发展能力的资产负债分析

(1) 城市实力指数：在总数21个源指标中，资产累计得分47.1，相对资产44.86%，资产质量系数为2.24，表明资产质量一般。同时，负债累计得分－60.00，相对负债－57.14%，负债质量系数为－2.86，表明负债质量一般。在该大项中，相对净资产为－12.29%。

(2) 城市竞争指数：在总数29个源指标中，资产累计得分45.1，相对资产31.10%，资产质量系数为1.56，表明资产质量较差。同时，负债累计得分－102.80，相对负债－70.90%，负债质量系数为－3.54，表明负债质量较差。在该大项中，相对净资产为－39.79%。

(3) 城市社会指数：在总数22个源指标中，资产累计得分44.0，相对资产40.00%，资产质量系数为2.00，表明资产质量一般。同时，负债累计得分－68.20，相对负债－62.00%，负债质量系数为－3.10，表明负债质量较差。在该大项中，相对净资产为－22.00%。

(4) 城市管理指数：在总数14个源指标中，资产累计得分24.2，相对资产34.57%，资产质量系数为1.73，表明资产质量较差。同时，负债累计得分－47.20，相对负债－67.43%，负债质量系数为－3.37，表明负债质量较差。在该大项中，相对净资产为－32.86%。

(5) 城市可持续指数：在总数17个源指标中，资产累计得分39.0，相对资产45.88%，资产质量系数为2.29，表明资产质量一般。同时，负债累计得分－47.70，相对负债－56.12%，负债质量系数为－2.81，表明负债质量一般。在该大项中，相对净资产为－10.24%。

总计上述五大项，在总数103个源指标中，总资产累计得分199.4，相对总资产38.72%，总资产质量系数为1.94，表明总资产质量较差。同时，总负债累计得分－325.90，相对总负债－63.28%，总负债质量系数为－3.16，表明总负债质量较差。该城市发展能力相对总净资产为－24.56%。

表 21.4　唐山市发展能力资产负债分析

资　产						五大指数	资　产					
位　次	指标数	占指标总数(%)	指标分值	相对资产(%)	资产质量系数		位次	指标数	占指标总数(%)	指标分值	相对资产(%)	资产质量系数
1－5	1	4.76	4.8	4.57		实力指数	1－5	1	4.76	－0.30	－0.29	
6－10	0	0.00	0.0	0.00			6－10	0	0.00	0.00	0.00	
11－15	1	4.76	3.9	3.71		资产:负债	11－15	1	4.76	－1.20	－1.14	
16－20	1	4.76	3.2	3.05		44.86　57.14	16－20	1	4.76	－1.90	－1.81	
21－25	2	9.52	5.4	5.14		净资产:－12.29	21－25	2	9.52	－4.80	－4.57	
26－30	5	23.81	10.9	10.38			26－30	5	23.81	－14.60	－13.90	
31－35	9	42.86	16.7	15.90			31－35	9	42.86	－29.20	－27.81	
36－40	1	4.76	1.5	1.43			36－40	1	4.76	－3.60	－3.43	
41－45	1	4.76	0.7	0.67			41－45	1	4.76	－4.40	－4.19	
46－50	0	0.00	0.0	0.00			46－50	0	0.00	0.00	0.00	
合计	21	100.00	47.1	44.86	2.24	21	合计	21	100.00	－60.00	－57.14	－2.86
1－5	1	3.45	4.7	3.24		竞争指数	1－5	1	3.45	－0.40	－0.28	
6－10	1	3.45	4.3	2.97			6－10	1	3.45	－0.80	－0.55	
11－15	1	3.45	3.8	2.62		资产:负债	11－15	1	3.45	－1.30	－0.90	
16－20	0	0.00	0.0	0.00		31.10　70.90	16－20	0	0.00	0.00	0.00	
21－25	1	3.45	3.0	2.07		净资产:－39.79	21－25	1	3.45	－2.10	－1.45	
26－30	1	3.45	2.5	1.72			26－30	1	3.45	－2.60	－1.79	
31－35	5	17.24	9.0	6.21			31－35	5	17.24	－16.50	－11.38	
36－40	9	31.03	12.1	8.34			36－40	9	31.03	－33.80	－23.31	
41－45	5	17.24	4.0	2.76			41－45	5	17.24	－21.50	－14.83	
46－50	5	17.24	1.7	1.17			46－50	5	17.24	－23.80	－16.41	
合计	29	100.00	45.1	31.10	1.56	29	合计	29	100.00	－102.80	－70.90	－3.54
1－5	1	4.55	5.0	4.55		社会指数	1－5	1	4.55	－0.10	－0.09	
6－10	1	4.55	4.2	3.82			6－10	1	4.55	－0.90	－0.82	
11－15	1	4.55	4.0	3.64		资产:负债	11－15	1	4.55	－1.10	－1.00	
16－20	2	9.09	6.6	6.00		40.00　62.00	16－20	2	9.09	－3.60	－3.27	
21－25	2	9.09	6.0	5.45		净资产:－22.00	21－25	2	9.09	－4.20	－3.82	
26－30	4	9.09	4.6	4.18			26－30	2	9.09	－5.60	－5.09	
31－35	1	4.55	2.0	1.82			31－35	1	4.55	－3.10	－2.82	
36－40	5	22.73	6.8	6.18			36－40	5	22.73	－18.70	－17.00	
41－45	6	27.27	4.3	3.91			41－45	6	27.27	－26.30	－23.91	
46－50	1	4.55	0.5	0.45			46－50	1	4.55	－4.60	－4.18	
合计	22	100.00	44.0	40.00	2.00	22	合计	22	100.00	－68.20	－62.00	－3.10
1－5	0	0.00	0.0	0.00		管理指数	1－5	0	0.00	0.00	0.00	
6－10	0	0.00	0.0	0.00			6－10	0	0.00	0.00	0.00	
11－15	2	14.29	7.6	10.86		资产:负债	11－15	2	14.29	－2.60	－3.71	
16－20	2	7.14	3.4	4.86		34.57　67.43	16－20	1	7.14	－1.70	－2.43	
21－25	0	0.00	0.0	0.00		净资产:－32.86	21－25	0	0.00	0.00	0.00	
26－30	2	14.29	4.5	6.43			26－30	2	14.29	－5.70	－8.14	
31－35	2	14.29	3.9	5.57			31－35	2	14.29	－6.30	－9.00	
36－40	2	14.29	2.2	3.14			36－40	2	14.29	－8.00	－11.43	
41－45	2	14.29	1.4	2.00			41－45	2	14.29	－8.80	－12.57	
46－50	3	21.43	1.2	1.71			46－50	3	21.43	－14.10	－20.14	
合计	14	100.00	24.2	34.57	1.73	14	合计	14	100.00	－47.20	－67.43	－3.37
1－5	1	5.88	4.8	5.65		可持续指数	1－5	1	5.88	－0.30	－0.35	
6－10	2	11.76	8.2	9.65			6－10	2	11.76	－2.00	－2.35	
11－15	0	0.00	0.0	0.00		资产:负债	11－15	0	0.00	0.00	0.00	
16－20	2	11.76	6.4	7.53		45.88　56.12	16－20	2	11.76	－3.80	－4.47	
21－25	3	11.65	8.2	9.65		净资产:－10.24	21－25	3	11.65	－7.10	－8.35	
26－30	1	5.88	2.5	2.94			26－30	1	5.88	－2.60	－3.06	
31－35	1	5.88	1.8	2.12			31－35	1	5.88	－3.30	－3.88	
36－40	5	29.41	6.6	7.76			36－40	5	29.41	－18.90	－22.24	
41－45	0	0.00	0.0	0.00			41－45	0	0.00	0.00	0.00	
46－50	2	11.76	0.5	0.59			46－50	2	11.76	－9.70	－11.41	
合计	17	100.00	39.0	45.88	2.29	17	合计	17	100.00	－47.70	－56.12	－2.81
资产总指标数		占指标总数(%)	总资产分值	相对总资产(%)	总资产质量系数	相对总资产:相对总负债 38.72　63.28	负债总指标数		占指标总数(%)	总负债分值	相对总负债(%)	总负债质量系数
103		100.00	199.4	38.72	1.94	相对净资产: －24.56	103		100.00	－325.90	－63.28	－3.16

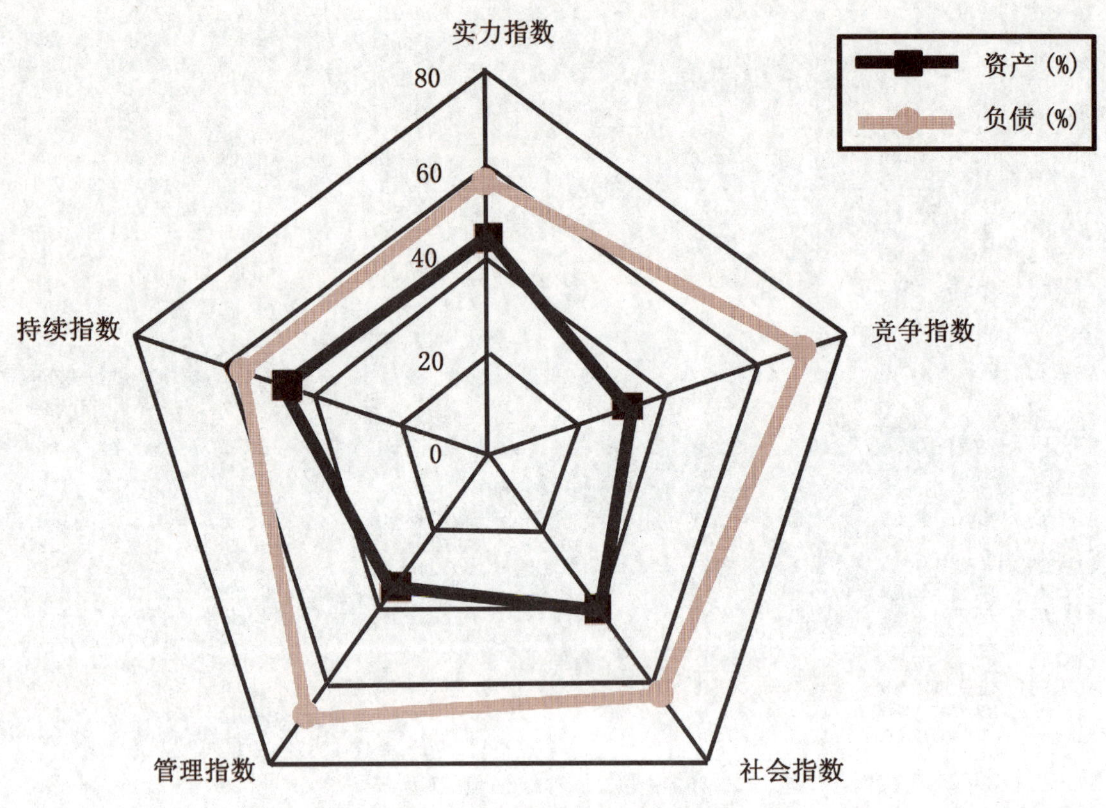

图 21.4　唐山市发展能力资产负债图

五　秦皇岛市发展能力资产负债表分析

1. 一般概况

秦皇岛总面积7812平方公里，市区面积363平方公里，建城区面积71平方公里。总人口266.29万人，市区总人口68.73万人，地区非农人口69.85万人。地区国内生产总值2853937万元，市区国内生产总值1586990万元，市区第三产业产值占GDP比重59.6%。市区实际利用外资总额12423万元，市区固定资产投资总额361342万元，市区房地产投资总额129431万元。地方财政预算内收入94108万元，地方财政预算内支出130240万元。城乡居民人均储蓄余额20771元，人均住房面积15.54平方米，人均园林绿地面积44.51平方米，人均生活用电量214.2千瓦小时，人均铺装道路面积8.2平方米，人均教育经费支出256元，每万人拥有高等学校在校学生数31.22人。

现任领导：　市委书记　王建忠　　市长　营瑞亭

2. 发展能力的资产负债分析

(1) 城市实力指数：在总数21个源指标中，资产累计得分38.3，相对资产36.48%，资产质量系数为1.82，表明资产质量较差。同时，负债累计得分−65.20，相对负债−62.10%，负债质量系数为−3.10，表明负债质量较差。在该大项中，相对净资产为−25.62%。

(2) 城市竞争指数：在总数29个源指标中，资产累计得分62.0，相对资产42.76%，资产质量系数为2.14，表明资产质量一般。同时，负债累计得分−85.90，相对负债−59.24%，负债质量系数为−2.96，表明负债质量一般。在该大项中，相对净资产为−16.48%。

(3) 城市社会指数：在总数22个源指标中，资产累计得分45.0，相对资产40.91%，资产质量系数为2.05，表明资产质量一般。同时，负债累计得分−67.20，相对负债−61.09%，负债质量系数为−3.05，表明负债质量较差。在该大项中，相对净资产为−20.18%。

(4) 城市管理指数：在总数14个源指标中，资产累计得分29.7，相对资产42.43%，资产质量系数为2.12，表明资产质量一般。同时，负债累计得分−41.70，相对负债−59.57%，负债质量系数为−2.98，表明负债质量一般。在该大项中，相对净资产为−17.14%。

(5) 城市可持续指数：在总数17个源指标中，资产累计得分47.6，相对资产56.00%，资产质量系数为2.80，表明资产质量一般。同时，负债累计得分−39.10，相对负债−46.00%，负债质量系数为−2.30，表明负债质量一般。在该大项中，相对净资产为10.00%。

总计上述五大项，在总数103个源指标中，总资产累计得分222.6，相对总资产43.22%，总资产质量系数为2.16，表明总资产质量一般。同时，总负债累计得分−299.10，相对总负债−58.08%，总负债质量系数为−2.90，表明总负债质量一般。该城市发展能力相对总净资产为−14.85%。

表 21.5 秦皇岛市发展能力资产负债分析

资 产						五大指数	资 产					
位 次	指标数	占指标总数(%)	指标分值	相对资产(%)	资产质量系数		位次	指标数	占指标总数(%)	指标分值	相对资产(%)	资产质量系数
1—5	0	0.00	0.0	0.00		实力指数	1—5	0	0.00	0.00	0.00	
6—10	1	4.76	4.1	3.90			6—10	1	4.76	−1.00	−0.95	
11—15	0	0.00	0.0	0.00		资产:负债	11—15	0	0.00	0.00	0.00	
16—20	3	14.29	10.0	9.52		36.48 62.10	16—20	3	14.29	−1.70	−1.62	
21—25	3	14.29	8.7	8.29		净资产:−25.62	21—25	3	14.29	−6.60	−6.29	
26—30	1	4.76	2.1	2.00			26—30	1	4.76	−3.00	−2.86	
31—35	2	9.52	4.0	3.81			31—35	2	9.52	−6.20	−5.90	
36—40	3	14.29	3.9	3.71			36—40	3	14.29	−11.40	−10.86	
41—45	6	28.57	4.8	4.57			41—45	6	28.57	−25.80	−24.57	
46—50	2	9.52	0.7	0.67			46—50	2	9.52	−9.50	−9.05	
合计	21	100.00	38.3	36.48	1.82	21	合计	21	100.00	−65.20	−62.10	−3.10
1—5	0	0.00	0.0	0.00		竞争指数	1—5	0	0.00	0.00	0.00	
6—10	1	3.45	4.2	2.90			6—10	1	3.45	−0.90	−0.62	
11—15	5	17.24	19.6	13.52		资产:负债	11—15	5	17.24	−5.90	−4.07	
16—20	2	6.90	7.0	4.83		42.76 59.24	16—20	2	6.90	−3.20	−2.21	
21—25	1	3.45	2.7	1.86		净资产:−16.48	21—25	1	3.45	−2.40	−1.66	
26—30	6	20.69	14.3	9.86			26—30	6	20.69	−16.30	−11.24	
31—35	2	6.90	3.4	2.34			31—35	2	6.90	−6.80	−4.69	
36—40	6	20.69	7.5	5.17			36—40	6	20.69	−23.10	−15.93	
41—45	3	10.34	1.9	1.31			41—45	3	10.34	−13.40	−9.24	
46—50	3	10.34	1.4	0.97			46—50	3	10.34	−13.90	−9.59	
合计	29	100.00	62.0	42.76	2.14	29	合计	29	100.00	−85.90	−58.24	−2.96
1—5	0	0.00	0.00	0.00		社会指数	1—5	0	0.00	0.00	0.00	
6—10	0	0.00	0.00	0.00			6—10	0	0.00	0.00	0.00	
11—15	3	13.64	11.4	10.36		资产:负债	11—15	3	13.64	−3.90	−3.55	
16—20	2	9.09	6.6	6.00		40.91 61.09	16—20	2	9.09	−3.60	−3.27	
21—25	1	4.55	2.8	2.55		净资产:−20.18	21—25	1	4.55	−2.30	−2.09	
26—30	5	22.73	11.8	10.73			26—30	5	22.73	−13.70	−12.45	
31—35	2	9.09	3.6	3.27			31—35	2	9.09	−6.60	−6.00	
36—40	3	13.64	3.8	3.45			36—40	3	13.64	−11.50	−10.45	
41—45	6	27.27	5.0	4.55			41—45	6	27.27	−25.60	−23.27	
46—50	0	0.00	0.00	0.00			46—50	0	0.00	0.00	0.00	
合计	22	100.00	45.0	40.91	2.05	22	合计	22	100.00	−67.20	−61.09	−3.05
1—5	0	0.00	0.0	0.00		管理指数	1—5	0	0.00	0.00	0.00	
6—10	1	7.14	4.5	6.43			6—10	1	7.14	−0.60	−0.86	
11—15	2	7.14	4.0	5.71		资产:负债	11—15	1	7.14	−1.10	−1.57	
16—20	2	14.29	6.8	9.71		42.43 59.57	16—20	2	14.29	−3.40	−4.86	
21—25	0	0.00	0.0	0.00		净资产:−17.14	21—25	0	0.00	0.00	0.00	
26—30	4	28.57	9.3	13.29			26—30	4	28.57	−11.10	−15.86	
31—35	2	7.14	1.8	2.57			31—35	1	7.14	−3.30	−4.71	
36—40	1	7.14	1.2	1.71			36—40	1	7.14	−3.90	−5.57	
41—45	2	14.29	1.6	2.29			41—45	2	14.29	−8.60	−12.29	
46—50	2	14.29	0.5	0.71			46—50	2	14.29	−9.70	−13.86	
合计	14	100.00	29.7	42.43	2.12	14	合计	14	100.00	−41.70	−59.57	−2.98
1—5	2	11.76	9.7	11.41		可持续指数	1—5	2	11.76	−0.50	−0.59	
6—10	3	17.65	13.2	14.53			6—10	3	17.65	−2.10	−2.47	
11—15	2	11.76	8.0	9.41		资产:负债	11—15	2	11.76	−2.20	−2.59	
16—20	0	0.00	0.0	0.00		56.00 46.00	16—20	0	0.00	0.00	0.00	
21—25	2	11.76	5.3	6.24		净资产:10.00	21—25	2	11.76	−4.90	−5.76	
26—30	2	11.76	4.7	5.53			26—30	2	11.76	−5.50	−6.47	
31—35	1	5.88	1.8	2.12			31—35	1	5.88	−3.30	−3.88	
36—40	2	11.76	2.6	3.06			36—40	2	11.76	−7.60	−8.94	
41—45	3	17.65	2.3	2.71			41—45	3	17.65	−13.00	−15.29	
46—50	0	0.00	0.0	0.00			46—50	0	0.00	0.00	0.00	
合计	17	100.00	47.6	56.00	2.80	17	合计	17	100.00	−39.10	−46.00	−2.30
资产总指标数		占指标总数(%)	总资产分值	相对总资产(%)	总资产质量系数	相对总资产:相对总负债 43.22 48.08	负债总指标数		占指标总数(%)	总负债分值	相对总负债(%)	总负债质量系数
103		100.00	222.6	43.22	2.16	相对净资产:−14.85	103		100.00	−299.10	−58.08	−2.90

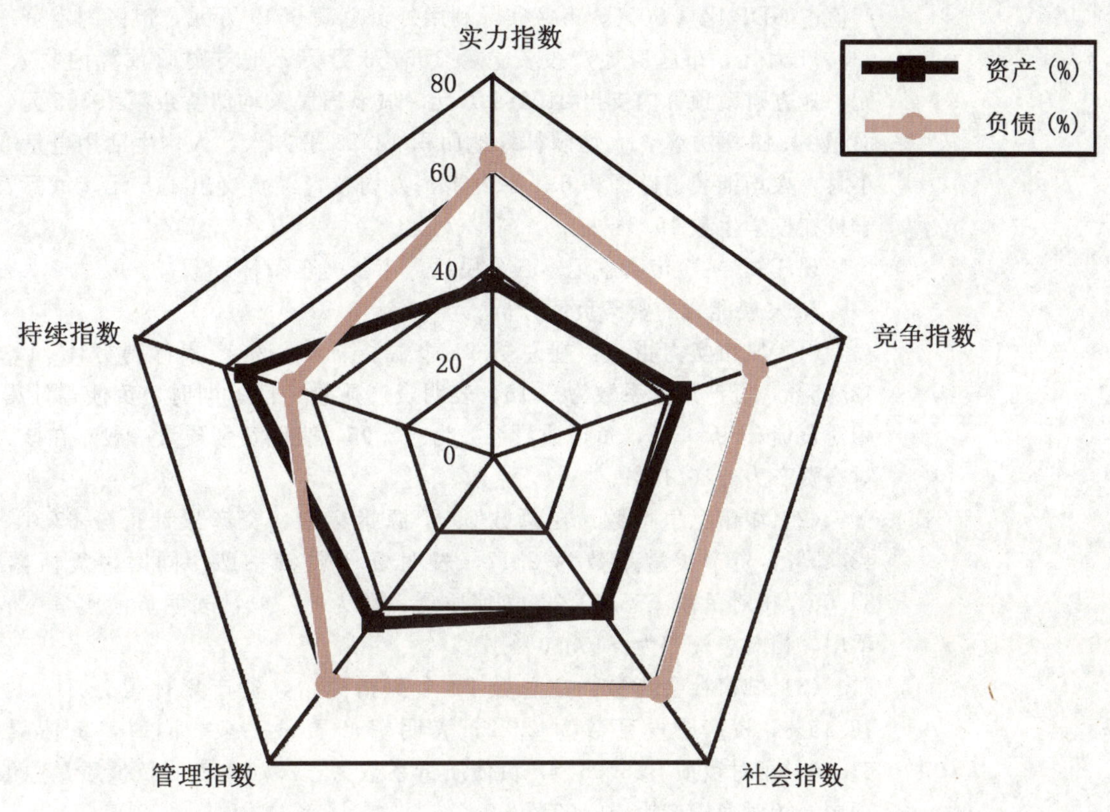

图 21.5　秦皇岛市发展能力资产负债图

六　太原市发展能力资产负债表分析

1. 一般概况

太原市总面积6989平方公里，市区面积1460平方公里，建城区面积177平方公里。总人口308.75万人，市区总人口233.2万人，地区非农人口203.92万人。地区国内生产总值3474579万元，市区国内生产总值2948218万元，市区第三产业产值占GDP比重50%。市区实际利用外资总额6549万元，市区固定资产投资总额995311万元，市区房地产投资总额156756万元。地方财政预算内收入195086万元，地方财政预算内支出210289万元。城乡居民人均储蓄余额16365元，人均住房面积14.43平方米，人均园林绿地面积18.25平方米，人均生活用电量232.9千瓦小时，人均铺装道路面积6.1平方米，人均教育经费支出118元，每万人拥有高等学校在校学生数19.34人。

现任领导：市委书记　云公民　　市长　李荣怀

2. 发展能力的资产负债分析

(1) 城市实力指数：在总数21个源指标中，资产累计得分45.1，相对资产42.95%，资产质量系数为2.15，表明资产质量一般。同时，负债累计得分62.00，相对负债－59.05%，负债质量系数为－2.95，表明负债质量一般。在该大项中，相对净资产为－16.10%。

(2) 城市竞争指数：在总数29个源指标中，资产累计得分63.0，相对资产43.45%，资产质量系数为2.17，表明资产质量一般。同时，负债累计得分－84.90，相对负债－58.55%，负债质量系数为－2.93，表明负债质量一般。在该大项中，相对净资产为－15.10%。

(3) 城市社会指数：在总数22个源指标中，资产累计得分51.1，相对资产46.45%，资产质量系数为2.32，表明资产质量一般。同时，负债累计得分－61.10，相对负债－55.55%，负债质量系数为－2.78，表明负债质量一般。在该大项中，相对净资产为－9.09%。

(4) 城市管理指数：在总数14个源指标中，资产累计得分31.6，相对资产45.14%，资产质量系数为2.26，表明资产质量一般。同时，负债累计得分－39.80，相对负债－56.86%，负债质量系数为－2.84，表明负债质量一般。在该大项中，相对净资产为－11.71%。

(5) 城市可持续指数：在总数17个源指标中，资产累计得分34.4，相对资产40.47%，资产质量系数为2.02，表明资产质量一般。同时，负债累计得分－52.30，相对负债－61.53%，负债质量系数为－3.08，表明负债质量较差。在该大项中，相对净资产为－21.06%。

总计上述五大项，在总数103个源指标中，总资产累计得分225.2，相对总资产43.73%，总资产质量系数为2.19，表明总资产质量一般。同时，总负债累计得分－300.10，相对总负债－58.27%，总负债质量系数为－2.91，表明总负债质量一般。该城市发展能力相对总净资产为－14.54%。

表 21.6　太原市发展能力资产负债分析

资　产							资　产					
位　次	指标数	占指标总数(%)	指标分值	相对资产(%)	资产质量系数	五大指数	位次	指标数	占指标总数(%)	指标分值	相对资产(%)	资产质量系数
1—5	0	0.00	0.0	0.00		实力指数	1—5	0	0.00	0.00	0.00	
6—10	1	4.76	4.4	4.19			6—10	1	4.76	−0.70	−0.67	
11—15	3	14.29	11.4	10.86		资产:负债	11—15	3	14.29	−3.90	−3.71	
16—20	1	4.76	3.5	3.33		42.95　59.05	16—20	1	4.76	−1.60	−1.52	
21—25	1	4.76	2.7	2.57		净资产:−16.10	21—25	1	4.76	−2.40	−2.29	
26—30	5	23.81	11.8	11.24			26—30	5	23.81	−13.70	−13.05	
31—35	4	19.05	7.3	6.95			31—35	4	19.05	−13.10	−12.38	
36—40	0	0.00	0.0	0.00			36—40	0	0.00	0.00	0.00	
41—45	5	23.81	3.6	3.43			41—45	5	23.81	−21.90	−20.86	
46—50	1	4.76	0.4	0.38			46—50	1	4.76	−4.70	−4.48	
合计	21	100.00	45.1	42.95	2.15	21	合计	21	100.00	−62.00	−59.05	−2.95
1—5	2	6.90	9.5	6.55		竞争指数	1—5	2	6.90	−0.70	−0.48	
6—10	1	3.45	4.2	2.90			6—10	1	3.45	−0.90	−0.62	
11—15	3	10.34	11.5	7.93		资产:负债	11—15	3	10.34	−3.80	−2.62	
16—20	2	6.90	6.2	4.28		43.45　58.55	16—20	2	6.90	−4.00	−2.76	
21—25	2	6.90	5.4	3.72		净资产:−15.10	21—25	2	6.90	−4.80	−3.31	
26—30	4	13.79	9.9	6.83			26—30	4	13.79	−10.50	−7.24	
31—35	1	3.45	1.7	1.17			31—35	1	3.45	−3.40	−2.34	
36—40	8	27.59	10.8	7.45			36—40	8	27.59	−30.00	−20.69	
41—45	4	13.79	2.8	1.93			41—45	4	13.79	−17.60	−12.14	
46—50	2	6.90	1.0	0.69			46—50	2	6.90	−9.20	−6.34	
合计	29	100.00	63.0	43.45	2.17	29	合计	29	100.00	−84.90	−58.55	−2.93
1—5	0	0.00	0.0	0.00		社会指数	1—5	0	0.00	0.00	0.00	
6—10	5	22.73	21.9	19.91			6—10	5	22.73	−3.60	−3.27	
11—15	2	9.09	7.5	6.82		资产:负债	11—15	2	9.09	−2.70	−2.45	
16—20	2	9.09	6.9	6.27		46.45　55.55	16—20	2	9.09	−3.30	−3.00	
21—25	0	0.00	0.0	0.00		净资产:−9.09	21—25	0	0.00	0.00	0.00	
26—30	4	18.18	8.8	8.00			26—30	4	18.18	−11.60	−10.55	
31—35	0	0.00	0.0	0.00			31—35	0	0.00	0.00	0.00	
36—40	2	9.09	2.2	2.00			36—40	2	9.09	−8.00	−7.27	
41—45	2	9.09	1.9	1.73			41—45	2	9.09	−8.30	−7.55	
46—50	5	22.73	1.9	1.73			46—50	5	22.73	−23.60	−21.45	
合计	22	100.00	51.1	46.45	2.32	22	合计	22	100.00	−61.10	−55.55	−2.78
1—5	1	7.14	4.9	7.00		管理指数	1—5	1	7.14	−0.20	−0.29	
6—10	2	14.29	8.5	12.14			6—10	2	14.29	−1.70	−2.43	
11—15	0	0.00	0.0	0.00		资产:负债	11—15	0	0.00	0.00	0.00	
16—20	0	0.00	0.0	0.00		45.14　56.86	16—20	0	0.00	0.00	0.00	
21—25	1	7.14	2.9	4.14		净资产:−11.71	21—25	1	7.14	−2.20	−3.14	
26—30	2	14.29	4.5	6.43			26—30	2	14.29	−5.70	−8.14	
31—35	4	28.57	7.4	10.57			31—35	4	28.57	−13.00	−18.57	
36—40	2	14.29	2.4	3.43			36—40	2	14.29	−7.80	−11.14	
41—45	0	0.00	0.0	0.00			41—45	0	0.00	0.00	0.00	
46—50	2	14.29	1.0	1.43			46—50	2	14.29	−9.20	−13.14	
合计	14	100.00	31.6	45.14	2.26	14	合计	14	100.00	−39.80	−56.86	−2.84
1—5	0	0.00	0.0	0.00		可持续指数	1—5	0	0.00	0.00	0.00	
6—10	1	5.88	4.5	5.29			6—10	1	5.88	−0.60	−0.71	
11—15	2	11.76	7.6	8.94		资产:负债	11—15	2	11.76	−2.60	−3.06	
16—20	2	11.76	6.4	7.53		40.47　61.53	16—20	2	11.76	−3.80	−4.47	
21—25	2	11.76	5.8	6.82		净资产:−21.06	21—25	2	11.76	−4.40	−5.18	
26—30	0	0.00	0.0	0.00			26—30	0	0.00	0.00	0.00	
31—35	2	11.76	3.6	4.24			31—35	2	11.76	−6.60	−7.76	
36—40	2	11.76	2.7	3.18			36—40	2	11.76	−7.50	−8.82	
41—45	4	23.53	3.1	3.65			41—45	4	23.53	−17.30	−20.35	
46—50	2	11.76	0.7	0.82			46—50	2	11.76	−9.50	−11.18	
合计	17	100.00	34.4	40.47	2.02	17	合计	17	100.00	−52.30	−61.53	−3.08
资产总指标数		占指标总数(%)	总资产分值	相对总资产(%)	总资产质量系数	相对总资产:相对总负债 43.73　58.27	负债总指标数		占指标总数(%)	总负债分值	相对总负债(%)	总负债质量系数
103		100.00	225.2	43.73	2.19	相对净资产:−14.54	103		100.00	−300.10	−58.27	−2.91

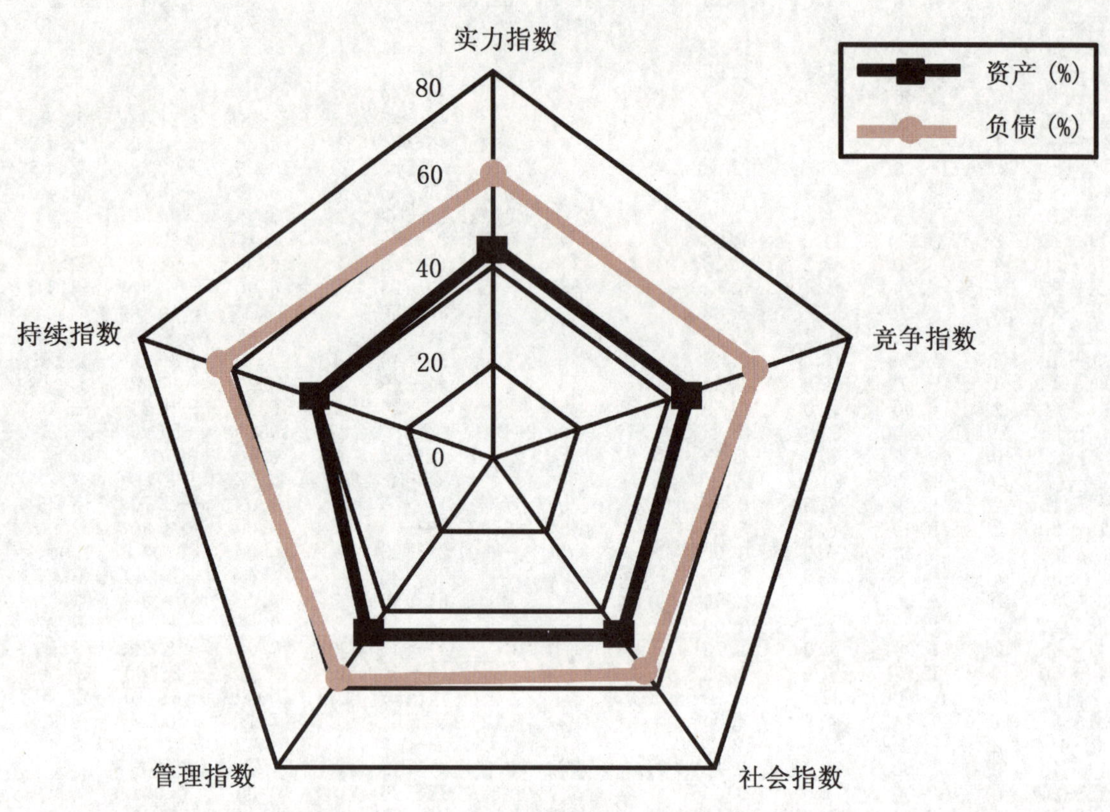

图 21.6　太原市发展能力资产负债图

七　呼和浩特市发展能力资产负债表分析

1. 一般概况

呼和浩特总面积17224平方公里，市区面积2054平方公里，建城区面积83平方公里。总人口209.17万人，市区总人口106.28万人，地区非农人口92.21万人。地区国内生产总值1791495万元，市区国内生产总值1244996万元，市区第三产业产值占GDP比重51.6%。市区实际利用外资总额2984万元，市区固定资产投资总额645550万元，市区房地产投资总额116797万元。地方财政预算内收入106358万元，地方财政预算内支出148378万元。城乡居民人均储蓄余额13079元，人均住房面积13.91平方米，人均园林绿地面积23.32平方米，人均生活用电量165.5千瓦小时，人均铺装道路面积4.6平方米，人均教育经费支出171元，每万人拥有高等学校在校学生数37.17人。

现任领导：市委书记　杨晶　　市长　冯士亮

2. 发展能力的资产负债分析

(1) 城市实力指数：在总数21个源指标中，资产累计得分31.8，相对资产30.29%，资产质量系数为1.51，表明资产质量较差。同时，负债累计得分－75.30，相对负债－71.71%，负债质量系数为－3.59，表明负债质量较差。在该大项中，相对净资产为－41.43%。

(2) 城市竞争指数：在总数29个源指标中，资产累计得分51.2，相对资产35.31%，资产质量系数为1.77，表明资产质量较差。同时，负债累计得分－96.70，相对负债－66.69%，负债质量系数为－3.33，表明负债质量较差。在该大项中，相对净资产为－31.38%。

(3) 城市社会指数：在总数22个源指标中，资产累计得分43.6，相对资产39.64%，资产质量系数为1.98，表明资产质量较差。同时，负债累计得分－68.60，相对负债－62.36%，负债质量系数为－3.12，表明负债质量较差。在该大项中，相对净资产为－22.73%。

(4) 城市管理指数：在总数14个源指标中，资产累计得分20.9，相对资产29.86%，资产质量系数为1.49，表明资产质量较差。同时，负债累计得分－50.50，相对负债－72.14%，负债质量系数为－3.16，表明负债质量较差。在该大项中，相对净资产为－42.29%。

(5) 城市可持续指数：在总数17个源指标中，资产累计得分41.4，相对资产48.71%，资产质量系数为2.44，表明资产质量一般。同时，负债累计得分－45.30，相对负债－53.29%，负债质量系数为－2.66，表明负债质量一般。在该大项中，相对净资产为－4.59%。

总计上述五大项，在总数103个源指标中，总资产累计得分188.9，相对总资产36.68%，总资产质量系数为1.83，表明总资产质量较差。同时，总负债累计得分－336.40，相对总负债－65.32%，总负债质量系数为－3.27，表明总负债质量较差。该城市发展能力相对总净资产为－28.64%。

表 21.7　呼和浩特市发展能力资产负债分析

资　产						五大指数	资　产					
位　次	指标数	占指标总数(%)	指标分值	相对资产(%)	资产质量系数		位次	指标数	占指标总数(%)	指标分值	相对资产(%)	资产质量系数
1—5	1	4.76	4.9	4.67		实力指数	1—5	1	4.76	—0.20	—0.19	
6—10	0	0.00	0.0	0.00			6—10	0	0.00	0.00	0.00	
11—15	1	4.76	3.8	3.62		资产:负债	11—15	1	4.76	—1.30	—1.24	
16—20	1	4.76	3.5	3.33		30.29　71.71	16—20	1	4.76	—1.60	—1.52	
21—25	2	9.52	5.4	5.14		净资产:—41.43	21—25	2	9.52	—4.80	—4.57	
26—30	0	0.00	0.0	0.00			26—30	0	0.00	0.00	0.00	
31—35	3	14.29	5.0	4.76			31—35	3	14.29	—10.30	—9.81	
36—40	2	9.52	2.5	2.38			36—40	2	9.52	—7.70	—7.33	
41—45	6	28.57	4.4	4.19			41—45	6	28.57	—26.20	—24.95	
46—50	5	23.81	2.3	2.19			46—50	5	23.81	—23.20	—22.10	
合计	21	100.00	31.8	30.29	1.51	21	合计	21	100.00	—75.30	—71.71	—3.59
1—5	1	3.45	4.9	3.38		竞争指数	1—5	1	3.45	—0.20	—0.14	
6—10	0	0.00	0.0	0.00			6—10	0	0.00	0.00	0.00	
11—15	4	13.79	15.1	10.41		资产:负债	11—15	4	13.79	—5.30	—3.66	
16—20	2	6.90	6.7	4.62		35.31　66.69	16—20	2	6.90	—3.50	—2.41	
21—25	2	6.90	5.9	4.07		净资产:—31.38	21—25	2	6.90	—4.30	—2.97	
26—30	2	6.90	4.9	3.38			26—30	2	6.90	—5.30	—3.66	
31—35	0	0.00	0.0	0.00			31—35	0	0.00	0.00	0.00	
36—40	4	13.79	5.6	3.86			36—40	4	13.79	—14.80	—10.21	
41—45	8	27.59	6.4	4.41			41—45	8	27.59	—34.40	—23.72	
46—50	6	20.69	1.7	1.17			46—50	6	20.69	—28.90	—19.93	
合计	29	100.00	51.2	35.31	1.77	29	合计	29	100.00	—96.70	—66.69	—3.33
1—5	0	0.00	0.0	0.00		社会指数	1—5	0	0.00	0.00	0.00	
6—10	1	4.55	4.3	3.91			6—10	1	4.55	—0.80	—0.73	
11—15	1	4.55	3.6	3.27		资产:负债	11—15	1	4.55	—1.50	—1.36	
16—20	4	18.18	12.5	11.36		39.64　62.36	16—20	4	18.18	—7.90	—7.18	
21—25	3	13.64	8.9	8.09		净资产:—22.73	21—25	3	13.64	—6.40	—5.82	
26—30	1	4.55	2.1	1.91			26—30	1	4.55	—3.00	—2.73	
31—35	4	18.18	7.2	6.55			31—35	4	18.18	—13.20	—12.00	
36—40	1	4.55	1.4	1.27			36—40	1	4.55	—3.70	—3.36	
41—45	4	18.18	2.9	2.64			41—45	4	18.18	—17.50	—15.91	
46—50	3	13.64	0.7	0.64			46—50	3	13.64	—14.60	—13.27	
合计	22	100.00	43.6	39.64	1.98	22	合计	22	100.00	—68.60	—62.36	—3.12
1—5	1	7.14	4.7	6.71		管理指数	1—5	1	7.14	—0.40	—0.57	
6—10	0	0.00	0.0	0.00			6—10	0	0.00	0.00	0.00	
11—15	0	0.00	0.0	0.00		资产:负债	11—15	0	0.00	0.00	0.00	
16—20	2	14.29	6.6	9.43		29.86　72.14	16—20	2	14.29	—3.60	—5.14	
21—25	1	7.14	2.7	3.86		净资产:—42.29	21—25	1	7.14	—2.40	—3.43	
26—30	1	7.14	2.3	3.29			26—30	1	7.14	—2.80	—4.00	
31—35	0	0.00	0.0	0.00			31—35	0	0.00	0.00	0.00	
36—40	1	7.14	1.3	1.86			36—40	1	7.14	—3.80	—5.43	
41—45	2	14.29	1.4	2.00			41—45	2	14.29	—8.80	—12.57	
46—50	6	42.86	1.9	2.71			46—50	6	42.86	—28.70	—41.00	
合计	14	100.00	20.9	29.86	1.49	14	合计	14	100.00	—50.50	—72.14	—3.61
1—5	0	0.00	0.0	0.00		可持续指数	1—5	0	0.00	0.00	0.00	
6—10	3	17.65	12.9	15.18			6—10	3	17.65	—2.40	—2.82	
11—15	3	17.65	11.4	13.41		资产:负债	11—15	3	17.65	—3.90	—4.59	
16—20	1	5.88	3.1	3.65		48.71　53.29	16—20	1	5.88	—2.00	—2.35	
21—25	3	17.65	8.1	9.53		净资产:—4.59	21—25	3	17.65	—7.20	—8.47	
26—30	0	0.00	0.0	0.00			26—30	0	0.00	0.00	0.00	
31—35	0	0.00	0.0	0.00			31—35	0	0.00	0.00	0.00	
36—40	4	23.53	4.6	5.41			36—40	4	23.53	—15.80	—18.59	
41—45	0	0.00	0.0	0.00			41—45	0	0.00	0.00	0.00	
46—50	3	17.65	1.3	1.53			46—50	3	17.65	—14.00	—16.47	
合计	17	100.00	41.4	48.71	2.44	17	合计	17	100.00	—45.30	—53.29	—2.66
资产总指标数		占指标总数(%)	总资产分值	相对总资产(%)	总资产质量系数	相对总资产:相对总负债 36.68　65.32	负债总指标数		占指标总数(%)	总负债分值	相对总负债(%)	总负债质量系数
103		100.00	188.9	36.68	1.83	相对净资产:—28.64	103		100.00	—336.40	—65.32	—3.27

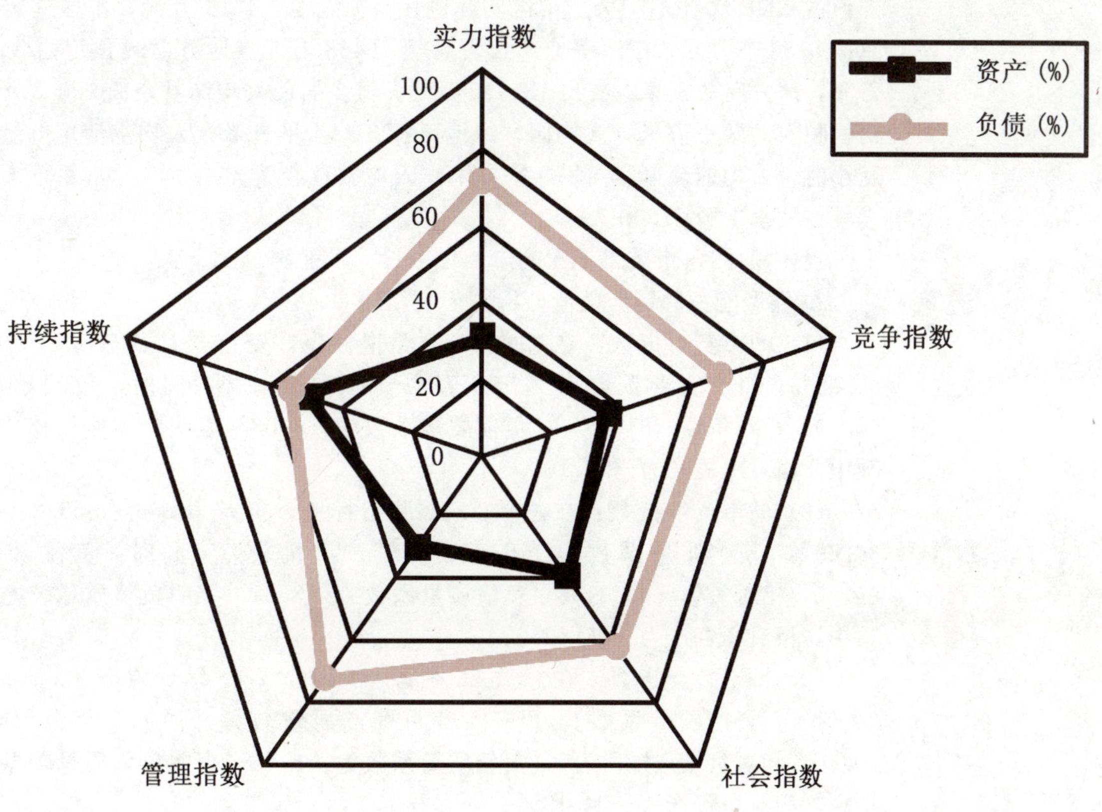

图 21.7　呼和浩特市发展能力资产负债图

八 包头市发展能力资产负债表分析

1. 一般概况

包头市总面积27691平方公里，市区面积2893平方公里，建城区面积149平方公里。总人口204.35万人，市区总人口137.16万人，地区非农人口125.42万人。地区国内生产总值2283658万元，市区国内生产总值1893279万元，市区第三产业产值占GDP比重31.1%。市区实际利用外资总额14316万元，市区固定资产投资总额515862万元，市区房地产投资总额76458万元。地方财政预算内收入143916万元，地方财政预算内支出187916万元。城乡居民人均储蓄余额10358元，人均住房面积17.03平方米，人均园林绿地面积34.54平方米，人均生活用电量169.3千瓦小时，人均铺装道路面积5平方米，人均教育经费支出135元，每万人拥有高等学校在校学生数27.00人。

现任领导：市委书记　胡忠　　市长　牛玉儒

2. 发展能力的资产负债分析

（1）城市实力指数：在总数21个源指标中，资产累计得分43.0，相对资产40.95%，资产质量系数为2.05，表明资产质量一般。同时，负债累计得分－64.10，相对负债－61.05%，负债质量系数为－3.05，表明负债质量较差。在该大项中，相对净资产为－20.10%。

（2）城市竞争指数：在总数29个源指标中，资产累计得分53.2，相对资产36.69%，资产质量系数为1.83，表明资产质量较差。同时，负债累计得分－94.70，相对负债－65.31%，负债质量系数为－3.27，表明负债质量较差。在该大项中，相对净资产为－28.62%。

（3）城市社会指数：在总数22个源指标中，资产累计得分42.8，相对资产38.91%，资产质量系数为1.95，表明资产质量较差。同时，负债累计得分－69.40，相对负债－63.09%，负债质量系数为－3.15，表明负债质量较差。在该大项中，相对净资产为－24.18%。

（4）城市管理指数：在总数14个源指标中，资产累计得分26.4，相对资产37.71%，资产质量系数为1.89，表明资产质量较差。同时，负债累计得分－45.00，相对负债－64.29%，负债质量系数为－3.21，表明负债质量较差。在该大项中，相对净资产为－26.57%。

（5）城市可持续指数：在总数17个源指标中，资产累计得分40.2，相对资产47.29%，资产质量系数为2.36，表明资产质量一般。同时，负债累计得分－46.50，相对负债－54.71%，负债质量系数为－2.74，表明负债质量一般。在该大项中，相对净资产为－7.41%。

总计上述五大项，在总数103个源指标中，总资产累计得分205.6，相对总资产39.92%，总资产质量系数为2.00，表明总资产质量一般。同时，总负债累计得分－319.70，相对总负债－62.08%，总负债质量系数为－3.10，表明总负债质量较差。该城市发展能力相对总净资产为－22.16%。

表 21.8　包头市发展能力资产负债分析

资　产						五大指数	资　产					
位　次	指标数	占指标总数(%)	指标分值	相对资产(%)	资产质量系数		位次	指标数	占指标总数(%)	指标分值	相对资产(%)	资产质量系数
1-5	2	9.52	9.9	9.43		实力指数	1-5	2	9.52	−0.30	−0.29	
6-10	0	0.00	0.0	0.00			6-10	0	0.00	0.00	0.00	
11-15	1	4.76	3.7	3.52		资产:负债	11-15	1	4.76	−1.40	−1.33	
16-20	3	14.29	9.7	9.24		40.95　61.05	16-20	3	14.29	−5.60	−5.33	
21-25	1	4.76	2.8	2.67		净资产:−20.10	21-25	1	4.76	−2.30	−2.19	
26-30	2	9.52	9.7	9.24			26-30	2	9.52	−5.50	−5.24	
31-35	2	9.25	3.4	3.24			31-35	2	9.52	−6.80	−6.48	
36-40	4	19.05	4.9	4.67			36-40	4	19.05	−15.50	−14.76	
41-45	3	14.29	2.8	2.67			41-45	3	14.29	−12.50	−11.90	
46-50	3	14.29	1.1	1.05			46-50	3	14.29	−14.20	−13.52	
合计	21	100.00	43.0	40.95	2.05	21	合计	21	100.00	−64.10	−61.05	−3.05
1-5	3	10.34	14.0	9.66		竞争指数	1-5	3	10.34	−1.30	−0.90	
6-10	2	6.90	8.7	6.00			6-10	2	6.90	−1.50	−1.03	
11-15	2	6.90	7.6	5.24		资产:负债	11-15	2	6.90	−2.60	−1.79	
16-20	0	0.00	0.0	0.00		36.69　65.31	16-20	0	0.00	0.00	0.00	
21-25	1	3.45	2.8	1.93		净资产:−28.62	21-25	1	3.45	−2.30	−1.59	
26-30	0	0.00	0.0	0.00			26-30	0	0.00	0.00	0.00	
31-35	3	10.34	5.3	3.66			31-35	3	10.34	−10.00	−6.90	
36-40	8	27.59	10.0	6.90			36-40	8	27.59	−30.80	−21.24	
41-45	3	10.34	2.3	1.59			41-45	3	10.24	−13.00	−8.97	
46-50	7	24.14	2.5	1.72			46-50	7	24.14	−33.20	−22.90	
合计	29	100.00	53.2	36.69	1.83	29	合计	29	100.00	−94.70	−65.31	−3.27
1-5	1	4.55	4.7	4.27		社会指数	1-5	1	4.55	−0.40	−0.36	
6-10	3	13.64	12.5	11.36			6-10	3	13.64	−2.80	−2.55	
11-15	1	4.55	3.7	3.36		资产:负债	11-15	1	4.55	−1.40	−1.27	
16-20	0	0.00	0.00	0.00		38.91　63.09	16-20	0	0.00	0.00	0.00	
21-25	2	9.09	5.6	5.09		净资产:−24.18	21-25	2	9.09	−4.60	−4.18	
26-30	2	9.09	4.2	3.82			26-30	2	9.09	−6.00	−5.45	
31-35	3	13.64	5.3	4.82			31-35	3	13.64	−10.00	−9.09	
36-40	2	9.09	2.6	2.36			36-40	2	9.09	−7.60	−6.91	
41-45	4	18.18	3.3	3.00			41-45	4	18.18	−17.10	−15.55	
46-50	4	18.18	0.9	0.82			46-50	4	18.18	−19.50	−17.73	
合计	22	100.00	42.8	38.91	1.95	22	合计	22	100.00	−69.40	−63.09	−3.15
1-5	0	0.00	0.0	0.00		管理指数	1-5	0	0.00	0.00	0.00	
6-10	1	7.14	4.5	6.43			6-10	1	7.14	−0.60	−0.86	
11-15	2	14.29	7.5	10.71		资产:负债	11-15	2	14.29	−2.70	−3.86	
16-20	0	0.00	0.0	0.00		37.71　64.29	16-20	0	0.00	0.00	0.00	
21-25	1	7.14	2.7	3.86		净资产:−26.57	21-25	1	7.14	−2.40	−3.43	
26-30	1	7.14	2.5	3.57			26-30	1	7.14	−2.60	−3.71	
31-35	2	14.29	3.7	5.29			31-35	2	14.29	−6.50	−9.29	
36-40	2	14.29	2.6	3.71			36-40	2	14.29	−7.60	−10.86	
41-45	2	14.29	1.6	2.29			41-45	2	14.29	−8.60	−12.29	
46-50	3	21.43	1.3	1.86			46-50	3	21.43	−14.00	−20.00	
合计	14	100.00	26.4	37.71	1.89	14	合计	14	100.00	−45.00	−64.29	−3.21
1-5	1	5.88	4.6	5.41		可持续指数	1-5	1	5.88	−0.50	−0.59	
6-10	1	5.88	4.2	4.94			6-10	1	5.88	−0.90	−1.06	
11-15	3	17.65	11.6	13.65		资产:负债	11-15	3	17.65	−3.70	−4.35	
16-20	2	11.76	6.6	7.76		47.29　54.71	16-20	2	11.76	−3.60	−4.24	
21-25	2	11.76	5.6	6.59		净资产:−7.41	21-25	2	11.76	−4.60	−5.41	
26-30	1	5.88	2.4	2.82			26-30	1	5.88	−2.70	−3.18	
31-35	1	5.88	1.7	2.00			31-35	1	5.88	−3.40	−4.00	
36-40	0	0.00	0.0	0.00			36-40	0	0.00	0.00	0.00	
41-45	4	23.53	3.1	3.65			41-45	4	23.53	−17.30	−20.35	
46-50	2	11.76	0.4	0.47			46-50	2	11.76	−9.80	−11.53	
合计	17	100.00	40.2	47.29	2.36	17	合计	17	100.00	−46.50	−54.71	−2.74
资产总指标数		占指标总数(%)	总资产分值	相对总资产(%)	总资产质量系数	相对总资产:相对总负债 39.92　62.08	负债总指标数		占指标总数(%)	总负债分值	相对总负债(%)	总负债质量系数
103		100.00	205.6	39.92	2.00	相对净资产: −22.16	103		100.00	−319.70	−62.08	−3.10

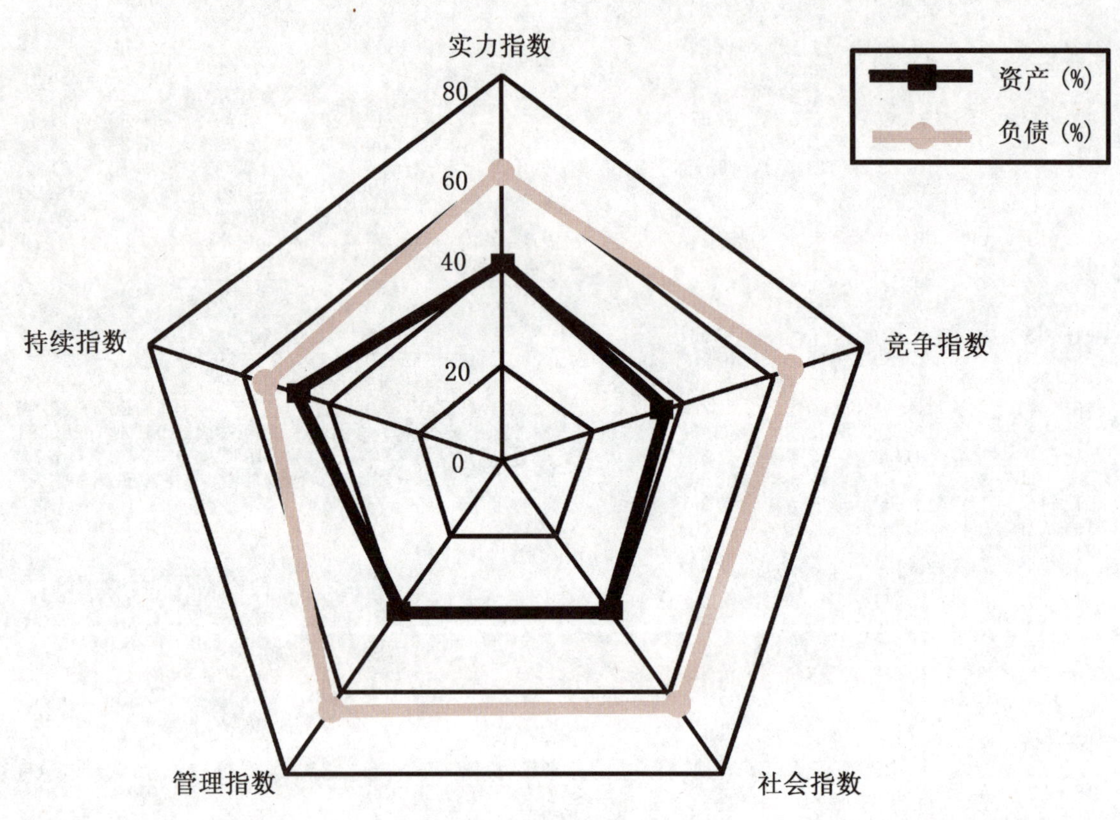

图 21.8　包头市发展能力资产负债图

九　沈阳市发展能力资产负债表分析

1. 一般概况

沈阳市总面积 12980 平方公里，市区面积 3495 平方公里，建城区面积 217 平方公里。总人口 685.01 万人，市区总人口 485.04 万人，地区非农人口 433.32 万人。地区国内生产总值 11191428 万元，市区国内生产总值 9378808 万元，市区第三产业产值占 GDP 比重 52.3%。市区实际利用外资总额 70560 万元，市区固定资产投资总额 1707422 万元，市区房地产投资总额 622062 万元。地方财政预算内收入 590722 万元，地方财政预算内支出 864535 万元。城乡居民人均储蓄余额 18412 元，人均住房面积 13.07 平方米，人均园林绿地面积 41.44 平方米，人均生活用电量 328.9 千瓦小时，人均铺装道路面积 6.4 平方米，人均教育经费支出 202 元，每万人拥有高等学校在校学生数 31.56 人。

现任领导：市委书记　张行湘　　市长　陈政高

2. 发展能力的资产负债分析

(1) 城市实力指数：在总数 21 个源指标中，资产累计得分 62.3，相对资产 59.33%，资产质量系数为 2.97，表明资产质量一般。同时，负债累计得分－44.80，相对负债－42.67%，负债质量系数为－2.13，表明负债质量一般。在该大项中，相对净资产为 16.67%。

(2) 城市竞争指数：在总数 29 个源指标中，资产累计得分 89.9，相对资产 62.00%，资产质量系数为 3.10，表明资产质量较好。同时，负债累计得分－58.00，相对负债－40.00%，负债质量系数为－2.00，表明负债质量一般。在该大项中，相对净资产为 22.00%。

(3) 城市社会指数：在总数 22 个源指标中，资产累计得分 55.3，相对资产 50.27%，资产质量系数为 2.51，表明资产质量一般。同时，负债累计得分－56.90，相对负债－51.73%，负债质量系数为－2.59，表明负债质量一般。在该大项中，相对净资产为－1.45%。

(4) 城市管理指数：在总数 14 个源指标中，资产累计得分 36.6，相对资产 52.29%，资产质量系数为 2.61，表明资产质量一般。同时，负债累计得分－34.80，相对负债－49.71%，负债质量系数为－2.49，表明负债质量一般。在该大项中，相对净资产为 2.57%。

(5) 城市可持续指数：在总数 17 个源指标中，资产累计得分 57.2，相对资产 67.29%，资产质量系数为 3.36，表明资产质量较好。同时，负债累计得分－29.50，相对负债－34.71%，负债质量系数为－1.74，表明负债质量较好。在该大项中，相对净资产为 32.59%。

总计上述五大项，在总数 103 个源指标中，总资产累计得分 301.3，相对总资产 58.50%，总资产质量系数为 2.93，表明总资产质量一般。同时，总负债累计得分－224.00，相对总负债－43.50%，总负债质量系数为－2.17，表明总负债质量一般。该城市发展能力相对总净资产为 15.01%。

表 21.9 沈阳市发展能力资产负债分析

资产						五大指数	资产					
位次	指标数	占指标总数(%)	指标分值	相对资产(%)	资产质量系数		位次	指标数	占指标总数(%)	指标分值	相对资产(%)	资产质量系数
1—5	1	4.76	4.8	4.57		实力指数	1—5	1	4.76	−0.30	−0.29	
6—10	4	19.05	17.1	16.29			6—10	4	19.05	−3.30	−3.14	
11—15	3	14.29	11.6	11.05		资产:负债	11—15	3	14.29	−3.70	−3.52	
16—20	1	4.76	3.4	3.24		59.33 42.67	16—20	1	4.76	−1.70	−1.62	
21—25	3	14.29	8.5	8.10		净资产:16.67	21—25	3	14.29	−6.80	−6.48	
26—30	3	14.29	7.0	6.67			26—30	3	14.29	−8.30	−7.90	
31—35	5	23.81	8.9	8.48			31—35	5	23.81	−16.60	−15.81	
36—40	0	0.00	0.0	0.00			36—40	0	0.00	0.00	0.00	
41—45	1	4.76	1.0	0.95			41—45	1	4.76	−4.10	−3.90	
46—50	0	0.00	0.0	0.00			46—50	0	0.00	0.00	0.00	
合计	21	100.00	62.3	59.33	2.97	21	合计	21	100.00	−44.80	−42.67	−2.13
1—5	1	3.45	4.6	3.17		竞争指数	1—5	1	3.45	−0.50	−0.34	
6—10	5	17.24	21.7	14.97			6—10	5	17.24	−3.80	−2.62	
11—15	5	17.24	19.1	13.17		资产:负债	11—15	5	17.24	−6.40	−4.41	
16—20	3	10.34	10.0	6.90		62.00 40.00	16—20	3	10.34	−5.30	−3.66	
21—25	7	24.14	19.6	13.52		净资产:22.00	21—25	7	24.14	−16.10	−11.10	
26—30	4	13.79	9.2	6.34			26—30	4	13.79	−11.20	−7.72	
31—35	3	10.34	5.3	3.66			31—35	3	10.34	−10.00	−6.90	
36—40	0	0.00	0.0	0.00			36—40	0	0.00	0.00	0.00	
41—45	0	0.00	0.0	0.00			41—45	0	0.00	0.00	0.00	
46—50	1	3.45	0.4	0.28			46—50	1	3.45	−4.70	−3.24	
合计	29	100.00	89.9	62.00	3.10	29	合计	29	100.00	−58.00	−40.00	−2.00
1—5	1	4.55	4.8	4.36		社会指数	1—5	1	4.55	−0.30	−0.27	
6—10	1	4.55	4.3	3.91			6—10	1	4.55	−0.80	−0.73	
11—15	3	13.64	11.4	10.36		资产:负债	11—15	3	13.64	−3.90	−3.55	
16—20	3	13.64	10.2	9.27		50.27 51.73	16—20	3	13.64	−5.10	−4.64	
21—25	2	9.09	5.2	4.73		净资产:−1.45	21—25	2	9.09	−5.00	−4.55	
26—30	4	18.18	8.6	7.82			26—30	4	18.18	−11.80	−10.73	
31—35	3	13.64	5.8	5.27			31—35	3	13.64	−9.50	−8.64	
36—40	2	9.09	3.0	2.73			36—40	2	9.09	−7.20	−6.55	
41—45	2	9.09	1.6	1.45			41—45	2	9.09	−8.60	−7.82	
46—50	1	4.55	0.4	0.36			46—50	1	4.55	−4.70	−4.27	
合计	22	100.00	55.3	50.27	2.51	22	合计	22	100.00	−56.90	−51.73	−2.59
1—5	0	0.00	0.0	0.00		管理指数	1—5	0	0.00	0.00	0.00	
6—10	3	21.43	12.8	18.29			6—10	3	21.43	−2.50	−3.57	
11—15	2	14.29	7.4	10.57		资产:负债	11—15	2	14.29	−2.80	−4.00	
16—20	0	0.00	0.0	0.00		52.29 49.71	16—20	0	0.00	0.00	0.00	
21—25	2	14.29	5.9	8.43		净资产:2.57	21—25	2	14.29	−4.30	−6.14	
26—30	0	0.00	0.0	0.00			26—30	0	0.00	0.00	0.00	
31—35	4	28.57	7.5	10.71			31—35	4	28.57	−12.90	−18.43	
36—40	1	7.14	1.5	2.14			36—40	1	7.14	−3.60	−5.14	
41—45	2	14.29	1.5	2.14			41—45	2	14.29	−8.70	12.43	
46—50	0	0.00	0.0	0.00			46—50	0	0.00	0.00	0.00	
合计	14	100.00	36.6	52.29	2.61	14	合计	14	100.00	−34.80	−49.71	−2.49
1—5	3	17.65	14.4	16.94		可持续指数	1—5	3	17.65	−0.90	−1.06	
6—10	4	23.53	17.6	20.71			6—10	4	23.53	−2.80	−3.29	
11—15	2	11.76	7.6	8.94		资产:负债	11—15	2	11.76	−2.60	−3.06	
16—20	2	11.76	6.2	7.29		67.29 34.71	16—20	2	11.76	−4.00	−4.71	
21—25	1	5.88	3.0	3.53		净资产:32.59	21—25	1	5.88	−2.10	−2.47	
26—30	2	11.76	4.4	5.18			26—30	2	11.76	−5.80	−6.82	
31—35	1	5.88	2.0	2.35			31—35	1	5.88	−3.10	−3.65	
36—40	1	5.88	1.2	1.41			36—40	1	5.88	−3.90	−4.59	
41—45	1	5.88	0.8	0.94			41—45	1	5.88	−4.30	−5.06	
46—50	0	0.00	0.0	0.00			46—50	0	0.00	0.00	0.00	
合计	17	100.00	57.2	67.29	3.36	17	合计	17	100.00	−29.50	−34.71	−1.74
资产总指标数		占指标总数(%)	总资产分值	相对总资产(%)	总资产质量系数	相对总资产:相对总负债 58.50 43.50	负债总指标数		占指标总数(%)	总负债分值	相对总负债(%)	总负债质量系数
103		100.00	301.3	58.50	2.93	相对净资产:15.01	103		100.00	−224.00	−43.50	−2.17

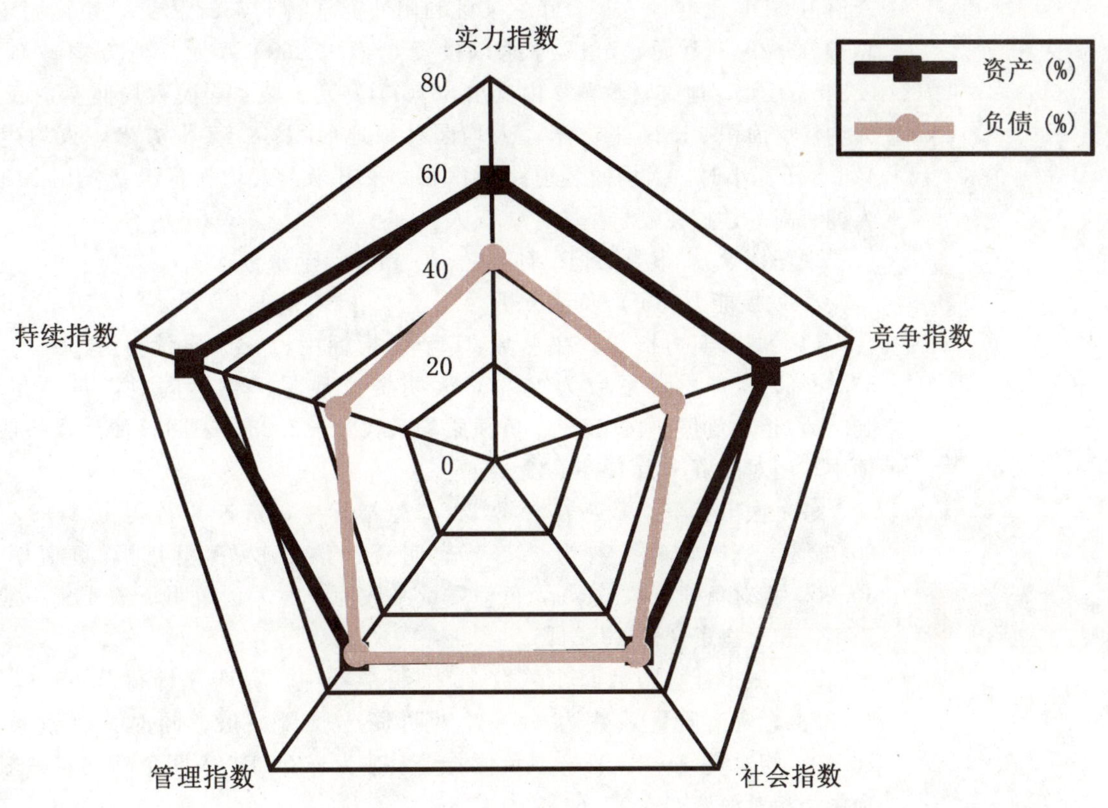

图 21.9　沈阳市发展能力资产负债图

十　大连市发展能力资产负债表分析

1. 一般概况

大连市总面积 12574 平方公里，市区面积 2415 平方公里，建城区面积 234 平方公里。总人口 551.47 万人，市区总人口 267.78 万人，地区非农人口 275.35 万人。地区国内生产总值 1107700 万元，市区国内生产总值 7901000 万元，市区第三产业产值占 GDP 比重 51.4%。市区实际利用外资总额 113557 万元，市区固定资产投资总额 1052948 万元，市区房地产投资总额 952689 万元。地方财政预算内收入 683467 万元，地方财政预算内支出 807077 万元。城乡居民人均储蓄余额 22221 元，人均住房面积 14.24 平方米，人均园林绿地面积 38.52 平方米，人均生活用电量 426.8 千瓦小时，人均铺装道路面积 4.8 平方米，人均教育经费支出 210 元，每万人拥有高等学校在校学生数 43.75 人。

现任领导：市委书记　孙春兰　　市长　李永金

2. 发展能力的资产负债分析

(1) 城市实力指数：在总数 21 个源指标中，资产累计得分 60.3，相对资产 57.43%，资产质量系数为 2.87，表明资产质量一般。同时，负债累计得分－46.80，相对负债－44.57%，负债质量系数为－2.23，表明负债质量一般。在该大项中，相对净资产为 12.86 %。

(2) 城市竞争指数：在总数 29 个源指标中，资产累计得分 87.9，相对资产 60.62%，资产质量系数为 3.03，表明资产质量较好。同时，负债累计得分－60.00，相对负债－41.38%，负债质量系数为－2.07，表明负债质量一般。在该大项中，相对净资产为 19.24%。

(3) 城市社会指数：在总数 22 个源指标中，资产累计得分 65.8，相对资产 59.82%，资产质量系数为 2.99，表明资产质量一般。同时，负债累计得分－46.40，相对负债－42.18%，负债质量系数为－2.11，表明负债质量一般。在该大项中，相对净资产为 17.64%。

(4) 城市管理指数：在总数 14 个源指标中，资产累计得分 42.4，相对资产 60.57%，资产质量系数为 3.03，表明资产质量较好。同时，负债累计得分－29.00，相对负债－41.43%，负债质量系数为－2.07，表明负债质量一般。在该大项中，相对净资产为 19.14%。

(5) 城市可持续指数：在总数 17 个源指标中，资产累计得分 57.6，相对资产 67.76 %，资产质量系数为 3.39，表明资产质量较好。同时，负债累计得分－29.10，相对负债－34.24%，负债质量系数为－1.71，表明负债质量较好。在该大项中，相对净资产为 33.53%。

总计上述五大项，在总数 103 个源指标中，总资产累计得分 314.0，相对总资产 60.97%，总资产质量系数为 3.05，表明总资产质量较好。同时，总负债累计得分－211.30，相对总负债－41.03%，总负债质量系数为－2.05，表明总负债质量一般。该城市发展能力相对总净资产为 19.94%。

表 21.10 大连市发展能力资产负债分析

资 产							资 产					
位 次	指标数	占指标总数(%)	指标分值	相对资产(%)	资产质量系数	五大指数	位次	指标数	占指标总数(%)	指标分值	相对资产(%)	资产质量系数
1—5	0	0.00	0.0	0.00		实力指数	1—5	0	0.00	0.00	0.00	
6—10	7	33.33	30.1	28.67			6—10	7	33.33	—5.60	—5.33	
11—15	3	14.29	11.5	10.95		资产:负债	11—15	3	14.29	—3.80	—3.62	
16—20	0	0.00	0.0	0.00		57.43 44.57	16—20	0	0.00	0.00	0.00	
21—25	3	14.29	8.0	7.62		净资产:12.86	21—25	3	14.29	—7.30	—6.95	
26—30	0	0.00	0.0	0.00			26—30	0	0.00	0.00	0.00	
31—35	2	9.52	3.2	3.05			31—35	2	9.52	—7.00	—6.67	
36—40	5	23.81	7.1	6.76			36—40	5	23.81	—18.40	—17.52	
41—45	0	0.00	0.0	0.00			41—45	0	0.00	0.00	0.00	
46—50	1	4.76	0.4	0.38			46—50	1	4.76	—4.70	—4.48	
合计	21	100.00	60.3	57.43	2.87	21	合计	21	100.00	—46.80	—44.57	—2.23
1—5	1	3.45	4.7	3.24		竞争指数	1—5	1	3.45	—0.40	—0.28	
6—10	4	13.79	17.4	12.00			6—10	4	13.79	—3.00	—2.07	
11—15	5	17.24	18.7	12.90		资产:负债	11—15	5	17.24	—6.80	—4.69	
16—20	6	20.69	20.2	13.93		60.62 41.38	16—20	6	20.69	—10.40	—7.17	
21—25	5	17.24	13.8	9.52		净资产:19.24	21—25	5	17.24	—11.70	—8.07	
26—30	4	13.79	8.8	6.07			26—30	4	13.79	—11.60	—8.00	
31—35	2	6.90	3.3	2.28			31—35	2	6.90	—6.90	—4.76	
36—40	0	0.00	0.0	0.00			36—40	0	0.00	0.00	0.00	
41—45	1	3.45	0.7	0.48			41—45	1	3.45	—4.40	—3.03	
46—50	1	3.45	0.3	0.21			46—50	1	3.45	—4.80	—3.31	
合计	29	100.00	87.9	60.62	3.03	29	合计	29	100.00	—60.00	—41.38	—2.07
1—5	1	4.55	5.0	4.55		社会指数	1—5	1	4.55	—0.10	—0.09	
6—10	2	9.09	8.3	7.55			6—10	2	9.09	—1.90	—1.73	
11—15	4	18.18	15.4	14.00		资产:负债	11—15	4	18.18	—5.00	—4.55	
16—20	3	13.64	10.2	9.27		59.82 42.18	16—20	3	13.64	—5.10	—4.64	
21—25	4	18.18	11.6	10.55		净资产:17.64	21—25	4	18.18	—8.80	—8.00	
26—30	4	18.18	9.5	8.64			26—30	4	18.18	—10.90	—9.91	
31—35	2	9.09	3.9	3.55			31—35	2	9.09	—6.30	—5.73	
36—40	1	4.55	1.2	1.09			36—40	1	4.55	—3.90	—3.55	
41—45	1	4.55	0.7	0.64			41—45	1	4.55	—4.40	—4.00	
46—50	0	0.00	0.0	0.00			46—50	0	0.00	0.00	0.00	
合计	22	100.00	65.8	59.82	2.99	22	合计	22	100.00	—46.40	—42.18	—2.11
1—5	1	7.14	4.8	6.86		管理指数	1—5	1	7.14	—0.30	—0.43	
6—10	2	14.29	8.4	12.00			6—10	2	14.29	—1.80	—2.57	
11—15	2	14.29	7.8	11.14		资产:负债	11—15	2	14.29	—2.40	—3.43	
16—20	3	21.43	9.6	13.71		60.57 41.43	16—20	3	21.43	—5.70	—8.14	
21—25	3	21.43	8.5	12.14		净资产:19.14	21—25	3	21.43	—6.80	—9.71	
26—30	0	0.00	0.0	0.00			26—30	0	0.00	0.00	0.00	
31—35	0	0.00	0.0	0.00			31—35	0	0.00	0.00	0.00	
36—40	1	7.14	1.4	2.00			36—40	1	7.14	—3.70	—5.29	
41—45	2	14.29	1.9	2.71			41—45	2	14.29	—8.30	—11.86	
46—50	0	0.00	0.0	0.00			46—50	0	0.00	0.00	0.00	
合计	14	100.00	42.4	60.57	3.03	14	合计	14	100.00	—29.00	—41.43	—2.07
1—5	0	0.00	0.0	0.00		可持续指数	1—5	0	0.00	0.00	0.00	
6—10	6	35.29	25.3	29.76			6—10	6	35.29	—5.30	—6.24	
11—15	2	11.76	7.6	8.94		资产:负债	11—15	2	11.76	—2.60	—3.06	
16—20	3	17.65	9.6	11.29		67.76 34.24	16—20	3	17.65	—5.70	—6.71	
21—25	4	23.53	11.2	13.18		净资产:33.53	21—25	4	23.53	—9.20	—10.82	
26—30	1	5.88	2.3	2.71			26—30	1	5.88	—2.80	—3.29	
31—35	1	5.88	1.6	1.88			31—35	1	5.88	—3.50	—4.12	
36—40	0	0.00	0.0	0.00			36—40	0	0.00	0.00	0.00	
41—45	0	0.00	0.0	0.00			41—45	0	0.00	0.00	0.00	
46—50	0	0.00	0.0	0.00			46—50	0	0.00	0.00	0.00	
合计	17	100.00	57.6	67.76	3.39	17	合计	17	100.00	—29.10	—34.24	—1.71
资产总指标数		占指标总数(%)	总资产分值	相对总资产(%)	总资产质量系数	相对总资产:相对总负债 60.97 41.03	负债总指标数		占指标总数(%)	总负债分值	相对总负债(%)	总负债质量系数
103		100.00	314.0	60.97	3.05	相对净资产: 19.94	103		100.00	—211.30	—41.03	—2.05

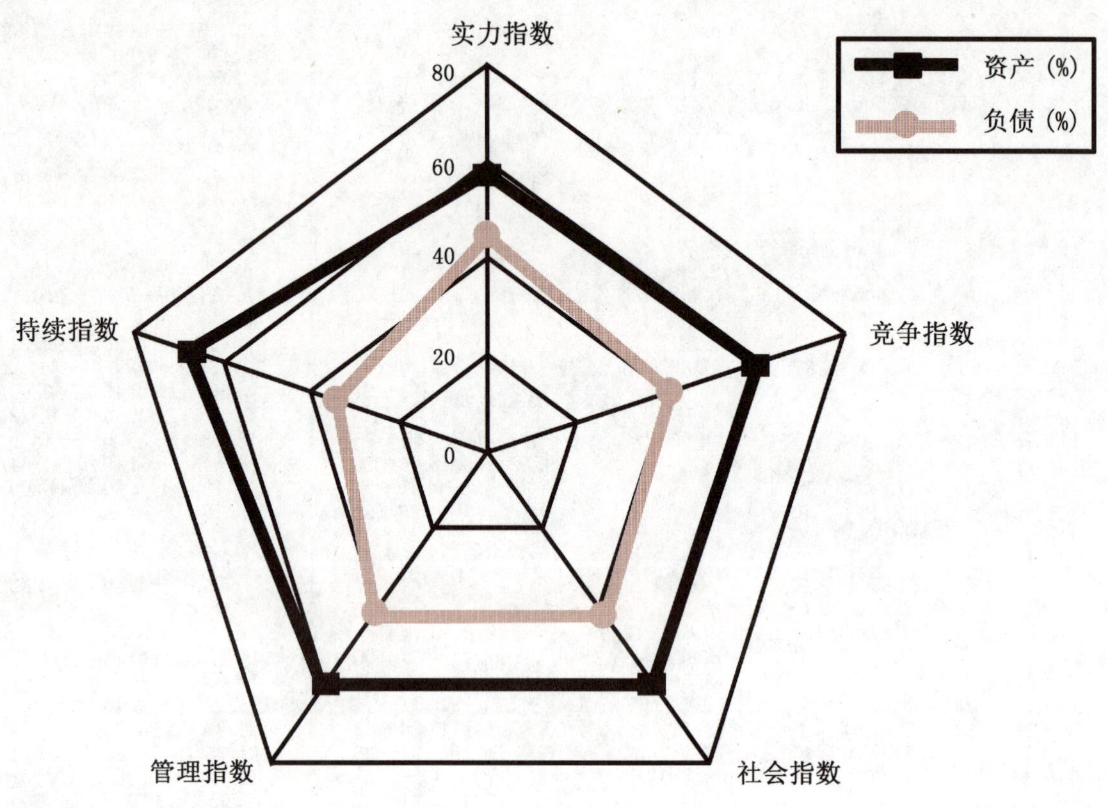

图 21.10 大连市发展能力资产负债图

十一　长春市发展能力资产负债表分析

1. 一般概况

长春市总面积20571平方公里，市区面积3603平方公里，建城区面积159平方公里。总人口699.64万人，市区总人口292.83万人，地区非农人口287.84万人。地区国内生产总值8609987万元，市区国内生产总值6818598万元，市区第三产业产值占GDP比重47.1%。市区实际利用外资总额12438万元，市区固定资产投资总额1487993万元，市区房地产投资总额294046万元。地方财政预算内收入259948万元，地方财政预算内支出414305万元。城乡居民人均储蓄余额15083元，人均住房面积14.38平方米，人均园林绿地面积17.69平方米，人均生活用电量290.5千瓦小时，人均铺装道路面积5.1平方米，人均教育经费支出154元，每万人拥有高等学校在校学生数30.20人。

现任领导：市委书记　杜学芳　　市长　李述

2. 发展能力的资产负债分析

(1) 城市实力指数：在总数21个源指标中，资产累计得分61.1，相对资产58.19%，资产质量系数为2.91，表明资产质量一般。同时，负债累计得分－46.00，相对负债－43.81%，负债质量系数为－2.19，表明负债质量一般。在该大项中，相对净资产为14.38%。

(2) 城市竞争指数：在总数29个源指标中，资产累计得分75.0，相对资产51.72%，资产质量系数为2.59，表明资产质量一般。同时，负债累计得分－72.90，相对负债－50.28%，负债质量系数为－2.51，表明负债质量一般。在该大项中，相对净资产为1.45%。

(3) 城市社会指数：在总数22个源指标中，资产累计得分42.7，相对资产38.82%，资产质量系数为1.94，表明资产质量较差。同时，负债累计得分－69.50，相对负债－63.18%，负债质量系数为－3.16，表明负债质量较差。在该大项中，相对净资产为－24.36%。

(4) 城市管理指数：在总数14个源指标中，资产累计得分41.3，相对资产59.00%，资产质量系数为2.95，表明资产质量一般。同时，负债累计得分－30.10，相对负债－43.00%，负债质量系数为－2.15，表明负债质量一般。在该大项中，相对净资产为16.00%。

(5) 城市可持续指数：在总数17个源指标中，资产累计得分54.3，相对资产63.88%，资产质量系数为3.19，表明资产质量较好。同时，负债累计得分－32.40，相对负债－38.12%，负债质量系数为－1.91，表明负债质量较好。在该大项中，相对净资产为25.76%。

总计上述五大项，在总数103个源指标中，总资产累计得分274.4，相对总资产53.28%，总资产质量系数为2.66，表明总资产质量一般。同时，总负债累计得分－250.90，相对总负债－48.72%，总负债质量系数为－2.44，表明总负债质量一般。该城市发展能力相对总净资产为4.56%。

表 21.11　长春市发展能力资产负债分析

资　产						五大指数	资　产					
位　次	指标数	占指标总数(%)	指标分值	相对资产(%)	资产质量系数		位次	指标数	占指标总数(%)	指标分值	相对资产(%)	资产质量系数
1－5	0	0.00	0.0	0.00		实力指数	1－5	0	0.00	0.00	0.00	
6－10	2	9.52	8.5	8.10			6－10	2	9.52	－1.70	－1.62	
11－15	6	28.57	22.5	21.43		资产:负债	11－15	6	28.57	－8.10	－7.71	
16－20	2	9.52	6.6	6.29		58.19　43.81	16－20	2	9.52	－3.60	－3.43	
21－25	5	23.81	14.2	13.52		净资产:14.38	21－25	5	23.81	－11.30	－10.76	
26－30	1	4.76	2.4	2.29			26－30	1	4.76	－2.70	－2.57	
31－35	2	9.52	3.5	3.33			31－35	2	9.52	－6.70	－6.38	
36－40	1	4.76	1.5	1.43			36－40	1	4.76	－3.60	－3.43	
41－45	2	9.52	1.9	1.81			41－45	2	9.52	－8.30	－7.90	
46－50	0	0.00	0.0	0.00			46－50	0	0.00	0.00	0.00	
合计	21	100.00	61.1	58.19	2.91	21	合计	21	100.00	－46.00	－43.81	－2.19
1－5	1	3.45	4.7	3.24		竞争指数	1－5	1	3.45	－0.40	－0.28	
6－10	3	10.34	12.9	8.90			6－10	3	10.34	－2.40	－1.66	
11－15	4	13.79	14.9	10.28		资产:负债	11－15	4	13.79	－5.50	－3.79	
16－20	5	17.24	16.9	11.66		51.72　50.28	16－20	5	17.24	－8.60	－5.93	
21－25	2	6.90	5.8	4.00		净资产:1.45	21－25	2	6.90	－4.40	－3.03	
26－30	4	13.79	9.2	6.34			26－30	4	13.79	－11.20	－7.72	
31－35	2	6.90	4.0	2.76			31－35	2	6.90	－6.20	－4.28	
36－40	1	3.45	1.5	1.03			36－40	1	3.45	－3.60	－2.48	
41－45	6	20.69	4.7	3.24			41－45	6	20.69	－25.90	－17.86	
46－50	1	3.45	0.4	0.28			46－50	1	3.45	－4.70	－3.24	
合计	29	100.00	75.0	51.72	2.59	29	合计	29	100.00	－72.90	－50.28	－2.51
1－5	0	0.00	0.0	0.00		社会指数	1－5	0	0.00	0.00	0.00	
6－10	0	0.00	0.0	0.00			6－10	0	0.00	0.00	0.00	
11－15	2	9.09	7.9	7.18		资产:负债	11－15	2	9.09	－2.30	－2.09	
16－20	0	0.00	0.0	0.00		38.82　63.18	16－20	0	0.00	0.00	0.00	
21－25	3	13.64	8.3	7.55		净资产:－24.36	21－25	3	13.64	－7.00	－6.36	
26－30	6	27.27	14.0	12.73			26－30	6	27.27	－16.60	－15.09	
31－35	3	13.64	5.0	4.55			31－35	3	13.64	－10.30	－9.09	
36－40	5	22.73	6.5	5.91			36－40	5	22.73	－19.00	－17.27	
41－45	0	0.00	0.0	0.00			41－45	0	0.00	0.00	0.00	
46－50	3	13.64	1.0	0.91			46－50	3	13.64	－14.30	－13.00	
合计	22	100.00	42.7	38.82	1.94	22	合计	22	100.00	－69.50	－63.18	－3.16
1－5	0	0.00	0.0	0.00		管理指数	1－5	0	0.00	0.00	0.00	
6－10	4	28.57	17.2	24.57			6－10	4	28.57	－3.20	－4.57	
11－15	3	21.43	11.3	16.14		资产:负债	11－15	3	21.43	－4.00	－5.71	
16－20	1	7.14	3.4	4.86		59.00　43.00	16－20	1	7.14	－1.70	－2.43	
21－25	1	7.14	3.0	4.29		净资产:16.00	21－25	1	7.14	－2.10	－3.00	
26－30	1	7.14	2.3	3.29			26－30	1	7.14	－2.80	－4.00	
31－35	1	7.14	1.6	2.29			31－35	1	7.14	－3.50	－5.00	
36－40	1	7.14	1.5	2.14			36－40	1	7.14	－3.60	－5.14	
41－45	1	7.14	0.7	1.00			41－45	1	7.14	－4.40	－6.29	
46－50	1	7.14	0.3	0.43			46－50	1	7.14	－4.80	－6.86	
合计	14	100.00	41.3	59.00	2.95	14	合计	14	100.00	－30.10	－43.00	－2.15
1－5	1	5.88	4.7	5.53		可持续指数	1－5	1	5.88	－0.40	－0.47	
6－10	4	23.53	17.6	20.71			6－10	4	23.53	－2.80	－3.29	
11－15	4	23.53	15.0	17.65		资产:负债	11－15	4	23.53	－5.40	－6.35	
16－20	1	5.88	3.2	3.76		63.88　38.12	16－20	1	5.88	－1.90	－2.24	
21－25	2	11.76	5.5	6.47		净资产:25.76	21－25	2	11.76	－4.70	－5.53	
26－30	0	0.00	0.0	0.00			26－30	0	0.00	0.00	0.00	
31－35	4	23.53	7.0	8.24			31－35	4	23.53	－13.40	－15.76	
36－40	1	5.88	1.3	1.53			36－40	1	5.88	－3.80	－4.47	
41－45	0	0.00	0.0	0.00			41－45	0	0.00	0.00	0.00	
46－50	0	0.00	0.0	0.00			46－50	0	0.00	0.00	0.00	
合计	17	100.00	54.3	63.88	3.19	17	合计	17	100.00	－32.40	－38.12	－1.91
资产总指标数		占指标总数(%)	总资产分值	相对总资产(%)	总资产质量系数	相对总资产:相对总负债 53.28　48.72	负债总指标数		占指标总数(%)	总负债分值	相对总负债(%)	总负债质量系数
103		100.00	274.4	53.28	2.66	相对净资产:4.56	103		100.00	－250.90	－48.72	－2.44

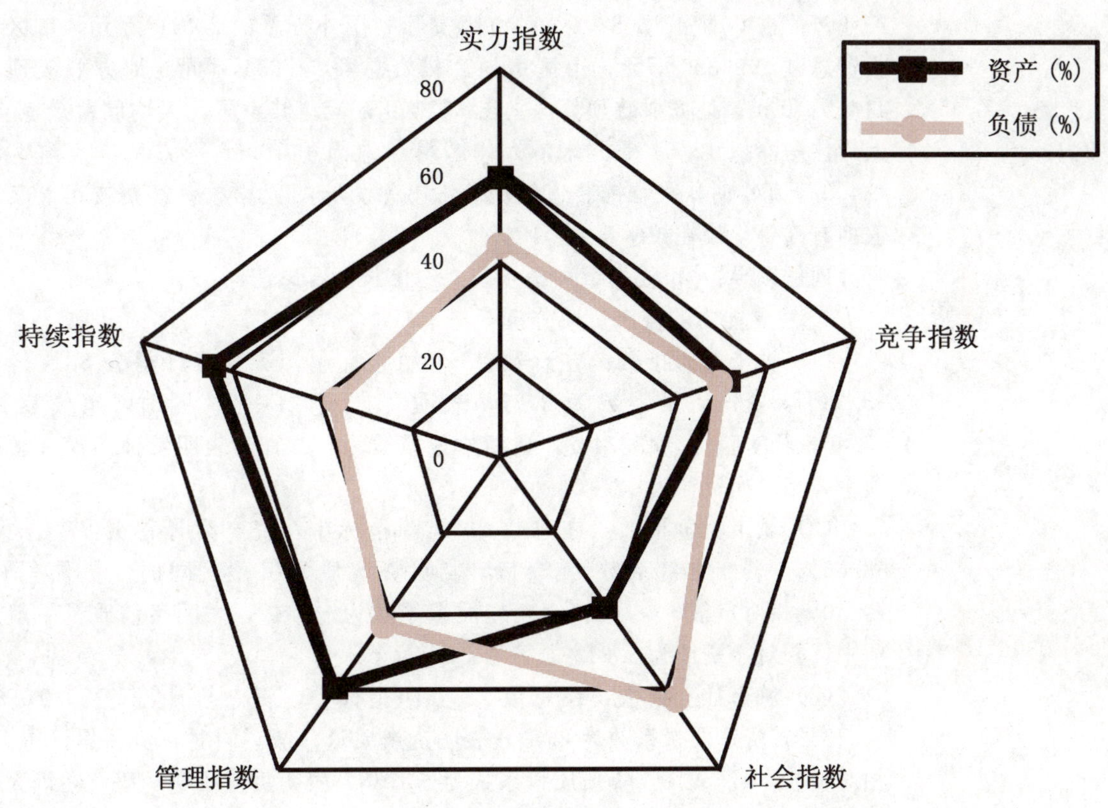

图 21.11　长春市发展能力资产负债图

十二　哈尔滨市发展能力资产负债表分析

1. 一般概况

哈尔滨市总面积53068平方公里，市区面积1658平方公里，建城区面积168平方公里。总人口934.64万人，市区总人口303.72万人，地区非农人口435.02万人。地区国内生产总值10027000万元，市区国内生产总值5499300万元，市区第三产业产值占GDP比重57.5%。市区实际利用外资总额20314万元，市区固定资产投资总额1993380万元，市区房地产投资总额627654万元。地方财政预算内收入414551万元，地方财政预算内支出552469万元。城乡居民人均储蓄余额17846元，人均住房面积12.64平方米，人均园林绿地面积16.65平方米，人均生活用电量424.6千瓦小时，人均铺装道路面积3.8平方米，人均教育经费支出207元，每万人拥有高等学校在校学生数54.47人。

现任领导：市委书记　杨永茂　　市长　石忠信

2. 发展能力的资产负债分析

（1）城市实力指数：在总数21个源指标中，资产累计得分58.1，相对资产55.33%，资产质量系数为2.77，表明资产质量一般。同时，负债累计得分－45.40，相对负债－43.24%，负债质量系数为－2.16，表明负债质量一般。在该大项中，相对净资产为12.10%。

（2）城市竞争指数：在总数29个源指标中，资产累计得分77.8，相对资产53.66%，资产质量系数为2.68，表明资产质量一般。同时，负债累计得分－70.10，相对负债－48.34%，负债质量系数为－2.42，表明负债质量一般。在该大项中，相对净资产为5.31%。

（3）城市社会指数：在总数22个源指标中，资产累计得分59.9，相对资产54.45%，资产质量系数为2.72，表明资产质量一般。同时，负债累计得分－52.3，相对负债－47.55%，负债质量系数为－2.38，表明负债质量一般。在该大项中，相对净资产为6.91%。

（4）城市管理指数：在总数14个源指标中，资产累计得分30.0，相对资产42.86%，资产质量系数为2.14，表明资产质量一般。同时，负债累计得分－41.40，相对负债－59.14%，负债质量系数为－2.96，表明负债质量一般。在该大项中，相对净资产为－16.29%。

（5）城市可持续指数：在总数17个源指标中，资产累计得分48.1，相对资产56.59%，资产质量系数为2.83，表明资产质量一般。同时，负债累计得分－38.60，相对负债－45.41%，负债质量系数为－2.27，表明负债质量一般。在该大项中，相对净资产为11.18%。

总计上述五大项，在总数103个源指标中，总资产累计得分273.9，相对总资产53.8%，总资产质量系数为2.66，表明总资产质量一般。同时，总负债累计得分－247.80，相对总负债－48.12%，总负债质量系数为－2.41，表明总负债质量一般。该城市发展能力相对总净资产为5.07%。

表 21.12　哈尔滨市发展能力资产负债分析

资产							资产					
位次	指标数	占指标总数(%)	指标分值	相对资产(%)	资产质量系数	五大指数	位次	指标数	占指标总数(%)	指标分值	相对资产(%)	资产质量系数
1—5	2	9.52	9.7	9.24		实力指数	1—5	2	9.52	−0.50	−0.48	
6—10	4	19.05	16.8	16.00			6—10	4	19.05	−3.60	−3.43	
11—15	2	9.52	7.5	7.14		资产:负债	11—15	2	9.52	−2.70	−2.57	
16—20	3	14.29	9.7	9.24		55.33　43.24	16—20	3	14.29	−2.00	−1.90	
21—25	2	9.52	5.6	5.33		净资产:12.10	21—25	2	9.52	−2.70	−2.57	
26—30	1	4.76	2.4	2.29			26—30	1	4.76	−2.70	−2.57	
31—35	1	4.76	1.9	1.81			31—35	1	4.76	−3.20	−3.05	
36—40	1	4.76	1.4	1.33			36—40	1	4.76	−3.70	−3.52	
41—45	3	14.29	2.2	2.10			41—45	3	14.29	−13.10	−12.48	
46—50	2	9.52	0.9	0.86			46—50	2	9.52	−9.30	−8.86	
合计	21	100.00	58.1	55.33	2.77	21	合计	21	100.00	−45.40	−43.24	−2.16
1—5	0	0.00	0.0	0.00		竞争指数	1—5	0	0.00	0.00	0.00	
6—10	2	6.90	8.4	5.79			6—10	2	6.90	−1.80	−1.24	
11—15	5	17.24	19.3	13.31		资产:负债	11—15	5	17.24	−6.20	−4.28	
16—20	7	24.14	23.0	15.86		53.66　48.34	16—20	7	24.14	−12.70	−8.76	
21—25	4	13.79	11.1	7.66		净资产:5.31	21—25	4	13.79	−9.30	−6.41	
26—30	1	3.45	2.3	1.59			26—30	1	3.45	−2.80	−1.93	
31—35	4	13.79	7.1	4.90			31—35	4	13.79	−13.30	−9.17	
36—40	4	13.79	5.1	3.52			36—40	4	13.79	−15.30	−10.55	
41—45	2	6.90	1.5	1.03			41—45	2	6.90	−8.70	−6.00	
46—50	0	0.00	0.0	0.00			46—50	0	0.00	0.00	0.00	
合计	29	100.00	77.8	53.66	2.68	29	合计	29	100.00	−70.10	−48.34	−2.42
1—5	0	0.00	0.0	0.00		社会指数	1—5	0	0.00	0.00	0.00	
6—10	2	9.09	8.2	7.45			6—10	2	9.09	−2.00	−1.82	
11—15	5	22.73	19.0	17.27		资产:负债	11—15	5	22.73	−6.50	−5.91	
16—20	5	22.73	16.2	14.73		54.45　47.55	16—20	5	22.73	−9.30	−8.45	
21—25	1	4.55	2.9	2.64		净资产:6.91	21—25	1	4.55	−2.20	−2.00	
26—30	3	13.64	6.9	6.27			26—30	3	13.64	−8.40	−7.64	
31—35	1	4.55	1.8	1.64			31—35	1	4.55	−3.30	−3.00	
36—40	1	4.55	1.5	1.36			36—40	1	4.55	−3.60	−3.27	
41—45	4	18.18	3.4	3.09			41—45	4	18.18	−17.00	−15.45	
46—50	0	0.00	0.0	0.00			46—50	0	0.00	0.00	0.00	
合计	22	100.00	59.9	54.45	2.72	22	合计	22	100.00	−52.30	−47.55	−2.38
1—5	0	0.00	0.0	0.00		管理指数	1—5	0	0.00	0.00	0.00	
6—10	1	7.14	4.3	6.14			6—10	1	7.14	−0.80	−1.14	
11—15	0	0.00	0.0	0.00		资产:负债	11—15	0	0.00	0.00	0.00	
16—20	2	14.29	6.5	9.29		42.86　59.14	16—20	2	14.29	−3.70	−5.29	
21—25	3	21.43	8.2	11.71		净资产:−16.29	21—25	3	21.43	−7.10	−10.14	
26—30	2	14.29	4.4	6.29			26—30	2	14.29	−5.80	−8.29	
31—35	1	7.14	2.0	2.86			31—35	1	7.14	−3.10	−4.43	
36—40	2	14.29	2.7	3.86			36—40	2	14.29	−7.50	−10.71	
41—45	2	14.29	1.8	2.57			41—45	2	14.29	−8.40	−12.00	
46—50	1	7.14	0.1	0.14			46—50	1	7.14	−5.00	−7.14	
合计	14	100.00	30.0	42.86	2.14	14	合计	14	100.00	−41.40	−59.14	−2.96
1—5	2	11.76	9.5	11.18		可持续指数	1—5	2	11.76	−0.70	−0.82	
6—10	1	5.88	4.2	4.94			6—10	1	5.88	−0.90	−1.06	
11—15	0	0.00	0.0	0.00		资产:负债	11—15	0	0.00	0.00	0.00	
16—20	5	29.41	16.7	19.65		56.59　45.41	16—20	5	29.41	−8.80	−10.35	
21—25	2	11.76	5.6	6.59		净资产:11.18	21—25	2	11.76	−4.60	−5.41	
26—30	2	11.76	4.8	5.65			26—30	2	11.76	−5.40	−6.35	
31—35	1	5.88	1.9	2.24			31—35	1	5.88	−3.20	−3.76	
36—40	4	23.53	5.4	6.35			36—40	4	23.53	−15.00	−17.65	
41—45	0	0.00	0.0	0.00			41—45	0	0.00	0.00	0.00	
46—50	0	0.00	0.0	0.00			46—50	0	0.00	0.00	0.00	
合计	17	100.00	48.1	56.59	2.83	17	合计	17	100.00	−38.60	−45.41	−2.27
资产总指标数		占指标总数(%)	总资产分值	相对总资产(%)	总资产质量系数	相对总资产:相对总负债 53.18　48.12	负债总指标数		占指标总数(%)	总负债分值	相对总负债(%)	总负债质量系数
103		100.00	273.9	53.18	2.66	相对净资产:5.07	103		100.00	−247.80	−48.12	−2.41

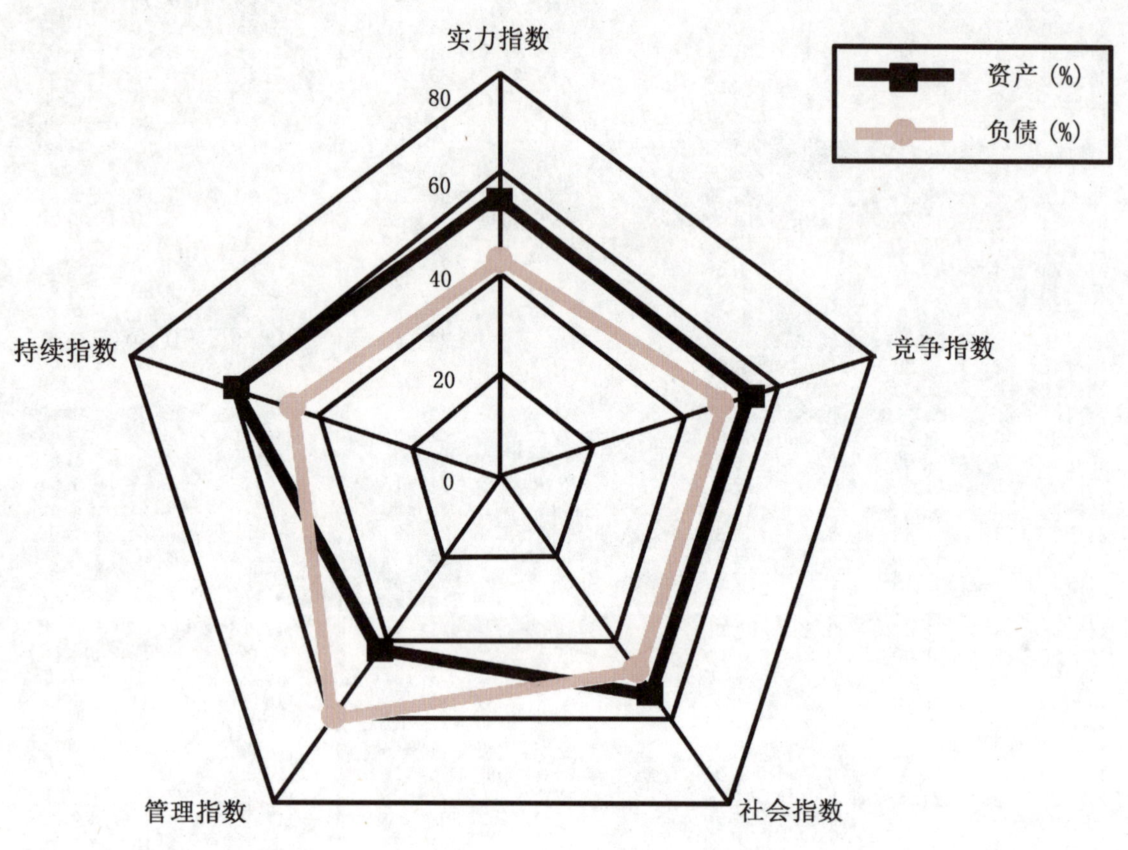

图 21.12　哈尔滨市发展能力资产负债图

十三　大庆市发展能力资产负债表分析

1. 一般概况

大庆市总面积 21219 平方公里，市区面积 5107 平方公里，建城区面积 143 平方公里。总人口 250.58 万人，市区总人口 110.7 万人，地区非农人口 113.81 万人。地区国内生产总值 10293517 万元，市区国内生产总值 9876090 万元，市区第三产业产值占 GDP 比重 7.3%。市区实际利用外资总额 846 万元，市区固定资产投资总额 1908066 万元，市区房地产投资总额 85886 万元。地方财政预算内收入 230439 万元，地方财政预算内支出 239255 万元。城乡居民人均储蓄余额 27577 元，人均住房面积 19.92 平方米，人均园林绿地面积 48.7 平方米，人均生活用电量 527.4 千瓦小时，人均铺装道路面积 16.1 平方米，人均教育经费支出 83 元，每万人拥有高等学校在校学生数 5.16 人。

现任领导：　市委书记　刘海生　　市长　王志斌

2. 发展能力的资产负债分析

(1) 城市实力指数：在总数 21 个源指标中，资产累计得分 68.2，相对资产 64.95%，资产质量系数为 3.25，表明资产质量较好。同时，负债累计得分－38.90，相对负债－37.05%，负债质量系数为－1.85，表明负债质量较好。在该大项中，相对净资产为 27.90%。

(2) 城市竞争指数：在总数 29 个源指标中，资产累计得分 50.6，相对资产 34.90%，资产质量系数为 1.74，表明资产质量较差。同时，负债累计得分－97.30，相对负债－67.10%，负债质量系数为－3.36，表明负债质量较差。在该大项中，相对净资产为－32.21%。

(3) 城市社会指数：在总数 22 个源指标中，资产累计得分 57.7，相对资产 52.45%，资产质量系数为 2.62，表明资产质量一般。同时，负债累计得分－54.50，相对负债－49.55%，负债质量系数为－2.48，表明负债质量一般。在该大项中，相对净资产为 2.91%。

(4) 城市管理指数：在总数 14 个源指标中，资产累计得分 46.8，相对资产 66.86%，资产质量系数为 3.34，表明资产质量较好。同时，负债累计得分－24.60，相对负债－35.14%，负债质量系数为－1.76，表明负债质量较好。在该大项中，相对净资产为 31.71%。

(5) 城市可持续指数：在总数 17 个源指标中，资产累计得分 52.2，相对资产 61.41%，资产质量系数为 3.07，表明资产质量较好。同时，负债累计得分－34.50，相对负债－40.59%，负债质量系数为－2.03，表明负债质量一般。在该大项中，相对净资产为 20.82%。

总计上述五大项，在总数 103 个源指标中，总资产累计得分 275.5，相对总资产 53.5%，总资产质量系数为 2.67，表明总资产质量一般。同时，总负债累计得分－249.80，相对总负债－48.50%，总负债质量系数为－2.43，表明总负债质量一般。该城市发展能力相对总净资产为 4.99%。

表 21.13　大庆市发展能力资产负债分析

资产							资产					
位次	指标数	占指标总数(%)	指标分值	相对资产(%)	资产质量系数	五大指数	位次	指标数	占指标总数(%)	指标分值	相对资产(%)	资产质量系数
1—5	7	33.33	34.2	32.57		实力指数	1—5	7	33.33	−1.50	−1.43	
6—10	4	19.05	17.4	16.57			6—10	4	19.05	−3.00	−2.86	
11—15	0	0.00	0.0	0.00		资产:负债	11—15	0	0.00	0.00	0.00	
16—20	2	9.52	6.3	6.00		64.95　37.05	16—20	2	9.52	−3.90	−3.71	
21—25	1	4.76	2.6	2.48		净资产:27.90	21—25	1	4.76	−2.50	−2.38	
26—30	1	4.76	2.2	2.10			26—30	1	4.76	−2.90	−2.76	
31—35	1	4.76	1.6	1.52			31—35	1	4.76	−3.50	−3.33	
36—40	1	4.76	1.4	1.33			36—40	1	4.76	−3.70	−3.52	
41—45	2	9.52	1.6	1.52			41—45	2	9.52	−8.60	−8.19	
46—50	2	9.52	0.9	0.86			46—50	2	9.52	−9.30	−8.86	
合计	21	100.00	68.2	64.95	3.25	21	合计	21	100.00	−38.90	−37.05	−1.85
1—5	1	3.45	5.0	3.45		竞争指数	1—5	1	3.45	−0.10	−0.07	
6—10	3	10.34	13.1	9.03			6—10	3	10.34	−2.20	−1.52	
11—15	2	6.90	7.7	5.31		资产:负债	11—15	2	6.90	−2.50	−1.72	
16—20	3	10.34	10.2	7.03		34.90　67.10	16—20	3	10.34	−5.10	−3.52	
21—25	0	0.00	0.0	0.00		净资产:−32.21	21—25	0	0.00	0.00	0.00	
26—30	0	0.00	0.0	0.00			26—30	0	0.00	0.00	0.00	
31—35	3	10.34	5.9	4.07			31—35	3	10.34	−9.40	−6.48	
36—40	2	6.90	2.5	1.72			36—40	2	6.90	−7.70	−5.31	
41—45	4	13.79	3.2	2.21			41—45	4	13.79	−17.20	−11.86	
46—50	11	37.93	3.0	2.07			46—50	11	37.93	−53.10	−36.62	
合计	29	100.00	50.6	34.90	1.74	29	合计	29	100.00	−97.30	−67.10	−3.36
1—5	2	9.09	9.3	8.45		社会指数	1—5	2	9.09	−0.90	−0.82	
6—10	3	13.64	13.3	12.09			6—10	3	13.64	−2.00	−1.82	
11—15	3	13.64	11.5	10.45		资产:负债	11—15	3	13.64	−3.80	−3.45	
16—20	1	4.55	3.1	2.82		52.45　49.55	16—20	1	4.55	−2.00	−1.82	
21—25	1	4.55	2.9	2.64		净资产:2.91	21—25	1	4.55	−2.20	−2.00	
26—30	5	22.73	11.9	10.82			26—30	5	22.73	−13.60	−12.36	
31—35	0	0.00	0.0	0.00			31—35	0	0.00	0.00	0.00	
36—40	3	13.64	3.7	3.36			36—40	3	13.64	−11.60	−10.55	
41—45	2	9.09	1.5	1.36			41—45	2	9.09	−8.70	−7.91	
46—50	2	9.09	0.5	0.45			46—50	2	9.09	−9.70	−8.82	
合计	22	100.00	57.7	52.45	2.62	22	合计	22	100.00	−54.50	−49.55	−2.48
1—5	3	21.43	15.0	21.43		管理指数	1—5	3	21.43	−0.30	−0.43	
6—10	4	28.57	17.3	24.71			6—10	4	28.57	−3.10	−4.43	
11—15	2	14.29	7.5	10.71		资产:负债	11—15	2	14.29	−2.70	−3.86	
16—20	1	7.14	3.5	5.00		66.86　35.14	16—20	1	7.14	−1.60	−2.29	
21—25	0	0.00	0.0	0.00		净资产:31.71	21—25	0	0.00	0.00	0.00	
26—30	0	0.00	0.0	0.00			26—30	0	0.00	0.00	0.00	
31—35	2	14.29	3.3	4.71			31—35	2	14.29	−6.90	−9.86	
36—40	0	0.00	0.0	0.00			36—40	0	0.00	0.00	0.00	
41—45	0	0.00	0.0	0.00			41—45	0	0.00	0.00	0.00	
46—50	2	14.29	0.2	0.29			46—50	2	14.29	−10.00	−14.29	
合计	14	100.00	46.8	66.86	3.34	14	合计	14	100.00	−24.60	−35.14	−1.76
1—5	8	47.06	37.9	44.59		可持续指数	1—5	8	47.06	−2.90	−3.41	
6—10	0	0.00	0.0	0.00			6—10	0	0.00	0.00	0.00	
11—15	2	11.76	7.4	8.71		资产:负债	11—15	2	11.76	−2.80	−3.29	
16—20	0	0.00	0.0	0.00		61.41　40.59	16—20	0	0.00	0.00	0.00	
21—25	0	0.00	0.0	0.00		净资产:20.82	21—25	0	0.00	0.00	0.00	
26—30	0	0.00	0.0	0.00			26—30	0	0.00	0.00	0.00	
31—35	2	11.76	3.3	3.88			31—35	2	11.76	−6.90	−8.12	
36—40	1	5.88	1.5	1.76			36—40	1	5.88	−3.60	−4.24	
41—45	2	11.76	1.5	1.76			41—45	2	11.76	−8.70	−10.24	
46—50	2	11.76	0.6	0.71			46—50	2	11.76	−9.60	−11.29	
合计	17	100.00	52.2	61.41	3.07	17	合计	17	100.00	−34.50	−40.59	−2.03
资产总指标数		占指标总数(%)	总资产分值	相对总资产(%)	总资产质量系数	相对总资产:相对总负债 53.50　48.50	负债总指标数		占指标总数(%)	总负债分值	相对总负债(%)	总负债质量系数
103		100.00	275.5	53.50	2.67	相对净资产: 4.99	103		100.00	−249.80	−48.50	−2.43

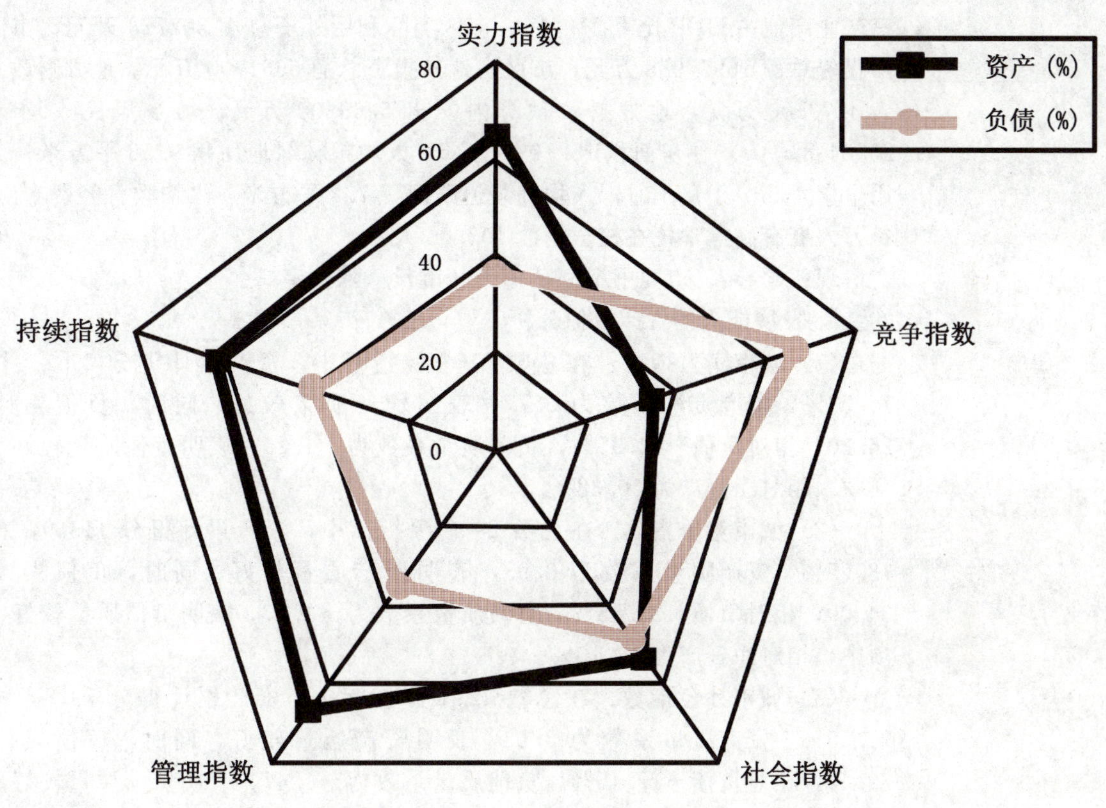

图 21.13　大庆市发展能力资产负债图

十四　上海市发展能力资产负债表分析

1. 一般概况

上海市总面积6341平方公里，市区面积3924平方公里，建城区面积550平方公里。总人口1321.63万人，市区总人口1136.82万人，地区非农人口986.16万人。地区国内生产总值45511500万元，市区国内生产总值40986400万元，市区第三产业产值占GDP比重51.6%。市区实际利用外资总额302728万元，市区固定资产投资总额16977088万元，市区房地产投资总额5661700万元。地方财政预算内收入4779500万元，地方财政预算内支出5969200万元。城乡居民人均储蓄余额20504元，人均住房面积15.19平方米，人均园林绿地面积9.58平方米，人均生活用电量468.2千瓦小时，人均铺装道路面积7.2平方米，人均教育经费支出742元，每万人拥有高等学校在校学生数103.06人。

现任领导：市委书记　黄菊　　市长　陈良宇

2. 发展能力的资产负债分析

(1) 城市实力指数：在总数21个源指标中，资产累计得分79.1，相对资产75.33%，资产质量系数为3.77，表明资产质量较好。同时，负债累计得分－26.20，相对负债－24.95%，负债质量系数为－1.25，表明负债质量较好。在该大项中，相对净资产为50.38%。

(2) 城市竞争指数：在总数29个源指标中，资产累计得分113.9，相对资产78.55%，资产质量系数为3.93，表明资产质量较好。同时，负债累计得分－34.00，相对负债－23.45%，负债质量系数为－1.17，表明负债质量较好。在该大项中，相对净资产为55.10%。

(3) 城市社会指数：在总数22个源指标中，资产累计得分79.8，相对资产72.55%，资产质量系数为3.63，表明资产质量较好。同时，负债累计得分－32.40，相对负债－29.45%，负债质量系数为－1.47，表明负债质量较好。在该大项中，相对净资产为43.09%。

(4) 城市管理指数：在总数14个源指标中，资产累计得分48.3，相对资产69.00%，资产质量系数为3.45，表明资产质量较好。同时，负债累计得分－23.10，相对负债－33.00%，负债质量系数为－1.65，表明负债质量较好。在该大项中，相对净资产为36.00%。

(5) 城市可持续指数：在总数17个源指标中，资产累计得分46.8，相对资产55.06%，资产质量系数为2.75，表明资产质量一般。同时，负债累计得分－39.90，相对负债－46.94%，负债质量系数为－2.35，表明负债质量一般。在该大项中，相对净资产为8.12%。

总计上述五大项，在总数103个源指标中，总资产累计得分367.9，相对总资产71.44%，总资产质量系数为3.57，表明总资产质量较好。同时，总负债累计得分－155.60，相对总负债－30.21%，总负债质量系数为－1.51，表明总负债质量较好。该城市发展能力相对总净资产为41.22%。

表 21.14 上海市发展能力资产负债分析

资产						五大指数	资产					
位次	指标数	占指标总数(%)	指标分值	相对资产(%)	资产质量系数		位次	指标数	占指标总数(%)	指标分值	相对资产(%)	资产质量系数
1－5	10	47.62	49.6	47.24		实力指数	1－5	10	47.62	－1.40	－1.33	
6－10	2	9.52	8.7	8.29			6－10	2	9.52	－1.50	－1.43	
11－15	1	4.76	3.8	3.62		资产:负债	11－15	1	4.76	－1.30	－1.24	
16－20	2	9.52	6.7	6.38		75.33 24.95	16－20	2	9.52	－1.70	－1.62	
21－25	1	4.76	2.8	2.67		净资产:50.38	21－25	1	4.76	－2.80	－2.67	
26－30	1	4.76	2.3	2.19			26－30	1	4.76	－3.20	－3.05	
31－35	1	4.76	1.9	1.81			31－35	1	4.76	－3.20	－3.05	
36－40	2	9.52	2.7	2.57			36－40	2	9.52	－7.50	－7.14	
41－45	1	4.76	0.6	0.57			41－45	1	4.76	－4.50	－4.29	
46－50	0	0.00	0.0	0.00			46－50	0	0.00	0.00	0.00	
合计	21	100.00	79.1	75.33	3.77	21	合计	21	100.00	－26.20	－24.95	－1.25
1－5	14	48.28	68.8	47.45		竞争指数	1－5	14	48.28	－2.60	－1.79	
6－10	4	13.79	17.1	11.79			6－10	4	13.79	－3.30	－2.28	
11－15	3	10.34	11.6	8.00		资产:负债	11－15	3	10.34	－3.70	－2.55	
16－20	1	3.45	3.1	2.14		78.55 23.45	16－20	1	3.45	－2.00	－1.38	
21－25	2	6.90	5.6	3.86		净资产:－55.10	21－25	2	6.90	－4.60	－3.17	
26－30	1	3.45	2.2	1.52			26－30	1	3.45	－2.90	－2.00	
31－35	3	10.34	5.3	3.66			31－35	3	10.34	－10.00	－6.90	
36－40	0	0.00	0.0	0.00			36－40	0	0.00	0.00	0.00	
41－45	0	0.00	0.0	0.00			41－45	0	0.00	0.00	0.00	
46－50	1	3.45	0.2	0.14			46－50	1	3.45	－4.90	－3.38	
合计	29	100.00	113.9	78.55	3.93	29	合计	29	100.00	－34.00	－23.45	－1.17
1－5	6	27.27	28.7	26.09		社会指数	1－5	6	27.27	－1.90	－1.73	
6－10	5	22.73	21.7	19.73			6－10	5	22.73	－3.80	－3.45	
11－15	3	13.64	11.4	10.36		资产:负债	11－15	3	13.64	－3.90	－3.55	
16－20	4	18.18	12.8	11.64		72.55 29.45	16－20	4	18.18	－7.60	－6.91	
21－25	0	0.00	0.0	0.00		净资产:43.09	21－25	0	0.00	0.00	0.00	
26－30	1	4.55	2.1	1.91			26－30	1	4.55	－3.00	－2.73	
31－35	1	4.55	2.0	1.82			31－35	1	4.55	－3.10	－2.82	
36－40	0	0.00	0.0	0.00			36－40	0	0.00	0.00	0.00	
41－45	1	4.55	0.8	0.73			41－45	1	4.55	－4.30	－3.91	
46－50	1	4.55	0.3	0.27			46－50	1	1.55	－4.80	－4.36	
合计	22	100.00	79.8	72.55	3.63	22	合计	22	100.00	－32.40	－29.45	－1.47
1－5	6	42.86	29.3	41.86		管理指数	1－5	6	42.86	－1.30	－1.86	
6－10	0	0.00	0.0	0.00			6－10	0	0.00	0.00	0.00	
11－15	1	7.14	3.9	5.57		资产:负债	11－15	1	7.14	－1.20	－1.71	
16－20	3	21.43	9.7	13.86		69.00 33.00	16－20	3	21.43	－5.60	－8.00	
21－25	0	0.00	0.0	0.00		净资产:36.00	21－25	0	0.00	0.00	0.00	
26－30	1	7.14	2.2	3.14			26－30	1	7.14	－2.90	－4.14	
31－35	1	7.14	1.6	2.29			31－35	1	7.14	－3.50	－5.00	
36－40	0	0.00	0.0	0.00			36－40	0	0.00	0.00	0.00	
41－45	2	14.29	1.6	2.29			41－45	2	14.29	－8.60	－12.29	
46－50	0	0.00	0.0	0.00			46－50	0	0.00	0.00	0.00	
合计	14	100.00	48.3	69.00	3.45	14	合计	14	100.00	－23.10	－33.00	－1.65
1－5	4	23.53	19.1	22.47		可持续指数	1－5	4	23.53	－1.30	－1.53	
6－10	2	11.76	8.5	10.00			6－10	2	11.76	－1.70	－2.00	
11－15	0	0.00	0.0	0.00		资产:负债	11－15	0	0.00	0.00	0.00	
16－20	2	11.76	6.8	8.00		55.06 46.94	16－20	2	11.76	－3.40	－4.00	
21－25	1	5.88	3.0	3.53		净资产:8.12	21－25	1	5.88	－2.10	－2.47	
26－30	2	11.76	5.0	5.88			26－30	2	11.76	－5.20	－6.12	
31－35	1	5.88	1.9	2.24			31－35	1	5.88	－3.20	－3.76	
36－40	0	0.00	0.0	0.00			36－40	0	0.00	0.00	0.00	
41－45	2	11.76	1.5	1.76			41－45	2	11.76	－8.70	－10.24	
46－50	2	11.76	1.0	1.18			46－50	3	17.65	－14.30	－16.82	
合计	17	100.00	46.8	55.06	2.75	17	合计	17	100.00	－39.90	－46.94	－2.35
资产总指标数		占指标总数(%)	总资产分值	相对总资产(%)	总资产质量系数	相对总资产:相对总负债 71.44 30.21	负债总指标数		占指标总数(%)	总负债分值	相对总负债(%)	总负债质量系数
103		100.00	367.9	71.44	3.57	相对净资产:41.22	103		100.00	－155.60	－30.21	－1.51

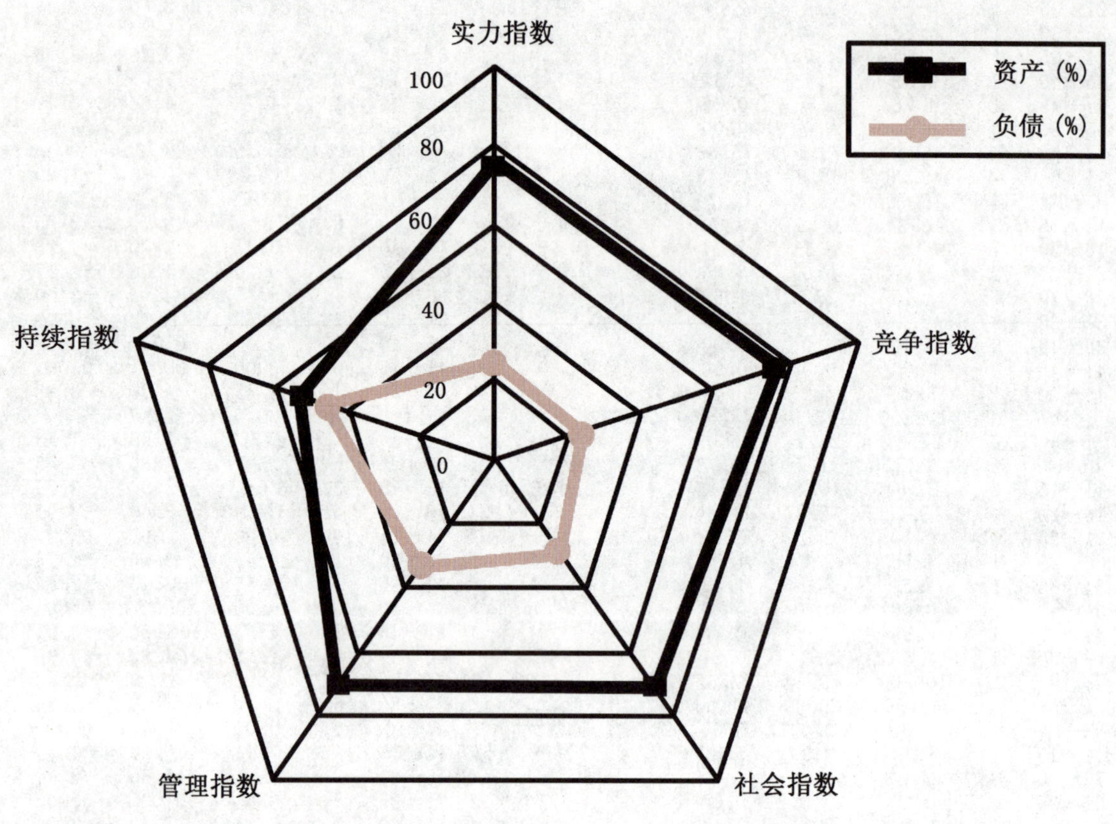

图 21.14　上海市发展能力资产负债图

十五 南京市发展能力资产负债表分析

1. 一般概况

南京市总面积6597平方公里，市区面积1026平方公里，建城区面积201平方公里。总人口544.89万人，市区总人口289.52万人，地区非农人口309.52万人。地区国内生产总值10212983万元，市区国内生产总值7755918万元，市区第三产业产值占GDP比重50.9%。市区实际利用外资总额57271万元，市区固定资产投资总额2036492万元，市区房地产投资总额938924万元。地方财政预算内收入805219万元，地方财政预算内支出549715万元。城乡居民人均储蓄余额17450元，人均住房面积13.73平方米，人均园林绿地面积36.57平方米，人均生活用电量441.2千瓦小时，人均铺装道路面积7.5平方米，人均教育经费支出248元，每万人拥有高等学校在校学生数33.07人。

现任领导：市委书记　李源潮　　市长　罗志军

2. 发展能力的资产负债分析

(1) 城市实力指数：在总数21个源指标中，资产累计得分71.3，相对资产67.90%，资产质量系数为3.40，表明资产质量较好。同时，负债累计得分－34.00，相对负债－32.38%，负债质量系数为－1.62，表明负债质量较好。在该大项中，相对净资产为35.52%。

(2) 城市竞争指数：在总数29个源指标中，资产累计得分112.9，相对资产77.86%，资产质量系数为3.89，表明资产质量较好。同时，负债累计得分－35.00，相对负债－24.14%，负债质量系数为－1.21，表明负债质量较好。在该大项中，相对净资产为53.72%。

(3) 城市社会指数：在总数22个源指标中，资产累计得分69.3，相对资产63.00%，资产质量系数为3.15，表明资产质量较好。同时，负债累计得分－42.90，相对负债－39.00%，负债质量系数为－1.95，表明负债质量较好。在该大项中，相对净资产为24.00%。

(4) 城市管理指数：在总数14个源指标中，资产累计得分48.1，相对资产68.71%，资产质量系数为3.44，表明资产质量较好。同时，负债累计得分－23.30，相对负债－33.29%，负债质量系数为－1.66，表明负债质量较好。在该大项中，相对净资产为35.43%。

(5) 城市可持续指数：在总数17个源指标中，资产累计得分51.9，相对资产61.06%，资产质量系数为3.05，表明资产质量较好。同时，负债累计得分－34.80，相对负债－40.94%，负债质量系数为－2.05，表明负债质量一般。在该大项中，相对净资产为20.12%。

总计上述五大项，在总数103个源指标中，总资产累计得分353.5，相对总资产68.64%，总资产质量系数为3.43，表明总资产质量较好。同时，总负债累计得分－170.00，相对总负债－33.01%，总负债质量系数为－1.65，表明总负债质量较好。该城市发展能力相对总净资产为35.63%。

表 21.15　南京市发展能力资产负债分析

资　产							资　产					
位　次	指标数	占指标总数(%)	指标分值	相对资产(%)	资产质量系数	五大指数	位次	指标数	占指标总数(%)	指标分值	相对资产(%)	资产质量系数
1−5	1	4.76	4.9	4.67		实力指数	1−5	1	4.76	−0.20	−0.19	
6−10	5	23.81	21.4	20.38			6−10	5	23.81	−4.10	−3.90	
11−15	4	19.05	15.3	14.57		资产:负债	11−15	4	19.05	−5.10	−4.86	
16−20	5	23.81	16.9	16.10		67.90　32.38	16−20	5	23.81	−6.80	−6.48	
21−25	2	9.52	5.6	5.33		净资产:35.52	21−25	2	9.52	−4.60	−4.38	
26−30	2	9.52	4.8	4.57			26−30	2	9.52	−5.40	−5.14	
31−35	0	0.00	0.0	0.00			31−35	0	0.00	0.00	0.00	
36−40	1	4.76	1.4	1.33			36−40	1	4.76	−3.70	−3.52	
41−45	1	4.76	1.0	0.95			41−45	1	4.76	−4.10	−3.90	
46−50	0	0.00	0.0	0.00			46−50	0	0.00	0.00	0.00	
合计	21	100.00	71.3	67.90	3.40	21	合计	21	100.00	−34.00	−32.38	−1.62
1−5	6	20.69	28.9	19.93		竞争指数	1−5	6	20.69	−1.70	−1.17	
6−10	5	17.24	21.7	14.97			6−10	5	17.24	−3.80	−2.62	
11−15	8	27.59	30.7	21.17		资产:负债	11−15	8	27.59	−10.10	−6.97	
16−20	8	27.59	26.8	18.48		77.86　24.14	16−20	8	27.59	−14.00	−9.66	
21−25	1	3.45	2.9	2.00		净资产:53.72	21−25	1	3.45	−2.20	−1.52	
26−30	0	0.00	0.0	0.00			26−30	0	0.00	0.00	0.00	
31−35	1	3.45	1.9	1.31			31−35	1	3.45	−3.20	−2.21	
36−40	0	0.00	0.0	0.00			36−40	0	0.00	0.00	0.00	
41−45	0	0.00	0.0	0.00			41−45	0	0.00	0.00	0.00	
46−50	0	0.00	0.0	0.00			46−50	0	0.00	0.00	0.00	
合计	29	100.00	112.9	77.86	3.89	29	合计	29	100.00	−35.00	−24.14	−1.21
1−5	2	9.09	9.9	9.00		社会指数	1−5	2	9.09	−0.30	−0.27	
6−10	4	18.18	17.0	15.45			6−10	4	18.18	−3.40	−3.09	
11−15	3	13.64	11.2	10.18		资产:负债	11−15	3	13.64	−4.10	−3.73	
16−20	2	9.09	6.5	5.91		63.00　39.00	16−20	2	9.09	−3.70	−3.36	
21−25	4	18.18	11.5	10.45		净资产:24.00	21−25	4	18.18	−8.90	−8.09	
26−30	3	13.64	6.9	6.27			26−30	3	13.64	−8.40	−7.64	
31−35	2	9.09	3.6	3.27			31−35	2	9.09	−6.60	−6.00	
36−40	2	9.09	2.7	2.45			36−40	2	9.09	−7.50	−6.82	
41−45	0	0.00	0.0	0.00			41−45	0	0.00	0.00	0.00	
46−50	0	0.00	0.0	0.00			46−50	0	0.00	0.00	0.00	
合计	22	100.00	69.3	63.00	3.15	22	合计	22	100.00	−42.90	−39.00	−1.95
1−5	1	7.14	4.6	6.57		管理指数	1−5	1	7.14	−0.50	−0.71	
6−10	4	28.57	17.5	25.00			6−10	4	28.57	−2.90	−4.14	
11−15	1	7.14	4.0	5.71		资产:负债	11−15	1	7.14	−1.10	−1.57	
16−20	3	21.43	10.0	14.29		68.71　33.29	16−20	3	21.43	−5.30	−7.57	
21−25	3	21.43	8.4	12.00		净资产:35.43	21−25	3	21.43	−6.90	−9.86	
26−30	1	7.14	2.4	3.43			26−30	1	7.14	−2.70	−3.86	
31−35	0	0.00	0.0	0.00			31−35	0	0.00	0.00	0.00	
36−40	1	7.14	1.2	1.71			36−40	1	7.14	−3.90	−5.57	
41−45	0	0.00	0.0	0.00			41−45	0	0.00	0.00	0.00	
46−50	0	0.00	0.0	0.00			46−50	0	0.00	0.00	0.00	
合计	14	100.00	48.1	68.71	3.44	14	合计	14	100.00	−23.30	−33.29	−1.66
1−5	0	0.00	0.0	0.00		可持续指数	1−5	0	0.00	0.00	0.00	
6−10	5	29.41	21.4	25.18			6−10	5	29.41	−4.10	−4.82	
11−15	1	5.88	3.7	4.35		资产:负债	11−15	1	5.88	−1.40	−1.65	
16−20	3	17.65	10.1	11.88		61.06　40.94	16−20	3	17.65	−5.20	−6.12	
21−25	3	17.65	8.5	10.00		净资产:20.12	21−25	3	17.65	−6.80	−8.00	
26−30	2	11.76	4.7	5.53			26−30	2	11.76	−5.50	−6.47	
31−35	1	5.88	1.7	2.00			31−35	1	5.88	−3.40	−4.00	
36−40	1	5.88	1.2	1.41			36−40	1	5.88	−3.90	−4.59	
41−45	1	5.88	0.6	0.71			41−45	1	5.88	−4.50	−5.29	
46−50	0	0.00	0.0	0.00			46−50	0	0.00	0.00	0.00	
合计	17	100.00	51.9	61.06	3.05	17	合计	17	100.00	−34.80	−40.94	−2.05
资产总指标数		占指标总数(%)	总资产分值	相对总资产(%)	总资产质量系数	相对总资产:相对总负债 68.64　33.01	负债总指标数		占指标总数(%)	总负债分值	相对总负债(%)	总负债质量系数
103		100.00	353.5	68.64	3.43	相对净资产:35.63	103		100.00	−170.00	−33.01	−1.65

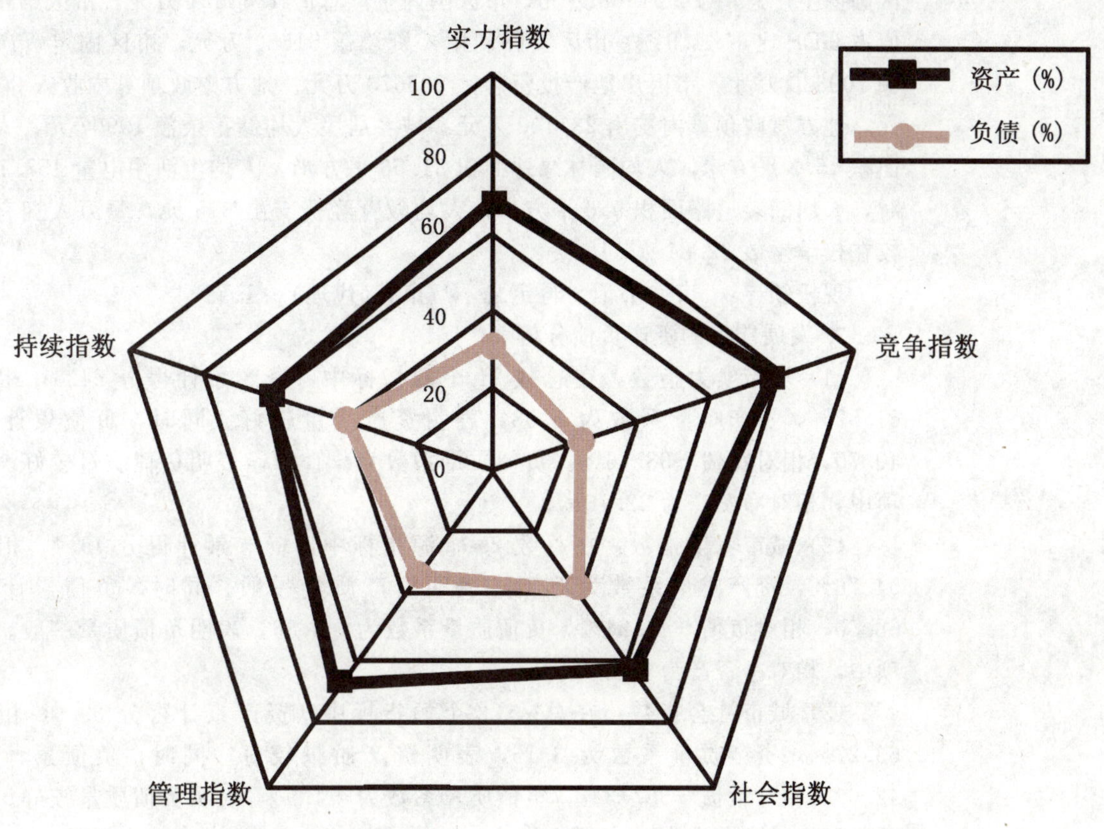

图 21.15　南京市发展能力资产负债图

十六　无锡市发展能力资产负债表分析

1. 一般概况

无锡市总面积4650平方公里，市区面积517平方公里，建城区面积102平方公里。总人口434.61万人，市区总人口112.99万人，地区非农人口183.45万人。地区国内生产总值12001663万元，市区国内生产总值4264321万元，市区第三产业产值占GDP比重44.9%。市区实际利用外资总额51580万元，市区固定资产投资总额709330万元，市区房地产投资总额265673万元。地方财政预算内收入306066万元，地方财政预算内支出281103万元。城乡居民人均储蓄余额19907元，人均住房面积15.3平方米，人均园林绿地面积31.56平方米，人均生活用电量458.1千瓦小时，人均铺装道路面积9.6平方米，人均教育经费支出315元，每万人拥有高等学校在校学生数32.81人。

现任领导：市委书记　蒋定之　　市长(代理)　王荣

2. 发展能力的资产负债分析

(1) 城市实力指数：在总数21个源指标中，资产累计得分64.6，相对资产61.52%，资产质量系数为3.08，表明资产质量较好。同时，负债累计得分－40.70，相对负债－38.76%，负债质量系数为－1.94，表明负债质量较好。在该大项中，相对净资产为22.76%。

(2) 城市竞争指数：在总数29个源指标中，资产累计得分79.4，相对资产54.76%，资产质量系数为2.74，表明资产质量一般。同时，负债累计得分－68.50，相对负债－47.24%，负债质量系数为－2.36，表明负债质量一般。在该大项中，相对净资产为7.52%。

(3) 城市社会指数：在总数22个源指标中，资产累计得分69.6，相对资产63.27%，资产质量系数为3.16，表明资产质量较好。同时，负债累计得分－42.60，相对负债－38.73%，负债质量系数为－1.94，表明负债质量较好。在该大项中，相对净资产为24.55%。

(4) 城市管理指数：在总数14个源指标中，资产累计得分41.4，相对资产59.14%，资产质量系数为2.96，表明资产质量一般。同时，负债累计得分－30.00，相对负债－42.86%，负债质量系数为－2.14，表明负债质量一般。在该大项中，相对净资产为16.29%。

(5) 城市可持续指数：在总数17个源指标中，资产累计得分60.3，相对资产70.94%，资产质量系数为3.55，表明资产质量较好。同时，负债累计得分－26.40，相对负债－31.06%，负债质量系数为－1.55，表明负债质量较好。在该大项中，相对净资产为39.88%。

总计上述五大项，在总数103个源指标中，总资产累计得分315.3，相对总资产61.22%，总资产质量系数为3.06，表明总资产质量较好。同时，总负债累计得分－208.20，相对总负债－40.43%，总负债质量系数为－2.02，表明总负债质量一般。该城市发展能力相对总净资产为20.80%。

表 21.16 无锡市发展能力资产负债分析

资产						五大指数	资产					
位 次	指标数	占指标总数(%)	指标分值	相对资产(%)	资产质量系数		位次	指标数	占指标总数(%)	指标分值	相对资产(%)	资产质量系数
1－5	1	4.76	4.6	4.38		实力指数	1－5	1	4.76	−0.50	−0.48	
6－10	4	19.05	17.7	16.86			6－10	4	19.05	−2.70	−2.45	
11－15	2	9.52	7.6	7.24		资产:负债	11－15	2	9.52	−2.60	−2.48	
16－20	1	4.76	3.3	3.14		61.52 38.76	16－20	1	4.76	0.00	0.00	
21－25	5	23.81	14.1	13.43		净资产:22.76	21－25	5	23.81	−11.40	−10.86	
26－30	5	23.81	11.6	11.05			26－30	5	23.81	−13.90	−13.24	
31－35	3	14.29	5.7	5.43			31－35	3	14.29	−9.60	−9.14	
36－40	0	0.00	0.0	0.00			36－40	0	0.00	0.00	0.00	
41－45	0	0.00	0.0	0.00			41－45	0	0.00	0.00	0.00	
46－50	0	0.00	0.0	0.00			46－50	0	0.00	0.00	0.00	
合计	21	100.00	64.6	61.52	3.08	21	合计	21	100.00	−40.70	−38.76	−1.94
1－5	1	3.45	4.7	3.24		竞争指数	1－5	1	3.45	−0.40	−0.28	
6－10	3	10.34	12.7	8.76			6－10	3	10.34	−2.60	−1.79	
11－15	6	20.69	23.0	15.86		资产:负债	11－15	6	20.69	−7.60	−5.24	
16－20	3	10.34	9.4	6.48		54.76 47.24	16－20	3	10.34	−5.90	−4.07	
21－25	3	10.34	8.6	5.93		净资产:7.52	21－25	3	10.34	−6.70	−4.62	
26－30	4	13.79	9.0	6.21			26－30	4	13.79	−11.40	−7.86	
31－35	4	13.79	7.0	4.83			31－35	4	13.79	−13.40	−9.24	
36－40	2	6.90	2.8	1.93			36－40	2	6.90	−7.40	−5.10	
41－45	2	6.90	1.8	1.24			41－45	2	6.90	−8.40	−5.79	
46－50	1	3.45	0.4	0.28			46－50	1	3.45	−4.70	−3.24	
合计	29	100.00	79.4	54.76	2.74	29	合计	29	100.00	−68.50	−47.24	−2.36
1－5	1	4.55	4.8	4.36		社会指数	1－5	1	4.55	−0.30	−0.27	
6－10	2	9.09	9.0	8.18			6－10	2	9.09	−1.20	−1.09	
11－15	8	36.36	30.4	27.64		资产:负债	11－15	8	36.36	−10.40	−9.45	
16－20	4	18.18	13.3	12.09		63.27 38.73	16－20	4	18.18	−7.10	−6.45	
21－25	3	13.64	8.3	7.55		净资产:24.55	21－25	3	13.64	−7.00	−6.36	
26－30	0	0.00	0.0	0.00			26－30	0	0.00	0.00	0.00	
31－35	0	0.00	0.0	0.00			31－35	0	0.00	0.00	0.00	
36－40	2	9.09	2.6	2.36			36－40	2	9.09	−7.60	−6.91	
41－45	1	4.55	0.7	0.64			41－45	1	4.55	−4.40	−4.00	
46－50	1	4.55	0.5	0.45			46－50	1	4.55	−4.60	−4.18	
合计	22	100.00	69.6	63.27	3.16	22	合计	22	100.00	−42.60	−38.73	−1.94
1－5	2	14.29	9.2	13.14		管理指数	1－5	2	14.29	−1.00	−1.43	
6－10	3	21.43	13.1	18.71			6－10	3	21.43	−2.20	−3.14	
11－15	0	0.00	0.0	0.00		资产:负债	11－15	0	0.00	0.00	0.00	
16－20	1	7.14	3.3	4.71		59.14 42.86	16－20	1	7.14	−1.80	−2.57	
21－25	1	7.14	2.8	4.00		净资产:16.29	21－25	1	7.14	−2.30	−3.29	
26－30	4	28.57	9.6	13.71			26－30	4	28.57	−10.80	−15.43	
31－35	1	7.14	1.8	2.57			31－35	1	7.14	−3.30	−4.71	
36－40	1	7.14	1.1	1.57			36－40	1	7.14	−4.00	−5.71	
41－45	0	0.00	0.0	0.00			41－45	0	0.00	0.00	0.00	
46－50	1	7.14	0.5	0.71			46－50	1	7.14	−4.60	−6.57	
合计	14	100.00	41.4	59.14	2.96	14	合计	14	100.00	−30.00	−42.86	−2.14
1－5	1	5.88	4.6	5.41		可持续指数	1－5	1	5.88	−0.50	−0.59	
6－10	2	11.76	8.8	10.35			6－10	2	11.76	−1.40	−1.65	
11－15	8	47.06	29.8	35.06		资产:负债	11－15	8	47.06	−11.00	−12.94	
16－20	2	11.76	6.5	7.65		70.94 31.06	16－20	2	11.76	−3.70	−4.35	
21－25	3	17.65	8.4	9.88		净资产:39.88	21－25	3	17.65	−6.90	−8.12	
26－30	1	5.88	2.2	2.59			26－30	1	5.88	−2.90	−3.41	
31－35	0	0.00	0.0	0.00			31－35	0	0.00	0.00	0.00	
36－40	0	0.00	0.0	0.00			36－40	0	0.00	0.00	0.00	
41－45	0	0.00	0.0	0.00			41－45	0	0.00	0.00	0.00	
46－50	0	0.00	0.0	0.00			46－50	0	0.00	0.00	0.00	
合计	17	100.00	60.3	70.94	3.55	17	合计	17	100.00	−26.40	−31.06	−1.55
资产总指标数		占指标总数(%)	总资产分值	相对总资产(%)	总资产质量系数	相对总资产:相对总负债 61.22 40.43	负债总指标数		占指标总数(%)	总负债分值	相对总负债(%)	总负债质量系数
103		100.00	315.3	61.22	3.06	相对净资产:20.80	103		100.00	−208.20	−40.43	−2.02

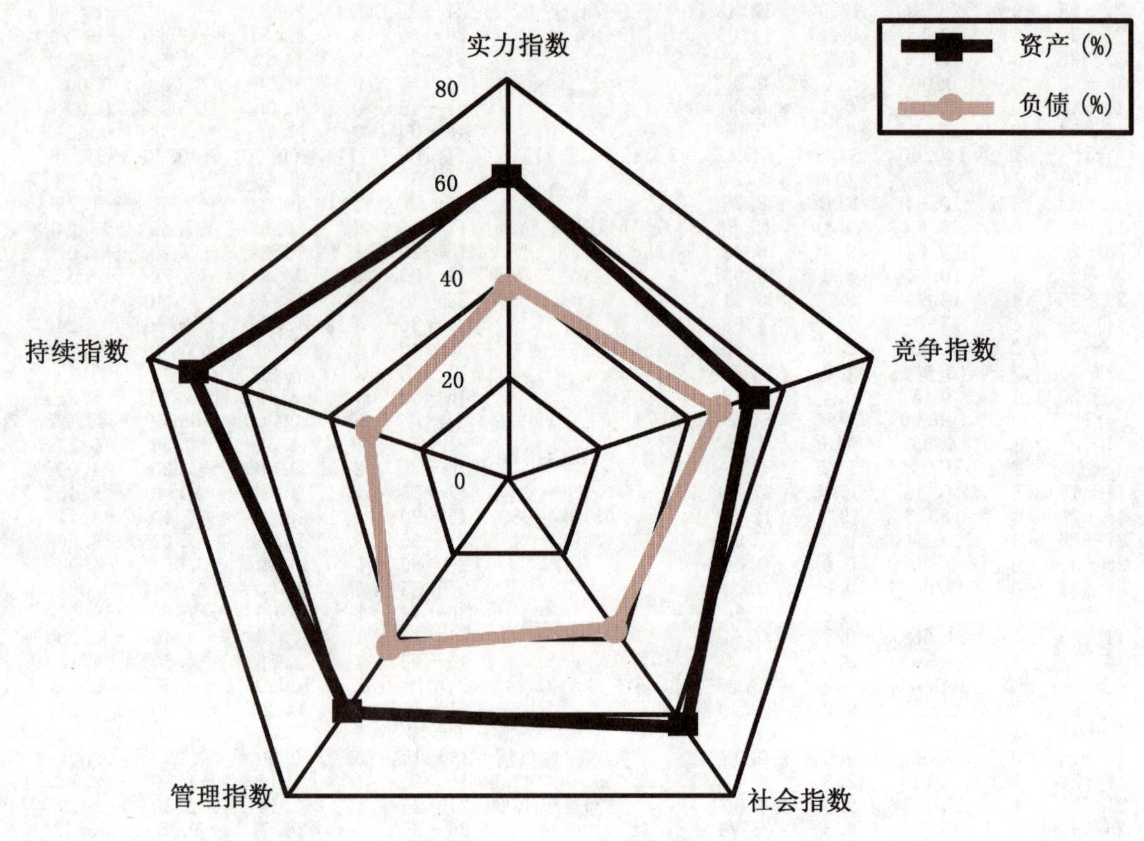

图 21.16　无锡市发展能力资产负债图

十七 苏州市发展能力资产负债表分析

1. 一般概况

苏州市总面积8488平方公里，市区面积392平方公里，建城区面积86平方公里。总人口578.17万人，市区总人口110.79万人，地区非农人口246.34万人。地区国内生产总值15406798万元，市区国内生产总值3354159万元，市区第三产业产值占GDP比重37.7%。市区实际利用外资总额102707万元，市区固定资产投资总额614193万元，市区房地产投资总额308129万元。地方财政预算内收入317682万元，地方财政预算内支出312330万元。城乡居民人均储蓄余额16866元，人均住房面积16平方米，人均园林绿地面积22.83平方米，人均生活用电量409.7千瓦小时，人均铺装道路面积8.8平方米，人均教育经费支出227元，每万人拥有高等学校在校学生数25.80人。

现任领导： 市委书记 王珉 市长 杨卫泽

2. 发展能力的资产负债分析

(1) 城市实力指数：在总数21个源指标中，资产累计得分64.8，相对资产61.71%，资产质量系数为3.09，表明资产质量较好。同时，负债累计得分－40.50，相对负债－38.57%，负债质量系数为－1.93，表明负债质量较好。在该大项中，相对净资产为23.14%。

(2) 城市竞争指数：在总数29个源指标中，资产累计得分92.1，相对资产63.52%，资产质量系数为3.18，表明资产质量较好。同时，负债累计得分－55.80，相对负债－38.48%，负债质量系数为－1.92，表明负债质量较好。在该大项中，相对净资产为25.03%。

(3) 城市社会指数：在总数22个源指标中，资产累计得分65.5，相对资产59.55%，资产质量系数为2.98，表明资产质量一般。同时，负债累计得分－46.70，相对负债－42.45%，负债质量系数为－2.12，表明负债质量一般。在该大项中，相对净资产为17.09%。

(4) 城市管理指数：在总数14个源指标中，资产累计得分39.8，相对资产56.86%，资产质量系数为2.84，表明资产质量一般。同时，负债累计得分－31.60，相对负债－45.14%，负债质量系数为－2.26，表明负债质量一般。在该大项中，相对净资产为11.71%。

(5) 城市可持续指数：在总数17个源指标中，资产累计得分48.5，相对资产57.06%，资产质量系数为2.85，表明资产质量一般。同时，负债累计得分－38.20，相对负债－44.94%，负债质量系数为－2.25，表明负债质量一般。在该大项中，相对净资产为12.12%。

总计上述五大项，在总数103个源指标中，总资产累计得分310.7，相对总资产60.33%，总资产质量系数为3.02，表明总资产质量较好。同时，总负债累计得分－212.80，相对总负债－41.32%，总负债质量系数为－2.07，表明总负债质量一般。该城市发展能力相对总净资产为19.01%。

表 21.17　苏州市发展能力资产负债分析

资　产						五大指数	资　产					
位　次	指标数	占指标总数(%)	指标分值	相对资产(%)	资产质量系数		位次	指标数	占指标总数(%)	指标分值	相对资产(%)	资产质量系数
1—5	3	14.29	14.2	13.52		实力指数	1—5	3	14.29	－1.10	－1.05	
6—10	3	14.29	13.0	12.38			6—10	3	14.29	－2.30	－2.19	
11—15	3	14.29	11.4	10.86		资产:负债	11—15	3	14.29	－3.90	－3.71	
16—20	2	9.52	6.7	6.38		61.71　38.57	16—20	2	9.52	－1.70	－1.62	
21—25	3	14.29	8.3	7.90		净资产:23.14	21—25	3	14.29	－7.00	－6.67	
26—30	2	9.52	4.8	4.57			26—30	2	9.52	－5.40	－5.14	
31—35	2	9.52	3.3	3.14			31—35	2	9.52	－6.90	－6.57	
36—40	2	9.52	2.8	2.67			36—40	2	9.52	－7.40	－7.05	
41—45	0	0.00	0.0	0.00			41—45	0	0.00	0.00	0.00	
46—50	1	4.76	0.3	0.29			46—50	1	4.76	－4.80	－4.57	
合计	21	100.00	64.8	61.71	3.09	21	合计	21	100.00	－40.50	－38.57	－1.93
1—5	7	24.14	33.8	23.31		竞争指数	1—5	7	24.14	－1.90	－1.31	
6—10	4	13.79	17.2	11.86			6—10	4	13.79	－3.20	－2.21	
11—15	0	0.00	0.0	0.00		资产:负债	11—15	0	0.00	0.00	0.00	
16—20	3	10.34	10.3	7.10		63.52　38.48	16—20	3	10.34	－5.00	－3.45	
21—25	4	13.79	11.5	7.93		净资产:25.03	21—25	4	13.79	－8.90	－6.14	
26—30	5	17.24	11.4	7.86			26—30	5	17.24	－14.10	－9.72	
31—35	1	3.45	2.0	1.38			31—35	1	3.45	－3.10	－2.14	
36—40	4	13.79	5.2	3.59			36—40	4	13.79	－15.20	－10.48	
41—45	1	3.45	0.7	0.48			41—45	1	3.45	－4.40	－3.03	
46—50	0	0.00	0.0	0.00			46—50	0	0.00	0.00	0.00	
合计	29	100.00	92.1	63.52	3.18	29	合计	29	100.00	－55.80	－38.48	－1.92
1—5	3	13.64	14.5	13.18		社会指数	1—5	3	13.64	－0.80	－0.73	
6—10	4	18.18	16.9	15.36			6—10	4	18.18	－3.50	－3.18	
11—15	4	18.18	15.6	14.18		资产:负债	11—15	4	18.18	－4.80	－4.36	
16—20	0	0.00	0.0	0.00		59.55　42.45	16—20	0	0.00	0.00	0.00	
21—25	4	18.18	11.2	10.18		净资产:17.09	21—25	4	18.18	－9.20	－8.36	
26—30	0	0.00	0.0	0.00			26—30	0	0.00	0.00	0.00	
31—35	2	9.09	3.5	3.18			31—35	2	9.09	－6.70	－6.09	
36—40	2	9.09	2.4	2.18			36—40	2	9.09	－7.80	－7.09	
41—45	1	4.55	0.7	0.64			41—45	1	4.55	－4.40	－4.00	
46—50	2	9.09	0.7	0.64			46—50	2	9.09	－9.50	－8.64	
合计	22	100.00	65.5	59.55	2.98	22	合计	22	100.00	－46.70	－42.45	－2.12
1—5	2	14.29	9.4	13.43		管理指数	1—5	2	14.29	－0.80	－1.14	
6—10	3	21.43	12.9	18.43			6—10	3	21.43	－2.40	－3.43	
11—15	3	21.43	11.2	16.00		资产:负债	11—15	3	21.43	－4.10	－5.86	
16—20	0	0.00	0.0	0.00		56.86　45.14	16—20	0	0.00	0.00	0.00	
21—25	0	0.00	0.0	0.00		净资产:11.71	21—25	0	0.00	0.00	0.00	
26—30	1	7.14	2.4	3.43			26—30	1	7.14	－2.70	－3.86	
31—35	0	0.00	0.0	0.00			31—35	0	0.00	0.00	0.00	
36—40	0	0.00	0.0	0.00			36—40	0	0.00	0.00	0.00	
41—45	4	28.57	3.7	5.29			41—45	4	28.57	－16.70	－23.86	
46—50	1	7.14	0.2	0.29			46—50	1	7.14	－4.90	－7.00	
合计	14	100.00	39.8	56.86	2.84	14	合计	14	100.00	－31.60	－45.14	－2.26
1—5	2	11.76	9.2	10.82		可持续指数	1—5	2	11.76	－1.00	－1.18	
6—10	2	11.76	8.7	10.24			6—10	2	11.76	－1.50	－1.76	
11—15	1	5.88	4.0	4.71		资产:负债	11—15	1	5.88	－1.10	－1.29	
16—20	3	17.65	10.0	11.76		57.06　44.94	16—20	3	17.65	－5.30	－6.24	
21—25	0	0.00	0.0	0.00		净资产:12.12	21—25	0	0.00	0.00	0.00	
26—30	3	17.65	7.3	8.59			26—30	3	17.65	－8.00	－9.41	
31—35	4	23.53	7.2	8.47			31—35	4	23.53	－13.20	－15.53	
36—40	1	5.88	1.4	1.65			36—40	1	5.88	－3.70	－4.35	
41—45	1	5.88	0.7	0.82			41—45	1	5.88	－4.40	－5.18	
46—50	0	0.00	0.0	0.00			46—50	0	0.00	0.00	0.00	
合计	17	100.00	48.5	57.06	2.85	17	合计	17	100.00	－38.20	－44.94	－2.25
资产总指标数		占指标总数(%)	总资产分值	相对总资产(%)	总资产质量系数	相对总资产:相对总负债 60.33　41.32	负债总指标数		占指标总数(%)	总负债分值	相对总负债(%)	总负债质量系数
103		100.00	310.7	60.33	3.02	相对净资产: 19.01	103		100.00	－212.80	－41.32	－2.07

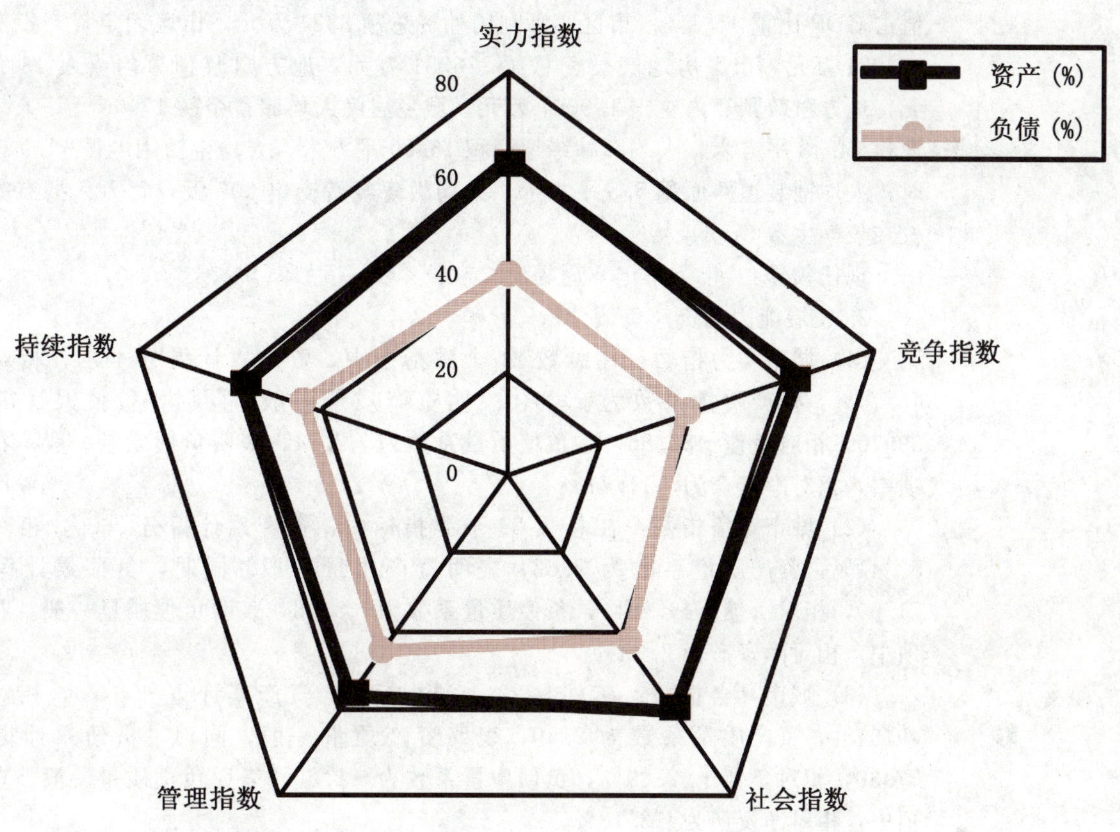

图 21.17　苏州市发展能力资产负债图

十八　南通市发展能力资产负债表分析

1. 一般概况

南通市总面积 8001 平方公里，市区面积 224 平方公里，建城区面积 60 平方公里。总人口 784.53 万人，市区总人口 65.14 万人，地区非农人口 252.59 万人。地区国内生产总值 7364636 万元，市区国内生产总值 1598748 万元，市区第三产业产值占 GDP 比重 41.1%。市区实际利用外资总额 8324 万元，市区固定资产投资总额 383021 万元，市区房地产投资总额 176381 万元。地方财政预算内收入 131620 万元，地方财政预算内支出 129007 万元。城乡居民人均储蓄余额 17006 元，人均住房面积 14.48 平方米，人均园林绿地面积 16.89 平方米，人均生活用电量 41.9 千瓦小时，人均铺装道路面积 5.5 平方米，人均教育经费支出 207 元，每万人拥有高等学校在校学生数 37.64 人。

现任领导：市委书记　周福元　市长　罗一民

2. 发展能力的资产负债分析

(1) 城市实力指数：在总数 21 个源指标中，资产累计得分 47.4，相对资产 45.14%，资产质量系数为 2.26，表明资产质量一般。同时，负债累计得分－59.70，相对负债－56.86%，负债质量系数为－2.84，表明负债质量一般。在该大项中，相对净资产为－11.71%。

(2) 城市竞争指数：在总数 29 个源指标中，资产累计得分 76.0，相对资产 52.41%，资产质量系数为 2.62，表明资产质量一般。同时，负债累计得分－71.90，相对负债－49.59%，负债质量系数为－2.48，表明负债质量一般。在该大项中，相对净资产为 2.83%。

(3) 城市社会指数：在总数 22 个源指标中，资产累计得分 54.9，相对资产 49.91%，资产质量系数为 2.50，表明资产质量一般。同时，负债累计得分－57.30，相对负债－52.09%，负债质量系数为－2.60，表明负债质量一般。在该大项中，相对净资产为－2.18%。

(4) 城市管理指数：在总数 14 个源指标中，资产累计得分 34.1，相对资产 48.71%，资产质量系数为 2.44，表明资产质量一般。同时，负债累计得分－37.30，相对负债－53.29%，负债质量系数为－2.66，表明负债质量一般。在该大项中，相对净资产为－4.57%。

(5) 城市可持续指数：在总数 17 个源指标中，资产累计得分 32.2，相对资产 37.88%，资产质量系数为 1.89，表明资产质量较差。同时，负债累计得分－54.50，相对负债－64.12%，负债质量系数为－3.21，表明负债质量较差。在该大项中，相对净资产为－26.24%。

总计上述五大项，在总数 103 个源指标中，总资产累计得分 244.6，相对总资产 47.50%，总资产质量系数为 2.37，表明总资产质量一般。同时，总负债累计得分－280.70，相对总负债－54.50%，总负债质量系数为－2.73，表明总负债质量一般。该城市发展能力相对总净资产为－7.01%。

表 21.18　南通市发展能力资产负债分析

资　产						五大指数	资　产					
位　次	指标数	占指标总数(%)	指标分值	相对资产(%)	资产质量系数		位次	指标数	占指标总数(%)	指标分值	相对资产(%)	资产质量系数
1—5	0	0.00	0.0	0.00		实力指数	1—5	0	0.00	0.00	0.00	
6—10	5	23.81	21.6	20.57			6—10	5	23.81	−3.90	−3.71	
11—15	0	0.00	0.0	0.00		资产:负债	11—15	0	0.00	0.00	0.00	
16—20	3	14.29	9.7	9.24		45.14　56.86	16—20	3	14.29	−5.60	−5.33	
21—25	1	4.76	2.9	2.76		净资产:−11.71	21—25	1	4.76	−2.20	−2.10	
26—30	1	4.76	2.2	2.10			26—30	1	4.76	−2.90	−2.76	
31—35	3	14.29	5.4	5.14			31—35	3	14.29	−9.90	−9.43	
36—40	2	9.52	2.3	2.19			36—40	2	9.52	−7.90	−7.52	
41—45	3	14.29	2.5	2.38			41—45	3	14.29	−12.80	−12.19	
46—50	3	14.29	0.8	0.76			46—50	3	14.29	−14.50	−13.81	
合计	21	100.00	47.4	45.14	2.26	21	合计	21	100.00	−59.70	−56.86	−2.84
1—5	2	6.90	9.7	6.69		竞争指数	1—5	2	6.90	−0.50	−0.34	
6—10	2	6.90	8.6	5.93			6—10	2	6.90	−1.60	−1.10	
11—15	4	13.79	15.2	10.48		资产:负债	11—15	4	13.79	−5.20	−3.59	
16—20	2	6.90	6.3	4.34		52.41　49.59	16—20	2	6.90	−3.90	−2.69	
21—25	4	13.79	11.5	7.93		净资产:2.83	21—25	4	13.79	−8.90	−6.14	
26—30	3	10.34	7.3	5.03			26—30	3	10.34	−3.90	−2.69	
31—35	6	20.69	11.2	7.72			31—35	6	20.69	−8.90	−6.14	
36—40	3	10.34	3.9	2.69			36—40	3	10.34	−11.40	−7.86	
41—45	2	6.90	1.9	1.31			41—45	2	6.90	−8.30	−5.72	
46—50	1	3.45	0.4	0.28			46—50	1	3.45	−4.70	−3.24	
合计	29	100.00	76.0	52.41	2.62	29	合计	29	100.00	−71.90	−49.59	−2.48
1—5	2	9.09	9.2	8.36		社会指数	1—5	2	9.09	−1.00	−0.91	
6—10	4	18.18	17.0	15.45			6—10	4	18.18	−3.40	−3.09	
11—15	1	4.55	3.6	3.27		资产:负债	11—15	1	4.55	−1.50	−1.36	
16—20	2	9.09	6.6	6.00		49.91　52.09	16—20	2	9.09	−3.60	−3.27	
21—25	3	13.64	8.3	7.55		净资产:−2.18	21—25	3	13.64	−7.00	−6.36	
26—30	1	4.55	2.3	2.09			26—30	1	4.55	−2.80	−2.55	
31—35	1	4.55	1.7	1.55			31—35	1	4.55	−3.40	−3.09	
36—40	4	18.18	5.1	4.64			36—40	4	18.18	−15.30	−13.91	
41—45	1	4.55	0.7	0.64			41—45	1	4.55	−4.40	−4.00	
46—50	3	13.64	0.4	0.36			46—50	3	13.64	−14.90	−13.55	
合计	22	100.00	54.9	49.91	2.50	22	合计	22	100.00	−57.30	−52.09	−2.60
1—5	1	7.14	4.9	7.00		管理指数	1—5	1	7.14	−0.20	−0.29	
6—10	1	7.14	4.1	5.86			6—10	1	7.14	−1.00	−1.43	
11—15	1	7.14	4.0	5.71		资产:负债	11—15	1	7.14	−1.10	−1.57	
16—20	2	14.29	6.5	9.29		48.71　53.29	16—20	2	14.29	−3.70	−5.29	
21—25	2	14.29	6.0	8.57		净资产:−4.57	21—25	2	14.29	−4.20	−6.00	
26—30	1	7.14	2.1	3.00			26—30	1	7.14	−3.00	−4.29	
31—35	2	14.29	3.4	4.86			31—35	2	14.29	−6.80	−9.71	
36—40	1	7.14	1.1	1.57			36—40	1	7.14	−4.00	−5.71	
41—45	2	14.29	1.9	2.71			41—45	2	14.29	−8.30	−11.86	
46—50	1	7.14	0.1	0.14			46—50	1	7.14	−5.00	−7.14	
合计	14	100.00	34.1	48.71	2.44	14	合计	14	100.00	−37.30	−53.29	−2.66
1—5	1	5.88	4.9	5.76		可持续指数	1—5	1	5.88	−0.20	−0.24	
6—10	1	5.88	4.3	5.06			6—10	1	5.88	−0.80	−0.94	
11—15	1	5.88	3.9	4.59		资产:负债	11—15	1	5.88	−1.20	−1.41	
16—20	1	5.88	3.2	3.76		37.88　64.12	16—20	1	5.88	−1.90	−2.24	
21—25	1	5.88	2.7	3.18		净资产:−26.24	21—25	1	5.88	−2.40	−2.82	
26—30	1	5.88	2.2	2.59			26—30	1	5.88	−2.90	−3.41	
31—35	3	17.65	5.2	6.12			31—35	3	17.65	−10.10	−11.88	
36—40	2	11.76	2.6	3.06			36—40	2	11.76	−7.60	−8.94	
41—45	3	17.65	2.4	2.82			41—45	3	17.65	−12.90	−15.18	
46—50	3	17.65	0.8	0.94			46—50	3	17.65	−14.50	−17.06	
合计	17	100.00	32.2	37.88	1.89	17	合计	17	100.00	−54.50	−64.12	−3.21
资产总指标数		占指标总数(%)	总资产分值	相对总资产(%)	总资产质量系数	相对总资产:相对总负债 47.50　54.50	负债总指标数		占指标总数(%)	总负债分值	相对总负债(%)	总负债质量系数
103		100.00	244.6	47.50	2.37	相对净资产: −7.01	103		100.00	−280.70	−54.50	−2.73

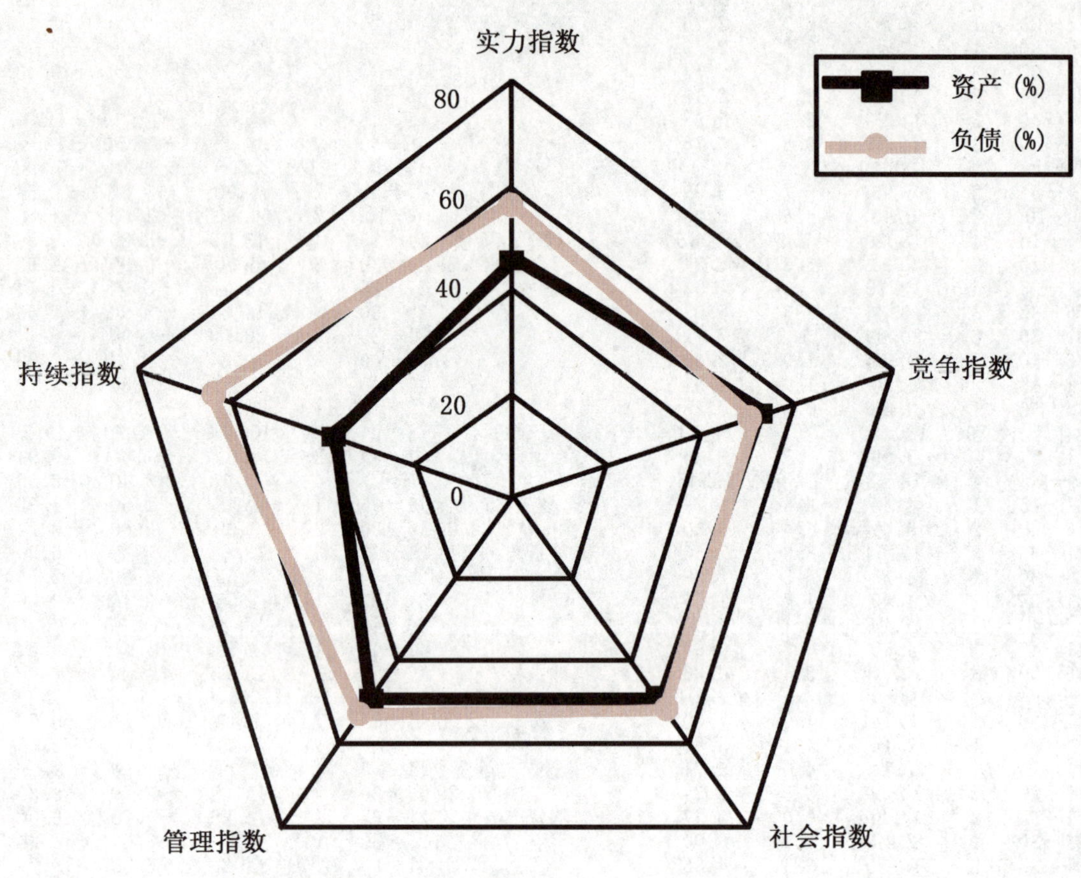

图 21.18　南通市发展能力资产负债图

十九 连云港市发展能力资产负债表分析

1. 一般概况

连云港市总面积 7444 平方公里，市区面积 880 平方公里，建城区面积 51 平方公里。总人口 455.6 万人，市区总人口 62.57 万人，地区非农人口 107.11 万人。地区国内生产总值 2911337 万元，市区国内生产总值 1033104 万元，市区第三产业产值占 GDP 比重 36.3%。市区实际利用外资总额 2801 万元，市区固定资产投资总额 586989 万元，市区房地产投资总额 59515 万元。地方财政预算内收入 61427 万元，地方财政预算内支出 80498 万元。城乡居民人均储蓄余额 9184 元，人均住房面积 11.82 平方米，人均园林绿地面积 21.02 平方米，人均生活用电量 231.6 千瓦小时，人均铺装道路面积 8 平方米，人均教育经费支出 187 元，每万人拥有高等学校在校学生数 23.38 人。

现任领导：市委书记 陈震宇 市长 刘永忠

2. 发展能力的资产负债分析

(1) 城市实力指数：在总数 21 个源指标中，资产累计得分 36.4，相对资产 34.67%，资产质量系数为 1.73，表明资产质量较差。同时，负债累计得分－70.70，相对负债－67.33%，负债质量系数为－3.37，表明负债质量较差。在该大项中，相对净资产为－32.67%。

(2) 城市竞争指数：在总数 29 个源指标中，资产累计得分 67.6，相对资产 46.62%，资产质量系数为 2.33，表明资产质量一般。同时，负债累计得分－80.30，相对负债－55.38%，负债质量系数为－2.77，表明负债质量一般。在该大项中，相对净资产为－8.76%。

(3) 城市社会指数：在总数 22 个源指标中，资产累计得分 33.2，相对资产 30.18%，资产质量系数为 1.51，表明资产质量较差。同时，负债累计得分－79.00，相对负债－71.82%，负债质量系数为－3.59，表明负债质量较差。在该大项中，相对净资产为－41.64%。

(4) 城市管理指数：在总数 14 个源指标中，资产累计得分 23.5，相对资产 33.57%，资产质量系数为 1.68，表明资产质量较差。同时，负债累计得分－47.90，相对负债－68.43%，负债质量系数为－3.42，表明负债质量较差。在该大项中，相对净资产为－34.86%。

(5) 城市可持续指数：在总数 17 个源指标中，资产累计得分 33.9，相对资产 39.88%，资产质量系数为 1.99，表明资产质量较差。同时，负债累计得分－52.80，相对负债－62.12%，负债质量系数为－3.11，表明负债质量较差。在该大项中，相对净资产为－22.24%。

总计上述五大项，在总数 103 个源指标中，总资产累计得分 194.6，相对总资产 37.79%，总资产质量系数为 1.89，表明总资产质量较差。同时，总负债累计得分－330.70，相对总负债－64.21%，总负债质量系数为－3.21，表明总负债质量较差。该城市发展能力相对总净资产为－26.43%。

表 21.19 连云港市发展能力资产负债分析

资产							资产					
位次	指标数	占指标总数(%)	指标分值	相对资产(%)	资产质量系数	五大指数	位次	指标数	占指标总数(%)	指标分值	相对资产(%)	资产质量系数
1—5	0	0.00	0.0	0.00			1—5	0	0.00	0.00	0.00	
6—10	2	9.52	8.7	8.29		实力指数	6—10	2	9.52	—1.50	—1.43	
11—15	2	9.52	7.8	7.43		资产:负债	11—15	2	9.52	—2.40	—2.29	
16—20	0	0.00	0.0	0.00		34.67　67.33	16—20	0	0.00	0.00	0.00	
21—25	1	4.76	2.9	2.76		净资产:—32.67	21—25	1	4.76	—2.20	—2.10	
26—30	1	4.76	2.5	2.38			26—30	1	4.76	—2.60	—2.48	
31—35	1	4.76	1.7	1.62			31—35	1	4.76	—3.40	—3.24	
36—40	5	23.81	7.1	6.76			36—40	5	23.81	—18.40	—17.52	
41—45	5	23.81	4.2	4.00			41—45	5	23.81	—21.30	—20.29	
46—50	4	19.05	1.5	1.43			46—50	4	19.05	—18.90	—18.00	
合计	21	100.00	36.4	34.67	1.73	21	合计	21	100.00	—70.70	—67.33	—3.37
1—5	0	0.00	0.0	0.00			1—5	0	0.00	0.00	0.00	
6—10	3	10.34	13.4	9.24		竞争指数	6—10	3	10.34	—1.90	—1.31	
11—15	1	3.45	3.8	2.62		资产:负债	11—15	1	3.45	—1.30	—0.90	
16—20	4	13.79	13.2	9.10		46.62　55.38	16—20	4	13.79	—7.20	—4.97	
21—25	5	17.24	14.1	9.72		净资产:—8.76	21—25	5	17.24	—11.40	—7.86	
26—30	5	17.24	11.0	7.59			26—30	5	17.24	—14.50	—10.00	
31—35	2	6.90	3.5	2.41			31—35	2	6.90	—6.70	—4.62	
36—40	3	10.34	4.1	2.83			36—40	3	10.34	—11.20	—7.72	
41—45	5	17.24	4.2	2.90			41—45	5	17.24	—21.30	—14.69	
46—50	1	3.45	0.3	0.21			46—50	1	3.45	—4.80	—3.31	
合计	29	100.00	67.6	46.62	2.33	29	合计	29	100.00	—80.30	—55.38	—2.77
1—5	0	0.00	0.0	0.00			1—5	0	0.00	0.00	0.00	
6—10	0	0.00	0.0	0.00		社会指数	6—10	0	0.00	0.00	0.00	
11—15	1	4.55	4.0	3.64		资产:负债	11—15	1	4.55	—1.10	—1.00	
16—20	0	0.00	0.0	0.00		30.18　71.82	16—20	0	0.00	0.00	0.00	
21—25	4	18.18	11.3	10.27		净资产:—41.64	21—25	4	18.18	—9.10	—8.27	
26—30	0	0.00	0.0	0.00			26—30	0	0.00	0.00	0.00	
31—35	5	22.73	8.8	8.00			31—35	5	22.73	—16.70	—15.18	
36—40	3	13.64	3.9	3.55			36—40	3	13.64	—11.40	—10.36	
41—45	4	18.18	3.6	3.27			41—45	4	18.18	—16.80	—15.27	
46—50	5	22.73	1.6	1.45			46—50	5	22.73	—23.90	—21.73	
合计	22	100.00	33.2	30.18	1.51	22	合计	22	100.00	—79.00	—71.82	—3.59
1—5	0	0.00	0.0	0.00			1—5	0	0.00	0.00	0.00	
6—10	1	7.14	4.3	6.14		管理指数	6—10	1	7.14	—0.80	—1.14	
11—15	1	7.14	3.8	5.43		资产:负债	11—15	1	7.14	—1.30	—1.86	
16—20	2	14.29	6.6	9.43		33.57　68.43	16—20	2	14.29	—3.60	—5.14	
21—25	0	0.00	0.0	0.00		净资产:—34.86	21—25	0	0.00	0.00	0.00	
26—30	1	7.14	2.1	3.00			26—30	1	7.14	—3.00	—4.29	
31—35	0	0.00	0.0	0.00			31—35	0	0.00	0.00	0.00	
36—40	3	21.43	3.6	5.14			36—40	3	21.43	—11.70	—16.71	
41—45	2	14.29	1.5	2.14			41—45	2	14.29	—8.70	—12.43	
46—50	4	28.57	1.6	2.29			46—50	4	28.57	—18.80	—26.86	
合计	14	100.00	23.5	33.57	1.68	14	合计	14	100.00	—47.90	—68.43	—3.42
1—5	1	5.88	4.8	5.65			1—5	1	5.88	—0.30	—0.35	
6—10	1	5.88	4.3	5.06		可持续指数	6—10	1	5.88	—0.80	—0.94	
11—15	0	0.00	0.0	0.00		资产:负债	11—15	0	0.00	0.00	0.00	
16—20	1	5.88	3.1	3.65		39.88　62.12	16—20	1	5.88	—2.00	—2.35	
21—25	0	0.00	0.0	0.00		净资产:—22.24	21—25	0	0.00	0.00	0.00	
26—30	4	23.53	8.8	10.35			26—30	4	23.53	—11.60	—13.65	
31—35	4	23.53	7.5	8.82			31—35	4	23.53	—12.90	—15.18	
36—40	1	5.88	1.5	1.76			36—40	1	5.88	—3.60	—4.24	
41—45	4	23.53	3.6	4.24			41—45	4	23.53	—16.80	—19.76	
46—50	1	5.88	0.3	0.35			46—50	1	5.88	—4.80	—5.65	
合计	17	100.00	33.9	39.88	1.99	17	合计	17	100.00	—52.80	—62.12	—3.11
资产总指标数		占指标总数(%)	总资产分值	相对总资产(%)	总资产质量系数	相对总资产:相对总负债 37.79　64.21	负债总指标数		占指标总数(%)	总负债分值	相对总负债(%)	总负债质量系数
103		100.00	194.6	37.79	1.89	相对净资产:—26.43	103		100.00	—330.70	—64.21	—3.21

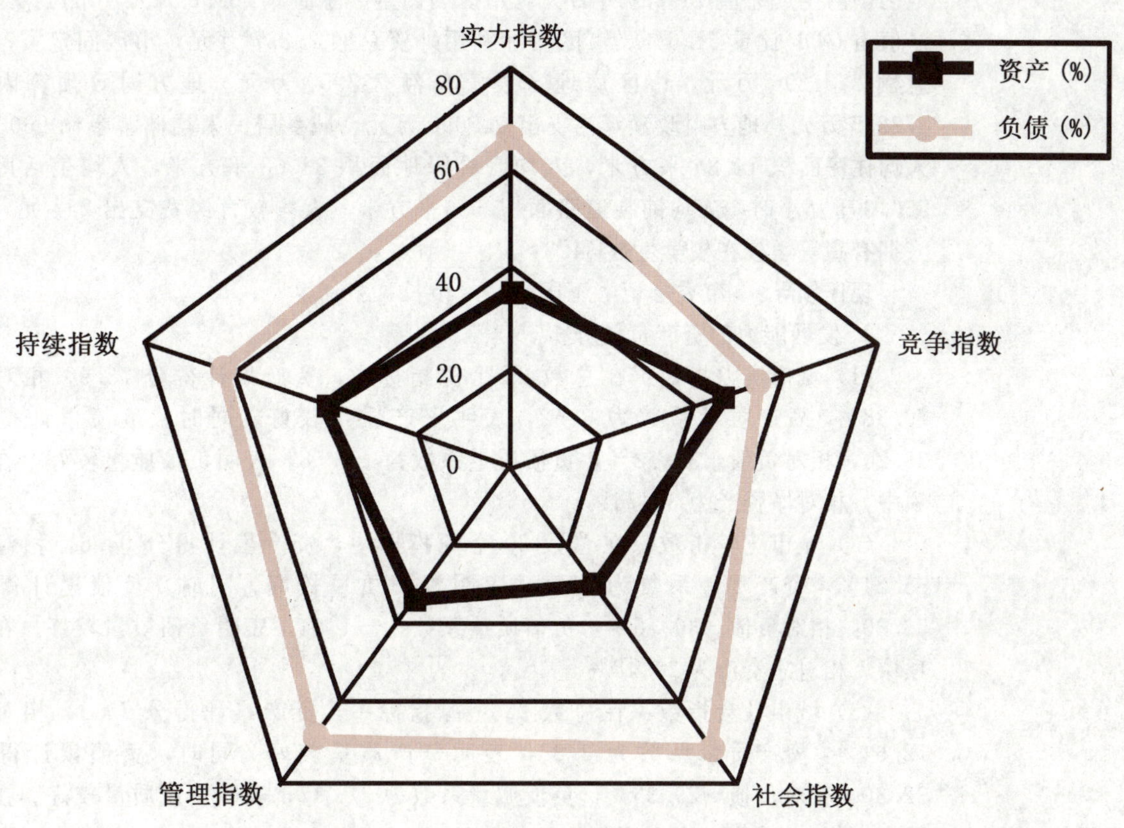

图 21.19　连云港市发展能力资产负债图

二十　杭州市发展能力资产负债表分析

1. 一般概况

杭州市总面积16596平方公里，市区面积683平方公里，建城区面积177平方公里。总人口621.58万人，市区总人口179.18万人，地区非农人口226.99万人。地区国内生产总值13825616万元，市区国内生产总值6778498万元，市区第三产业产值占GDP比重51.6%。市区实际利用外资总额27337万元，市区固定资产投资总额2701296万元，市区房地产投资总额737950万元。地方财政预算内收入472255万元，地方财政预算内支出445698万元。城乡居民人均储蓄余额26069元，人均住房面积14.84平方米，人均园林绿地面积33.68平方米，人均生活用电量556.6千瓦小时，人均铺装道路面积6.6平方米，人均教育经费支出227元，每万人拥有高等学校在校学生数34.39人。

现任领导：市委书记　王国平　　市长　茅临生

2. 发展能力的资产负债分析

(1) 城市实力指数：在总数21个源指标中，资产累计得分73.9，相对资产70.38%，资产质量系数为3.52，表明资产质量较好。同时，负债累计得分－33.20，相对负债－31.62%，负债质量系数为－1.58，表明负债质量较好。在该大项中，相对净资产为38.76%。

(2) 城市竞争指数：在总数29个源指标中，资产累计得分94.6，相对资产65.24%，资产质量系数为3.26，表明资产质量较好。同时，负债累计得分－53.30，相对负债－36.76%，负债质量系数为－1.84，表明负债质量较好。在该大项中，相对净资产为28.48%。

(3) 城市社会指数：在总数22个源指标中，资产累计得分79.9，相对资产72.64%，资产质量系数为3.63，表明资产质量较好。同时，负债累计得分－32.30，相对负债－29.36%，负债质量系数为－1.47，表明负债质量较好。在该大项中，相对净资产为43.27%。

(4) 城市管理指数：在总数14个源指标中，资产累计得分42.7，相对资产41.00%，资产质量系数为3.05，表明资产质量较好。同时，负债累计得分－28.70，相对负债－41.00%，负债质量系数为－2.05，表明负债质量一般。在该大项中，相对净资产为20.00%。

(5) 城市可持续指数：在总数17个源指标中，资产累计得分52.9，相对资产62.24%，资产质量系数为3.11，表明资产质量较好。同时，负债累计得分－33.80，相对负债－39.76%，负债质量系数为－1.99，表明负债质量较好。在该大项中，相对净资产为22.47%。

总计上述五大项，在总数103个源指标中，总资产累计得分344.0，相对总资产66.80%，总资产质量系数为3.34，表明总资产质量较好。同时，总负债累计得分－181.30，相对总负债－35.20%，总负债质量系数为－1.76，表明总负债质量较好。该城市发展能力相对总净资产为31.59%。

表 21.20　杭州市发展能力资产负债分析

资　产						五大指数	资　产					
位　次	指标数	占指标总数(%)	指标分值	相对资产(%)	资产质量系数		位次	指标数	占指标总数(%)	指标分值	相对资产(%)	资产质量系数
1－5	1	4.76	4.8	4.57		实力指数	1－5	1	4.76	－0.30	－0.29	
6－10	5	23.81	21.8	20.76			6－10	5	23.81	－3.70	－3.52	
11－15	7	33.33	26.2	24.95		资产:负债	11－15	7	33.33	－9.50	－9.05	
16－20	2	9.52	6.6	6.29		70.38　31.62	16－20	2	9.52	－3.60	－3.43	
21－25	1	4.76	2.9	2.76		净资产:38.76	21－25	1	4.76	－2.20	－2.10	
26－30	5	23.81	11.6	11.05			26－30	5	23.81	－13.90	－13.24	
31－35	0	0.00	0.0	0.00			31－35	0	0.00	0.00	0.00	
36－40	0	0.00	0.0	0.00			36－40	0	0.00	0.00	0.00	
41－45	0	0.00	0.0	0.00			41－45	0	0.00	0.00	0.00	
46－50	0	0.00	0.0	0.00			46－50	0	0.00	0.00	0.00	
合计	21	100.00	73.9	70.38	3.52	21	合计	21	100.00	－33.20	－31.62	－1.58
1－5	3	10.34	14.5	10.00		竞争指数	1－5	3	10.34	－0.80	－0.55	
6－10	7	24.14	29.4	20.28			6－10	7	24.14	－6.30	－4.34	
11－15	3	10.34	11.4	7.86		资产:负债	11－15	3	10.34	－3.90	－2.69	
16－20	6	20.69	19.6	13.52		65.24　36.76	16－20	6	20.69	－11.00	－7.59	
21－25	3	10.34	8.5	5.86		净资产:28.48	21－25	3	10.34	－6.80	－4.69	
26－30	1	3.45	2.1	1.45			26－30	1	3.45	－3.00	－2.07	
31－35	2	6.90	3.9	2.69			31－35	2	6.90	－6.30	－4.34	
36－40	3	10.34	4.2	2.90			36－40	3	10.34	－11.10	－7.66	
41－45	1	3.45	1.0	0.69			41－45	1	3.45	－4.10	－2.83	
46－50	0	0.00	0.0	0.00			46－50	0	0.00	0.00	0.00	
合计	29	100.00	94.6	65.24	3.26	29	合计	29	100.00	－53.30	－36.76	－1.84
1－5	3	13.64	14.4	13.09		社会指数	1－5	3	13.64	－0.90	－0.82	
6－10	9	40.91	38.8	35.27			6－10	9	40.91	－7.10	－6.45	
11－15	3	13.64	11.6	10.55		资产:负债	11－15	3	13.64	－3.70	－3.36	
16－20	1	4.55	3.5	3.18		72.64　29.36	16－20	1	4.55	－1.60	－1.45	
21－25	2	9.09	5.7	5.18		净资产:43.27	21－25	2	9.09	－4.50	－4.09	
26－30	0	0.00	0.0	0.00			26－30	0	0.00	0.00	0.00	
31－35	3	13.64	5.1	4.64			31－35	3	13.64	－10.20	－9.27	
36－40	0	0.00	0.0	0.00			36－40	0	0.00	0.00	0.00	
41－45	1	4.55	0.8	0.73			41－45	1	4.55	－4.30	－3.91	
46－50	0	0.00	0.0	0.00			46－50	0	0.00	0.00	0.00	
合计	22	100.00	79.9	72.64	3.63	22	合计	22	100.00	－32.30	－29.36	－1.47
1－5	1	7.14	4.8	6.86		管理指数	1－5	1	7.14	－0.30	－0.43	
6－10	2	14.29	8.4	12.00			6－10	2	14.29	－1.80	－2.57	
11－15	3	21.43	11.6	16.57		资产:负债	11－15	3	21.43	－3.70	－5.29	
16－20	2	14.29	6.3	9.00		61.00　41.00	16－20	2	14.29	－3.90	－5.57	
21－25	2	14.29	5.5	7.86		净资产:20.00	21－25	2	14.29	－4.70	－6.71	
26－30	1	7.14	2.1	3.00			26－30	1	7.14	－3.00	－4.29	
31－35	1	7.14	1.6	2.29			31－35	1	7.14	－3.50	－5.00	
36－40	1	7.14	1.4	2.00			36－40	1	7.14	－3.70	－5.29	
41－45	1	7.14	1.0	1.43			41－45	1	7.14	－4.10	－5.86	
46－50	0	0.00	0.0	0.00			46－50	0	0.00	0.00	0.00	
合计	14	100.00	42.7	61.00	3.05	14	合计	14	100.00	－28.70	－41.00	－2.05
1－5	1	5.88	5.0	5.88		可持续指数	1－5	1	5.88	－0.10	－0.12	
6－10	1	5.88	4.5	5.29			6－10	1	5.88	－0.60	－0.71	
11－15	4	23.53	15.2	17.88		资产:负债	11－15	4	23.53	－5.20	－6.12	
16－20	3	17.65	9.6	11.29		62.24　39.76	16－20	3	17.65	－5.70	－6.71	
21－25	4	23.53	11.2	13.18		净资产:22.47	21－25	4	23.53	－9.20	－10.82	
26－30	1	5.88	2.5	2.94			26－30	1	5.88	－2.60	－3.06	
31－35	1	5.88	1.9	2.24			31－35	1	5.88	－3.20	－3.76	
36－40	2	11.76	3.0	3.53			36－40	2	11.76	－7.20	－8.47	
41－45	0	0.00	0.0	0.00			41－45	0	0.00	0.00	0.00	
46－50	0	0.00	0.0	0.00			46－50	0	0.00	0.00	0.00	
合计	17	100.00	52.9	62.24	3.11	17	合计	17	100.00	－33.80	－39.76	－1.99
资产总指标数		占指标总数(%)	总资产分值	相对总资产(%)	总资产质量系数	相对总资产:相对总负债 66.80　35.20	负债总指标数		占指标总数(%)	总负债分值	相对总负债(%)	总负债质量系数
103		100.00	344.0	66.80	3.34	相对净资产: 31.59	103		100.00	－181.30	－35.20	－1.76

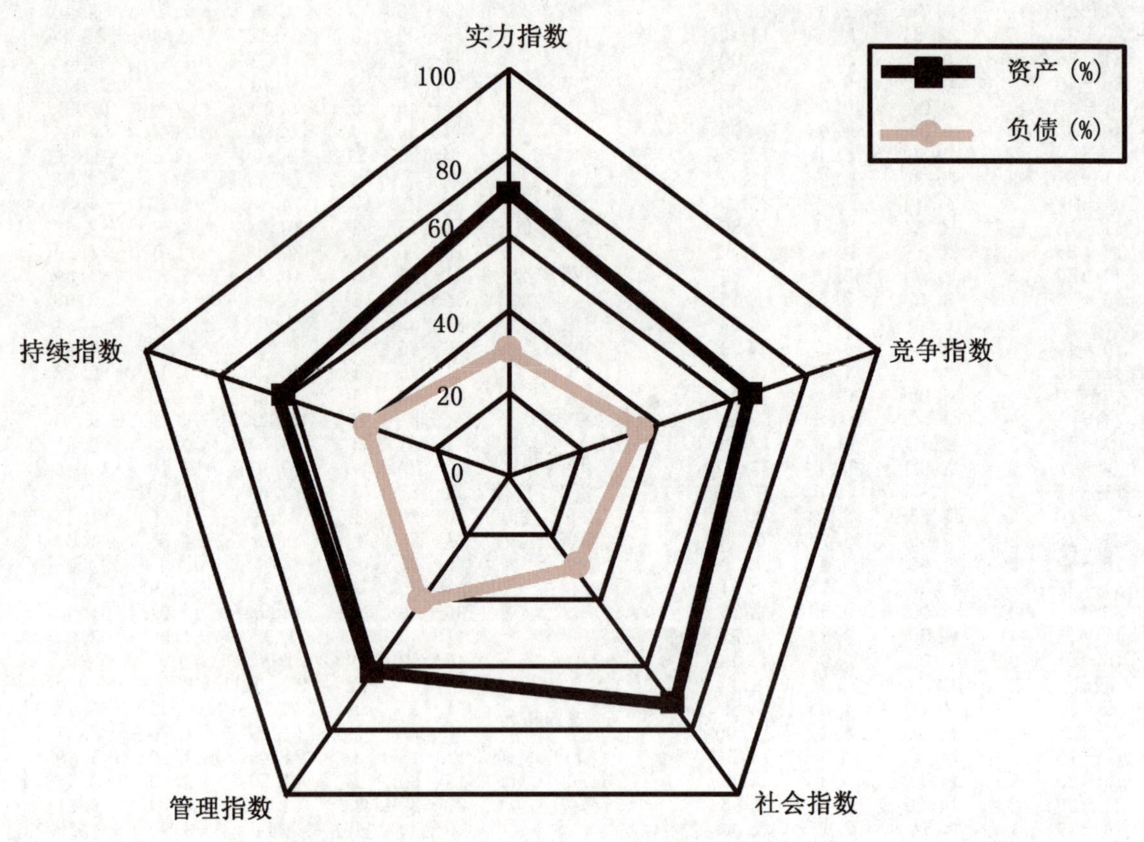

图 21.20　杭州市发展能力资产负债图

二十一　宁波市发展能力资产负债表分析

1. 一般概况

宁波市总面积 9365 平方公里，市区面积 1033 平方公里，建城区面积 69 平方公里。总人口 540.94 万人，市区总人口 124.05 万人，地区非农人口 142.03 万人。地区国内生产总值 11757538 万元，市区国内生产总值 4360625 万元，市区第三产业产值占 GDP 比重 46.8%。市区实际利用外资总额 45778 万元，市区固定资产投资总额 1661620 万元，市区房地产投资总额 341328 万元。地方财政预算内收入 411739 万元，地方财政预算内支出 541078 万元。城乡居民人均储蓄余额 19859 元，人均住房面积 15.82 平方米，人均园林绿地面积 16.07 平方米，人均生活用电量 391.7 千瓦小时，人均铺装道路面积 6.2 平方米，人均教育经费支出 372 元，每万人拥有高等学校在校学生数 60.00 人。

现任领导：市委书记　黄兴国　　市长　金德水

2. 发展能力的资产负债分析

(1) 城市实力指数：在总数 21 个源指标中，资产累计得分 65.5，相对资产 62.38%，资产质量系数为 3.12，表明资产质量较好。同时，负债累计得分－39.80，相对负债－37.90%，负债质量系数为－1.90，表明负债质量较好。在该大项中，相对净资产为 24.48%。

(2) 城市竞争指数：在总数 29 个源指标中，资产累计得分 81.2，相对资产 56.00%，资产质量系数为 2.80，表明资产质量一般。同时，负债累计得分－66.70，相对负债－46.00%，负债质量系数为－2.30，表明负债质量一般。在该大项中，相对净资产为 10.00%。

(3) 城市社会指数：在总数 22 个源指标中，资产累计得分 65.0，相对资产 59.09%，资产质量系数为 2.95，表明资产质量一般。同时，负债累计得分－47.20，相对负债－42.91%，负债质量系数为－2.15，表明负债质量一般。在该大项中，相对净资产为 16.18%。

(4) 城市管理指数：在总数 14 个源指标中，资产累计得分 41.5，相对资产 59.29%，资产质量系数为 2.96，表明资产质量一般。同时，负债累计得分－29.90，相对负债－42.71%，负债质量系数为－2.14，表明负债质量一般。在该大项中，相对净资产为 16.57%。

(5) 城市可持续指数：在总数 17 个源指标中，资产累计得分 34.2，相对资产 40.24%，资产质量系数为 2.01，表明资产质量一般。同时，负债累计得分－52.50，相对负债－61.76%，负债质量系数为－3.09，表明负债质量较差。在该大项中，相对净资产为－21.53%。

总计上述五大项，在总数 103 个源指标中，总资产累计得分 287.4，相对总资产 55.81%，总资产质量系数为 2.79，表明总资产质量一般。同时，总负债累计得分－236.10，相对总负债－45.84%，总负债质量系数为－2.29，表明总负债质量一般。该城市发展能力相对总净资产为 9.96%。

表 21.21　宁波市发展能力资产负债分析

资　产							资　产					
位　次	指标数	占指标总数(%)	指标分值	相对资产(%)	资产质量系数	五大指数	位次	指标数	占指标总数(%)	指标分值	相对资产(%)	资产质量系数
1—5	0	0.00	0.0	0.00			1—5	0	0.00	0.00	0.00	
6—10	3	14.29	12.6	12.00		实力指数	6—10	3	14.29	－2.70	－2.57	
11—15	4	19.05	15.0	14.29		资产：负债	11—15	4	19.05	－5.40	－5.14	
16—20	5	23.81	16.4	15.62		62.38　37.90	16—20	5	23.81	－7.30	－6.95	
21—25	5	23.81	14.5	13.81		净资产：24.48	21—25	5	－23.81	－11.00	－10.48	
26—30	2	9.52	4.7	4.48			26—30	2	9.52	－5.50	－5.24	
31—35	0	0.00	0.0	0.00			31—35	0	0.00	0.00	0.00	
36—40	1	4.76	1.3	1.24			36—40	1	4.76	－3.80	－3.62	
41—45	1	4.76	1.0	0.95			41—45	1	4.76	－4.10	－3.90	
46—50	0	0.00	0.0	0.00			46—50	0	0.00	0.00	0.00	
合计	21	100.00	65.5	62.38	3.12	21	合计	21	100.00	－39.80	－37.90	－1.90
1—5	2	6.90	9.2	6.34			1—5	2	6.90	－1.00	－0.69	
6—10	3	10.34	12.6	8.69		竞争指数	6—10	3	10.34	－2.70	－1.86	
11—15	5	17.24	18.3	12.62		资产：负债	11—15	5	17.24	－7.20	－4.97	
16—20	1	3.45	3.4	2.34		56.00　46.00	16—20	1	3.45	－1.70	－1.17	
21—25	7	24.14	19.4	13.38		净资产：10.00	21—25	7	24.14	－16.30	－11.24	
26—30	3	10.34	7.1	4.90			26—30	3	10.34	－8.20	－5.66	
31—35	3	10.34	5.5	3.79			31—35	3	10.34	－9.80	－6.76	
36—40	3	10.34	3.8	2.62			36—40	3	10.34	－11.50	－7.93	
41—45	2	6.90	1.9	1.31			41—45	2	6.90	－8.30	－5.72	
46—50	0	0.00	0.0	0.00			46—50	0	0.00	0.00	0.00	
合计	29	100.00	81.2	56.00	2.80	29	合计	29	100.00	－66.70	－46.00	－2.30
1—5	3	13.64	14.0	12.73			1—5	3	13.64	－1.30	－1.18	
6—10	3	13.64	13.5	12.27		社会指数	6—10	3	13.64	－1.80	－1.64	
11—15	3	13.64	10.9	9.91		资产：负债	11—15	3	13.64	－4.40	－4.00	
16—20	3	13.64	9.9	9.00		59.09　42.91	16—20	3	13.64	－5.40	－4.91	
21—25	0	0.00	0.0	0.00		净资产：16.18	21—25	0	0.00	0.00	0.00	
26—30	2	9.09	4.9	4.45			26—30	2	9.09	－5.30	－4.82	
31—35	5	22.73	8.6	7.82			31—35	5	22.73	－16.90	－15.36	
36—40	2	9.09	2.5	2.27			36—40	2	9.09	－7.70	－7.00	
41—45	1	4.55	0.7	0.64			41—45	1	4.55	－4.40	－4.00	
46—50	0	0.00	0.0	0.00			46—50	0	0.00	0.00	0.00	
合计	22	100.00	65.0	59.09	2.95	22	合计	22	100.00	－47.20	－42.91	－2.15
1—5	1	7.14	4.6	6.57			1—5	1	7.14	－0.50	－0.71	
6—10	2	14.29	8.6	12.29		管理指数	6—10	2	14.29	－1.60	－2.29	
11—15	3	21.43	11.4	16.29		资产：负债	11—15	3	21.43	－3.90	－5.57	
16—20	2	14.29	6.6	9.43		59.29　42.71	16—20	2	14.29	－3.60	－5.14	
21—25	1	7.14	2.9	4.14		净资产：16.57	21—25	1	7.14	－2.20	－3.14	
26—30	1	7.14	2.2	3.14			26—30	1	7.14	－2.90	－4.14	
31—35	1	7.14	1.9	2.71			31—35	1	7.14	－3.20	－4.57	
36—40	2	14.29	2.5	3.57			36—40	2	14.29	－7.70	－11.00	
41—45	1	7.14	0.8	1.14			41—45	1	7.14	－4.30	－6.14	
46—50	0	0.00	0.0	0.00			46—50	0	0.00	0.00	0.00	
合计	14	100.00	41.5	59.29	2.96	14	合计	14	100.00	－29.90	－42.71	－2.14
1—5	2	11.76	9.4	11.06			1—5	2	11.76	－0.80	－0.94	
6—10	2	11.76	8.4	9.88		可持续指数	6—10	2	11.76	－1.80	－2.12	
11—15	0	0.00	0.0	0.00		资产：负债	11—15	0	0.00	0.00	0.00	
16—20	0	0.00	0.0	0.00		40.24　61.76	16—20	0	0.00	0.00	0.00	
21—25	2	11.76	5.7	6.71		净资产：－21.53	21—25	2	11.76	－4.50	－5.29	
26—30	0	0.00	0.0	0.00			26—30	0	0.00	0.00	0.00	
31—35	2	11.76	3.3	3.88			31—35	2	11.76	－6.90	－8.12	
36—40	3	17.65	3.8	4.47			36—40	3	17.65	－11.50	－13.53	
41—45	2	11.76	1.9	2.24			41—45	2	11.76	－8.30	－9.76	
46—50	4	23.53	1.7	2.00			46—50	4	23.53	－18.70	－22.00	
合计	17	100.00	34.2	40.24	2.01	17	合计	17	100.00	－52.50	－61.76	－3.09
资产总指标数		占指标总数(%)	总资产分值	相对总资产(%)	总资产质量系数	相对总资产：相对总负债 55.81　45.84	负债总指标数		占指标总数(%)	总负债分值	相对总负债(%)	总负债质量系数
103		100.00	287.4	55.81	2.79	相对净资产：9.96	103		100.00	－236.10	－45.84	－2.29

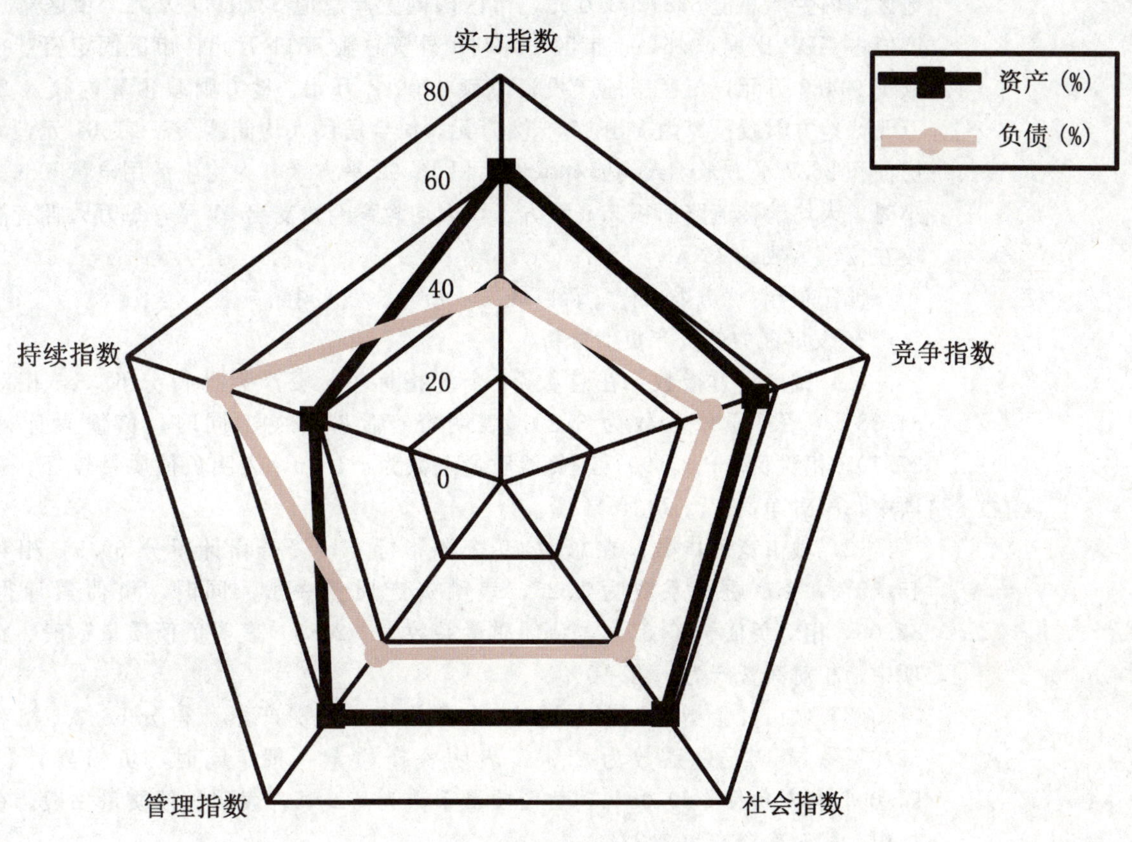

图 21.21　宁波市发展能力资产负债图

二十二　温州市发展能力资产负债表分析

1. 一般概况

温州市总面积11784平方公里，市区面积1082平方公里，建城区面积108平方公里。总人口736.32万人，市区总人口119.23万人，地区非农人口130.93万人。地区国内生产总值8281243万元，市区国内生产总值3320541万元，市区第三产业产值占GDP比重40.5%。市区实际利用外资总额5511万元，市区固定资产投资总额1194483万元，市区房地产投资总额420982万元。地方财政预算内收入215540万元，地方财政预算内支出177132万元。城乡居民人均储蓄余额21661元，人均住房面积26.7平方米，人均园林绿地面积16.92平方米，人均生活用电量523.3千瓦小时，人均铺装道路面积5.9平方米，人均教育经费支出31元，每万人拥有高等学校在校学生数5.25人。

现任领导：市委书记　蒋巨峰　　市长　钱兴中

2. 发展能力的资产负债分析

(1) 城市实力指数：在总数21个源指标中，资产累计得分67.6，相对资产64.38%，资产质量系数为3.22，表明资产质量较好。同时，负债累计得分－37.70，相对负债－35.90%，负债质量系数为－1.80，表明负债质量较好。在该大项中，相对净资产为28.48%。

(2) 城市竞争指数：在总数29个源指标中，资产累计得分65.9，相对资产45.45%，资产质量系数为2.27，表明资产质量一般。同时，负债累计得分－82.00，相对负债－56.55%，负债质量系数为－2.83，表明负债质量一般。在该大项中，相对净资产为－11.10%。

(3) 城市社会指数：在总数22个源指标中，资产累计得分58.2，相对资产52.91%，资产质量系数为2.65，表明资产质量一般。同时，负债累计得分－54.00，相对负债－49.09%，负债质量系数为－2.45，表明负债质量一般。在该大项中，相对净资产为3.82%。

(4) 城市管理指数：在总数14个源指标中，资产累计得分27.3，相对资产39.00%，资产质量系数为1.95，表明资产质量较差。同时，负债累计得分－44.10，相对负债－63.00%，负债质量系数为－3.15，表明负债质量较差。在该大项中，相对净资产为－24.00%。

(5) 城市可持续指数：在总数17个源指标中，资产累计得分30.0，相对资产35.29%，资产质量系数为1.76，表明资产质量较差。同时，负债累计得分－56.70，相对负债－66.71%，负债质量系数为－3.34，表明负债质量较差。在该大项中，相对净资产为－31.41%。

总计上述五大项，在总数103个源指标中，总资产累计得分249.0，相对总资产48.35%，总资产质量系数为2.42，表明总资产质量一般。同时，总负债累计得分－274.50，相对总负债－53.30%，总负债质量系数为－2.67，表明总负债质量一般。该城市发展能力相对总净资产为－4.95%。

表 21.22　温州市发展能力资产负债分析

资　产							资　产					
位　次	指标数	占指标总数(%)	指标分值	相对资产(%)	资产质量系数	五大指数	位次	指标数	占指标总数(%)	指标分值	相对资产(%)	资产质量系数
1—5	2	9.52	9.6	9.14		实力指数	1—5	2	9.52	－0.60	－0.57	
6—10	2	9.52	8.9	8.48			6—10	2	9.52	－1.30	－1.24	
11—15	5	23.81	19.4	18.48		资产:负债	11—15	5	23.81	－6.10	－5.81	
16—20	3	14.29	9.6	9.14		64.38　35.90	16—20	3	14.29	－3.90	－3.71	
21—25	1	4.76	2.9	2.76		净资产:28.48	21—25	1	4.76	－2.20	－2.10	
26—30	6	28.57	13.3	12.67			26—30	6	28.57	－17.30	－16.48	
31—35	2	9.52	3.9	3.71			31—35	2	9.52	－6.30	－6.00	
36—40	0	0.00	0.0	0.00			36—40	0	0.00	0.00	0.00	
41—45	0	0.00	0.0	0.00			41—45	0	0.00	0.00	0.00	
46—50	0	0.00	0.0	0.00			46—50	0	0.00	0.00	0.00	
合计	21	100.00	67.6	64.38	3.22	21	合计	21	100.00	－37.70	－35.90	－1.80
1—5	3	10.34	14.3	9.86		竞争指数	1—5	3	10.34	－1.00	－0.69	
6—10	1	3.45	4.5	3.10			6—10	1	3.45	－0.60	－0.41	
11—15	3	10.34	11.7	8.07		资产:负债	11—15	3	10.34	－3.60	－2.48	
16—20	1	3.45	3.2	2.21		45.45　56.55	16—20	1	3.45	－1.90	－1.31	
21—25	5	17.24	14.0	9.66		净资产:－11.10	21—25	5	17.24	－11.50	－7.93	
26—30	1	3.45	2.2	1.52			26—30	1	3.45	－2.90	－2.00	
31—35	5	17.24	8.7	6.00			31—35	5	17.24	－16.80	－11.59	
36—40	3	10.34	4.1	2.83			36—40	3	10.34	－11.20	－7.72	
41—45	3	10.34	2.8	1.93			41—45	3	10.34	－12.50	－8.62	
46—50	4	13.79	0.4	0.28			46—50	4	13.79	－20.00	－13.79	
合计	29	100.00	65.9	45.45	2.27	29	合计	29	100.00	－82.00	－56.55	－2.83
1—5	3	13.64	14.6	13.27		社会指数	1—5	3	13.64	－0.70	－0.64	
6—10	3	13.64	12.6	11.45			6—10	3	13.64	－2.70	－2.45	
11—15	4	18.18	15.4	14.00		资产:负债	11—15	4	18.18	－5.00	－4.55	
16—20	1	4.55	3.2	2.91		52.91　49.09	16—20	1	4.55	－1.90	－1.73	
21—25	2	9.09	5.4	4.91		净资产:3.82	21—25	2	9.09	－4.80	－4.36	
26—30	0	0.00	0.0	0.00			26—30	0	0.00	0.00	0.00	
31—35	1	4.55	1.9	1.73			31—35	1	4.55	－3.20	－2.91	
36—40	1	4.55	1.2	1.09			36—40	1	4.55	－3.90	－3.55	
41—45	3	13.64	2.5	2.27			41—45	3	13.64	－12.80	－11.64	
46—50	4	18.18	1.4	1.27			46—50	4	18.18	－19.00	－17.27	
合计	22	100.00	58.2	52.91	2.65	22	合计	22	100.00	－54.00	－49.09	－2.45
1—5	2	14.29	9.5	13.57		管理指数	1—5	2	14.29	－0.70	－1.00	
6—10	0	0.00	0.0	0.00			6—10	0	0.00	0.00	0.00	
11—15	0	0.00	0.0	0.00		资产:负债	11—15	0	0.00	0.00	0.00	
16—20	1	7.14	3.2	4.57		39.00　63.00	16—20	1	7.14	－1.90	－2.71	
21—25	0	0.00	0.0	0.00		净资产:－24.00	21—25	0	0.00	0.00	0.00	
26—30	2	14.29	4.6	6.57			26—30	2	14.29	－5.60	－8.00	
31—35	2	14.29	3.8	5.43			31—35	2	14.29	－6.40	－9.14	
36—40	3	21.43	3.8	5.43			36—40	3	21.43	－11.50	－16.43	
41—45	2	14.29	1.5	2.14			41—45	2	14.29	－8.70	－12.43	
46—50	2	14.29	0.9	1.29			46—50	2	14.29	－9.30	－13.29	
合计	14	100.00	27.3	39.00	1.95	14	合计	14	100.00	－44.10	－63.00	－3.15
1—5	1	5.88	4.6	5.41		可持续指数	1—5	1	5.88	－0.50	－0.59	
6—10	0	0.00	0.0	0.00			6—10	0	0.00	0.00	0.00	
11—15	2	11.76	7.3	8.59		资产:负债	11—15	2	11.76	－2.90	－3.41	
16—20	0	0.00	0.0	0.00		35.29　66.71	16—20	0	0.00	0.00	0.00	
21—25	0	0.00	0.0	0.00		净资产:－31.41	21—25	0	0.00	0.00	0.00	
26—30	3	17.65	6.6	7.76			26—30	3	17.65	－8.70	－10.24	
31—35	2	11.76	3.6	4.24			31—35	2	11.76	－6.60	－7.76	
36—40	4	23.53	5.4	6.35			36—40	4	23.53	－15.00	－17.65	
41—45	1	5.88	1.0	1.18			41—45	1	5.88	－4.10	－4.82	
46—50	4	23.53	1.5	1.76			46—50	4	23.53	－18.90	－22.24	
合计	17	100.00	30.0	35.29	1.76	17	合计	17	100.00	－56.70	－66.71	－3.34
资产总指标数		占指标总数(%)	总资产分值	相对总资产(%)	总资产质量系数	相对总资产:相对总负债 48.35　53.30	负债总指标数		占指标总数(%)	总负债分值	相对总负债(%)	总负债质量系数
103		100.00	249.0	48.35	2.42	相对净资产:－4.95	103		100.00	－274.50	－53.30	－2.67

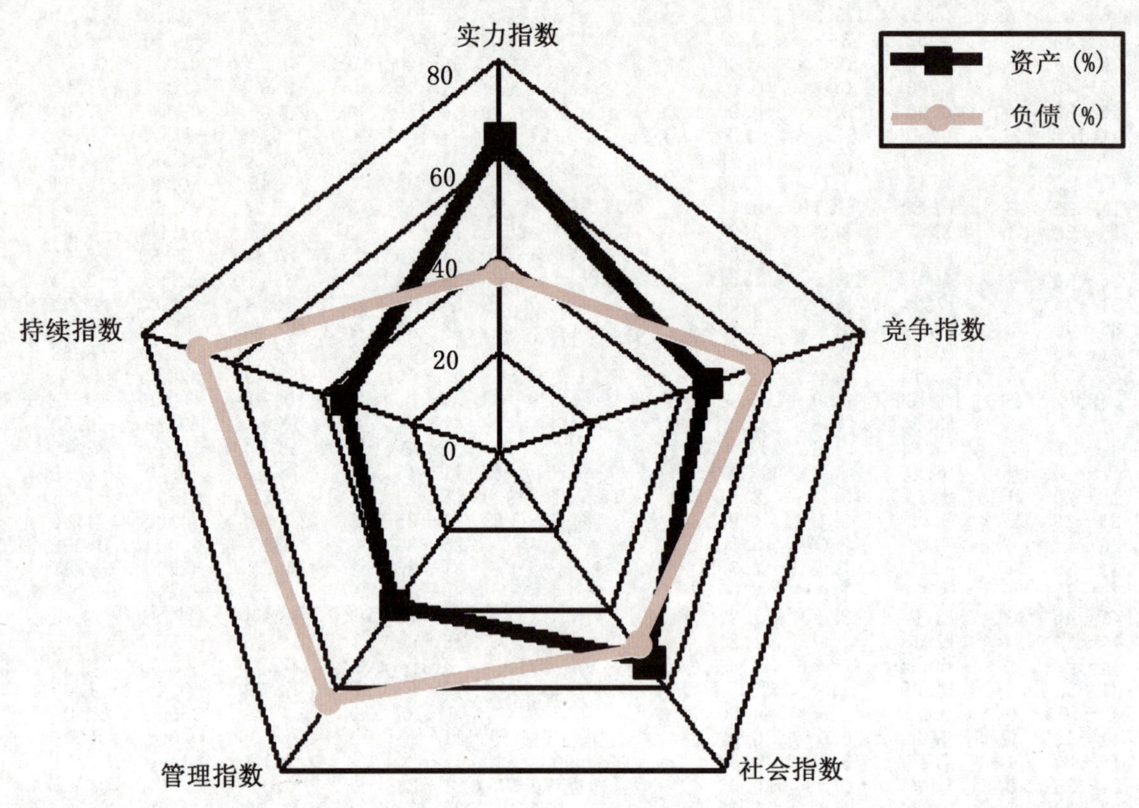

图 21.22　温州市发展能力资产负债图

二十三　合肥市发展能力资产负债表分析

1. 一般概况

合肥市总面积 7266 平方公里，市区面积 458 平方公里，建城区面积 125 平方公里。总人口 438.18 万人，市区总人口 134.67 万人，地区非农人口 143.04 万人。地区国内生产总值 3247340 万元，市区国内生产总值 2352229 万元，市区第三产业产值占 GDP 比重 41.6%。市区实际利用外资总额 12743 万元，市区固定资产投资总额 808330 万元，市区房地产投资总额 7918 万元。地方财政预算内收入 197004 万元，地方财政预算内支出 184658 万元。城乡居民人均储蓄余额 11487 元，人均住房面积 12.07 平方米，人均园林绿地面积 24.43 平方米，人均生活用电量 431.7 千瓦小时，人均铺装道路面积 9.4 平方米，人均教育经费支出 147 元，每万人拥有高等学校在校学生数 15.64 人。

现任领导：市委书记　车俊　　市长　郭万清

2. 发展能力的资产负债分析

(1) 城市实力指数：在总数 21 个源指标中，资产累计得分 48.7，相对资产 46.38%，资产质量系数为 2.32，表明资产质量一般。同时，负债累计得分－58.40，相对负债－55.62%，负债质量系数为－2.78，表明负债质量一般。在该大项中，相对净资产为－9.24%。

(2) 城市竞争指数：在总数 29 个源指标中，资产累计得分 73.4，相对资产 50.62%，资产质量系数为 2.53，表明资产质量一般。同时，负债累计得分－74.50，相对负债－51.38%，负债质量系数为－2.57，表明负债质量一般。在该大项中，相对净资产为－0.76%。

(3) 城市社会指数：在总数 22 个源指标中，资产累计得分 47.5，相对资产 43.18%，资产质量系数为 2.16，表明资产质量一般。同时，负债累计得分－64.70，相对负债－58.82%，负债质量系数为－2.94，表明负债质量一般。在该大项中，相对净资产为－15.64%。

(4) 城市管理指数：在总数 14 个源指标中，资产累计得分 34.2，相对资产 48.86%，资产质量系数为 2.44，表明资产质量一般。同时，负债累计得分－37.20，相对负债－53.14%，负债质量系数为－2.66，表明负债质量一般。在该大项中，相对净资产为－4.29%。

(5) 城市可持续指数：在总数 17 个源指标中，资产累计得分 37.1，相对资产 43.65%，资产质量系数为 2.18，表明资产质量一般。同时，负债累计得分－49.60，相对负债－58.35%，负债质量系数为－2.92，表明负债质量一般。在该大项中，相对净资产为－14.71%。

总计上述五大项，在总数 103 个源指标中，总资产累计得分 240.9，相对总资产 46.78%，总资产质量系数为 2.34，表明总资产质量一般。同时，总负债累计得分－284.40，相对总负债－55.22%，总负债质量系数为－2.76，表明总负债质量一般。该城市发展能力相对总净资产为－8.45%。

表 21.23　合肥市发展能力资产负债分析

资　产						五大指数	资　产					
位　次	指标数	占指标总数(%)	指标分值	相对资产(%)	资产质量系数		位次	指标数	占指标总数(%)	指标分值	相对资产(%)	资产质量系数
1—5	0	0.00	0.0	0.00		实力指数	1—5	0	0.00	0.00	0.00	
6—10	2	9.52	8.5	8.10			6—10	2	9.52	−1.70	−1.62	
11—15	1	4.76	3.8	3.62		资产:负债	11—15	1	4.76	−1.30	−1.24	
16—20	1	4.76	3.5	3.33		46.38　55.62	16—20	1	4.76	−1.60	−1.52	
21—25	3	14.29	8.5	8.10		净资产:−9.24	21—25	3	14.29	−6.80	−6.48	
26—30	6	28.57	13.7	13.05			26—30	6	28.57	−16.90	−16.10	
31—35	3	14.29	5.2	4.95			31—35	3	14.29	−10.10	−9.62	
36—40	3	14.29	4.5	4.29			36—40	3	14.29	−10.80	−10.29	
41—45	1	4.76	0.7	0.67			41—45	1	4.76	−4.40	−4.19	
46—50	1	4.76	0.3	0.29			46—50	1	4.76	−4.80	−4.57	
合计	21	100.00	48.7	46.38	2.32	21	合计	21	100.00	−58.40	−55.62	−2.78
1—5	3	10.34	14.6	10.07		竞争指数	1—5	3	10.34	−0.70	−0.48	
6—10	1	3.45	4.2	2.90			6—10	1	3.45	−0.90	−0.62	
11—15	2	6.90	7.6	5.24		资产:负债	11—15	2	6.90	−2.60	−1.79	
16—20	3	10.34	9.5	6.55		50.62　51.38	16—20	3	10.34	−5.80	−4.00	
21—25	5	17.24	13.9	9.59		净资产:−0.76	21—25	5	17.24	−11.60	−8.00	
26—30	4	13.79	9.0	6.21			26—30	4	13.79	−11.40	−7.86	
31—35	5	17.24	9.0	6.21			31—35	5	17.24	−16.50	−11.38	
36—40	2	6.90	3.0	2.07			36—40	2	6.90	−7.20	−4.97	
41—45	3	10.34	2.3	1.59			41—45	3	10.34	−13.00	−8.97	
46—50	1	3.45	0.3	0.21			46—50	1	3.45	−4.80	−3.31	
合计	29	100.00	73.4	50.62	2.53	29	合计	29	100.00	−74.50	−51.38	−2.57
1—5	0	0.00	0.0	0.00		社会指数	1—5	0	0.00	0.00	0.00	
6—10	1	4.55	4.4	4.00			6—10	1	4.55	−0.70	−0.64	
11—15	3	13.64	11.7	10.64		资产:负债	11—15	3	13.64	−3.60	−3.27	
16—20	3	13.64	9.9	9.00		43.18　58.82	16—20	3	13.64	−5.40	−4.91	
21—25	2	9.09	5.4	4.91		净资产:−15.64	21—25	2	9.09	−4.80	−4.36	
26—30	3	13.64	7.2	6.55			26—30	3	13.64	−8.10	−7.36	
31—35	0	0.00	0.0	0.00			31—35	0	0.00	0.00	0.00	
36—40	4	18.18	5.7	5.18			36—40	4	18.18	−14.70	−13.36	
41—45	3	13.64	2.4	2.18			41—45	3	13.64	−12.90	−11.73	
46—50	3	13.64	0.8	0.73			46—50	3	13.64	−14.50	−13.18	
合计	22	100.00	47.5	43.18	2.16	22	合计	22	100.00	−64.70	−58.82	−2.94
1—5	0	0.00	0.0	0.00		管理指数	1—5	0	0.00	0.00	0.00	
6—10	0	0.00	0.0	0.00			6—10	0	0.00	0.00	0.00	
11—15	2	14.29	7.5	10.71		资产:负债	11—15	2	14.29	−2.70	−3.86	
16—20	2	14.29	6.5	9.29		48.86　53.14	16—20	2	14.29	−3.70	−5.29	
21—25	1	7.14	2.7	3.86		净资产:−4.29	21—25	1	7.14	−2.40	−3.43	
26—30	6	42.86	13.2	18.86			26—30	6	42.86	−17.40	−24.86	
31—35	1	7.14	1.7	2.43			31—35	1	7.14	−3.40	−4.86	
36—40	2	14.29	2.6	3.71			36—40	2	14.29	−7.60	−10.86	
41—45	0	0.00	0.0	0.00			41—45	0	0.00	0.00	0.00	
46—50	0	0.00	0.0	0.00			46—50	0	0.00	0.00	0.00	
合计	14	100.00	34.2	48.86	2.44	14	合计	14	100.00	−37.20	−53.14	−2.66
1—5	0	0.00	0.0	0.00		可持续指数	1—5	0	0.00	0.00	0.00	
6—10	1	5.88	4.5	5.29			6—10	1	5.88	−0.60	−0.71	
11—15	1	5.88	3.9	4.59		资产:负债	11—15	1	5.88	−1.20	−1.40	
16—20	2	11.76	7.0	8.24		43.65　58.35	16—20	2	11.76	−3.20	−3.76	
21—25	2	11.76	5.6	6.59		净资产:−14.71	21—25	2	11.76	−4.60	−5.41	
26—30	1	5.88	2.4	2.82			26—30	1	5.88	−2.70	−3.18	
31—35	5	29.41	9.2	10.82			31—35	5	29.41	−16.30	−19.18	
36—40	1	5.88	1.3	1.53			36—40	1	5.88	−3.80	−4.47	
41—45	4	23.53	3.2	3.76			41—45	4	23.53	−17.20	−20.24	
46—50	0	0.00	0.0	0.00			46—50	0	0.00	0.00	0.00	
合计	17	100.00	37.1	43.65	2.18	17	合计	17	100.00	−49.60	−58.35	−2.92
资产总指标数		占指标总数(%)	总资产分值	相对总资产(%)	总资产质量系数	相对总资产:相对总负债 46.78　55.22	负债总指标数		占指标总数(%)	总负债分值	相对总负债(%)	总负债质量系数
103		100.00	240.9	46.78	2.34	相对净资产:−8.45	103		100.00	−284.40	−55.22	−2.76

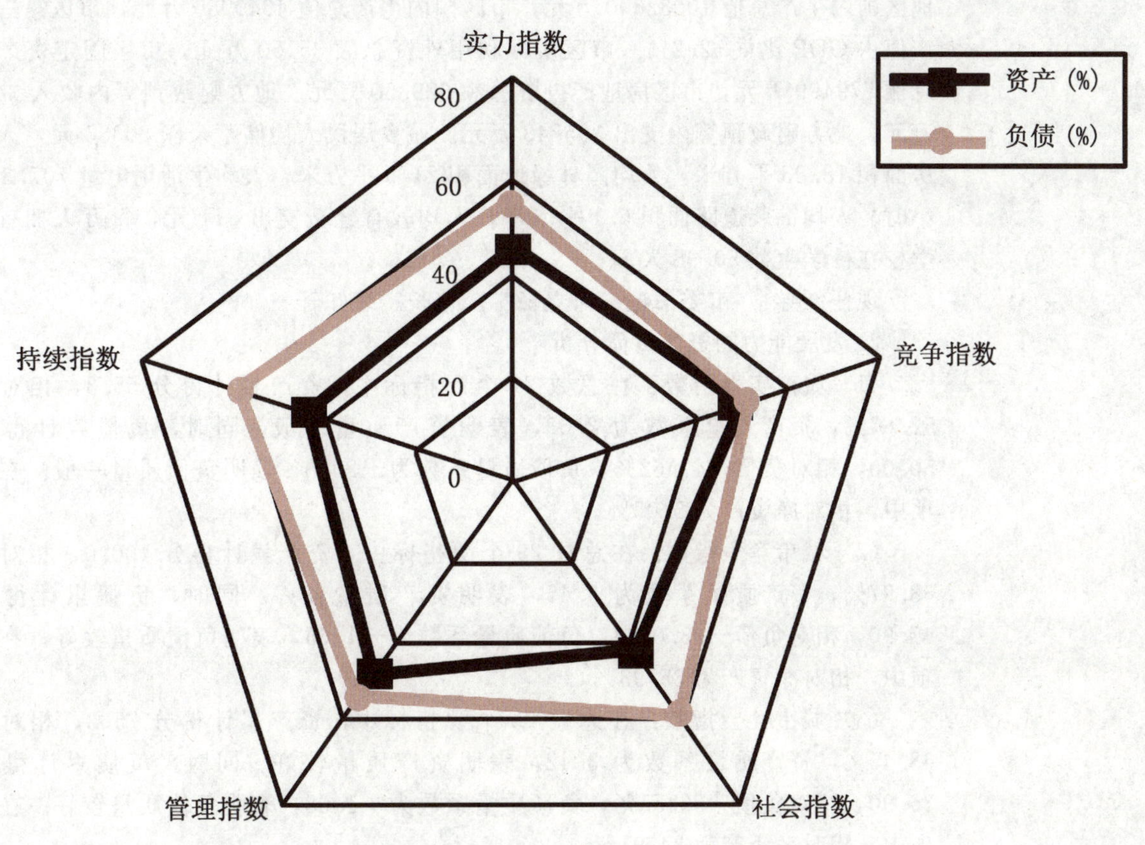

图 21.23　合肥市发展能力资产负债图

二十四　福州市发展能力资产负债表分析

1. 一般概况

福州市总面积11968平方公里，市区面积1043平方公里，建城区面积92平方公里。总人口589.23万人，市区总人口148.49万人，地区非农人口165.2万人。地区国内生产总值10032690万元，市区国内生产总值4640980万元，市区第三产业产值占GDP比重52.2%。市区实际利用外资总额35150万元，市区固定资产投资总额579499万元，市区房地产投资总额629350万元。地方财政预算内收入341063万元，地方财政预算内支出305843万元。城乡居民人均储蓄余额20385元，人均住房面积18.85平方米，人均园林绿地面积21.9平方米，人均生活用电量707.3千瓦小时，人均铺装道路面积6.1平方米，人均教育经费支出311元，每万人拥有高等学校在校学生数50.98人。

现任领导：市委书记　何立峰　　市长　练知轩

2. 发展能力的资产负债分析

(1) 城市实力指数：在总数21个源指标中，资产累计得分55.3，相对资产52.67%，资产质量系数为2.63，表明资产质量一般。同时，负债累计得分－50.00，相对负债－47.62%，负债质量系数为－2.38，表明负债质量一般。在该大项中，相对净资产为5.05%。

(2) 城市竞争指数：在总数29个源指标中，资产累计得分100.0，相对资产68.97%，资产质量系数为3.45，表明资产质量较好。同时，负债累计得分－47.90，相对负债－33.03%，负债质量系数为－1.65，表明负债质量较好。在该大项中，相对净资产为35.93%。

(3) 城市社会指数：在总数22个源指标中，资产累计得分75.3，相对资产68.45%，资产质量系数为3.42，表明资产质量较好。同时，负债累计得分－36.90，相对负债－33.55%，负债质量系数为－1.68，表明负债质量较好。在该大项中，相对净资产为34.91%。

(4) 城市管理指数：在总数14个源指标中，资产累计得分36.9，相对资产52.71%，资产质量系数为2.64，表明资产质量一般。同时，负债累计得分－34.50，相对负债－49.29%，负债质量系数为－2.46，表明负债质量一般。在该大项中，相对净资产为3.43%。

(5) 城市可持续指数：在总数17个源指标中，资产累计得分47.3，相对资产55.65%，资产质量系数为2.78，表明资产质量一般。同时，负债累计得分－39.40，相对负债－46.35%，负债质量系数为－2.32，表明负债质量一般。在该大项中，相对净资产为9.29%。

总计上述五大项，在总数103个源指标中，总资产累计得分314.8，相对总资产61.13%，总资产质量系数为3.06，表明总资产质量较好。同时，总负债累计得分－208.70，相对总负债－40.52%，总负债质量系数为－2.03，表明总负债质量一般。该城市发展能力相对总净资产为20.60%。

表 21.24　福州市发展能力资产负债分析

资　产						五大指数	资　产					
位　次	指标数	占指标总数(%)	指标分值	相对资产(%)	资产质量系数		位次	指标数	占指标总数(%)	指标分值	相对资产(%)	资产质量系数
1—5	0	0.00	0.0	0.00		实力指数	1—5	0	0.00	0.00	0.00	
6—10	2	9.52	8.2	7.81			6—10	2	9.52	−2.00	−1.90	
11—15	3	14.29	11.4	10.86		资产:负债	11—15	3	14.29	−3.91	−1.90	
16—20	3	14.29	10.1	9.62		52.67　47.62	16—20	3	14.29	−3.40	−3.24	
21—25	3	14.29	8.7	8.29		净资产:5.05	21—25	3	14.29	−6.60	−6.29	
26—30	3	14.29	7.2	6.86			26—30	3	14.29	−8.10	−7.71	
31—35	4	19.05	7.1	6.76			31—35	4	19.05	−13.30	−12.67	
36—40	1	4.76	1.3	1.24			36—40	1	4.76	−3.80	−3.62	
41—45	2	9.52	1.3	1.24			41—45	2	9.52	−8.90	−8.48	
46—50	0	0.00	0.0	0.00			46—50	0	0.00	0.00	0.00	
合计	21	100.00	55.3	52.67	2.63	21	合计	21	100.00	−50.00	−47.62	−2.38
1—5	2	6.90	9.2	6.34		竞争指数	1—5	2	6.90	−1.00	−0.69	
6—10	7	24.14	30.7	21.17			6—10	7	24.14	−5.00	−3.45	
11—15	7	24.14	26.6	18.34		资产:负债	11—15	7	24.14	−9.10	−6.28	
16—20	6	20.69	20.0	13.79		68.97　33.03	16—20	6	20.69	−10.60	−7.31	
21—25	2	6.90	5.5	3.79		净资产:35.93	21—25	2	6.90	−4.70	−3.24	
26—30	2	6.90	4.6	3.17			26—30	2	6.90	−5.60	−3.86	
31—35	1	3.45	1.7	1.17			31—35	1	3.45	−3.40	−2.34	
36—40	1	3.45	1.5	1.03			36—40	1	3.45	−3.60	−2.48	
41—45	0	0.00	0.0	0.00			41—45	0	0.00	0.00	0.00	
46—50	1	3.45	0.2	0.14			46—50	1	3.45	−4.90	−3.38	
合计	29	100.00	100.0	68.97	3.45	29	合计	29	100.00	−47.90	−33.03	−1.68
1—5	2	9.09	9.4	8.55		社会指数	1—5	2	9.09	−0.80	−0.73	
6—10	6	27.27	25.8	23.45			6—10	6	27.27	−4.80	−4.36	
11—15	2	9.09	7.8	7.09		资产:负债	11—15	2	9.09	−2.40	−2.18	
16—20	4	18.18	13.8	12.55		68.45　33.55	16—20	4	18.18	−6.60	−6.00	
21—25	5	22.73	13.9	12.64		净资产:34.91	21—25	5	22.73	−11.60	−10.55	
26—30	1	4.55	2.4	2.18			26—30	1	4.55	−2.70	−2.45	
31—35	0	0.00	0.0	0.00			31—35	0	0.00	0.00	0.00	
36—40	1	4.55	1.2	1.09			36—40	1	4.55	−3.90	−3.55	
41—45	1	4.55	1.0	0.91			41—45	1	4.55	−4.10	−3.73	
46—50	0	0.00	0.0	0.00			46—50	0	0.00	0.00	0.00	
合计	22	100.00	75.3	68.45	3.42	22	合计	22	100.00	−36.90	−33.55	−1.68
1—5	1	7.14	4.9	7.00		管理指数	1—5	1	7.14	−0.20	−0.29	
6—10	1	7.14	4.2	6.00			6—10	1	7.14	−0.90	−1.29	
11—15	3	21.43	11.3	16.14		资产:负债	11—15	3	21.43	−4.00	−5.71	
16—20	1	7.14	3.4	4.86		52.71　49.29	16—20	1	7.14	−1.70	−2.43	
21—25	1	7.14	3.0	4.29		净资产:3.43	21—25	1	7.14	−2.10	−3.00	
26—30	3	21.43	7.1	10.14			26—30	3	21.43	−8.20	−11.71	
31—35	0	0.00	0.0	0.00			31—35	0	0.00	0.00	0.00	
36—40	1	7.14	1.4	2.00			36—40	1	7.14	−3.70	−5.29	
41—45	2	14.29	1.3	1.86			41—45	2	14.29	−8.90	−12.71	
46—50	1	7.14	0.3	0.43			46—50	1	7.14	−4.80	−6.86	
合计	14	100.00	36.9	52.71	2.64	14	合计	14	100.00	−34.50	−49.29	−2.46
1—5	2	11.76	9.7	11.41		可持续指数	1—5	2	11.76	−0.50	−0.59	
6—10	4	23.53	16.9	19.88			6—10	4	23.53	−3.50	−4.12	
11—15	0	0.00	0.0	0.00		资产:负债	11—15	0	0.00	0.00	0.00	
16—20	0	0.00	0.0	0.00		55.65　46.35	16—20	0	0.00	0.00	0.00	
21—25	3	17.65	8.3	9.76		净资产:9.29	21—25	3	17.65	−7.00	−8.24	
26—30	3	17.65	6.6	7.76			26—30	3	17.65	−8.70	−10.24	
31—35	2	11.76	3.5	4.12			31—35	2	11.76	−6.70	−7.88	
36—40	1	5.88	1.4	1.65			36—40	1	5.88	−3.70	−4.35	
41—45	1	5.88	0.6	0.71			41—45	1	5.88	−4.50	−5.29	
46—50	1	5.88	0.3	0.35			46—50	1	5.88	−4.80	−5.65	
合计	17	100.00	47.3	55.65	2.78	17	合计	17	100.00	−39.40	−46.35	−2.32
资产总指标数		占指标总数(%)	总资产分值	相对总资产(%)	总资产质量系数	相对总资产:相对总负债 61.13　40.52	负债总指标数		占指标总数(%)	总负债分值	相对总负债(%)	总负债质量系数
103		100.00	314.8	61.13	3.06	相对净资产: 20.60	103		100.00	−208.70	−40.52	−2.03

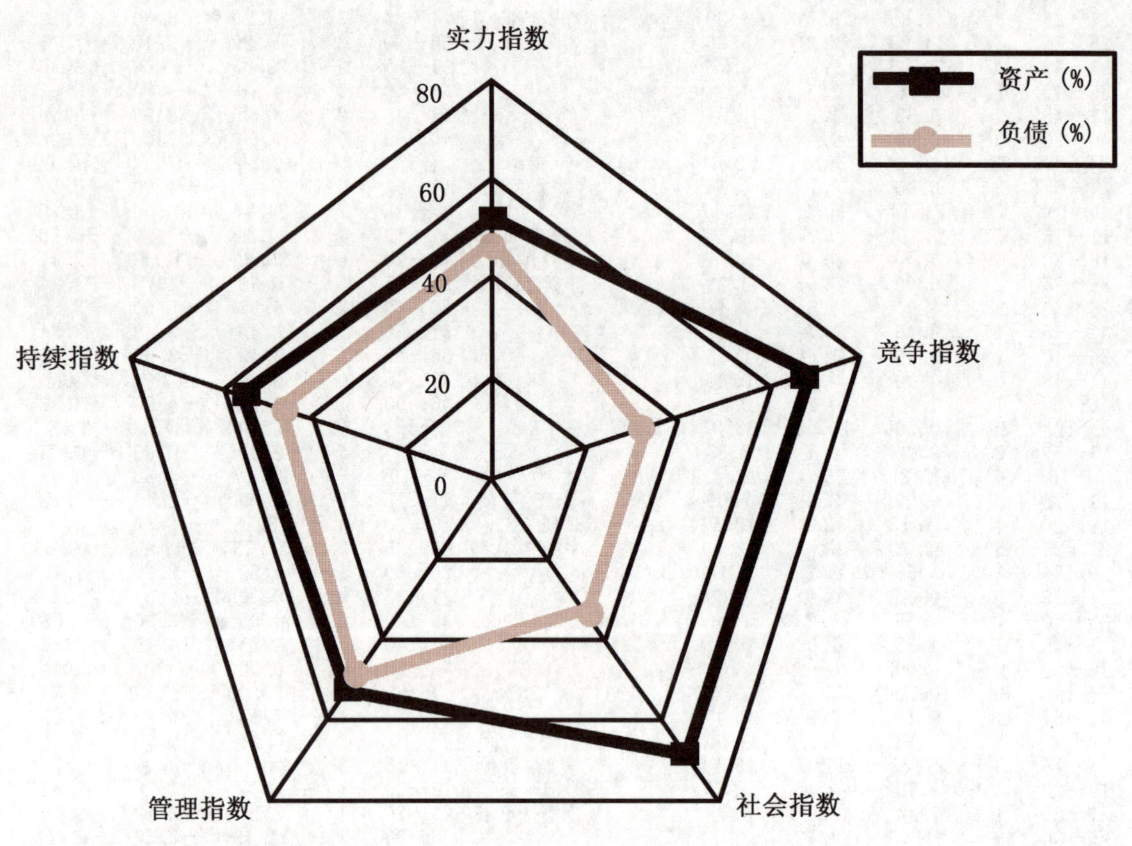

图 21.24　福州市发展能力资产负债图

二十五 厦门市发展能力资产负债表分析

1. 一般概况

厦门市总面积1565平方公里，市区面积1565平方公里，建城区面积82平方公里。总人口131.27万人，市区总人口131.27万人，地区非农人口66.22万人。地区国内生产总值5018706万元，市区国内生产总值5018706万元，市区第三产业产值占GDP比重43%。市区实际利用外资总额103150万元，市区固定资产投资总额1063127万元，市区房地产投资总额621211万元。地方财政预算内收入518511万元，地方财政预算内支出591017万元。城乡居民人均储蓄余额16788元，人均住房面积14.52平方米，人均园林绿地面积22.8平方米，人均生活用电量632.6千瓦小时，人均铺装道路面积7.6平方米，人均教育经费支出596元，每万人拥有高等学校在校学生数78.42人。

现任领导： 市委书记 洪永世 市长 朱亚衍

2. 发展能力的资产负债分析

(1) 城市实力指数：在总数21个源指标中，资产累计得分61.2，相对资产58.29%，资产质量系数为2.91，表明资产质量一般。同时，负债累计得分－45.90，相对负债－43.71%，负债质量系数为－2.19，表明负债质量一般。在该大项中，相对净资产为14.57%。

(2) 城市竞争指数：在总数29个源指标中，资产累计得分88.7，相对资产61.17%，资产质量系数为3.06，表明资产质量较好。同时，负债累计得分－59.20，相对负债－40.83%，负债质量系数为－2.04，表明负债质量一般。在该大项中，相对净资产为20.34%。

(3) 城市社会指数：在总数22个源指标中，资产累计得分73.0，相对资产66.36%，资产质量系数为3.32，表明资产质量较好。同时，负债累计得分－39.20，相对负债－35.64%，负债质量系数为－1.78，表明负债质量较好。在该大项中，相对净资产为30.73%。

(4) 城市管理指数：在总数14个源指标中，资产累计得分46.8，相对资产66.86%，资产质量系数为3.34，表明资产质量较好。同时，负债累计得分－24.60，相对负债－35.14%，负债质量系数为－1.76，表明负债质量较好。在该大项中，相对净资产为31.71%。

(5) 城市可持续指数：在总数17个源指标中，资产累计得分43.9，相对资产51.65%，资产质量系数为2.58，表明资产质量一般。同时，负债累计得分－42.80，相对负债－50.35%，负债质量系数为－2.52，表明负债质量一般。在该大项中，相对净资产为1.29%。

总计上述五大项，在总数103个源指标中，总资产累计得分313.6，相对总资产60.89%，总资产质量系数为3.04，表明总资产质量较好。同时，总负债累计得分－211.70，相对总负债－41.11%，总负债质量系数为－2.06，表明总负债质量一般。该城市发展能力相对总净资产为19.79%。

表 21.25 厦门市发展能力资产负债分析

资 产							资 产					
位 次	指标数	占指标总数(%)	指标分值	相对资产(%)	资产质量系数	五大指数	位次	指标数	占指标总数(%)	指标分值	相对资产(%)	资产质量系数
1—5	2	9.52	9.6	9.14		实力指数	1—5	2	9.52	—0.60	—0.57	
6—10	2	9.52	8.7	8.29			6—10	2	9.52	—1.50	—1.43	
11—15	5	23.81	18.3	17.43		资产:负债	11—15	5	23.81	—7.20	—6.86	
16—20	2	9.52	6.4	6.10		58.29 43.71	16—20	2	9.52	—3.80	—3.62	
21—25	3	14.29	7.9	7.52		净资产:14.57	21—25	3	14.29	—7.40	—7.05	
26—30	2	9.52	4.6	4.38			26—30	2	9.52	—5.60	—5.33	
31—35	0	0.00	0.0	0.00			31—35	0	0.00	0.00	0.00	
36—40	3	14.29	3.9	3.71			36—40	3	14.29	—11.40	—10.86	
41—45	2	9.52	1.8	1.71			41—45	2	9.52	—8.40	—8.00	
46—50	0	0.00	0.0	0.00			46—50	0	0.00	0.00	0.00	
合计	21	100.00	61.2	58.29	2.91	21	合计	21	100.00	—45.90	—43.71	—2.19
1—5	2	6.90	9.5	6.55		竞争指数	1—5	2	6.90	—0.70	—0.48	
6—10	7	24.14	30.0	20.69			6—10	7	24.14	—5.70	—3.39	
11—15	7	24.14	26.5	18.28		资产:负债	11—15	7	24.14	—9.20	—6.34	
16—20	2	6.90	6.2	4.28		61.17 40.83	16—20	2	6.90	—4.00	—2.76	
21—25	0	0.00	0.0	0.00		净资产:20.34	21—25	0	0.00	0.00	0.00	
26—30	2	6.90	4.8	3.31			26—30	2	6.90	—5.40	—3.72	
31—35	6	20.69	10.4	7.17			31—35	6	20.69	—20.20	—13.39	
36—40	0	0.00	0.0	0.00			36—40	0	0.00	0.00	0.00	
41—45	0	0.00	0.0	0.00			41—45	0	0.00	0.00	0.00	
46—50	3	10.34	1.3	0.90			46—50	3	10.34	—14.00	—9.66	
合计	29	100.00	88.7	61.17	3.06	29	合计	29	100.00	—59.20	—40.83	—2.04
1—5	3	13.64	14.9	13.55		社会指数	1—5	3	13.64	—0.40	—0.36	
6—10	6	27.27	25.7	23.36			6—10	6	27.27	—4.90	—4.45	
11—15	1	4.55	4.0	3.64		资产:负债	11—15	1	4.55	—1.10	—1.00	
16—20	3	13.64	10.3	9.36		66.36 35.64	16—20	3	13.64	—5.00	—4.55	
21—25	4	18.18	11.4	10.36		净资产:30.73	21—25	4	18.18	—9.00	—8.18	
26—30	1	4.55	2.4	2.18			26—30	1	4.55	—2.70	—2.45	
31—35	0	0.00	0.0	0.00			31—35	0	0.00	0.00	0.00	
36—40	2	9.09	2.5	2.27			36—40	2	9.09	—7.70	—7.00	
41—45	2	9.09	1.8	1.64			41—45	2	9.09	—8.40	—7.64	
46—50	0	0.00	0.0	0.00			46—50	0	0.00	0.00	0.00	
合计	22	100.00	73.0	66.36	3.32	22	合计	22	100.00	—39.20	—35.64	—1.78
1—5	2	14.29	9.3	13.29		管理指数	1—5	2	14.29	—0.90	—1.29	
6—10	2	14.29	8.9	12.71			6—10	2	14.29	—1.30	—1.86	
11—15	3	21.43	11.1	15.86		资产:负债	11—15	3	21.43	—4.20	—6.00	
16—20	2	14.29	6.7	9.57		66.86 35.14	16—20	2	14.29	—3.50	—5.00	
21—25	2	14.29	5.3	7.57		净资产:31.71	21—25	2	14.29	—4.90	—7.00	
26—30	1	7.14	2.5	3.57			26—30	1	7.14	—2.60	—3.71	
31—35	0	0.00	0.0	0.00			31—35	0	0.00	0.00	0.00	
36—40	2	14.29	3.0	4.29			36—40	2	14.29	—7.20	—10.29	
41—45	0	0.00	0.0	0.00			41—45	0	0.00	0.00	0.00	
46—50	0	0.00	0.0	0.00			46—50	0	0.00	0.00	0.00	
合计	14	100.00	46.8	66.86	3.34	14	合计	14	100.00	—24.60	—35.14	—1.76
1—5	3	17.65	13.9	16.35		可持续指数	1—5	3	17.65	—1.40	—1.65	
6—10	1	5.88	4.4	5.18			6—10	1	5.88	—0.70	—0.82	
11—15	0	0.00	0.0	0.00		资产:负债	11—15	0	0.00	0.00	0.00	
16—20	2	11.76	6.6	7.76		51.65 50.35	16—20	2	11.76	—3.60	—4.24	
21—25	1	5.88	2.8	3.29		净资产:1.29	21—25	1	5.88	—2.30	—2.71	
26—30	4	23.53	9.3	10.94			26—30	4	23.53	—11.10	—13.06	
31—35	2	11.76	3.5	4.12			31—35	2	11.76	—6.70	—7.88	
36—40	1	5.88	1.5	1.76			36—40	1	5.88	—3.60	—4.24	
41—45	1	5.88	1.0	1.18			41—45	1	5.88	—4.10	—4.82	
46—50	2	11.76	0.9	1.06			46—50	2	11.76	—9.30	—10.94	
合计	17	100.00	43.9	51.65	2.58	17	合计	17	100.00	—42.80	—50.35	—2.52
资产总指标数		占指标总数(%)	总资产分值	相对总资产(%)	总资产质量系数	相对总资产:相对总负债 60.89 41.11	负债总指标数		占指标总数(%)	总负债分值	相对总负债(%)	总负债质量系数
103		100.00	313.6	60.89	3.04	相对净资产:19.79	103		100.00	—211.70	—41.11	—2.06

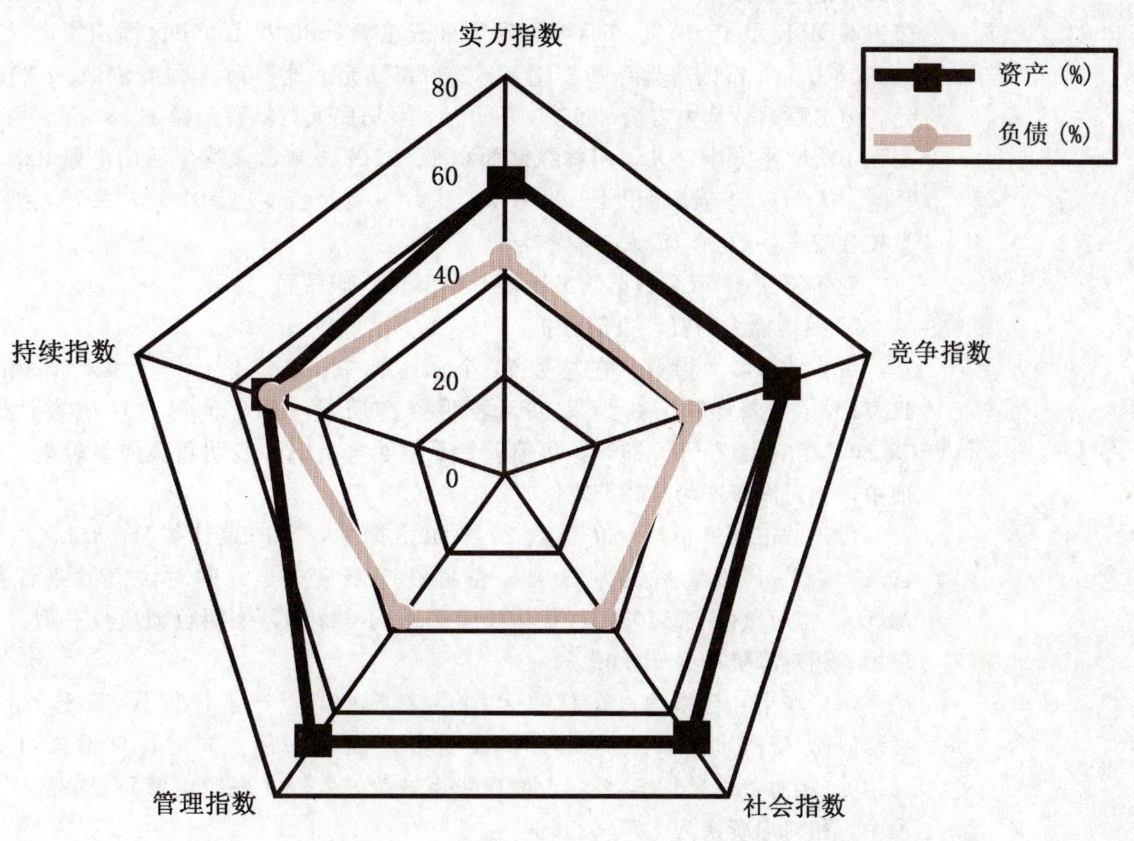

图 21.25 厦门市发展能力资产负债图

二十六　南昌市发展能力资产负债表分析

1. 一般概况

南昌市总面积 7432 平方公里，市区面积 617 平方公里，建城区面积 85 平方公里。总人口 432.55 万人，市区总人口 170.22 万人，地区非农人口 175.89 万人。地区国内生产总值 4351022 万元，市区国内生产总值 3093900 万元，市区第三产业产值占 GDP 比重 45.6%。市区实际利用外资总额 2585 万元，市区固定资产投资总额 380907 万元，市区房地产投资总额 127268 万元。地方财政预算内收入 152863 万元，地方财政预算内支出 159500 万元。城乡居民人均储蓄余额 12581 元，人均住房面积 10.99 平方米，人均园林绿地面积 12.95 平方米，人均生活用电量 223.5 千瓦小时，人均铺装道路面积 4.9 平方米，人均教育经费支出 101 元，每万人拥有高等学校在校学生数 20.61 人。

现任领导：　市委书记　吴新雄　　市长　李豆罗

2. 发展能力的资产负债分析

（1）城市实力指数：在总数 21 个源指标中，资产累计得分 43.8，相对资产 41.71%，资产质量系数为 2.09，表明资产质量一般。同时，负债累计得分－63.30，相对负债－60.29%，负债质量系数为－3.01，表明负债质量较差。在该大项中，相对净资产为－18.57%。

（2）城市竞争指数：在总数 29 个源指标中，资产累计得分 68.1，相对资产 46.97%，资产质量系数为 2.35，表明资产质量一般。同时，负债累计得分－79.80，相对负债－55.03%，负债质量系数为－2.75，表明负债质量一般。在该大项中，相对净资产为－8.07%。

（3）城市社会指数：在总数 22 个源指标中，资产累计得分 47.8，相对资产 43.45%，资产质量系数为 2.17，表明资产质量一般。同时，负债累计得分－64.40，相对负债－58.55%，负债质量系数为－2.93，表明负债质量一般。在该大项中，相对净资产为－15.09%。

（4）城市管理指数：在总数 14 个源指标中，资产累计得分 33.5，相对资产 47.86%，资产质量系数为 2.39，表明资产质量一般。同时，负债累计得分－37.90，相对负债－54.14%，负债质量系数为－2.71，表明负债质量一般。在该大项中，相对净资产为－6.29%。

（5）城市可持续指数：在总数 17 个源指标中，资产累计得分 30.9，相对资产 36.35%，资产质量系数为 1.82，表明资产质量较差。同时，负债累计得分－55.80，相对负债－65.65%，负债质量系数为－3.28，表明负债质量较差。在该大项中，相对净资产为－29.29%。

总计上述五大项，在总数 103 个源指标中，总资产累计得分 224.1，相对总资产 43.51%，总资产质量系数为 2.18，表明总资产质量一般。同时，总负债累计得分－301.20，相对总负债－58.49%，总负债质量系数为－2.92，表明总负债质量一般。该城市发展能力相对总净资产为－14.97%。

表 21.26　南昌市发展能力资产负债分析

资产							资产					
位次	指标数	占指标总数(%)	指标分值	相对资产(%)	资产质量系数	五大指数	位次	指标数	占指标总数(%)	指标分值	相对资产(%)	资产质量系数
1-5	0	0.00	0.0	0.00		实力指数	1-5	0	0.00	0.00	0.00	
6-10	1	4.76	4.5	4.29			6-10	1	4.76	-0.60	-0.57	
11-15	4	19.05	15.3	14.57		资产:负债	11-15	4	19.05	-5.10	-4.86	
16-20	0	0.00	0.0	0.00		41.71　60.29	16-20	0	0.00	0.00	0.00	
21-25	2	9.52	5.8	5.52		净资产:-18.57	21-25	2	9.52	-4.40	-4.19	
26-30	3	14.29	6.6	6.29			26-30	3	14.29	-8.70	-8.29	
31-35	1	4.76	2.0	1.90			31-35	1	4.76	-3.10	-2.95	
36-40	6	28.57	7.6	7.24			36-40	6	28.57	-23.00	-21.90	
41-45	2	9.52	1.6	1.52			41-45	2	9.52	-8.60	-8.19	
46-50	2	9.52	0.4	0.38			46-50	2	9.52	-9.80	-9.33	
合计	21	100.00	43.8	41.71	2.09	21	合计	21	100.00	-63.30	-60.29	-3.01
1-5	2	6.90	9.4	6.48		竞争指数	1-5	2	6.90	-0.80	-0.55	
6-10	1	3.45	4.4	3.03			6-10	1	3.45	-0.70	-0.48	
11-15	1	3.45	4.0	2.76		资产:负债	11-15	1	3.45	-1.10	-0.76	
16-20	3	10.34	9.9	6.83		46.97　55.03	16-20	3	10.34	-5.40	-3.72	
21-25	3	10.34	8.5	5.86		净资产:-8.07	21-25	3	10.34	-6.80	-4.69	
26-30	8	27.59	18.6	12.83			26-30	8	27.59	-22.20	-15.31	
31-35	4	13.79	7.3	5.03			31-35	4	13.79	-13.10	-9.03	
36-40	3	10.34	3.8	2.62			36-40	3	10.34	-11.50	-7.93	
41-45	2	6.90	1.5	1.03			41-45	2	6.90	-8.70	-6.00	
46-50	2	6.90	0.7	0.48			46-50	2	6.90	-9.50	-6.55	
合计	29	100.00	68.1	46.97	2.35	29	合计	29	100.00	-79.80	-55.03	-2.75
1-5	0	0.00	0.0	0.00		社会指数	1-5	0	0.00	0.00	0.00	
6-10	0	0.00	0.0	0.00			6-10	0	0.00	0.00	0.00	
11-15	2	9.09	7.8	7.09		资产:负债	11-15	2	9.09	-2.40	-2.18	
16-20	3	13.64	9.9	9.00		43.45　58.55	16-20	3	13.64	-5.40	-4.91	
21-25	4	18.18	11.2	10.18		净资产:-15.09	21-25	4	18.18	-9.20	-8.36	
26-30	4	18.18	9.5	8.64			26-30	4	18.18	-10.90	-9.91	
31-35	1	4.55	2.0	1.82			31-35	1	4.55	-3.10	-2.82	
36-40	5	22.73	6.2	5.64			36-40	5	22.73	-19.30	-17.55	
41-45	1	4.55	0.9	0.82			41-45	1	4.55	-4.20	-3.82	
46-50	2	9.09	0.3	0.27			46-50	2	9.09	-9.90	-9.00	
合计	22	100.00	47.8	43.45	2.17	22	合计	22	100.00	-64.40	-58.55	-2.93
1-5	1	7.14	5.0	7.14		管理指数	1-5	1	7.14	-0.10	-0.14	
6-10	1	7.14	4.5	6.43			6-10	1	7.14	-0.60	-0.86	
11-15	1	7.14	3.7	5.29		资产:负债	11-15	1	7.14	-1.40	-2.00	
16-20	1	7.14	3.5	5.00		47.86　54.14	16-20	1	7.14	-1.60	-2.29	
21-25	1	7.14	3.0	4.29		净资产:-6.29	21-25	1	7.14	-2.10	-3.00	
26-30	2	14.29	4.7	6.71			26-30	2	14.29	-5.50	-7.86	
31-35	3	21.43	5.8	8.29			31-35	3	21.43	-9.50	-13.57	
36-40	1	7.14	1.1	1.57			36-40	1	7.14	-4.00	-5.71	
41-45	2	14.29	1.7	2.43			41-45	2	14.29	-8.50	-12.14	
46-50	1	7.14	0.5	0.71			46-50	1	7.14	-4.60	-6.57	
合计	14	100.00	33.5	47.86	2.39	14	合计	14	100.00	-37.90	-54.14	-2.71
1-5	0	0.00	0.0	0.00		可持续指数	1-5	0	0.00	0.00	0.00	
6-10	0	0.00	0.0	0.00			6-10	0	0.00	0.00	0.00	
11-15	0	0.00	0.0	0.00		资产:负债	11-15	0	0.00	0.00	0.00	
16-20	0	0.00	0.0	0.00		36.35　65.65	16-20	0	0.00	0.00	0.00	
21-25	4	23.53	11.6	13.65		净资产:-29.29	21-25	4	23.53	-8.80	-10.35	
26-30	3	17.65	6.9	8.12			26-30	3	17.65	-8.40	-9.88	
31-35	2	11.76	4.0	4.71			31-35	2	11.76	-6.20	-7.29	
36-40	4	23.53	5.1	6.00			36-40	4	23.53	-15.30	-18.00	
41-45	3	17.65	3.0	3.53			41-45	3	17.65	-12.30	-14.47	
46-50	1	5.88	0.3	0.35			46-50	1	5.88	-4.80	-5.65	
合计	17	100.00	30.9	36.35	1.82	17	合计	17	100.00	-55.80	-65.65	-3.28
资产总指标数		占指标总数(%)	总资产分值	相对总资产(%)	总资产质量系数	相对总资产:相对总负债 43.51　58.49	负债总指标数		占指标总数(%)	总负债分值	相对总负债(%)	总负债质量系数
103		100.00	224.1	43.51	2.18	相对净资产: -14.97	103		100.00	-301.20	-58.49	-2.92

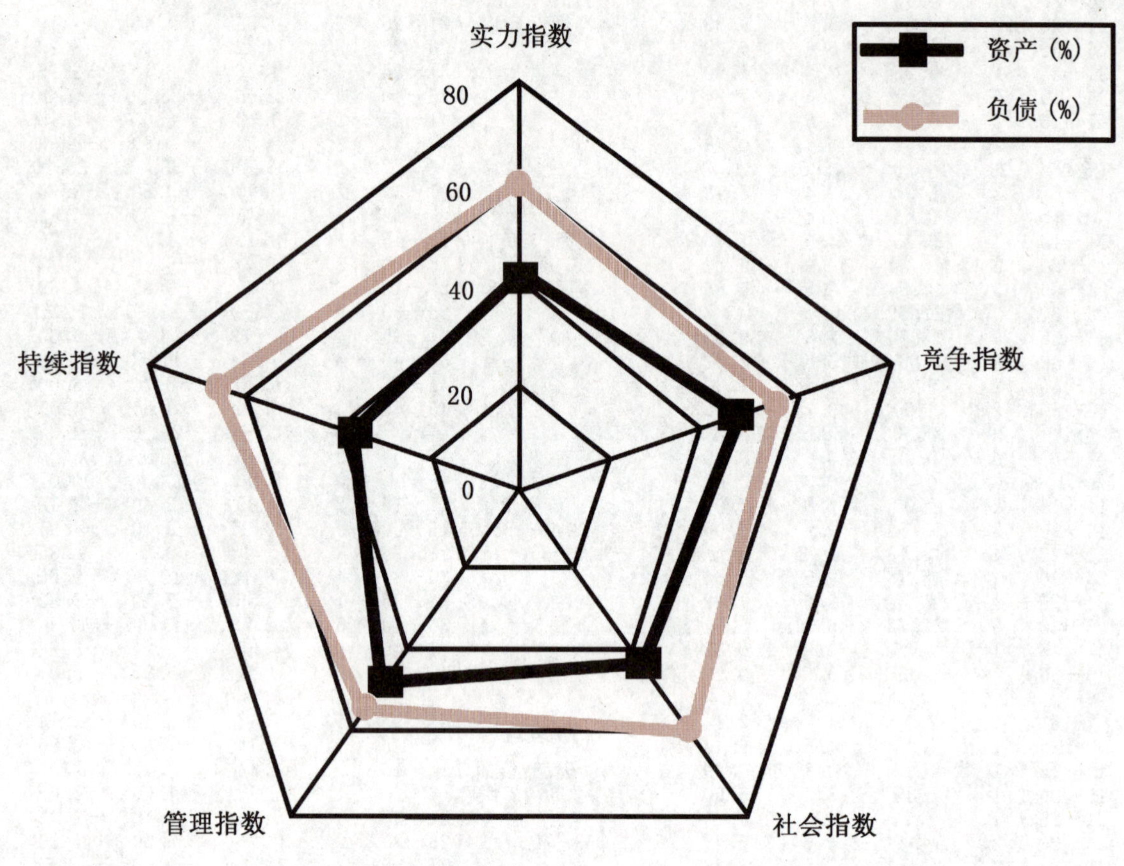

图 21.26　南昌市发展能力资产负债图

二十七　济南市发展能力资产负债表分析

1. 一般概况

济南市总面积 8154 平方公里，市区面积 2119 平方公里，建城区面积 120 平方公里。总人口 562.65 万人，市区总人口 264.46 万人，地区非农人口 233.1 万人。地区国内生产总值 9522000 万元，市区国内生产总值 6614100 万元，市区第三产业产值占 GDP 比重 53.2%。市区实际利用外资总额 29471 万元，市区固定资产投资总额 1613211 万元，市区房地产投资总额 485367 万元。地方财政预算内收入 382402 万元，地方财政预算内支出 409634 万元。城乡居民人均储蓄余额 13318 元，人均住房面积 16.72 平方米，人均园林绿地面积 13.99 平方米，人均生活用电量 437.9 千瓦小时，人均铺装道路面积 8 平方米，人均教育经费支出 191 元，每万人拥有高等学校在校学生数 23.88 人。

现任领导：市委书记　孙淑义　　市长　谢玉壶

2. 发展能力的资产负债分析

(1) 城市实力指数：在总数 21 个源指标中，资产累计得分 61.8，相对资产 58.86%，资产质量系数为 2.94，表明资产质量一般。同时，负债累计得分－43.50，相对负债－41.43%，负债质量系数为－2.07，表明负债质量一般。在该大项中，相对净资产为 17.43%。

(2) 城市竞争指数：在总数 29 个源指标中，资产累计得分 84.4，相对资产 58.21%，资产质量系数为 2.91，表明资产质量一般。同时，负债累计得分－63.50，相对负债－43.79%，负债质量系数为－2.19，表明负债质量一般。在该大项中，相对净资产为 14.41%。

(3) 城市社会指数：在总数 22 个源指标中，资产累计得分 59.1，相对资产 53.73%，资产质量系数为 2.69，表明资产质量一般。同时，负债累计得分－53.10，相对负债－48.27%，负债质量系数为－2.41，表明负债质量一般。在该大项中，相对净资产为 5.45%。

(4) 城市管理指数：在总数 14 个源指标中，资产累计得分 36.3，相对资产 51.86%，资产质量系数为 2.59，表明资产质量一般。同时，负债累计得分－35.10，相对负债－50.14%，负债质量系数为－2.51，表明负债质量一般。在该大项中，相对净资产为 1.71%。

(5) 城市可持续指数：在总数 17 个源指标中，资产累计得分 44.9，相对资产 52.82%，资产质量系数为 2.64，表明资产质量一般。同时，负债累计得分－41.80，相对负债－49.18%，负债质量系数为－2.46，表明负债质量一般。在该大项中，相对净资产为 3.65%。

总计上述五大项，在总数 103 个源指标中，总资产累计得分 286.5，相对总资产 55.63%，总资产质量系数为 2.78，表明总资产质量一般。同时，总负债累计得分－237.00，相对总负债－46.02%，总负债质量系数为－2.30，表明总负债质量一般。该城市发展能力相对总净资产为 9.61%。

表 21.27 济南市发展能力资产负债分析

资产						五大指数	资产					
位次	指标数	占指标总数(%)	指标分值	相对资产(%)	资产质量系数		位次	指标数	占指标总数(%)	指标分值	相对资产(%)	资产质量系数
1—5	0	0.00	0.0	0.00		实力指数	1—5	0	0.00	0.00	0.00	
6—10	1	4.76	4.1	3.90			6—10	1	4.76	—1.00	—0.95	
11—15	6	28.57	22.8	21.71		资产:负债	11—15	6	28.57	—7.80	—7.43	
16—20	4	19.05	13.1	12.48		58.86 41.43	16—20	4	19.05	—5.50	—5.24	
21—25	3	14.29	8.2	7.81		净资产:17.43	21—25	3	14.29	—7.10	—6.67	
26—30	4	19.05	9.6	9.14			26—30	4	19.05	—10.80	—10.29	
31—35	0	0.00	0.0	0.00			31—35	0	0.00	0.00	0.00	
36—40	3	14.29	4.0	3.81			36—40	3	14.29	—11.30	—10.76	
41—45	0	0.00	0.0	0.00			41—45	0	0.00	0.00	0.00	
46—50	0	0.00	0.0	0.00			46—50	0	0.00	0.00	0.00	
合计	21	100.00	61.8	58.86	2.94	21	合计	21	100.00	—43.50	—41.43	—2.07
1—5	2	6.90	9.4	6.48		竞争指数	1—5	2	6.90	—0.80	—0.55	
6—10	6	20.69	25.7	17.72			6—10	6	20.69	—4.90	—3.38	
11—15	2	6.90	7.6	5.24		资产:负债	11—15	2	6.90	—2.60	—1.79	
16—20	5	17.24	16.4	11.31		58.21 43.79	16—20	5	17.24	—9.10	—6.28	
21—25	2	6.90	5.7	3.93		净资产:14.41	21—25	2	6.90	—4.50	—3.10	
26—30	4	13.79	9.3	6.41			26—30	4	13.79	—11.10	—7.66	
31—35	3	10.34	5.6	3.86			31—35	3	10.34	—9.70	—6.69	
36—40	1	3.45	1.3	0.90			36—40	1	3.45	—3.80	—2.62	
41—45	4	13.79	3.4	2.34			41—45	4	13.79	—17.00	—11.72	
46—50	0	0.00	0.0	0.00			46—50	0	0.00	0.00	0.00	
合计	29	100.00	84.4	58.21	2.91	29	合计	29	100.00	—63.50	—43.79	—2.19
1—5	0	0.00	0.0	0.00		社会指数	1—5	0	0.00	0.00	0.00	
6—10	0	0.00	0.0	0.00			6—10	0	0.00	0.00	0.00	
11—15	2	9.09	7.6	6.91		资产:负债	11—15	2	9.09	—2.60	—2.36	
16—20	7	31.82	23.6	21.45		53.73 48.27	16—20	7	31.82	—12.10	—11.00	
21—25	5	22.73	14.2	12.91		净资产:5.45	21—25	5	22.73	—11.30	—10.27	
26—30	3	13.64	7.1	6.45			26—30	3	13.64	—8.20	—7.45	
31—35	2	9.09	3.6	3.27			31—35	2	9.09	—6.60	—6.00	
36—40	1	4.55	1.5	1.36			36—40	1	4.55	—3.60	—3.27	
41—45	2	9.09	1.5	1.36			41—45	2	9.09	—8.70	—7.91	
46—50	0	0.00	0.0	0.00			46—50	0	0.00	0.00	0.00	
合计	22	100.00	59.1	53.73	2.69	22	合计	22	100.00	—53.10	—48.27	—2.41
1—5	0	0.00	0.0	0.00		管理指数	1—5	0	0.00	0.00	0.00	
6—10	0	0.00	0.0	0.00			6—10	0	0.00	0.00	0.00	
11—15	3	21.43	11.3	16.14		资产:负债	11—15	3	21.43	—4.00	—5.71	
16—20	2	14.29	6.5	9.29		51.86 50.14	16—20	2	14.29	—3.70	—5.29	
21—25	2	14.29	5.6	8.00		净资产:1.71	21—25	2	14.29	—4.60	—6.57	
26—30	3	21.43	7.4	10.57			26—30	3	21.43	—7.90	—11.29	
31—35	1	7.14	2.0	2.86			31—35	1	7.14	—3.10	—4.43	
36—40	2	14.29	2.5	3.57			36—40	2	14.29	—7.70	—11.00	
41—45	1	7.14	1.0	1.43			41—45	1	7.14	—4.10	—5.86	
46—50	0	0.00	0.0	0.00			46—50	0	0.00	0.00	0.00	
合计	14	100.00	36.3	51.86	2.59	14	合计	14	100.00	—35.10	—50.14	—2.51
1—5	1	5.88	4.8	5.65		可持续指数	1—5	1	5.88	—0.30	—0.35	
6—10	3	17.65	13.3	15.65			6—10	3	17.65	—2.00	—2.35	
11—15	1	5.88	3.6	4.24		资产:负债	11—15	1	5.88	—1.50	—1.76	
16—20	1	5.88	3.3	3.88		52.82 49.18	16—20	1	5.88	—1.80	—2.12	
21—25	1	5.88	2.9	3.41		净资产:3.65	21—25	1	5.88	—2.20	—2.59	
26—30	4	23.53	9.4	11.06			26—30	4	23.53	—11.00	—12.94	
31—35	2	11.76	3.5	4.12			31—35	2	11.76	—6.70	—7.88	
36—40	3	17.65	3.7	4.35			36—40	3	17.65	—11.60	—13.65	
41—45	0	0.00	0.0	0.00			41—45	0	0.00	0.00	0.00	
46—50	1	5.88	0.4	0.47			46—50	1	5.88	—4.70	—5.53	
合计	17	100.00	44.9	52.82	2.64	17	合计	17	100.00	—41.80	—49.18	—2.46
资产总指标数		占指标总数(%)	总资产分值	相对总资产(%)	总资产质量系数	相对总资产:相对总负债 55.63 46.02	负债总指标数		占指标总数(%)	总负债分值	相对总负债(%)	总负债质量系数
103		100.00	286.5	55.63	2.78	相对净资产:9.61	103		100.00	—237.00	—46.02	—2.30

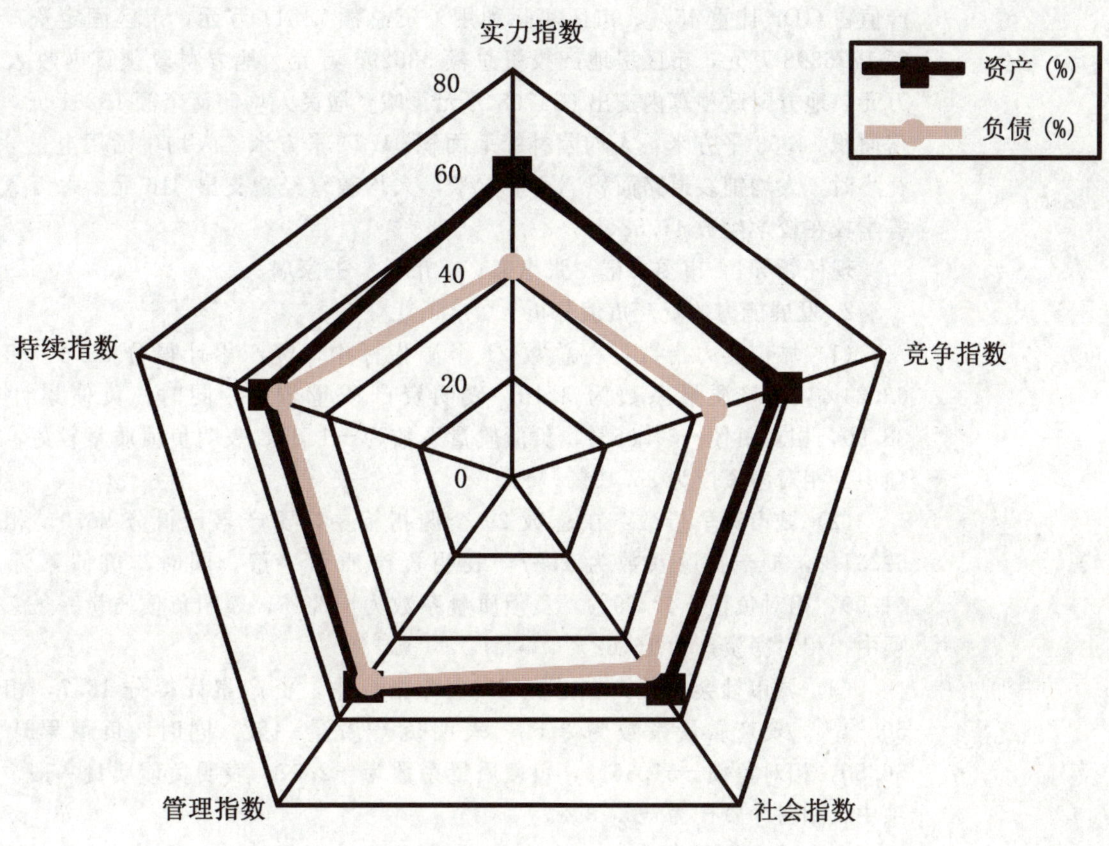

图 21.27 济南市发展能力资产负债图

二十八　青岛市发展能力资产负债表分析

1. 一般概况

青岛市总面积10922平方公里，市区面积1349平方公里，建城区面积119平方公里。总人口706.65万人，市区总人口234.6万人，地区非农人口292.35万人。地区国内生产总值11500703万元，市区国内生产总值6289194万元，市区第三产业产值占GDP比重45%。市区实际利用外资总额74511万元，市区固定资产投资总额1776398万元，市区房地产投资总额535295万元。地方财政预算内收入593115万元，地方财政预算内支出654708万元。城乡居民人均储蓄余额15251元，人均住房面积14.53平方米，人均园林绿地面积31.71平方米，人均生活用电量394.3千瓦小时，人均铺装道路面积7.6平方米，人均教育经费支出316元，每万人拥有高等学校在校学生数41.58人。

现任领导：市委书记　张惠来　　市长　王家瑞

2. 发展能力的资产负债分析

(1) 城市实力指数：在总数21个源指标中，资产累计得分66.4，相对资产63.24%，资产质量系数为3.16，表明资产质量较好。同时，负债累计得分－38.90，相对负债－37.05%，负债质量系数为－1.85，表明负债质量较好。在该大项中，相对净资产为26.19%。

(2) 城市竞争指数：在总数29个源指标中，资产累计得分86.0，相对资产59.31%，资产质量系数为2.97，表明资产质量一般。同时，负债累计得分－61.90，相对负债－42.69%，负债质量系数为－2.13，表明负债质量一般。在该大项中，相对净资产为16.62%。

(3) 城市社会指数：在总数22个源指标中，资产累计得分15.7，相对资产50.64%，资产质量系数为2.53，表明资产质量一般。同时，负债累计得分－56.50，相对负债－51.36%，负债质量系数为－2.57，表明负债质量一般。在该大项中，相对净资产为－0.73%。

(4) 城市管理指数：在总数14个源指标中，资产累计得分39.3，相对资产56.14%，资产质量系数为2.81，表明资产质量一般。同时，负债累计得分－32.10，相对负债－45.86%，负债质量系数为－2.29，表明负债质量一般。在该大项中，相对净资产为10.29%。

(5) 城市可持续指数：在总数17个源指标中，资产累计得分52.8，相对资产62.12%，资产质量系数为3.11，表明资产质量较好。同时，负债累计得分－33.90，相对负债－39.88%，负债质量系数为－1.99，表明负债质量较好。在该大项中，相对净资产为22.24%。

总计上述五大项，在总数103个源指标中，总资产累计得分300.2，相对总资产58.29%，总资产质量系数为2.91，表明总资产质量一般。同时，总负债累计得分－223.30，相对总负债－43.36%，总负债质量系数为－2.17，表明总负债质量一般。该城市发展能力相对总净资产为14.93%。

表 21.28　青岛市发展能力资产负债分析

资 产							资 产					
位　次	指标数	占指标总数(%)	指标分值	相对资产(%)	资产质量系数	五大指数	位次	指标数	占指标总数(%)	指标分值	相对资产(%)	资产质量系数
1－5	0	0.00	0.0	0.00		实力指数	1－5	0	0.00	0.00	0.00	
6－10	3	14.29	13.1	12.48			6－10	3	14.29	－2.20	－2.10	
11－15	4	19.05	15.3	14.57		资产:负债	11－15	4	19.05	－5.10	－4.86	
16－20	7	33.33	23.7	22.57		63.24　37.05	16－20	7	33.33	－10.20	－9.71	
21－25	0	0.00	0.0	0.00		净资产:26.19	21－25	0	0.00	0.00	0.00	
26－30	4	19.05	9.4	8.95			26－30	4	19.05	－11.00	－10.48	
31－35	2	9.52	3.7	3.52			31－35	2	9.52	－6.50	－6.19	
36－40	1	4.76	1.2	1.14			36－40	1	4.76	－3.90	－3.71	
41－45	0	0.00	0.0	0.00			41－45	0	0.00	0.00	0.00	
46－50	0	0.00	0.0	0.00			46－50	0	0.00	0.00	0.00	
合计	21	100.00	66.4	63.24	3.16	21	合计	21	100.00	－38.90	－37.05	－1.85
1－5	0	0.00	0.0	0.00		竞争指数	1－5	0	0.00	0.00	0.00	
6－10	5	17.24	20.8	14.34			6－10	5	17.24	－4.70	－3.24	
11－15	4	13.79	15.3	10.55		资产:负债	11－15	4	13.79	－5.10	－3.52	
16－20	6	20.69	20.1	13.86		59.31　42.69	16－20	6	20.69	－10.50	－7.24	
21－25	5	17.24	14.2	9.79		净资产:16.62	21－25	5	17.24	－11.30	－7.79	
26－30	2	6.90	5.0	3.45			26－30	2	6.90	－5.20	－3.59	
31－35	5	17.24	8.8	6.07			31－35	5	17.24	－16.70	－11.52	
36－40	1	3.45	1.2	0.83			36－40	1	3.45	－3.90	－2.69	
41－45	1	3.45	0.6	0.41			41－45	1	3.45	－4.50	－3.10	
46－50	0	0.00	0.0	0.00			46－50	0	0.00	0.00	0.00	
合计	29	100.00	86.0	59.31	2.97	29	合计	29	100.00	－61.90	－42.69	－2.13
1－5	0	0.00	0.0	0.00		社会指数	1－5	0	0.00	0.00	0.00	
6－10	2	9.09	8.4	7.64			6－10	2	9.09	－1.80	－1.64	
11－15	0	0.00	0.0	0.00		资产:负债	11－15	0	0.00	0.00	0.00	
16－20	7	31.82	22.7	20.64		50.64　51.36	16－20	7	31.82	－13.00	－11.82	
21－25	3	13.64	8.1	7.36		净资产:－0.73	21－25	3	13.64	－7.20	－6.55	
26－30	2	9.09	5.0	4.55			26－30	2	9.09	－5.20	－4.73	
31－35	4	18.18	7.4	6.73			31－35	4	18.18	－13.00	－11.82	
36－40	2	9.09	2.6	2.36			36－40	2	9.09	－7.60	－6.91	
41－45	2	9.09	1.5	1.36			41－45	2	9.09	－8.70	－7.91	
46－50	0	0.00	0.0	0.00			46－50	0	0.00	0.00	0.00	
合计	22	100.00	55.7	50.64	2.53	22	合计	22	100.00	－56.50	－51.36	－2.57
1－5	0	0.00	0.0	0.00		管理指数	1－5	0	0.00	0.00	0.00	
6－10	2	14.29	8.5	12.14			6－10	2	14.29	－1.70	－2.43	
11－15	2	14.29	7.6	10.86		资产:负债	11－15	2	14.29	－2.60	－3.71	
16－20	3	21.43	10.5	15.00		56.14　45.86	16－20	3	21.43	－4.80	－6.86	
21－25	1	7.14	3.0	4.29		净资产:10.29	21－25	1	7.14	－2.10	－3.00	
26－30	1	7.14	2.3	3.29			26－30	1	7.14	－2.80	－4.00	
31－35	2	14.29	3.8	5.43			31－35	2	14.29	－6.40	－9.14	
36－40	2	14.29	2.8	4.00			36－40	2	14.29	－7.40	－10.57	
41－45	1	7.14	0.8	1.14			41－45	1	7.14	－4.30	－6.14	
46－50	0	0.00	0.0	0.00			46－50	0	0.00	0.00	0.00	
合计	14	100.00	39.3	56.14	2.81	14	合计	14	100.00	－32.10	－45.86	－2.29
1－5	0	0.00	0.0	0.00		可持续指数	1－5	0	0.00	0.00	0.00	
6－10	4	23.53	17.2	20.24			6－10	4	23.53	－3.20	－3.76	
11－15	6	35.29	21.9	25.76		资产:负债	11－15	6	35.29	－8.70	－10.24	
16－20	1	5.88	3.1	3.65		62.12　39.88	16－20	1	5.88	－2.00	－2.35	
21－25	1	5.88	2.6	3.06		净资产:22.24	21－25	1	5.88	－2.50	－2.94	
26－30	1	5.88	2.1	2.47			26－30	1	5.88	－3.00	－3.53	
31－35	1	5.88	1.8	2.12			31－35	1	5.88	－3.30	－3.88	
36－40	3	17.65	4.1	4.82			36－40	3	17.65	－11.20	－13.18	
41－45	0	0.00	0.0	0.00			41－45	0	0.00	0.00	0.00	
46－50	0	0.00	0.0	0.00			46－50	0	0.00	0.00	0.00	
合计	17	100.00	52.8	62.12	3.11	17	合计	17	100.00	－33.90	－39.88	－1.99
资产总指标数		占指标总数(%)	总资产分值	相对总资产(%)	总资产质量系数	相对总资产:相对总负债 58.29　43.36	负债总指标数		占指标总数(%)	总负债分值	相对总负债(%)	总负债质量系数
103		100.00	300.2	58.29	2.91	相对净资产:14.93	103		100.00	－223.30	－43.36	－2.17

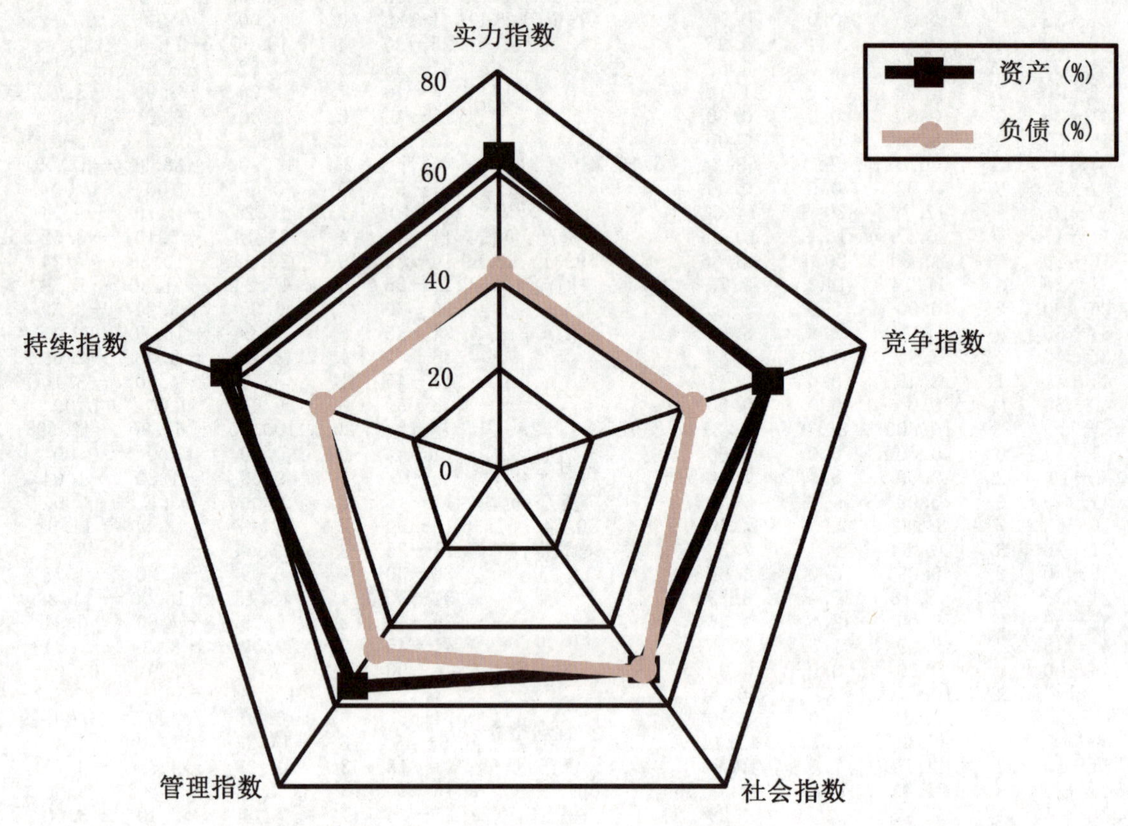

图 21.28　青岛市发展能力资产负债图

二十九　烟台市发展能力资产负债表分析

1. 一般概况

烟台市总面积13746平方公里，市区面积2644平方公里，建城区面积118平方公里。总人口645.8万人，市区总人口161.42万人，地区非农人口203.99万人。地区国内生产总值8795900万元，市区国内生产总值2964763万元，市区第三产业产值占GDP比重37.9％。市区实际利用外资总额21519万元，市区固定资产投资总额596570万元，市区房地产投资总额99866万元。地方财政预算内收入183610万元，地方财政预算内支出219513万元。城乡居民人均储蓄余额13002元，人均住房面积15.83平方米，人均园林绿地面积24.9平方米，人均生活用电量272.4千瓦小时，人均铺装道路面积6.9平方米，人均教育经费支出166元，每万人拥有高等学校在校学生数24.06人。

现任领导：市委书记　焉荣竹　　市长　杨金镜

2. 发展能力的资产负债分析

(1) 城市实力指数：在总数21个源指标中，资产累计得分47.3，相对资产45.05％，资产质量系数为2.25，表明资产质量一般。同时，负债累计得分－58.00，相对负债－55.24％，负债质量系数为－2.76，表明负债质量一般。在该大项中，相对净资产为－10.19％。

(2) 城市竞争指数：在总数29个源指标中，资产累计得分67.6，相对资产46.62％，资产质量系数为2.33，表明资产质量一般。同时，负债累计得分－80.30，相对负债－55.38％，负债质量系数为－2.77，表明负债质量一般。在该大项中，相对净资产为－8.76％。

(3) 城市社会指数：在总数22个源指标中，资产累计得分39.9，相对资产36.27％，资产质量系数为1.81，表明资产质量较差。同时，负债累计得分－72.30，相对负债－65.73％，负债质量系数为－3.29，表明负债质量较差。在该大项中，相对净资产为－29.45％。

(4) 城市管理指数：在总数14个源指标中，资产累计得分30.3，相对资产42.86％，资产质量系数为2.14，表明资产质量一般。同时，负债累计得分－41.40，相对负债－59.14％，负债质量系数为－2.96，表明负债质量一般。在该大项中，相对净资产为－16.29％。

(5) 城市可持续指数：在总数17个源指标中，资产累计得分49.1，相对资产57.76％，资产质量系数为2.89，表明资产质量一般。同时，负债累计得分－37.60，相对负债－44.24％，负债质量系数为－2.21，表明负债质量一般。在该大项中，相对净资产为13.53％。

总计上述五大项，在总数103个源指标中，总资产累计得分233.9，相对总资产45.42％，总资产质量系数为2.27，表明总资产质量一般。同时，总负债累计得分－289.60，相对总负债－56.23％，总负债质量系数为－2.81，表明总负债质量一般。该城市发展能力相对总净资产为－10.82％。

表 21.29 烟台市发展能力资产负债分析

位次	指标数	占指标总数(%)	指标分值	相对资产(%)	资产质量系数	五大指数	位次	指标数	占指标总数(%)	指标分值	相对资产(%)	资产质量系数
资产							资产					
1—5	0	0.00	0.0	0.00		实力指数	1—5	0	0.00	0.00	0.00	
6—10	3	14.29	12.6	12.00			6—10	3	14.29	−2.70	−2.57	
11—15	2	9.52	7.5	7.14		资产:负债	11—15	2	9.52	−2.70	−2.57	
16—20	1	4.76	3.3	3.14		45.05 55.24	16—20	1	4.76	0.00	0.00	
21—25	1	4.76	2.6	2,48		净资产:−10.19	21—25	1	4.76	−2.50	−2.38	
26—30	6	28.57	13.0	12.38			26—30	6	28.57	−17.60	−16.76	
31—35	1	4.76	1.9	1.81			31—35	1	4.76	−3.20	−3.05	
36—40	3	14.29	4.1	3.90			36—40	3	14.29	−11.20	−10.67	
41—45	3	14.29	2.1	2.00			41—45	3	14.29	−13.20	−12.57	
46—50	1	4.76	0.2	0.19			46—50	1	4.76	−4.90	−4.67	
合计	21	100.00	47.3	45.05	2.25	21	合计	21	100.00	−58.00	−55.24	−2.76
1—5	1	3.45	4.7	3.24		竞争指数	1—5	1	3.45	−0.40	−0.28	
6—10	4	13.79	16.8	11.59			6—10	4	13.79	−3.60	−2.48	
11—15	1	3.45	3.6	2.48		资产:负债	11—15	1	3.45	−1.50	−1.03	
16—20	4	13.79	12.8	8.83		46.62 55.38	16—20	4	13.79	−7.60	−5.24	
21—25	2	6.90	5.8	4.00		净资产:−8.76	21—25	2	6.90	−4.40	−3.03	
26—30	3	10.34	7.0	4.83			26—30	3	10.34	−8.30	−5.72	
31—35	4	13.79	7.2	4.97			31—35	4	13.79	−13.20	−9.10	
36—40	5	17.24	6.2	4.28			36—40	5	17.24	−19.30	−13.31	
41—45	4	13.79	3.2	2.21			41—45	4	13.79	−17.20	−11.86	
46—50	1	3.45	0.3	0.21			46—50	1	3.45	−4.80	−3.31	
合计	29	100.00	67.6	46.62	2.33	29	合计	29	100.00	−80.30	−55.38	−2.77
1—5	0	0.00	0.0	0.00		社会指数	1—5	0	0.00	0.00	0.00	
6—10	0	0.00	0.0	0.00			6—10	0	0.00	0.00	0.00	
11—15	3	13.64	11.6	10.55		资产:负债	11—15	3	13.64	−3.70	−3.36	
16—20	2	9.09	6.8	6.18		36.27 65.73	16—20	2	9.09	−3.40	−3.09	
21—25	2	9.09	5.6	5.09		净资产:−29.45	21—25	2	9.09	−4.60	−4.18	
26—30	2	9.09	4.5	4.09			26—30	2	9.09	−5.70	−5.18	
31—35	1	4.55	1.6	1.45			31—35	1	4.55	−3.50	−3.18	
36—40	6	27.27	8.3	7.55			36—40	6	27.27	−22.30	−20.27	
41—45	0	0.00	0.0	0.00			41—45	0	0.00	0.00	0.00	
46—50	6	27.27	1.5	1.36			46—50	6	27.27	−29.10	−26.45	
合计	22	100.00	39.9	36.27	1.81	22	合计	22	100.00	−72.30	−65.73	−3.29
1—5	0	0.00	0.0	0.00		管理指数	1—5	0	0.00	0.00	0.00	
6—10	2	14.29	8.7	12.43			6—10	2	14.29	−1.50	−2.14	
11—15	2	14.29	7.5	10.71		资产:负债	11—15	2	14.29	−2.70	−3.86	
16—20	0	0.00	0.0	0.00		42.86 59.14	16—20	0	0.00	0.00	0.00	
21—25	1	7.14	2.6	3.71		净资产:−16.29	21—25	1	7.14	−2.50	−3.57	
26—30	1	7.14	2.1	3.00			26—30	1	7.14	−3.00	−4.29	
31—35	3	21.43	5.3	7.57			31—35	3	21.43	−10.00	−14.29	
36—40	1	7.14	1.4	2.00			36—40	1	7.14	−3.70	−5.29	
41—45	3	21.43	2.1	3.00			41—45	3	21.43	−13.20	−18.86	
46—50	1	7.14	0.3	0.43			46—50	1	7.14	−4.80	−6.86	
合计	14	100.00	30.0	42.86	2.14	14	合计	14	100.00	−41.40	−59.14	−2.96
1—5	0	0.00	0.0	0.00		可持续指数	1—5	0	0.00	0.00	0.00	
6—10	4	23.53	17.0	20.00			6—10	4	23.53	−3.40	−4.00	
11—15	2	11.76	7.7	9.06		资产:负债	11—15	2	11.76	−2.50	−2.94	
16—20	1	5.88	3.5	4.12		57.76 44.24	16—20	1	5.88	−1.60	−1.88	
21—25	4	23.53	11.5	13.53		净资产:13.53	21—25	4	23.53	−8.90	−10.47	
26—30	1	5.88	2.1	2.47			26—30	1	5.88	−3.00	−3.53	
31—35	3	17.65	5.1	6.00			31—35	3	17.65	−10.20	−12.00	
36—40	1	5.88	1.3	1.53			36—40	1	5.88	−3.80	−4.47	
41—45	1	5.88	0.9	1.06			41—45	1	5.88	−4.20	−4.94	
46—50	0	0.00	0.0	0.00			46—50	0	0.00	0.00	0.00	
合计	17	100.00	49.1	57.76	2.89	17	合计	17	100.00	−37.60	−44.24	−2.21
资产总指标数		占指标总数(%)	总资产分值	相对总资产(%)	总资产质量系数	相对总资产:相对总负债 45.42 56.23	负债总指标数		占指标总数(%)	总负债分值	相对总负债(%)	总负债质量系数
103		100.00	233.9	45.42	2.27	相对净资产:−10.82	103		100.00	−289.60	−56.23	−2.81

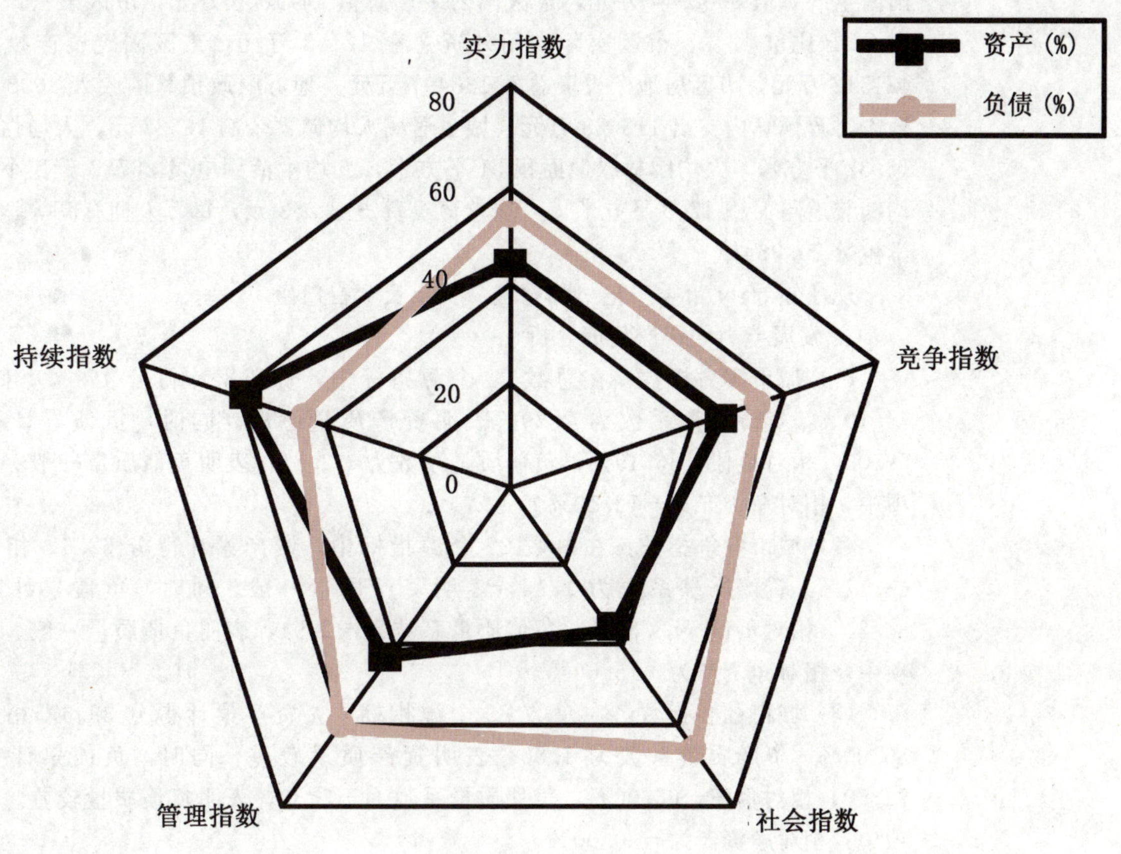

图 21.29　烟台市发展能力资产负债图

三十　威海市发展能力资产负债表分析

1. 一般概况

威海市总面积 5346 平方公里，市区面积 731 平方公里，建城区面积 44 平方公里。总人口 246.95 万人，市区总人口 52.16 万人，地区非农人口 90.45 万人。地区国内生产总值 5608914 万元，市区国内生产总值 1471000 万元，市区第三产业产值占 GDP 比重 42%。市区实际利用外资总额 12148 万元，市区固定资产投资总额 421512 万元，市区房地产投资总额 138497 万元。地方财政预算内收入 86081 万元，地方财政预算内支出 113628 万元。城乡居民人均储蓄余额 16528 元，人均住房面积 16.32 平方米，人均园林绿地面积 31 平方米，人均生活用电量 267.2 千瓦小时，人均铺装道路面积 12.5 平方米，人均教育经费支出 262 元，每万人拥有高等学校在校学生数 20.96 人。

现任领导：市委书记　孙守璞　　市长　崔曰臣

2. 发展能力的资产负债分析

(1) 城市实力指数：在总数 21 个源指标中，资产累计得分 46.3，相对资产 44.10%，资产质量系数为 2.20，表明资产质量一般。同时，负债累计得分－59.00，相对负债－56.19%，负债质量系数为－2.81，表明负债质量一般。在该大项中，相对净资产为－12.10%。

(2) 城市竞争指数：在总数 29 个源指标中，资产累计得分 62.6，相对资产 43.17%，资产质量系数为 2.16，表明资产质量一般。同时，负债累计得分－85.30，相对负债－58.83%，负债质量系数为－2.94，表明负债质量一般。在该大项中，相对净资产为－15.66%。

(3) 城市社会指数：在总数 22 个源指标中，资产累计得分 39.6，相对资产 36.00%，资产质量系数为 1.80，表明资产质量较差。同时，负债累计得分－72.60，相对负债－66.00%，负债质量系数为－3.30，表明负债质量较差。在该大项中，相对净资产为－30.00%。

(4) 城市管理指数：在总数 14 个源指标中，资产累计得分 30.6，相对资产 43.71%，资产质量系数为 2.19，表明资产质量一般。同时，负债累计得分－40.80，相对负债－58.29%，负债质量系数为－2.91，表明负债质量一般。在该大项中，相对净资产为－14.57%。

(5) 城市可持续指数：在总数 17 个源指标中，资产累计得分 41.8，相对资产 49.18%，资产质量系数为 2.46，表明资产质量一般。同时，负债累计得分－44.90，相对负债－52.82%，负债质量系数为－2.64，表明负债质量一般。在该大项中，相对净资产为－3.65%。

总计上述五大项，在总数 103 个源指标中，总资产累计得分 220.9，相对总资产 42.89%，总资产质量系数为 2.14，表明总资产质量一般。同时，总负债累计得分－302.60，相对总负债－58.76%，总负债质量系数为－2.94，表明总负债质量一般。该城市发展能力相对总净资产为－15.86%。

表 21.30　威海市发展能力资产负债分析

资产						五大指数	资产					
位次	指标数	占指标总数(%)	指标分值	相对资产(%)	资产质量系数		位次	指标数	占指标总数(%)	指标分值	相对资产(%)	资产质量系数
1—5	3	14.29	14.4	13.71		实力指数	1—5	3	14.29	－0.90	－0.86	
6—10	0	0.00	0.0	0.00			6—10	0	0.00	0.00	0.00	
11—15	2	9.52	7.5	7.14		资产:负债	11—15	2	9.52	－2.70	－2.57	
16—20	2	9.52	6.7	6.38		44.10　56.19	16—20	2	9.52	－1.70	－1.62	
21—25	1	4.76	2.8	2.67		净资产:－12.10	21—25	1	4.76	－2.30	－2.19	
26—30	0	0.00	0.0	0.00			26—30	0	0.00	0.00	0.00	
31—35	4	19.05	7.6	7.24			31—35	4	19.05	－12.80	－12.19	
36—40	2	9.52	3.0	2.86			36—40	2	9.52	－7.20	－6.86	
41—45	4	19.05	3.1	2.95			41—45	4	19.05	－17.30	－16.48	
46—50	3	14.29	1.2	1.14			46—50	3	14.29	－14.10	－13.43	
合计	21	100.00	46.3	44.10	2.20	21	合计	21	100.00	－59.00	－56.19	－2.81
1—5	3	10.34	14.2	9.79		竞争指数	1—5	3	10.34	－1.10	－0.76	
6—10	2	6.90	8.3	5.72			6—10	2	6.90	－1.90	－1.31	
11—15	1	3.45	3.9	2.69		资产:负债	11—15	1	3.45	－1.20	－0.83	
16—20	4	13.79	12.8	8.83		43.17　58.83	16—20	4	13.79	－7.60	－5.24	
21—25	4	13.79	11.0	7.59		净资产:－15.66	21—25	4	13.79	－9.40	－6.48	
26—30	1	3.45	2.2	1.52			26—30	1	3.45	－2.90	－2.00	
31—35	1	3.45	1.9	1.31			31—35	1	3.45	－3.20	－2.21	
36—40	1	3.45	1.1	0.76			36—40	1	3.45	－4.00	－2.76	
41—45	7	24.14	6.2	4.28			41—45	7	24.14	－29.50	－20.34	
46—50	5	17.24	1.0	0.69			46—50	5	17.24	－24.50	－16.90	
合计	29	100.00	62.6	43.17	2.16	29	合计	29	100.00	－85.30	－58.83	－2.94
1—5	1	4.55	4.7	4.27		社会指数	1—5	1	4.55	－0.40	－0.36	
6—10	1	4.55	4.4	4.00			6—10	1	4.55	－0.70	－0.64	
11—15	2	9.09	7.4	6.73		资产:负债	11—15	2	9.09	－2.80	－2.55	
16—20	1	4.55	3.5	3.18		36.00　66.00	16—20	1	4.55	－1.60	－1.45	
21—25	0	0.00	0.0	0.00		净资产:－30.00	21—25	0	0.00	0.00	0.00	
26—30	2	9.09	4.6	4.18			26—30	2	9.09	－5.60	－5.09	
31—35	2	9.09	3.7	3.36			31—35	2	9.09	－6.50	－5.91	
36—40	4	18.18	5.2	4.73			36—40	4	18.18	－15.20	－13.82	
41—45	6	27.27	5.3	4.82			41—45	6	27.27	－25.30	－23.00	
46—50	3	13.64	0.8	0.73			46—50	3	13.64	－14.50	－13.18	
合计	22	100.00	39.6	36.00	1.80	22	合计	22	100.00	－72.60	－66.00	－3.30
1—5	1	7.14	4.8	6.86		管理指数	1—5	1	7.14	－0.30	－0.43	
6—10	1	7.14	4.1	5.86			6—10	1	7.14	－1.00	－1.43	
11—15	1	7.14	3.8	5.43		资产:负债	11—15	1	7.14	－1.30	－1.86	
16—20	0	0.00	0.0	0.00		43.71　58.29	16—20	0	0.00	0.00	0.00	
21—25	3	21.43	8.8	12.57		净资产:－14.57	21—25	3	21.43	－6.50	－9.29	
26—30	1	7.14	2.2	3.14			26—30	1	7.14	－2.90	－4.14	
31—35	1	7.14	1.7	2.43			31—35	1	7.14	－3.40	－4.86	
36—40	2	14.29	2.4	3.43			36—40	2	14.29	－7.80	－11.14	
41—45	3	21.43	2.5	3.57			41—45	3	21.43	－12.80	－18.29	
46—50	1	7.14	0.3	0.43			46—50	1	7.14	－4.80	－6.86	
合计	14	100.00	30.6	43.71	2.19	14	合计	14	100.00	－40.80	－58.29	－2.91
1—5	1	5.88	4.9	5.76		可持续指数	1—5	1	5.88	－0.20	－0.24	
6—10	0	0.00	0.0	0.00			6—10	0	0.00	0.00	0.00	
11—15	3	17.65	11.5	13.53		资产:负债	11—15	3	17.65	－3.80	－4.47	
16—20	4	23.53	13.6	16.00		49.18　52.82	16—20	4	23.53	－6.80	－8.00	
21—25	0	0.00	0.0	0.00		净资产:－3.65	21—25	0	0.00	0.00	0.00	
26—30	3	17.65	7.5	8.82			26—30	3	17.65	－7.80	－9.18	
31—35	0	0.00	0.0	0.00			31—35	0	0.00	0.00	0.00	
36—40	2	11.76	2.3	2.71			36—40	2	11.76	－7.90	－9.29	
41—45	1	5.88	0.6	0.71			41—45	1	5.88	－4.50	－5.29	
46—50	3	17.65	1.4	1.65			46—50	3	17.65	－13.90	－16.35	
合计	17	100.00	41.8	49.18	2.46	17	合计	17	100.00	－44.90	－52.82	－2.64
资产总指标数		占指标总数(%)	总资产分值	相对总资产(%)	总资产质量系数	相对总资产:相对总负债 42.89　58.76	负债总指标数		占指标总数(%)	总负债分值	相对总负债(%)	总负债质量系数
103		100.00	220.9	42.89	2.14	相对净资产:－15.86	103		100.00	－302.60	－58.76	－2.94

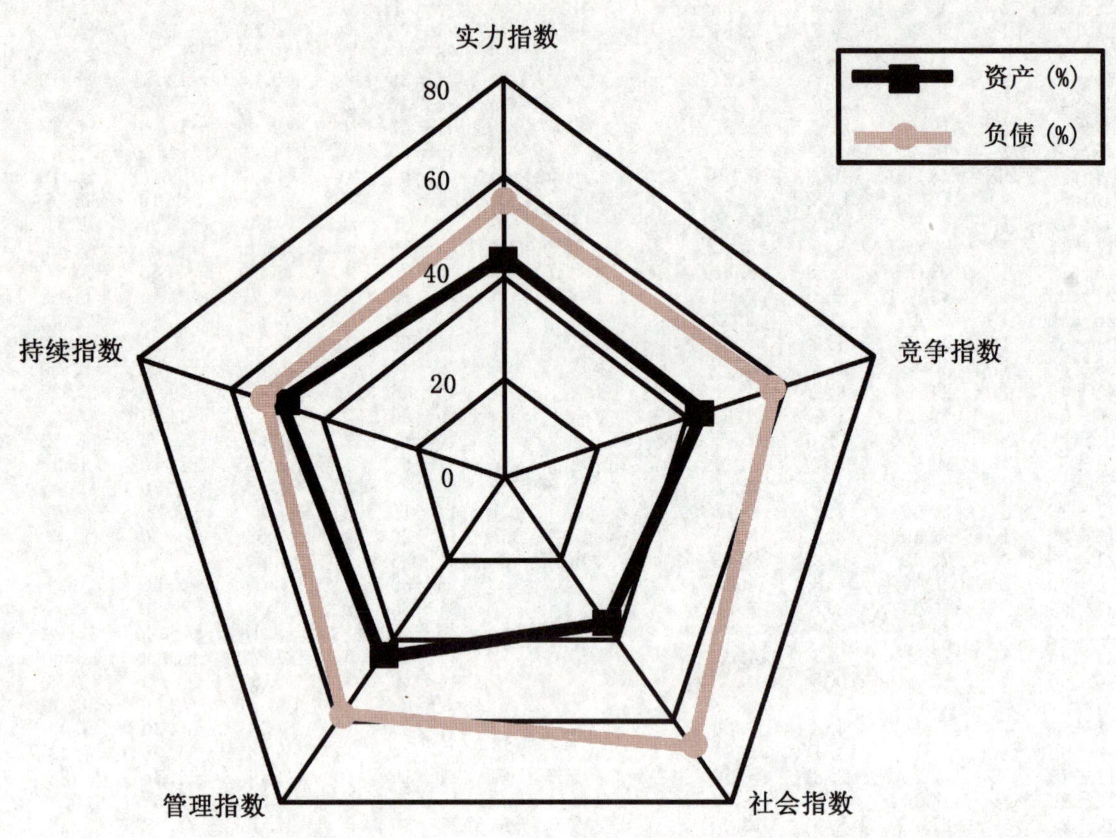

图 21.30 威海市发展能力资产负债图

三十一　郑州市发展能力资产负债表分析

1. 一般概况

郑州市总面积 7446 平方公里，市区面积 1010 平方公里，建城区面积 133 平方公里。总人口 628.02 万人，市区总人口 218.96 万人，地区非农人口 220.7 万人。地区国内生产总值 3780243 万元，市区国内生产总值 3434710 万元，市区第三产业产值占 GDP 比重 63.5%。市区实际利用外资总额 6289 万元，市区固定资产投资总额 909028 万元，市区房地产投资总额 333966 万元。地方财政预算内收入 315354 万元，地方财政预算内支出 343548 万元。城乡居民人均储蓄余额 17803 元，人均住房面积 13.88 平方米，人均园林绿地面积 10.76 平方米，人均生活用电量 563.3 千瓦小时，人均铺装道路面积 4.3 平方米，人均教育经费支出 168 元，每万人拥有高等学校在校学生数 39.07 人。

现任领导：市委书记　李克　　市长　陈义初

2. 发展能力的资产负债分析

(1) 城市实力指数：在总数 21 个源指标中，资产累计得分 46.7，相对资产 44.48%，资产质量系数为 2.22，表明资产质量一般。同时，负债累计得分－60.40，相对负债－57.52%，负债质量系数为－2.88，表明负债质量一般。在该大项中，相对净资产为－13.05%。

(2) 城市竞争指数：在总数 29 个源指标中，资产累计得分 83.4，相对资产 57.52%，资产质量系数为 2.88，表明资产质量一般。同时，负债累计得分－64.50，相对负债－44.48%，负债质量系数为－2.22，表明负债质量一般。在该大项中，相对净资产为 13.03%。

(3) 城市社会指数：在总数 22 个源指标中，资产累计得分 51.9，相对资产 47.18%，资产质量系数为 2.36，表明资产质量一般。同时，负债累计得分－60.30，相对负债－54.82%，负债质量系数为－2.74，表明负债质量一般。在该大项中，相对净资产为－7.64%。

(4) 城市管理指数：在总数 14 个源指标中，资产累计得分 38.3，相对资产 54.71%，资产质量系数为 2.74，表明资产质量一般。同时，负债累计得分－33.10，相对负债－47.29%，负债质量系数为－2.36，表明负债质量一般。在该大项中，相对净资产为 7.43%。

(5) 城市可持续指数：在总数 17 个源指标中，资产累计得分 37.8，相对资产 44.47%，资产质量系数为 2.22，表明资产质量一般。同时，负债累计得分－48.90，相对负债－57.53%，负债质量系数为－2.88，表明负债质量一般。在该大项中，相对净资产为－13.06%。

总计上述五大项，在总数 103 个源指标中，总资产累计得分 258.1，相对总资产 50.12%，总资产质量系数为 2.51，表明总资产质量一般。同时，总负债累计得分－267.20，相对总负债－51.88%，总负债质量系数为－2.59，表明总负债质量一般。该城市发展能力相对总净资产为－1.77%。

表 21.31 郑州市发展能力资产负债分析

资 产							资 产					
位 次	指标数	占指标总数(%)	指标分值	相对资产(%)	资产质量系数	五大指数	位次	指标数	占指标总数(%)	指标分值	相对资产(%)	资产质量系数
1－5	1	4.76	4.8	4.57		实力指数	1－5	1	4.76	－0.30	－0.29	
6－10	0	0.00	0.0	0.00			6－10	0	0.00	0.00	0.00	
11－15	2	9.52	7.7	7.33		资产:负债	11－15	2	9.52	－2.50	－2.38	
16－20	0	0.00	0.0	0.00		44.48 57.52	16－20	0	0.00	0.00	0.00	
21－25	5	23.81	14.1	13.43		净资产:－13.05	21－25	5	23.81	－11.40	－10.86	
26－30	4	19.05	9.5	9.05			26－30	4	19.05	－10.90	－10.38	
31－35	3	14.29	5.3	5.05			31－35	3	14.29	－10.00	－9.52	
36－40	2	9.52	2.6	2.48			36－40	2	9.52	－7.60	－7.24	
41－45	2	9.52	1.8	1.71			41－45	2	9.52	－8.40	－8.00	
46－50	2	9.52	0.9	0.86			46－50	2	9.52	－9.30	－8.86	
合计	21	100.00	46.7	44.48	2.22	21	合计	21	100.00	－60.40	－57.52	－2.88
1－5	1	3.45	4.7	3.24		竞争指数	1－5	1	3.45	－0.40	－0.28	
6－10	4	13.79	17.1	11.79			6－10	4	13.79	－3.30	－2.28	
11－15	3	10.34	11.6	8.00		资产:负债	11－15	3	10.34	－3.70	－2.55	
16－20	5	17.24	16.4	11.31		57.52 44.48	16－20	5	17.24	－9.10	－6.28	
21－25	5	17.24	14.1	9.72		净资产:13.03	21－25	5	17.24	－11.40	－7.86	
26－30	5	17.24	11.4	7.86			26－30	5	17.24	－14.10	－9.72	
31－35	1	3.45	1.9	1.31			31－35	1	3.45	－3.20	－2.21	
36－40	5	17.24	6.2	4.28			36－40	5	17.24	－19.30	－13.31	
41－45	0	0.00	0.0	0.00			41－45	0	0.00	0.00	0.00	
46－50	0	0.00	0.0	0.00			46－50	0	0.00	0.00	0.00	
合计	29	100.00	83.4	57.52	2.88	29	合计	29	100.00	－64.50	－44.48	－2.22
1－5	0	0.00	0.0	0.00		社会指数	1－5	0	0.00	0.00	0.00	
6－10	3	13.64	13.0	11.82			6－10	3	13.64	－2.30	－2.09	
11－15	1	4.55	3.7	3.36		资产:负债	11－15	1	4.55	－1.40	－1.27	
16－20	3	13.64	9.8	8.91		47.18 54.82	16－20	3	13.64	－5.50	－5.00	
21－25	2	9.09	5.4	4.91		净资产:－7.64	21－25	2	9.09	－4.80	－4.36	
26－30	4	18.18	8.7	7.91			26－30	4	18.18	－11.70	－10.64	
31－35	5	22.73	9.0	8.18			31－35	5	22.73	－16.50	－15.00	
36－40	1	4.55	1.4	1.27			36－40	1	4.55	－3.70	－3.36	
41－45	0	0.00	0.0	0.00			41－45	0	0.00	0.00	0.00	
46－50	3	13.64	0.9	0.82			46－50	3	13.64	－14.40	－13.09	
合计	22	100.00	51.9	47.18	2.36	22	合计	22	100.00	－60.30	－54.82	－2.74
1－5	1	7.14	4.8	6.86		管理指数	1－5	1	7.14	－0.30	－0.43	
6－10	1	7.14	4.2	6.00			6－10	1	7.14	－0.90	－1.29	
11－15	3	21.43	10.9	15.57		资产:负债	11－15	3	21.43	－4.40	－6.29	
16－20	1	7.14	3.1	4.43		54.71 47.29	16－20	1	7.14	－2.00	－2.86	
21－25	3	21.43	8.1	11.57		净资产:7.43	21－25	3	21.43	－7.20	－10.29	
26－30	1	7.14	2.5	3.57			26－30	1	7.14	－2.60	－3.71	
31－35	1	7.14	1.7	2.43			31－35	1	7.14	－3.40	－4.86	
36－40	2	14.29	2.8	4.00			36－40	2	14.29	－7.40	－10.57	
41－45	0	0.00	0.0	0.00			41－45	0	0.00	0.00	0.00	
46－50	1	7.14	0.2	0.29			46－50	1	7.14	－4.90	－7.00	
合计	14	100.00	38.3	54.71	2.74	14	合计	14	100.00	－33.10	－47.29	－2.36
1－5	1	5.88	4.7	5.53		可持续指数	1－5	1	5.88	－0.40	－0.47	
6－10	2	11.76	8.4	9.88			6－10	2	11.76	－1.80	－2.12	
11－15	1	5.88	3.7	4.35		资产:负债	11－15	1	5.88	－1.40	－1.65	
16－20	1	5.88	3.4	4.00		44.47 57.53	16－20	1	5.88	－1.70	－2.00	
21－25	2	11.76	5.6	6.59		净资产:－13.06	21－25	2	11.76	－4.60	－5.41	
26－30	1	5.88	2.4	2.82			26－30	1	5.88	－2.70	－3.18	
31－35	3	17.65	5.3	6.24			31－35	3	17.65	－10.00	－11.76	
36－40	2	11.76	2.4	2.82			36－40	2	11.76	－7.80	－9.18	
41－45	2	11.76	1.2	1.41			41－45	2	11.76	－9.00	－10.59	
46－50	2	11.76	0.7	0.82			46－50	2	11.76	－9.50	－11.18	
合计	17	100.00	37.8	44.47	2.22	17	合计	17	100.00	－48.90	－57.53	－2.88
资产总指标数		占指标总数(%)	总资产分值	相对总资产(%)	总资产质量系数	相对总资产:相对总负债 50.12 51.88	负债总指标数		占指标总数(%)	总负债分值	相对总负债(%)	总负债质量系数
103		100.00	258.1	50.12	2.51	相对净资产:－1.77	103		100.00	－267.20	－51.88	－2.59

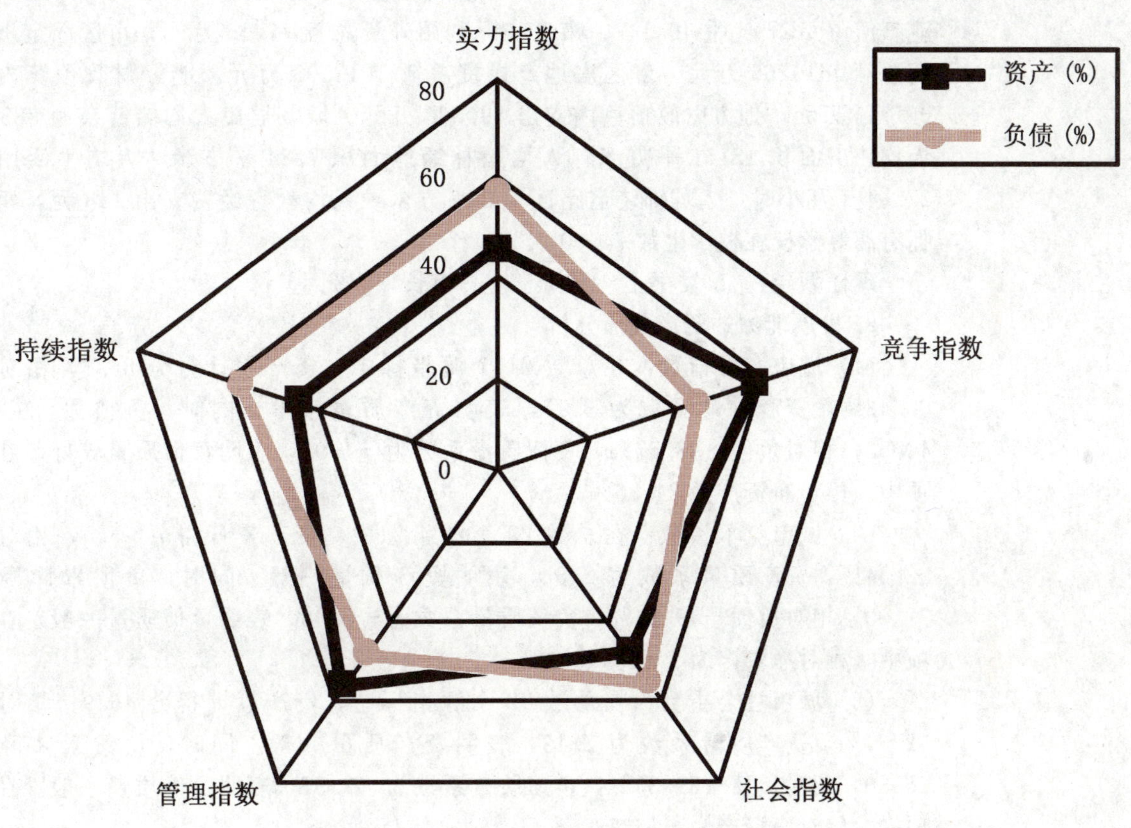

图 21.31　郑州市发展能力资产负债图

三十二 武汉市发展能力资产负债表分析

1. 一般概况

武汉市总面积 8467 平方公里，市区面积 8467 平方公里，建城区面积 210 平方公里。总人口 749.19 万人，市区总人口 749.19 万人，地区非农人口 441.14 万人。地区国内生产总值 12068363 万元，市区国内生产总值 12068363 万元，市区第三产业产值占 GDP 比重 49.1%。市区实际利用外资总额 75415 万元，市区固定资产投资总额 4619265 万元，市区房地产投资总额 1013105 万元。地方财政预算内收入 697711 万元，地方财政预算内支出 890360 万元。城乡居民人均储蓄余额 8855 元，人均住房面积 12.61 平方米，人均园林绿地面积 7.84 平方米，人均生活用电量 271.4 千瓦小时，人均铺装道路面积 2 平方米，人均教育经费支出 148 元，每万人拥有高等学校在校学生数 74.00 人。

现任领导：市委书记 罗清泉 市长 李宪生

2. 发展能力的资产负债分析

(1) 城市实力指数：在总数 21 个源指标中，资产累计得分 66.6，相对资产 63.43%，资产质量系数为 3.17，表明资产质量较好。同时，负债累计得分－40.50，相对负债－38.57%，负债质量系数为－1.93，表明负债质量较好。在该大项中，相对净资产为 24.86%。

(2) 城市竞争指数：在总数 29 个源指标中，资产累计得分 75.9，相对资产 52.34%，资产质量系数为 2.62，表明资产质量一般。同时，负债累计得分－72.00，相对负债－49.66%，负债质量系数为－2.48，表明负债质量一般。在该大项中，相对净资产为 2.69%。

(3) 城市社会指数：在总数 22 个源指标中，资产累计得分 46.9，相对资产 42.64%，资产质量系数为 2.13，表明资产质量一般。同时，负债累计得分－65.30，相对负债－59.36%，负债质量系数为－2.97，表明负债质量一般。在该大项中，相对净资产为－16.73%。

(4) 城市管理指数：在总数 14 个源指标中，资产累计得分 38.3，相对资产 54.71%，资产质量系数为 2.74，表明资产质量一般。同时，负债累计得分－33.10，相对负债－74.29%，负债质量系数为－2.36，表明负债质量一般。在该大项中，相对净资产为 7.43%。

(5) 城市可持续指数：在总数 17 个源指标中，资产累计得分 37.2，相对资产 43.76%，资产质量系数为 2.19，表明资产质量一般。同时，负债累计得分－49.50，相对负债－58.24%，负债质量系数为－2.91，表明负债质量一般。在该大项中，相对净资产为－14.47%。

总计上述五大项，在总数 103 个源指标中，总资产累计得分 264.9，相对总资产 51.44%，总资产质量系数为 2.57，表明总资产质量一般。同时，总负债累计得分－260.40，相对总负债－50.56%，总负债质量系数为－2.53，表明总负债质量一般。该城市发展能力相对总净资产为 0.87%。

表 21.32　武汉市发展能力资产负债分析

资产						五大指数	资产					
位　次	指标数	占指标总数(%)	指标分值	相对资产(%)	资产质量系数		位次	指标数	占指标总数(%)	指标分值	相对资产(%)	资产质量系数
1—5	1	4.76	4.8	4.57		实力指数	1—5	1	4.76	−0.30	−0.29	
6—10	10	47.62	43.3	41.24			6—10	10	47.62	−7.70	−7.33	
11—15	1	4.76	4.0	3.81		资产：负债	11—15	1	4.76	−1.10	−1.05	
16—20	0	0.00	0.0	0.00		63.43　38.57	16—20	0	0.00	0.00	0.00	
21—25	2	9.52	5.5	5.24		净资产：24.86	21—25	2	9.52	−4.70	−4.48	
26—30	0	0.00	0.0	0.00			26—30	0	0.00	0.00	0.00	
31—35	3	14.29	5.5	5.24			31—35	3	14.29	−9.80	−9.33	
36—40	2	9.52	2.6	2.48			36—40	2	9.52	−7.60	−7.24	
41—45	1	4.76	0.8	0.76			41—45	1	4.76	−4.30	−4.10	
46—50	1	4.76	0.1	0.10			46—50	1	4.76	−5.00	−4.76	
合计	21	100.00	66.6	63.43	3.17	21	合计	21	100.00	−40.50	−38.57	−1.93
1—5	1	3.45	4.6	3.17		竞争指数	1—5	1	3.45	−0.50	−0.34	
6—10	4	13.79	17.3	11.93			6—10	4	13.79	−3.10	−2.14	
11—15	2	6.90	7.6	5.24		资产：负债	11—15	2	6.90	−2.60	−1.79	
16—20	6	20.69	20.1	13.86		52.34　49.66	16—20	6	20.69	−10.50	−7.24	
21—25	2	6.90	5.6	3.86		净资产：2.69	21—25	2	6.90	−4.60	−3.17	
26—30	3	10.34	7.4	5.10			26—30	3	10.34	−7.90	−5.45	
31—35	3	10.34	5.5	3.79			31—35	3	10.34	−9.80	−6.76	
36—40	3	10.34	4.1	2.83			36—40	3	10.34	−11.20	−7.72	
41—45	4	13.79	3.5	2.41			41—45	4	13.79	−16.90	−11.60	
46—50	1	3.45	0.2	0.14			46—50	1	3.45	−4.90	−3.38	
合计	29	100.00	75.9	52.34	2.62	29	合计	29	100.00	−72.00	−49.66	−2.48
1—5	4	18.18	19.4	17.64		社会指数	1—5	4	18.18	−1.00	−0.91	
6—10	0	0.00	0.0	0.00			6—10	0	0.00	0.00	0.00	
11—15	1	4.55	4.0	3.64		资产：负债	11—15	1	4.55	−1.10	−1.00	
16—20	2	9.09	6.7	6.09		42.64　59.36	16—20	2	9.09	−3.50	−3.18	
21—25	0	0.00	0.0	0.00		净资产：−16.73	21—25	0	0.00	0.00	0.00	
26—30	0	0.00	0.0	0.00			26—30	0	0.00	0.00	0.00	
31—35	5	22.73	9.4	8.55			31—35	5	22.73	−16.10	−14.64	
36—40	3	13.64	3.7	3.36			36—40	3	13.64	−11.60	−10.55	
41—45	3	13.64	2.5	2.27			41—45	3	13.64	−12.80	−11.64	
46—50	4	18.18	1.2	1.09			46—50	4	18.18	−19.20	−17.45	
合计	22	100.00	46.9	42.64	2.13	22	合计	22	100.00	−65.30	−59.36	−2.97
1—5	0	0.00	0.0	0.00		管理指数	1—5	0	0.00	0.00	0.00	
6—10	5	35.71	21.6	30.86			6—10	5	35.71	−3.90	−5.57	
11—15	1	7.14	3.6	5.14		资产：负债	11—15	1	7.14	−1.50	−2.14	
16—20	1	7.14	3.2	4.57		54.71　47.29	16—20	1	7.14	−1.90	−2.71	
21—25	2	14.29	5.6	8.00		净资产：7.43	21—25	2	14.29	−4.60	−6.57	
26—30	0	0.00	0.0	0.00			26—30	0	0.00	0.00	0.00	
31—35	0	0.00	0.0	0.00			31—35	0	0.00	0.00	0.00	
36—40	2	14.29	2.3	3.29			36—40	2	14.29	−7.90	−11.29	
41—45	2	14.29	1.8	2.57			41—45	2	14.29	−8.40	−12.00	
46—50	1	7.14	0.2	0.29			46—50	1	7.14	−4.90	−7.00	
合计	14	100.00	38.3	54.71	2.74	14	合计	14	100.00	−33.10	−47.29	−2.36
1—5	0	0.00	0.0	0.00		可持续指数	1—5	0	0.00	0.00	0.00	
6—10	2	11.76	9.0	10.59			6—10	2	11.76	−1.20	−1.41	
11—15	2	11.76	7.6	8.94		资产：负债	11—15	2	11.76	−2.60	−3.06	
16—20	2	11.76	6.9	8.12		43.76　58.24	16—20	2	11.76	−3.30	−3.88	
21—25	1	5.88	2.6	3.06		净资产：−14.47	21—25	1	5.88	−2.50	−2.94	
26—30	1	5.88	2.4	2.82			26—30	1	5.88	−2.70	−3.18	
31—35	2	11.76	3.7	4.35			31—35	2	11.76	−6.50	−7.65	
36—40	3	17.65	3.8	4.47			36—40	3	17.65	−11.50	−13.53	
41—45	1	5.88	0.6	0.71			41—45	1	5.88	−4.50	−5.29	
46—50	3	17.65	0.6	0.71			46—50	3	17.65	−14.70	−17.29	
合计	17	100.00	37.2	43.76	2.19	17	合计	17	100.00	−49.50	−58.24	−2.91
资产总指标数		占指标总数(%)	总资产分值	相对总资产(%)	总资产质量系数	相对总资产：相对总负债 51.44　50.56	负债总指标数		占指标总数(%)	总负债分值	相对总负债(%)	总负债质量系数
103		100.00	264.9	51.44	2.57	相对净资产：0.87	103		100.00	−260.40	−50.56	−2.53

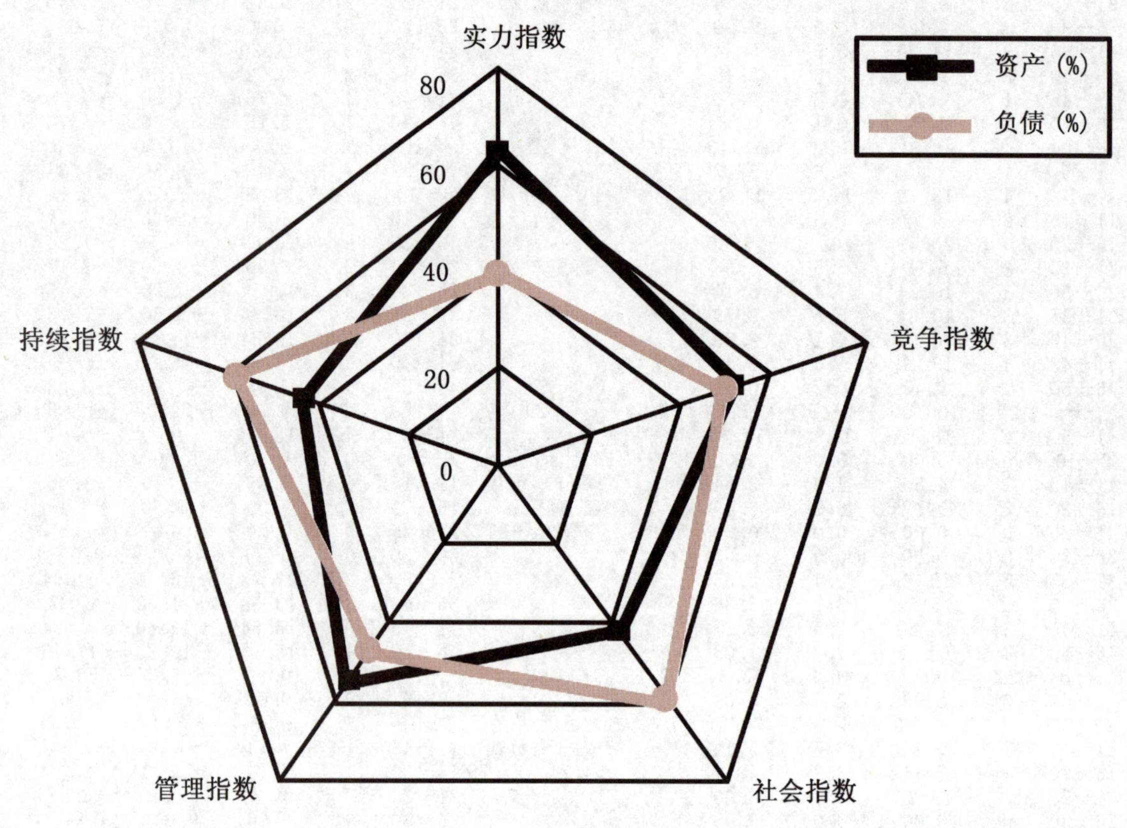

图 21.32　武汉市发展能力资产负债图

三十三 长沙市发展能力资产负债表分析

1. 一般概况

长沙市总面积11819平方公里，市区面积556平方公里，建城区面积119平方公里。总人口586万人，市区总人口175.41万人，地区非农人口186.42万人。地区国内生产总值6564098万元，市区国内生产总值4152472万元，市区第三产业产值占GDP比重59.3%。市区实际利用外资总额11078万元，市区固定资产投资总额1340870万元，市区房地产投资总额330238万元。地方财政预算内收入267292万元，地方财政预算内支出295872万元。城乡居民人均储蓄余额17322元，人均住房面积14.85平方米，人均园林绿地面积29.37平方米，人均生活用电量610.9千瓦小时，人均铺装道路面积5.3平方米，人均教育经费支出121元，每万人拥有高等学校在校学生数22.83人。

现任领导：市委书记　梅克保　　市长　谭仲池

2. 发展能力的资产负债分析

(1) 城市实力指数：在总数21个源指标中，资产累计得分52.7，相对资产50.19%，资产质量系数为2.51，表明资产质量一般。同时，负债累计得分－54.40，相对负债－51.81%，负债质量系数为－2.59，表明负债质量一般。在该大项中，相对净资产为－1.62%。

(2) 城市竞争指数：在总数29个源指标中，资产累计得分74.8，相对资产51.59%，资产质量系数为2.58，表明资产质量一般。同时，负债累计得分－73.10，相对负债－50.41%，负债质量系数为－2.52，表明负债质量一般。在该大项中，相对净资产为1.17%。

(3) 城市社会指数：在总数22个源指标中，资产累计得分62.3，相对资产56.64%，资产质量系数为2.83，表明资产质量一般。同时，负债累计得分－49.90，相对负债－45.36%，负债质量系数为－2.27，表明负债质量一般。在该大项中，相对净资产为11.27%。

(4) 城市管理指数：在总数14个源指标中，资产累计得分38.8，相对资产55.43%，资产质量系数为2.77，表明资产质量一般。同时，负债累计得分－32.60，相对负债－46.57%，负债质量系数为－2.33，表明负债质量一般。在该大项中，相对净资产为8.86%。

(5) 城市可持续指数：在总数17个源指标中，资产累计得分46.7，相对资产54.94%，资产质量系数为2.75，表明资产质量一般。同时，负债累计得分－40.00，相对负债－47.06%，负债质量系数为－2.35，表明负债质量一般。在该大项中，相对净资产为7.88%。

总计上述五大项，在总数103个源指标中，总资产累计得分275.3，相对总资产53.46%，总资产质量系数为2.67，表明总资产质量一般。同时，总负债累计得分－250.00，相对总负债－48.54%，总负债质量系数为－2.43，表明总负债质量一般。该城市发展能力相对总净资产为4.91%。

表 21.33 长沙市发展能力资产负债分析

资产						五大指数	资产					
位次	指标数	占指标总数(%)	指标分值	相对资产(%)	资产质量系数		位次	指标数	占指标总数(%)	指标分值	相对资产(%)	资产质量系数
1—5	0	0.00	0.0	0.00		实力指数	1—5	0	0.00	0.00	0.00	
6—10	3	14.29	12.6	12.00			6—10	3	14.29	−2.70	−2.57	
11—15	1	4.76	3.8	3.62		资产:负债	11—15	1	4.76	−1.30	−1.24	
16—20	3	14.29	9.6	9.14		50.19 51.81	16—20	3	14.29	−5.70	−5.43	
21—25	5	23.81	13.7	13.05		净资产:−1.62	21—25	5	23.81	−11.80	−11.24	
26—30	2	9.52	4.5	4.29			26—30	2	9.52	−5.70	−5.43	
31—35	2	9.52	3.4	3.24			31—35	2	9.52	−6.80	−6.48	
36—40	2	9.52	2.4	2.29			36—40	2	9.52	−7.80	−7.43	
41—45	3	14.29	2.7	2.57			41—45	3	14.29	−12.60	−12.00	
46—50	0	0.00	0.0	0.00			46—50	0	0.00	0.00	0.00	
合计	21	100.00	52.7	50.19	2.51	21	合计	21	100.00	−54.40	−51.81	−2.59
1—5	1	3.45	4.9	3.38		竞争指数	1—5	1	3.45	−0.20	−0.14	
6—10	4	13.79	17.0	11.72			6—10	4	13.79	−3.40	−2.34	
11—15	4	13.79	14.7	10.14		资产:负债	11—15	4	13.79	−5.70	−3.93	
16—20	5	17.24	15.6	10.76		51.59 50.41	16—20	5	17.24	−9.90	−6.83	
21—25	3	10.34	8.4	5.79		净资产:1.17	21—25	3	10.34	−6.90	−4.76	
26—30	2	6.90	4.6	3.17			26—30	2	6.90	−5.60	−3.86	
31—35	2	6.90	3.6	2.48			31—35	2	6.90	−6.60	−4.55	
36—40	1	3.45	1.2	0.83			36—40	1	3.45	−3.90	−2.69	
41—45	5	17.24	4.1	2.83			41—45	5	17.24	−21.40	−14.76	
46—50	2	6.90	0.7	0.48			46—50	2	6.90	−9.50	−6.55	
合计	29	100.00	74.8	51.59	2.58	29	合计	29	100.00	−73.10	−50.41	−2.52
1—5	3	13.64	14.5	13.18		社会指数	1—5	3	13.64	−0.80	−0.73	
6—10	3	13.64	13.1	11.91			6—10	3	13.64	−2.20	−2.00	
11—15	0	0.00	0.0	0.00		资产:负债	11—15	0	0.00	0.00	0.00	
16—20	3	13.64	9.7	8.82		56.64 45.36	16—20	3	13.64	−5.60	−5.09	
21—25	6	27.27	16.4	14.91		净资产:11.27	21—25	6	27.27	−14.20	−12.91	
26—30	0	0.00	0.0	0.00			26—30	0	0.00	0.00	0.00	
31—35	2	9.09	3.9	3.55			31—35	2	9.09	−6.30	−5.73	
36—40	2	9.09	2.6	2.36			36—40	2	9.09	−7.60	−6.91	
41—45	2	9.09	2.0	1.82			41—45	2	9.09	−8.20	−7.45	
46—50	1	4.55	0.1	0.09			46—50	1	4.55	−5.00	−4.55	
合计	22	100.00	62.3	56.64	2.83	22	合计	22	100.00	−49.90	−45.36	−2.27
1—5	1	7.14	4.9	7.00		管理指数	1—5	1	7.14	−0.20	−0.29	
6—10	2	14.29	8.6	12.29			6—10	2	14.29	−1.60	−2.29	
11—15	1	7.14	3.9	5.57		资产:负债	11—15	1	7.14	−1.20	−1.71	
16—20	1	7.14	3.1	4.43		55.43 46.57	16—20	1	7.14	−2.00	−2.86	
21—25	2	14.29	5.4	7.71		净资产:8.86	21—25	2	14.29	−4.80	−6.86	
26—30	3	21.43	6.6	9.43			26—30	3	21.43	−8.70	−12.43	
31—35	2	14.29	3.4	4.86			31—35	2	14.29	−6.80	−9.71	
36—40	2	14.29	2.9	4.14			36—40	2	14.29	−7.30	−10.43	
41—45	0	0.00	0.0	0.00			41—45	0	0.00	0.00	0.00	
46—50	0	0.00	0.0	0.00			46—50	0	0.00	0.00	0.00	
合计	14	100.00	38.8	55.43	2.77	14	合计	14	100.00	−32.60	−46.57	−2.33
1—5	1	5.88	5.0	5.88		可持续指数	1—5	1	5.88	−0.10	−0.12	
6—10	3	17.65	13.2	15.53			6—10	3	17.65	−2.10	−2.47	
11—15	0	0.00	0.0	0.00		资产:负债	11—15	0	0.00	0.00	0.00	
16—20	3	17.65	10.3	12.12		54.94 47.06	16—20	3	17.65	−5.00	−5.88	
21—25	4	23.53	11.3	13.29		净资产:7.88	21—25	4	23.53	−9.10	−10.71	
26—30	1	5.88	2.2	2.59			26—30	1	5.88	−2.90	−3.41	
31—35	0	0.00	0.0	0.00			31—35	0	0.00	0.00	0.00	
36—40	3	17.65	3.8	4.47			36—40	3	17.65	−11.50	−13.53	
41—45	1	5.88	0.7	0.82			41—45	1	5.88	−4.40	−5.18	
46—50	1	5.88	0.2	0.24			46—50	1	5.88	−4.90	−5.76	
合计	17	100.00	46.7	54.94	2.75	17	合计	17	100.00	−40.00	−47.06	−2.35
资产总指标数		占指标总数(%)	总资产分值	相对总资产(%)	总资产质量系数	相对总资产:相对总负债 53.46 48.54	负债总指标数		占指标总数(%)	总负债分值	相对总负债(%)	总负债质量系数
103		100.00	275.3	53.46	2.67	相对净资产:4.91	103		100.00	−250.00	−48.54	−2.43

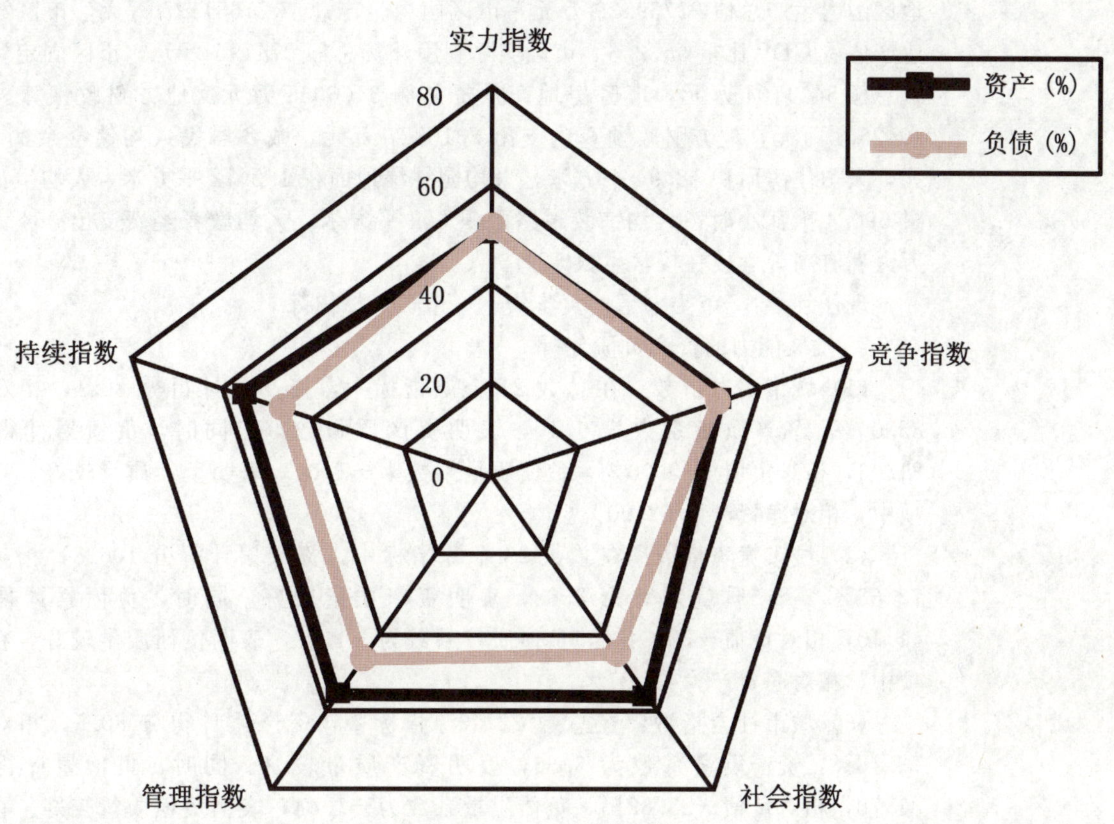

图 21.33　长沙市发展能力资产负债图

三十四　广州市发展能力资产负债表分析

1. 一般概况

广州市总面积 7434 平方公里，市区面积 3719 平方公里，建城区面积 431 平方公里。总人口 700.69 万人，市区总人口 566.68 万人，地区非农人口 436.11 万人。地区国内生产总值 23759129 万元，市区国内生产总值 21651125 万元，市区第三产业产值占 GDP 比重 55.2%。市区实际利用外资总额 274796 万元，市区固定资产投资总额 5414104 万元，市区房地产投资总额 3466068 万元。地方财政预算内收入 1942561 万元，地方财政预算内支出 2310827 万元。城乡居民人均储蓄余额 37624 元，人均住房面积 18.94 平方米，人均园林绿地面积 152.12 平方米，人均生活用电量 690.4 千瓦小时，人均铺装道路面积 6.9 平方米，人均教育经费支出 364 元，每万人拥有高等学校在校学生数 52.75 人。

现任领导：市委书记　黄华华　　市长　林树森

2. 发展能力的资产负债分析

(1) 城市实力指数：在总数 21 个源指标中，资产累计得分 86.1，相对资产 82.00%，资产质量系数为 4.10，表明资产质量较好。同时，负债累计得分－21.00，相对负债－20.00%，负债质量系数为－1.00，表明负债质量较好。在该大项中，相对净资产为 62.00%。

(2) 城市竞争指数：在总数 29 个源指标中，资产累计得分 106.8，相对资产 73.66%，资产质量系数为 3.68，表明资产质量较好。同时，负债累计得分－41.10，相对负债－28.34%，负债质量系数为－1.42，表明负债质量较好。在该大项中，相对净资产为 45.31%。

(3) 城市社会指数：在总数 22 个源指标中，资产累计得分 80.5，相对资产 73.18%，资产质量系数为 3.66，表明资产质量较好。同时，负债累计得分－31.70，相对负债－28.82%，负债质量系数为－1.44，表明负债质量较好。在该大项中，相对净资产为 44.36%。

(4) 城市管理指数：在总数 14 个源指标中，资产累计得分 55.6，相对资产 79.43%，资产质量系数为 3.97，表明资产质量较好。同时，负债累计得分－15.80，相对负债－22.57%，负债质量系数为－1.13，表明负债质量较好。在该大项中，相对净资产为 56.86%。

(5) 城市可持续指数：在总数 17 个源指标中，资产累计得分 55.2，相对资产 64.94%，资产质量系数为 3.25，表明资产质量较好。同时，负债累计得分－31.50，相对负债－37.06%，负债质量系数为－1.85，表明负债质量较好。在该大项中，相对净资产为 27.88%。

总计上述五大项，在总数 103 个源指标中，总资产累计得分 384.2，相对总资产 74.60%，总资产质量系数为 3.73，表明总资产质量较好。同时，总负债累计得分－141.10，相对总负债－27.40%，总负债质量系数为－1.37，表明总负债质量较好。该城市发展能力相对总净资产为 47.20%。

表 21.34　广州市发展能力资产负债分析

资产							资产					
位　次	指标数	占指标总数(%)	指标分值	相对资产(%)	资产质量系数	五大指数	位次	指标数	占指标总数(%)	指标分值	相对资产(%)	资产质量系数
1—5	13	61.90	61.2	58.29		实力指数	1—5	13	61.90	−5.10	−4.86	
6—10	0	0.00	0.0	0.00			6—10	0	0.00	0.00	0.00	
11—15	4	19.05	15.6	14.86		资产:负债	11—15	4	19.05	−4.80	−4.57	
16—20	2	9.52	6.3	6.00		82.00　20.00	16—20	2	9.52	−3.90	−3.71	
21—25	0	0.00	0.0	0.00		净资产:62.00	21—25	0	0.00	0.00	0.00	
26—30	0	0.00	0.0	0.00			26—30	0	0.00	0.00	0.00	
31—35	1	4.76	1.9	1.81			31—35	1	4.76	−3.20	−3.05	
36—40	1	4.76	1.1	1.05			36—40	1	4.76	−4.00	−3.81	
41—45	0	0.00	0.0	0.00			41—45	0	0.00	0.00	0.00	
46—50	0	0.00	0.0	0.00			46—50	0	0.00	0.00	0.00	
合计	21	100.00	86.1	82.00	4.10	21	合计	21	100.00	−21.00	−20.00	−1.00
1—5	9	31.03	42.6	29.38		竞争指数	1—5	9	31.03	−3.30	−2.28	
6—10	5	17.24	22.1	15.24			6—10	5	17.24	−3.40	−2.34	
11—15	5	17.24	19.3	13.31		资产:负债	11—15	5	17.24	−6.20	−4.28	
16—20	3	10.34	10.1	6.97		73.66　28.34	16—20	3	10.34	−5.20	−3.59	
21—25	2	6.90	6.0	4.14		净资产:45.31	21—25	2	6.90	−4.20	−2.90	
26—30	0	0.00	0.0	0.00			26—30	0	0.00	0.00	0.00	
31—35	3	10.34	5.3	3.66			31—35	3	10.34	−10.00	−6.90	
36—40	0	0.00	0.0	0.00			36—40	0	0.00	0.00	0.00	
41—45	2	6.90	1.4	0.97			41—45	2	6.90	−8.80	−6.07	
46—50	0	0.00	0.0	0.00			46—50	0	0.00	0.00	0.00	
合计	29	100.00	106.8	73.66	3.68	29	合计	29	100.00	社会指数		
1—5	9	40.91	43.1	39.18		社会指数	1—5	9	40.91	−2.80	−2.55	
6—10	3	13.64	12.4	11.27			6—10	3	13.64	−2.90	2.64	
11—15	0	0.00	0.0	0.00		资产:负债	11—15	0	0.00	0.00	0.00	
16—20	2	9.09	6.8	6.18		73.18　28.82	16—20	2	9.09	−3.40	−3.09	
21—25	2	9.09	5.8	5.27		净资产:44.36	21—25	2	9.09	−4.40	−4.00	
26—30	4	18.18	9.1	8.27			26—30	4	18.18	−11.30	−10.27	
31—35	2	9.09	3.3	3.00			31—35	2	9.09	−6.90	−6.27	
36—40	0	0.00	0.0	0.00			36—40	0	0.00	0.00	0.00	
41—45	0	0.00	0.0	0.00			41—45	0	0.00	0.00	0.00	
46—50	0	0.00	0.0	0.00			46—50	0	0.00	0.00	0.00	
合计	22	100.00	80.5	73.18	3.66	22	合计	22	100.00	−31.70	−28.82	−1.44
1—5	6	42.86	28.7	41.00		管理指数	1—5	6	42.86	−1.90	−2.71	
6—10	2	14.29	8.4	12.00			6—10	2	14.29	−1.80	−2.57	
11—15	1	7.14	4.0	5.71		资产:负债	11—15	1	7.14	−1.10	−1.57	
16—20	3	21.43	9.6	13.71		79.43　22.57	16—20	3	21.43	−5.70	−8.14	
21—25	1	7.14	2.9	4.14		净资产:56.86	21—25	1	7.14	−2.20	−3.14	
26—30	0	0.00	0.0	0.00			26—30	0	0.00	0.00	0.00	
31—35	1	7.14	2.0	2.86			31—35	1	7.14	−3.10	−4.43	
36—40	0	0.00	0.0	0.00			36—40	0	0.00	0.00	0.00	
41—45	0	0.00	0.0	0.00			41—45	0	0.00	0.00	0.00	
46—50	0	0.00	0.0	0.00			46—50	0	0.00	0.00	0.00	
合计	14	100.00	55.6	79.43	3.97	14	合计	14	100.00	−15.80	−22.57	−1.13
1—5	5	29.41	24.5	28.82		可持续指数	1—5	5	29.41	−1.00	−1.18	
6—10	2	11.76	8.2	9.65			6—10	2	11.76	−2.00	−2.35	
11—15	1	5.88	3.8	4.47		资产:负债	11—15	1	5.88	−1.30	−1.53	
16—20	2	11.76	6.8	8.00		64.94　37.06	16—20	2	11.76	−3.40	−4.00	
21—25	1	5.88	2.7	3.18		净资产:27.88	21—25	1	5.88	−2.40	−2.82	
26—30	0	0.00	0.0	0.00			26—30	0	0.00	0.00	0.00	
31—35	4	23.53	7.1	8.35			31—35	4	23.53	−13.30	−15.65	
36—40	1	5.88	1.5	1.76			36—40	1	5.88	−3.60	−4.24	
41—45	1	5.88	0.6	0.71			41—45	1	5.88	−4.50	−5.29	
46—50	0	0.00	0.0	0.00			46—50	0	0.00	0.00	0.00	
合计	17	100.00	55.2	64.94	3.25	17	合计	17	100.00	−31.50	−37.06	−1.85
资产总指标数		占指标总数(%)	总资产分值	相对总资产(%)	总资产质量系数	相对总资产:相对总负债 74.60　27.40	负债总指标数		占指标总数(%)	总负债分值	相对总负债(%)	总负债质量系数
103		100.00	384.2	74.60	3.73	相对净资产:47.20	103		100.00	−141.10	−27.40	−1.37

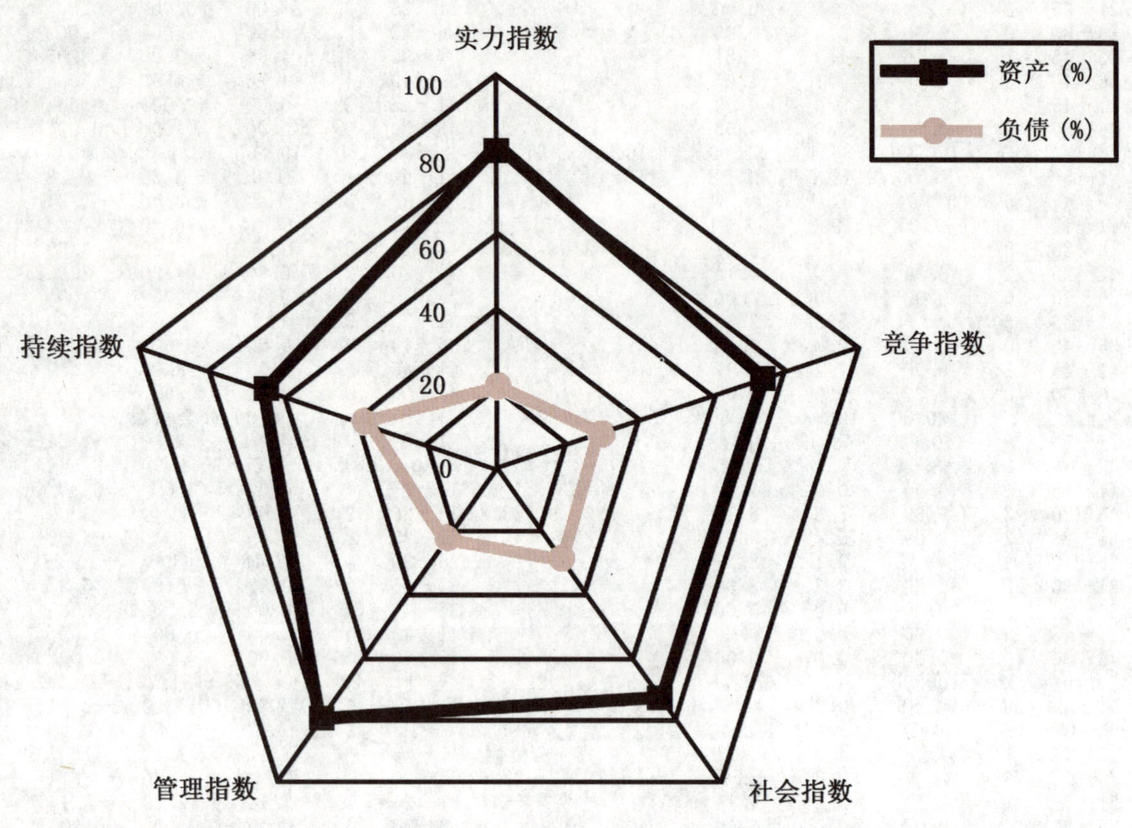

图 21.34　广州市发展能力资产负债图

三十五　深圳市发展能力资产负债表分析

1. 一般概况

深圳市总面积 1949 平方公里，市区面积 1949 平方公里，建城区面积 136 平方公里。总人口 124.92 万人，市区总人口 124.92 万人，地区非农人口 100.15 万人。地区国内生产总值 16652406 万元，市区国内生产总值 16652406 万元，市区第三产业产值占 GDP 比重 46.4%。市区实际利用外资总额 196100 万元，市区固定资产投资总额 5945958 万元，市区房地产投资总额 2609694 万元。地方财政预算内收入 2250212 万元，地方财政预算内支出 2292096 万元。城乡居民人均储蓄余额 88465 元，人均住房面积 21.7 平方米，人均园林绿地面积 150.31 平方米，人均生活用电量 2728.7 千瓦小时，人均铺装道路面积 17.5 平方米，人均教育经费支出 1673 元，每万人拥有高等学校在校学生数 95.60 人。

现任领导：　市委书记　黄丽满　　市长　于幼军

2. 发展能力的资产负债分析

(1) 城市实力指数：在总数 21 个源指标中，资产累计得分 88.6，相对资产 84.38%，资产质量系数为 4.22，表明资产质量优良。同时，负债累计得分－16.70，相对负债－15.90%，负债质量系数为－0.80，表明负债质量优良。在该大项中，相对净资产为 68.48%。

(2) 城市竞争指数：在总数 29 个源指标中，资产累计得分 106.1，相对资产 73.17%，资产质量系数为 3.66，表明资产质量较好。同时，负债累计得分－41.80，相对负债－28.83%，负债质量系数为－1.44，表明负债质量较好。在该大项中，相对净资产为 44.34%。

(3) 城市社会指数：在总数 22 个源指标中，资产累计得分 97.2，相对资产 88.36%，资产质量系数为 4.42，表明资产质量优良。同时，负债累计得分－15.00，相对负债－13.64%，负债质量系数为－0.68，表明负债质量优良。在该大项中，相对净资产为 74.73%。

(4) 城市管理指数：在总数 14 个源指标中，资产累计得分 57.7，相对资产 82.43%，资产质量系数为 4.12，表明资产质量优良。同时，负债累计得分－13.70，相对负债－19.57%，负债质量系数为－0.98，表明负债质量优良。在该大项中，相对净资产为 62.86%。

(5) 城市可持续指数：在总数 17 个源指标中，资产累计得分 59.4，相对资产 69.88%，资产质量系数为 3.49，表明资产质量较好。同时，负债累计得分－27.30，相对负债－32.12%，负债质量系数为－1.61，表明负债质量较好。在该大项中，相对净资产为 37.76%。

总计上述五大项，在总数 103 个源指标中，总资产累计得分 409.0，相对总资产 79.42%，总资产质量系数为 3.97，表明总资产质量较好。同时，总负债累计得分－114.50，相对总负债－22.23%，总负债质量系数为－1.11，表明总负债质量较好。该城市发展能力相对总净资产为 57.18%。

表 21.35　深圳市发展能力资产负债分析

资产						五大指数	资产					
位次	指标数	占指标总数(%)	指标分值	相对资产(%)	资产质量系数		位次	指标数	占指标总数(%)	指标分值	相对资产(%)	资产质量系数
1－5	13	61.90	62.6	59.62		实力指数	1－5	13	61.90	－3.70	－3.52	
6－10	2	9.52	8.3	7.90			6－10	2	9.52	－1.90	－1.81	
11－15	1	4.76	3.8	3.62		资产:负债	11－15	1	4.76	－1.30	－1.24	
16－20	2	9.52	6.8	6.48		84.38　15.90	16－20	2	9.52	－1.60	－1.52	
21－25	1	4.76	3.0	2.86		净资产:68.48	21－25	1	4.76	－2.10	－2.00	
26－30	1	4.76	2.5	2.38			26－30	1	4.76	－2.60	－2.48	
31－35	1	4.76	1.6	1.52			31－35	1	4.76	－3.50	－3.33	
36－40	0	0.00	0.0	0.00			36－40	0	0.00	0.00	0.00	
41－45	0	0.00	0.0	0.00			41－45	0	0.00	0.00	0.00	
46－50	0	0.00	0.0	0.00			46－50	0	0.00	0.00	0.00	
合计	21	100.00	88.6	84.38	4.22	21	合计	21	100.00	－16.70	－15.90	－0.80
1－5	15	51.72	71.7	49.45		竞争指数	1－5	15	51.72	－4.80	－3.31	
6－10	3	10.34	13.0	8.97			6－10	3	10.34	－2.30	－1.59	
11－15	2	6.90	7.8	5.38		资产:负债	11－15	2	6.90	－2.40	－1.66	
16－20	0	0.00	0.0	0.00		73.17　28.83	16－20	0	0.00	0.00	0.00	
21－25	2	6.90	5.4	3.72		净资产:44.34	21－25	2	6.90	－4.80	－3.31	
26－30	1	3.45	2.4	1.66			26－30	1	3.45	－2.70	－1.86	
31－35	1	3.45	1.6	1.10			31－35	1	3.45	－3.50	－2.41	
36－40	2	6.90	2.9	2.00			36－40	2	6.90	－7.30	－5.03	
41－45	1	3.45	0.6	0.41			41－45	1	3.45	－4.50	－3.10	
46－50	2	6.90	0.7	0.48			46－50	2	6.90	－9.50	－6.55	
合计	29	100.00	106.1	73.17	3.66	29	合计	29	100.00	社会指数		
1－5	17	77.27	82.8	75.27		社会指数	1－5	17	77.27	－3.90	－3.55	
6－10	2	9.09	8.5	7.73			6－10	2	9.09	－1.70	－1.55	
11－15	1	4.55	4.0	3.64		资产:负债	11－15	1	4.55	－1.10	－1.00	
16－20	0	0.00	0.0	0.00		88.36　13.64	16－20	0	0.00	0.00	0.00	
21－25	0	0.00	0.0	0.00		净资产:74.73	21－25	0	0.00	0.00	0.00	
26－30	0	0.00	0.0	0.00			26－30	0	0.00	0.00	0.00	
31－35	0	0.00	0.0	0.00			31－35	0	0.00	0.00	0.00	
36－40	1	4.55	1.1	1.00			36－40	1	4.55	－4.00	－3.64	
41－45	1	4.55	0.8	0.73			41－45	1	4.55	－4.30	－3.91	
46－50	0	0.00	0.0	0.00			46－50	0	0.00	0.00	0.00	
合计	22	100.00	97.2	88.36	4.42	22	合计	22	100.00	－15.00	－13.64	－0.68
1－5	10	71.43	48.5	69.29		管理指数	1－5	10	71.43	－2.50	－3.57	
6－10	0	0.00	0.0	0.00			6－10	0	0.00	0.00	0.00	
11－15	0	0.00	0.0	0.00		资产:负债	11－15	0	0.00	0.00	0.00	
16－20	1	7.14	3.2	4.57		82.43　19.57	16－20	1	7.14	－1.90	－2.71	
21－25	0	0.00	0.0	0.00		净资产:62.86	21－25	0	0.00	0.00	0.00	
26－30	2	14.29	4.4	6.29			26－30	2	14.29	－5.80	－8.29	
31－35	1	7.14	1.6	2.29			31－35	1	7.14	－3.50	－5.00	
36－40	0	0.00	0.0	0.00			36－40	0	0.00	0.00	0.00	
41－45	0	0.00	0.0	0.00			41－45	0	0.00	0.00	0.00	
46－50	0	0.00	0.0	0.00			46－50	0	0.00	0.00	0.00	
合计	14	100.00	57.7	82.43	4.12	14	合计	14	100.00	－13.70	－19.57	－0.98
1－5	9	52.94	44.1	51.88		可持续指数	1－5	9	52.94	－1.80	－2.12	
6－10	0	0.00	0.0	0.00			6－10	0	0.00	0.00	0.00	
11－15	1	5.88	3.6	4.24		资产:负债	11－15	1	5.88	－1.50	－1.76	
16－20	1	5.88	3.4	4.00		69.88　32.12	16－20	1	5.88	－1.70	－2.00	
21－25	0	0.00	0.0	0.00		净资产:37.76	21－25	0	0.00	0.00	0.00	
26－30	0	0.00	0.0	0.00			26－30	0	0.00	0.00	0.00	
31－35	2	11.76	3.8	4.47			31－35	2	11.76	－6.40	－7.53	
36－40	2	11.76	2.8	3.29			36－40	2	11.76	－7.40	－8.71	
41－45	2	11.76	1.7	2.00			41－45	2	11.76	－8.50	－10.00	
46－50	0	0.00	0.0	0.00			46－50	0	0.00	0.00	0.00	
合计	17	100.00	59.4	69.88	3.49	17	合计	17	100.00	－27.30	－32.12	－1.61
资产总指标数		占指标总数(%)	总资产分值	相对总资产(%)	总资产质量系数	相对总资产:相对总负债 79.42　22.23	负债总指标数		占指标总数(%)	总负债分值	相对总负债(%)	总负债质量系数
103		100.00	409.0	79.42	3.97	相对净资产:57.18	103		100.00	－114.50	－22.23	－1.11

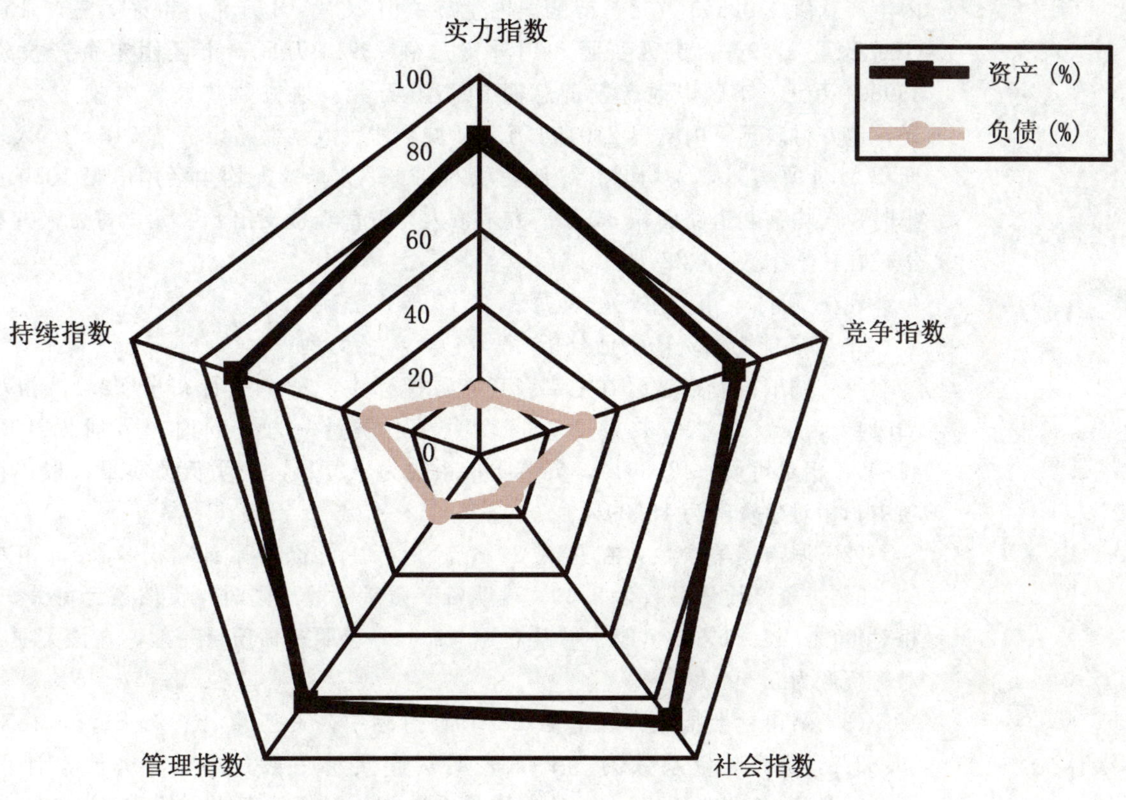

图 21.35　深圳市发展能力资产负债图

三十六　珠海市发展能力资产负债表分析

1. 一般概况

珠海市总面积 1630 平方公里，市区面积 705 平方公里，建城区面积 59 平方公里。总人口 73.9 万人，市区总人口 43.61 万人，地区非农人口 51.33 万人。地区国内生产总值 3302555 万元，市区国内生产总值 2837718 万元，市区第三产业产值占 GDP 比重 41.9%。市区实际利用外资总额 73914 万元，市区固定资产投资总额 389801 万元，市区房地产投资总额 317640 万元。地方财政预算内收入 224271 万元，地方财政预算内支出 280156 万元。城乡居民人均储蓄余额 42516 元，人均住房面积 21.4 平方米，人均园林绿地面积 68.26 平方米，人均生活用电量 1050.7 千瓦小时，人均铺装道路面积 30.3 平方米，人均教育经费支出 552 元，每万人拥有高等学校在校学生数 18.22 人。

现任领导：市委书记　黄龙云　　市长　方旋

2. 发展能力的资产负债分析

(1) 城市实力指数：在总数 21 个源指标中，资产累计得分 62.1，相对资产 59.14%，资产质量系数为 2.96，表明资产质量一般。同时，负债累计得分－45.00，相对负债－42.86%，负债质量系数为－2.14，表明负债质量一般。在该大项中，相对净资产为 16.29%。

(2) 城市竞争指数：在总数 29 个源指标中，资产累计得分 78.0，相对资产 53.79%，资产质量系数为 2.69，表明资产质量一般。同时，负债累计得分－69.9，相对负债－48.21%，负债质量系数为－2.41，表明负债质量一般。在该大项中，相对净资产为 5.59%。

(3) 城市社会指数：在总数 22 个源指标中，资产累计得分 65.8，相对资产 59.82%，资产质量系数为 2.99，表明资产质量一般。同时，负债累计得分－46.40，相对负债－42.18%，负债质量系数为－2.11，表明负债质量一般。在该大项中，相对净资产为 17.64%。

(4) 城市管理指数：在总数 14 个源指标中，资产累计得分 45.4，相对资产 64.86%，资产质量系数为 3.24，表明资产质量较好。同时，负债累计得分－26.00，相对负债－37.14%，负债质量系数为－1.86，表明负债质量较好。在该大项中，相对净资产为 27.71%。

(5) 城市可持续指数：在总数 17 个源指标中，资产累计得分 60.5，相对资产 71.18%，资产质量系数为 3.56，表明资产质量较好。同时，负债累计得分－26.20，相对负债－30.82%，负债质量系数为－1.54，表明负债质量较好。在该大项中，相对净资产为 40.35%。

总计上述五大项，在总数 103 个源指标中，总资产累计得分 311.8，相对总资产 60.54%，总资产质量系数为 3.03，表明总资产质量较好。同时，总负债累计得分－213.50，相对总负债－41.46%，总负债质量系数为－2.07，表明总负债质量一般。该城市发展能力相对总净资产为 19.09%。

表 21.36　珠海市发展能力资产负债分析

资产						五大指数	资产					
位　次	指标数	占指标总数(%)	指标分值	相对资产(%)	资产质量系数		位次	指标数	占指标总数(%)	指标分值	相对资产(%)	资产质量系数
1－5	8	38.10	38.9	37.05		实力指数	1－5	8	38.10	－1.90	－1.81	
6－10	1	4.76	4.2	4.00			6－10	1	4.76	－0.90	－0.86	
11－15	0	0.00	0.0	0.00		资产:负债	11－15	0	0.00	0.00	0.00	
16－20	2	9.52	6.3	6.00		59.14　42.86	16－20	2	9.52	－3.90	－3.71	
21－25	2	9.52	5.3	5.05		净资产:16.29	21－25	2	9.52	－4.90	－4.67	
26－30	0	0.00	0.0	0.00			26－30	0	0.00	0.00	0.00	
31－35	2	9.52	3.6	3.43			31－35	2	9.52	－6.60	－6.29	
36－40	1	4.76	1.4	1.33			36－40	1	4.76	－3.70	－3.52	
41－45	2	9.52	1.3	1.24			41－45	2	9.52	－8.90	－8.48	
46－50	3	14.29	1.1	1.05			46－50	3	14.29	－14.20	－13.52	
合计	21	100.00	62.1	59.14	2.96	21	合计	21	100.00	－45.00	－42.86	－2.14
1－5	4	13.79	19.4	13.38		竞争指数	1－5	4	13.79	－1.00	－0.69	
6－10	6	20.69	26.1	18.00			6－10	6	20.69	－4.50	－3.10	
11－15	2	6.90	7.6	5.24		资产:负债	11－15	2	6.90	－2.60	－1.79	
16－20	1	3.45	3.1	2.14		53.79　48.21	16－20	1	3.45	－2.00	－1.38	
21－25	1	3.45	2.9	2.00		净资产:5.59	21－25	1	3.45	－2.20	－1.52	
26－30	3	10.34	6.7	4.62			26－30	3	10.34	－8.60	－5.93	
31－35	3	10.34	5.7	3.93			31－35	3	10.34	－9.60	－6.62	
36－40	2	6.90	2.5	1.72			36－40	2	6.90	－7.70	－5.31	
41－45	4	13.79	3.2	2.21			41－45	4	13.79	－17.20	－11.86	
46－50	3	10.34	0.8	0.55			46－50	3	10.34	－14.50	－10.00	
合计	29	100.00	78.0	53.79	2.69	29	合计	29	100.00	－69.90	－48.21	－2.41
1－5	6	27.27	28.7	26.09		社会指数	1－5	6	27.27	－1.90	－1.73	
6－10	4	18.18	17.8	16.18			6－10	4	18.18	－2.60	－2.36	
11－15	1	4.55	3.9	3.55		资产:负债	11－15	1	4.55	－1.20	－1.09	
16－20	0	0.00	0.0	0.00		59.82　42.18	16－20	0	0.00	0.00	0.00	
21－25	1	4.55	2.6	2.36		净资产:17.64	21－25	1	4.55	－2.50	－2.27	
26－30	0	0.00	0.0	0.00			26－30	0	0.00	0.00	0.00	
31－35	4	18.18	7.5	6.82			31－35	4	18.18	－12.90	－11.73	
36－40	3	13.64	4.0	3.64			36－40	3	13.64	－11.30	－10.27	
41－45	1	4.55	0.6	0.55			41－45	1	4.55	－4.50	－4.09	
46－50	2	9.09	0.7	0.64			46－50	2	9.09	－9.50	－8.64	
合计	22	100.00	65.8	59.82	2.99	22	合计	22	100.00	－46.40	－42.18	－2.11
1－5	3	21.43	14.6	20.86		管理指数	1－5	3	21.43	－0.70	－1.00	
6－10	1	7.14	4.5	6.43			6－10	1	7.14	－0.60	－0.86	
11－15	1	7.14	4.0	5.71		资产:负债	11－15	1	7.14	－1.10	－1.57	
16－20	2	14.29	6.3	9.00		64.86　37.14	16－20	2	14.29	－3.90	－5.57	
21－25	3	21.43	8.6	12.29		净资产:27.71	21－25	3	21.43	－6.70	－9.57	
26－30	1	7.14	2.4	3.43			26－30	1	7.14	－2.70	－3.86	
31－35	2	14.29	3.8	5.43			31－35	2	14.29	－6.40	－9.14	
36－40	1	7.14	1.2	1.71			36－40	1	7.14	－3.90	－5.57	
41－45	0	0.00	0.0	0.00			41－45	0	0.00	0.00	0.00	
46－50	0	0.00	0.0	0.00			46－50	0	0.00	0.00	0.00	
合计	14	100.00	45.4	64.86	3.24	14	合计	14	100.00	－26.00	－37.14	－1.86
1－5	7	41.18	33.6	39.53		可持续指数	1－5	7	41.18	－2.10	－2.47	
6－10	0	0.00	0.0	0.00			6－10	0	0.00	0.00	0.00	
11－15	4	23.53	15.8	18.59		资产:负债	11－15	4	23.53	－4.60	－5.41	
16－20	1	5.88	3.3	3.88		71.18　30.82	16－20	1	5.88	－1.80	－2.12	
21－25	1	5.88	2.8	3.29		净资产:40.35	21－25	1	5.88	－2.30	－2.71	
26－30	1	5.88	2.2	2.59			26－30	1	5.88	－2.90	－3.41	
31－35	1	5.88	1.6	1.88			31－35	1	5.88	－3.50	－4.12	
36－40	0	0.00	0.0	0.00			36－40	0	0.00	0.00	0.00	
41－45	1	5.88	0.9	1.06			41－45	1	5.88	－4.20	－4.94	
46－50	1	5.88	0.3	0.35			46－50	1	5.88	－4.80	－5.65	
合计	17	100.00	60.5	71.18	3.56	17	合计	17	100.00	－26.20	－30.82	－1.54
资产总指标数		占指标总数(%)	总资产分值	相对总资产(%)	总资产质量系数	相对总资产:相对总负债 60.54　41.46	负债总指标数		占指标总数(%)	总负债分值	相对总负债(%)	总负债质量系数
103		100.00	311.8	60.54	3.03	相对净资产:19.09	103		100.00	－213.50	－41.46	－2.07

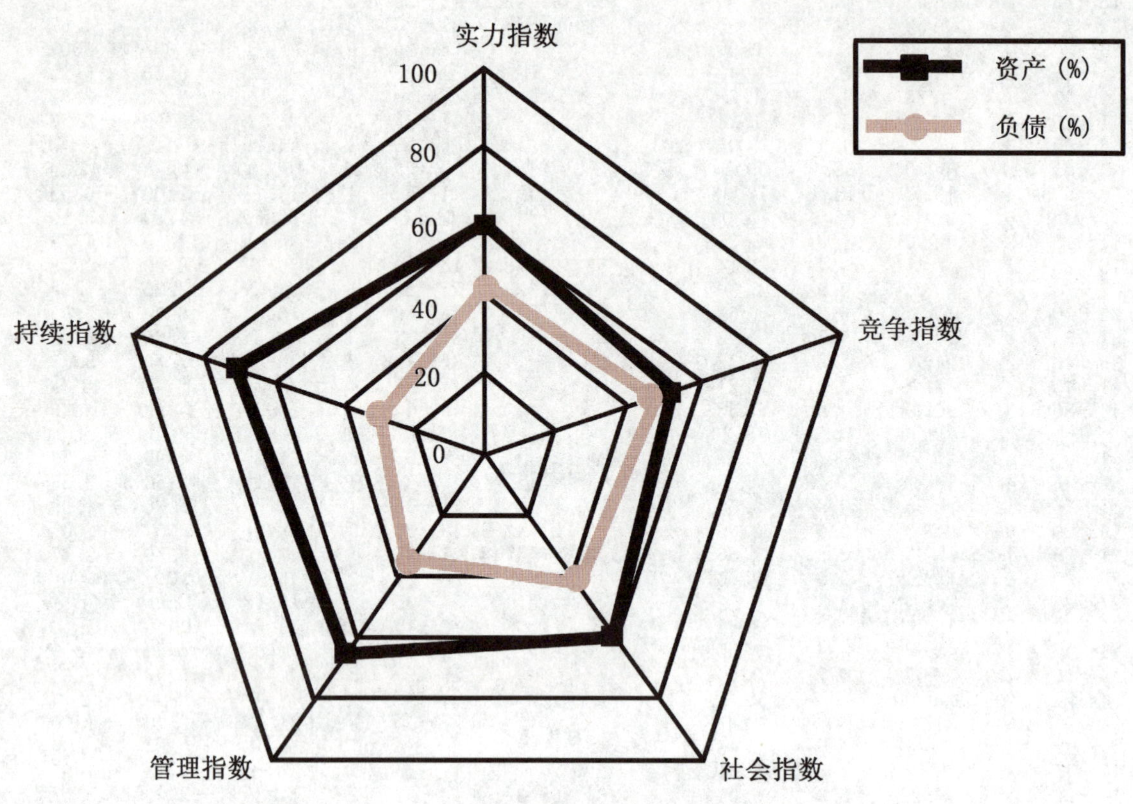

图 21.36　珠海市发展能力资产负债图

三十七　汕头市发展能力资产负债表分析

1. 一般概况

汕头市总面积 2064 平方公里，市区面积 298 平方公里，建城区面积 97 平方公里。总人口 458.83 万人，市区总人口 118.71 万人，地区非农人口 152.17 万人。地区国内生产总值 4769769 万元，市区国内生产总值 2234601 万元，市区第三产业产值占 GDP 比重 54.9%。市区实际利用外资总额 9551 万元，市区固定资产投资总额 413384 万元，市区房地产投资总额 183012 万元。地方财政预算内收入 170844 万元，地方财政预算内支出 180424 万元。城乡居民人均储蓄余额 17919 元，人均住房面积 13.65 平方米，人均园林绿地面积 24.67 平方米，人均生活用电量 688.3 千瓦小时，人均铺装道路面积 6.9 平方米，人均教育经费支出 249 元，每万人拥有高等学校在校学生数 36.09 人。

现任领导：　市委书记　李统书　　市长　李春洪

2. 发展能力的资产负债分析

(1) 城市实力指数：在总数 21 个源指标中，资产累计得分 37.5，相对资产 35.71%，资产质量系数为 1.79，表明资产质量较差。同时，负债累计得分－69.60，相对负债－66.29%，负债质量系数为－3.31，表明负债质量较差。在该大项中，相对净资产为－30.57%。

(2) 城市竞争指数：在总数 29 个源指标中，资产累计得分 78.5，相对资产 54.14%，资产质量系数为 2.71，表明资产质量一般。同时，负债累计得分－69.40，相对负债－47.86%，负债质量系数为－2.39，表明负债质量一般。在该大项中，相对净资产为 6.28%。

(3) 城市社会指数：在总数 22 个源指标中，资产累计得分 51.7，相对资产 47.00%，资产质量系数为 2.35，表明资产质量一般。同时，负债累计得分－60.50，相对负债－55.00%，负债质量系数为－2.75，表明负债质量一般。在该大项中，相对净资产为－8.00%。

(4) 城市管理指数：在总数 14 个源指标中，资产累计得分 28.7，相对资产 41.00%，资产质量系数为 2.05，表明资产质量一般。同时，负债累计得分－42.70，相对负债－61.00%，负债质量系数为－3.05，表明负债质量较差。在该大项中，相对净资产为－20.00%。

(5) 城市可持续指数：在总数 17 个源指标中，资产累计得分 38.4，相对资产 45.18%，资产质量系数为 2.26，表明资产质量一般。同时，负债累计得分－48.30，相对负债－56.82%，负债质量系数为－2.84，表明负债质量一般。在该大项中，相对净资产为－11.65%。

总计上述五大项，在总数 103 个源指标中，总资产累计得分 234.8，相对总资产 45.59%，总资产质量系数为 2.28，表明总资产质量一般。同时，总负债累计得分－290.50，相对总负债－56.41%，总负债质量系数为－2.82，表明总负债质量一般。该城市发展能力相对总净资产为－10.82%。

表 21.37　汕头市发展能力资产负债分析

资　产							资　产					
位　次	指标数	占指标总数(%)	指标分值	相对资产(%)	资产质量系数	五大指数	位次	指标数	占指标总数(%)	指标分值	相对资产(%)	资产质量系数
1−5	1	4.76	4.8	4.57		实力指数	1−5	1	4.76	−0.30	−0.29	
6−10	2	9.52	8.8	8.38			6−10	2	9.52	−1.40	−1.33	
11−15	0	0.00	0.0	0.00		资产:负债	11−15	0	0.00	0.00	0.00	
16−20	1	4.76	3.1	2.95		35.71　66.29	16−20	1	4.76	−2.00	−1.90	
21−25	1	4.76	2.8	2.67		净资产:−30.57	21−25	1	4.76	−2.30	−2.19	
26−30	1	4.76	2.2	2.10			26−30	1	4.76	−2.90	−2.76	
31−35	4	19.05	7.2	6.86			31−35	4	19.05	−13.20	−12.57	
36−40	4	19.05	5.2	4.95			36−40	4	19.05	−15.20	−14.48	
41−45	3	14.29	2.2	2.10			41−45	3	14.29	−13.10	−12.48	
46−50	4	19.05	1.2	1.14			46−50	4	19.05	−19.20	−18.29	
合计	21	100.00	37.5	35.71	1.79	21	合计	21	100.00	−69.60	−66.29	−3.31
1−5	3	10.34	14.4	9.93		竞争指数	1−5	3	10.34	−0.90	−0.62	
6−10	2	6.90	8.6	5.93			6−10	2	6.90	−1.60	−1.10	
11−15	3	10.34	11.1	7.66		资产:负债	11−15	3	10.34	−4.20	−2.90	
16−20	4	13.79	13.5	9.31		54.14　47.86	16−20	4	13.79	−6.90	−4.76	
21−25	5	17.24	14.0	9.66		净资产:6.28	21−25	5	17.24	−11.50	−7.93	
26−30	3	10.34	6.9	4.76			26−30	3	10.34	−8.40	−5.79	
31−35	3	10.34	5.6	3.86			31−35	3	10.34	−9.70	−6.69	
36−40	0	0.00	0.0	0.00			36−40	0	0.00	0.00	0.00	
41−45	5	17.24	4.0	2.76			41−45	5	17.24	−21.50	−14.83	
46−50	1	3.45	0.4	0.28			46−50	1	3.45	−4.70	−3.24	
合计	29	100.00	78.5	54.14	2.71	29	合计	29	100.00	−69.40	−47.86	−2.39
1−5	2	9.09	9.3	8.45		社会指数	1−5	2	9.09	−0.90	−0.82	
6−10	1	4.55	4.3	3.91			6−10	1	4.55	−0.80	−0.73	
11−15	2	9.09	7.2	6.55		资产:负债	11−15	2	9.09	−3.00	−2.73	
16−20	5	22.73	16.1	14.64		47.00　55.00	16−20	5	22.73	−9.40	−8.55	
21−25	1	4.55	2.7	2.45		净资产:−8.00	21−25	1	4.55	−2.40	−2.18	
26−30	2	9.09	4.3	3.91			26−30	2	9.09	−5.90	−5.36	
31−35	0	0.00	0.0	0.00			31−35	0	0.00	0.00	0.00	
36−40	4	18.18	5.0	4.55			36−40	4	18.18	−15.40	−14.00	
41−45	3	13.64	2.1	1.91			41−45	3	13.64	−13.20	−12.00	
46−50	2	9.09	0.7	0.64			46−50	2	9.09	−9.50	−8.64	
合计	22	100.00	51.7	47.00	2.35	22	合计	22	100.00	−60.50	−55.00	−2.75
1−5	0	0.00	0.0	0.00		管理指数	1−5	0	0.00	0.00	0.00	
6−10	2	14.29	8.5	12.14			6−10	2	14.29	−1.70	−2.43	
11−15	1	7.14	4.0	5.71		资产:负债	11−15	1	7.14	−1.10	−1.57	
16−20	0	0.00	0.0	0.00		41.00　61.00	16−20	0	0.00	0.00	0.00	
21−25	1	7.14	2.8	4.00		净资产:−20.00	21−25	1	7.14	−2.30	−3.29	
26−30	2	14.29	4.9	7.00			26−30	2	14.29	−5.30	−7.57	
31−35	1	7.14	1.8	2.57			31−35	1	7.14	−3.30	−4.71	
36−40	2	14.29	2.9	4.14			36−40	2	14.29	−7.30	−10.43	
41−45	4	28.57	3.3	4.71			41−45	4	28.57	−17.10	−24.43	
46−50	1	7.14	0.5	0.71			46−50	1	7.14	−4.60	−6.57	
合计	14	100.00	28.7	41.00	2.05	14	合计	14	100.00	−42.70	−61.00	−3.05
1−5	1	5.88	4.8	5.65		可持续指数	1−5	1	5.88	−0.30	−0.35	
6−10	2	11.76	8.2	9.65			6−10	2	11.76	−2.00	−2.35	
11−15	1	5.88	3.6	4.24		资产:负债	11−15	1	5.88	−1.50	−1.76	
16−20	1	5.88	3.3	3.88		45.18　56.82	16−20	1	5.88	−1.80	−2.12	
21−25	2	11.76	5.8	6.82		净资产:−11.65	21−25	2	11.76	−4.40	−5.18	
26−30	2	11.76	4.5	5.29			26−30	2	11.76	−5.70	−6.71	
31−35	1	5.88	1.7	2.00			31−35	1	5.88	−3.40	−4.00	
36−40	4	23.53	5.4	6.35			36−40	4	23.53	−15.00	−17.65	
41−45	1	5.88	0.8	0.94			41−45	1	5.88	−4.30	−5.06	
46−50	2	11.76	0.3	0.35			46−50	2	11.76	−9.90	−11.65	
合计	17	100.00	38.4	45.18	2.26	17	合计	17	100.00	−48.30	−56.82	−2.84
资产总指标数		占指标总数(%)	总资产分值	相对总资产(%)	总资产质量系数	相对总资产:相对总负债 45.59　56.41	负债总指标数		占指标总数(%)	总负债分值	相对总负债(%)	总负债质量系数
103		100.00	234.8	45.59	2.28	相对净资产:−10.82	103		100.00	−290.50	−56.41	−2.82

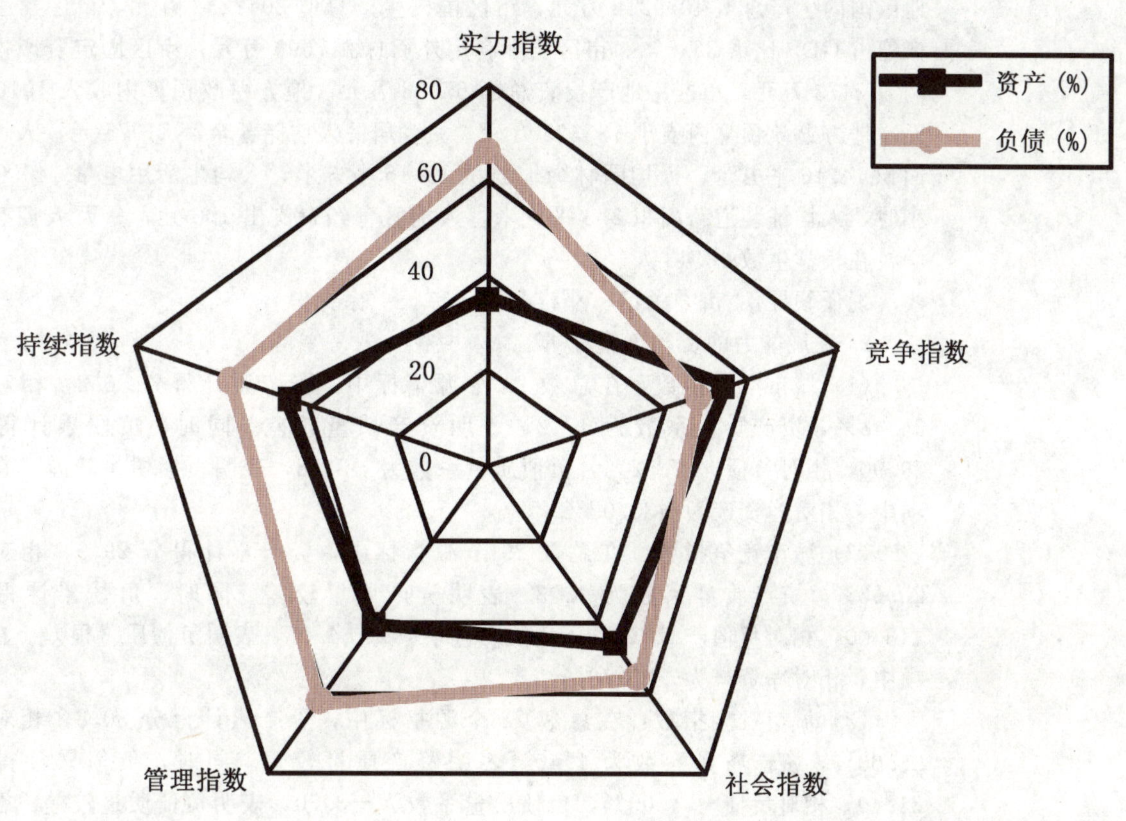

图 21.37　汕头市发展能力资产负债图

三十八 湛江市发展能力资产负债表分析

1. 一般概况

湛江市总面积12471平方公里，市区面积1460平方公里，建城区面积61平方公里。总人口694.89万人，市区总人口139.94万人，地区非农人口163.39万人。地区国内生产总值4079212万元，市区国内生产总值2042238万元，市区第三产业产值占GDP比重36.5%。市区实际利用外资总额7690万元，市区固定资产投资总额477473万元，市区房地产投资总额67308万元。地方财政预算内收入101671万元，地方财政预算内支出135335万元。城乡居民人均储蓄余额11975元，人均住房面积14.16平方米，人均园林绿地面积13.16平方米，人均生活用电量140.6千瓦小时，人均铺装道路面积2.3平方米，人均教育经费支出100元，每万人拥有高等学校在校学生数43.48人。

现任领导：市委书记 邓维龙 市长 徐少华

2. 发展能力的资产负债分析

(1) 城市实力指数：在总数21个源指标中，资产累计得分36.2，相对资产34.48%，资产质量系数为1.72，表明资产质量较差。同时，负债累计得分－70.90，相对负债－67.52%，负债质量系数为－3.38，表明负债质量较差。在该大项中，相对净资产为－33.05%。

(2) 城市竞争指数：在总数29个源指标中，资产累计得分29.9，相对资产20.62%，资产质量系数为1.03，表明资产质量较差。同时，负债累计得分－118.00，相对负债－81.38%，负债质量系数为－4.07，表明负债质量很差。在该大项中，相对净资产为－60.76%。

(3) 城市社会指数：在总数22个源指标中，资产累计得分30.8，相对资产28.00%，资产质量系数为1.40，表明资产质量较差。同时，负债累计得分－81.40，相对负债－74.00%，负债质量系数为－3.70，表明负债质量较差。在该大项中，相对净资产为－46.00%。

(4) 城市管理指数：在总数14个源指标中，资产累计得分23.6，相对资产33.71%，资产质量系数为1.69，表明资产质量较差。同时，负债累计得分－47.80，相对负债－68.29%，负债质量系数为－3.41，表明负债质量较差。在该大项中，相对净资产为－34.57%。

(5) 城市可持续指数：在总数17个源指标中，资产累计得分32.6，相对资产38.35%，资产质量系数为1.92，表明资产质量较差。同时，负债累计得分－54.10，相对负债－63.65%，负债质量系数为－3.18，表明负债质量较差。在该大项中，相对净资产为－25.29%。

总计上述五大项，在总数103个源指标中，总资产累计得分153.1，相对总资产29.73%，总资产质量系数为1.49，表明总资产质量较差。同时，总负债累计得分－372.20，相对总负债－72.27%，总负债质量系数为－3.61，表明总负债质量较差。该城市发展能力相对总净资产为－42.54%。

表 21.38　湛江市发展能力资产负债分析

资　产							资　产					
位　次	指标数	占指标总数(%)	指标分值	相对资产(%)	资产质量系数	五大指数	位次	指标数	占指标总数(%)	指标分值	相对资产(%)	资产质量系数
1−5	1	4.76	4.6	4.38		实力指数	1−5	1	4.76	−0.50	−0.48	
6−10	1	4.76	4.4	4.19			6−10	1	4.76	−0.70	−0.67	
11−15	1	4.76	4.0	3.81		资产:负债	11−15	1	4.76	−1.10	−1.05	
16−20	3	14.29	10.1	9.62		34.48　67.52	16−20	3	14.29	−5.20	−4.95	
21−25	0	0.00	0.0	0.00		净资产:−33.05	21−25	0	0.00	0.00	0.00	
26−30	1	4.76	2.1	2.00			26−30	1	4.76	−3.00	−2.86	
31−35	1	4.76	1.7	1.62			31−35	1	4.76	−3.40	−3.24	
36−40	4	19.05	4.7	4.48			36−40	4	19.05	−15.70	−14.95	
41−45	4	19.05	3.8	3.62			41−45	4	19.05	−16.60	−15.81	
46−50	5	23.81	0.8	0.76			46−50	5	23.81	−24.70	−23.52	
合计	21	100.00	36.2	34.48	1.72	21	合计	21	100.00	−70.90	−67.52	−3.38
1−5	0	0.00	0.0	0.00		竞争指数	1−5	0	0.00	0.00	0.00	
6−10	0	0.00	0.0	0.00			6−10	0	0.00	0.00	0.00	
11−15	0	0.00	0.0	0.00		资产:负债	11−15	0	0.00	0.00	0.00	
16−20	1	3.45	3.3	2.28		20.62　81.38	16−20	1	3.45	−1.80	−1.24	
21−25	0	0.00	0.0	0.00		净资产:−60.76	21−25	0	0.00	0.00	0.00	
26−30	3	10.34	6.6	4.55			26−30	3	10.34	−8.70	−6.00	
31−35	3	10.34	5.3	3.66			31−35	3	10.34	−10.00	−6.90	
36−40	6	20.69	7.4	5.10			36−40	6	20.69	−23.20	−16.00	
41−45	5	17.24	3.9	2.69			41−45	5	17.24	−21.60	−14.90	
46−50	11	37.93	3.4	2.34			46−50	11	37.93	−52.70	−36.34	
合计	29	100.00	29.9	20.62	1.03	29	合计	29	100.00	−118.00	−81.38	−4.07
1−5	1	4.55	4.9	4.45		社会指数	1−5	1	4.55	−0.20	−0.18	
6−10	1	4.55	4.4	4.00			6−10	1	4.55	−0.70	−0.64	
11−15	0	0.00	0.0	0.00		资产:负债	11−15	0	0.00	0.00	0.00	
16−20	2	9.09	6.7	6.09		28.00　74.00	16−20	2	9.09	−3.50	−3.18	
21−25	0	0.00	0.0	0.00		净资产:−46.00	21−25	0	0.00	0.00	0.00	
26−30	2	9.09	4.6	4.18			26−30	2	9.09	−5.60	−5.09	
31−35	1	4.55	1.8	1.64			31−35	1	4.55	−3.30	−3.00	
36−40	1	4.55	1.2	1.09			36−40	1	4.55	−3.90	−3.55	
41−45	5	22.73	4.5	4.09			41−45	5	22.73	−21.00	−19.09	
46−50	9	40.91	2.7	2.45			46−50	9	40.91	−43.20	−39.27	
合计	22	100.00	30.8	28.00	1.40	22	合计	22	100.00	−81.40	−74.00	−3.70
1−5	1	7.14	4.8	6.86		管理指数	1−5	1	7.14	−0.30	−0.43	
6−10	0	0.00	0.0	0.00			6−10	0	0.00	0.00	0.00	
11−15	0	0.00	0.0	0.00		资产:负债	11−15	0	0.00	0.00	0.00	
16−20	2	14.29	6.5	9.29		33.71　68.29	16−20	2	14.29	−3.70	−5.29	
21−25	0	0.00	0.0	0.00		净资产:−34.57	21−25	0	0.00	0.00	0.00	
26−30	1	7.14	2.2	3.14			26−30	1	7.14	−2.90	−4.14	
31−35	2	14.29	3.7	5.29			31−35	2	14.29	−6.50	−9.29	
36−40	4	28.57	4.6	6.57			36−40	4	28.57	−15.80	−22.57	
41−45	2	14.29	1.2	1.71			41−45	2	14.29	−9.00	−12.86	
46−50	2	14.29	0.6	0.86			46−50	2	14.29	−9.60	−13.71	
合计	14	100.00	23.6	33.71	1.69	14	合计	14	100.00	−47.80	−68.29	−3.41
1−5	1	5.88	4.6	5.41		可持续指数	1−5	1	5.88	−0.50	−0.59	
6−10	1	5.88	4.5	5.29			6−10	1	5.88	−0.60	−0.71	
11−15	0	0.00	0.0	0.00		资产:负债	11−15	0	0.00	0.00	0.00	
16−20	2	11.76	6.9	8.12		38.35　63.65	16−20	2	11.76	−3.30	−3.88	
21−25	3	17.65	8.0	9.41		净资产:−25.29	21−25	3	17.65	−7.30	−8.59	
26−30	1	5.88	2.2	2.59			26−30	1	5.88	−2.90	−3.41	
31−35	0	0.00	0.0	0.00			31−35	0	0.00	0.00	0.00	
36−40	3	17.65	3.4	4.00			36−40	3	17.65	−11.90	−14.00	
41−45	3	17.65	2.6	3.06			41−45	3	17.65	−12.70	−14.94	
46−50	3	17.65	0.4	0.47			46−50	3	17.65	−14.90	−17.53	
合计	17	100.00	32.6	38.35	1.92	17	合计	17	100.00	−54.10	−63.65	−3.18
资产总指标数		占指标总数(%)	总资产分值	相对总资产(%)	总资产质量系数	相对总资产:相对总负债 29.73　72.27	负债总指标数		占指标总数(%)	总负债分值	相对总负债(%)	总负债质量系数
103		100.00	153.1	29.73	1.49	相对净资产: −42.54	103		100.00	−372.20	−72.27	−3.61

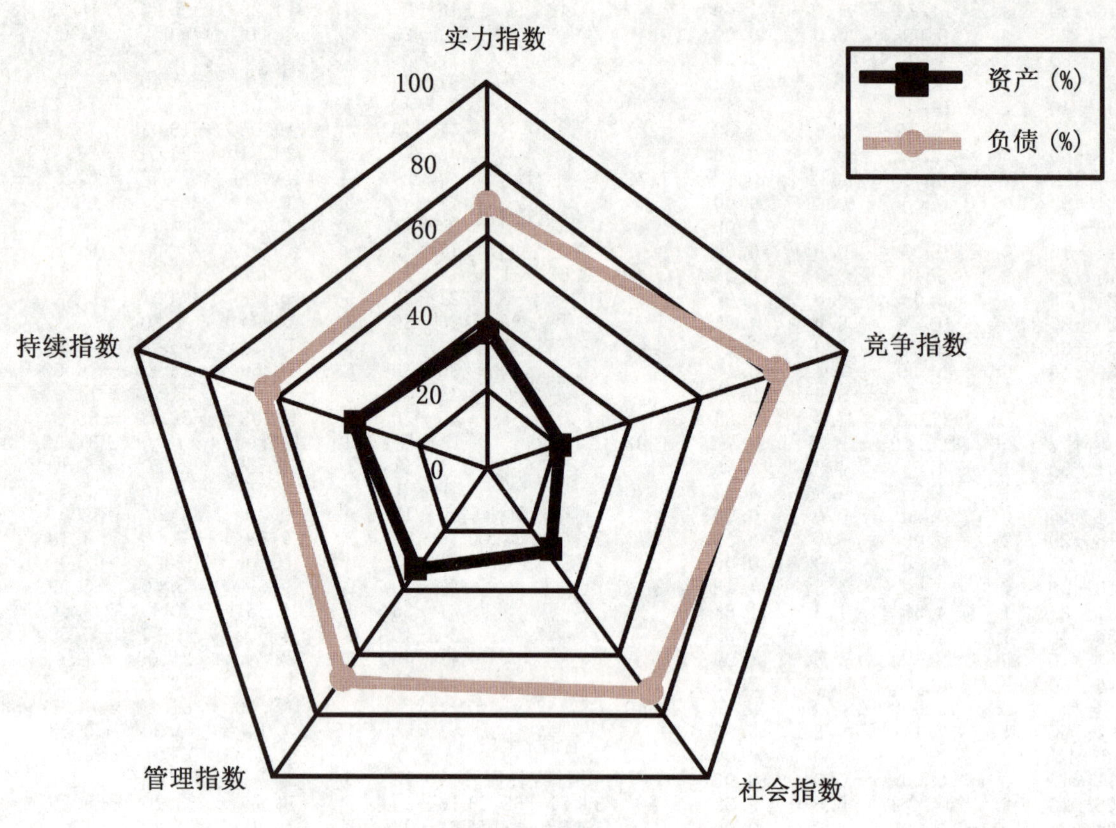

图 21.38　湛江市发展能力资产负债图

三十九　南宁市发展能力资产负债表分析

1. 一般概况

南宁市总面积10029平方公里，市区面积1837平方公里，建城区面积100平方公里。总人口291.41万人，市区总人口135.64万人，地区非农人口119.08万人。地区国内生产总值2943002万元，市区国内生产总值2152169万元，市区第三产业产值占GDP比重65%。市区实际利用外资总额8149万元，市区固定资产投资总额560795万元，市区房地产投资总额154740万元。地方财政预算内收入136741万元，地方财政预算内支出167451万元。城乡居民人均储蓄余额15879元，人均住房面积14.54平方米，人均园林绿地面积33.99平方米，人均生活用电量323.4千瓦小时，人均铺装道路面积5.7平方米，人均教育经费支出97元，每万人拥有高等学校在校学生数17.02人。

现任领导：市委书记　李纪恒　　市长　林国强

2. 发展能力的资产负债分析

(1) 城市实力指数：在总数21个源指标中，资产累计得分38.4，相对资产36.57%，资产质量系数为1.83，表明资产质量较差。同时，负债累计得分－68.70，相对负债－65.43%，负债质量系数为－3.27，表明负债质量较差。在该大项中，相对净资产为－28.86%。

(2) 城市竞争指数：在总数29个源指标中，资产累计得分65.3，相对资产45.03%，资产质量系数为2.25，表明资产质量一般。同时，负债累计得分－82.60，相对负债－56.97%，负债质量系数为－2.85，表明负债质量一般。在该大项中，相对净资产为－11.93%。

(3) 城市社会指数：在总数22个源指标中，资产累计得分56.6，相对资产51.45%，资产质量系数为2.57，表明资产质量一般。同时，负债累计得分－55.60，相对负债－50.55%，负债质量系数为－2.53，表明负债质量一般。在该大项中，相对净资产为0.91%。

(4) 城市管理指数：在总数14个源指标中，资产累计得分29.4，相对资产42.00%，资产质量系数为2.10，表明资产质量一般。同时，负债累计得分－42.00，相对负债－60.00%，负债质量系数为－3.00，表明负债质量较差。在该大项中，相对净资产为－18.00%。

(5) 城市可持续指数：在总数17个源指标中，资产累计得分49.0，相对资产57.65%，资产质量系数为2.88，表明资产质量一般。同时，负债累计得分－37.70，相对负债－44.35%，负债质量系数为－2.22，表明负债质量一般。在该大项中，相对净资产为13.29%。

总计上述五大项，在总数103个源指标中，总资产累计得分238.7，相对总资产46.35%，总资产质量系数为2.32，表明总资产质量一般。同时，总负债累计得分－286.60，相对总负债－55.65%，总负债质量系数为－2.78，表明总负债质量一般。该城市发展能力相对总净资产为－9.30%。

表 21.39　南宁市发展能力资产负债分析

资　产							资　产					
位　次	指标数	占指标总数(%)	指标分值	相对资产(%)	资产质量系数	五大指数	位次	指标数	占指标总数(%)	指标分值	相对资产(%)	资产质量系数
1-5	2	9.52	9.2	8.76		实力指数	1-5	2	9.52	-1.00	-0.95	
6-10	1	4.76	4.2	4.00			6-10	1	4.76	-0.90	-0.86	
11-15	0	0.00	0.0	0.00		资产:负债	11-15	0	0.00	0.00	0.00	
16-20	1	4.76	3.4	3.24		36.57　65.43	16-20	1	4.76	-1.70	-1.62	
21-25	0	0.00	0.0	0.00		净资产:-28.86	21-25	0	0.00	0.00	0.00	
26-30	2	9.52	4.4	4.19			26-30	2	9.52	-5.80	-5.52	
31-35	2	9.52	3.5	3.33			31-35	2	9.52	-6.70	-6.38	
36-40	9	42.86	11.3	10.76			36-40	9	42.86	-34.60	-32.95	
41-45	3	14.29	2.1	2.00			41-45	3	14.29	-13.20	-12.57	
46-50	1	4.76	0.3	0.29			46-50	1	4.76	-4.80	-4.57	
合计	21	100.00	38.4	36.57	1.83	21	合计	21	100.00	-68.70	-65.43	-3.27
1-5	1	3.45	4.7	3.24		竞争指数	1-5	1	3.45	-0.40	-0.28	
6-10	2	6.90	8.4	5.79			6-10	2	6.90	-1.80	-1.24	
11-15	1	3.45	3.6	2.48		资产:负债	11-15	1	3.45	-1.50	-1.03	
16-20	3	10.34	10.0	6.90		45.03　56.97	16-20	3	10.34	-5.30	-3.66	
21-25	2	6.90	5.7	3.93		净资产:-11.93	21-25	2	6.90	-4.50	-3.10	
26-30	7	24.14	15.9	10.97			26-30	7	24.14	-19.80	-13.66	
31-35	6	20.69	10.6	7.31			31-35	6	20.69	-20.00	-13.79	
36-40	3	10.34	4.0	2.76			36-40	3	10.34	-11.30	-7.79	
41-45	2	6.90	1.4	0.97			41-45	2	6.90	-8.80	-6.07	
46-50	2	6.90	1.0	0.69			46-50	2	6.90	-9.20	-6.34	
合计	29	100.00	65.3	45.03	2.25	29	合计	29	100.00	-82.60	-56.97	-2.85
1-5	2	9.09	9.3	8.45		社会指数	1-5	2	9.09	-0.90	-0.82	
6-10	0	0.00	0.0	0.00			6-10	0	0.00	0.00	0.00	
11-15	4	18.18	14.8	13.45		资产:负债	11-15	4	18.18	-5.60	-5.09	
16-20	1	4.55	3.3	3.00		51.45　50.55	16-20	1	4.55	-1.80	-1.64	
21-25	3	13.64	8.0	7.27		净资产:0.91	21-25	3	13.64	-7.30	-6.64	
26-30	6	27.27	13.3	12.09			26-30	6	27.27	-17.30	-15.73	
31-35	2	9.09	3.6	3.27			31-35	2	9.09	-6.60	-6.00	
36-40	3	13.64	3.7	3.36			36-40	3	13.64	-11.60	-10.55	
41-45	1	4.55	0.6	0.55			41-45	1	4.55	-4.50	-4.09	
46-50	0	0.00	0.0	0.00			46-50	0	0.00	0.00	0.00	
合计	22	100.00	56.6	51.45	2.57	22	合计	22	100.00	-55.60	-50.55	-2.53
1-5	1	7.14	4.9	7.00		管理指数	1-5	1	7.14	-0.20	-0.29	
6-10	1	7.14	4.1	5.86			6-10	1	7.14	-1.00	-1.43	
11-15	0	0.00	0.0	0.00		资产:负债	11-15	0	0.00	0.00	0.00	
16-20	0	0.00	0.0	0.00		42.00　60.00	16-20	0	0.00	0.00	0.00	
21-25	4	28.57	11.0	15.71		净资产:-18.00	21-25	4	28.57	-9.40	-13.43	
26-30	0	0.00	0.0	0.00			26-30	0	0.00	0.00	0.00	
31-35	2	14.29	3.3	4.71			31-35	2	14.29	-6.90	-9.86	
36-40	3	21.43	4.1	5.86			36-40	3	21.43	-11.20	-16.00	
41-45	2	14.29	1.5	2.14			41-45	2	14.29	-8.70	-12.43	
46-50	1	7.14	0.5	0.71			46-50	1	7.14	-4.60	-6.57	
合计	14	100.00	29.4	42.00	2.10	14	合计	14	100.00	-42.00	-60.00	-3.00
1-5	1	5.88	4.6	5.41		可持续指数	1-5	1	5.88	-0.50	-0.59	
6-10	3	17.65	12.8	15.06			6-10	3	17.65	-2.50	-2.94	
11-15	3	17.65	11.8	13.88		资产:负债	11-15	3	17.65	-3.50	-4.12	
16-20	2	11.76	6.3	7.41		57.65　44.35	16-20	2	11.76	-3.90	-4.59	
21-25	1	5.88	2.9	3.41		净资产:13.29	21-25	1	5.88	-2.20	-2.59	
26-30	2	11.76	4.6	5.41			26-30	2	11.76	-5.60	-6.59	
31-35	1	5.88	1.7	2.00			31-35	1	5.88	-3.40	-4.00	
36-40	3	17.65	3.5	4.12			36-40	3	17.65	-11.80	-13.88	
41-45	1	5.88	0.8	0.94			41-45	1	5.88	-4.30	-5.06	
46-50	0	0.00	0.0	0.00			46-50	0	0.00	0.00	0.00	
合计	17	100.00	49.0	57.65	2.88	17	合计	17	100.00	-37.70	-44.35	-2.22
资产总指标数		占指标总数(%)	总资产分值	相对总资产(%)	总资产质量系数	相对总资产:相对总负债 46.35　55.65	负债总指标数		占指标总数(%)	总负债分值	相对总负债(%)	总负债质量系数
103		100.00	238.7	46.35	2.32	相对净资产:-9.30	103		100.00	-286.60	-55.65	-2.78

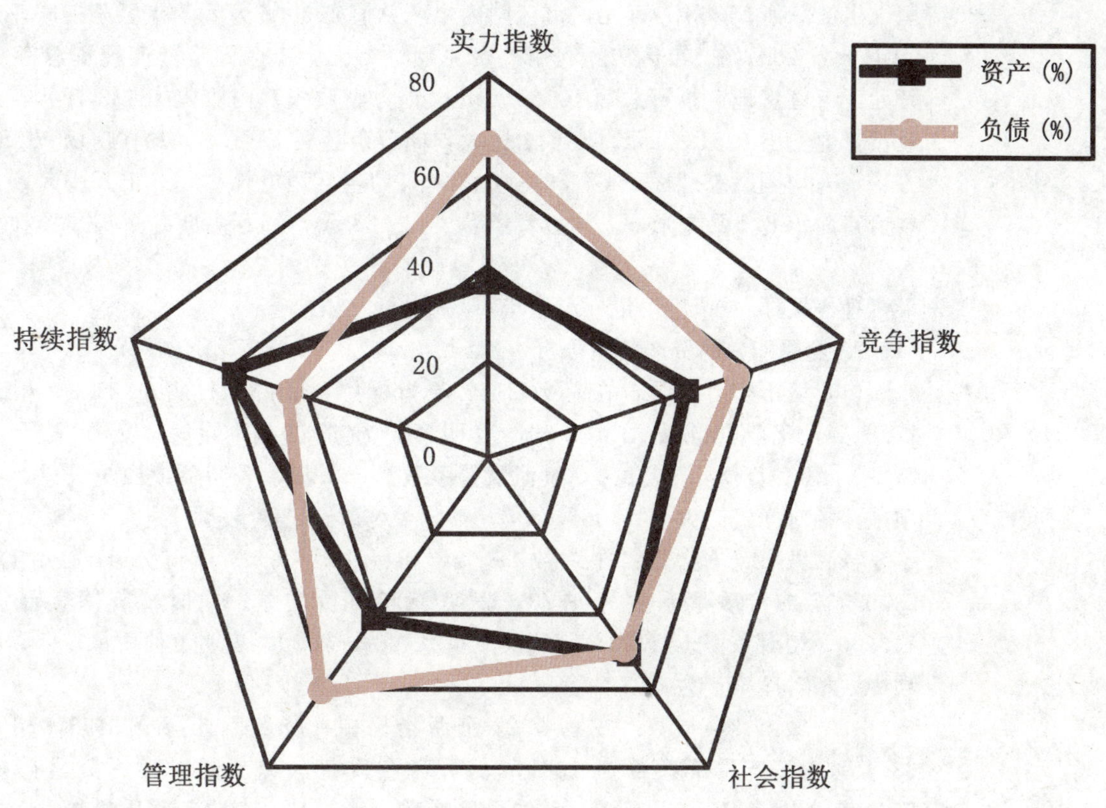

图 21.39　南宁市发展能力资产负债图

四十 北海市发展能力资产负债表分析

1. 一般概况

北海市总面积 3337 平方公里，市区面积 957 平方公里，建城区面积 31 平方公里。总人口 143.06 万人，市区总人口 51.37 万人，地区非农人口 39.56 万人。地区国内生产总值 1136811 万元，市区国内生产总值 453668 万元，市区第三产业产值占 GDP 比重 29.1％。市区实际利用外资总额 0 万元，市区固定资产投资总额 152764 万元，市区房地产投资总额 10125 万元。地方财政预算内收入 48133 万元，地方财政预算内支出 63512 万元。城乡居民人均储蓄余额 9617 元，人均住房面积 18.84 平方米，人均园林绿地面积 67.59 平方米，人均生活用电量 243.9 千瓦小时，人均铺装道路面积 8.4 平方米，人均教育经费支出 158 元，每万人拥有高等学校在校学生数 18.81 人。

现任领导： 市委书记 温卡华 市长 刘君

2. 发展能力的资产负债分析

(1) 城市实力指数：在总数 21 个源指标中，资产累计得分 29.2，相对资产 27.81％，资产质量系数为 1.39，表明资产质量较差。同时，负债累计得分－77.90，相对负债－74.19％，负债质量系数为－3.71，表明负债质量较差。在该大项中，相对净资产为－46.38％。

(2) 城市竞争指数：在总数 29 个源指标中，资产累计得分 34.9，相对资产 24.07％，资产质量系数为 1.20，表明资产质量较差。同时，负债累计得分－113.00，相对负债－77.93％，负债质量系数为－3.90，表明负债质量较差。在该大项中，相对净资产为－53.86％。

(3) 城市社会指数：在总数 22 个源指标中，资产累计得分 36.8，相对资产 33.45％，资产质量系数为 1.67，表明资产质量较差。同时，负债累计得分－75.40，相对负债－68.55％，负债质量系数为－3.43，表明负债质量较差。在该大项中，相对净资产为－35.09％。

(4) 城市管理指数：在总数 14 个源指标中，资产累计得分 16.8，相对资产 24.00％，资产质量系数为 1.20，表明资产质量较差。同时，负债累计得分－54.60，相对负债－78.00％，负债质量系数为－3.90，表明负债质量较差。在该大项中，相对净资产为－54.00％。

(5) 城市可持续指数：在总数 17 个源指标中，资产累计得分 45.6，相对资产 53.65％，资产质量系数为 2.68，表明资产质量一般。同时，负债累计得分－41.10，相对负债－48.35％，负债质量系数为－2.42，表明负债质量一般。在该大项中，相对净资产为 5.29％。

总计上述五大项，在总数 103 个源指标中，总资产累计得分 163.3，相对总资产 31.71％，总资产质量系数为 1.59，表明总资产质量较差。同时，总负债累计得分－362.00，相对总负债－70.29％，总负债质量系数为－3.51，表明总负债质量较差。该城市发展能力相对总净资产为－38.58％。

表 21.40　北海市发展能力资产负债分析

资　产						五大指数	资　产					
位　次	指标数	占指标总数(%)	指标分值	相对资产(%)	资产质量系数		位次	指标数	占指标总数(%)	指标分值	相对资产(%)	资产质量系数
1—5	3	14.29	14.6	13.90		实力指数	1—5	3	14.29	−0.70	−0.67	
6—10	1	4.76	4.2	4.00			6—10	1	4.76	−0.90	−0.86	
11—15	0	0.00	0.0	0.00		资产:负债	11—15	0	0.00	0.00	0.00	
16—20	1	4.76	3.5	3.33		27.81　74.19	16—20	1	4.76	−1.60	−1.52	
21—25	0	0.00	0.0	0.00		净资产:−46.38	21—25	0	0.00	0.00	0.00	
26—30	0	0.00	0.0	0.00			26—30	0	0.00	0.00	0.00	
31—35	1	4.76	2.0	1.90			31—35	1	4.76	−3.10	−2.95	
36—40	1	4.76	1.1	1.05			36—40	1	4.76	−4.00	−3.81	
41—45	2	9.52	1.5	1.43			41—45	2	9.52	−8.70	−8.29	
46—50	12	57.14	2.3	2.19			46—50	12	57.14	−58.90	−56.10	
合计	21	100.00	29.2	27.81	1.39	21	合计	21	100.00	−77.90	−74.19	−3.71
1—5	0	0.00	0.0	0.00		竞争指数	1—5	0	0.00	0.00	0.00	
6—10	2	6.90	8.6	5.93			6—10	2	6.90	−1.60	−1.10	
11—15	2	6.90	7.7	5.31		资产:负债	11—15	2	6.90	−2.50	−1.72	
16—20	0	0.00	0.0	0.00		24.07　77.93	16—20	0	0.00	0.00	0.00	
21—25	1	3.45	2.6	1.79		净资产:−53.86	21—25	1	3.45	−2.50	−1.72	
26—30	2	6.90	4.3	2.97			26—30	2	6.90	−5.90	−4.07	
31—35	1	3.45	1.8	1.24			31—35	1	3.45	−3.30	−2.28	
36—40	4	13.79	4.8	3.31			36—40	4	13.79	−15.60	−10.76	
41—45	4	13.79	2.8	1.93			41—45	4	13.79	−17.60	−12.14	
46—50	13	44.83	2.3	1.59			46—50	13	44.83	−64.00	−44.14	
合计	29	100.00	34.9	24.07	1.20	29	合计	29	100.00	−113.00	−77.93	−3.90
1—5	1	4.55	4.6	4.18		社会指数	1—5	1	4.55	−0.50	−0.45	
6—10	4	18.18	17.7	16.09			6—10	4	18.18	−2.70	−2.45	
11—15	0	0.00	0.0	0.00		资产:负债	11—15	0	0.00	0.00	0.00	
16—20	1	4.55	3.2	2.91		33.45　68.55	16—20	1	4.55	−1.90	−1.73	
21—25	0	0.00	0.0	0.00		净资产:−35.09	21—25	0	0.00	0.00	0.00	
26—30	0	0.00	0.0	0.00			26—30	0	0.00	0.00	0.00	
31—35	0	0.00	0.0	0.00			31—35	0	0.00	0.00	0.00	
36—40	4	18.18	4.8	4.36			36—40	4	18.18	−15.60	−14.18	
41—45	6	27.27	4.7	4.27			41—45	6	27.27	−25.90	−23.55	
46—50	6	27.27	1.8	1.64			46—50	6	27.27	−28.80	−26.18	
合计	22	100.00	36.8	33.45	1.67	22	合计	22	100.00	−75.40	−68.55	−3.43
1—5	1	7.14	4.8	6.86		管理指数	1—5	1	7.14	−0.30	−0.43	
6—10	0	0.00	0.0	0.00			6—10	0	0.00	0.00	0.00	
11—15	0	0.00	0.0	0.00		资产:负债	11—15	0	0.00	0.00	0.00	
16—20	0	0.00	0.0	0.00		24.00　78.00	16—20	0	0.00	0.00	0.00	
21—25	1	7.14	3.0	4.29		净资产:−54.00	21—25	1	7.14	−2.10	−3.00	
26—30	1	7.14	2.3	3.29			26—30	1	7.14	−2.80	−4.00	
31—35	1	7.14	2.0	2.86			31—35	1	7.14	−3.10	−4.43	
36—40	1	7.14	1.4	2.00			36—40	1	7.14	−3.70	−5.29	
41—45	3	21.43	2.6	3.71			41—45	3	21.43	−12.70	−18.14	
46—50	6	42.86	0.7	1.00			46—50	6	42.86	−29.90	−42.71	
合计	14	100.00	16.8	24.00	1.20	14	合计	14	100.00	−54.60	−78.00	−3.90
1—5	7	41.18	34.3	40.35		可持续指数	1—5	7	41.18	−1.40	−1.65	
6—10	0	0.00	0.0	0.00			6—10	0	0.00	0.00	0.00	
11—15	1	5.88	3.9	4.59		资产:负债	11—15	1	5.88	−1.20	−1.41	
16—20	0	0.00	0.0	0.00		53.65　48.35	16—20	0	0.00	0.00	0.00	
21—25	0	0.00	0.0	0.00		净资产:5.29	21—25	0	0.00	0.00	0.00	
26—30	2	11.76	4.2	4.94			26—30	2	11.76	−6.00	−7.06	
31—35	0	0.00	0.0	0.00			31—35	0	0.00	0.00	0.00	
36—40	1	5.88	1.2	1.41			36—40	1	5.88	−3.90	−4.59	
41—45	1	5.88	0.7	0.82			41—45	1	5.88	−4.40	−5.18	
46—50	5	29.41	1.3	1.53			46—50	5	29.41	−41.10	−48.35	
合计	17	100.00	45.6	53.65	2.68	17	合计	17	100.00	−41.10	−48.35	−2.42
资产总指标数		占指标总数(%)	总资产分值	相对总资产(%)	总资产质量系数	相对总资产:相对总负债 31.71　70.29	负债总指标数		占指标总数(%)	总负债分值	相对总负债(%)	总负债质量系数
103		100.00	163.3	31.71	1.59	相对净资产:−38.58	103		100.00	−362.00	−70.29	−3.51

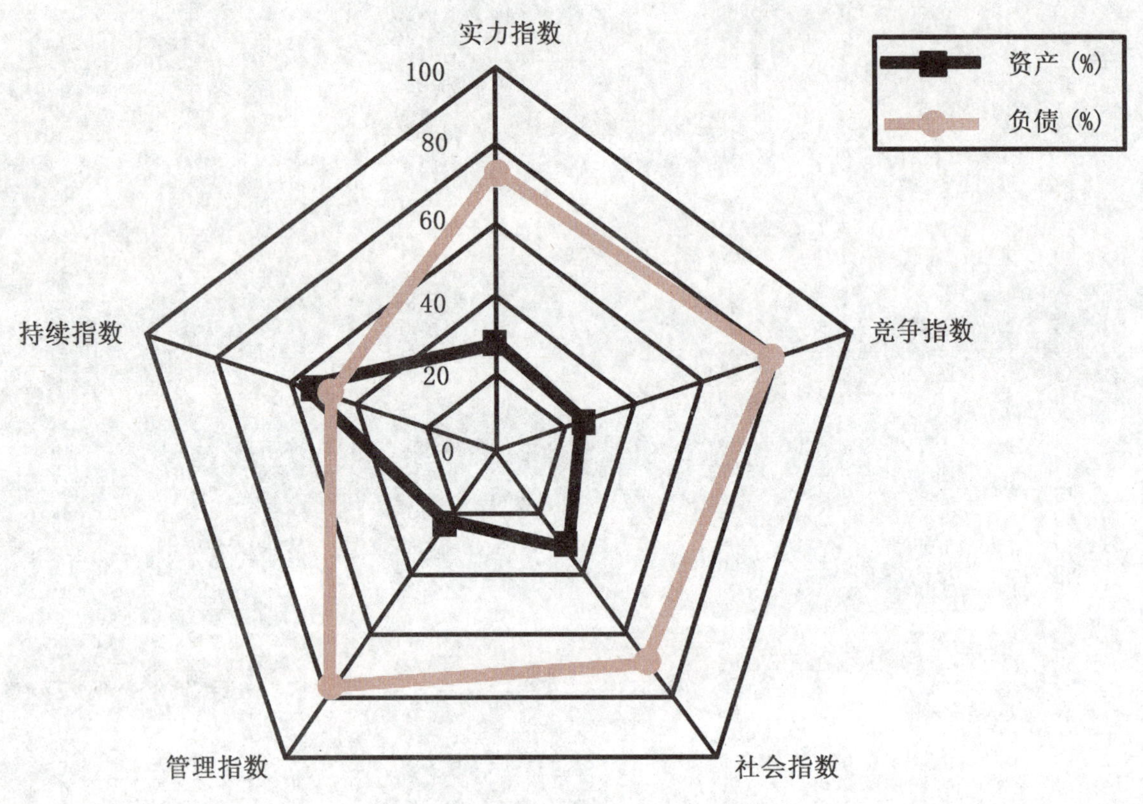

图 21.40　北海市发展能力资产负债图

四十一　海口市发展能力资产负债表分析

1. 一般概况

海口市总面积236平方公里，市区面积236平方公里，建城区面积34平方公里。总人口57.34万人，市区总人口57.34万人，地区非农人口48.4万人。地区国内生产总值1336153万元，市区国内生产总值1336153万元，市区第三产业产值占GDP比重71.7%。市区实际利用外资总额34694万元，市区固定资产投资总额648515万元，市区房地产投资总额88138万元。地方财政预算内收入136170万元，地方财政预算内支出111262万元。城乡居民人均储蓄余额29394元，人均住房面积16.8平方米，人均园林绿地面积28.6平方米，人均生活用电量193.3千瓦小时，人均铺装道路面积10.8平方米，人均教育经费支出172元，每万人拥有高等学校在校学生数15.93人。

现任领导：市委书记　王富玉　　市长　王法仁

2. 发展能力的资产负债分析

(1) 城市实力指数：在总数21个源指标中，资产累计得分38.8，相对资产36.95%，资产质量系数为1.85，表明资产质量一般。同时，负债累计得分－68.30，相对负债－65.05%，负债质量系数为－3.25，表明负债质量较差。在该大项中，相对净资产为－28.10%。

(2) 城市竞争指数：在总数29个源指标中，资产累计得分55.0，相对资产37.93%，资产质量系数为1.90，表明资产质量一般。同时，负债累计得分－92.90，相对负债－64.07%，负债质量系数为－3.20，表明负债质量较差。在该大项中，相对净资产为－26.14%。

(3) 城市社会指数：在总数22个源指标中，资产累计得分77.0，相对资产70.00%，资产质量系数为3.50，表明资产质量较好。同时，负债累计得分－35.20，相对负债－32.00%，负债质量系数为－1.60，表明负债质量较好。在该大项中，相对净资产为38.00%。

(4) 城市管理指数：在总数14个源指标中，资产累计得分39.4，相对资产56.29%，资产质量系数为2.81，表明资产质量一般。同时，负债累计得分－32.00，相对负债－45.71%，负债质量系数为－2.29，表明负债质量一般。在该大项中，相对净资产为10.57%。

(5) 城市可持续指数：在总数17个源指标中，资产累计得分60.3，相对资产70.94%，资产质量系数为3.55，表明资产质量较好。同时，负债累计得分－26.40，相对负债－31.06%，负债质量系数为－1.55，表明负债质量较好。在该大项中，相对净资产为39.88%。

总计上述五大项，在总数103个源指标中，总资产累计得分270.5，相对总资产52.52%，总资产质量系数为2.63，表明总资产质量一般。同时，总负债累计得分－254.80，相对总负债－49.48%，总负债质量系数为－2.47，表明总负债质量一般。该城市发展能力相对总净资产为3.05%。

表 21.41　海口市发展能力资产负债分析

资　产						五大指数	资　产					
位　次	指标数	占指标总数(%)	指标分值	相对资产(%)	资产质量系数		位次	指标数	占指标总数(%)	指标分值	相对资产(%)	资产质量系数
1－5	1	4.76	4.6	4.38		实力指数	1－5	1	4.76	－0.50	－0.48	
6－10	2	9.52	8.7	8.29			6－10	2	9.52	－1.50	－1.43	
11－15	2	9.52	7.8	7.43		资产:负债	11－15	2	9.52	－2.40	－2.29	
16－20	0	0.00	0.0	0.00		36.95　65.05	16－20	0	0.00	0.00	0.00	
21－25	3	14.29	8.4	8.00		净资产:－28.10	21－25	3	14.29	－6.90	－6.57	
26－30	0	0.00	0.0	0.00			26－30	0	0.00	0.00	0.00	
31－35	3	14.29	5.3	5.05			31－35	3	14.29	－10.00	－9.52	
36－40	0	0.00	0.0	0.00			36－40	0	0.00	0.00	0.00	
41－45	4	19.05	2.4	2.29			41－45	4	19.05	－18.00	－17.14	
46－50	6	28.57	1.6	1.52			46－50	6	28.57	－29.00	－27.62	
合计	21	100.00	38.8	36.95	1.85	21	合计	21	100.00	－68.30	－65.05	－3.25
1－5	3	10.34	14.7	10.14		竞争指数	1－5	3	10.34	－0.60	－0.41	
6－10	1	3.45	4.5	3.10			6－10	1	3.45	－0.60	－0.41	
11－15	1	3.45	3.9	2.69		资产:负债	11－15	1	3.45	－1.20	－0.83	
16－20	2	6.90	6.6	4.55		37.93　64.07	16－20	2	6.90	－3.60	－2.48	
21－25	1	3.45	2.8	1.93		净资产:－26.14	21－25	1	3.45	－2.30	－1.59	
26－30	4	13.79	9.1	6.28			26－30	4	13.79	－11.30	－7.79	
31－35	2	6.90	3.2	2.21			31－35	2	6.90	－7.00	－4.83	
36－40	4	13.79	4.4	3.03			36－40	4	13.79	－16.00	－11.03	
41－45	4	13.79	3.4	2.34			41－45	4	13.79	－17.00	－11.72	
46－50	7	24.14	2.4	1.66			46－50	7	24.14	－33.30	－22.97	
合计	29	100.00	55.0	37.93	1.90	29	合计	29	100.00	－92.90	－64.07	－3.20
1－5	9	40.91	43.3	39.36		社会指数	1－5	9	40.91	－2.60	－2.36	
6－10	2	9.09	8.5	7.73			6－10	2	9.09	－1.70	－1.55	
11－15	1	4.55	3.8	3.45		资产:负债	11－15	1	4.55	－1.30	－1.18	
16－20	3	13.64	10.0	9.09		70.00　32.00	16－20	3	13.64	－5.30	－4.82	
21－25	2	9.09	5.4	4.91		净资产:38.00	21－25	2	9.09	－4.80	－4.36	
26－30	1	4.55	2.5	2.27			26－30	1	4.55	－2.60	－2.36	
31－35	1	4.55	1.9	1.73			31－35	1	4.55	－3.20	－2.91	
36－40	0	0.00	0.0	0.00			36－40	0	0.00	0.00	0.00	
41－45	1	4.55	1.0	0.91			41－45	1	4.55	－4.10	－3.73	
46－50	2	9.09	0.6	0.55			46－50	2	9.09	－9.60	－8.73	
合计	22	100.00	77.0	70.00	3.50	22	合计	22	100.00	－35.20	－32.00	－1.60
1－5	3	21.43	14.8	21.14		管理指数	1－5	3	21.43	－0.50	－0.71	
6－10	1	7.14	4.4	6.29			6－10	1	7.14	－0.70	－1.00	
11－15	2	14.29	7.7	11.00		资产:负债	11－15	2	14.29	－2.50	－3.57	
16－20	2	14.29	6.8	9.71		56.29　45.71	16－20	2	14.29	－3.40	－4.86	
21－25	0	0.00	0.0	0.00		净资产:10.57	21－25	0	0.00	0.00	0.00	
26－30	1	7.14	2.5	3.57			26－30	1	7.14	－2.60	－3.71	
31－35	0	0.00	0.0	0.00			31－35	0	0.00	0.00	0.00	
36－40	0	0.00	0.0	0.00			36－40	0	0.00	0.00	0.00	
41－45	4	28.57	2.7	3.86			41－45	4	28.57	－17.70	－25.29	
46－50	1	7.14	0.5	0.71			46－50	1	7.14	－4.60	－6.57	
合计	14	100.00	39.4	56.29	2.81	14	合计	14	100.00	－32.00	－45.71	－2.29
1－5	6	35.29	28.8	33.88		可持续指数	1－5	6	35.29	－1.80	－2.12	
6－10	1	5.88	4.3	5.06			6－10	1	5.88	－0.80	－0.94	
11－15	2	11.76	7.8	9.18		资产:负债	11－15	2	11.76	－2.40	－2.82	
16－20	4	23.53	13.6	16.00		70.94　31.06	16－20	4	23.53	－6.80	－8.00	
21－25	1	5.88	2.9	3.41		净资产:39.88	21－25	1	5.88	－2.20	－2.59	
26－30	0	0.00	0.0	0.00			26－30	0	0.00	0.00	0.00	
31－35	0	0.00	0.0	0.00			31－35	0	0.00	0.00	0.00	
36－40	1	5.88	1.5	1.76			36－40	1	5.88	－3.60	－4.24	
41－45	2	11.76	1.4	1.65			41－45	2	11.76	－8.80	－10.35	
46－50	0	0.00	0.0	0.00			46－50	0	0.00	0.00	0.00	
合计	17	100.00	60.3	70.94	3.55	17	合计	17	100.00	－26.40	－31.06	－1.55
资产总指标数		占指标总数(%)	总资产分值	相对总资产(%)	总资产质量系数	相对总资产:相对总负债 52.52　49.48	负债总指标数		占指标总数(%)	总负债分值	相对总负债(%)	总负债质量系数
103		100.00	270.5	52.52	2.63	相对净资产:3.05	103		100.00	－254.80	－49.48	－2.47

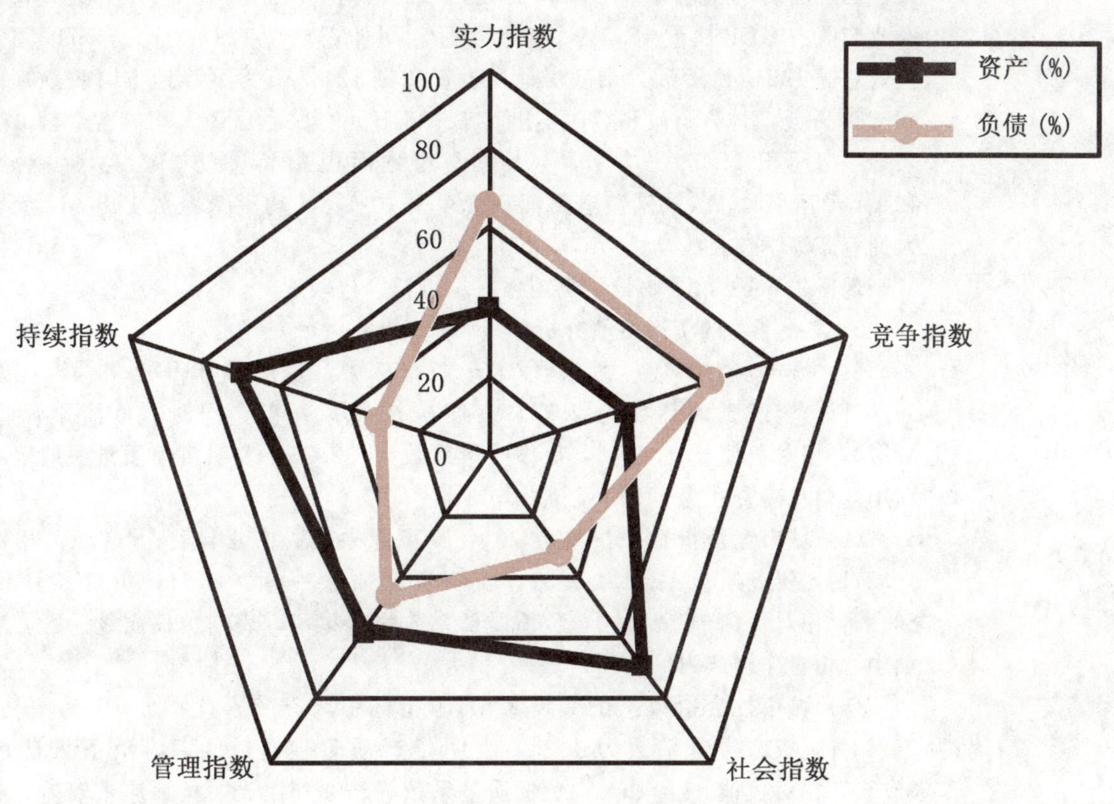

图 21.41　海口市发展能力资产负债图

四十二　重庆市发展能力资产负债表分析

1. 一般概况

重庆市总面积 82403 平方公里，市区面积 14876 平方公里，建城区面积 262 平方公里。总人口 3091.09 万人，市区总人口 896.49 万人，地区非农人口 660.89 万人。地区国内生产总值 15896000 万元，市区国内生产总值 7862000 万元，市区第三产业产值占 GDP 比重 42.7%。市区实际利用外资总额 12917 万元，市区固定资产投资总额 1351840 万元，市区房地产投资总额 1246385 万元。地方财政预算内收入 767882 万元，地方财政预算内支出 1412795 万元。城乡居民人均储蓄余额 6753 元，人均住房面积 14.58 平方米，人均园林绿地面积 9.45 平方米，人均生活用电量 467.1 千瓦小时，人均铺装道路面积 2.4 平方米，人均教育经费支出 144 元，每万人拥有高等学校在校学生数 60.00 人。

现任领导：市委书记　贺国强　　市长　包叙定

2. 发展能力的资产负债分析

(1) 城市实力指数：在总数 21 个源指标中，资产累计得分 59.4，相对资产 56.57%，资产质量系数为 2.83，表明资产质量一般。同时，负债累计得分－47.70，相对负债－45.43%，负债质量系数为－2.27，表明负债质量一般。在该大项中，相对净资产为 11.14%。

(2) 城市竞争指数：在总数 29 个源指标中，资产累计得分 67.0，相对资产 46.21%，资产质量系数为 2.31，表明资产质量一般。同时，负债累计得分－80.90，相对负债－55.79%，负债质量系数为－2.79，表明负债质量一般。在该大项中，相对净资产为－9.59%。

(3) 城市社会指数：在总数 22 个源指标中，资产累计得分 29.5，相对资产 26.82%，资产质量系数为 1.34，表明资产质量较差。同时，负债累计得分－82.70，相对负债－75.18%，负债质量系数为－3.76，表明负债质量较差。在该大项中，相对净资产为－48.36%。

(4) 城市管理指数：在总数 14 个源指标中，资产累计得分 32.0，相对资产 45.71%，资产质量系数为 2.29，表明资产质量一般。同时，负债累计得分－39.40，相对负债－56.29%，负债质量系数为－2.81，表明负债质量一般。在该大项中，相对净资产为－10.57%。

(5) 城市可持续指数：在总数 17 个源指标中，资产累计得分 22.3，相对资产 26.24%，资产质量系数为 1.31，表明资产质量较差。同时，负债累计得分－64.40，相对负债－75.76%，负债质量系数为－3.79，表明负债质量较差。在该大项中，相对净资产为－49.53%。

总计上述五大项，在总数 103 个源指标中，总资产累计得分 210.2，相对总资产 40.82%，总资产质量系数为 2.04，表明总资产质量一般。同时，总负债累计得分－315.10，相对总负债－61.18%，总负债质量系数为－3.06，表明总负债质量较差。该城市发展能力相对总净资产为－20.37%。

表 21.42　重庆市发展能力资产负债分析

资产						五大指数	资产					
位次	指标数	占指标总数(%)	指标分值	相对资产(%)	资产质量系数		位次	指标数	占指标总数(%)	指标分值	相对资产(%)	资产质量系数
1—5	2	9.52	9.4	8.95		实力指数	1—5	2	9.52	—0.80	—0.76	
6—10	5	23.81	21.3	20.29			6—10	5	23.81	—4.20	—4.00	
11—15	1	4.76	3.9	3.71		资产:负债	11—15	1	4.76	—1.20	—1.14	
16—20	3	14.29	9.9	9.43		56.57　45.43	16—20	3	14.29	—5.40	—5.14	
21—25	4	19.05	11.1	10.57		净资产:11.14	21—25	4	19.05	—9.30	—8.86	
26—30	0	0.00	0.0	0.00			26—30	0	0.00	0.00	0.00	
31—35	1	4.76	1.8	1.71			31—35	1	4.76	—3.30	—3.14	
36—40	0	0.00	0.0	0.00			36—40	0	0.00	0.00	0.00	
41—45	1	4.76	1.0	0.95			41—45	1	4.76	—4.10	—3.90	
46—50	4	19.05	1.0	0.95			46—50	4	19.05	—19.40	—18.48	
合计	21	100.00	59.4	56.57	2.83	21	合计	21	100.00	—47.70	—45.43	—2.27
1—5	2	6.90	9.6	6.62		竞争指数	1—5	2	6.90	—0.60	—0.41	
6—10	5	17.24	21.9	15.10			6—10	5	17.24	—3.60	—2.48	
11—15	0	0.00	0.0	0.00		资产:负债	11—15	0	0.00	0.00	0.00	
16—20	1	3.45	3.2	2.21		46.21　55.79	16—20	1	3.45	—1.90	—1.31	
21—25	3	10.34	8.5	5.86		净资产:—9.59	21—25	3	10.34	—6.80	—4.69	
26—30	4	13.79	9.3	6.41			26—30	4	13.79	—11.10	—7.66	
31—35	4	13.79	7.6	5.24			31—35	4	13.79	—12.80	—8.83	
36—40	2	6.90	2.8	1.93			36—40	2	6.90	—7.40	—5.10	
41—45	4	13.79	3.5	2.41			41—45	4	13.79	—16.90	—11.66	
46—50	4	13.79	0.6	0.41			46—50	4	13.79	—19.80	—13.66	
合计	29	100.00	67.0	46.21	2.31	29	合计	29	100.00	—80.90	—55.79	—2.79
1—5	0	0.00	0.0	0.00		社会指数	1—5	0	0.00	0.00	0.00	
6—10	1	4.55	4.2	3.82			6—10	1	4.55	—0.90	—0.82	
11—15	1	4.55	3.7	3.36		资产:负债	11—15	1	4.55	—1.40	—1.27	
16—20	2	9.09	6.6	6.00		26.82　75.18	16—20	2	9.09	—3.60	—3.27	
21—25	2	9.09	5.4	4.91		净资产:—48.36	21—25	2	9.09	—4.80	—4.36	
26—30	0	0.00	0.0	0.00			26—30	0	0.00	0.00	0.00	
31—35	2	9.09	3.2	2.91			31—35	2	9.09	—7.00	—6.36	
36—40	2	9.09	2.7	2.45			36—40	2	9.09	—7.50	—6.82	
41—45	1	4.55	0.6	0.55			41—45	1	4.55	—4.50	—4.09	
46—50	11	50.00	3.1	2.82			46—50	11	50.00	—53.00	—48.18	
合计	22	100.00	29.5	26.82	1.34	22	合计	22	100.00	—82.70	—75.18	—3.76
1—5	0	0.00	0.0	0.00		管理指数	1—5	0	0.00	0.00	0.00	
6—10	3	21.43	12.9	18.43			6—10	3	21.43	—2.40	—3.43	
11—15	1	7.14	4.0	5.71		资产:负债	11—15	1	7.14	—1.10	—1.57	
16—20	1	7.14	3.2	4.57		45.71　56.29	16—20	1	7.14	—1.90	—2.71	
21—25	1	7.14	2.9	4.14		净资产:—10.57	21—25	1	7.14	—2.20	—3.14	
26—30	0	0.00	0.0	0.00			26—30	0	0.00	0.00	0.00	
31—35	3	21.43	5.4	7.71			31—35	3	21.43	—9.90	—14.14	
36—40	2	14.29	2.7	3.86			36—40	2	14.29	—7.50	—10.71	
41—45	1	7.14	0.6	0.86			41—45	1	7.14	—4.50	—6.43	
46—50	2	14.29	0.3	0.43			46—50	2	14.29	—9.90	—14.14	
合计	14	100.00	32.0	45.71	2.29	14	合计	14	100.00	—39.40	—56.29	—2.81
1—5	0	0.00	0.0	0.00		可持续指数	1—5	0	0.00	0.00	0.00	
6—10	1	5.88	4.3	5.06			6—10	1	5.88	—0.80	—0.94	
11—15	1	5.88	3.9	4.59		资产:负债	11—15	1	5.88	—1.20	—1.41	
16—20	0	0.00	0.0	0.00		26.24　75.76	16—20	0	0.00	0.00	0.00	
21—25	0	0.00	0.0	0.00		净资产:—49.53	21—25	0	0.00	0.00	0.00	
26—30	1	5.88	2.5	2.94			26—30	1	5.88	—2.60	—3.06	
31—35	2	11.76	4.0	4.71			31—35	2	11.76	—6.20	—7.29	
36—40	1	5.88	1.2	1.41			36—40	1	5.88	—3.90	—4.59	
41—45	6	35.29	5.0	5.88			41—45	6	35.29	—25.60	—30.12	
46—50	5	29.41	1.4	1.65			46—50	5	29.41	—24.10	—28.35	
合计	17	100.00	22.3	26.24	1.31	17	合计	17	100.00	—64.40	—75.76	—3.79
资产总指标数		占指标总数(%)	总资产分值	相对总资产(%)	总资产质量系数	相对总资产:相对总负债 40.82　61.18	负债总指标数		占指标总数(%)	总负债分值	相对总负债(%)	总负债质量系数
103		100.00	210.2	40.82	2.04	相对净资产:—20.37	103		100.00	—315.10	—61.18	—3.06

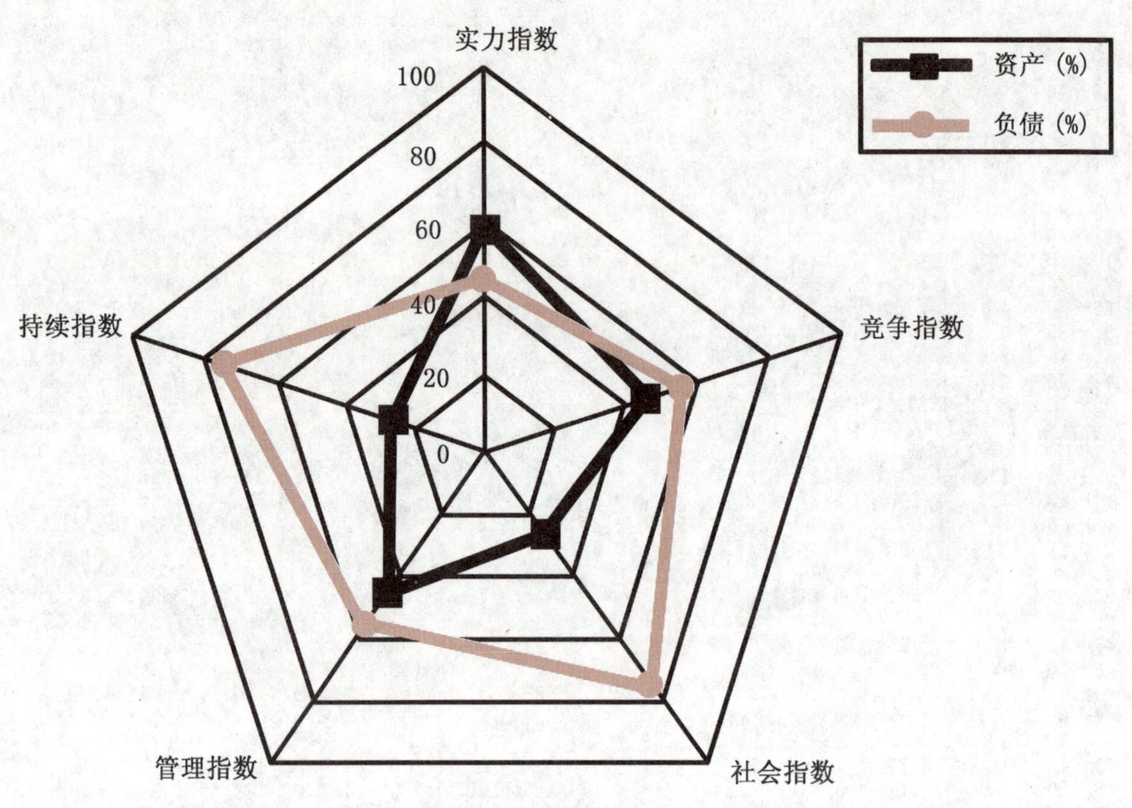

图 21.42 重庆市发展能力资产负债图

四十三 成都市发展能力资产负债表分析

1. 一般概况

成都市总面积12390平方公里，市区面积1418平方公里，建城区面积231平方公里。总人口1013.35万人，市区总人口335.86万人，地区非农人口345.9万人。地区国内生产总值13129900万元，市区国内生产总值6698550万元，市区第三产业产值占GDP比重53.7%。市区实际利用外资总额10086万元，市区固定资产投资总额1328188万元，市区房地产投资总额128848万元。地方财政预算内收入183005万元，地方财政预算内支出258494万元。城乡居民人均储蓄余额16274元，人均住房面积17.4平方米，人均园林绿地面积11.95平方米，人均生活用电量288.1千瓦小时，人均铺装道路面积4.6平方米，人均教育经费支出87元，每万人拥有高等学校在校学生数18.91人。

现任领导：市委书记 王荣轩 市长 李春城

2. 发展能力的资产负债分析

(1) 城市实力指数：在总数21个源指标中，资产累计得分57.7，相对资产54.95%，资产质量系数为2.75，表明资产质量一般。同时，负债累计得分−49.4，相对负债−47.05%，负债质量系数为−2.35，表明负债质量一般。在该大项中，相对净资产为7.90%。

(2) 城市竞争指数：在总数29个源指标中，资产累计得分58.2，相对资产40.14%，资产质量系数为2.01，表明资产质量一般。同时，负债累计得分−89.70，相对负债−61.86%，负债质量系数为−3.09，表明负债质量较差。在该大项中，相对净资产为−21.72%。

(3) 城市社会指数：在总数22个源指标中，资产累计得分62.9，相对资产57.18%，资产质量系数为2.86，表明资产质量一般。同时，负债累计得分−49.30，相对负债−44.82%，负债质量系数为−2.24，表明负债质量一般。在该大项中，相对净资产为12.36%。

(4) 城市管理指数：在总数14个源指标中，资产累计得分33.0，相对资产47.14%，资产质量系数为2.36，表明资产质量一般。同时，负债累计得分−38.40，相对负债−54.86%，负债质量系数为−2.74，表明负债质量一般。在该大项中，相对净资产为−7.71%。

(5) 城市可持续指数：在总数17个源指标中，资产累计得分32.0，相对资产37.65%，资产质量系数为1.88，表明资产质量较差。同时，负债累计得分−54.70，相对负债−64.35%，负债质量系数为−3.22，表明负债质量较差。在该大项中，相对净资产为−26.71%。

总计上述五大项，在总数103个源指标中，总资产累计得分243.8，相对总资产47.34%，总资产质量系数为2.37，表明总资产质量一般。同时，总负债累计得分−281.5，相对总负债−54.66%，总负债质量系数为−2.73，表明总负债质量一般。该城市发展能力相对总净资产为−7.32%。

表 21.43 成都市发展能力资产负债分析

资产							资产					
位次	指标数	占指标总数(%)	指标分值	相对资产(%)	资产质量系数	五大指数	位次	指标数	占指标总数(%)	指标分值	相对资产(%)	资产质量系数
1－5	1	4.76	4.7	4.48		实力指数	1－5	1	4.76	－0.40	－0.38	
6－10	4	19.05	17.4	16.57			6－10	4	19.05	－3.00	－2.86	
11－15	3	14.29	11.0	10.48		资产:负债	11－15	3	14.29	－4.30	－4.10	
16－20	0	0.00	0.0	0.00		54.95 47.05	16－20	0	0.00	0.00	0.00	
21－25	4	19.05	11.4	10.86		净资产:7.90	21－25	4	19.05	－9.00	－8.57	
26－30	2	9.52	4.6	4.38			26－30	2	9.52	－5.60	－5.33	
31－35	1	4.76	1.8	1.71			31－35	1	4.76	－3.30	－3.14	
36－40	5	23.81	6.4	6.10			36－40	5	23.81	－19.10	－18.19	
41－45	0	0.00	0.0	0.00			41－45	0	0.00	0.00	0.00	
46－50	1	4.76	0.4	0.38			46－50	1	4.76	－4.70	－4.48	
合计	21	100.00	57.7	54.95	2.75	21	合计	21	100.00	－49.40	－47.05	－2.35
1－5	0	0.00	0.0	0.00		竞争指数	1－5	0	0.00	0.00	0.00	
6－10	3	10.34	12.5	8.62			6－10	3	10.34	－2.80	－1.93	
11－15	2	6.90	7.3	5.03		资产:负债	11－15	2	6.90	－2.90	－2.00	
16－20	2	6.90	6.7	4.62		40.14 61.86	16－20	2	6.90	－3.50	－2.41	
21－25	2	6.90	5.4	3.72		净资产:－21.72	21－25	2	6.90	－4.80	－3.31	
26－30	6	20.69	13.8	9.52			26－30	6	20.69	－16.80	－11.59	
31－35	4	13.79	7.4	5.10			31－35	4	13.79	－13.00	－8.97	
36－40	1	3.45	1.4	0.97			36－40	1	3.45	－3.70	－2.55	
41－45	3	10.34	2.7	1.86			41－45	3	10.34	－12.60	－8.69	
46－50	6	20.69	1.0	0.69			46－50	6	20.69	－29.60	－20.41	
合计	29	100.00	58.2	40.14	2.01	29	合计	29	100.00	－89.70	－61.86	－3.09
1－5	3	13.64	14.5	13.18		社会指数	1－5	3	13.64	－0.80	－0.73	
6－10	2	9.09	8.4	7.64			6－10	2	9.09	－1.80	－1.64	
11－15	3	13.64	11.1	10.09		资产:负债	11－15	3	13.64	－4.20	－3.82	
16－20	1	4.55	3.4	3.09		57.18 44.82	16－20	1	4.55	－1.70	－1.55	
21－25	5	22.73	14.2	12.91		净资产:12.36	21－25	5	22.73	－11.30	－10.27	
26－30	2	9.09	4.5	4.09			26－30	2	9.09	－5.70	－5.18	
31－35	3	13.64	5.0	4.55			31－35	3	13.64	－10.30	－9.36	
36－40	1	4.55	1.2	1.09			36－40	1	4.55	－3.90	－3.55	
41－45	0	0.00	0.0	0.00			41－45	0	0.00	0.00	0.00	
46－50	2	9.09	0.6	0.55			46－50	2	9.09	－9.60	－8.73	
合计	22	100.00	62.9	57.18	2.86	22	合计	22	100.00	－49.30	－44.82	－2.24
1－5	0	0.00	0.0	0.00		管理指数	1－5	0	0.00	0.00	0.00	
6－10	0	0.00	0.0	0.00			6－10	0	0.00	0.00	0.00	
11－15	4	28.57	15.2	21.71		资产:负债	11－15	4	28.57	－5.20	－7.43	
16－20	2	14.29	6.5	9.29		47.14 54.86	16－20	2	14.29	－3.70	－5.29	
21－25	3	21.43	8.1	11.57		净资产:－7.71	21－25	3	21.43	－7.20	－10.29	
26－30	0	0.00	0.0	0.00			26－30	0	0.00	0.00	0.00	
31－35	1	7.14	1.7	2.43			31－35	1	7.14	－3.40	－4.86	
36－40	0	0.00	0.0	0.00			36－40	0	0.00	0.00	0.00	
41－45	1	7.14	0.9	1.29			41－45	1	7.14	－4.20	－6.00	
46－50	3	21.43	0.6	0.86			46－50	3	21.43	－14.70	－21.00	
合计	14	100.00	33.0	47.14	2.36	14	合计	14	100.00	－38.40	－54.86	－2.74
1－5	0	0.00	0.0	0.00		可持续指数	1－5	0	0.00	0.00	0.00	
6－10	0	0.00	0.0	0.00			6－10	0	0.00	0.00	0.00	
11－15	1	5.88	3.6	4.24		资产:负债	11－15	1	5.88	－1.50	－1.76	
16－20	2	11.76	6.8	8.00		37.65 64.35	16－20	2	11.76	－3.40	－4.00	
21－25	2	11.76	5.4	6.35		净资产:－26.71	21－25	2	11.76	－4.80	－5.65	
26－30	4	23.53	8.8	10.35			26－30	4	23.53	－11.60	－13.65	
31－35	2	11.76	3.8	4.47			31－35	2	11.76	－6.40	－7.53	
36－40	0	0.00	0.0	0.00			36－40	0	0.00	0.00	0.00	
41－45	3	17.65	2.5	2.94			41－45	3	17.65	－12.80	－15.06	
46－50	3	17.65	1.1	1.29			46－50	3	17.65	－14.20	－16.71	
合计	17	100.00	32.0	37.65	1.88	17	合计	17	100.00	－54.70	－64.35	－3.22
资产总指标数		占指标总数(%)	总资产分值	相对总资产(%)	总资产质量系数	相对总资产:相对总负债 47.34 54.66	负债总指标数		占指标总数(%)	总负债分值	相对总负债(%)	总负债质量系数
103		100.00	243.8	47.34	2.37	相对净资产:－7.32	103		100.00	－281.50	－54.66	－2.73

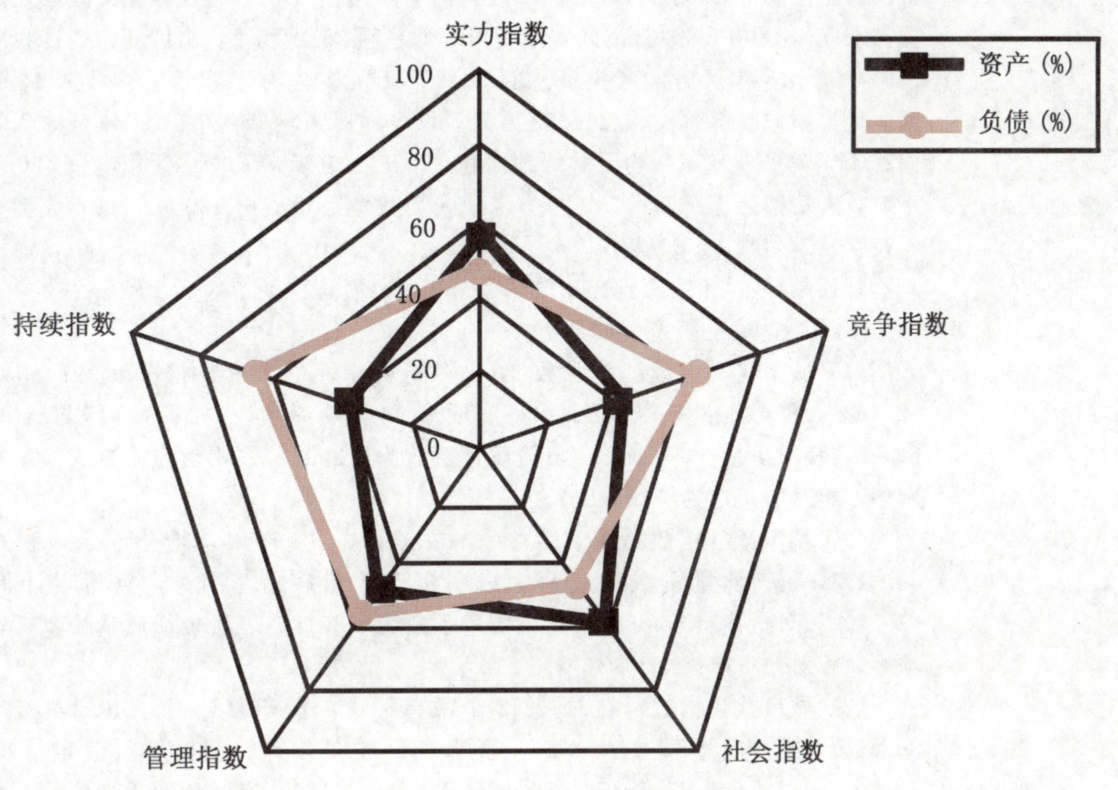

图 21.43　成都市发展能力资产负债图

四十四　贵阳市发展能力资产负债表分析

1. 一般概况

贵阳市总面积8034平方公里，市区面积2403平方公里，建城区面积98平方公里。总人口331.57万人，市区总人口186.92万人，地区非农人口152.4万人。地区国内生产总值2648110万元，市区国内生产总值2156709万元，市区第三产业产值占GDP比重43.2%。市区实际利用外资总额3612万元，市区固定资产投资总额983442万元，市区房地产投资总额304229万元。地方财政预算内收入209016万元，地方财政预算内支出264059万元。城乡居民人均储蓄余额9766元，人均住房面积12.93平方米，人均园林绿地面积22.79平方米，人均生活用电量420.8千瓦小时，人均铺装道路面积3.1平方米，人均教育经费支出139元，每万人拥有高等学校在校学生数44.84人。

现任领导：市委书记　王晓东　　市长　孙国强

2. 发展能力的资产负债分析

(1) 城市实力指数：在总数21个源指标中，资产累计得分44.9，相对资产42.76%，资产质量系数为2.14，表明资产质量一般。同时，负债累计得分－62.20，相对负债－59.24%，负债质量系数为－2.96，表明负债质量一般。在该大项中，相对净资产为－16.48%。

(2) 城市竞争指数：在总数29个源指标中，资产累计得分55.6，相对资产38.34%，资产质量系数为1.92，表明资产质量较差。同时，负债累计得分－92.30，相对负债－63.66%，负债质量系数为－3.18，表明负债质量较差。在该大项中，相对净资产为－25.31%。

(3) 城市社会指数：在总数22个源指标中，资产累计得分40.2，相对资产36.55%，资产质量系数为1.83，表明资产质量较差。同时，负债累计得分－72.00，相对负债－65.45%，负债质量系数为－3.27，表明负债质量较差。在该大项中，相对净资产为－28.91%。

(4) 城市管理指数：在总数14个源指标中，资产累计得分35.3，相对资产50.43%，资产质量系数为2.52，表明资产质量一般。同时，负债累计得分－36.10，相对负债－51.57%，负债质量系数为－2.58，表明负债质量一般。在该大项中，相对净资产为－1.14%。

(5) 城市可持续指数：在总数17个源指标中，资产累计得分32.4，相对资产38.12%，资产质量系数为1.91，表明资产质量较差。同时，负债累计得分－54.30，相对负债－63.88%，负债质量系数为－3.19，表明负债质量较差。在该大项中，相对净资产为－25.76%。

总计上述五大项，在总数103个源指标中，总资产累计得分208.4，相对总资产40.47%，总资产质量系数为2.02，表明总资产质量一般。同时，总负债累计得分－316.90，相对总负债－61.53%，总负债质量系数为－3.08，表明总负债质量较差。该城市发展能力相对总净资产为－21.07%。

表 21.44　贵阳市发展能力资产负债分析

资　产						五大指数	资　产					
位　次	指标数	占指标总数(%)	指标分值	相对资产(%)	资产质量系数		位次	指标数	占指标总数(%)	指标分值	相对资产(%)	资产质量系数
1－5	1	4.76	4.6	4.38		实力指数	1－5	1	4.76	－0.50	－0.48	
6－10	0	0.00	0.0	0.00			6－10	0	0.00	0.00	0.00	
11－15	2	9.52	7.7	7.33		资产:负债	11－15	2	9.52	－2.50	－2.38	
16－20	3	14.29	10.1	9.62		42.76　59.24	16－20	3	14.29	－5.20	－4.95	
21－25	1	4.76	2.9	2.76		净资产:－16.48	21－25	1	4.76	－2.20	－2.10	
26－30	4	19.05	9.5	9.05			26－30	4	19.05	－10.90	－10.38	
31－35	2	9.52	3.4	3.24			31－35	2	9.52	－6.80	－6.48	
36－40	3	14.29	4.1	3.90			36－40	3	14.29	－11.20	－10.67	
41－45	2	9.52	1.5	1.43			41－45	2	9.52	－8.70	－8.29	
46－50	3	14.29	1.1	1.05			46－50	3	14.29	－14.20	－13.52	
合计	21	100.00	44.9	42.76	2.14	21	合计	21	100.00	－62.20	－59.24	－2.96
1－5	2	6.90	9.9	6.83		竞争指数	1－5	2	6.90	－0.30	－0.21	
6－10	1	3.45	4.4	3.03			6－10	1	3.45	－0.70	－0.48	
11－15	0	0.00	0.0	0.00		资产:负债	11－15	0	0.00	0.00	0.00	
16－20	1	3.45	3.1	2.14		38.34　63.66	16－20	1	3.45	－2.00	－1.38	
21－25	3	10.34	8.2	5.66		净资产:－25.31	21－25	3	10.34	－7.10	－4.90	
26－30	3	10.34	6.7	4.62			26－30	3	10.34	－8.60	－5.93	
31－35	5	17.24	8.8	6.07			31－35	5	17.24	－16.70	－11.52	
36－40	6	20.69	7.9	5.45			36－40	6	20.69	－22.70	－15.66	
41－45	8	27.59	6.6	4.55			41－45	8	27.59	－34.20	－23.59	
46－50	0	0.00	0.0	0.00			46－50	0	0.00	0.00	0.00	
合计	29	100.00	55.6	38.34	1.92	29	合计	29	100.00	－92.30	－63.66	－3.18
1－5	1	4.55	5.0	4.55		社会指数	1－5	1	4.55	－0.10	－0.09	
6－10	0	0.00	0.0	0.00			6－10	0	0.00	0.00	0.00	
11－15	1	4.55	3.9	3.55		资产:负债	11－15	1	4.55	－1.20	－1.09	
16－20	2	9.09	6.3	5.73		36.55　65.45	16－20	2	9.09	－3.90	－3.55	
21－25	2	9.09	5.5	5.00		净资产:－28.91	21－25	2	9.09	－4.70	－4.27	
26－30	1	4.55	2.5	2.27			26－30	1	4.55	－2.60	－2.36	
31－35	4	18.18	7.5	6.82			31－35	4	18.18	－12.90	－11.73	
36－40	4	18.18	5.4	4.91			36－40	4	18.18	－15.00	－13.64	
41－45	4	18.18	3.1	2.82			41－45	4	18.18	－17.30	－15.73	
46－50	3	13.64	1.0	0.91			46－50	3	13.64	－14.30	－13.00	
合计	22	100.00	40.2	36.55	1.83	22	合计	22	100.00	－72.00	－65.45	－3.27
1－5	2	14.29	9.4	13.43		管理指数	1－5	2	14.29	－0.80	－1.14	
6－10	2	14.29	8.2	11.71			6－10	2	14.29	－2.00	－2.86	
11－15	0	0.00	0.0	0.00		资产:负债	11－15	0	0.00	0.00	0.00	
16－20	2	14.29	6.7	9.57		50.43　51.57	16－20	2	14.29	－3.50	－5.00	
21－25	1	7.14	2.7	3.86		净资产:－1.14	21－25	1	7.14	－2.40	－3.43	
26－30	0	0.00	0.0	0.00			26－30	0	0.00	0.00	0.00	
31－35	2	14.29	3.3	4.71			31－35	2	14.29	－6.90	－9.86	
36－40	2	14.29	2.6	3.71			36－40	2	14.29	－7.60	－10.86	
41－45	3	21.43	2.4	3.43			41－45	3	21.43	－12.90	－18.43	
46－50	0	0.00	0.0	0.00			46－50	0	0.00	0.00	0.00	
合计	14	100.00	35.3	50.43	2.52	14	合计	14	100.00	－36.10	－51.57	－2.58
1－5	0	0.00	0.0	0.00		可持续指数	1－5	0	0.00	0.00	0.00	
6－10	0	0.00	0.0	0.00			6－10	0	0.00	0.00	0.00	
11－15	0	0.00	0.0	0.00		资产:负债	11－15	0	0.00	0.00	0.00	
16－20	3	17.65	9.9	11.65		38.12　63.88	16－20	3	17.65	－5.40	－6.35	
21－25	4	23.53	11.5	13.53		净资产:－25.76	21－25	4	23.53	－8.90	－10.47	
26－30	2	11.76	4.6	5.41			26－30	2	11.76	－11.40	－13.41	
31－35	0	0.00	0.0	0.00			31－35	0	0.00	0.00	0.00	
36－40	3	17.65	3.9	4.59			36－40	3	17.65	－11.40	－13.41	
41－45	2	11.76	1.6	1.88			41－45	2	11.76	－8.60	－10.12	
46－50	3	17.65	0.9	1.06			46－50	3	17.65	－14.40	－16.94	
合计	17	100.00	32.4	38.12	1.91	17	合计	17	100.00	－54.30	－63.88	－3.19
资产总指标数		占指标总数(%)	总资产分值	相对总资产(%)	总资产质量系数	相对总资产:相对总负债 40.47　61.53	负债总指标数		占指标总数(%)	总负债分值	相对总负债(%)	总负债质量系数
103		100.00	208.4	40.47	2.02	相对净资产:－21.07	103		100.00	－316.90	－61.53	－3.08

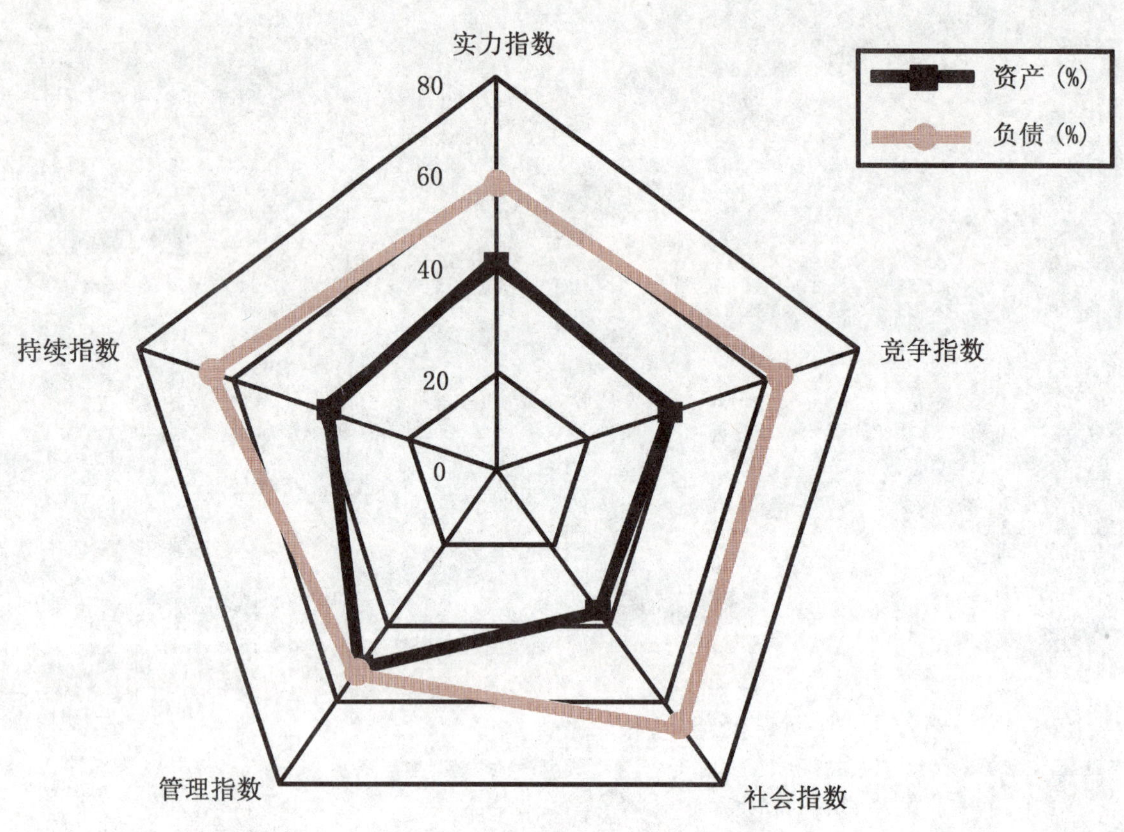

图 21.44 贵阳市发展能力资产负债图

四十五 昆明市发展能力资产负债表分析

1. 一般概况

昆明市总面积21111平方公里，市区面积4033平方公里，建城区面积148平方公里。总人口480.94万人，市区总人口210.81万人，地区非农人口189.15万人。地区国内生产总值6262853万元，市区国内生产总值4833132万元，市区第三产业产值占GDP比重48.9%。市区实际利用外资总额1117万元，市区固定资产投资总额989563万元，市区房地产投资总额635167万元。地方财政预算内收入469815万元，地方财政预算内支出526676万元。城乡居民人均储蓄余额16175元，人均住房面积12.63平方米，人均园林绿地面积21.94平方米，人均生活用电量595.2千瓦小时，人均铺装道路面积4.8平方米，人均教育经费支出191元，每万人拥有高等学校在校学生数39.79人。

现任领导： 市委书记 杨健强 市长 章振国

2. 发展能力的资产负债分析

(1) 城市实力指数：在总数21个源指标中，资产累计得分54.0，相对资产51.43%，资产质量系数为2.57，表明资产质量一般。同时，负债累计得分－51.30，相对负债－48.86%，负债质量系数为－2.44，表明负债质量一般。在该大项中，相对净资产为2.57%。

(2) 城市竞争指数：在总数29个源指标中，资产累计得分73.7，相对资产50.83%，资产质量系数为2.54，表明资产质量一般。同时，负债累计得分－74.20，相对负债－51.17%，负债质量系数为－2.56，表明负债质量一般。在该大项中，相对净资产为－0.34%。

(3) 城市社会指数：在总数22个源指标中，资产累计得分56.7，相对资产51.55%，资产质量系数为2.58，表明资产质量一般。同时，负债累计得分－55.50，相对负债－50.45%，负债质量系数为－2.52，表明负债质量一般。在该大项中，相对净资产为1.09%。

(4) 城市管理指数：在总数14个源指标中，资产累计得分42.5，相对资产60.71%，资产质量系数为3.04，表明资产质量较好。同时，负债累计得分－28.90，相对负债－41.29%，负债质量系数为－2.06，表明负债质量一般。在该大项中，相对净资产为19.43%。

(5) 城市可持续指数：在总数17个源指标中，资产累计得分40.8，相对资产48.00%，资产质量系数为2.40，表明资产质量一般。同时，负债累计得分－45.90，相对负债－54.00%，负债质量系数为－2.70，表明负债质量一般。在该大项中，相对净资产为－6.00%。

总计上述五大项，在总数103个源指标中，总资产累计得分267.7，相对总资产51.98%，总资产质量系数为2.60，表明总资产质量一般。同时，总负债累计得分－255.80，相对总负债%－49.67，总负债质量系数为－2.48，表明总负债质量一般。该城市发展能力相对总净资产为2.31%。

表 21.45 昆明市发展能力资产负债分析

资 产							资 产					
位 次	指标数	占指标总数(%)	指标分值	相对资产(%)	资产质量系数	五大指数	位次	指标数	占指标总数(%)	指标分值	相对资产(%)	资产质量系数
1—5	0	0.00	0.0	0.00		实力指数	1—5	0	0.00	0.00	0.00	
6—10	1	4.76	4.3	4.10			6—10	1	4.76	—0.80	—0.76	
11—15	3	14.29	11.2	10.67		资产:负债	11—15	3	14.29	—4.10	—3.90	
16—20	4	19.05	12.7	12.10		51.43 48.86	16—20	4	19.05	—5.90	—5.62	
21—25	4	19.05	10.5	10.00		净资产:2.57	21—25	4	19.05	—9.90	—9.43	
26—30	3	14.29	6.9	6.57			26—30	3	14.29	—8.40	—8.00	
31—35	2	9.52	3.9	3.71			31—35	2	9.52	—6.30	—6.00	
36—40	2	9.52	2.5	2.38			36—40	2	9.52	—7.70	—7.33	
41—45	2	9.52	2.0	1.90			41—45	2	9.52	—8.20	—7.81	
46—50	0	0.00	0.0	0.00			46—50	0	0.00	0.00	0.00	
合计	21	100.00	54.0	51.43	2.57	21	合计	21	100.00	—51.30	—48.86	—2.44
1—5	0	0.00	0.0	0.00		竞争指数	1—5	0	0.00	0.00	0.00	
6—10	1	3.45	4.4	3.03			6—10	1	3.45	—0.70	—0.48	
11—15	6	20.69	22.2	15.31		资产:负债	11—15	6	20.69	—8.40	—5.79	
16—20	5	17.24	16.7	11.52		50.83 51.17	16—20	5	17.24	—8.80	—6.07	
21—25	5	17.24	13.8	9.52		净资产:—0.34	21—25	5	17.24	—11.70	—8.07	
26—30	1	3.45	2.4	1.66			26—30	1	3.45	—2.70	—1.86	
31—35	4	13.79	7.6	5.24			31—35	4	13.79	—12.80	—8.83	
36—40	4	13.79	5.0	3.45			36—40	4	13.79	—15.40	—10.62	
41—45	1	3.45	0.7	0.48			41—45	1	3.45	—4.40	—3.03	
46—50	2	6.90	0.9	0.62			46—50	2	6.90	—9.30	—6.41	
合计	29	100.00	73.7	50.83	2.54	29	合计	29	100.00	—74.20	—51.17	—2.56
1—5	2	9.09	9.6	8.73		社会指数	1—5	2	9.09	—0.60	—0.55	
6—10	3	13.64	12.8	11.64			6—10	3	13.64	—2.50	—2.27	
11—15	1	4.55	3.6	3.27		资产:负债	11—15	1	4.55	—1.50	—1.36	
16—20	2	9.09	6.7	6.09		51.55 50.45	16—20	2	9.09	—3.50	—3.18	
21—25	4	18.18	11.6	10.55		净资产:1.09	21—25	4	18.18	—8.80	—8.00	
26—30	3	13.64	6.6	6.00			26—30	3	13.64	—8.70	—7.91	
31—35	0	0.00	0.0	0.00			31—35	0	0.00	0.00	0.00	
36—40	3	13.64	4.3	3.91			36—40	3	13.64	—11.00	—10.00	
41—45	2	9.09	1.3	1.18			41—45	2	9.09	—8.90	—8.09	
46—50	2	9.09	0.2	0.18			46—50	2	9.09	—10.00	—9.09	
合计	22	100.00	56.7	51.55	2.58	22	合计	22	100.00	—55.50	—50.45	—2.52
1—5	1	7.14	4.7	6.71		管理指数	1—5	1	7.14	—0.40	—0.57	
6—10	1	7.14	4.2	6.00			6—10	1	7.14	—0.90	—1.29	
11—15	4	28.57	15.2	21.71		资产:负债	11—15	4	28.57	—5.20	—7.43	
16—20	1	7.14	3.1	4.43		60.71 41.29	16—20	1	7.14	—2.00	—2.86	
21—25	4	28.57	10.6	15.14		净资产:19.43	21—25	4	28.57	—9.80	—14.00	
26—30	1	7.14	2.1	3.00			26—30	1	7.14	—3.00	—4.29	
31—35	1	7.14	1.6	2.29			31—35	1	7.14	—3.50	—5.00	
36—40	0	0.00	0.0	0.00			36—40	0	0.00	0.00	0.00	
41—45	1	7.14	1.0	1.43			41—45	1	7.14	—4.10	—5.86	
46—50	0	0.00	0.0	0.00			46—50	0	0.00	0.00	0.00	
合计	14	100.00	42.5	60.71	3.04	14	合计	14	100.00	—28.90	—41.29	—2.06
1—5	2	11.76	9.6	11.29		可持续指数	1—5	2	11.76	—0.60	—0.71	
6—10	1	5.88	4.2	4.94			6—10	1	5.88	—0.90	—1.06	
11—15	1	5.88	3.8	4.47		资产:负债	11—15	1	5.88	—1.30	—1.53	
16—20	1	5.88	3.1	3.65		48.00 54.00	16—20	1	5.88	—2.00	—2.35	
21—25	2	11.76	5.2	6.12		净资产:—6.00	21—25	2	11.76	—5.00	—5.88	
26—30	4	23.53	8.9	10.47			26—30	4	23.53	—11.50	—13.53	
31—35	1	5.88	1.9	2.24			31—35	1	5.88	—3.20	—3.76	
36—40	2	11.76	3.0	3.53			36—40	2	11.76	—7.20	—8.47	
41—45	1	5.88	0.8	0.94			41—45	1	5.88	—4.30	—5.06	
46—50	2	11.76	0.3	0.35			46—50	2	11.76	—9.90	—11.65	
合计	17	100.00	40.8	48.00	2.40	17	合计	17	100.00	—45.90	—54.00	—2.70
资产总指标数		占指标总数(%)	总资产分值	相对总资产(%)	总资产质量系数	相对总资产:相对总负债 51.98 49.67	负债总指标数		占指标总数(%)	总负债分值	相对总负债(%)	总负债质量系数
103		100.00	267.7	51.98	2.60	相对净资产:2.31	103		100.00	—255.80	—49.67	—2.48

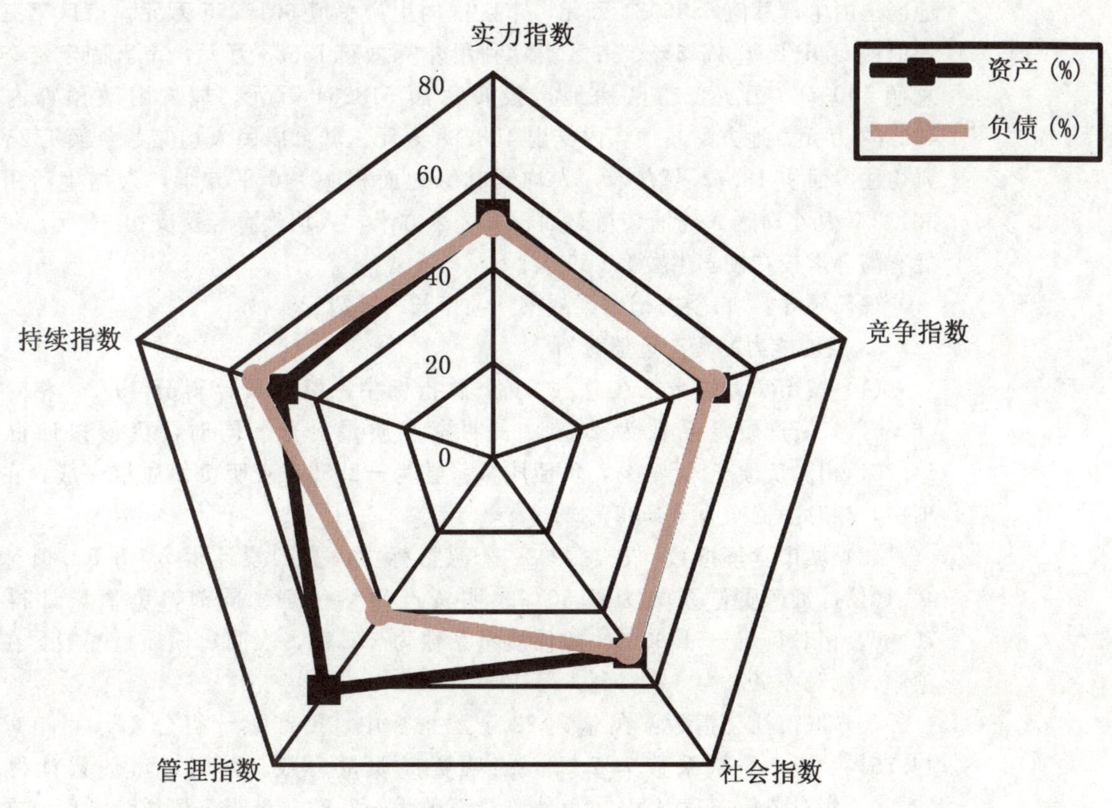

图 21.45 昆明市发展能力资产负债图

四十六　西安市发展能力资产负债表分析

1. 一般概况

西安市总面积 9983 平方公里，市区面积 1946 平方公里，建城区面积 187 平方公里。总人口 688.01 万人，市区总人口 393.47 万人，地区非农人口 285.79 万人。地区国内生产总值 6885081 万元，市区国内生产总值 6015255 万元，市区第三产业产值占 GDP 比重 47.6%。市区实际利用外资总额 15633 万元，市区固定资产投资总额 1403580 万元，市区房地产投资总额 518254 万元。地方财政预算内收入 430262 万元，地方财政预算内支出 453228 万元。城乡居民人均储蓄余额 15250 元，人均住房面积 13.72 平方米，人均园林绿地面积 10.46 平方米，人均生活用电量 301.2 千瓦小时，人均铺装道路面积 3.2 平方米，人均教育经费支出 95 元，每万人拥有高等学校在校学生数 21.59 人。

现任领导：市委书记　栗战书　　市长　孙清云

2. 发展能力的资产负债分析

(1) 城市实力指数：在总数 21 个源指标中，资产累计得分 49.2，相对资产 46.86%，资产质量系数为 2.34，表明资产质量一般。同时，负债累计得分－54.30，相对负债－51.71%，负债质量系数为－2.59，表明负债质量一般。在该大项中，相对净资产为－4.86%。

(2) 城市竞争指数：在总数 29 个源指标中，资产累计得分 68.3，相对资产 47.10%，资产质量系数为 2.36，表明资产质量一般。同时，负债累计得分－79.60，相对负债－54.90%，负债质量系数为－2.74，表明负债质量一般。在该大项中，相对净资产为－7.79%。

(3) 城市社会指数：在总数 22 个源指标中，资产累计得分 49.0，相对资产 44.55%，资产质量系数为 2.23，表明资产质量一般。同时，负债累计得分－63.20，相对负债－57.45%，负债质量系数为－2.87，表明负债质量一般。在该大项中，相对净资产为－12.91%。

(4) 城市管理指数：在总数 14 个源指标中，资产累计得分 33.8，相对资产 48.29%，资产质量系数为 2.41，表明资产质量一般。同时，负债累计得分－37.60，相对负债－53.71%，负债质量系数为－2.69，表明负债质量一般。在该大项中，相对净资产为－5.43%。

(5) 城市可持续指数：在总数 17 个源指标中，资产累计得分 31.1，相对资产 36.59%，资产质量系数为 1.83，表明资产质量较差。同时，负债累计得分－55.60，相对负债－65.41%，负债质量系数为－3.27，表明负债质量较差。在该大项中，相对净资产为－28.82%。

总计上述五大项，在总数 103 个源指标中，总资产累计得分 231.4，相对总资产 44.93%，总资产质量系数为 2.25，表明总资产质量一般。同时，总负债累计得分－290.30，相对总负债－56.37%，总负债质量系数为－2.82，表明总负债质量一般。该城市发展能力相对总净资产为－11.44%。

表 21.46　西安市发展能力资产负债分析

资　产						五大指数	资　产					
位　次	指标数	占指标总数(%)	指标分值	相对资产(%)	资产质量系数		位次	指标数	占指标总数(%)	指标分值	相对资产(%)	资产质量系数
1−5	0	0.00	0.0	0.00		实力指数	1−5	0	0.00	0.00	0.00	
6−10	2	9.52	8.5	8.10			6−10	2	9.52	−1.70	−1.62	
11−15	1	4.76	4.0	3.81		资产:负债	11−15	1	4.76	−1.10	−1.05	
16−20	6	28.57	19.9	18.95		46.86　51.71	16−20	6	28.57	−7.10	−6.76	
21−25	3	14.29	8.8	8.38		净资产:−4.86	21−25	3	14.29	−6.50	−6.19	
26−30	1	4.76	2.2	2.10			26−30	1	4.76	−2.90	−2.76	
31−35	0	0.00	0.0	0.00			31−35	0	0.00	0.00	0.00	
36−40	2	9.52	2.4	2.29			36−40	2	9.52	−7.80	−7.43	
41−45	2	9.52	1.4	1.33			41−45	2	9.52	−8.80	−8.38	
46−50	4	19.05	2.0	1.90			46−50	4	19.05	−18.40	−17.52	
合计	21	100.00	49.2	46.86	2.34	21	合计	21	100.00	−54.30	−51.71	−2.59
1−5	1	3.45	4.6	3.17		竞争指数	1−5	1	3.45	−0.50	−0.34	
6−10	3	10.34	12.8	8.83			6−10	3	10.34	−2.50	−1.72	
11−15	3	10.34	11.4	7.86		资产:负债	11−15	3	10.34	−3.90	−2.69	
16−20	3	10.34	9.7	6.69		47.10　54.90	16−20	3	10.34	−5.60	−3.86	
21−25	3	10.34	8.4	5.79		净资产:−7.79	21−25	3	10.34	−6.90	−4.76	
26−30	4	13.79	8.9	6.14			26−30	4	13.79	−11.50	−7.93	
31−35	3	10.34	5.1	3.52			31−35	3	10.34	−10.20	−7.03	
36−40	3	10.34	4.3	2.97			36−40	3	10.34	−11.00	−7.59	
41−45	2	6.90	1.4	0.97			41−45	2	6.90	−8.80	−6.07	
46−50	4	13.79	1.7	1.17			46−50	4	13.79	−18.70	−12.90	
合计	29	100.00	68.3	47.10	2.36	29	合计	29	100.00	−79.60	−54.90	−2.74
1−5	0	0.00	0.0	0.00		社会指数	1−5	0	0.00	0.00	0.00	
6−10	1	4.55	4.1	3.73			6−10	1	4.55	−1.00	−0.91	
11−15	2	9.09	7.5	6.82		资产:负债	11−15	2	9.09	−2.70	−2.45	
16−20	1	4.55	3.3	3.00		44.55　57.45	16−20	1	4.55	−1.80	−1.64	
21−25	3	13.64	8.2	7.45		净资产:−12.91	21−25	3	13.64	−7.10	−6.45	
26−30	5	22.73	11.7	10.64			26−30	5	22.73	−13.80	−12.55	
31−35	5	22.73	8.9	8.09			31−35	5	22.73	−16.60	−15.09	
36−40	4	18.18	4.8	4.36			36−40	4	18.18	−15.60	−14.18	
41−45	0	0.00	0.0	0.00			41−45	0	0.00	0.00	0.00	
46−50	1	4.55	0.5	0.45			46−50	1	4.55	−4.60	−4.18	
合计	22	100.00	49.0	44.55	2.23	22	合计	22	100.00	−63.20	−57.45	−2.87
1−5	0	0.00	0.0	0.00		管理指数	1−5	0	0.00	0.00	0.00	
6−10	1	7.14	4.2	6.00			6−10	1	7.14	−0.90	−1.29	
11−15	0	0.00	0.0	0.00		资产:负债	11−15	0	0.00	0.00	0.00	
16−20	4	28.57	13.3	19.00		48.29　53.71	16−20	4	28.57	−7.10	−10.14	
21−25	1	7.14	2.9	4.14		净资产:−5.43	21−25	1	7.14	−2.20	−3.14	
26−30	3	21.43	7.0	10.00			26−30	3	21.43	−8.30	−11.86	
31−35	2	14.29	3.2	4.57			31−35	2	14.29	−7.00	−10.00	
36−40	2	14.29	2.8	4.00			36−40	2	14.29	−7.40	−10.57	
41−45	0	0.00	0.0	0.00			41−45	0	0.00	0.00	0.00	
46−50	1	7.14	0.4	0.57			46−50	1	7.14	−4.70	−6.71	
合计	14	100.00	33.8	48.29	2.41	14	合计	14	100.00	−37.60	−53.71	−2.69
1−5	0	0.00	0.0	0.00		可持续指数	1−5	0	0.00	0.00	0.00	
6−10	0	0.00	0.0	0.00			6−10	0	0.00	0.00	0.00	
11−15	1	5.88	3.9	4.59		资产:负债	11−15	1	5.88	−1.20	−1.41	
16−20	0	0.00	0.0	0.00		36.59　65.41	16−20	0	0.00	0.00	0.00	
21−25	2	11.76	5.7	6.71		净资产:−28.82	21−25	2	11.76	−4.50	−5.29	
26−30	4	23.53	9.0	10.59			26−30	4	23.53	−11.40	−13.41	
31−35	5	29.41	9.3	10.94			31−35	5	29.41	−16.20	−19.06	
36−40	1	5.88	1.1	1.29			36−40	1	5.88	−4.00	−4.71	
41−45	1	5.88	0.7	0.82			41−45	1	5.88	−4.40	−5.18	
46−50	3	17.65	1.4	1.65			46−50	3	17.65	−13.90	−16.35	
合计	17	100.00	31.1	36.59	1.83	17	合计	17	100.00	−55.60	−65.41	−3.27
资产总指标数		占指标总数(%)	总资产分值	相对总资产(%)	总资产质量系数	相对总资产:相对总负债 44.93　56.37	负债总指标数		占指标总数(%)	总负债分值	相对总负债(%)	总负债质量系数
103		100.00	231.4	44.93	2.25	相对净资产:−11.44	103		100.00	−290.30	−56.37	−2.82

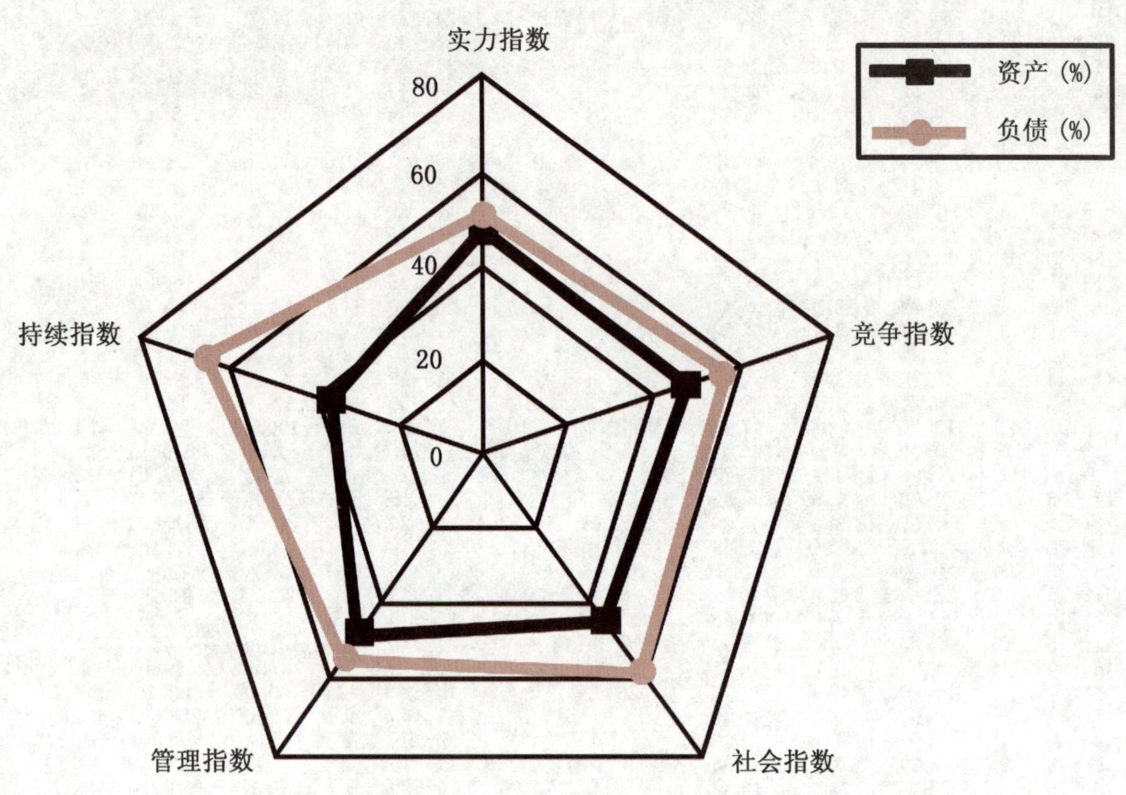

图 21.46　西安市发展能力资产负债图

四十七　兰州市发展能力资产负债表分析

1. 一般概况

兰州市总面积13086平方公里，市区面积1632平方公里，建城区面积163平方公里。总人口290.67万人，市区总人口181.54万人，地区非农人口159.75万人。地区国内生产总值3094316万元，市区国内生产总值2706390万元，市区第三产业产值占GDP比重44.2%。市区实际利用外资总额0万元，市区固定资产投资总额1366303万元，市区房地产投资总额197386万元。地方财政预算内收入152433万元，地方财政预算内支出175626万元。城乡居民人均储蓄余额15212元，人均住房面积12.33平方米，人均园林绿地面积7.99平方米，人均生活用电量311.5千瓦小时，人均铺装道路面积4.4平方米，人均教育经费支出137元，每万人拥有高等学校在校学生数31.86人。

现任领导：市委书记　王军　　市长　张志银

2. 发展能力的资产负债分析

(1) 城市实力指数：在总数21个源指标中，资产累计得分43.4，相对资产41.33%，资产质量系数为2.07，表明资产质量一般。同时，负债累计得分－61.90，相对负债－58.95%，负债质量系数为－2.95，表明负债质量一般。在该大项中，相对净资产为－17.62%。

(2) 城市竞争指数：在总数29个源指标中，资产累计得分65.2，相对资产44.97%，资产质量系数为2.25，表明资产质量一般。同时，负债累计得分－82.70，相对负债－57.03%，负债质量系数为－2.85，表明负债质量一般。在该大项中，相对净资产为－12.07%。

(3) 城市社会指数：在总数22个源指标中，资产累计得分47.3，相对资产43.00%，资产质量系数为2.15，表明资产质量一般。同时，负债累计得分－64.90，相对负债－59.00%，负债质量系数为－2.95，表明负债质量一般。在该大项中，相对净资产为－16.00%。

(4) 城市管理指数：在总数14个源指标中，资产累计得分25.4，相对资产36.29%，资产质量系数为1.81，表明资产质量较差。同时，负债累计得分－46.00，相对负债－65.71%，负债质量系数为－3.29，表明负债质量较差。在该大项中，相对净资产为－29.43%。

(5) 城市可持续指数：在总数17个源指标中，资产累计得分29.2，相对资34.35产%，资产质量系数为1.72，表明资产质量较差。同时，负债累计得分－57.50，相对负债－67.65%，负债质量系数为－3.38，表明负债质量较差。在该大项中，相对净资产为－33.29%。

总计上述五大项，在总数103个源指标中，总资产累计得分210.5，相对总资产40.87%，总资产质量系数为2.04，表明总资产质量一般。同时，总负债累计得分－313.00，相对总负债－60.78%，总负债质量系数为－3.04，表明总负债质量较差。该城市发展能力相对总净资产为－19.90%。

表 21.47　兰州市发展能力资产负债分析

资　产						五大指数	资　产					
位　次	指标数	占指标总数(%)	指标分值	相对资产(%)	资产质量系数		位次	指标数	占指标总数(%)	指标分值	相对资产(%)	资产质量系数
1－5	0	0.00	0.0	0.00		实力指数	1－5	0	0.00	0.00	0.00	
6－10	0	0.00	0.0	0.00			6－10	0	0.00	0.00	0.00	
11－15	3	14.29	11.0	10.48		资产:负债	11－15	3	14.29	－4.30	－4.10	
16－20	3	14.29	9.7	9.24		41.33　58.95	16－20	3	14.29	－3.80	－3.62	
21－25	1	4.76	2.8	2.67		净资产:－17.62	21－25	1	4.76	－2.30	－2.19	
26－30	1	4.76	2.5	2.38			26－30	1	4.76	－2.60	－2.48	
31－35	6	28.57	10.7	10.19			31－35	6	28.57	－19.90	－18.95	
36－40	3	14.29	4.1	3.90			36－40	3	14.29	－11.20	－10.67	
41－45	2	9.52	2.0	1.90			41－45	2	9.52	－8.20	－7.81	
46－50	2	9.52	0.6	0.57			46－50	2	9.52	－9.60	－9.14	
合计	21	100.00	43.4	41.33	2.07	21	合计	21	100.00	－61.90	－58.95	－2.95
1－5	1	3.45	5.0	3.45		竞争指数	1－5	1	3.45	－0.10	－0.07	
6－10	2	6.90	8.8	6.07			6－10	2	6.90	－1.40	－0.97	
11－15	4	13.79	14.8	10.21		资产:负债	11－15	4	13.79	－5.60	－3.86	
16－20	1	3.45	3.3	2.28		44.97　57.03	16－20	1	3.45	－1.80	－1.24	
21－25	5	17.24	13.8	9.52		净资产:－12.07	21－25	5	17.24	－11.70	－8.07	
26－30	2	6.90	4.2	2.90			26－30	2	6.90	－6.00	－4.14	
31－35	3	10.34	5.3	3.66			31－35	3	10.34	－10.00	－6.90	
36－40	6	20.69	8.4	5.79			36－40	6	20.69	－22.20	－15.31	
41－45	1	3.45	0.8	0.55			41－45	1	3.45	－4.30	－2.97	
46－50	4	13.79	0.8	0.55			46－50	4	13.79	－19.60	－13.52	
合计	29	100.00	65.2	44.97	2.25	29	合计	29	100.00	－82.70	－57.03	－2.85
1－5	0	0.00	0.0	0.00		社会指数	1－5	0	0.00	0.00	0.00	
6－10	0	0.00	0.0	0.00			6－10	0	0.00	0.00	0.00	
11－15	3	13.64	11.2	10.18		资产:负债	11－15	3	13.64	－4.10	－3.73	
16－20	2	9.09	6.6	6.00		43.00　59.00	16－20	2	9.09	－3.60	－3.27	
21－25	3	13.64	8.5	7.73		净资产:－16.00	21－25	3	13.64	－6.80	－6.18	
26－30	3	13.64	6.7	6.09			26－30	3	13.64	－8.60	－7.82	
31－35	5	22.73	8.8	8.00			31－35	5	22.73	－16.70	－15.18	
36－40	1	4.55	1.5	1.36			36－40	1	4.55	－3.60	－3.27	
41－45	4	18.18	3.6	3.27			41－45	4	18.18	－16.80	－15.27	
46－50	1	4.55	0.4	0.36			46－50	1	4.55	－4.70	－4.27	
合计	22	100.00	47.3	43.00	2.15	22	合计	22	100.00	－64.90	－59.00	－2.95
1－5	1	7.14	4.6	6.57		管理指数	1－5	1	7.14	－0.50	－0.71	
6－10	0	0.00	0.0	0.00			6－10	0	0.00	0.00	0.00	
11－15	1	7.14	3.8	5.43		资产:负债	11－15	1	7.14	－1.30	－1.86	
16－20	0	0.00	0.0	0.00		36.29　65.71	16－20	0	0.00	0.00	0.00	
21－25	1	7.14	2.6	3.71		净资产:－29.43	21－25	1	7.14	－2.50	－3.57	
26－30	1	7.14	2.4	3.43			26－30	1	7.14	－2.70	－3.86	
31－35	4	28.57	7.2	10.29			31－35	4	28.57	－13.20	－18.86	
36－40	2	14.29	2.7	3.86			36－40	2	14.29	－7.50	－10.71	
41－45	1	7.14	0.8	1.14			41－45	1	7.14	－4.30	－6.14	
46－50	3	21.43	1.3	1.86			46－50	3	21.43	－14.00	－20.00	
合计	14	100.00	25.4	36.29	1.81	14	合计	14	100.00	－46.00	－65.71	－3.29
1－5	2	11.76	9.6	11.29		可持续指数	1－5	2	11.76	－0.60	－0.71	
6－10	0	0.00	0.0	0.00			6－10	0	0.00	0.00	0.00	
11－15	1	5.88	4.0	4.71		资产:负债	11－15	1	5.88	－1.10	－1.29	
16－20	1	5.88	3.4	4.00		34.35　67.65	16－20	1	5.88	－1.70	－2.00	
21－25	0	0.00	0.0	0.00		净资产:－33.29	21－25	0	0.00	0.00	0.00	
26－30	1	5.88	2.4	2.82			26－30	1	5.88	－2.70	－3.18	
31－35	4	23.53	6.6	7.76			31－35	4	23.53	－13.80	－16.24	
36－40	0	0.00	0.0	0.00			36－40	0	0.00	0.00	0.00	
41－45	3	17.65	2.2	2.59			41－45	3	17.65	－13.10	－15.41	
46－50	5	29.41	1.0	1.18			46－50	5	29.41	－24.50	－28.82	
合计	17	100.00	29.2	34.35	1.72	17	合计	17	100.00	－57.50	－67.65	－3.38
资产总指标数		占指标总数(%)	总资产分值	相对总资产(%)	总资产质量系数	相对总资产:相对总负债 40.87　60.78	负债总指标数		占指标总数(%)	总负债分值	相对总负债(%)	总负债质量系数
103		100.00	210.5	40.87	2.04	相对净资产: －19.90	103		100.00	－313.00	－60.78	－3.04

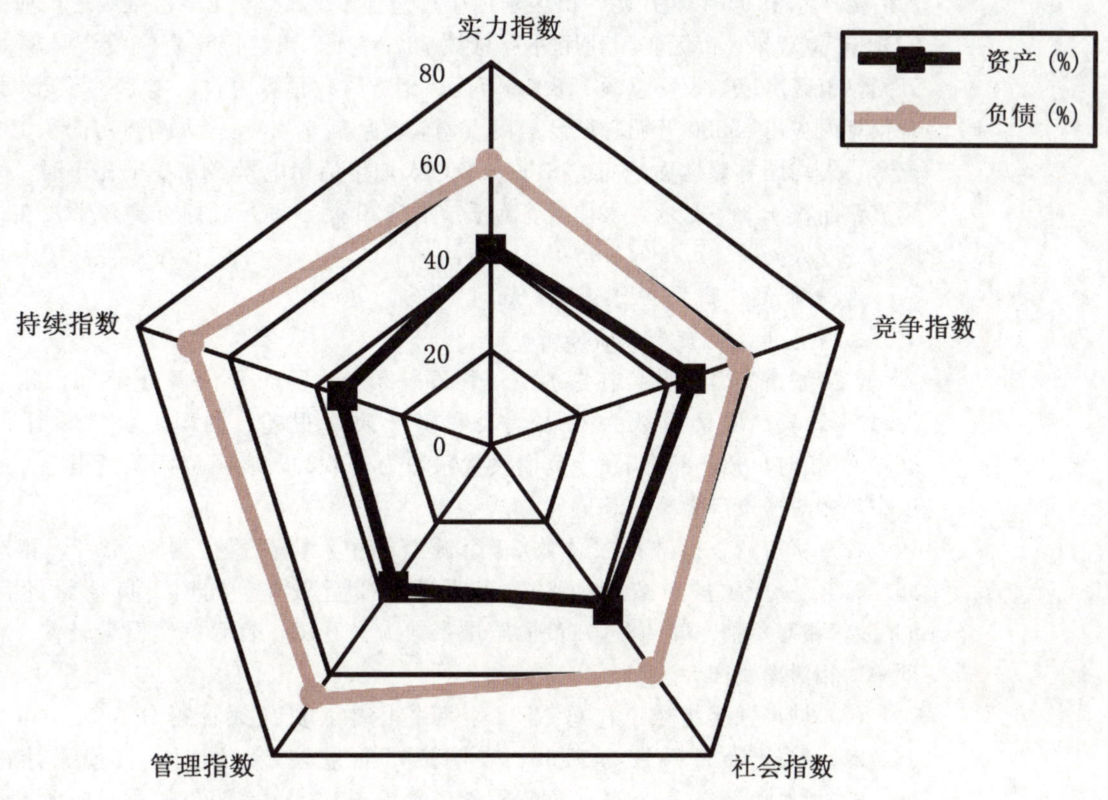

图 21.47　兰州市发展能力资产负债图

四十八　西宁市发展能力资产负债表分析

1. 一般概况

西宁市总面积 7665 平方公里，市区面积 350 平方公里，建城区面积 61 平方公里。总人口 197.92 万人，市区总人口 94.14 万人，地区非农人口 76.61 万人。地区国内生产总值 920131 万元，市区国内生产总值 626153 万元，市区第三产业产值占 GDP 比重 57%。市区实际利用外资总额 733 万元，市区固定资产投资总额 448700 万元，市区房地产投资总额 118205 万元。地方财政预算内收入 44178 万元，地方财政预算内支出 69530 万元。城乡居民人均储蓄余额 9743 元，人均住房面积 12.83 平方米，人均园林绿地面积 10.98 平方米，人均生活用电量 210.6 千瓦小时，人均铺装道路面积 4.3 平方米，人均教育经费支出 120 元，每万人拥有高等学校在校学生数 20.00 人。

现任领导：市委书记　李津成　　市长　王小青

2. 发展能力的资产负债分析

(1) 城市实力指数：在总数 21 个源指标中，资产累计得分 19.0，相对资产 18.10%，资产质量系数为 0.90，表明资产质量很差。同时，负债累计得分－88.10，相对负债－83.90%，负债质量系数为－4.20，表明负债质量很差。在该大项中，相对净资产为－65.81%。

(2) 城市竞争指数：在总数 29 个源指标中，资产累计得分 52.2，相对资产 36.00%，资产质量系数为 1.80，表明资产质量较差。同时，负债累计得分－90.60，相对负债－62.48%，负债质量系数为－3.12，表明负债质量较差。在该大项中，相对净资产为－26－48%。

(3) 城市社会指数：在总数 22 个源指标中，资产累计得分 37.1，相对资产 33.73%，资产质量系数为 1.69，表明资产质量较差。同时，负债累计得分－75.10，相对负债－68.27%，负债质量系数为－3.41，表明负债质量较差。在该大项中，相对净资产为－34.55%。

(4) 城市管理指数：在总数 14 个源指标中，资产累计得分 18.1，相对资产 25.86%，资产质量系数为 1.29，表明资产质量较差。同时，负债累计得分－53.30，相对负债－76.14%，负债质量系数为－3.81，表明负债质量较差。在该大项中，相对净资产为－50.29%。

(5) 城市可持续指数：在总数 17 个源指标中，资产累计得分 24.2，相对资产 28.47%，资产质量系数为 1.42，表明资产质量较差。同时，负债累计得分－62.50，相对负债－73.53%，负债质量系数为－3.68，表明负债质量较差。在该大项中，相对净资产为－45.06%。

总计上述五大项，在总数 103 个源指标中，总资产累计得分 150.6，相对总资产 29.24%，总资产质量系数为 1.46，表明总资产质量较差。同时，总负债累计得分－369.60，相对总负债－71.77%，总负债质量系数为－3.59，表明总负债质量较差。该城市发展能力相对总净资产为－42.52%。

表 21.48　西宁市发展能力资产负债分析

资　产						五大指数	资　产					
位　次	指标数	占指标总数(%)	指标分值	相对资产(%)	资产质量系数		位次	指标数	占指标总数(%)	指标分值	相对资产(%)	资产质量系数
1—5	0	0.00	0.0	0.00		实力指数	1—5	0	0.00	0.00	0.00	
6—10	0	0.00	0.0	0.00			6—10	0	0.00	0.00	0.00	
11—15	0	0.00	0.0	0.00		资产:负债	11—15	0	0.00	0.00	0.00	
16—20	0	0.00	0.0	0.00		18.10　83.90	16—20	0	0.00	0.00	0.00	
21—25	0	0.00	0.0	0.00		净资产:—65.81	21—25	0	0.00	0.00	0.00	
26—30	2	9.52	4.5	4.29			26—30	2	9.52	—5.70	—5.43	
31—35	3	14.29	5.5	5.24			31—35	3	14.29	—9.80	—9.33	
36—40	1	4.76	1.4	1.33			36—40	1	4.76	—3.70	—3.52	
41—45	6	28.57	5.3	5.05			41—45	6	28.57	—25.30	—24.10	
46—50	9	42.86	2.3	2.19			46—50	9	42.86	—43.60	—41.52	
合计	21	100.00	19.0	18.10	0.90	21	合计	21	100.00	—88.10	—83.90	—4.20
1—5	5	17.24	23.9	16.48		竞争指数	1—5	5	17.24	—1.60	—1.10	
6—10	1	3.45	4.5	3.10			6—10	1	3.45	—0.60	—0.41	
11—15	2	6.90	7.6	5.24		资产:负债	11—15	2	6.90	—2.60	—1.79	
16—20	1	3.45	3.5	2.41		36.00　62.48	16—20	1	3.45	—1.60	—1.10	
21—25	0	0.00	0.0	0.00		净资产:—26.48	21—25	0	0.00	0.00	0.00	
26—30	2	6.90	4.2	2.90			26—30	2	6.90	—6.00	—4.14	
31—35	0	0.00	0.0	0.00			31—35	0	0.00	0.00	0.00	
36—40	0	0.00	0.0	0.00			36—40	0	0.00	0.00	0.00	
41—45	8	27.59	6.0	4.14			41—45	8	27.59	—34.80	—24.00	
46—50	9	31.03	2.5	1.72			46—50	9	31.03	—43.40	—29.93	
合计	29	100.00	52.2	36.00	1.80	29	合计	29	100.00	—90.60	—62.48	—3.12
1—5	1	4.55	4.7	4.27		社会指数	1—5	1	4.55	—0.40	—0.36	
6—10	1	4.55	4.3	3.91			6—10	1	4.55	—0.80	—0.73	
11—15	0	0.00	0.0	0.00		资产:负债	11—15	0	0.00	0.00	0.00	
16—20	2	9.09	6.5	5.91		33.73　68.27	16—20	2	9.09	—3.70	—3.36	
21—25	2	9.09	5.4	4.91		净资产:—34.55	21—25	2	9.09	—4.80	—4.36	
26—30	0	0.00	0.0	0.00			26—30	0	0.00	0.00	0.00	
31—35	6	27.27	10.8	9.82			31—35	6	27.27	—19.80	—18.00	
36—40	0	0.00	0.0	0.00			36—40	0	0.00	0.00	0.00	
41—45	5	22.73	3.4	3.09			41—45	5	22.73	—22.10	—20.09	
46—50	5	22.73	2.0	1.82			46—50	5	22.73	—23.50	—21.36	
合计	22	100.00	37.1	33.73	1.69	22	合计	22	100.00	—75.10	—68.27	—3.41
1—5	0	0.00	0.0	0.00		管理指数	1—5	0	0.00	0.00	0.00	
6—10	1	7.14	4.2	6.00			6—10	1	7.14	—0.90	—1.29	
11—15	0	0.00	0.0	0.00		资产:负债	11—15	0	0.00	0.00	0.00	
16—20	0	0.00	0.0	0.00		25.86　76.14	16—20	0	0.00	0.00	0.00	
21—25	2	14.29	5.4	7.71		净资产:—50.29	21—25	2	14.29	—4.80	—6.86	
26—30	2	14.29	4.5	6.43			26—30	2	14.29	—5.70	—8.14	
31—35	0	0.00	0.0	0.00			31—35	0	0.00	0.00	0.00	
36—40	1	7.14	1.4	2.00			36—40	1	7.14	—3.70	—5.29	
41—45	2	14.29	1.3	1.86			41—45	2	14.29	—8.90	—12.71	
46—50	6	42.86	1.3	1.86			46—50	6	42.86	—29.30	—41.86	
合计	14	100.00	18.1	25.86	1.29	14	合计	14	100.00	—53.30	—76.14	—3.81
1—5	0	0.00	0.0	0.00		可持续指数	1—5	0	0.00	0.00	0.00	
6—10	1	5.88	4.2	4.94			6—10	1	5.88	—0.90	—1.06	
11—15	2	11.76	7.5	8.82		资产:负债	11—15	2	11.76	—2.70	—3.18	
16—20	0	0.00	0.0	0.00		28.47　73.53	16—20	0	0.00	0.00	0.00	
21—25	0	0.00	0.0	0.00		净资产:—45.06	21—25	0	0.00	0.00	0.00	
26—30	3	17.65	6.8	8.00			26—30	3	17.65	—8.50	—10.00	
31—35	2	11.76	3.5	4.12			31—35	2	11.76	—6.70	—7.88	
36—40	0	0.00	0.0	0.00			36—40	0	0.00	0.00	0.00	
41—45	2	11.76	1.4	1.65			41—45	2	11.76	—8.80	—10.35	
46—50	7	41.18	0.8	0.94			46—50	7	41.18	—34.90	—41.06	
合计	17	100.00	24.2	28.47	1.42	17	合计	17	100.00	—62.50	—73.53	—3.68
资产总指标数		占指标总数(%)	总资产分值	相对总资产(%)	总资产质量系数	相对总资产:相对总负债 29.24　71.77	负债总指标数		占指标总数(%)	总负债分值	相对总负债(%)	总负债质量系数
103		100.00	150.6	29.24	1.46	相对净资产:—42.52	103		100.00	—369.60	—71.77	—3.59

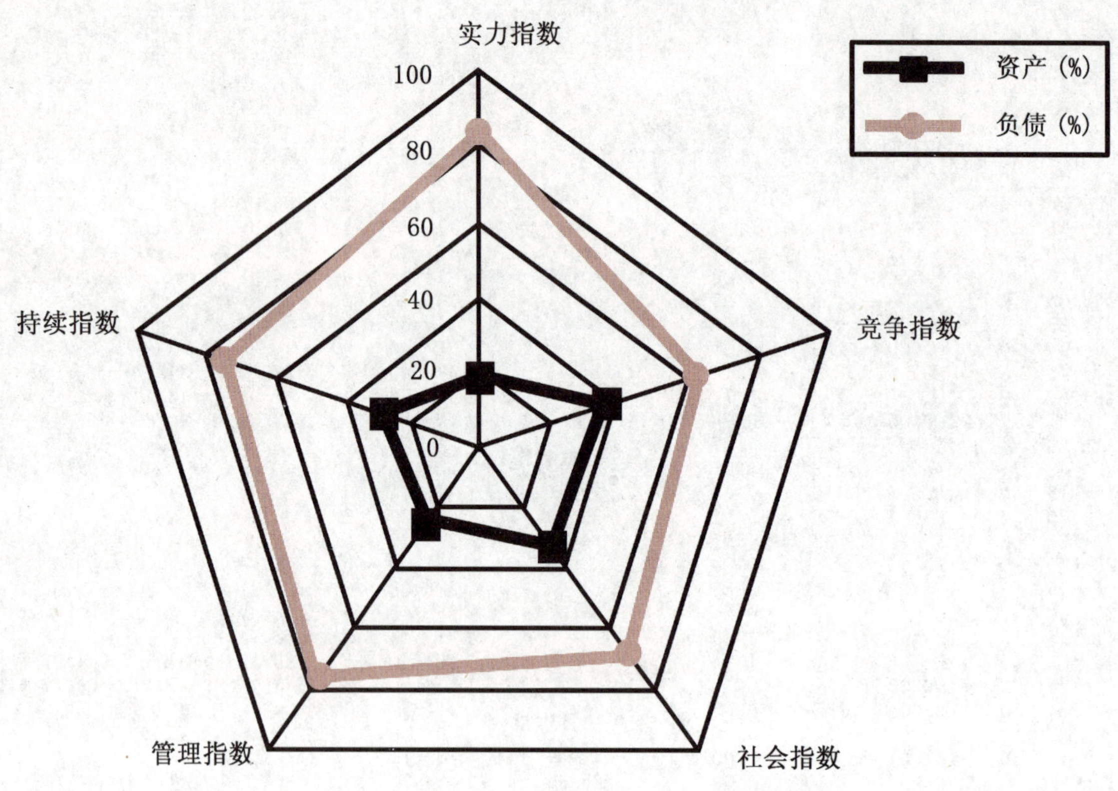

图 21.48 西宁市发展能力资产负债图

四十九　银川市发展能力资产负债表分析

1. 一般概况

银川市总面积3512平方公里，市区面积1295平方公里，建城区面积48平方公里。总人口100.94万人，市区总人口64.17万人，地区非农人口56.44万人。地区国内生产总值950260万元，市区国内生产总值756006万元，市区第三产业产值占GDP比重49.1%。市区实际利用外资总额602万元，市区固定资产投资总额435202万元，市区房地产投资总额121892万元。地方财政预算内收入79183万元，地方财政预算内支出91481万元。城乡居民人均储蓄余额12043元，人均住房面积14.22平方米，人均园林绿地面积28.49平方米，人均生活用电量465.8千瓦小时，人均铺装道路面积6平方米，人均教育经费支出128元，每万人拥有高等学校在校学生数17.53人。

现任领导：市委书记　王正伟　　市长　郝林海

2. 发展能力的资产负债分析

(1) 城市实力指数：在总数21个源指标中，资产累计得分21.3，相对资产20.29%，资产质量系数为1.01，表明资产质量较差。同时，负债累计得分－85.50，相对负债－81.71%，负债质量系数为－4.09，表明负债质量很差。在该大项中，相对净资产为－61.43%。

(2) 城市竞争指数：在总数29个源指标中，资产累计得分58.3，相对资产40.21%，资产质量系数为2.01，表明资产质量一般。同时，负债累计得分－89.60，相对负债－61.79%，负债质量系数为－3.09，表明负债质量较差。在该大项中，相对净资产为－21.59%。

(3) 城市社会指数：在总数22个源指标中，资产累计得分51.5，相对资产46.82%，资产质量系数为2.34，表明资产质量一般。同时，负债累计得分－60.70，相对负债－55.18%，负债质量系数为－2.76，表明负债质量一般。在该大项中，相对净资产为－8.36%。

(4) 城市管理指数：在总数14个源指标中，资产累计得分25.5，相对资产36.43%，资产质量系数为1.82，表明资产质量较差。同时，负债累计得分－45.90，相对负债－65.57%，负债质量系数为－3.28，表明负债质量较差。在该大项中，相对净资产为－29.14%。

(5) 城市可持续指数：在总数17个源指标中，资产累计得分33.2，相对资产39.06%，资产质量系数为1.95，表明资产质量较差。同时，负债累计得分－53.50，相对负债－62.94%，负债质量系数为－3.15，表明负债质量较差。在该大项中，相对净资产为－23.88%。

总计上述五大项，在总数103个源指标中，总资产累计得分189.8，相对总资产36.85%，总资产质量系数为1.84，表明总资产质量较差。同时，总负债累计得分－335.50，相对总负债－65.15%，总负债质量系数为－3.26，表明总负债质量较差。该城市发展能力相对总净资产为－28.29%。

表 21.49　银川市发展能力资产负债分析

资　产						五大指数	资　产					
位　次	指标数	占指标总数(%)	指标分值	相对资产(%)	资产质量系数		位次	指标数	占指标总数(%)	指标分值	相对资产(%)	资产质量系数
1—5	0	0.00	0.0	0.00		实力指数	1—5	0	0.00	0.00	0.00	
6—10	0	0.00	0.0	0.00			6—10	0	0.00	0.00	0.00	
11—15	1	4.76	3.7	3.52		资产:负债	11—15	1	4.76	—1.40	—1.33	
16—20	1	4.76	3.1	2.95		20.29　81.71	16—20	1	4.76	—2.00	—1.90	
21—25	0	0.00	0.0	0.00		净资产:—61.43	21—25	0	0.00	0.00	0.00	
26—30	1	4.76	2.3	2.19			26—30	1	4.76	—2.80	—2.67	
31—35	2	9.52	4.0	3.81			31—35	2	9.52	—6.20	—5.90	
36—40	2	9.52	2.4	2.29			36—40	2	9.52	—7.80	—7.43	
41—45	4	19.05	3.0	2.86			41—45	4	19.05	—17.40	—16.57	
46—50	10	47.62	2.8	2.67			46—50	10	47.62	—48.20	—45.90	
合计	21	100.00	21.3	20.29	1.01	21	合计	21	100.00	—85.80	—81.71	—4.09
1—5	4	13.79	19.0	13.10		竞争指数	1—5	4	13.79	—1.40	—0.97	
6—10	1	3.45	4.4	3.03			6—10	1	3.45	—0.70	—0.48	
11—15	1	3.45	3.7	2.55		资产:负债	11—15	1	3.45	—1.40	—0.97	
16—20	2	6.90	6.7	4.62		40.21　61.79	16—20	2	6.90	—3.50	—2.41	
21—25	2	6.90	5.4	3.72		净资产:—21.59	21—25	2	6.90	—4.80	—3.31	
26—30	3	10.34	7.0	4.83			26—30	3	10.34	—8.30	—5.72	
31—35	1	3.45	1.6	1.10			31—35	1	3.45	—3.50	—2.41	
36—40	3	10.34	3.5	2.41			36—40	3	10.34	—11.80	—8.14	
41—45	7	24.14	5.3	3.66			41—45	7	24.14	—30.40	—20.97	
46—50	5	17.24	1.7	1.17			46—50	5	17.24	—23.80	—16.41	
合计	29	100.00	58.3	40.21	2.01	29	合计	29	100.00	—89.60	—61.79	—3.09
1—5	1	4.55	4.8	4.36		社会指数	1—5	1	4.55	—0.30	—0.27	
6—10	0	0.00	0.0	0.00			6—10	0	0.00	0.00	0.00	
11—15	4	18.18	15.2	13.82		资产:负债	11—15	4	18.18	—5.20	—4.73	
16—20	3	13.64	9.9	9.00		46.82　55.18	16—20	3	13.64	—5.40	—4.91	
21—25	3	13.64	8.4	7.64		净资产:—8.36	21—25	3	13.64	—6.90	—6.27	
26—30	0	0.00	0.0	0.00			26—30	0	0.00	0.00	0.00	
31—35	3	13.64	5.4	4.91			31—35	3	13.64	—9.90	—9.00	
36—40	4	18.18	4.8	4.36			36—40	4	18.18	—15.60	—14.18	
41—45	3	13.64	2.6	2.36			41—45	3	13.64	—12.70	—11.55	
46—50	1	4.55	0.4	0.36			46—50	1	4.55	—4.70	—4.27	
合计	22	100.00	51.5	46.82	2.34	22	合计	22	100.00	—60.70	—55.18	—2.76
1—5	1	7.14	4.7	6.71		管理指数	1—5	1	7.14	—0.40	—0.57	
6—10	1	7.14	4.3	6.14			6—10	1	7.14	—0.80	—1.14	
11—15	1	7.14	4.0	5.71		资产:负债	11—15	1	7.14	—1.10	—1.57	
16—20	1	7.14	3.5	5.00		36.43　65.57	16—20	1	7.14	—1.60	—2.29	
21—25	1	7.14	2.7	3.86		净资产:—29.14	21—25	1	7.14	—2.40	—3.43	
26—30	1	7.14	2.1	3.00			26—30	1	7.14	—3.00	—4.29	
31—35	0	0.00	0.0	0.00			31—35	0	0.00	0.00	0.00	
36—40	2	14.29	2.7	3.86			36—40	2	14.29	—7.50	—10.71	
41—45	0	0.00	0.0	0.00			41—45	0	0.00	0.00	0.00	
46—50	6	42.86	1.5	2.14			46—50	6	42.86	—29.10	—41.57	
合计	14	100.00	25.5	36.43	1.82	14	合计	14	100.00	—45.90	—65.57	—3.28
1—5	0	0.00	0.0	0.00		可持续指数	1—5	0	0.00	0.00	0.00	
6—10	0	0.00	0.0	0.00			6—10	0	0.00	0.00	0.00	
11—15	3	17.65	11.3	13.29		资产:负债	11—15	3	17.65	—4.00	—4.71	
16—20	3	17.65	9.7	11.41		39.06　62.94	16—20	3	17.65	—5.60	—6.59	
21—25	0	0.00	0.0	0.00		净资产:—23.88	21—25	0	0.00	0.00	0.00	
26—30	3	17.65	7.2	8.47			26—30	3	17.65	—8.10	—9.53	
31—35	0	0.00	0.0	0.00			31—35	0	0.00	0.00	0.00	
36—40	0	0.00	0.0	0.00			36—40	0	0.00	0.00	0.00	
41—45	4	23.53	3.1	3.65			41—45	4	23.53	—17.30	—20.35	
46—50	4	23.53	1.9	2.24			46—50	4	23.53	—18.50	—21.76	
合计	17	100.00	33.2	39.06	1.95	17	合计	17	100.00	—53.50	—62.94	—3.15
资产总指标数		占指标总数(%)	总资产分值	相对总资产(%)	总资产质量系数	相对总资产:相对总负债 36.85　65.15	负债总指标数		占指标总数(%)	总负债分值	相对总负债(%)	总负债质量系数
103		100.00	189.8	36.85	1.84	相对净资产:—28.29	103		100.00	—335.50	—65.15	—3.26

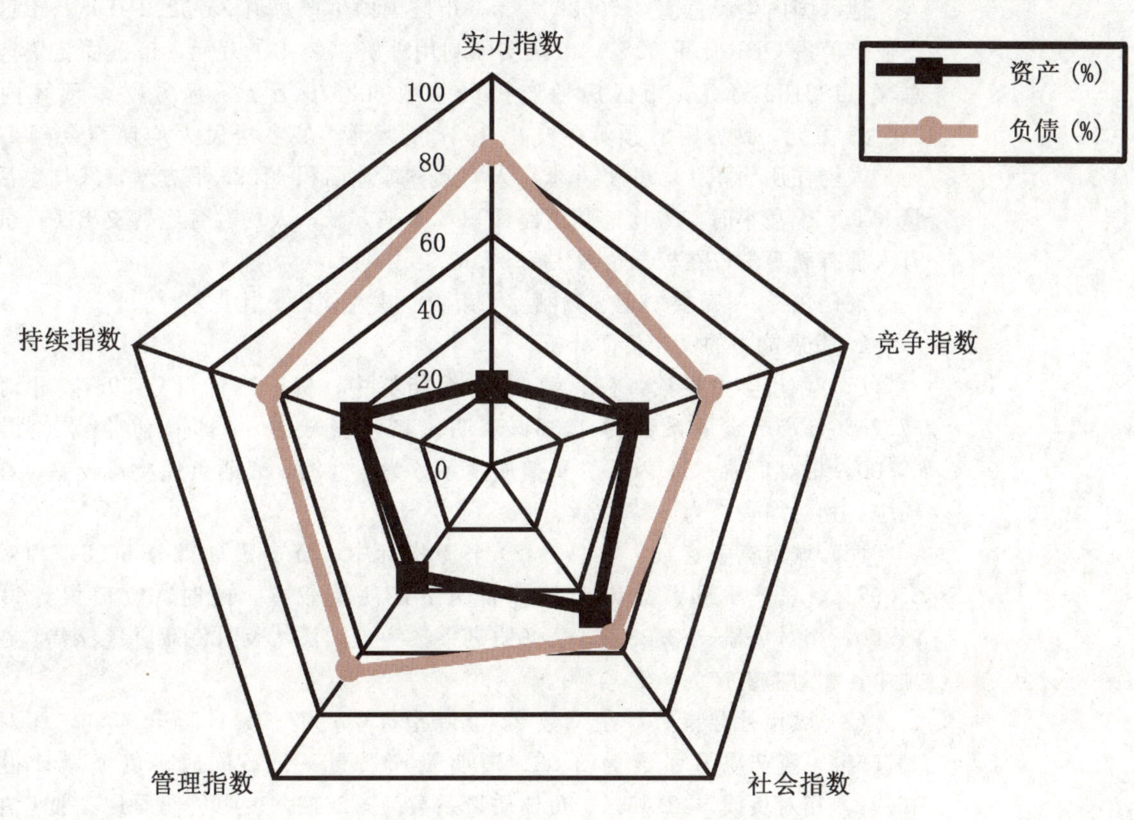

图 21.49　银川市发展能力资产负债图

五十　乌鲁木齐市发展能力资产负债表分析

1. 一般概况

乌鲁木齐市总面积12000平方公里，市区面积835平方公里，建城区面积140平方公里。总人口164.38万人，市区总人口148.52万人，地区非农人口133.76万人。地区国内生产总值2750000万元，市区国内生产总值2575292万元，市区第三产业产值占GDP比重62%。市区实际利用外资总额431万元，市区固定资产投资总额1182182万元，市区房地产投资总额602678万元。地方财政预算内收入246189万元，地方财政预算内支出193724万元。城乡居民人均储蓄余额174725元，人均住房面积13.96平方米，人均园林绿地面积41.26平方米，人均生活用电量378.6千瓦小时，人均铺装道路面积7.3平方米，人均教育经费支出152元，每万人拥有高等学校在校学生数147.30人。

现任领导：市委书记　杨刚　　市长　雪克莱提·扎克尔

2. 发展能力的资产负债分析

(1) 城市实力指数：在总数21个源指标中，资产累计得分39.1，相对资产37.24%，资产质量系数为1.86，表明资产质量较差。同时，负债累计得分－68.00，相对负债－64.76%，负债质量系数为－3.24，表明负债质量较差。在该大项中，相对净资产为－27.52%。

(2) 城市竞争指数：在总数29个源指标中，资产累计得分56.5，相对资产38.97%，资产质量系数为1.95，表明资产质量较差。同时，负债累计得分－91.40，相对负债－63.03%，负债质量系数为－3.15，表明负债质量较差。在该大项中，相对净资产为－24.07%。

(3) 城市社会指数：在总数22个源指标中，资产累计得分65.5，相对资产59.55%，资产质量系数为2.98，表明资产质量一般。同时，负债累计得分－46.70，相对负债－42.45%，负债质量系数为－2.12，表明负债质量一般。在该大项中，相对净资产为17.09%。

(4) 城市管理指数：在总数14个源指标中，资产累计得分34.6，相对资产49.43%，资产质量系数为2.47，表明资产质量一般。同时，负债累计得分－36.80，相对负债－52.57%，负债质量系数为－2.63，表明负债质量一般。在该大项中，相对净资产为－3.14%。

(5) 城市可持续指数：在总数17个源指标中，资产累计得分42.2，相对资产49.65%，资产质量系数为2.48，表明资产质量一般。同时，负债累计得分－44.50，相对负债－52.35%，负债质量系数为－2.62，表明负债质量一般。在该大项中，相对净资产为－2.71%。

总计上述五大项，在总数103个源指标中，总资产累计得分237.9，相对总资产46.19%，总资产质量系数为2.31，表明总资产质量一般。同时，总负债累计得分－287.40，相对总负债－55.81%，总负债质量系数为－2.79，表明总负债质量一般。该城市发展能力相对总净资产为－9.61%。

表 21.50　乌鲁木齐市发展能力资产负债分析

资产						五大指数	资产					
位次	指标数	占指标总数(%)	指标分值	相对资产(%)	资产质量系数		位次	指标数	占指标总数(%)	指标分值	相对资产(%)	资产质量系数
1—5	0	0.00	0.0	0.00		实力指数	1—5	0	0.00	0.00	0.00	
6—10	1	4.76	4.3	4.10			6—10	1	4.76	-0.80	-0.76	
11—15	1	4.76	3.7	3.52		资产:负债	11—15	1	4.76	-1.40	-1.33	
16—20	3	14.29	10.1	9.62		37.24　64.76	16—20	3	14.29	-5.20	-4.95	
21—25	2	9.52	5.7	5.43		净资产:-27.52	21—25	2	9.52	-4.50	-4.29	
26—30	1	4.76	2.4	2.29			26—30	1	4.76	-2.70	-2.57	
31—35	3	14.29	4.8	4.57			31—35	3	14.29	-10.50	-10.00	
36—40	4	19.05	4.7	4.48			36—40	4	19.05	-15.70	-14.95	
41—45	3	14.29	2.5	2.38			41—45	3	14.29	-12.80	-12.19	
46—50	3	14.29	0.9	0.86			46—50	3	14.29	-14.40	-13.71	
合计	21	100.00	39.1	37.24	1.86	21	合计	21	100.00	-68.00	-64.76	-3.24
1—5	1	3.45	5.0	3.45		竞争指数	1—5	1	3.45	-0.10	-0.07	
6—10	0	0.00	0.0	0.00			6—10	0	0.00	0.00	0.00	
11—15	4	13.79	15.3	10.55		资产:负债	11—15	4	13.79	-5.10	-3.52	
16—20	0	0.00	0.0	0.00		38.97　63.03	16—20	0	0.00	0.00	0.00	
21—25	2	6.90	5.6	3.86		净资产:-24.07	21—25	2	6.90	-4.60	-3.17	
26—30	2	6.90	5.0	3.45			26—30	2	6.90	-5.20	-3.59	
31—35	9	31.03	15.7	10.83			31—35	9	31.03	-30.20	-20.83	
36—40	7	24.14	8.1	5.59			36—40	7	24.14	-27.60	-19.03	
41—45	0	0.00	0.0	0.00			41—45	0	0.00	0.00	0.00	
46—50	4	13.79	1.8	1.24			46—50	4	13.79	-18.60	-12.83	
合计	29	100.00	56.5	38.97	1.95	29	合计	29	100.00	-91.40	-63.03	-3.15
1—5	4	18.18	19.4	17.64		社会指数	1—5	4	18.18	-1.00	-0.91	
6—10	3	13.64	13.0	11.82			6—10	3	13.64	-2.30	-2.09	
11—15	2	9.09	7.4	6.73		资产:负债	11—15	2	9.09	-2.80	-2.55	
16—20	1	4.55	3.1	2.82		59.55　42.45	16—20	1	4.55	-2.00	-1.82	
21—25	0	0.00	0.0	0.00		净资产:17.09	21—25	0	0.00	0.00	0.00	
26—30	5	22.73	12.1	11.00			26—30	5	22.73	-13.40	-12.18	
31—35	5	22.73	8.9	8.09			31—35	5	22.73	-16.60	-15.09	
36—40	0	0.00	0.0	0.00			36—40	0	0.00	0.00	0.00	
41—45	2	9.09	1.6	1.45			41—45	2	9.09	-8.60	-7.82	
46—50	0	0.00	0.0	0.00			46—50	0	0.00	0.00	0.00	
合计	22	100.00	65.5	59.55	2.98	22	合计	22	100.00	-46.70	-42.45	-2.12
1—5	3	21.43	14.1	20.14		管理指数	1—5	3	21.43	-1.20	-1.71	
6—10	0	0.00	0.0	0.00			6—10	0	0.00	0.00	0.00	
11—15	1	7.14	4.0	5.71		资产:负债	11—15	1	7.14	-1.10	-1.57	
16—20	2	14.29	6.5	9.29		49.43　52.57	16—20	2	14.29	-3.70	-5.29	
21—25	0	0.00	0.0	0.00		净资产:-3.14	21—25	0	0.00	0.00	0.00	
26—30	1	7.14	2.4	3.43			26—30	1	7.14	-2.70	-3.86	
31—35	2	14.29	3.2	4.57			31—35	2	14.29	-7.00	-10.00	
36—40	2	14.29	2.3	3.29			36—40	2	14.29	-7.90	-11.29	
41—45	2	14.29	1.6	2.29			41—45	2	14.29	-8.60	-12.29	
46—50	1	7.14	0.5	0.71			46—50	1	7.14	-4.60	-6.57	
合计	14	100.00	34.6	49.43	2.47	14	合计	14	100.00	-36.80	-52.57	-2.63
1—5	1	5.88	5.0	5.88		可持续指数	1—5	1	5.88	-0.10	-0.12	
6—10	3	17.65	12.8	15.06			6—10	3	17.65	-2.50	-2.94	
11—15	2	11.76	7.8	9.18		资产:负债	11—15	2	11.76	-2.40	-2.82	
16—20	1	5.88	3.3	3.88		49.65　52.35	16—20	1	5.88	-1.80	-2.12	
21—25	0	0.00	0.0	0.00		净资产:-2.71	21—25	0	0.00	0.00	0.00	
26—30	2	11.76	4.2	4.94			26—30	2	11.76	-6.00	-7.06	
31—35	2	11.76	3.6	4.24			31—35	2	11.76	-6.60	-7.76	
36—40	2	11.76	2.5	2.94			36—40	2	11.76	-7.70	-9.06	
41—45	3	17.65	2.6	3.06			41—45	3	17.65	-12.70	-14.94	
46—50	1	5.88	0.4	0.47			46—50	1	5.88	-4.70	-5.53	
合计	17	100.00	42.2	49.65	2.48	17	合计	17	100.00	-44.50	-52.35	-2.62
资产总指标数		占指标总数(%)	总资产分值	相对总资产(%)	总资产质量系数	相对总资产:相对总负债 46.19　55.81	负债总指标数		占指标总数(%)	总负债分值	相对总负债(%)	总负债质量系数
103		100.00	237.9	46.19	2.31	相对净资产:-9.61	103		100.00	-287.40	-55.81	-2.79

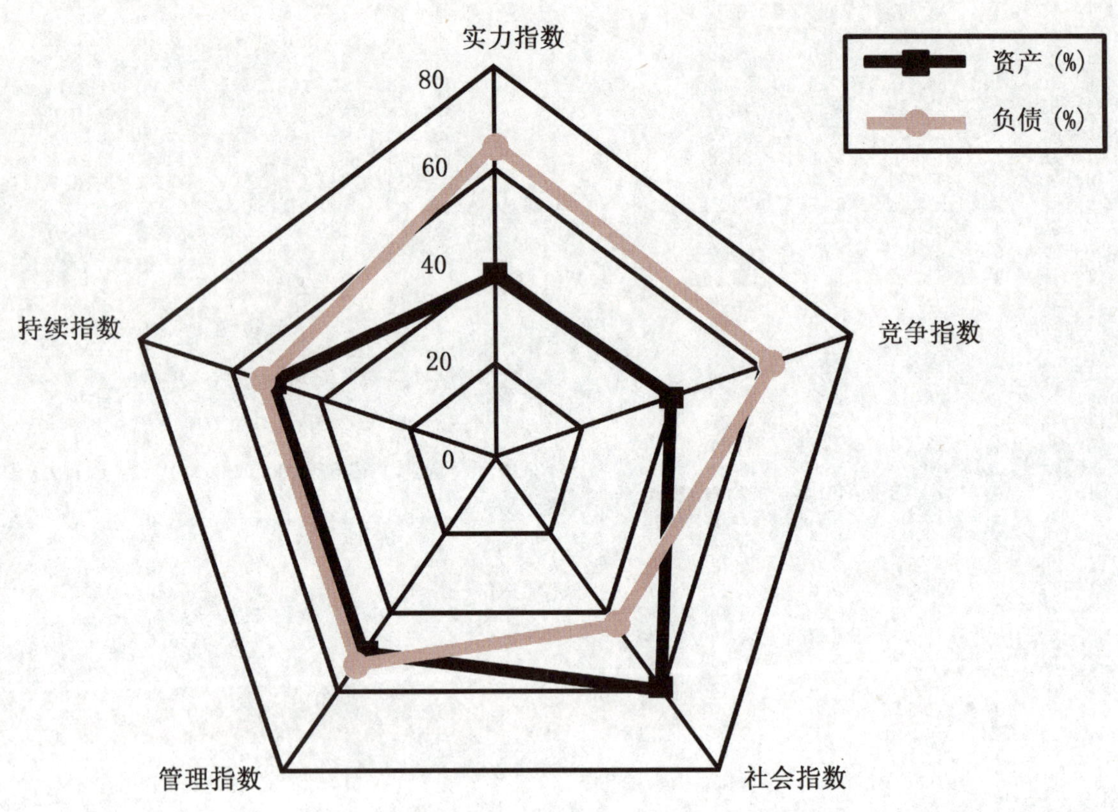

图 21.50　乌鲁木齐市发展能力资产负债图

附　　录

附录 1　城市化名词解释
附录 2　近 15 年中国城市发展大事记
附录 3　建国 50 年来中国城市发展统计
附录 4　美国城市研究机构网络资源
附录 5　欧盟主要国家城市生活质量情况调查表
附录 6　中国与世界有关城市的基础数据对比

附录1　城市化名词解释

城市

城市通常被认为是“三大结构形态和四大功能效应的系统集合体”。从结构上去认识，城市是一种空间结构形态；是一种生产结构形态；是一种文化结构形态。从功能上去认识，城市在一个“自然-社会-经济”的复杂巨系统中，通过集聚效应、规模效应、组织效应和辐射效应的能力，寻求将“人口、资源、环境、发展”四位一体地提升到现代文明的中心。由此表达为结构与功能不断优化的、具有等级系列特征的、作为区域发展动力的和一组整体演进的高效动态体系。

简而言之，城市是在地理空间中的一组充填式布局，是被赋予等级概念的、功能互补的、具有整体效益最大化的一组集合，形成了一个结构和谐的、流通顺畅的、交互有序的、整体高效的网络系统。这种金字塔式的结构体，镶嵌在一个可以提供自然资源、可以提供生态服务、可以提供人力支撑、可以提供文化范式的基础平面之上。这样，城市必然既被视作是在垂直方向上从大到小的有序结构，同时也被视作是在水平方向上同级城市的功能互补，这两大方向上的编织效应和交互影响形成了所谓具有自组织功能、自学习功能和自适应功能的特种复杂系统。

城市化

又称城镇化、都市化。人类生产和生活方式由农村型向城市型转化的历史过程，表现为农村人口向城市人口转化以及城市不断发展和完善的过程。我们通常以城市人口占总人口的百分比这一指标衡量城市化水平。由于人口向城市集中或迁移的过程，不仅包含了人口的迁移，还包含了经济、社会、空间等多方面的转换，因此，城市化一词主要包含四个方面的含义：一是人口的转换，即农业人口向非农业人口的转换；二是地域的转换，即由于城市数量增多、城市规模扩大（包括城市自身的不断发展和完善），农业用地向非农业用地转换；三是经济结构的转换，即生产要素特别是劳动力和资本等从农业向非农产业转换；四是生活方式的转换，即由农村生活方式转变为城市生活方式，包括农村的现代化过程。

郊区城市化

二十世纪中期，一些发达国家由于大城市人口激增，市区地价不断上涨，加之汽车的普遍使用、交通设施的现代化、人们生活水平改善后对人口低密度地区独立住宅的追求，城市中上阶层人口向城市市郊或外围地带移居，成为人口的主要流向，而从农村向城市的迁移逐渐退居次要地位。随后，各类服务部门纷纷迁往郊区。

逆城市化

二十世纪七十年代以来，一些大都市区人口外迁出现了新的动向，不仅中心市区人口继续外迁，郊区人口也向外迁移，出现了人口负增长。人们迁向离城市更远的农村和小城镇，这种现象与城市化现象相反，国外学者将这一过程，称为逆城市化。

城镇体系

城镇体系是指一个国家或地区范围内职能不同、规模各异，在经济、社会和空间发展上具有有机联系的城市群体。城镇体系内的各城市通过物流、人流、信息流等互相密切联系，这种联系不仅取决于各城镇职能差别所产生的地域分工，也取决于城镇间、城镇与辐射区间的互补性。当城镇体系内一个城镇或某个组成部分发生变化时，其他城镇或组成部分也会受到影响。在城镇体系内，城镇的规模结构、空间结构和功能结构合理时，可以促进各城镇的协调发展。城镇的性质、地位、作用都在不断发生变化，进而会引起城镇体系的变化，城镇体系规划也需要随之调整。城镇一般都是所在地区的区域经济中心，对周围地区的发展具有辐射带动作用，因此，城镇体系内部各城镇的协调发展对地域经济发展具有重要影响。

大都市带

二十世纪五十年代以来，在某些城市密集地区，由于郊区城市化的作用，城市不断向四周蔓延，城市职能十分强烈，城市用地比例越来越高，使城市与城市间的农田分界带日渐模糊，城市地域出现连成一片的趋势，形成大都市带。

城市规模

城市规模包括城市人口规模和城市用地规模（地域规模），因城市的用地规模常常由城市的人口规模所决定，而且，城市的人口规模是城市重要的综合性特征，所以，城市规模常指人口规模。在多数情况下，城市的用地规模与人口规模成正相关关系。

城市职能

城市在国家或一定地域内的社会、经济、文化等各个领域活动中所发挥的作用和承担的分工。城市的这些活动由两部分组成：一是为本城市需要服务的活动，称为非基本活动；二是为本城市以外的需要服务的活动，是从城市以外为城市创造收入的部分，它是城市得以存在和发展的基础，是城市发展的基本动力，称为基本活动。城市职能概念的着眼点是城市的基本活动部分。

城市发展度

以城市财富的增长、理性需求的满足、生活质量的提高为其基本识别。城市发展度构成了实现城市化目标的“动力表征”，是城市化的数量扩张和城市化的质量提高的的双重发动机。它所具有的实质内容是：

1. 对于城市总体财富增长的度量；
2. 对于经济发展质量提高的度量；
3. 对于居民理性需求满足的度量；
4. 对于城市创新能力培育的度量；
5. 对于城市文化内涵进步的度量。

城市协调度

以环境与发展之间的平衡、效率与公平之间的平衡、物质与精神之间的平衡为其基本识别。城市协调度构成了实现城市化目标的“公正表征”，是城市化质量不断优化的调节者。它所具有的内容是：

1. 对于城市人际（代际）区际之间关系的协调；
2. 对于城市物质文明与精神文明之间的协调；
3. 对于城市经济效率与社会公平之间的协调；
4. 对于城市市场的自由竞争与有序规范之间的协调；
5. 对于城市开拓创新与有效继承之间的协调。

城市持续度

以城市人均财富的世代非减、城市投资边际效益的世代非减、城市生态服务价值（Value of ecological serve）的世代非减为其基本识别。城市持续度构成了实现城市化目标的“稳定表征”，是城市可持续能力不断维系的促进剂，它所具有的内容是：

1. 对于城市逼近“三零状态”即生态赤字为零、环境胁迫为零、生态价值与生产价值之比率变化为零的能力；

2. 对于城市向自然的索取与对自然的回馈相平衡，充分建立人与自然的协同进化机制的能力；

3. 对于城市充分尊重自然遗产和历史文化遗产，同时担负起为后代扩大更多文明积累的能力；

4. 对于城市逐步实现“自然-社会-经济”复杂巨系统的可持续发展目标的能力。

城市发展“真实能力”

考虑到城市发展实际上是“数量”与“质量”的共同表征；是“规模”与“动力”的共同表征；是“现状表达”与“未来起飞”的共同表征；也是城市“综合实

力”与“发展潜力”的共同表征。

上述二类的共同表征结果被定义为“城市发展真实能力”，它将成为宏观评价城市发展水平和城市发展效益的客观参考，集中表达了对于城市本质的深层次认识。

城市发展“真实能力”将城市发展的全面评估纳入到更加科学、更加合理的层次之中。

城市化评价制度

城市化评价制度是一种战略性的、根本性的、指导性的，也是带有风险性的城市宏观管理行为。

可持续发展城市

一个可持续发展的城市，应当具备如下五项基本要求：

1. 实现城市中人与自然之间的平衡和人与人之间的和谐；

2. 在城市中营造“合理、优化、循环、有序”的自然环境、经济环境和社会环境；

3. 寻求城市中“自然资本、人力资本、生产资本、社会资本”的科学组合，追求城市整体效益最大化；

4. 体现出城市既满足当代人不断增长的需求，又泽被后代并为他们提供更多的发展机会；

5. 既满足一个城市不断增长的需求，又不损害其他非城市地区不断增长的需求。

城市研究的各态历经假说

各态历经假说（ergodic hypothtsis）亦称各态遍历假说，它描述的是：在一个充分大的空间内，同一城市在不同时间断面上的发展状态（时序谱），有可能从同一时间不同城市断面上的发展状态（空域谱）中获得识别，反之亦然。例如，北京一地，在一年内必然经历着春夏秋冬四季；这种当地以时间为序的状态（春夏秋冬）亦可在北京的任意一天中，在全球范围的不同城市同样获得春夏秋冬的相似识别。

各态历经假说揭示了城市“时空谱系”的耦合表征和映射交集，是对时空统一的认识深化。由此，时序谱的某种缺失，有可能从空域谱中获得补足；而空域谱的某种缺失，同样亦可从时序谱中获得启迪。在我们关于城市化的研究中，可以应用这个理论去认识、借鉴、探索城市发展的方向、发展的速度和发展的目标，即中国城市化的未来走向，可以从当今世界各国城市发展的空域谱中得到清楚的反映。该理论为我们认识中国的城市化进程，提供了世界范围城市发展的谱系性借鉴。

城市发展的三个“零增长”台阶

1. 实现城市人口上数量和规模的“零增长”，这是城市化战略必须越过的第一个台阶，它意味着首先应当突破人口巨大增长所带来的压力，而后才可以逼近和达到城市生存支持系统在承载能力上的宏观稳定（零增长）。在实现这一零增长的同时，对应在人口素质和能力的提高上，则必须有着明显的高增长，这一组完全非对称的组合，揭示了消除城市发展第一个瓶颈的基本内涵。

2. 实现城市生产上物质和能量消耗速率的“零增长”，这是城市化战略必须越过的第二个台阶，它意味着在城市财富不断增长的前提下，保持资源消耗的常量状态或减量状态，以实现地球承载力的永续支撑能力。与此同时，对应在城市社会财富积累的提高上，则必须有着明显的高增长，这第二组非对称的组合，揭示了消除城市发展第二个瓶颈的基本内涵。

3. 实现城市生态上和环境上退化速率的“零增长”，这是城市化战略必须越过的第三个台阶，它意味着城市的生活质量和生存空间，在不受威胁的基础上，不间断地推动城市文明的进程和人类自身的完善。与此同时，对应在生活质量与生存空间的建设和提高上，则必须有着明显的改善，这一组完全非对称的组合，提示了消除城市发展第三个瓶颈的基本内涵。

建立城市指标体系的要求

1. 内部逻辑清晰、合理、自恰；
2. 简捷、易取，所代表的信息量大；
3. 权威、通用，可以在统一基础上进行宏观对比；
4. 层次分明，具有严密的等级系统并在不同层次上进行时间和空间排序；
5. 具有理论依据或统计规律的权重分配，评分度量和排序规则。

附录2　近15年中国城市发展大事记
（1984～1997）

1984年

2月24日　据报道，郑州、常州、沙市、四平4个城市，最早试行将住宅补贴出售给个人。经过近二年的实践证明，这是符合我国国力和国情、缓和城市居民住房紧张状况的一个有效办法。到1983年底，这四个城市已出售住宅83200平方米，1619套。目前，还有5万平方米近1000套住宅正在出售中。

3月26日　中共中央书记处和国务院召开的沿海部分城市座谈会议建议，进一步开放由北至南十四个沿海港口城市，作为我国实行对外开放的一个新的重要步骤。这十四个港口城市是：大连、秦皇岛、天津、烟台、青岛、连云港、南通、上海、宁波、温州、福州、广州、湛江、北海。同时开放的还有海南岛。在扩大地方权限和给予外商投资者若干优惠方面，实行以下政策和措施：1. 放宽利用外资建设项目和审批权限。2. 增加外汇使用额度和外汇贷款。3. 积极支持利用外资，引进先进技术改造老企业。4. 对中外合资、合作经营企业及外资独资企业，给予若干优惠待遇。5. 有些可以兴办新的经济技术开发区，集中地举办中外合资、合作、外商独资企业和中外合作的科研机构。

4月1日　中国城市规划编制工作正在全国范围内展开。全国已有190多个市编制完成了城市总体规划，占设市城市的70%。国务院已先后批准了25个城市的总体规划。这些城市是：唐山、兰州、呼和浩特、长沙、沈阳、武汉、合肥、南宁、西宁、拉萨、太原、杭州、重庆、济南、石家庄、北京、抚顺、银州、南京、西安、鞍山、青岛、昆明、郑州、成都。

4月16日　城市经济体制改革试点工作座谈会在常州召开。《座谈会纪要》指出：当前试点城市要以搞活企业和流通为重点，带动各项改革。座谈会提出，中央有关部门和省、市、自治区要简政放权，层层放权，把一部分权利和责任下放给试点城市，试点城市也要把应该下放给企业的权利真正下放给企业。

7月5日　全国建筑业和基本建设管理体制改革座谈会在北京闭幕。会议要求建设银行从以下方面支持经济特区和沿海开放城市的开发建设：（一）对4个经济特区和海南岛，允许实行下列特殊政策：1. 吸收的存款，上级不调用，留作发放贷款或开展投资业务；2. 从国内外筹集资金，向其它银行拆借资金，用于支持当地生产建设；3. 自行审定贷款项目和制定利率；4. 一业为主，多种经营；5. 信贷计划单列，上级适当安排一些借差额度周转使用。（二）对14个沿海开放城市，先实行下列办法：1. 管理开放基础设施拨款和开放贷款；2. 支持老企业的技术改造；3. 有条件的试办投资入股；4. 利用外交项目的国内配套资金，应积极支持，利率允许在20%范围上下浮动。

7月13日　国务院正式批准在南京市进行经济体制改革。要求南京市在江苏省委、省政府领导下，进行综合改革。这对于搞活长江下游地区的经济，探索省会大城市经济体制改革的路子，对于形成以大城市为依托的多层次的经济网络，充分发挥大城市的经济中心作用，都具有重要意义。

9月14日　万里在天津考察期间参加了天津市委关于城市经济体制改革的讨论，提出检验城市体制改革成功与否的标准是：要看生产力发展了没有；技术改造是不是加快了；人的积极性是否充分调动起来了，国家的收入是不是增加了；工人的生活水平提高了没有。商业改革还要看群众生活是不是更方便了。10月9日据报道，邓小平最近在会见外宾时先后两次谈到城市改革问题。

他说，6年前十一届三中全会的重点是在农村进行改革，这次十二中全会则要转移到城市改革上来，这是一场全面的改革。改革是迫切的，如果城市不进行改革，城市工作就不能满足占我国总人口的80%的农村的发展需要，就会阻碍农村继续前进。城市改革比较复杂，但是有了农村开展改革的成功经验，我们对城市改革是有信心的。农村改革三年面貌一新，城市改革少则三年，多则五载，也能大见成效。

10月11日　国务院发出批转城乡部《关于扩大城市公有住宅补贴出售试点报告》的通知，通知说，这是逐步推行住宅商品化、全面改革我国住房现行制度的重要步骤。我国城市公有住宅补贴出售的范围将扩大到京、津、沪等80个城市。1982年在常州、郑州、沙市、四平4个城市进行了新建公有住宅补贴的出售试点。两年来的实践证明，这项改革是成功的。从试点以来，4个城市已补贴出售住宅2140套、建筑面积11.45万平方米，投资约1640万元，已收回和将分期收回的资金约占投资的30%。

10月20日　中共十二届三中全会通过了《中共中央关于经济体制改革的决定》。《决定》指出，根据我国社会主义建设正反两方面的经验，特别是这几年城乡经济体制改革的经验，十二届三中全会一致认为：必须按照把马克思主义基本原理同中国实际结合起来，建设有中国特色的社会主义的总要求，进一步实行对内搞活经济，对外实行开放的方针，加快以城市为重点的整个经济体制改革的步伐，以利于更好地开创社会主义现代化建设的新局面。《决定》首先精辟地论述了经济体制改革的背景和目的，然后从增强企业活力，运用价值规律、发展商品经济，建立合理的价格体系，政企职责分开，建立多种形式的经济责任制、发展多种经济形式，进一步扩大对内对外的经济技术交流，起用一代新人、造就经济管理干部队伍，加强党的领导等8个方面阐明了经济体制改革的任务与前景展望。

11月21日　中央有关领导到广州、佛山、江门、珠海、深圳、上海等地视察。他指出，沿海地区必须坚持内引外联的方针；要改革提供经验。上海的作用就在于它是全国最大的经济中心，改造上海、振兴上海，要提到全国的议事日程上来。要把上海搞活主要是两条：关键是要把企业搞好；有重点地改善基础设施和投资环境。今后5年上海发展的重点是：传统工业要改造，新兴工业的比例要高于全国，第三产业要大力发展。

12月16日　经国务院批准，上海经济特区的范围由上海市及江、浙两省的9个市扩大为江苏、浙江、安徽、江西4省全部及上海市。上海经济区的人口占全国人口总数的19.3%。

1985 年

1月15日　国务院发布《关于行政区划管理规划》。指出，行政区划应保持稳定。必须变更时，应逐级上报审批。省、自治区、直辖市的设立、撤消、更名，报全国人大审议决定。省、自治区、直辖市的行政区域界限变更等，由国务院审批。县、市、市辖区的部分行政区域界限的变更等，国务院授权省、自治区、直辖市人民政府审批，同时报送民政部备案。

1月25日　国务院在北京召开长江、珠江三角洲和闽南厦（门）、漳（州）、泉（州）三角地区座谈会，建议将3个“三角”开辟为沿海经济开放地区。座谈会认为，经过经济特区——沿海开放城市，沿海经济开放区——内地这样多层次的探索和实践，由外向内，由沿海到内地逐步推进，就能有效地把沿海经济的发展同内地经济的开发密切结合起来，振兴全国经济。

2月8日　国务院批转《关于上海经济发展战略汇报提纲》。批语指出，在新的历史条件下，上海的发展要走改造、振兴的路子，充分发挥中心城市多功能的作用，使上海成为四个现代化建设的开路先锋。上海市要充分利用对内对外开放的有利条件，发挥优势，力争到本世纪末把上海建设成为开放型、多功能、产业结构合理、科学技术先进、具有高度文明的社会主义现代化城市。

3月6日　全国城市经济体制改革试点工作座谈会在武汉举行。会议指出，为了搞活企业，要在改革中探索新的管理制度和管理方法，使宏观管理适应有计划的商品经济发展。3月27日，国务院办公厅转发《全国城市经济体制改革试点工作座谈会纪要》，要求精心指导，力争58个城市的改革有新的突破。

3月8日　国务院发布《关于上海市进一步对外开放有关问题的批复》。对上海利用本地优势加快开放步伐，发展第三产业，加强与内地联合，扩大开放地区以及合资企业减免企业所得税和工商统一税的审批问题作了批示。

4月19日　国家领导在考察武汉时说，城市是商品经济的产物，它的功能是多方面的。不应该局限为本市城市服务，而应该为它所辐射的整个经济区服务。把我们的城市，首先是大城市，改变成为开放型的、多功能的、社会化的、现代化的经济中心。城市改革要抓住简政放权，敞开大门，搞活企业这几个要点。应该开辟生产资料市场、金融市场、技术市场、劳务市场等。每个城市都要根据自己的特点，确定自己的产业结构。要大力发展第三产业。在城市经济改革和经济工作中，我们要牵牛鼻子，就是要抓价格体系的改革。

6月4日　中共中央、国务院发出《关于国家机关和事业单位工作人员工资制度改革问题的通知》。决定，普通中、小学校和幼儿园从1985年1月1日起，国家机关和其他事业单位从7月1日起执行新的工资制度。改革的原则是贯彻按劳分配原则，把工作人员的工资同本人的工作职务、责任和劳绩密切联系起来，使绝大多数人员的工资有一定的增加，通过改革建立起正常的晋级增资制度。改革的主要内容是实行以职工工资为主的结构工资制，即按照工资的不同职能，分为基础工资、职务工资、工龄工资、奖励工资四个组成部分。这次工资改革，按照预定方案，平均每人增加18元，全年共需40亿元。

6月26日　国务院办公厅转发《关于大连市经济体制综合改革的实施方案的报

告》。大连市改革实施方案的要点是：1. 在省的领导下，实行计划单列，享有省级经济管理权限；2. 以搞好港口建设和改革为中心，改革交通管理体制；3. 扩大口岸外贸权限，改革对外经贸体制；4. 放宽政策，加快老企业技术改革的步伐；5. 简政放权，搞活企业，改革工业管理体制；6. 敞开门户，搞活市场，改革流通和商业管理体制；7. 搞好人才和智力开发，改革科技体制；8. 改革城乡建设管理体制；9. 城乡结合，一体发展，进一步健全市领导县的体制；10. 改革计划、财税、价格、工资和金融信贷体制，充分发挥经济杠杆作用；11. 上层建筑特别是行政机构改革，必须同步进行。

1986年

1月5日　全国经济特区工作会议在深圳结束。会议提出：经济特区在“七五”期间要更上一层楼，朝着建立外向型经济的目标奋力前进，确定成为“技术的窗口、管理的窗口、知识的窗口、对外政策的窗口”，进一步发挥向国内外两个扇面辐射的枢纽作用。

1月31日　《人民日报》报道，我国城市经济体制已发生五大变化：一、在所有制结构方面，正在逐步向社会主义公有制为主体的、多种经济形式和多种经济方式共同发展的结构转变；二、在国家与企业的关系方面，企业已逐步向相对独立的商品生产经营者的方向转变；三、在市场方面，开始转变为合同定购、议购议销、自由购销等多种形式；四、在对内对外经济联系方面，正在向开放型经济转变；五、在宏观管理方面，过去那种主要用行政手段，高度集中的传统体制正在改变。

4月19日　一位中央领导指出：城市是商品经济发展的产物，它的功能是多方面的。它不仅是工业生产的基地，而且应当是贸易中心、金融中心、交通枢纽、信息中心，有些城市还是科学教育的中心。城市的工作，城市的各项经济活动，都不应该局限为本城市服务，而应该为它所辐射的整个经济区服务。考核和评价大中城市的工作，主要看它辐射面的大小和吸引力的强弱，不能单纯地看它的工农业总产值，而应当以国民生产总值作为主要指标。城市改革要抓住简政放权，敞开大门，搞活企业这几个要点。要大力发展第三产业。

5月29日　环渤海地区经济联合组织正式成立。环渤海经济区包括：丹东、大连、营口、盘锦、秦皇岛、锦州、唐山、天津、东营、潍坊、烟台、青岛12个市和沧州、惠民两个地区。

6月21日　分布在长江、九江至镇江段南北两岸16个城市和地区，在南京正式成立南京区域经济协调会。

8月14日　国务院最近批准《天津市总体规划方案》，提出天津市应当成为拥有先进技术的综合性工业基地，开放型、多功能的经济中心和现代化的港口城市。

8月28日　国务院批准16个中等城市为全国第一批机构改革试点城市，为全国机构改革探索道路。这16个城市是：江门、丹东、潍坊、苏州、无锡、常州、马鞍山、厦门、绍兴、安阳、洛阳、黄石、衡阳、自贡、宝鸡、天水。主要内容是：加强综合经济管理部门和经济调节监督机构，精简合并专业管理部门，调整城市政府的管理权限，结合机构调整进行人事制度的改革，探索党政合理分工的路子。

9月4日　由全国10大城市组织和参加的横向经济联合促进会于今年成立。京津沪和武汉、广州、沈阳、大连、哈尔滨、西安、重庆7个计划单列市的代表参加了会议。中国横向经济联合是于1984年底由中央大力提倡才迅速发展起来的。如西南4省5市、中南5省区、长江沿岸4大城市都相继建立联合组织。

9月15日　全国改革试点城市已有73个，其中由党中央、国务院批准的为7个，各省市自治区确定的66个。73个试点城市工农业总产值占全国的28%左右，财政收入占20%左右。在试点城市中，7个计划单列城市的财政、信贷、进出口、投资、物资分配等计划，都和所在省分开，在中央单列户头。除了在试点城市进行综合性的改革实验以外，还确定了一些城市重点进行某一方面的、专题性的改革探索。如广州、武汉、重庆、常州、沈阳等5市作为金融体制改革的试点。4个住房商品化试点、13个建立生产资料市场的试点城市和16个政府机构改革试点城市。

12月10日　新华社报道，随着我国14个沿海开放城市的对外开放而兴建的经济技术开发区，目前已有13个。除温州、北海两市外，大连，秦皇岛、天津、烟台、青岛、连云港、南通、上海、宁波、福州、广州、湛江12个城市都在建设经济技术开发区。

1987年

2月14日　经国务院批准，中国国家体改委和中国人民银行决定，新增上海、北京、天津、哈尔滨、西安、青岛、石家庄、兰州、成都、杭州、长春、福州、潍坊、沙市等14个城市为金融改革试点城市。试点城市的银行和保险公司要逐步实行行长、经理负责制。这些金融机构拥有业务经营自主权；信贷资金调配权或保险条款制定权；利率、保险费率浮动权；中层干部任免、职工招聘和奖惩权；企业内部机构设置权；留成利润支配和工资、奖励、福利基金内部分配权。并在执行国家有关费用开支规定前提下，在内部实行各种形式的经济责任制、承包制等。在发展金融市场方面，各试点城市不仅要进一步发展完善短期金融市场，还要有步骤地发展以经营长期债券、股票为主的长期金融市场。试点城市进行银行企业化改革，把银行由过去"机关式"的机构变成真正自负盈亏的企业。

5月6日　中国工商银行西北银行集团在西安成立。这个集团由西安、兰州、乌鲁木齐、银川和西宁五个城市工商银行共同组成，是我国第一个跨地区的以资金和信息联系为纽带的松散型金融联合集团。

6月1日　国家体改委领导向首都新闻界介绍我国经济体制改革8年的12项成就：一、农村改革取得了举世瞩目的成功；二、发展了多种经济形式和经营方式，激发了城乡经济的活力；三、扩大了企业自主权，增强了生产经营活力；四、对计划体制进行了初步改革，市场机制开始发挥了重要作用；五、改革不合理的价格体系和过于集中的价格管理体制；六、对工资制度和劳动制度进行改革，开始打破"大锅饭"、"铁饭碗"；七、改革了财政、税收制度、发挥了税收的调节功能；八、改革了金融体制，发展了资金市场；九、进行了城市综合经济体制改革试点，增强了城市的经济功能；十、实行对外开放，扩大同世界各国经济技术贸易关系；十一、进行了科技、教育体制改革，以及上层建筑领域里的部分改革。

6月16日　中心城市综合改革讨论会在重庆举行。会议提供的材料表明，8年来，我国中心城市综合改革试点取得4个方面的突破：在企业内部实行多种形式经营责任制、改革分配制度；在扩大消费品市场的同时，相继建立和发展了生产资料市场、技术市场、金融市场和信息市场，一个跨地区、跨部门的以国营为主体、多种经营成分并存的社会主义商品市场正在形成，市场机制的作用越来越大；以城市为依托，以大中型企业为骨干，以名优产品和资源开发为中心的、企业间和地区间的横向经济联系得到广泛发展；随着企业下放、简政放权，城市政府对经济管理，从直接控制为主转为以间接控制为主，部门管理转向行业管理。

7月17日　计划单列市研讨会在广东召开。大城市实行计划单列，是中央和国务院为加快以城市为重点的全国经济体制改革采取的一项重大改革措施。自1983年以来，全国已陆续有重庆、武汉、沈阳、大连、广州、西安、哈尔滨、青岛、宁波等9个城市和海南行政区实行计划单列。

8月1日　烟台市的住房改革方案经国务院批准正式出台施行。这是我国城市住房制度改革试点城市中第一个出台的方案。它通过把公有住房租金标准提高到准成本水平，同时发给职工相应数量住房券的办法，把住宅由实物分配改为货币分配，冲破了长期以来低房租高补贴的福利分配的旧框架，解决了住房分配的“大锅饭”问题，为逐步把住宅的生产、分配、交换、消费纳入有计划的商品经济轨道打开了一条通道。

9月26日　新华社报道，1978年10月，四川省最先在6户大中型国营企业进行扩大企业自主权试点，使企业扩权的改革由点到面推向全国，拉开了城市改革的序幕。1982年以来，中央和国务院陆续批准湖北沙市、江苏常州和四川重庆3市为综合改革试点城市，而后，各种类型城市改革的试点也相继展开。武汉、沈阳等27个大中城市和广东省进行金融体制改革试点，江门、丹东、潍坊等16个中等城市进行机构改革试点，烟台、蚌埠、唐山等城市进行住房制度改革试点，广州、哈尔滨等7个计划单列城市进行法制建设试点，南京、黄石等5个城市进行科技体制改革试点，沈阳、石家庄等6个城市进行企业经营责任制试点，广州、北京、上海、武汉等城市分别进行大中型国营企业股份制、小型国营企业租赁和企业破产倒闭、开放生产资料市场等试点。不重复计算，进行这些试点的城市已发展到72个。

10月25日　中共十三大在北京召开。十三大报告中提出了关于社会主义初级阶段的理论。对当前深化改革的主要任务，提出：围绕转变企业经营机制这个中心环节，分阶段进行计划、投资、物资、财政、金融、外贸等方面体制的配套改革，逐步建立起有计划商品经济新体制的基本框架。

11月13日　我国土地使用制度开始改革。国家已批准上海、天津、深圳、广州和海南岛正式进行土地有偿使用试点。实行土地有偿使用制度，并允许使用权有偿转让，使它真正按照其商品的属性进入市场。这是政府收回土地级差收益的有效渠道和手段，有利促进了计划商品经济的发展和加强对土地的管理。

12月12日　经国务院同意，广东省珠江三角洲经济开放区的范围从原来的“小三角”扩大为“大三角”。1985年这个开放区的范围只包括佛山、江门、中山、东莞市共4市13县，被称为“小三角”。今后扩大为28个县，市组成的“大三角”。

1988年

1月15日　全国住房制度改革工作会议在北京举行。确定了一个在全国分期分批推行住房制度改革的实施方案。1988 年“房改”工作的主要任务是：一、改革方案已出台的城市要继续做好工作，解决好新出现的问题，不断取得新经验。二、原定的试点城市和各省试点城市要进行住房制度的全面改革。三、省会城市都要起步，但不要求都进行全面改革。四、面向各城市，有些大企业可先行一步，新房新租，旧房超标家租等单项改革。五、各省可选一二个县镇进行试点。

1 月 26 日　国务院批准福建省沿海经济开放区范围由原来的 11 个县增加至 30 个县，形成了北起福州市，南至莆田、泉州、厦门、漳州等市的沿海连片经济开放区新格局。

2 月 27 日　国务院批转国家体改委关于《1988 年深化经济体制改革的总体方案》。提出 1988 年经济体制改革的主要任务是：按照发展社会主义商品经济的总目标，以落实和完善企业承包经营责任制，深化企业经营体制改革为重点；同时，改革计划、投资、物资、外贸、金融、财税体制和住房制度，加强对固定资产投资、消费基金和物价管理，更好地促进国民经济持续稳定地增长。

3 月 3 日　国务院原则批准上海市《关于深化改革扩大开放加快上海经济向外向型转变的报告》，同意上海实行财政基数包干，五年不变。

4 月 23 日　国务院批准厦门市在国家计划中实行单列。

4 月 28 日　北京八十年代十大建筑评选揭晓。这十大建筑是：北京图书馆新馆、中国国际展览中心、中央彩色电视中心、首都机场候机大楼、北京国际饭店、大观圆、北京长城饭店、中国剧院、中国人民抗日战争纪念馆、北京地铁东四十条车站。

9 月 6 日　《全国 2000 年环境保护规划纲要研究》通过评审。提出：到 2000 年，全国每年工业废水排放量要控制在 500 亿吨左右，城市生活废水排放量要控制在 200 亿吨左右；二氧化硫排放量控制在 2000 万吨；排尘总量要减少到 1800 万吨；森林覆盖率增加 3%。

9 月 23 日　中共中央工作会议在京召开，确定明后两年重点治理经济环境、整顿经济秩序，并提出抑制通货膨胀深化改革的政策建议。

10 月 14 日　国务院批准深圳市实行计划单列。

1989 年

2 月 28 日　国务院新近决定，南京、成都、长春 3 市在国家计划中实行单列，并赋予其相当于省一级的经济管理权限。至此经国务院批准的计划单列市 14 个。

8 月 28 日　《人民日报》报道，我国沿海已形成包括 5 个经济特区、12 个经济技术开发区、14 个沿海开放城市、283 个开放县的多层次开放格局。

11 月 4 日　新华社报道，沿海开放城市、经济特区外商投资企业已达 9200 家，比 1998 年同期增长 40%。

12 月 26 日　七届全国人大常委会第 11 次会议正式通过《中华人民共和国城市规划法》。该法对城市规划区的范围、大中小城市的规定、城市规划的规定、城市新开发区和旧区改建、城市规划的实施、法律责任等作了明确规定。它对于确定城市的规模和发展方向、实现城市的经济和社会发展目标、合理的制定城市规划和进行城市建设，以适应社会主义现代化建设的需要，具有特别重要的意义。

1990年

1月15日　国务院批准国家统计局《关于工资总额组成的规定》。按这个规定，工资总额包括计时工资、计件工资、奖金、津贴和补贴、加班加点工资、特殊情况下支付的工资等6个组成部分。

3月9日　《人民日报》报道，我国特区形成外向型经济格局。近年来，特区的外贸出口取得了举世瞩目的进展。以创办较早的深圳、珠海、汕头、厦门4个特区为例，1989年出口创汇达35亿美元，比1985年翻了两番多。

4月3日　国务院日前决定在全国范围内清理“三角债”。

4月23日　国务院环境保护委员会首次公布城市环境综合整治考核结果。城市环境质量指标列前16名的城市为：海口、银川、石家庄、大连、南京、兰州、武汉、呼和浩特、南昌、长沙、北京、桂林、贵阳、广州、天津、乌鲁木齐；城市污染控制和环境建设指标列前16名的城市为：大连、北京、杭州、沈阳、天津、上海、广州、长春、苏州、长沙、合肥、太原、武汉、海口、南京、成都与郑州并列第16名。此次定量考核的范围包括大气环境保护、水环境保护、噪声控制、固体废弃物处置、绿化等5个方面的20个指标。

5月10日　国务院批准济南列入沿海经济开放区。

6月19日　国家计委委托上海、江苏、浙江计划经济部门、大专院校和科研部门制定的《长江三角洲九十年代产业结构和布局调整研究报告》，日前通过评审。长江三角洲地区包括上海市、江苏省的南京、镇江、扬州、苏州、无锡、常州、南通，浙江省的杭州、嘉兴、湖州、宁波、绍兴、舟山，共14个市。这是全国经济、科技和文化最发达的地区。1988年，这块仅占全国土地总面积1%的地区，产出了占全国14%的国民生产总值，15.5%的工农业总产值和14%的财政收入。

12月24日　国务院最近作出决定，1991年全国将在原有地方机构试点的基础上，再选择几个省和部分市、县试点，以加快地方机构改革的步伐。原有的试点包括河北省，哈尔滨、青岛、武汉、深圳4个计划单列市。

1991年

5月30日　在国务院房改领导小组举行的新闻发布会上，国务院房改领导小组副组长、建设部部长侯捷提出，到2000年人均居住面积要达到8平方米，“八五”期间平均每年新建住宅1.5亿平方米，“九五”期间平均每年要新建住宅1.8亿平方米。

10月7日　是世界住房日。1991年世界住房日的主题是“住房和居住环境”。1979年我国实行改革开放的方针以来，住宅建设出现了突飞猛进的发展。1979年到1990年全国城镇地区共建住宅约15亿平方米，投资2800亿元。在住房面积和质量提高的同时，居住环境也得到了明显改善。目前，全国已建成5万平方米以上的规模比较大的住宅小区2500多个。与住宅有关的配套基础服务设施也日臻完善，环境绿化水平有了明显提高。

1992 年

1月1日　《人民日报》1月1日公布国务院办公厅最近批转的国务院住房制度领导小组《关于全面推进城镇住房制度改革的意见》的全文。经国务院住房制度改革领导小组批准，天津市城镇改革方案于1992年1月1日正式实施。主要内容为：实行公积金制；分部提租发补贴，租房购买债券；鼓励职工买房，发展合作建房；建立市和单位住房基金。

1月12日　国务院批转建设部关于进一步加强城市规划工作请示的通知，要求：一、进一步提高对城市规划工作重要性的认识。二、城乡统筹规划，协调发展，走有中国特色的社会主义城市化道路。三、依靠科技进步，把城市规划设计提高到一个新的水平。四、认真贯彻实施《城市规划法》，完善法规体系，加强城市规划管理。五、进一步加强对城市规划工作的领导。

3月初　为加速浦东新区开发建设速度，国务院今年初给上海市浦东新区新增5项优惠政策。一、授权上海市自行审批在外高桥保税区内设立中资，外资从事转口贸易的外贸企业。二、授权上海市自行审批浦东新区内国营大中型生产企业自营产品的进出口经营权。三、扩大上海市有关浦东新区内生产性项目的审批权限，总投资在2亿元以下，上海可自行审批。四、授权上海市在中央核定的额度范围内自行发行股票和债券。五、全国各地发行的股票可在上海上市交易。

3月26日　国务院批复浙江省人民政府，同意设立温州经济技术开发区。

5月13日　国务院分别批复了辽宁省人民政府和广东省人民政府，同意设立大连保税区和广州保税区。

5月15日　国务院办公厅批转国家环保局、建设部关于进一步加强城市环境综合整治工作若干意见的通知，要求结合调整产业结构和企业技术改造，进一步防止工业污染；积极推行污染集中控制，提高防止效益；加强城市基础设施建设，提高综合防止污染能力。

6月9日　国务院发布通知，进一步对外开放南宁、昆明、凭祥市等5个边境城镇。

6月16日　中共中央、国务院作出《关于加快发展第三产业的决定》。一、加快发展第三产业具有重大战略意义。二、加快发展第三产业的目标和重点。三、加快发展第三产业的主要政策和措施。

6月22日　国务院颁布《城市绿化条例》。这是国务院颁布的第一部有关城市绿化的法规。

7月7日　国务院批复辽宁省人民政府，同意丹东市建立边境经济合作区。

7月16日　国务院批复吉林省人民政府，同意将吉林省通化市列为边境市。

7月30日　国务院决定进一步对外开放重庆、岳阳、武汉、九江、芜湖5个长江沿岸城市，哈尔滨、长春、呼和浩特、石家庄等4个边境、沿海地区省会城市，太原、合肥、南昌、郑州、长沙、成都、贵阳、西安、兰州、西宁、银川等11个内陆地区省会城市，实行沿海开放城市的政策。

8月29日　国务院决定将韶关、河源、梅州列入沿海经济开放区，实行沿海经济开放区的政策。

10月5日　1992年世界住房日的主题是“持续发展住房”。我国城镇居民人均居住面积达7.1平方米，比10年前几乎增加了一倍。但我国现仍有住房困难户486万户，危房面积约为3000万平方米。

1993年

2月4日　国务院批准长沙市城市总体规划。批复指出：今后的建设和发展要根据城市性质，强化城市政治、经济、文化、科技中心的综合功能。长沙、湘潭、株州三市在地域上相邻，建设中既要发挥城市群体的优势，又要考虑各自的特点，对区域性的生产力布局和基础设施建设统筹安排，并在规划的实施中加强协调，避免重复建设和城市发展连绵成片。

2月18日　国务院批准进一步对外开放黄石市，实行沿海开放城市政策。对黄石市符合国家产业政策的技术改造项目所需进口设备，以及国内不能满足供应的为发展出口农业而进口的加工设备，在1995年底以前，免征进口关税和产品税。

2月20日　国务院批准福建省进一步对外开放。1. 同意将三明、南平、龙岩三市以及宁德地区的福安市、福鼎县列入沿海经济开放区；2. 同意福州经济技术开发区向快安小区延伸，面积从现有的4. 4平方公里扩大到10平方公里，实行技术开发区的政策。3. 同意设立东山经济技术开发区，实行沿海开放城市经济技术开发区关于生产性外商投资企业所得税减按15%的税率征收的政策。

3月8日　国务院批准国家体改委关于1993年经济体制改革要点的通知。指出：以邓小平同志视察南方重要谈话和党的十四大为标志，我国改革开放事业进入了一个新的历史阶段。

4月4日　国务院批准设立武汉、芜湖、重庆、杭州、沈阳、长春、哈尔滨经济技术开发区。实行沿海开放城市经济技术开发区的政策及有关其他具体政策。

4月28日　国务院发出关于严格审批和认真清理各类开发区的通知。指出：设立各类开发区，实行国务院和省、自治区、直辖市人民政府两极审批制度。省、自治区、直辖市以下各级人民政策不得审批设立各类开发区。设立经济技术开发区、保税区、高科技术产业开发区、国家旅游度假区、边境经济合作区的审批权在国务院。对未经国务院或省、自治区、直辖市人民政府批准而自行兴办的各类开发区，各地要进一步认真的检查清理。

5月5日　由中国世界观察研究所、经济日报社共同主办，大连市经研中心协办的“把大连建成北方香港研讨会”在京召开。著名经济专家学者聚会研讨如何按照现代化国际性城市和社会主义市场经济的要求，逐步把大连建设成为具有自由港性质的国际港口城市，技术先进的综合工业基地，东北亚地区的重要商贸、金融、旅游、信息中心。

5月17日　国务院批转民政部关于调整设市标准报告的通知。通知指出：各地要认真总结设市工作的经验，坚持实事求是的原则，搞好规划，合理布局，严格标准，有计划、有步骤地发展中小城市。已经设市和拟设市的地方，都要十分重视农村工作，十分重视农业生产，以使城乡经济协调发展。

10月6日　国务院正式批准了新修订的《北京城市总体规划》。描绘了北京城市建设和各项事业发展的跨世纪宏伟蓝图，确定了奋斗目标，即2010年北京社会发展和经济、科技的综合实力，要达到并在某些方面超过中等发达国家首都城市的水平，为在二十一世纪中叶把北京建设成为具有第一流水平的现代化国际城市奠定基础。

1994 年

4 月 22 日　经国务院批准，建设部在首批园林城市——合肥市召开全国城市园林绿化工作会议。会议认为，城市园林绿化是城市物质文明建设和精神文明建设的重要内容，是城市现代化的重要标志。会议命名表彰了第二批园林城市——杭州市、深圳市，表彰了 49 个园林绿化先进城市，它们是：北京、太原、大连、长春、南京、杭州、合肥、厦门、广州、深圳、南宁、贵阳、拉萨、兰州、西宁、乌鲁木齐、唐山、包头、抚顺、吉林、佳木斯、无锡、马鞍山、三明、景德镇、九江、烟台、威海、洛阳、十堰、沙市、襄樊、株洲、珠海、中山、柳州、桂林、宝鸡、石嘴山、昆明、赣州、莱州、胶南、郴州、通什、宜宾、个旧、伊宁、奎屯。

5 月 6 日　国务院已选择 17 座城市实施“综合性城市改革计划”，并作为国家发展社会主义市场经济的示范城市。试点城市包括：长春、哈尔滨、鞍山、沈阳、天津、唐山、西安、烟台、南京、宁波、铜陵、常州、武汉、成都、重庆、泉州和广州。实施的改革重点集中在三个领域：一是产权制度的改革，要将国有企业转变为现代企业；二是改进退休和失业保险制度；三是根据市场经济的发展实施教育、科学和技术领域的改革。

6 月 13 日　经国务院批准，我国又有 47 个县（市）列入对外国人开放地区。至此，我国已有 1147 个县（市）对外国人开放。此次包括：朔州、忻州、榆次、原平、霍州、河津、永济、临川、贵池。

8 月 4 日　国务院住房制度改革领导小组在京召开工作会议，部署深化城镇住房制度改革工作。提出了近期任务是：全面推行住房公积金制度，积极推进租金改革，稳步出售公有住房，加快经济适用住房建设，到本世纪末初步建立起新的城镇住房制度，使城镇居民住房达到小康水平。

1995 年

1 月 10 日　全国金融工作会议在京举行。会议提出批评 1995 年实行适度从紧的货币政策，要求坚决抑制通货膨胀。

3 月 28 日　建设部、国家统计局联合召开了全国城市市政公用设施普查工作电话会议，部署 1995 年查清我国城市市政公用设施家底的有关事宜。这是建国以来首次进行的此类普查。

4 月 30 日　建设部部长侯捷考察了张家港市，对该市的城乡规划、建设和管理予以充分肯定。他提出，张家港市建设还不到十年，已建成现代化城市的雏形，其经验值得总结推广。

5 月 9 日　国家经贸委在上海召开了全国建立现代企业制度试点企业和“优化资本结构”试点城市现场交流会。经贸委主任王忠禹在会上指出，企业改革是今年经济体制改革的重点。

9 月 7 日　国务院发布关于组建城市合作银行的通知。为了进一步深化金融体制改革，完善我国金融体系，促进地区经济发展，国务院决定自 1995 年起在大中城市分期分批组建城市合作银行。

10 月 7 日　中共中央政治局委员、国务委员兼国家体改委主任李铁映在全国小城镇综合改革试点工作经验交流会上指出，必须高度重视在沟通城乡中发挥重要作用的小城镇在我国改革、发展中的地位和作用，正确处理小城镇发展中出现的一些问题，使之走上“加快改革，规范起步，依法建设，健康发展”的轨道。

10 月 13 日　全国城市规划工作会议召开，建设部部长侯捷指出，城市规划要在城市建设和发展中确立“龙头”地位，必须做好四个方面的工作。领导重视，特别是各级政府主要领导的重视。科学决策，提高规划意识是科学决策的基础。健全机构，管好队伍。

1996 年

3 月 7 日　国务院批转国家经贸委关于 1996 年国有企业改革工作实施的意见。该通知提出要抓好若干城市的企业“优化资本结构”试点工作。将国务院确定的试点城市由 18 个城市扩大到 50 个城市。其中 18 个试点城市为：上海、天津、齐齐哈尔、哈尔滨、长春、沈阳、唐山、太原、青岛、淄博、常州、蚌埠、武汉、株洲、柳州、成都、重庆、宝鸡；32 个扩大试点城市为：北京、石家庄、呼和浩特、大连、南京、杭州、宁波、合肥、福州、厦门、南昌、济南、郑州、长沙、广州、深圳、南宁、海口、贵阳、昆明、西安、兰州、西宁、乌鲁木齐、银川、鞍山、抚顺、本溪、洛阳、吉林、包头、大同。

4 月 1 日　国务院经济特区工作会议在珠海召开。

4 月下旬　国家主管部门初步拟定《中国城市规划》，重点调整城市布局，提高城市化质量，促进城市现代化建设。

国务院办公厅在江苏省镇江市召开“全国职工医疗保障制度改革扩大试点工作会议”。总结推广了镇江市、九江市职工医疗保障制度改革试点经验。在全国确定了 57 个扩大试点城市。

5 月 8 日　国务院发出“关于加强城市规划工作的通知”。主要内容分三个部分：一、充分认识城市规划的重要性，加强对城市规划工作的领导。二、切实节约和合理利用土地，严格控制城市规模。三、加大执法力度，保障城市规划的实施。

5 月 23 日　国务院发出通知，强调要进一步加强对城市的规划管理。要求今后非农业人口 100 万以上大城市的建设用地规模，原则上不得再扩大。

9 月 10 日　第五届世界历史都市会议在西安召开。参加会议的有 39 个国家 51 个城市的 167 名代表。这次会议对现代城市历史文化发展方面、历史文化资源的开发与利用、城市的规划管理、友好城市之间的合作及文化遗产的管理等专题进行了研讨。

11 月 13 日　国家环保局公布了 1995 年 37 个重点城市环境质量综合整治定量考核结果。天津、苏州、北京、大连、杭州、石家庄、上海、海口、成都、南京名列前 10 位。

11 月 25 日　建设部在总结我国过去 3 年试点县市工作的基础上，首次推出了我国试点县乡村城市化指标体系。试点乡村城市化指标体系分为乡村现代化总体发展水平和乡村城市化基础设施发展水平两大部门，共28项指标，主要包括：到2000年，试点县市人均国内生产总值将达10000元，人均纯收入超8000元；第三产业发展要占国内生产总产值30%以上；城镇人口比重要大于45%。住房成套率达85%以上，人均道路面积大于12平方米，自来水普及率将达90%，生活用燃气普及率75%，污水集中处理大于30%，垃圾无害化处理率大于50%；九年制义务教育普及率达30%，人均共用绿地面积10平方米，建筑工程优良率达30%以上。

11月27日　建设部在广东省中山市召开全国村镇建设工作会议，确立了我国村镇建设的"九五"目标。这就是，到本世纪末，把我国20%的小城镇建设成为初具规模、能适应当地经济发展和社会进步需要，布局合理、设施配套、功能齐全、环境优美、具有地方特色的新型小城镇。据建设部部长侯捷介绍，"九五"期间将为3000多万农村剩余劳动力转移创造条件，使小城镇总人口达到2亿以上；建设初具规模的小城镇1万个，其中人口2至3万的达到3000个、7000个小城镇达到1万人以上。

1997年

3月14日　第八届全国人民代表大会第五次会议通过"关于批准设立重庆直辖市的决定"：一、批准设立重庆直辖市，撤销原重庆市。二、重庆直辖市管辖原重庆市、万县市、涪陵市和黔江地区所辖行政区域。三、重庆直辖市设立后，由国务院依据宪法和有关法律的规定，对其管辖的行政区域的建制和划分作相应的调整。

5月9日　建设部发布《城市房地产抵押管理办法》。该办法于1997年4月27日经第四次常务会议通过，共八章55条，自1997年6月1日起施行。

5月21日　全国城市综合配套改革试点工作会议在上海召开。

6月10日　国务院批转公安部《小城镇户籍管理制度改革试点方案》。该方案共八个部分：一、小城镇户籍管理制度改革的目的和意义。二、小城镇户籍管理制度改革的实施范围。三、在小城镇办理城镇常住户口的条件。四、加强小城镇人口总量的宏观调控。五、严格在小城镇落户的审批程序。六、在小城镇落户的人员享受当地原有居民同等待遇。七、对在小城镇落户人员不得收取或者变相收取城镇增容费。八、加强领导，确保小城镇户籍管理制度改革工作顺利进行。

7月1日零时　中华人民共和国国旗和中华人民共和国香港特别行政区区旗在香港庄严升起。从此我国政府开始对香港恢复行使主权。香港回归祖国后，将实行不同于内地的社会、政治、法律、经济制度和生活方式，施行"一国两制"、"港人治港"和高度自治的方针。

7月16日　国务院发布《关于建立统一的企业职工基本养老保险制度的决定》。

7月18日　国家体改委发布《关于城市国有资本营运体制改革试点的指导意见》。共八章三十条。

9月2日　国务院发布《关于在全国建立城市居民最低生活保障制度的通知》。通知要求：一、要把建立城市居民最低生活保障制度当作一项重要工作抓紧抓好。二、要合理确定保障对象的范围和保障标准。三、要认真落实最低生活保障资金。四、倡导社会互助，鼓励保障对象劳动致富。五、加强领导，确保城市居民最低生活保障制度顺利实施。

11月1日　第八届全国人民代表大会常务委员会第二十八次会议通过《中华人民共和国建筑法》，该法共八章八十五条，自1998年3月1日起施行。

11月4日　张家港、大连、深圳、厦门、威海、珠海荣获国家“环保模范城市”称号。

资料来源：国家统计局城市社会经济调查总队，新中国城市五十年，1999年，新华出版社。

附录3 建国50年来中国城市发展统计

附表3.1 建国以后中国历年的设市城市数、建制镇数和市镇人口比重

年份	市数（个）	镇数（个）	市镇人口比重（%）	年份	市数（个）	镇数（个）	市镇人口比重（%）	年份	市数（个）	镇数（个）	市镇人口比重（%）
1949	136		10.64	1966	172		17.86	1983	289		21.62
1950	141		11.18	1967			17.74	1984	295		23.01
1951			11.78	1968			17.62	1985	324	7956	23.71
1952	157		12.46	1969			17.50	1986	353	9755	24.52
1953			13.31	1970	176		17.38	1987	382	10280	25.32
1954			13.69	1971			17.26	1988	434	10609	25.81
1955			13.48	1972			17.13	1989	450	11060	26.21
1956			14.62	1973	181		17.20	1990	467	11392	26.41
1957	178		15.39	1974	181		17.16	1991	479	11882	26.37
1958	176		16.25	1975	185		17.34	1992	517	14135	27.63
1959	183		18.41	1976	188		17.44	1993	570	15223	28.14
1960	199		19.75	1977	188		17.55	1994	622	16433	28.62
1961	208		19.29	1978	192		17.92	1995	640	17282	29.04
1962	198		17.33	1979	216		18.96	1996	666	17998	29.37
1963	174		16.84	1980	223		19.39	1997	668	18402	29.92
1964			18.37	1981	233		20.16				
1965	171		17.98	1982	245		21.13				

注：①本表中1981年以前的市镇人口是指辖区内全部人口，1982年以后的市镇人口是指设区的市所辖的区人口、不设区的市所辖的街道人口和所辖镇的居委会人口以及县辖镇的居委会人口。

②由于资料的限制，笔者无法获得1985年以前的建制镇数据，因此在本表中没有列出1985年以前的建制镇数量。

资料来源：①顾朝林著，中国城镇体系——历史·现状·展望，表7—9。

②朱铁臻主编，中国城市手册，表2—5。

③中国城市统计年鉴（1985）（1986）（1987）（1988）（1989）（1990） （1991）（1992）（1993～1994）（1995）（1996）。

④中国城市年鉴（1993）。

⑤中国统计年鉴（1987）（1988）（1989）（1990）（1991）（1992） （1993）（1994）（1995）（1996）（1997）（1998）。

⑥中国人口年鉴（1985）。

⑦中国人口统计年鉴（1995）（1996）（1998）。

（选自：王放，中国城市化与可持续发展，2000年，科学出版社）

附表 3.2 1949～2000 年中国各级规模城市数量（个）及在城市总数量中所占比重（%）

年 份	合 计		100万人口及以上		50—100万人口		20—50万人口		20万人口以下	
	城市数量	比重	城市数量	比重	城市数量	比重	城市数量	比重	城市数量	比重
1949	136	100	5	3.7	8	5.9	17	12.5	106	77.9
1950	141	100	6	4.2	7	5.0	22	15.6	106	75.2
1952	157	100	9	5.7	10	6.4	23	14.6	115	73.3
1957	178	100	10	5.6	18	10.1	36	20.2	114	64.1
1958	176	100	11	6.3	19	10.8	36	20.4	110	62.5
1959	183	100	15	8.2	20	10.9	32	17.5	116	63.4
1960	199	100	15	7.5	24	12.1	32	16.1	128	64.3
1961	208	100	15	7.2	22	10.6	33	15.9	138	66.3
1962	198	100	14	7.1	20	10.1	52	26.3	112	56.5
1963	174	100	15	8.6	18	10.4	54	31.0	87	50.0
1965	171	100	13	7.6	18	10.5	43	25.2	97	6.7
1966	172	100	13	7.6	18	10.5	46	26.7	95	55.2
1970	176	100	11	6.3	21	11.9	47	26.7	97	55.1
1973	181	100	15	8.3	21	11.6	54	29.8	91	50.3
1974	181	100	15	8.3	22	12.1	53	29.3	91	50.3
1975	185	100	13	7.0	25	13.5	52	28.1	95	51.4
1976	188	100	15	8.0	22	11.7	57	30.3	94	50.0
1977	188	100	15	8.0	24	12.8	56	29.8	93	49.4
1978	192	100	13	6.8	27	14.1	60	31.2	92	47.9
1979	216	100	16	7.4	27	12.5	67	31.0	106	49.1
1980	223	100	15	6.7	30	13.5	70	31.4	108	48.4
1981	233	100	18	7.7	28	12.0	70	30.1	117	50.2
1982	245	100	19	7.8	29	11.8	70	28.6	127	51.8
1983	289	100	19	6.6	29	10.0	73	25.3	168	58.1
1984	295	100	19	6.4	31	10.5	81	27.5	164	55.6
1985	324	100	21	6.5	31	9.6	94	29.0	178	54.9

续附表 3.2

年份	合计		100万人口及以上		50—100万人口		20—50万人口		20万人口以下	
	城市数量	比重	城市数量	比重	城市数量	比重	城市数量	比重	城市数量	比重
1986	353	100	23	6.5	31	8.8	95	26.9	204	57.8
1987	382	100	25	6.5	30	7.9	103	27.0	224	58.6
1988	434	100	28	6.5	30	6.9	110	25.3	266	61.3
1989	450	100	30	6.7	28	6.2	116	25.8	276	61.3
1990	467	100	31	6.6	28	6.0	117	25.1	291	62.3
1991	479	100	31	6.5	30	6.3	121	25.2	297	62.0
1992	517	100	32	6.2	31	6.0	141	27.3	313	60.5
1993	570	100	32	5.6	36	6.3	160	28.1	342	60.0
1994	622	100	32	5.2	41	6.6	175	28.1	374	60.1
1995	640	100	32	5.0	43	6.7	191	29.9	374	58.4
1996	666	100	34	5.1	44	6.6	195	29.3	393	59.0
1997	668	100	34	5.1	47	7.0	205	30.7	382	57.2
1998	668	100	37	5.5	49	7.3	205	30.7	377	56.4
1999	667	100	37	5.5	49	7.3	216	32.4	365	54.7
2000	663	100	40	6.0	53	8.0	218	32.9	352	53.1

资料来源：①顾朝林著，中国城镇体系——历史·现状·展望，表7—9。
②朱铁臻主编，中国城市手册，表2—5。
③中国城市统计年鉴（1985）（1986）（1987）（1988）（1989）（1990）（1991）（1992）（1993～1994）（1995）（1996）。
④中国城市年鉴（1993）。
⑤中国统计年鉴（1997）。

（选自：王放，中国城市化与可持续发展，2000年，科学出版社）

附表 3.3　中国各级规模城市的地区分布

城市规模		东部沿海地区				中部地区				西部地区				全国	
		1984 年		1995 年		1984 年		1995 年		1984 年		1995 年		1984 年	1995 年
		数量(个)	占全国总数的比重(%)	数量(个)	占全国总数的比重(%)	数量(个)	占全国总数的比重(%)	数量(个)	占全国总数的比重(%)	数量(个)	占全国总数的比重(%)	数量(个)	占全国总数的比重(%)	总数(个)	总数(个)
大城市	500 万及以上	1	100.0	2	100.0									1	2
	400—500 万	2	100.0	1	100.0									2	1
	300—400 万	1	100.0	2	66.7			1	33.3					1	3
	200—300 万	1	25.0	1	25.0	2	50.0	1	25.0	1	25.0	2	50.0	4	4
	100—200 万	6	54.5	9	40.9	2	18.2	8	36.4	3	27.3	5	22.7	11	22
	50—100 万	14	45.2	23	53.5	14	45.2	19	44.2	3	9.6	1	2.3	31	43
	合计	25	50.0	38	50.7	18	36.0	29	38.7	7	14.0	8	10.6	50	75
中等城市	20—50 万	30	37.0	87	45.6	37	45.7	74	38.7	14	17.3	30	15.7	81	191
小城市	10—20 万	33	35.1	105	46.3	38	40.4	85	37.4	23	24.5	37	16.3	94	227
	5—10 万	14	25.0	47	39.8	27	48.2	37	31.4	15	26.8	34	28.8	56	118
	小于 5 万	2	14.3	13	44.8	5	35.7	9	31.0	7	50.0	7	24.2	14	29
	合计	49	29.9	165	44.1	70	42.7	131	35.0	45	27.4	78	20.9	164	374
所有城市合计		104	35.2	290	45.3	125	42.4	234	36.6	66	22.4	116	18.1	295	640

资料来源：中国城市统计年鉴（1985）（1996）。

（选自：王放，中国城市化与可持续发展，2000 年，科学出版社）

附表 3.4　1996 年中国各省、自治区、直辖市的城市密度和城镇密度

省、自治区、直辖市	土地面积（万平方公里）	城市数（个）	镇数（个）	城市人口（万人）	城镇密度（个/万平方公里）	每万人的城镇数（个/万人）
北　京	1.58	1	103	627.30	65.82	0.17
天　津	1.19	1	78	475.36	66.39	0.17
河　北	18.48	34	849	800.70	47.78	1.10
山　西	15.60	22	519	534.11	34.68	1.01
内蒙古	116.64	20	270	476.21	2.49	0.61
辽　宁	16.39	31	580	1608.33	37.28	0.38
吉　林	18.38	28	444	855.19	25.68	0.55
黑龙江	45.28	31	407	1197.12	0.68	0.37
上　海	0.71	1	198	841.75	1.41	0.24
江　苏	10.14	44	998	1417.19	4.34	0.74
浙　江	9.97	35	960	629.42	3.51	1.58
安　徽	14.39	21	862	650.25	1.46	1.36
福　建	12.11	23	587	415.25	1.90	1.47
江　西	17.00	21	611	471.63	1.24	1.34
山　东	15.69	48	1334	1681.91	3.06	0.82
河　南	15.83	38	655	969.66	2.40	0.71
湖　北	18.50	35	866	1175.73	1.89	0.77
湖　南	20.94	29	934	701.62	1.38	1.37
广　东	18.76	54	1551	1670.60	2.88	0.96
广　西	23.52	18	657	407.13	0.77	1.66
海　南	3.47	8	203	113.26	2.31	1.86
四　川	56.38	37	2289	1189.26	0.66	1.96
贵　州	17.46	13	688	298.81	0.74	2.35
云　南	37.66	17	379	293.58	0.45	1.35
西　藏	120.40	2	36	14.65	0.02	2.59
陕　西	20.64	13	553	451.14	0.63	1.25
甘　肃	39.73	14	172	295.54	0.35	0.63
青　海	70.90	3	37	69.13	0.04	0.58
宁　夏	5.15	5	58	96.81	0.97	0.65
新　疆	165.81	19	120	349.69	0.11	0.40
全　国	948.69	666	17998	20778.33	0.70	0.90

注：重庆直辖市成立于 1997 年，故在该表中仍属于四川省。

资料来源：①中国 1：100 万土地资源图土地资源数据集。
②中国统计年鉴（1997），表 10—1，表 11—3。

（选自：王放，中国城市化与可持续发展，2000 年，科学出版社）

附录4　美国城市研究机构网络资源

美国城市研究网络资源述略——高等院校、学术团体

高等院校和学术团体是美国城市研究的两支最主要力量，由他们提供的网络资源十分丰富。对此进行合理有效地利用已成为当务之急。本文仅对部分著名高校和学术团体的网络资源加以初步整理和评介。

一　高等院校

时至今日，美国已有上百所高校设有城市研究机构，高校所在几乎遍布各州。这些高校的城市研究机构，或直接以城市研究中心命名，或称城市事务、规划中心，对城市史和当代城市问题展开广泛研究。从方法上看，跨学科研究十分明显，历史学、经济学、政治学、规划学、地理学、建筑学等学科渗入其中；就研究对象而言，诸高校各有侧重，部分高校研究全国范围内的典型城市，但更多的大学利用地利之便，以所在城市或周边地区为研究重点。

1. 加州大学伯克利分校城市与区域发展研究所（Institute of Urban and Regional Development）：http：//www. iurd. ced. berkeley. edu

该研究所主要研究城市与区域兴衰。当前研究的重点在于：城市可持续性发展与规划，土地利用，郊区化模式，中心城市再建，信息技术在城市发展中的作用等。该研究所主要有4种出版物：《通讯》（1998～2002），可以全文下载；1Working paper，部分可以全文下载，部分存目；Monograph 和 Reprint 只有摘要。另外还可以通过链接，进入与该研究所有关的政府部门和协会的网址。

2. 加州大学洛杉矶分校区域政策研究中心（Ralph and Goldy Lewis Center for Regional Policy Studies）：http：//www. sppsr. ucla. edu/lewis/

该中心致力于地区政策的研究，重点在南加州的环境、城市规划、经济发展、社区发展和交通等方面。该网址出版物有 Working paper，含有1990～2001年的35篇文章，部分可全文下载；Books，存书名、作者、出版年份和概要。另外，该网址还公布其最新研究项目：转变中的大都市区美国，研究报告亦可以全文下载。

3. 加州大学欧文分校城市与区域规划系（Department of Urban and Regional Planning）：http：//www. seweb. uci. edu/urp/

该系成立于1992年，实力很强。该网在"研究与实践"的"成员研究"之下设 Working papers series，含自1994至1998年的60余篇论文，均为该系教师的研究课题成果和对当前社会问题研究论文，重点涉及城市地理、政治、经济、区域规划、城市设计等方面。可全文下载。

4. 东北大学城市和区域政策中心（Center for Urban and Regional Policy）：http：//www. curp. neu. edu/

该中心1999年成立，是一"思想库"，关注城市、城镇、郊区的各种问题，大波士顿更是研究重点。当前研究项目有住房、劳动力发展、社区经济发展等。该网址的资料较为丰富，有出版物三种：Reports，文章深入分析全面，富有创新性；

Articles，常出现在重要报刊之中；上述两种可以全文下载；Books，范围包括转变中的全国经济到转变中的波士顿等若干方面。数据库提供关于波士顿的多种表格、地图、照片。通过 Links 还可以浏览相关新闻与研究报告，进入城市政策链接等。

5. 纽约大学 Taub 城市研究中心（Taub Urban Research Center）：http：//urban. nyu. edu/

该中心研究纽约的经济、移民等问题。网址主要内容包括城市教育项目、研究报告、档案等。其中研究报告是最近 12 个月以来的文章，此前的报告则在档案中保存，两者均可全文下载。

6. 阿巴尼大学刘易斯·芒福德城市与区域比较研究中心（Lewis Mumford Center for Comparative Urban and Regional Research）：http：//www. albany. edu/mumford/

该中心成立于 1988 年，主要进行城市史比较研究，研究项目有全球社区、城市史创新机制等，重点在于检验全球化对美国大都市区的影响。与众不同的是该网址还涉及中国城市史的研究。该网址提供中心对 1990～2000 年美国大都市区种族和民族变化的初步的研究报告，可以全文下载。

7. 拉特格斯大学大都市区研究中心（Joseph C. Cornwall Center for Metropolitan Studies）：http：//www. cornwall. rutgers. edu/

该中心重点研究新泽西州的城市经济问题。该网址的出版物丛书发表最新的研究报告，可以全文下载。当前项目则只是对当前研究项目进行简要介绍，研究成就奖则列出每年度的 10 项获奖研究成果，并对获奖成果逐一作简要介绍。

8. 匹兹堡大学社会与城市研究中心（Center for Social and Urban Research）：http：//www. ucsur. pitt. edu/

该中心的重点研究项目为“城市与区域分析”，主要研究城市社会变迁、区域经济发展与竞争、人口迁移和收入分配等。出版物为《匹兹堡经济季刊》，网上提供 2000 年春秋两季和 2001 年夏冬两季季刊，可以全文下载。

9. 伊利诺伊大学芝加哥分校城市规划与公共事务学院（College of Urban Planning and Public Affairs）：http：//www. uic. edu/cuppa/

该学院实力雄厚，目标锁定要办成世界一流的研究大城市的中心，对芝加哥的研究更是重中之重。该网址资料也非常翔实，主要集中在大城市研究所和城市交通中心之中。

①城市研究所（Great Cities Institute）：http：//www. uic. eddu/cuppa/gci 该所研究项目主要为社区发展、可持续的大都市、劳动力发展、职业教育等，每一项目都配以简要说明。出版物有三种：Working paper，1995～2000 年全文；劳动力发展丛书（1998～2001）；年度报告，1998～1999，1999～2000 年度。三种均可以全文下载。

②城市交通中心（Urban Transportation Center）：http：//www. 132. 193. 92. 223 该中心亦有研究项目和出版物，项目包括智能交通系统、土地利用与交通、市内交通等，出版物为交通中心的研究报告，可以全文下载。

10. 密歇根韦恩州立大学城市、劳动力和大都市区事务学院（College of Urban，Labor & Metropolitan Affairs）：http：//www. culma. wayne. edu/

学院 1985 年成立，主要研究大都市区的社会、政治、经济问题，尤其关注底特律大都市区。城市研究中心（Center for Urban Studies）http：//www. cus. wayne. edu 即为该学院9个研究中心之一。城市研究中心网址最有价值部分在于出版物和统计分析。出版物分三种，其中又以 Working papers 和《通讯》最佳，前者是多篇关于大都市区的一些文章，底特律占有相当比重。后者则包括《密歇根东南部经济趋势季刊》和《城市中心季刊》。出版物皆可以全文下载。统计分析以联邦统计署2000、1990、1980等统计为主要依据，对底特律和密歇根的人口变化和经济变迁进行研究，目前只进行了2000年的分析。

11. 密歇根州立大学城市事务中心（Center for Urban Affairs）：http：//msu. edu/unit/cua

该中心主要研究密歇根州的城市社区和经济发展问题。网址提供多种出版物，其中包括《通讯》（1998～2001年），《城市观察》以及其他报告等。内容丰富，可以全文下载。

12. 克利夫兰州立大学城市事务学院研究中心（Maxine Goodman Levin College of Urban Affairs Research Centers）http：//urban. csuohio. edu/research/centers. htm

该研究中心重点研究俄亥俄州城市和区域经济的发展。该网址的出版物内容相当丰富，包含众多的研究报告，涉及区域、经济发展，城市蔓延式扩展等问题，可以按作者和主题分别进行查找，并可以全文下载。学院季刊为《中心点》，网上有当前一期和2000年夏冬两期，亦可全文下载。

13. 北卡大学夏洛特分校城市研究所（Urban Institute）：http：//www. uncc. edu/urbinst/

该中心侧重研究土地规划和区域经济发展战略、大都市区及发展中地区发展模式等，紧密跟踪研究夏洛特市及周边13县的经济、社会情况变化。网上提供相关地区发展战略规划和1997、1998年年度调查报告。可以全文下载。

14. 亚拉巴马大学伯明翰分校城市事务中心（Center for Urban Affairs）：http：//www. uab. edu/cua/

该中心运用多学科方法研究城市犯罪、住房、种族关系、城市贫困、环保、土地利用和经济发展等问题，偏重伯明翰大都市区。该中心网址发表当前和过去研究项目的研究报告，可以全文下载。

二 学术团体

除了众多的高校之外，学术团体构成了城市研究的另一支重要力量。这些学术团体，组成较为复杂。部分带有官方色彩，部分是民间学术团体。研究对象和目的也各有侧重。

1. 美国市长论坛（U. S. Conference of mayors）：http：//www. usmayors. org/

该网址资料非常丰富翔实，有多种出版物。其研究报告（1997～2001）涉及全国宏观经济情况、大都市区经济，具体的城市棕色区域复兴等问题。市长新闻包含各市市长亲笔撰写的有关城市事务的文章、相关机构对市长的建议、市长档案等。上述报告和文章及时更新，并均可全文下载。另外该网址有多种查询方法：第一种方法是直接点击 USCM Reports，获得报告全文；二是通过 Projects and Service，选择相关主题报告；三是通过 Quick Find，进入 News，再进一步查找出版物、市长新闻等。还可以通过 Search 键入城市市名，直接查找关于某一具体城市的文章。

2. 全国城市联盟（National League of Cities）：http：//www. nlc. org/nlc_org/site/

城市覆盖面极广，包括除夏威夷州外 49 个州的城市联盟，城市数达 18，000 个，此外还包括了部分民间团体。联盟宗旨是代表盟员城市向联邦政府争取更多的有利立法和政策支持。联盟网址发布每年联盟会议的情况，每年全国城市政策，确定该年工作方向和目标。通过 Program，可以了解该联盟的研究项目，获取研究报告，可以全文下载。进入 Newsroom，可以浏览联盟主办的《全国城市周刊》，其上刊载每周城市大事和按年度分的特别报告摘要；Press Release 则刊登最新文章概要，两者均可全文下载。

以上两个团体带有浓郁的官方色彩。还有很多属于民间性的研究团体，它们的研究成果也备受瞩目。

3. 美国城市史协会（Urban History Association）：http：//www. unl. edu/uha/UHA. html

美国城市史协会实力非常强大，迄今会员已逾 430 人，以美、加学者为主，部分来自英、法、奥、澳、新等国。除城市史家外，还有诸如规划、政治、经济、文化、军事等领域的专家。协会历任主席均为城市史研究的权威，在学术界享有盛誉。协会网址提供 Newsletter，文章皆为名家撰写，涉及城市化理论、具体城市问题等方面，更刊载了大量研究论文题目，迅速反映研究动态。网址提供 1989～2000 年 3 月各期，均可全文下载。Officers 列出协会历任主席及其所在大学；Award 是城市史协会当年颁发的城市史研究最佳图书、博士论文和在专业杂志上刊登的论文奖，各项奖励均附有作者、标题和内容简介。Urban History Links 则提供了相关链接，通过相关链接，还可以进入其他协会、城市、该协会成员的网址，所列城市中除纽约、芝加哥、洛杉矶外，还有波士顿、丹佛、旧金山、费城、华盛顿等。

4. 城市事务协会（Urban Affairs Association）：http：//www. udel. edu/uaa

城市事务协会 1969 年成立于波士顿，1981 年始称现名。出版《城市事务季刊》，编委皆为美国城市史研究著名人士，所选论文主要围绕城市地区环境、大都市区及社区问题的理论、概念等问题，质量上乘，富有深度，是公共政策和城市研究领域最重要的季刊。该网址提供 1996 年第 4 期至 2000 年第三期各期，每期有论文题目、作者及概要。可全文下载。该协会还在网上发布奖励情况和协会年会信息，通过研究会成员链接可以进入多所进行城市研究的大学网址。

5. 布鲁金斯研究所城市与大都市区政策研究中心（Brookings Institution Center on Urban and Metropolitan Policy）：http：//www. brook. edu/dybdocroot/es/urban/urban. htm

布鲁金斯研究所是美国著名的“思想库”。其城市与大都市区政策研究中心选择三个紧密关联的层次——大都市区、中心城市和街区作为研究角度，对多种城市问题加以关注，既有普遍状况研究又有个案分析。大都市区：侧重研究当前大都市区发展模式对经济、环境和社会的影响，政府政策、市场、人口迁移对大都市区人口分布和资金流向的影响，重点分析芝加哥、费城、匹兹堡、克利夫兰、菲尼克斯、休斯顿、洛杉矶等大都市区。中心城市：侧重分析人口迁移、市场、公司发展趋势对中心城市经济的影响，地区发展战略等。街区：分析评估福利政策对城市的影响。该中心网址有多种出版物，资料极有价值，“精选阅读”可用性也很强，还有1997～2001年该中心举办的一些演讲，均可全文下载。另外，该中心格外关注首都“大华盛顿”，网上有最新的研究成果，亦可全文下载。

6. 大都市区研究组织：http：//www. metroresearch. org

是一非赢利性研究组织。有两个研究重点：一是大都市区研究，侧重研究大都市区日趋严重的社会经济不平等、大都市区蔓延式增长类型等问题。二是地方社区研究，具体到某个城市的某个街区。该组织擅长运用各类地图、联邦、州、县、城市的各类数据库，对相关问题展开分析研究。通过该网址“项目和地图”，可以看到巴尔的摩、密尔沃基、波特兰、中央河谷地区、密歇根大急流区域以及其他多个大都市区的研究报告。可以全文下载，并可以进入相关研究机构。“地图”部分则涉及纽约、芝加哥、丹佛等大都市区的具体问题。此外，Press Clippings 发表1994～2001年的若干篇文章；What's New 则登载最新的文章，均可全文下载。

7. 城市研究所（Urban Institute）：http：//www. urban. org/

非党派经济社会研究组织，“思想库”。广泛关注劳工政策、人口迁移、教育、住房等问题。设有“大都市区住房和社区研究中心”。重点研究街区变化、城市变迁、住房项目和福利改革、种族隔离等问题。网址提供研究报告，部分仅存目，部分可以全文下载。另外，该中心还在“热点问题”中对华盛顿特区进行专门研究。

上述学术团体的共同特征是研究范围广泛，综合性强。另外还有很多学术团体只对所在的某个大都市区进行研究。

8. 为了可爱的未来联盟（Coalition for a Livable Future）：http：//www. clfuture. org/

是波特兰大都市区60余个非赢利组织的联合。重点在研究波特兰大都市区的经济社会问题。出版《合作》杂志（1998～2001年），网上可以全文下载。

9. 密歇根州大急流城大都市区委员会（Grand Valley Metropolitan Council）：http：//www. gvmc. org/

创建于1990年，是密歇根州西部大急流城大都市区政府的一个联合组织。主要研究大急流城大都市区发展模式和交通等问题。网址提供专题研究报告，可全文下载。

10. 海湾区经济论坛（Bay Area Economic Form）：http：//www. bayeconfor. org/

旧金山海湾区经济论坛是联合商界、学术界、政府和其他组织而成的一个非赢利性组织。主要研究海湾区各城市和9个县的经济发展情况。该网址的论坛报告和出版物对近年来该地区经济进行专项分析，并紧密跟踪该地区的经济走势。可以全文下载。通过9个县的地图，还可以进一步查看每县具体情况。

有些组织专门研究某一类问题，可以作为主题研究组织看待。在城市化进程中，由于郊区的蔓延，相当多的内城正在衰败或面临严峻挑战，因此内城的再开发成为惹人注目的问题，互联网上也不乏此类网站，本文仅举一例。

11. 创建富有竞争力的内核

城（Initiative for a Competitive Inner City）：http：//www. icic. org/

一个全国性的非赢利性组织，1994年由哈佛商学院教授米切尔·E. 波特创建。重点在研究中心城市的商业潜力，评价内城发展战略，网上提供全文，可以全文下载。

通过对上述高等院校和学术团体网上资源的初步整理和简要评介，可以看出，网络资源能及时反映当前美国学术界对城市研究的方法、研究成果，合理利用网络资源有助于推动我国学术界对美国城市研究的资料建设和动态把握。应当指出，本文评介的仅是网络资源的一小部分，更多的网上资源有待进一步整理分析。

资料来源：时间：2002年4月；作者：韩忠（厦门大学历史系博士生）
学术批评网（www. acriticism. com）首发 2002年4月17日。

附录 5　欧盟主要国家城市生活质量情况调查表

附表 5.1　主要城市房价
（欧元/平方米）

巴黎	9123
柏林	2571
法兰克福	2264
都柏林	1724
维也纳	1522
阿姆斯特丹	1449
马德里	1439
布鲁塞尔	1360
里斯本	716

附表 5.2　有住房产权家庭比例

西班牙	81%
爱尔兰	81%
意大利	77%
希腊	76%
卢森堡	70%
比利时	66%
葡萄牙	66%
芬兰	64%
法国	55%
荷兰	51%
奥地利	50%
德国	41%

附表 5.3　住房存在问题的家庭比例

	面积不足	室外噪音	采光不足	缺少供热	漏雨	潮湿
德国	11.6%	29.1%	5.4%	4.7%	3.9%	7.1%
奥地利	17.3%	20.7%	7.0%	7.6%	4.5%	10.0%
比利时	13.2%	19.9%	10.8%	7.6%	5.7%	14.8%
丹麦	15.8%	12.7%	3.5%	3.7%	3.9%	6.1%
西班牙	22.2%	30.6%	17.7%	1.1%	10.3%	18.9%
法国	13.7%	25.2%	9.6%	11.0%	5.7%	16.8%
希腊	25.5%	19.9%	9.9%	34.4%	15.8%	17.1%
爱尔兰	12.2%	9.3%	3.8%	8.1%	4.3%	9.7%
意大利	18.0%	26.7%	10.1%	16.2%	6.0%	5.3%
卢森堡	12.0%	16.7%	3.6%	5.0%	5.7%	8.4%
荷兰	9.6%	24.1%	5.8%	6.3%	5.1%	12.4%
葡萄牙	30.4%	16.8%	18.9%	40.7%	16.9%	34.0%
英国	20.7%	21.1%	8.1%	10.3%	4.1%	14.5%
欧盟平均	16.3%	25.2%	8.9%	9.9%	5.8%	12.2%

资料来源：选自 2002 年 5 月 13 日参考消息第四版。

附录 6　中国与世界有关城市的基础数据对比

附表 6.1　中国主要资源占世界总数比重

资源	比重（%）	资源	比重（%）
人口（1997 年）	21	草地面积	9.3
劳动力（1997 年）	26	石油	2.34
国土面积	7.1	天然气	1.20
耕地	7.1	煤	10.97
灌溉面积	19	水电	13.22
水资源	7	国际专利数（1995 年）	0.27
森林面积	3.3	国内投资（1994 年）	3.4
二氧化碳（1995 年）	14	GDP（1997 年）	3.53
碳排放（1990 年）	16	GDP，PPP（1997 年）	11.86
保护地（1990 年）	4	出口	3.4
劳动密集产品出口	10.55	进口	2.6

资料来源：《中国统计年鉴》（1994 年）；世界银行年度报告，1993 年、1995 年和 1996 年，1998 年，1999 年；世界银行：《中国环境报告》，1997 年；美国国务卿沃伦·克里斯托弗：“美国外交 21 世纪全球环境挑战”，1996 年 4 月 9 日；莱斯特·布朗：《世界状况》（1995）；世界知识产权组织资料，引自新华社日内瓦 1996 年 2 月 14 日电；《中国统计年鉴》（1999）。

附表 6.2　生物资源多样性及自然保护区

国家	国家级自然保护区		哺乳动物		鸟类		高等植物	
	千平方公里	占国土总面积的比重（%）	种类	濒危物种	物种	濒危动物	物种	濒危物种
中国	580.8	6.2	499	94	1186	183	30000	1009
印度	143.4	4.8	316	40	1219	71	15000	1256
日本	27.6	7.3	132	17	583	31	700	704
俄罗斯	705.4	3.9	NA	17	NA	35	NA	127
美国	1302.1	11.4	428	22	768	46	16302	1845

资料来源：国务院《全国生态环境建设规划》，新华社北京 1999 年 1 月 6 日电，第 130—132 页。

附表 6.3　世界各大城市空气污染比较

国家	城市	人口（千人）	总悬浮颗粒物（微克/m^3）	SO_2（微克/m^3）	CO_2（微克/m^3）
中国	上海	13584	246	53	73
	北京	11299	377	90	122
	天津	9415	306	82	50
澳大利亚	悉尼	3590	54	28	NA
奥地利	维也纳	2060	47	14	42
巴西	里约热内卢	10181	139	129	NA
加拿大	多伦多	4319	36	17	43
美国	纽约	16332	NA	26	79
	洛杉矶	12460	NA	9	74
	芝加哥	6844	NA	14	57
新加坡	新加坡	2848	NA	20	30
西班牙	马德里	4072	42	11	25
法国	巴黎	9523	14	14	57
德国	法兰克福	3606	36	11	45
	柏林	3317	50	28	26
印度	德里	9948	415	24	41

资料来源：World Bank，1998，World Development Indicators

附表 6.4　二氧化碳排放状况国家比较

国家	总量（百万吨）		占世界总量比重（%）		人均排放量（吨）		1987 年单位美元 GDP 排放（千克）	
	1980 年	1995 年	1980 年	1995 年	1980 年	1995 年	1980 年	1995 年
中国	1476. 8	3192. 5	10. 9	14. 1	1. 5	2. 7	10. 9	5. 5
印度	347. 3	908. 7	2. 6	4. 0	0. 5	1. 0	1. 9	2. 2
日本	907. 4	1126. 8	6. 7	5. 0	7. 8	9. 0	0. 5	0. 4
俄罗斯	NA	1818. 0	NA	8. 0	NA	12. 3	NA	6. 1
美国	4515. 3	5468. 8	33. 2	24. 1	19. 9	20. 8	1. 2	1. 0
低收入国家（不含中国及印度）	213. 7	402. 5	1. 6	1. 8	0. 3	0. 4	1. 1	1. 2
下中等收入国家	1209. 0	4942. 5	8. 9	21. 8	2. 0	4. 5	NA	3. 2
上中等收入国家	1566. 7	2131. 3	11. 5	9. 4	4. 6	4. 6	1. 8	1. 9
高收入国家	8772. 1	11122. 7	64. 6	49. 0	12. 0	12. 5	0. 9	0. 7
世界	13585. 7	22700. 2			3. 4	4. 1	1. 1	1. 2

资料来源：世界银行《世界发展报告》(1998)，第 146—148 页。

附表 6.5　八大环境大国占世界份额

国家	人口	国民生产总值	商业能源使用	碳排放量	森林面积	有花植物种类
	1996 年	1997 年[a]	1995 年	1995 年	1990 年	1990 年
美国	5	21	25	23	6	8
中国	21	12	10	13	4	12
俄罗斯	3	2	7	7	21	9
日本	2	8	6	5	0.7	2
德国	1	5	4	4	0.3	1
印度	17	4	3	4	2	6
印尼	4	2	1	1	3	8
巴西	3	3	2	1	16	22
总计	56	57	58	58	53	

注： a 按购买力平价计算 GNP 占世界比重，世界银行，《世界发展报告》(1998/99)，第 190—191 页。

资料来源： Flavin，C.，1997，“The Legacy of Rio”；《世界 1997 年状况》，世界观察研究所，纽约。

附表 6.6　中国主要工业产品产量的国际比重表（1997 年）

项目	数量	占世界总额的比重（%）	相当于美国的倍数	居世界的位次（1997 年估计数）
钢（万吨）	10894.2	15.5*	1.14	1
水泥（万吨）	51173.8	33.9*	5.39	1
煤炭（万吨）	137300.0	28.8*	1.38	1
电（亿千瓦小时）	11355.5	8.2*	0.36	2
化肥（万吨）	2821.0	18.9*	1.04	1
合成橡胶（万吨）	64.2	6.8*	0.24*	—
轮胎（万条）	9599.0	10.5	0.37	—
原木（万立方米）	6394.0*	16.5*	0.13*	—
糖（万吨）	702.6	5.6	0.95	4
电视机（万台）	3637.2*	26.5*	3.17*	1

注： * 为 1996 年数据。

资料来源：《中国统计年鉴》(1999)，第 897—899 页。

附表 6.7 中、美、日、澳四国显示比较优势系数

	1990年				1994年			
	澳大利亚	中国	日本	美国	澳大利亚	中国	日本	美国
进口								
农业密集	0.5437	1.202	1.656	0.6146	0.5618	0.8639	1.950	0.5867
资本密集	1.186	1.141	0.5466	1.019	1.237	1.170	0.5758	1.050
劳动密集	0.9428	1.099	0.7802	1.134	0.9350	0.8996	0.9836	1.122
矿产密集	0.4981	0.3552	2.188	1.073	0.5805	0.5710	2.027	0.9952
出口								
农业密集	2.243	1.267	0.0959	1.222	2.697	1.023	0.0862	1.094
资本密集	0.2220	0.5487	1.570	1.196	0.3943	0.5358	1.488	1.197
劳动密集	0.1510	3.019	0.5026	0.4753	0.1987	3.561	0.5114	0.5402
矿产密集	2.258	0.7768	0.1289	0.4339	2.837	0.5459	0.1794	0.3535

资料来源：International Economic Databank，Australian National University.

附表 6.8 中、美、日、澳四国各类资源贸易占世界总数比重比较 （单位：%）

	1990年				1994年			
	澳大利亚	中国	日本	美国	澳大利亚	中国	日本	美国
进口								
农业密集	0.6275	1.862	11.12	9.219	0.6598	2.377	12.64	9.59
资本密集	1.369	1.768	3.671	15.29	1.452	3.221	3.731	17.17
劳动密集	1.088	1.702	5.239	17.01	1.098	2.475	6.374	18.35
矿产密集	0.5645	0.5503	14.69	16.09	0.6817	1.571	13.13	16.27
总量	1.154]	1.549	6.715	14.99	1.174	2.751	6.480	16.35
出口								
农业密集	2.455	2.390	0.8356	13.79	2.750	3.304	0.8356	12.76
资本密集	0.2492	1.035	13.67	15.49	0.4021	1.588	14.41	13.96
劳动密集	0.1652	5.694	4.409	5.363	0.2027	10.55	4.952	6.301
矿产密集	2.983	1.618	1.737	4.124	1.019	2.964	9.683	16.66
总量	1.094	1.886	8.710	11.28	1.019	2.964	9.683	16.66

资料来源：International Economic Databank，Australian National University.

附表 6.9　能源利用效率的国际比较

	1980 年	1995 年
中国	0.3	0.7
美国	2.1	2.6
日本	5.5	6.1
低收入国家	0.9	1.1
低收入国家（不含中国和印度）	1.4	1.7
下中等收入国家	1.0	1.2
上中等收入国家	1.7	2.5
高收入国家	2.9	3.4
全世界	2.2	2.4

资料来源：世界银行《世界发展报告》(1998)，第 146—148 页。

附表 6.10　淡水资源状况国家比较

国家	人均淡水（立方米）1996 年	淡水抽取（10 亿立方米）	抽取量占资源量比重（%）	农业用水比重（%）	工业用水比重（%）	家庭用水比重（%）	灌溉面积比重（%）1994～1996 年
中国	2304	460.0	16.4	87	7	6	51.8
印度	1957	380.0	20.5	93	4	3	29.5
日本	4350	90.8	16.6	50	33	17	61.8
俄罗斯	29191	117.0	2.7	23	60	17	4.0
美国	9270	467.3	19.0	42	45	13	11.4
低收入国家（不含中国及印度）	8295	NA	NA	92	4	4	17.1
下中等收入国家	11154	NA	NA	66	24	10	14.5
上中等收入国家	12719	NA	NA	66	23	11	9.4
高收入国家	9378	NA	NA	40	45	15	NA
世界	7342	NA	NA	68	22	10	17.6

资料来源：世界银行《世界发展报告》(1998)，第 34—136 页。

附表 6.11　电力供应及结构国际比较（1995 年）

国家	发电量（10亿千瓦时）	占世界总量的比重（%）	电能生产所用一次能源结构（%）				
			水力	煤	石油	天然气	核能
中国	1007.7	7.6	18.9	73.4	6.1	0.2	1.3
印度	414.6	3.1	20.1	69.4	2.9	5.9	1.7
日本	980.9	7.4	8.4	17.8	22.9	19.5	29.7
俄罗斯	859.0	6.5	20.5	18.3	9.2	40.1	11.6
美国	3558.4	27.0	8.8	51.5	2.5	14.9	20.1
低收入国家（不含中国及印度）	214.4	1.6	53.8	5.1	23.2	17.0	0.4
下中等收入国家	2137.3	16.2	23.7	20.2	14.7	31.4	9.3
上中等收入国家	1167.6	8.9	30.6	34.6	16.6	10.8	6.1
高收入国家	8239.1	62.5	15.0	37.3	8.1	13.0	24.8
世界	13180.7	1	18.9	37.5	9.9	14.7	17.7

资料来源：世界银行《世界发展报告》(1998)，第 150—152 页。

附表 6.12　人均自然资本和木材资本的国际比较

国家	人均自然资源（美元）	相当于中国水平（倍）	人均木材资本（美元）	相当于中国水平（倍）
中国	2670	1.0	90	1.0
印度	3910	1.5	50	0.6
巴西	7060	2.6	1200	13.3
澳大利亚	35340	13.2	1030	11.4
美国	16500	6.2	1730	19.2
加拿大	36590	13.7	6230	69.2
英国	4940	1.9	110	1.2
德国	4150	1.6	490	5.4
新西兰	51090	19.1	4340	48.2
日本	2300	0.9	220	2.4
印尼	7480	2.8	720	8.0
韩国	2940	1.1	120	1.3

资料来源：世界银行《扩展衡量财富的手段：环境可持续发展的指标》，中国环境科学出版社，第 61—66 页。

附表 6.13　水污染状况国际比较（1993 年）

国家	日污染量（公斤）	各工业不满占水污染比重（%）							
		重金属	造纸业	化学工业	食品饮料制造业	建筑材料制造业	纺织业	木材业	其他行业
中国	5339027（1.00）	22.0	10.0	14.0	33.3	0.4	11.5	0.4	8.3
印度	1441293（0.27）	15.6	8.1	7.3	50.9	0.2	12.9	0.3	4.8
日本	1548021（0.28）	9.9	22.0	8.8	36.5	0.2	7.9	1.9	12.8
英国	680865（0.12）	8.9	27.4	10.1	37.1	0.2	7.2	1.7	10.0
美国	2477830（0.46）	8.3	32.7	9.5	28.2	0.1	7.8	2.4	10.8

资料来源：World Bank，World Development Indicators 1998，pp. 138—140.

附表 6.14　中国生态环境建设规划

重点地区	2003 年目标	2010 年目标
黄河上中游地区	治理水土流失 7 万平方公里，造林面积 350 万公顷，改造坡耕地 30 万公顷	治理水土流失面积 15 万平方公里，造林面积 970 万公顷
长江上中游地区	治理水土流失面积 8 万平方公里，造林面积 300 万公顷，改造坡耕地 70 万公顷	治理水土流失面积 16 万平方公里，造林面积 1500 万公顷
风沙区 1	治理风沙面积 4 万平方公里，建设农田防护林 75 万公顷，治沙造田 45 万公顷	治理风沙面积 9 万平方公里，建设农田防护林 160 万公顷
草原区 2	人工种草和改良草场 1000 万公顷，建设高标准围栏草场 300 万公顷，治虫灭鼠 2500 万公顷	人工种草和改良草场 2670 万公顷，建设高标准围栏草场 800 万公顷
全国	治理水土流失面积 30 万平方公里，治理荒漠化土地面积 960 万公顷，新增森林面积 2500 万公顷，森林覆盖率达 17.6%，改造坡耕地 300 万公顷，退耕还林 300 万公顷，人工草场、改良草地 2000 万公顷	治理水土流失面积 60 万平方公里，治理荒漠化土地面积 2200 万公顷，新增森林面积 3900 万公顷，森林覆盖率达 19%，改造坡耕地 670 万公顷，退耕还林 500 万公顷，人工草场、改良草地 5000 万公顷

注：1. 本区域包括东北西部、华北北部、西北大部干旱地区。
2. 本区域包括总面积为 4 亿公顷，主要分布在蒙、新、青、川、甘、藏等地区。

引自：国务院《全国生态环境建设规划》，新华社北京 1999 年 1 月 6 日电。

附表 6.15 世界级国际大都市的部分参考数据及广州的对照数据

城市 指标项	通常	纽约	东京	伦敦	新加坡	巴黎	广州
城区面积（平方公里）	1000	824	618（大都市区 2059）	1579	641（包括 60 多个小岛）	105（大巴黎地区为 12000）	3786（原八区为 1444）
人口规模（万人）	500	732.3（1990 年）	812.9（1992 年）	689（1991 年）	293（1994 年）	215.5（1990 年）	994.30
GDP（亿美元）	1000	1865	3025	1161	689	509	288.5
人均 GDP（美元）	20000	25468（1994 年）	37211（1994 年）	16853（1987 年）	23532（1994 年）	23597（1986 年）	4175
第三产业就业人员占就业人员总数的比例		88.7%	76.2%	86.2%	65.8%	81%	50.4%
恩格尔系数	15%	14%	19%	12%	20%	16%	44%
国际机场（座）		3	2	4	2	3（另有中小型机场 11 座）	1
航线连通城市（座）	500					500	170
跑道（条）		10	4	6			2（建设中）
地铁（公里）		385	219（11 条线）	400（9 条线）	67	300（18 条线）	
大学（所）		91	190		16	15	31
图书馆（座）		204	194	421	9	62	15
博物馆（座）		150	160	48	4	105	26

注：以上数据来自不同的渠道，年代为 1990～2000 年之间，仅供参考。

资料来源：厉有为，城市现代化指标体系探讨，红旗出版社，2001。

附表 6.16　一个 100 万人口的城市的基本代谢

每日输入物质	输入量（吨/天）	每日输出物质	输出量（吨/天）
水	625000	废水	500000
食物	2000	排泄物	2000
煤	3000	二氧化硫	160
石油	2800	氮氧化物	100
天然气	2700	一氧化碳	450

资料来源：沈清基，城市生态与城市环境，1998 年，同济大学出版社。

附表 6.17　世界城市中人与植物的生物量对比

城市	人的生物量（a）吨/平方公里	植物生物量（b）吨/平方公里	人的生物量/植物生物量
东京（23 个区）	610	60	10.2
上海（市区）	1080	120	9.0
北京（市区）	976	130	7.5
伦敦（市区）	410	150	2.7
纽约（市区）	859	100	8.6
巴黎（市区）	525	139	3.8
洛杉矶（市区）	720	118	6.1
莫斯科（市区）	380	140	2.7
孟买（市区）	1050	109	9.6

资料来源：根据沈清基资料重新计算。（沈清基，城市生态与城市环境，1998 年，同济大学出版社）

附表 6.18　国际绿色城市平均标准

1. 城市人口密度	A. 市区平均密度	110 人/公顷（11000 人/平方公里）
	B. 建成区平均密度	117 人/公顷（11700 人/平方公里）
2. 城市绿化	A. 绿地覆盖率	33.3%
	B. 人均公共绿地	36.4 平方米
3. 大气质量	A. 二氧化硫日平均值（毫克/立方米）	0.067
	B. 可吸入颗粒物（毫克/立方米）	0.166
4. 水环境	A. BOD（毫克/升）	小于 3
5. 噪声控制	A. 昼间（db）	58.5
	B. 夜间（db）	50.5
6. 固体废弃物	A. 生活垃圾处理率	100%
	B. 工业废弃物综合利用率	70.9

资料来源：沈清基，城市生态与城市环境，1998 年，同济大学出版社。

附表 6.19　中日经济增长对比

中日经济增长的对比				
	GDP（当年价，亿美元）		GDP 增长率（%）	
	中国	日本	中国	日本
1952	203.9	173.9		9.1
1953	247.5	196.1	15.6	6.3
1954	258.0	217.5	4.2	5.8
1955	273.3	239.5	6.8	8.8
1956	308.7	270.1	15.0	7.3
1957	316.8	308.1	5.1	7.5
1958	387.7	320.3	21.3	5.6
1959	426.9	359.9	8.8	8.9
1960	432.2	432.2	−0.3	13.3
1961	361.9	528.7	−27.3	14.5
1962	377.9	591.9	−5.6	7.0
1963	405.5	676.2	10.2	10.5
1964	478.1	807.1	18.3	13.1
1965	616.0	906.3	17.0	5.1
1966	670.5	1048.0	10.7	10.5
1967	636.7	1230.3	−5.7	10.4
1968	618.5	1475.3	−4.1	12.5
1969	695.6	1735.5	16.9	12.1
1970	915.8	2046.4	19.4	10.9
1971	986.5	2560.5	7.0	4.3
1972	1023.7	3068.8	3.8	8.4
1973	1106.2	4018.6	7.9	7.6
1974	1134.2	4452.6	2.3	−0.8
1975	1522.4	4855.6	8.7	2.9
1976	1495.2	5679.8	−1.6	4.2
1977	1626.3	7730.4	7.6	4.8

续附表 6.19

中日经济增长的对比				
	GDP（当年价，亿美元）			GDP 增长率（%）
	中国	日本	中国	日本
1978	2232.9	10480.5	11.7	5.0
1979	2488.0	9246.6	7.6	5.6
1980	3023.0	11792.7	7.8	3.5
1981	2851.7	11687.5	5.2	3.4
1982	2797.6	11503.1	9.3	3.4
1983	3003.7	12158.5	11.1	2.8
1984	3081.7	11966.3	15.3	4.3
1985	3052.5	16029.7	13.2	5.2
1986	2954.8	19986.8	8.5	2.6
1987	3213.9	24251.2	11.5	4.3
1988	4010.7	29152.2	11.3	6.2
1989	4490.1	28867.8	4.2	4.7
1990	3877.2	30288.2	4.2	5.5
1991	4061.4	33839.2	9.1	3.4
1992	4830.2	37190.4	14.1	1.1
1993	6010.9	42926.9	13.1	0.5
1994	5425.3	46880.6	12.6	0.7
1995	7002.8	51987.1	10.5	2.4

资料来源：沈清基，城市生态与城市环境，1998 年，同济大学出版社。

附表 6.20 国内外大城市现代化指标体系对照表

指标类别	指标项	国际城市标准	中国城市标准
经济类	人均 GNP	2 万美元	5000 美元
	第三产业占 GNP 比重	70%	50%—55%
	高新技术产品产值占工业总产值的比重	70%	20%—25%
社会类	恩格尔系数	低于 15%	低于 25%
	每万人拥有医生人数	50 人	13 人左右
	婴儿死亡率	低于 0.7%	目前为 1.3%—1.5%
	人口平均寿命	75 岁	72—75 岁
	社会保障覆盖率	95%	95%
文化类	文化支出占生活支出	40%	
	人均图书占有量	30 本	20 本（深圳）
	家庭彩色电视机普及率	100%	
	电话普及率	90%	50%（深圳）
	家庭电脑普及率	50%	20 部/百人（武汉）
	家庭上网率	30%	500 户/万人（武汉）
教育类	人口文盲率	低于 2%	
	劳动力文化指数	15 年以上	12 年以上（深圳）
	青年人受高等教育比重	70%	
	12 年义务教育普及率	100%	
	教育投入占 GNP 比重	5%	5%
科技类	每万人拥有科技人员数	2000 人	500 人
	科技进步对经济的贡献率	70%	55%
	每年市级科技经费占预算财政支出比重	5%	2%（广州）
	技术开发费占企业销售收入比重	5%	2.5%
	拥有自主知识产权的高新技术产品产值占全市高新技术产品产值比重	80%	
居住类	人均居住面积	30 平方米	15—20 平方米
	每万人轿车拥有量	4000 辆	1500 辆（武汉）
	每万人商业服务网点	700 个	

续附表 6.20

指标类别	指标项	国际城市标准	中国城市标准
基础设施类	人均道路面积	25 平方米	10 平方米（广州）
	燃气普及率	100%	
	人均生活用水	400 升/日	300 升/日（深圳）
	人均生活用电	2500 千瓦时/年	500 千瓦时
环境类	人均绿地面积	30 平方米	10 平方米
	人均公园面积	20 平方米	
	二氧化碳年日均程度	低于 0.006 毫克/立方米	
	悬浮物年日均程度	低于 0.09 毫克/立方米	
	污水排放处理达标率	100%	95%
	建筑物平均密度	低于 100 米	
	无氟冰箱、空调器使用率	100%	
	住宅小区园林化率	80%	30%—35%

注：以上数据是根据有关研究成果及各类公开数据分析综合而成，仅供参考。

资料来源：厉有为，城市现代化指标体系探讨，红旗出版社，2001。

主要参考文献

路甬祥(主编),21世纪中国面临的12大挑战,世界知识出版社,2001
周光召、牛文元(执行主编),中国可持续发展战略(领导干部读本),西苑出版社,2000
牛文元(中文版主编),《联合国开发计划署:1995 人类发展报告》(UNDP:1995 Human Development Report, Oxford University Press,1995)
李政道、周光召主编(牛文元执行主编),绿色战略,青岛出版社,1997
牛文元,毛志锋,可持续发展理论的系统分析,湖北科技出版社,1998
柴彦威,城市空间,科学出版社,2000
顾朝林、柴彦威等著,中国城市地理,商务印书馆,1999
隗瀛涛主编,中国近代不同类型城市综合研究,四川大学出版社,1998
宁越敏等,中国城市发展史,安徽科学技术出版社,1997
尹钧科,关于北京郊区村落发展史研究,北京社会科学,1997(3)
韩光辉,北京历史人口地理,北京大学出版社,1996
王笛,近年美国关于近代中国城市的研究,历史研究,1996(1)
薛凤璇,北京——从传统国都到社会主义首都,香港大学出版社,1996
阎小培,近年来我国城市地理学主要研究领域的新进展,地理学报,1995,50(6)
顾朝林等著,中国大城市边缘区研究,科学出版社,1995
虞和平,中国近代城市史,中国历史学年鉴,北京:三联书店,1995
周一星,城市地理学,商务印书馆,1995
周一星等,建立中国城市的实体地域概念,地理学报,1995,50(4)
顾朝林,战后西方城市研究的学派,地理学报,1994,49(4)
阎小培等著,地理-区域-城市,永无止境的探索,广州高教出版社,1994
张复合,北京近代建筑历史源流,东京大学博士论文,1991
何红雨,走向新平衡——北京旧城居住区的改造更新,清华大学博士论文,1991
武进,中国城市形态、结构、特征及其演变,江苏科学技术出版社,1990
康少邦编译,城市社会学,浙江人民出版社,1987
张晓,中国环境政策的总体评价,中国社会科学,1999(3):88—98
世界银行,碧水蓝天——2020年的中国,中国财经出版社,1997
世界银行,1997世界发展报告,中国财经出版社,1998
世界银行,1999世界发展指标,中国财经出版社,2000
世界银行,世界银行发展报告20年回顾(1978～1997),中国经济出版社,1999
世界银行:《1999～2000世界发展报告:知识与发展》,中国财政经济出版社,2000
国务院发展研究中心,中国跨世纪协调发展战略,经济科学出版社,1998
国家统计局,中国统计年鉴,中国统计出版社,1999
国家统计局,中国统计年鉴,中国统计出版社,2000
国家统计局,中国统计年鉴,中国统计出版社,2001
国家统计局,国家科委,中国科技统计年鉴,中国统计出版社,1998
国家统计局,国家科委,中国科技统计年鉴,中国统计出版社,1999

国家统计局,国家科委,中国科技统计年鉴,中国统计出版社,2000
国家统计局,中国发展报告,中国统计出版社,1999
国家统计局国民经济综合统计司,新中国50年统计资料汇编,中国统计出版社,1999
中国城市统计年鉴,1995～2002,中国统计出版社
中国城市年鉴,社会科学出版社,2000
国家统计局,中国城市50年,统计出版社,1999
中国环境年鉴编委会,中国环境年鉴,中国环境年鉴社,1998
中国环境年鉴编委会,中国环境年鉴,中国环境年鉴社,1999
中国环境年鉴编委会,中国环境年鉴,中国环境年鉴社,2000
中华人民共和国林业部,中国林业年鉴,中国林业出版社,1998
中华人民共和国农业部,中国农业年鉴,中国农业出版社,1998
中国科学院可持续发展研究组,1999中国可持续发展战略报告,科学出版社,1999
中国科学院可持续发展研究组,2000中国可持续发展战略报告,科学出版社,2000
中国科学院可持续发展研究组,2001中国可持续发展战略报告,科学出版社,2001
中科院国情分析小组,生存与发展,科学出版社,1992
中科院综考会,中国自然资源手册,科学出版社,1990
世界资源研究所等,世界资源报告(中译本),中国环境科学出版社,1999～2000
世界观察研究所,世界状况,中国环境科学出版社,1996
世界观察研究所,世界状况,中国环境科学出版社,1997
联合国环境规划署,环境状况,内罗毕,UNEP,1992
日本环境厅,环境保护企业论(中译本),中国环境科学出版社,1995
北京大学中国可持续发展中心,可持续发展之路,北京大学出版社,1994
未来研究所(美),十年预测(中译本),兵器工业出版社,1996
阎长乐,中国能源发展报告,中国能源出版社,1998
陈耀邦,可持续发展战略读本,中国计划出版社,1996
张坤民,可持续发展论,中国环境科学出版社,1997
李宝恒译,增长的极限,四川人民出版社,1983
李喜先,迈向21世纪的科学技术,中国社会科学出版社,1997
李云才,中国21世纪可持续发展之路,气象出版社,1997
李成勋,经济发展战略学,北京出版社,1999
李京文,走向21世纪的中国区域经济,广西人民出版社,1999
兰德尔,资源经济学,商务印书馆,1989
格林伍德等,人类环境和自然系统,化学工业出版社,1987
卡逊(美),寂静的春天,吉林人民出版社,1997
康芒纳(美),封闭的循环,吉林人民出版社,1997
沃德等(美),只有一个地球,吉林人民出版社,1997
马寅初,新人口论,吉林人民出版社,1997
曲格平,我们需要一场变革,吉林人民出版社,1997
吴明瑜、李泊溪,中国1997～2020年科学技术与人民生活,中国财经出版社,1997
何希吾等,中国资源态势与开发方略,湖北科技出版社,1997
叶笃正等,中国的全球变化预研究,地震出版社,1992

尹继佐,可持续发展战略,上海人民出版社,1998
诸大建等,走可持续发展之路,上海科普出版社,1997
邓楠,可持续发展:人类关怀未来,黑龙江教育出版社,1997
王翊亭等,环境学导论,清华大学出版社,1995
王华东等,环境规划方法及实例,化学工业出版社,1988
王军,可持续发展,中国发展出版社,1997
陈耀邦,我国粮食发展问题研究,中华工商联合出版社,1995
郑积源,跨世纪科技与社会可持续发展,人民出版社,1998
比尔,盖茨,未来之路,北京大学出版社,1996
马世骏,现代生态学透视,科学出版社,1990
赵景柱等,社会-经济-自然复合生态系统可持续发展研究,中国环境出版社,1999
戈尔,濒临失衡的地球,中央编译出版社,1997
托夫勒,第四次浪潮,华龄出版社,1996
托夫勒,权力的转移,中共中央党校出版社,1991
张培刚,新发展经济学,河南人民出版社,1995
多西等,技术进步与经济理论,经济科学出版社,1992
科学发展趋势组,21 世纪初科学发展趋势,科学出版社,1996
陈宗兴等,经济活动的空间分析,陕西人民出版社,1989
顾朝林等,中国高技术产业与园区,中信出版社,1998
程序等,可持续农业导论,中国农业出版社,1997
奥托兰诺,环境规划与决策,中国环境科学出版社,1988
迪帕克,拉尔,发展经济学的贫困,云南大学出版社,1992
戈德斯密斯,生存的蓝图,中国环境科学出版社,1987
联合国环境规划署,世界环境数据手册,中国科技出版社,1990
索洛,增长理论(中译本),华夏出版社,1988
皮尔斯,世界无末日(中译本),中国财经出版社,1996

B. Admas . Green Development: Environmental Sustainability in the Third World. N. Y. :Routlendge,1990

Y. J. Ahmad . et al. Environmental Accounting for Sustainable Development. Washington D. C. :World Bank,1989

R. C. Anderson. Mid—Course Correction: Toward a Sustainable Enterprise. Atlanta:The Peregrinzilla Press,1998

J. Andreoni, The Simple Analysis of the Environmental KUZNETS Curve, http://netec. mcc. ac. uk Asian Development Bank. Environmental Challenge in the PRC. Occasional Papers. No. 6. Manila: ADB,1993

E. B. Barbier . The Concept of Suatainable Economic Development. Environ. Conservation. Vol. 14:101—110,1997

G. Blackman . Growth Analysis. London:Beacon House,1905

J. Blunden. Mineral Resources and Their Management. London:Longman,1985

B. J. Bwiwn et al. Global Sustainability: Toward Definition. Enviro. Management. Vol. 11:713—719,1987

L. Brown. We Can Build a Sustainable Economy. Futurist. Vol. 30:8－12,1996

J. Carstairs . UNDP's New Measure of Development Success. Development J. Vol. 2: 40－46,1990

W. C. Clarkand , R. E. Munn. Sustainable Development of the Biosphere. Cambridge: Cambridge University Press,1986

J. E. Cohen. How Many People Can The Earth Support? W. W. Norton & Company , N. Y. 1995

M. S. Common. Sustainability and Policy: Limit to Economics. Cambridge: Cambridge University Press,1995

B. Commoner . Rapid Population Growth and Environmental Stress. Proceeding of Limited Nations. N. Y. :Taylor and Francis,1991

H. E. Dalyand , J. B. Cobb. For the Common Goods: Redirecting the Economy toward Community. the Environment. and a Sustainable Future. Boston: Beacon Press,1990

A. Goudie. The Human Impact on the Natural Environment (4th Edition). Cambridge: MIT Press,1994

P. Hawken. The Ecology of Commerce. New York: Harper Business,1993

K. Hamilton. Greening the Human Development Index. Ottawa: Statistics Canada, 1994

H. Hotelling. The Economics of Exhaustible Resources, Polit J. Econ. Vol. 39:137－175,1931

C. W. Howe. Natural Resources Economics: Issues. Analysis. and Policy, New York: John Wiley and Sons,1979

IMF Staff. Globalization: Threat or Opportunity? (2000. 12. 4) www. imf. org

R. H. Lauer. Perspectives on Social Change(3rd Edition). Allyn and Bacon, INC. 1982

I. D. Lotka. A Model of Reuse Resources. Annual Report. Vol. 4:1－19, 1925

J. Lubchenco. Enteringthe Century of the Environment: A New Social Contract for Science. Science,Vol. 279:491－497,1998

J. MacNeill. Strategies for Sustainable economic development. Scientific American. Vol. 261:155－165,1989

T. R. Malthus. Essay on the Principle of Population. London: Freedom Pub,1826

M. B. McElroy, et al (ed), Energizing China : Reconciling Environmental Protection and Economic Growth , Harvard University Press ,Newton, 1998

D. Meadows and et al. The Limit to Growth. Washington D. C. : Potomac, 1972

Niu,W. Y.(牛文元), Spatial System Approach to Sustainable Development, Environmental Managrment,1993,Vol. 17:179—186

Niu,W. Y.(牛文元),Chinese sustainability,Futurist,1996,Vol. 30:50—51

Niu,W. Y.(牛文元),and M. Harris,China:The Forecast of Its Environmental Situation in the 21st Century,J. Env. manag,1996,Vol. 47:101—111

Niu WenYuan(牛文元). The Forecast of China's Development Situation and Its Sustainability Before 2030. Futures Research Quarterly. Vol. 13:5—27, 1997

OECD. Environmental State. OECD. Paris, 1995

OECD. Environmental State. OECD. Paris, 1996

OECD. New Economy? The Change Role of Innovation and Information Technology in Growth, (2000. 9.) www. oecd. org

M. Redclift. The Multiple Dimensions of Sustainable Development. Geography. Vol. 76:36—42, 1991

V. Smil. The Bad Earth: Environmental Degradation in China. London: Zed Press, 1984

UNCTAD. World Investment Report 2000-Cross-border Mergers and Acquisitions and Development (2000. 10) www. unctad. org

UNDP. Human Development Report. Oxford Universty Press, 2001

WCED. Our Common Future. Oxford: Oxford University Press, 1987

World Bank. China: Environmental Strategy Paper. New York: Oxford University Press, 1992

World Bank. World Development Report. World Bank. Washington, D. C. , 1996～1999

Zhang Kunmin(张坤民), Policies and Actions on Sustainable Development in China, China Environmental Science Press, 2001